中国年鉴精品工程
High Quality Project of China's Yearbook

浑源年鉴
HUNYUAN YEARBOOK

2023

中共浑源县委党史研究室
（浑源县地方志研究室）编

方志出版社
Publishing House of Local Records

图书在版编目（CIP）数据

浑源年鉴．2023 / 中共浑源县委党史研究室（浑源县地方志研究室）编．—北京：方志出版社，2023.12
ISBN 978-7-5144-6058-2

Ⅰ．①浑… Ⅱ．①中… Ⅲ．①浑源县－2023－年鉴
Ⅳ．①Z522.54

中国国家版本馆CIP数据核字（2023）第253041号

责任编辑：顾 洁
责任校对：张玉霞
责任印制：梅中英
出 版 者：方志出版社
地 址：北京市朝阳区潘家园东里9号（国家方志馆4层）
邮 编：100021
网 址：http://www.zgfzcb.cn
发 行：方志出版社图书营销中心（010-67110500）
印 刷：山西海德印务有限公司
开 本：889毫米×1194毫米 1/16
印 张：25
字 数：662千字
版 次：2023年12月第1版
印 次：2023年12月第1次印刷
定 价：240.00元

《浑源年鉴（2023）》编审委员会

《浑源年鉴（2023）》编纂人员

序

国务院办公厅2015年8月印发的《全国地方志事业发展规划纲要（2015—2020年）》（以下简称《规划纲要》）要求，到2020年要做到地方综合年鉴一年一鉴，公开出版，实现省、市、县三级综合年鉴全覆盖。《规划纲要》还要求，坚持存真求实，正确处理质量与进度的关系，将精品意识贯穿于年鉴编纂出版工作全过程。2015年12月，中国地方志指导小组办公室启动中国年鉴精品工程，将其与先期实施的中国志书精品工程视为姊妹工程，一道作为加强地方志质量建设的重要抓手。

实施中国年鉴精品工程有助于推动中华优秀传统文化传承发展。近年来，在党中央、国务院的高度重视和关心支持下，全国地方志事业发展迎来最好的发展时期。年鉴编纂发端于欧洲，鸦片战争后被引入我国，在我国走过了100多年的发展历史。在长期的编纂中，年鉴在内容和形式上不断发展，逐渐演变成为适合反映中国国情、具有鲜明中国特色的一种文化载体，并在改革开放后出现了快速发展的局面。2006年5月，国务院《地方志工作条例》颁布施行，明确将地方综合年鉴纳入地方志工作范畴，年鉴工作走上了有法可依的轨道。《规划纲要》出台，为从依法编鉴转变到依法治鉴指明了方向。2016年12月，中国地方志指导小组印发《全国年鉴事业发展规划（2016—2020年）》，更进一步明确了到2020年全国年鉴事业的任务书、时间表、路线图。经过多年的发展，年鉴工作已经成为地方志工作的重要组成部分，成为中华民族优秀文化传统的有机组成部分，其存史、育人、资政作用日益彰显。实施中国年鉴精品工程，是年鉴工作者紧扣时代脉搏、坚持创新发展的一项重要举措，对于坚定文化自信，传承弘扬好中华优秀传统文化意义重大。

实施中国年鉴精品工程有助于为全面建成小康社会提供更多智力支持和历史借鉴。党的十八大作出全面建成小康社会的战略部署。党的十八届五中全会提出到2020年如期实现全面建成小康社会的目标要求。完成《规划纲要》确定的目标任务是年鉴工作者的神圣使命，更是年鉴工作者以自身力量为全面建成小康社会献上的厚礼。一方面，可以更好地利用年鉴这种年度资料性文献，及时记录各地区在全面建成小康社会伟大征程中每年取得的新成绩和新经验、出现的新情况和新问题、涌现的优秀人物和典型事迹等；另一方面，可以更好地积累地情、国情资料，为推动经济社会发展和深化改革提供智力支持，为推进国家治理体系和治理能力现代化提供历史借鉴。

实施中国年鉴精品工程有助于全面推进地方志事业转型升级。地方志不是单纯修志编鉴工作，而是全体方志人“修志问道，以启未来”的一项事业，这项事业包含着巨大的时代担当与使命追求。地方志工作要在“五大建设”总体布局和“四个全面”战略布局中发挥与其自身价值、功能相匹配的作用，就要因时而谋、乘势而上、顺势而为，全面推进地方志事业转型升级。转型升级，当下最重要的目标就是完成“两全”目标，包括“年鉴全覆盖”目标；长远的目标就是基本形成地方志编修体系、理论研究和学科建设体系、质量保障体系、资源开发利用体系、工作保障体系“五位一体”的地方志事业发展综合体系，包括“五位一体”的年鉴事业发展综合体系。中国年鉴精品工程是一项探索工程，也是一项创新工程，是推进地方志事业转型升级的重要内容。通过实施中国年鉴精品工程，不仅有助于确保年鉴质量，不断编纂出版具有鲜明时代特征、年度特点和地域特色的精品年鉴，也有助于推动年鉴工作适应经济社会发展形势和时代需要，不断改革创新，与时俱进。

多年来，在中国地方志指导小组办公室的指导和全国各级地方志工作机构的共同努力下，年鉴种类数量快速增长，年鉴成果粲然可观，为实施中国年鉴精品工程奠定了坚实的基础。实施中国年鉴精品工程，就是要在全国地方志系统起到示范作用，进一步培育精品意识，打造精品年鉴，以点带面，在提高年鉴质量方面探索出一条切实可行之路，使这项探索工程和创新工程能够积累经验，发挥引领作用。

“万山磅礴，必有主峰；龙衮九章，但挈一领。”实施中国年鉴精品工程，是筑牢地方志事业特别是年鉴事业发展根基之举，其意义与价值不言而喻。但编修出年鉴精品佳作，绝非朝夕之功，需要付出长期艰辛的努力。希望通过实施中国年鉴精品工程，能够进一步推进年鉴质量建设，使年鉴真正成为传承中华民族优秀传统文化的重要载体，成为展示中国国情、地情的重要窗口，成为“为当代提供资政辅治之参考、为后世留下堪存堪鉴之记述”的资源宝库，在全面建成小康社会过程中作出更大贡献。

是为序。

中国社会科学院原副院长
原中国地方志指导小组常务副组长 李培林

编辑说明

一、《浑源年鉴》首次出版于2001年，是由中共浑源县委、浑源县人民政府主办，中共浑源县委党史研究室（浑源县地方志研究室）编纂的年度资料性文献。

二、《浑源年鉴（2023）》以马克思列宁主义、毛泽东思想、邓小平理论、"三个代表"重要思想、科学发展观、习近平新时代中国特色社会主义思想为指导，坚持辩证唯物主义和历史唯物主义的立场、观点和方法，系统介绍2022年浑源县自然、政治、经济、文化、社会、生态等各个领域的新思路、新举措、新进展、新成就，全面记录浑源县围绕"举文化生态牌、建特色休闲城、走旅游康养路"的发展战略，实现高质量发展的生动实践，为各界人士了解浑源、认识浑源、投资浑源、建设浑源提供基础信息和资料。

三、本卷除特载、县情概览部分内容外，记述时限为2022年1月1日至12月31日。

四、本卷采用分类编辑法记述，按类目、分目、条目三个层次编排。本卷卷首设特载、专文、大事记、县情概览，正文设中国共产党浑源县委员会、浑源县人民代表大会、浑源县人民政府、中国人民政治协商会议浑源县委员会、中国共产党浑源县纪律检查委员会 浑源县监察委员会、群众团体、法治、军事、经济管理、北岳恒山、中国黄芪之乡、产业功能区、全域旅游、农业、工业、商贸服务业、金融业、交通、城市建设与管理、乡村振兴、生态环境保护、教育、科学技术、文化、卫生健康、体育、应急管理、社会生活、乡镇29个类目，卷尾设人物 荣誉、统计资料、附录、索引。全书设分目236个，条目1269个，插入图片161张，表格38张。

五、本卷框架在保持相对稳定的基础上，结合浑源县实际情况作适当调整，增设"专文""北岳恒山""中国黄芪之乡""产业功能区""全域旅游”“体育”“人物 荣誉”“统计资料”类目，“商贸”类目改为“商贸服务业”类目，“城乡建设与环境保护”类目拆分为“城市建设与管理”“生态环境保护”类目，“交通与邮政通信”类目改为“交通”类目，“邮政通信”的内容归入“商贸服务业”，“教育 科技”类目拆分为“教育”“科学技术”类目，“文化旅游”类目拆分为“文化”“全域旅游”类目，“医疗卫生”类目改为“卫生健康”类目，“社会保障与管理”类目改为“社会生活”类目。

六、本卷所载条目信息由县辖党政机关、乡（镇）和企事业单位提供，所用“统计资料”由浑源县统计局提供，正文中数据由各部门、各乡（镇）提供，因行业和地区统计口径不同，相关数据如有差异，以浑源县统计局数据为准。

七、本卷数字用法、标点符号用法分别采用国家标准《出版物上数字用法》（GB/T 15835—2011）、《标点符号用法》（GB/T 15834—2011），计量单位采用国家技术监督局1993年12月发布的《量和单位》系列国家标准。个别如“特载”“县情概览”“农业”“乡村振兴”“乡镇”“统计资料”类目的计量单位“亩”“公斤”“公顷”等现实通行、民众认可者，遵从习惯。除“统计资料”类目外，全书统计数字小数点后保留一位数。

八、本卷索引采用主题词编纂，主题词按首字汉语拼音音序排列。

数字浑源 2022

SHUZI HUNYUAN

- 土地面积：**1968.5** 平方千米
- 年末常住人口：**23.4** 万人
- 地区生产总值：**56.9** 亿元
- 第一产业增加值：**13.3** 亿元
- 第二产业增加值：**10.9** 亿元
- 第三产业增加值：**32.7** 亿元
- 人均地区生产总值：**59447** 元
- 社会消费品零售总额：**38.1** 亿元
- 固定资产投资：**30.6** 亿元
- 地方一般公共预算收入：**2.1** 亿元
- 城镇常住居民人均可支配收入：**30473** 元
- 农村常住居民人均可支配收入：**11758** 元

浑源荣誉

HUNYUAN RONGYU

- 中国黄芪之乡
- 中国最美县域
- 中国优秀旅游名县
- 国家全域旅游示范县
- 山西省双拥模范县
- 山西省历史文化名城
- 山西省“城市更新试点县”
- 山西省“县城绿色低碳建设试点县”
- 山西省历史文化地名“千年古县”之一
- 山西省市县转型综改牵引性集成改革试点
- 山西省省级农业生产托管高质量发展试点县
- 山西省打造的十个“文旅康养集聚区”之一

浑源古城

HUNYUAN GUCHENG

浑源古城南依恒山，北临浑河，城墙呈八边形，街巷逶迤曲折，应对北方玄武星象，故有“龟城蛇街”之称。古城距今有1000余年历史，1993年，经山西省人民政府批准为第二批省级历史文化名城。古城内有全国重点文物保护单位4处。2022年，浑源县全面推进古城省级旅游休闲街区和国家级历史文化名城创建工作，修复鼓楼、牌楼、州衙等古建筑160余座。

浑源古城内全国重点文物保护单位—圆觉寺　　（安兴旺 摄）

浑源古城夜景　　（裴雁巍 摄）

2022年，浑源州署成功申报国家AAA级旅游景区。图为2月11日，浑源州署举行“开衙盛世、体察巡游”主题情景演绎活动（安兴旺 摄）

浑源古城内全国重点文物保护单位—永安寺　（安兴旺 摄）

浑源古城内全国重点文物保护单位—栗毓美墓　（安兴旺 摄）

北岳恒山

BEIYUE HENGSHAN

北岳恒山位于浑源县城南4千米处，与东岳泰山、西岳华山、南岳衡山、中岳嵩山并称为“中华五岳”。1982年，经国务院批准为首批国家级风景名胜区。2009年，被列入“国家自然和文化双遗产名录”“世界自然和文化遗产预备名录”。2022年，浑源县加快“绿色恒山、人文恒山、智慧恒山、美丽恒山、宜游恒山”建设，申报国家AAAAA级旅游景区，打造全景浑源、全境恒山大旅游。2023年1月，恒山风景名胜区被中国气象局授予“全国避暑旅游目的地”称号。

北岳恒山恒宗殿　　（安兴旺　摄）

2023 年 1 月，恒山风景名胜区被中国气象局授予“全国避暑旅游目的地”称号。图为恒山主峰全景（裴雁巍 摄）

北岳恒山悬空寺（安兴旺 摄）

中国黄芪之乡

ZHONGGUO HUANGQI ZHIXIANG

浑源县是中国黄芪之乡，黄芪种植历史源远流长，早在1500年前的北魏时期就有黄芪种植入药的记载。浑源黄芪种植在北岳恒山山脉南部，其皂苷含量是《中华人民共和国药典（2020年版）》标准的3倍多，是重要的农业文化遗产。截至2022年底，浑源县适宜种植黄芪面积39.6万亩，种植黄芪面积28.1万亩，其中规范化种植黄芪面积23万亩，直接拉动从业人员1万余人，拉动相关从业人员5万余人。全县黄芪相关产业年产值13亿余元。

截至2022年底，浑源县规范化种植黄芪面积23万亩。图为中国黄芪道地产地—官儿乡恒山黄芪规范化种植基地（安兴旺 摄）

2022年5月28日，浑源县黄芪文化园成功申报国家AAA级旅游景区。图为黄芪文化园内景（安兴旺 摄）

2022 年 9 月 24 日，浑源县建成国内首家以黄芪为主题的博物馆—中国恒山黄芪博物馆

（安兴旺　摄）

2022 年 10 月 28 日，浑源县千佛岭乡泽清岭村村民收获黄芪现场　　（安兴旺　摄）

2022 年 9 月 28 日，浑源县首届“恒山黄芪”烹饪大赛在黄芪文化园举行　　（安兴旺　摄）

浑源县黄芪文化园展览的黄芪王

（杨 钦摄于 2022 年 8 月 20 日）

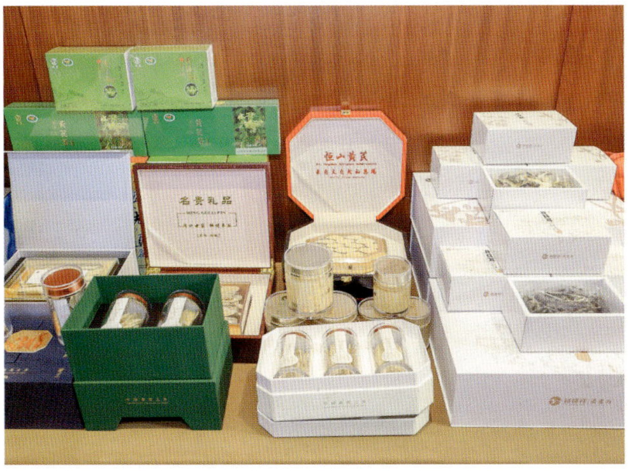

2022 年，浑源县黄芪产品有黄芪王、黄芪饮片、礼品芪等六大类、38 个品种，远销 80 余个国家和地区。图为部分产品　　（杨　钦　摄）

转型浑源

ZHUANXING HUNYUAN

2022年，浑源县坚持绿色、循环、低碳发展理念，推进新能源产业项目、全域旅游服务中心建设项目、恒山黄芪品牌建设项目、生态环境综合治理等重点项目建设，围绕天路、温泉、黄芪、乡村客栈等特色文旅项目，拓展开发浑源凉粉、浑源白酒、恒山黄芪等绿色有机产品和非遗文创产品，探索打造“新能源+”“生态+”“文化+”等业态融合汇聚的“浑源康养”模式。

2022年，浑源县总投资5.2亿元的全域旅游服务中心建设项目完成主体工程。图为建设中的全域旅游服务中心

（安兴旺 摄）

2022年9月24日，浑源县举行黄芪文化园开园仪式暨首届恒山黄芪产业高质量发展论坛。图为黄芪文化园外景（杨 钦摄）

2022 年 4 月 18 日，总投资约 1.6 亿元的汤头温泉疗养院改造一期工程启动

（李梦尧 摄）

2022 年，浑源县实施总投资 89 亿元，装机容量 150 万千瓦的抽水蓄能电站项目。图为 1 月 27 日施工现场 （张 吉 摄）

2022 年，浑源县实施年产原酒 1.5 万吨恒山酿酒有限公司技改项目。图为该公司技改后的酒库

（于 谦 摄）

2022 年 8 月 11 日，山西浑源大瑞食品加工有限公司组织技术骨干研发新产品—速食浑源凉粉

（安兴旺 摄）

生态浑源

SHENGTAI HUNYUAN

2022 年，浑源县持续打好蓝天、碧水、净土保卫战，开展山、水、林、田、湖、草一体化保护和修复工程，做好治土、防污、植绿文章，构建绿水青山与金山银山良性互通新格局，完成北京冬奥会和残奥会期间空气质量保障任务。全年，浑源县二级以上天数 285 天，比上年增加 17 天。空气质量综合指数 4.6，比上年下降 9.6%。

2022 年 6 月，全长 88 千米的浑源县“探岳之旅·天路”全线贯通。图为龙山天路　（安兴旺　摄）

2022 年 10 月，浑源县二亩湾生态治理被评为“山西省国土空间生态修复示范工程项目”。图为修复后的二亩湾采矿生态治理区　（安兴旺　摄）

国家级湿地公园建设试点—浑源县神溪湿地　（裴雁巍 摄）

浑源县田村水库北迁的大天鹅、白鹭等水鸟　（裴雁巍 摄）

2022年，浑源县在东葫芦头村投资157万元打造天然氧吧，建成生态休闲区　（安兴旺 摄）

2022年9月，浑源县被列为山西省“县城绿色低碳建设试点县”。图为县城生态绿化一景
（裴雁巍 摄）

总 录

目 录

特 载

专 文

大事记

县情概览

中国共产党浑源县委员会

浑源县人民代表大会

浑源县人民政府

中国人民政治协商会议浑源县委员会

中国共产党浑源县纪律检查委员会 浑源县监察委员会

群众团体

法 治

军 事

经济管理

北岳恒山

中国黄芪之乡

产业功能区

全域旅游

农　业

工 业

商贸服务业

金融业

交　通

城市建设与管理

乡村振兴

生态环境保护

教 育

科学技术

文　化

卫生健康

体　育

应急管理

社会生活

乡 镇

人物 荣誉

统计资料

附　录

索　引

特　载

中共浑源县委常委会工作报告（节选）

——2023 年 1 月 7 日在中共浑源县委十六届四次全体会议上

中共浑源县委书记　高　莹

2022 年以来，在党中央和省委、市委的坚强领导下，县委常委会团结带领全县党员干部群众，以习近平新时代中国特色社会主义思想为根本遵循，深入贯彻落实中共十九大和十九届历次全会精神，围绕喜迎中共二十大和学习宣传贯彻大会精神，全面贯彻落实党中央和省委、市委各项安排部署，高效统筹疫情防控和经济社会发展，全力以赴抓项目、兴产业、强基础、抗疫情、惠民生、防风险，全县呈现出党的建设全面加强、产业结构持续优化、改革创新不断深化、民生民计显著改善、社会大局稳定向好的良好局面。

一年来，县委常委会充分发挥把方向、管大局、作决策、促落实的作用，突出抓了五件大事：一是喜迎中共二十大胜利召开。紧紧围绕喜迎中共二十大、学习宣传贯彻中共二十大精神这一主线，持续开展“喜迎二十大”“奋进新征程、建功新时代”“非凡十年”“党建引领促基层建设”等系列宣传活动。全方位、多维度地传达了中共二十大报告的丰富内涵和精神实质，充分报道了全县各级各部门学习贯彻中共二十大精神先进经验和典型做法，掀起了全县学习中共二十大精神热潮，为全方位推动浑源高质量发展提供了坚强思想保证和强大精神力量。二是抓好常态化疫情防控和应急处置。始终坚持人民至上、生命至上，毫不动摇坚持“外防输入、内防反弹”总策略和“动态清零”总方针，坚决落实国家、省、市相关防控措施，动态调整优化组织工作体系，县乡村三级联动，人民群众齐心抗疫，打赢疫情防控阻击战、遭遇战、歼灭战，全力维护了人民群众生命安全和身体健康。三是推动黄芪产业高质量发展。坚持高端化发展道路，持续放大恒山黄芪“特”“优”品质，与一亩田公司、山西农业大学合作共建了恒山黄芪产业研究院，建成集“种、养、加、园、商、旅、研”于一体的黄芪文化园和黄芪产业示范基地，成功申报省级食药物质试点企业 1 家，正式启动了恒山黄芪数字种植基地建设项目，举办首届恒山黄芪产业高质量发展论坛、国家·山西省中药材产业技术体系对接交流会等相关活动，持续做足黄芪产业发展大文章。四是构筑全域旅游新格局。以实现“全境恒山、全景浑源”为目标，举办浑源文化旅游季系列活动 23 场，开展了“旅游服务质量提升年”系列专项行动，恒山AAAAA级景区创建报告、方案、宣传片已完成并上报省文旅厅，黄芪文化园、浑源州署成功创建国家AAA级旅游景区，一德街成功申报省级夜经济生活集聚区，东葫芦头、龙盆峪、莲花山、二岭等特色乡村旅游景点累计接待游客近10万人，全域旅游新活力充分彰显。五是优化城市空间布局。坚持保护与开发并重，持续完善城市基础设施建设，加快推动城市更新，投资2.7亿元实施了全长5.4千米的排水防涝改造工程，打通朝阳路，极大缓解了县城道路交通压力；新建了步云路带状公园，实施了14个老旧小区改造工程和恒利源片区风貌整治项目，极大改善了城市人居环境，提升了城市生活品质。今年我县更是获得了“省级城市更新试点县”“县城绿色低碳建设试点县”两项殊荣。

总体看，我们紧紧扭住高质量发展目标不动摇，全县上下真抓实干、争先进位，以超常规力度和举措积极应对经济下行压力，多措并举稳定经济增长，努力以重点突破带动全局提升，全方位高质量发展迈出坚实步伐。今年前三季度，全县地区生产总值完成41.1亿元，同比增速0.5%；第三产业增加值完成23.1亿元，同比增速1.3%。1月至11月，固定资产投资完成26.4亿元，同比增速14.6%；规模以上工业增加值完成1.6亿元，同比下降17.4%，降幅持续收窄；一般公共预算收入完成1.9亿元，同比增速10.7%；限额以上社会消费品零售额完成2.1亿元，同比增速9.8%。

下面，再从七个方面报告整体工作情况。

一、坚持产业转型与效益提升统筹推进，促进经济发展转型升级

常委会认为，推动经济高质量发展是做好浑源工作的第一要务，必须深刻领会习近平总书记关于“三新一高”的重要论述，努力促进一二三产协调发展，推动经济实现质的有效提升和量的合理增长。

我们靶向发力稳住经济基本盘。出台扎实推进稳住经济一揽子措施行动方案，制定实施我县稳经济41条具体举措，推动国家和省市稳经济一揽子政策落地落实，为全市稳住经济大盘作出浑源贡献。聚焦纾困赋能，全面落实国家减税降费政策，截至11月底已减税降费1.8亿元，切实为广大中小微企业和个体工商户减压增效。全年发放政府消费券590万元，其中核销464万元，带动消费金额2196万元，撬动比达4.7倍，推动了餐饮住宿零售业持续迸发活力。坚持保主体、增主体、活主体、强主体并重，全面开展“市场主体建设年”活动，支持帮扶各类市场主体蓬勃发展。全县净增市场主体4403户，市场主体总量达到15137户，同比增长50.3%，完成全年净增目标任务的104.8%。2家公司在“晋兴板”正式挂牌，实现了自2015年“晋兴板”设立以来我县挂牌企业零的突破。我们不遗余力推动项目建设。坚持捋清项目底数、抓细项目建设、做实项目谋划、强化项目服务，全年共有谋划、储备和在建项目237个，总投资649.7亿元。其中，储备项目59个，总投资87.4亿元；谋划项目60个，估算总投资369.5亿元；在建项目118个，总投资192.8亿元，开工项目114个，开工率96.6%。一年来，我们申请地方政府专项债券项目5个，到位资金4.2亿元，完成投资4.9亿元；申请中央预算内资金项目6个，到位资金1.1亿元，完成投资1.3亿元；申请一般债券资金项目6个，到位资金1543万元。同时，我们积极申请上报2023年专项债券项目31个，申报项目数量、亿元以上项目数量均排全市县区第一，争取到位资金排全市县区第二。我们保持定力走好文旅康养路。坚定文旅康养发展战略，全力推进恒山AAAAA级景区创建，投资2600万元实施恒山景区建筑保护修缮系列工程，投资5.2亿元的全域旅游服务中心项目主体工程完工，旅游基础设施水平显著提升。深度打造探岳之旅·天路、空中草原、凌云口、五峰山等4条旅游廊道，新建乡村游客中心5座、停车场11个，扶持发展乡村旅游合作社21个，全域旅游发展势头强劲。编制完成《浑源县康养产业发展规划（初稿）》，强力推动汤头温泉改造项目顺利开工建设，汤头温泉旅游度假区成功入选省级文旅康养示范区创建名单。持续推动文物保护活化利用。投资12.5亿元的历史文化名城整体保护与更新项目正在编制可研立项；钟鼓楼片区1、2、3号院的建设已完成；举办了“纪念先圣·赓续文脉”浑源州文庙活化利用启动仪式暨祭孔大典，正式以“两权分离”托管方式对浑源州署进行市场化开发经营；全方位推广“一码游浑源”全域通应用，编辑整理《浑源旅游一本通》《浑源县旅游志》《浑源县文物志》，全面展示丰富的人文历史和自然景观。打造自带流量文旅新项目。实施了麻家大院锦茂博物馆品质提升工程，申报了州衙跨界表演艺术和民俗风尚酒店项目、沙画院交流推广和油画创作项目，以项目推进有力激活文旅IP、提升品牌流量。我们全力推进农业现代化发展。持续压实稳粮保供责任，全年粮食播种面积56.9万亩，粮食总产量达1.8亿公斤，实施高标准农田建设2.2万亩，新发展有机旱作农业示范区建设项目1.5万亩，辐射带动种植6万亩，完成农业生产托管20.6万亩。持续振兴特色小杂粮加工业，发展高效经济作物，投资793万元实施小杂粮及特色种植、经济作物补贴，种植小杂粮27132亩、经济作物8350亩。出台鼓励促进生态渔业发展实施意见，全年实施农业重点项目14个，总投资6.5亿元，完成投资1.8亿元，加速推动农业大县向农业强县跨越。我们精准发力加快新能源布局。持续推进能源结构转型，坚持把抽水蓄能作为推进储能主攻方向，优化一期项目工期，全力加快建设；完成了抽水蓄能二期选址规划，正在积极申报纳入全省“十四五”中长期规划。持续在风光电项目落地上发力，全年实施风光电项目4个，王庄堡镇50兆瓦风电、沙圪坨镇50兆瓦风电、京能100兆瓦光伏发电+10%储能已实现并网发电，源创翔润20兆瓦分散式风电项目正在加紧施工中，2022年全县已并网新能源发电企业装机总规模达到133.7万千瓦，同比增长17.6%。

二、坚持深化改革与创新发展兼顾并重，激发高质量发展内生动力

常委会认为，激发深化改革驱动力，持续提升重点领域破题突围加速度，必须坚持以更深层次的改革引领转型、以更高水平的开放促进发展，敢于拿来、善于创新，向改革要动力、用改革增活力，为推动全方位高质量发展提供浑源智慧和浑源方案。

我们持续深化综合行政执法体制改革。坚持与省、市机构改革全面对标对表，统筹谋划，扎实推进，圆满完成市场监管、文化市场、交通运输、劳动保障、规划和自然资源等9个领域综合行政执法队改革和16个乡（镇）综合行政执法体制改革，制定了“三定方案”，进一步明确了执法职责，理顺了管理体制，推动综合行政执法规范化建设。我们持续深化国资国企改革。坚决落实“从根上改、制上破、治上立”的要求，主动吸收借鉴其他地区国资国企改革的先进经验，全县全民所有制企业改革完成33家。其中，注销10家、改制9家、破产14家，圆满完成了目标任务。我们持续深化“放管服效”改革。推行市场主体登记注册“一网通、一窗办、半日结、零成本”，实行税务登记环节进驻大厅，为新设立市场主体首次免费刻制公章；积极推动国家“互联网+监管”工作，积极创新监管方式，对全县26家具有监管职能单位的基础数据进行事项认领，已认领目录清单数1018项，完成率100%；加强“好差评”应用管理，增加评价渠道，强化评议结果应用，评价数累计77143条，好评率100%；推行建设项目全流程网上审批，实现了一般企业投资项目完成项目赋码到竣工验收80个工作日内办结。

三、坚持民主政治与法治建设协调推进，凝聚团结奋斗强大合力

常委会认为，民主法治建设既是改革发展需要，也为民生关切所系，必须坚定不移走中国特色社会主义政治发展道路，坚持党的领导、人民当家作主、依法治国有机统一，充分调动广大人民群众的积极性、主动性和创造性，汇聚起全方位推动高质量发展的磅礴力量。

我们积极发展全过程人民民主，保障人民当家作主。支持人大依法履职，充分发挥人民代表大会制度的重要载体作用，听取审议专项报告23项，高质量办理人大代表建议、批评和意见123件，推动人大监督工作有效融入中心大局。坚持和完善中国共产党领导的多党合作和政治协商制度，支持政协围绕文旅康养、古城保护、黄芪产业等中心工作专题调研，形成建设性意见110余条、社情民意信息160条，切实将政协制度优势转化为参与基层社会治理效能。进一步发挥群团组织联系群众的桥梁纽带作用，团结带领广大职工、妇女、青年投身疫情防控和经济社会建设，同心同向推进浑源经济社会高质量发展。我们全面推进法治浑源建设。坚持法治浑源、法治政府、法治社会一体建设，统筹推进科学立法、严格执法、公正司法、全民守法，建设更高水平法治浑源、平安浑源、清廉浑源。出台全面依法治县委员会“两规则一细则”，将党政主要负责人履行推进法治建设第一责任人职责纳入年度目标责任考核体系。大力创建民主法治示范单位和示范村，建成国家级1个、省级3个、市级12个。调整完善县直部门权责清单，公布1840项行政职权事项，1189项政务服务实现“一网通办”，120项政务服务实现“跨省通办”。完善法律援助工作网络和基层法律服务体系，培养村（社区）法律明白人680人，成立4个行业性调解委员会、240个人民调解组织、681名调解员，充实基层矛盾纠纷多元化解力量。我们不断巩固和发展爱国统一战线。指导工商联换届选举，搭建政银企合作平台，建立了四套班子领导包联民营企业工作制度，出台关于民营企业涉纪涉法维权机制的指导意见，推进清廉企业建设，构建亲清政商关系。加强新的社会阶层人士统战工作，成立新的社会阶层人士联谊会，建立联谊会活动站24个，吸纳会员单位39个、会员人数91人，凝聚各界人士力量，助力经济社会发展。

四、坚持宣传思想与文化建设守正创新，汇聚奋进新时代精神力量

常委会认为，坚定文化自信，推进新时代文化强县建设，必须深入挖掘利用浑源的厚重历史文化，注重以文化人，坚持提升文化内涵，更好构筑“恒久北岳 厚道浑源”的精神内涵，激发全社会文化创新创造活力，为全方位推动高质量发展提供坚强有力的思想支撑、精神支撑和文化支撑。

我们牢牢守住意识形态阵地。加强党对宣传思想工作的全面领导，将意识形态工作纳入常委会工作要点，坚持每季度听取意识形态工作汇报。严格落实《浑源县进一步落实党委（党组）意识形态工作责任制的实施细则》，进一步压实各级党组织责任。强化新闻安全，严格新闻三审与节目三审制度，推送正能量信息内容3422条次。巩固壮大主流思想舆论，在《人民日报》、新华网、人民网、央视新闻等媒体发表各类稿件837篇，全力讲好浑源故事、唱响浑源声音。我们持续深化理论武装。始终把深入学习贯彻习近平新时代中国特色社会主义思想作为首要政治任务，结合抓党建促基层治理能力提升、清廉浑源建设和“十治”工作，进一步抓实各级党组织和党员干部理论武装工作。今年以来，县委中心组理论学习12次，开展习近平总书记考察调研山西重要讲话精神和十九届六中全会精神宣讲活动235场。我们不断提升社会文明程度。坚持以人民为中心的理念，全面推进精神文明建设，扎实开展新时代文明实践提档升级工作，出台《拓展新时代文明实践中心建设工作实施方案》，建成新时代文明实践中心1个、实践所16个、实践站225个，实现新时代文明实践中心（所、站）建设全覆盖。启动省级文明县城提名城市创建工作，全面开展213个行政村“十星级文明户”评选、道德模范评选、志愿服务项目建设等群众性精神文明创建活动，不断扩大精神文明建设的影响力和覆盖面。我们大力繁荣发展文化事业。持续加强县公共文化服务云平台建设，有效提升县级两馆公共文化服务水平。完成了全县16个乡（镇）48个行政村的文化馆、图书馆分馆制建设，全县行政村综合文化活动场所（地）覆盖率达到全省平均水平的95%以上。开发了一批具有北岳文化元素和浑源特色的“山西礼物”系列文创产品，制定浑源县非物质文化遗产保护规划和浑源县传统工艺振兴方案，传承推广“浑源铸钟制作技艺”“浑源炝辣子”等非物质文化遗产，努力为文化发展繁荣注入新的生机活力。组织开展“喜迎二十大 奋进新征程”系列活动，举办首届“清廉浑源”廉洁文化书画作品展和浑源老照片、浑源城市建设摄影展，满足群众对文化生活的新需求、新期待，提升了群众文化获得感、幸福感。

五、坚持民生保障与社会治理互促共进，铸就人民群众美好生活

常委会认为，发展的最终目的是让人民过上更加幸福美好的生活，必须始终把增进民生福祉作为一切工作的出发点和落脚点，多解民生之忧、多谋民生之利，千方百计改善民生，用心用情践行好以人民为中心的发展思想。

我们持续巩固脱贫攻坚成果。制定出台《浑源县促进脱贫群众增收措施三十条》，通过建立县级防返贫监测预警和帮扶管理系统、持续用好防返贫监测帮扶手册、成立“防返贫保险基金”等有效措施，健全防止返贫动态监测和帮扶机制，巩固提升“三保障”和饮水安全工作成效，加强对驻村干部的专题培训，压实驻村帮扶责任，接续推动产业发展和困难群众生活改善，为共同富裕打牢扎实基础。全年脱贫人口人均纯收入10992元，同比增幅15.4%。我们全力以赴提高全民保障水平。劳动就业保持稳定，全县城镇新增就业6749人，农村劳动力转移就业5282人。前三季度，城镇居民人均可支配收入22878元，同比增速8%；农村居民人均可支配收入7062元，同比增速10%。加码支持企业稳岗减负，对中小微企业、大型企业失业保险稳岗返还比例分别提高至90%和50%，发放稳岗返还资金51.4万元，为266家企业缓缴养老保险1008.5万元，为55家企业缓缴失业保险13.5万元。社保体系更加完善，认真落实法定人群参保全覆盖工作部署，取消灵活就业人员参保地域限制，城乡居民基本养老保险参保率99.5%、医疗保险参保率97.9%。社会保障水平稳步提高，发放养老金5674万元，为36403名农村低保人员发放低保金1.2亿元，为2578名农村特困供养人员发放特困供养金2111万元。我们努力办好人民满意的教育。规范民办义务教育学校4所，其中转公1所、缩规1所、停办2所。深化县管校聘改革，对公办义务教育学校2384名在编教职工实行竞聘上岗，聘用教师1906名，对其余478名教师根据实际统筹调剂安排；全面落实“双减”工作，县财政列支325万元专门用于开展课后延时托管服务，建立了校外减负常态化监管机制，受到市委、市政府充分肯定。扎实做好“控辍保学”，累计为1584名家庭经济困难幼儿发放资助资金79.2万元，为3666名义务教育阶段家庭经济困难学生发放补助资金167万元，全县义务教育阶段学龄人口无一人因贫失学辍学。持续改善办学条件，穆岳小学、浑源二中、示范中学男生公寓楼投入使用。2022年高考达线人数812人，高考成绩实现历史性突破，中考各项指标均位居全市前列。我们不断加快健康浑源建设。全面升级医疗和公共卫生服务，推进县医疗集团与市第三人民医院、同煤总院、省肿瘤医院建立医联体，定期邀请省市专家来我县坐诊；免费完成“两癌”筛查2500人，全县三类监测户3151人全部实现了家庭医生签约服务，各项基本公共卫生服务指标完成率都已达到90%以上。我们坚决维护社会大局。深入推进信访工作，中联办、省联办交办案件化解率100%，全县排查各类信访矛盾隐患化解率99.8%，未发生信访极端事件，圆满完成了冬奥会、二十大等特殊时段信访维稳任务。常态化开展扫黑除恶斗争，打掉各类犯罪团伙8个，立各类刑事案件179起，查处各类治安案件337起，刑事案件和治安案件分别同比下降11.8%、40.8%，重大社会稳定风险预警率达到96%以上，未发生影响政治安全的重大事件和暴力恐怖事件。严格落实安全生产责任制，扎实开展安全生产专项整治三年行动、风险隐患大排查大整治百日攻坚等专项行动，突出抓好道路交通、大型群众性活动、建筑施工、危险化学品、旅游设施、消防等重点领域安全问题专项整治，全年未发生安全生产事故。

六、坚持系统治理和保护建设综合施策，筑牢绿色生态屏障

常委会认为，加强生态文明建设是实现绿色发展的重要途径，必须深入贯彻习近平生态文明思想，坚定不移走生态优先、绿色发展之路，守好生态底线，厚植生态底色，积极构建绿水青山与金山银山良性互通新格局，走出“两山论”的浑源成功实践。

我们深入推进污染防治，打好蓝天保卫战。深入推进清洁取暖工作，实施县城建成区煤改电2000户，县城建成区和农村清洁取暖覆盖率分别达86%、70%；开展臭氧污染治理攻坚行动和常态化路检路查，严厉打击各类违法行为，持续改善县城空气质量。冬奥会、冬残奥会期间，我县中度及以上污染天数实现“全无”目标，细颗粒物日均浓度和平均浓度降幅实现“双达”要求。全年二级以上天数285天，同比增加17天，圆满完成了环境空气质量保障任务。我们持续改善环境质量，打好碧水保卫战。严格落实县、乡两级“双总河长制”及“河长+河检察长”“河长+河警长”工作模式，加大巡河工作力度，开展河流“清四乱”大起底、大排查、大整治行动，全力保障全县河道和沟渠岸清水净。完成了61个“千人以上”农村水源地保护区划分的现场踏勘和摸底排查，投资1.2亿元建设的污水处理厂扩容及提标改造子项目投入运营，投资700万元完成了白道生态清洁小流域综合治理，投资1844万元实施荞麦川河道治理工程。我县2个地表水监测断面水质优良（达到或优于Ⅲ类）比例达到100%。我们切实加强源头管控，打好净土保卫战。深化土壤污染防治，扎实推进13个行政村的生活污水治理，加强危险废物规范化管理，严厉打击固体废物非法转移倾倒等违法行为。深入开展国土绿化行动，完成人工造林10.3万亩。持续巩固矿山生态修复成果，拓展生态修复内涵，在复垦区建设75兆瓦“林光互补”基地，实现了村集体和农民增收多赢；在适生区域种植中小药材和经济林，助力乡村振兴；举行矿山生态园文化旅游月活动，实现了生态“修复”到生态“造福”的转变。二亩湾生态治理被评为“全省国土空间生态修复示范工程项目”。

七、坚持固本强基和正风肃纪一以贯之，推进全面从严治党向纵深发展

常委会认为，全面从严治党永远在路上，党的自我革命永远在路上，必须深刻认识到党风廉政建设和反腐败斗争的长期性、复杂性和艰巨性，深入贯彻新时代党的建设总要求，坚持不懈打造风清气正的清廉浑源。

我们坚定不移将全面从严治党引向深入。县委常委会带头，严格履行管党治党主体责任，深入研究全面从严治党工作15次，对重大案件及重要事项均第一时间进行研究。扎实推进清廉浑源建设，印发《浑源县全面建设清廉浑源2022年工作要点》，明晰清廉建设工作任务，开展监督检查218次，发现问题26个，通报单位20家，推动整改问题20个。不断深化“三个一批”重点村专项治理，解决各类问题47个，处置问题线索18件，3个省定重点村被评为良好。开展作风大整顿、营商环境大提升专项行动，对2899名党员干部开展学习教育，查处问题36个，给予党纪政务处分32人，汇总梳理9家单位300余项“小微权力”清单向社会公示，进一步加大社会监督力度，有力打通营商环境“最后一千米”。扎实推进政治巡察有序开展，高质量完成十六届县委第二轮和第三轮巡察，两轮巡察发现的“三个聚焦”共性问题309个和问题线索30个，已全部处办整改到位。我们持之以恒推进正风肃纪反腐。坚持严的主基调，把一体推进“三不”方略贯穿正风肃纪反腐全过程，先后受理信访举报189件次，受理问题线索452件，立案197件，给予组织措施5人、党纪政务处分187人，移送检察机关5人，留置4人。运用监督执纪“四种形态”批评教育帮助和处理党员及监察对象488人（次），开展“一把手”和领导班子政治画像1216人，约谈乡（镇）和单位主要负责人8名，与县管干部开展见面谈话41

人（次）。巩固作风建设成果，开展落实中央八项规定精神专项监督检查150次，查处违反中央八项规定精神问题15起，组织处理15人。分级分类开展“以案为鉴、以案促改”警示教育，优化政治生态，召开警示教育大会85场次，切实增强拒腐防变能力。严格落实“三个区分开来”要求，综合运用警示提醒、容错纠错、澄清正名、回访教育等措施，警示提醒党员干部268人（次），充分激励党员干部担当作为。我们部署开展抓党建促基层治理能力提升专项行动。建立县级统筹谋划、工作专班协调推进、责任部门牵头实施、乡（镇）党委具体落实的“四级联动”工作体系，全县上下同发力、同推进，专项行动取得明显成效。实施农村“带头人”队伍优化提升行动，对村（社区）党组织书记实行“星级化”管理，有效激发了基层队伍活力。实施“乡村振兴万人计划”，新招聘106名大学毕业生到村工作，实现“一村一名大学生”全覆盖。实施“党建＋网格”精细化管理模式，将基层治理、公共服务、治安稳定等事项纳入339个基础网格、27个专属网格管理范畴，确保管理要素全入网、管理事项全进网。实施“清化收”专项工作，累计清理不规范合同905份，整改合同703份，清欠承包费107.7万元，回收债权116.4万元，化解债务111.9万元，新增资源3069亩，增收63.2万元，有效拓宽增收渠道、壮大集体经济。我们切实加强干部人才队伍建设。举办两期全县科级干部主体（读书）班、年轻干部廉洁从政专题培训班，以及“领头雁”培训、大学生村干部培训、公务员初任培训等，各级党员干部理论素养、政治素养、精神境界、解决实际问题能力显著提高。坚决贯彻党中央关于领导干部能上能下的规定，健全能上能下的选人用人机制，推动形成能者上、优者奖、庸者下、劣者汰的用人导向和从政环境。持续实施农村干部学历提升工程和后备干部培养工程，储备后备干部234人、后备人才634人，有效提升农村基层干部政治素养和履职能力。大力推进人才强县战略，不断深化省校合作，与省内外高校达成合作意向14个，签署协议6个，引进高层次、高学历、高素质兼备的浑源籍研究生人才71人，开展第二批县委联系的优秀人才评选，充分激发人才队伍活力，为全方位推动高质量发展提供了坚强人才支撑。

今年以来，县委常委会秉持“打铁还需自身硬”的理念，高度重视自身建设，始终坚持把党的政治建设摆在首位，深刻领悟“两个确立”的决定性意义，把增强“四个意识”、坚定“四个自信”、做到“两个维护”贯穿到各项工作全过程，带头提升政治能力，带头深化理论武装，带头强化担当精神，带头搞好团结协作，带头改进工作作风，为各级党组织作出示范。一年来，各位委员和候补委员对常委会工作给予大力支持和帮助。

同时，我们也应该清醒地看到，全县发展仍然存在一些困难和问题。特别是经济发展较慢的状况没有根本性转变，县域经济总量偏小，受疫情影响，各类刚性支出和重点支出持续增长，财政收支矛盾加剧；规模以上工业企业较少，企业转型发展步履艰难；文旅融合发展虽然取得了一定成绩，但与打造文旅康养高地和人民群众期许还有一定距离，文物保护力量较为薄弱，众多优质的文物资源还未得到有效利用；营商环境仍需持续优化改善；基层便民服务设施的配置仍相对滞后；党风廉政建设和反腐败斗争形势依然严峻复杂，全面从严治党还需向纵深推进；等等。对这些不足和问题，常委会将在今后的工作中采取有效措施，认真加以解决。

往日可鉴，当下可为。县委常委会决心更加紧密地团结在以习近平同志为核心的党中央周围，深入学习贯彻习近平总书记重要讲话精神和中共二十大精神，以更加饱满的热情、更加昂扬的斗志、更加坚定的信心，凝心聚力谱写浑源高质量发展新篇章。

政府工作报告（节选）

——2023 年 4 月 19 日在浑源县第十八届人民代表大会第四次会议上

浑源县人民政府县长　赵昱清

一、2022 年工作回顾

一年来，县政府在市委、市政府和县委的坚强领导下，坚持以习近平新时代中国特色社会主义思想为指导，深入学习贯彻落实中共二十大精神和习近平总书记考察调研山西重要讲话重要指示精神，全面落实中央、省、市决策部署和县委工作要求，坚定不移“举文化生态牌、建特色休闲城、走旅游康养路”，扎实做好“两个统筹”，全力推动县域经济企稳回升，各项事业迈出坚实步伐。

一年来，我们高效统筹、助企纾困，经济运行稳固向好。统筹市场主体倍增工程和营商环境创新提升行动，出台 41 条稳经济一揽子政策措施，落实国家退税减税降费 1.8 亿元，推动产融对接 4.4 亿元，取消行政审批事项 10 项，实行告知承诺制 24 项。全年市场主体净增 4403 户，总量达到 15137 户。全县地区生产总值完成 56.9 亿元，稳定向好；第三产业增加值 32.7 亿元，占 GDP 的 57.4%，贡献突出；固定资产投资 30.6 亿元，同比增长 5.6%，扭转了过去两年连续负增长态势；城乡常住居民人均可支配收入分别达到 30473 元、11758 元，同比分别增长 7.1%、7.8%，增速位于全市第一方阵。

一年来，我们立足优势、打造特色，文旅康养全面开花。立足地域与资源优势，完善基础设施配套建设，提升文旅康养软实力。黄芪文化园、浑源州署成功创建国家 AAA 级景区，汤头温泉度假区入选省文旅康养示范区创建单位名单，全域旅游服务中心完成主体工程，神溪湿地公园项目有序推进。深度打造探岳之旅天路、空中草原、凌云口、五峰山、莲花山 5 条乡村旅游廊道，推进 10 个省级旅游示范村建设，新建 5 座乡村游客中心，全域旅游初具规模。2022 年恒山风景名胜区获评“全国避暑旅游目的地”，全县被列入全省打造的 10 个文旅康养集聚区。

一年来，我们抢抓机遇、全局谋划，发展动能积蓄壮大。全年共谋划文化、生态、旅游、康养、民生、城市更新等项目 221 个，其中 4 个省级重点项目完成投资 7 亿元，14 个市级重点项目完成投资 16.3 亿元。全年签约项目 14 个，开工 12 个，落实到位资金 18.5 亿元。争取专项债券资金项目 5 个，到位资金 4.2 亿元；申报 2023 年专项债券项目 31 个，申报项目数量、亿元以上项目数量均排全市县区第一，争取到位资金排全市县区第二。

一年来，我们攻坚克难、改善环境，城市更新蹄疾步稳。加快推进城市空间优化和品质提升，完善城市基础设施建设，推进雨污分流、道路照明、电网改造等配套设施建设，4 条市政道路提质升级，朝阳路贯通新旧城区，14 个老旧小区完成改造，步云路带状公园建成使用。恒利源片区风貌整治全面完成。钟鼓楼片区保护修复工程纵深推进，鼓楼 1、2、3 号院相继建成，6 条古城街巷提标改造，4 处古建筑活化利用。城市空间持续释放，文化魅力进一步彰显。2022 年，我县荣列山西省第一批“省级城市更新试点县”和第二批“绿色低碳建设试点县”，一德街入选“省级夜经济生活集聚区”。

一年来，我们接续奋斗、巩固成果，乡村振兴提速增效。统筹整合资金 1.2 亿元，实施乡村振兴项目 85 个。发放小额信贷 1910 笔 1 亿元。“雨露计划”补助1210人363万元。实现电子商务交易额3.1亿元，帮助脱贫户销售农产品0.5亿元。引导脱贫劳动力省内外务工2万人，发放务工补贴500万元。发放光伏收益资金0.3亿元，解决就业4053人。完成农业生产托管服务20.6万亩，实现粮食总产量1.8亿公斤。组建恒山黄芪产业商会。完成凉粉文化园和实训基地主体工程。建成农村“颐养之家”5个。改造农村户厕2650座。率先在全市实施城乡一体化供水工程。2022年全县脱贫户人均收入10992元，同比增长15.4%，增速高于全县农民人均可支配收入7.6个百分点；村集体经济收入全部达到10万元以上。

一年来，我们深挖潜力、厚植优势，生态环境持续改善。推进清洁煤替换工程，全县清洁取暖率达到75.4%，县城建成区和农村清洁取暖覆盖率分别达86%、70%。全年二级以上优良天数285天，同比增加17天。开工建设4个建制镇污水处理项目，完成白道生态清洁小流域综合治理工程，实施唐峪灌区续建配套与节水改造工程，2个地表水监测断面水质优良比例达到100%。完成人工造林10.3万亩。二亩湾生态治理被评为“全省国土空间生态修复示范工程项目”。

一年来，我们多措并举、保障民生，群众“三感”底色更足。持续加大民生和社会事业投入，13项民生支出24.9亿元，占一般公共预算支出的86.4%。教育方面，落实“双减”政策，建立课后服务经费保障机制，规范4所民办义务教育学校；穆岳小学、浑源二中新校区投入使用；为6802人贫困学生办理助学贷款0.5亿元；高考成绩实现了6年来最好水平，中考指标位居全市各县区前列。社保方面，新增城镇就业6749人，农村劳动力转移就业5282人；农村低保等救助标准持续提升；建成永安镇卫生院思源分院；参保群众医疗救助实现市级统筹“一站式”线上支付。10件民生实事落实落地，“平安浑源”建设走深走实，人民群众对美好生活的期盼得到有效回应。

一年来，我们众志成城、抗击疫情，人民健康充分保障。坚持人民至上、生命至上，全县上下万众一心、共克时艰，快速打赢了疫情防控阻击战。在这场没有硝烟的战争中，广大党员闻令而动、冲锋在前，彰显了新时代共产党员的政治担当；广大医务工作者白衣执甲、无畏出征，用责任诠释了医者仁心；公安干警、基层干部、志愿者夜以继日、坚守一线，构筑了群防群控的坚固防线；社区工作者、网格员挺身而出、持续奋战，守护了千家万户的健康安宁；全县人民守望相助、鼎力支持，以涓滴之力汇聚起同心战疫的强大合力，用真心大爱诠释了伟大抗疫精神，用辛勤汗水筑牢了坚固屏障。

一年来，我们依法决策、转变职能，自身建设持续加强。始终把政治引领贯穿政府工作各方面、全过程，扛稳压实政府系统全面从严治党主体责任，坚定捍卫“两个确立”、坚决做到“两个维护”。严格执行重大事项请示报告制度，坚决落实县委各项决策部署。健全完善抓落实工作机制，政府决策水平和效能持续提升。主动接受人大、政协监督，123件人大代表建议、101件政协委员提案全部办结。深入推进法治政府建设，严格执行重大行政决策法定程序；严格规范行政执法行为。加快政府职能转变，行政许可事项清单全部公布。加强“清廉政府”建设，坚持“过紧日子”，严控“三公”经费。推进数字政府建设，实施政法综治智能化建设，治理能力现代化水平稳步提升。

回望过去的一年，我们面对疫情反复和经济下行双重压力，面对改革发展稳定的繁重任务，交出了十分难得的发展答卷。同时，在前进的道路上我们也清醒地认识到，还有不少矛盾问题需要解决：一是产业转型任务艰巨。全县经济体量小、规模以上企业少，项目支撑弱、产业质效低，社会资本介入不足，上下游集聚效应不突出，产业重塑任重道远。二是民生领域短板明显。优质教育、医疗、养老等公共服务供给不足，城市功能不完善，城建欠账多，就业渠道窄，群众收入低，空气质量差，与人民群众对美好生活的向往还有差距。三是文旅康养高质量发展仍需时日。县域文旅市场薄弱，服务业支撑不足，品牌效应不突出，景区开发营运还有短板；康养资源整合不够，产业融合不深，业态创新能力不强，特色产品研发能力弱，发展仍处于起步爬坡阶段。四是政府系统思想僵化，担当意识不强，实干劲头不足，化解矛盾、解决问题的能力还需提升，等等。我们要敢于直面不足，坚持问题导向，采取更加务实管用的措施，切实加以解决。

二、2023 年工作安排

2023 年是全面贯彻落实中共二十大精神的开局之年，也是实施“十四五”规划承上启下的关键之年，更是融入“京津冀”的发力之年，科学谋划好全年工作意义重大。2023 年政府工作的总体要求是：以习近平新时代中国特色社会主义思想为指导，深入贯彻中共二十大精神，全面落实中央、省委、市委经济工作会议精神，坚持稳中求进工作总基调，完整、准确、全面贯彻新发展理念，更好统筹发展和安全，持续推进习近平总书记考察调研山西重要讲话重要指示精神落实落地、见行见效，锚定“举文化生态牌、建特色休闲城、走旅游康养路”发展战略不动摇，争当融入“京津冀”、打造“桥头堡”的先行者、排头兵，坚守战略定力、坚持守正创新、坚定稳基扩盘，厚积生态文化底色、丰富文旅康养内涵、激发“厚道浑源”内生动力，突出做好稳增长、稳就业、稳物价工作，有效防范化解重大风险，在全省“两个转型”、全市“奋斗两个五年、跨入第一方阵”的主战场上，书写好浑源全方位高质量发展的崭新篇章。

今年全县经济社会发展的主要预期目标是：地区生产总值增长 6.8%；固定资产投资增长 10%；社会消费品零售总额增长 10%；一般公共预算收入增长 6%；规模以上工业增加值增长 7%；城镇居民人均可支配收入与经济增长基本同步，农村居民人均可支配收入高于经济增长水平。约束性指标完成市下达任务。

上述预期目标，总体上高于省市目标，考虑了我县发展面临的新机遇，与全市经济走势判断相符合，衔接了过去两年平均经济增速和“十四五”规划目标，体现了“稳”的基调、“进”的态势、“高”的要求和“新”的作为。实现上述目标，我们有机遇、有基础、有优势。机遇在于中共二十大擘画蓝图、引领航程，中华民族伟大复兴进入了不可逆转的历史进程，中央和省市经济工作会议利好政策持续释放，尤其是唱响“双城记”的战略机遇前所未有，更为我们提振市场信心、补齐短板弱项、放大比较优势提供了难得的政策机遇、发展机遇。基础在于我县经济经过 3 年的转型发展，景区创建、古城修复、城市更新、乡村振兴等同步推进，打下了全方位推动高质量发展的坚实基础。同时，我县经济发展空间大、产业结构调整回旋余地宽的红利长期存在。优势在于我县坚定不移“举文化生态牌、建特色休闲城、走旅游康养路”的战略路径更加清晰，优势潜力更加凸显，赶超发展的势能厚积高涨，只要我们上下团结一心，紧跟省市步伐，抢抓发展机遇，走小步不停步，跟住队不掉队，全力以赴把文旅康养产业打造成为全县战略性支柱产业，浑源就一定能实现强势崛起、赢得美好未来。

围绕上述目标，我们将着力抓好以下八个方面的工作：

（一）融入新发展格局，坚定不移壮大文旅康养产业

坚持把发展经济的着力点汇聚汇集到文旅康养这条主轴上，以非常之力，下恒久之功，全面推动文旅康养集聚区建设，加快构建“全境恒山、全景浑源”多点支撑、多业并举、多元发展的产业格局。

优化全域旅游空间发展布局。积极顺应文旅康养消费提质升级新趋势，深入挖掘拓展浑源历史文化，继续推进总投资 12.5 亿元的历史文化名城整体保护与更新工程，实施文化景观长廊建设、新建圆觉寺生态广场、恢复恒麓书院、修缮张达故居和鼓楼北巷 25 号院，推进 7 处国保单位周边环境整治及 62 处古民居修缮，推进大成广场建设，完成栗家府保护开发方

案设计。建成总投资5.2亿元的全域旅游服务中心并投入运营。推进总投资3.7亿元的神溪国家湿地公园建设项目，完成凤鸣楼、凤山书院、神溪夜月、得月轩等主要景观。完成总投资1.6亿元的汤头温泉疗养院改造并投入使用。积极申报莲花山省级地质公园。全面打造东葫芦头等10个美丽乡村。持续推动全域旅游与新型城镇化战略、生态文明战略全面融合发展，着力构建以“名山+名寺”“古城+美丽乡村”等山、水、城为一体的大旅游格局。

提升恒山、悬空寺龙头品质。以创建国家全域旅游示范区、打造北岳国际文化旅游目的地为目标，加快恒山（悬空寺）AAAAA级景区创建，推进恒山景区基础设施建设，全面提升公共服务水平；投资0.1亿元对恒山庙群33处古建筑加固修缮；推进总投资2.2亿元的恒山水库清淤工程；实施总投资2.3亿元的柳河生态修复治理工程，规划建设数字博物馆、观光电梯、摆渡码头建设，完成河道治理，贯通悬空寺和岳门湾；加快恒山庙群及桃花峪开发利用，活化利用果子园煤矿遗址，着力打造集住宿、休闲、娱乐于一体的体验区和创意、夜游、培训于一体的集聚区，努力将恒山打造成为与其地位匹配的国家级旅游度假胜地。

打造浑源特色文旅康养品牌。以省级文旅康养集聚区创建为契机，每年拿出不低于1000万元奖补资金，全方位支持文旅康养高质量发展。围绕品牌创新、品质服务、品味生活，编制《浑源县康养产业发展规划》，盘活恒山康养小镇资源，申报浑源古城省级旅游休闲街区，加快神溪湿地公园AAA级景区创建，完成“全域旅游导览图”设计和线上运行。围绕“神溪湿地”“汤头温泉”等康养区，“东葫芦头”“凌云口”等美丽乡村，“浑源凉粉”“浑源沙棘”等特色食品，“浑源铸钟”“浑源扇鼓”等非遗产品，不断深化“恒久北岳 厚道浑源”品牌建设，推动一批特色产品向高端市场迈进，做大做强做优，形成集聚效应。策划“清爽北岳·康养浑源”文化旅游季，吸引更多旅客到浑源休闲度假、旅游观光、康体养生、旅居生活。

持续提升旅游综合服务能力。推动资源、产品、市场整合，打造以治疗康复、保健美容、养生养老为目的，以休闲度假为重点的养体、养心、养神等新产品，持续提升旅游消费吸引力。开发崖洞酒店、精品民宿、美食街区等新业态，布局7个旅游公厕，投放共享单车600辆，让游客进得来、留得住、游得好。建成总投资4.1亿元的8条长城一号旅游公路，提升路网结构，着力构建覆盖全域旅游“快进漫游”的交通网络。完成26座乡（镇）5G汇聚机房建设，全面提升旅游智能化服务水平。

（二）锚定新发展目标，坚定不移推进城市更新

坚持用现代化理念规划、建设、管理城市，紧抓“推进以县城为重要载体的城镇化建设”重大机遇，强化城市更新体验，提升县城综合服务功能，加快北岳山水名城建设步伐。

严格规划刚性实施。以全省“县城绿色低碳建设试点县”和“省级城市更新试点县”为牵引，优化“一核两轴”城镇发展空间，完善全域旅游、历史文化名城保护、古城历史文化街区保护、城市体检与城市更新等规划，合理布局新建一批便民市场、城市客厅，打造和顺南路“口袋”公园，新建5个停车场，不断提升城市宜居水平。丰富“一德街夜生活省级示范街区”业态布局，释放商业活力，激活古城经济，让古城火起来、让群众富起来。

提升城市功能品质。持续用力推进建成区棚改和老旧小区改造，实施翠屏里、幸福里小区677套住宅棚改和18个老旧小区改造；完成总投资0.7亿元的3条道路排水防涝改造（二标段）工程；投资0.7亿元完成26条小街巷老旧管网改造；投资0.9亿元完成3条道路雨污分流及管网改造；实施总投资6亿元的集中供热基础设施改造工程和总投资1.9亿元的城市电网升级改造项目。全力推进总投资5.5亿元的城乡一体化供水工程。建设2个智慧充电站，布局充电桩43个。实施县城（永安镇）数字路牌门牌标志牌设置项目，年内完成建成区地名信息采集、

主要道路命名和标志设置、门牌编制和安装等工作。加大“小微绿地”建设，提升城市园林绿化覆盖率和人均绿地占有率。推进健身绿道、骑行车道、登山步道等生态慢行系统建设，让市民享有更多的生态获得感。

提升城市管理水平。建立“规、建、管、运”四位一体城市管理体系，提升精细化管理水平。继续推行物业服务企业公开选聘，健全物业管理长效机制，着力化解小区物业管理“老大难”问题。完善公共服务配套，健全城市管理体制机制，持续开展市容市貌专项整治，完成恒山路、柳河路至永安西街 3.8 千米不协调建筑的整治工程，规范建筑垃圾处置，让城市更干净、秩序更井然。实施智慧城市建设项目，不断提升城市管理智能化、精细化水平。

（三）贯彻新发展理念，坚定不移做强增长引擎

坚持把稳增长放在更加突出位置，促进产业扩能增效、项目提质提速、消费提档升级，推动经济实现量的合理增长和质的有效提升。

持续扩大有效投资。及时掌握国家政策动向，密切跟踪中央资金投向，深入对接教育强国、交通强国、城市更新、乡村振兴等 14 个领域，加强项目谋划储备，加大中央预算内资金和专项债券的争取力度。完善项目协调推进机制，推进在建项目加速、储备项目落地、谋划项目做实，力争全年完成固定资产投资 33.6 亿元。加快 150 万千瓦抽水蓄能电站建设，推动抽水蓄能二期列入全省中长期发展规划，完成大怀线特高压浑源段前期准备工作。推进源创翔润 2 万千瓦分散式风电项目，6 月底前并网发电；加快福光 50 万千瓦源网荷共享储能电站项目落地开工；完成东坊城地热勘探及开发研判。

持续促进消费恢复。完善促进消费政策，支持住房、新能源汽车、养老服务等消费，持续发放消费券，推动批零住餐等接触性消费加快回暖，培育直播电商、首店经济等消费新热点。加快乡（镇）商贸中心建设，完善农村寄递物流配送体系。坚持扩大消费与发展服务业协同推进，引导更多社会资本进入市场营销、售后服务等生产性服务业；在城市更新中引进优质商超、家政、养老托育、再生资源回收等生活性服务业，打造高品质“一刻钟便民生活圈”。

（四）聚焦新发展任务，坚定不移推动乡村振兴

坚持将乡村振兴作为“三农”工作的总抓手，促进农业高质高效、乡村宜居宜业、农民增产增收，推动巩固拓展脱贫攻坚成果上台阶、乡村全面振兴见实效，打造宜居宜业和美乡村。

大力发展现代特色农业。全面落实粮食安全主体责任，深入实施藏粮于地、藏粮于技战略，新建高标准农田 3.6 万亩，实施农业生产托管 7.2 万亩，大豆玉米带状复合种植 2 万亩，确保粮食播种面积稳定在 51.3 万亩、产量保持在 1.7 亿公斤以上。探索打造智慧农业园区，推进总投资 4 亿元的中新农商智慧城项目，加快万吨蔬菜深加工项目建设，完成东辛庄生态智能温室示范基地建设，丰富粮仓、菜篮、油瓶和果盘，不断满足群众多元化食品消费需求。健全联农带农机制，推进凉粉文化园项目年内投入运营，推动农业从种养环节向农产品加工流通等二三产业延伸，价值链向中高端迈进。

提升恒山黄芪品牌影响力。深入挖掘恒山黄芪文化，规划建设恒山黄芪交易市场，组织正北芪交易大会，举办第二届恒山黄芪高峰论坛。制定 3 项恒山黄芪系列标准，逐步完善产业管理体系。完成黄芪小微企业质量管理体系认证试点评估工作。打造数字黄芪，完成国家级恒山黄芪数字种植基地首期 2000 亩建设。加快省级标准化示范区建设，年内新增种植面积 2 万亩。按期发布恒山黄芪价格指数，申报黄芪种植国家重要农业文化遗产。抢抓药食同源的发展契机，深化与山西农大、一亩田公司交流合作，黄芪精深加工力争实现历史性突破，开发高端产品，延伸产业链，提升附加值。加快黄芪 e 镇建设，强力打响恒山黄芪品牌，全力提升恒山黄芪竞争力。

巩固拓展脱贫攻坚成果。紧盯“两个高于”目标，

落实"促进脱贫人口持续增收三十条措施"，确保脱贫人口人均纯收入增幅高于全市平均水平，守牢不发生规模性返贫底线，实现脱贫劳动力务工就业1.9万人以上；推进产业增收行动，总投资2亿元的百草园5万头猪场项目年内建成投产。大力发展冷水渔业养殖，新建标准化池塘225亩、陆基池（桶）循环水养殖1400立方米、大棚渔菜共生循环水养殖1000立方米，推动总投资0.2亿元的唐河海晏水产养殖示范区建成投产，推动渔业生态化、休闲化，全力打造浑源水产养殖基地。

深入推进乡村环境治理。科学制定乡（镇）和村庄发展规划，大力开展农村人居环境整治提升五年行动，因地制宜推进农村改厕、生活垃圾处理、生活污水治理和村庄绿化美化亮化，扎实推进农村道路、供水供电、采暖用能、住房安全等生产生活设施建设，完成2个行政村环境整治，10个行政村生活污水治理。加大农村危房改造力度。积极保护传统村落和特色民居，保留乡景乡味、乡风乡韵。

（五）围绕新发展要求，坚定不移推进绿色转型

深入践行"绿水青山就是金山银山"理念，全力创建"全国生态文明建设示范区"，让蓝天白云成为常态、绿水青山触手可及，绿色成为浑源最动人的底色。

持续"增绿"，提升生态碳汇能力。全面落实"三区三线"划定成果运用，强化全县国土空间用途管控，构建"两屏多廊"的生态保护格局。严格落实湖林长制，完成总投资0.6亿元的晋北地区风沙源生态保护和修复重点项目。扎实推进流域生态保护，开工建设总投资8.6亿元的大清河河源区（浑源）修复与保护工程，加快实施总投资4.8亿元的水系连通及水美乡村建设项目、总投资3.5亿元的唐河流域水土保持项目；继续推进总投资1.4亿元的王千庄水库配套供水工程，年内完成净水厂投产运行；完成总投资0.7亿元的龙盆峪、太安岭和凌云口小流域治理主体工程；推进总投资1.7亿元的恒山灌区建设和田村水库扩容工程。坚决落实"四水四定"原则和"量水而行"要求，加大水资源、湿地保护力度，全面推进节水型社会建设。

有序"降碳"，推动绿色循环发展。坚持节约优先原则，用能指标优先保障优质项目建设。大力推进花岗岩固废综合利用基地建设，年内引入1~2家全产业链固废处理企业，推动润昂达年处理300万吨固废项目落地，走"吃干榨净"的精细化发展之路。垃圾焚烧电厂项目年内完成主体工程。实施东坊城乡玉米秸秆回收再利用项目。开展绿色生产、绿色生活创建活动，倡导"低碳生活"。

强力"治污"，筑牢生态安全防线。强化源头管控，加大重点领域、重点行业污染治理力度，大力推进建成区清洁煤替换工程，完成全县125台35蒸吨以下燃煤锅炉淘汰整治工作。统筹推进水资源、水生态、水环境、水灾害"四水同治"，推进总投资0.5亿元的第二污水处理厂（一期）工程，完成总投资0.4亿元的污水处理厂尾水人工湿地建设，完成4个建制镇污水处理项目。推动历史遗留矿山生态治理，严格控制农业面源污染。

（六）扛起新发展使命，坚定不移深化改革创新

坚持改革、创新"双轮驱动"，不断优化营商环境，大力招商引资，推动改革攻坚和"两个转型"，更大力度激发市场活力和社会创造力。

以更实举措推进重点改革。深化国资国企改革，摸清底数、盘活资产，加强监管，防止国有资产流失。制定出台国有资产管理办法，加快国有破产企业、"僵尸"企业的职工安置和资产处置后续工作。优化财政支出结构，提升保障重点支出能力。深化农村土地制度改革。推动供销社持续深化改革。

以更高站位加大招商引资。要跳出浑源看浑源，以"招商引资提升年"为牵引，围绕全县发展方向，积极主动对接"京津冀"转移产业，发挥比较优势，厚道招商、真情招商，力争全年招商引资项目签约75亿元，项目资金到位、新开工项目投资额完成率实现

100%。建成并运行“项目一体化智慧管理平台”，主动融入经济发达地区产业链、供应链、服务链，努力跑出新一轮对外开放“加速度”。

以更优服务打造营商环境。围绕“三无”“三可”“五有套餐”，全力打造营商环境 3.0 版。打造公平公正的法治环境，坚持依法办事、公开透明，让“办事不求人”成为浑源营商环境最鲜明的标识。打造高效便捷的政务环境，充分发挥“承诺制 + 标准地 + 全代办”改革集成效应，用优质的政务服务营造国企敢干、民企敢闯的生动局面。打造诚实守信的信用环境，政府部门要带头讲诚信，不开空头支票，凡承诺、必兑现。打造开放开明的人文环境，靠前服务、主动作为，做到“有求必应、无事不扰”。打造优质完善的要素保障环境，搭建政银企对接平台，加大对有市场、有订单、有效益企业的信贷支持力度，缓解企业融资难、融资贵的现状。

以更大扶持壮大本土企业。深入开展市场主体提升行动，保增量、提质量。支持鼓励本地企业承接招商引资项目下游服务供给，加强项目供需对接；支持鼓励本土企业投入文旅康养产业，扶持发展一批文旅体验、特色餐饮、文创酒吧、民宿等服务业态；支持鼓励黄芪、白酒、凉粉等本土企业走出县域、发展壮大。培养扶持本土企业家成才成长，完善扶持激励机制，推广宣传本土企业家创业事迹，让企业家更有地位、更有形象、更有荣誉。

（七）顺应新发展向往，坚定不移增进民生福祉

坚持尽力而为、量力而行，加大民生保障力度、提高公共服务水平、增强社会治理效能，用心用情用力办好民生实事，更好满足人民群众对美好生活的向往。

增加就业岗位，让群众更富裕。实施就业收入双增工程，抓好高校毕业生、退役军人、农民工等重点群体就业，城镇新增就业 4700 人以上，农村劳动力转移就业 3500 人以上。实施创业服务提升工程，公共实训基地年内投入使用，精准开展职业技能培训不少于 3000 人（次）。建成一家“政府所有、公益服务”的零工市场，积极搭建供需对接平台。

提高教育质量，让群众更满意。坚持教育优先发展，深化县管校聘改革，提升教学质量，努力办好群众满意的“家门口”优质教育。完成总投资 0.18 亿元的示范中学女生公寓楼、北岳小学公寓楼扩建；完成总投资 0.4 亿元的东关小学幼儿园、幸福里幼儿园建设；推进总投资 0.4 亿元的采煤沉陷区集中安置公共服务建设项目，年内小学建成启用、幼儿园主体完工；启动实施 0.1 亿元的鑫源小学公寓楼扩建项目。强化学前教育普及普惠优质安全发展，加快义务教育优质均衡城乡一体化发展，推进普通高中和职业教育优质多样发展，巩固拓展“双减”成果，健全“家校社”协同育人机制，努力让每个孩子都享有成长成才、人生出彩的机会。

建设健康浑源，让群众更安康。开工建设总投资 0.7 亿元的中医院迁址新建项目，推动总投资 0.5 亿元的县级疾病预防控制中心提升项目，扩建血浆中心，打造“互联网 + 医疗健康”升级版，推动医疗服务以治病为中心向健康为中心转变。深化“三医联动”改革，完善分级诊疗体系，推行“医防融合”新模式，畅通慢病患者就医绿色通道，实施县人民医院三甲提升工程，县域内住院率、就诊率分别达到 75% 和 90% 以上，让群众看病多一些便利、少一些负担。

优化服务供给，让群众更放心。实施“一老一小”养育工程，完善民办公助、公建民营支持政策，发展社区养老、医养结合服务，推进总投资 0.9 亿元的老年养护院建设，完成永安镇敬老院、裴村乡敬老院提质升级改造和毓园社区居家养老幸福工程，建设一所拥有 100 个托位的示范性公办综合托育机构，完善三孩生育配套措施，让儿童快乐成长、老人安享晚年。实施社保扩面提标工程。健全重特大疾病医疗保险和救助制度，兜牢基本民生保障网。实施文化惠民工程，大力推进工人文化宫建设，年内完成主体工程。推进文明殡葬改革，建设 1 个县级公益性公墓、10 个乡（镇）公益性公墓和 5 个乡（镇）公益性骨灰堂，县殡仪馆

投入使用。

（八）迈入新发展征程，坚定不移提升治理水平

统筹发展和安全，坚持系统治理，坚守安全底线，强化精细管理，建设更高水平的平安浑源。

提高公共安全治理水平。扎实做好新冠疫情“乙类乙管”常态化防控，完善疫情监测预警机制，加强应急医疗物资储备，健全卫生健康服务体系。全面加强安全生产，持续强化道路交通、建筑施工、景区景点、自建房、消防、危化、矿山、燃气等重点领域安全隐患专项整治，坚决防范和遏制重特大事故发生，推动公共安全治理模式向事前预防转变。新建救灾综合应急物资储备库，提高防灾减灾救灾应对能力。强化食品药品安全监管，创建全域食品药品安全示范区，保障人民群众“舌尖上的安全”。

健全完善社会治理体系。加强和改进人民信访工作，完善治理平台，健全治理体系，及时把矛盾纠纷化解在基层和萌芽状态。纵深推进平安浑源、法治浑源建设，高质量完成“八五”法治宣传教育中期验收。强化社会治安整体防控，紧紧依靠群防群治力量，深入推进“云盾工程”和“同安行动”，严打各类违法犯罪活动。依法加强宗教事务管理。深化双拥共建，完善退役军人管理保障制度，提高保障水平，全力构筑共建共治共享社会治理格局。

防范化解重大风险隐患。坚持源头管控、预防为主，加强政府债务管理，严控增量，化解存量，持续降低政府债务总体水平。推进安可工程建设。加强金融机构和金融活动监管，妥善处置企业债务风险，防止形成区域性、系统性金融风险。

三、建设人民满意政府

持续提升政务质效，做到为人民服务、对人民负责、受人民监督、让人民满意。

强化政治引领。把政治建设摆在首位，全面贯彻落实中共二十大精神，坚定捍卫“两个确立”、坚决做到“两个维护”，不折不扣推动党中央和省市县委各项决策部署落地见效。

厚植法治精神。坚持以习近平法治思想为指导，落实重大行政决策法定程序。深化综合行政执法体制改革，推进规范公正文明执法。积极推进政务公开，自觉接受各方监督，确保权力在阳光下运行。

大兴调研之风。扎实推动政府系统标准化、规范化建设，贯彻群众路线，践行“一线工作法”，大兴调查研究，以钉钉子精神一抓到底，让抓落实成为政府系统最鲜明的特征。

坚守勤廉底色。坚持全面从严治党，坚持过“紧日子”，厉行节约、反对浪费，让秉公廉洁用权、勤勉干净干事在政府系统蔚然成风。

“两山论”的浑源实践

地处晋北的浑源县矿产资源和自然生态底蕴丰厚，近几年来，该县全面贯彻落实习近平生态文明思想，在矿山生态治理和康养度假旅游上下足硬功夫，北岳大地绘就出绿水青山与金山银山双向互通的壮丽画卷。浑源，正走出“两山论”的成功实践。

锚定矿山生态修复，变金山银山为绿水青山

8 月 19 日，一场在矿山生态园（二亩湾）启动的文旅活动尤为引人瞩目。二亩湾曾经是煤炭大县浑源的“富矿区”，也是生态环境受损重灾区。从 2018 年下半年起，新的县委、县政府领导班子打响了决战矿山生态修复硬仗，毫不松劲地对阳光、百川一矿、百川二矿、东邦、金岷、瑞风等片区推进矿山生态修复。截至 2021 年底，累计完成山体整形治理面积 3600 公顷，其中种草面积 2933.3 公顷，栽种各类树木 380 万余株（丛），造地 145.3 公顷，铺设灌溉管网 152 千米，建成排水工程 240 千米，建设公路 89.8 千米，各个治理区发生由“黑”向“绿”的惊人蝶变。二亩湾矿山生态园主要景观包括木屋、水景、广场、步道和园林小品等，总建筑面积 6336.5 平方米，投资 300 万元，曾经裸露的山体被漫无边际的绿色覆盖，万亩林地叠翠葱茏、鸟语花香。

长期以来，旅游资源大县浑源的经济支柱并非来自绿色的旅游产业，富集的煤炭资源将这个历史文化名城引入一条“黑金”之路。无序的露天开采，给浑源造成了面积约 5000.3 公顷的生态破坏区域。采矿区周边山体裸露、植被破坏殆尽、水土流失严重、严重影响了群众的生产生活和城乡环境面貌。

在生态修复治理过程中，浑源注重与培育产业相结合，在适生区域种植黄芩、柴胡等中小药材，及杏树、山桃、沙棘等经济林，为后续产业发展奠定了基础，在阳光片区反哺村集体和农户占地补偿费，实现了矿山修复、企业收益、村户增收的多赢。把生态修复与脱贫攻坚和产业培育相结合，把生态修复与旅游景观建设相结合，让昔日疮痍满目的矿山，实现了从生态“修复”到生态“造福”的转变。浑源坚定“绿水青山就是金山银山”理念，紧紧围绕“举文化生态牌、建特色休闲城、走旅游康养路”战略部署，坚持旅游发展全域化、旅游业态多元化发展，把矿山生态修复后的美丽风景纳入旅游开发的整体布局，务实落实“全境恒山·全景浑源”战略目标的重要行动，实现生态修复和旅游产业发展双赢。

咬紧康养度假旅游，向绿水青山要金山银山

如果说治理矿区恢复生态，是将曾经的金山银山换回绿水青山，那么在风景优美的生态区发展山水旅游、乡村旅游，则是让绿水青山变成金山银山。近些年，浑源县坚守绿色生态的底线，立足文旅发展带动经济发展的主线，相继实施了东葫芦头天然氧吧、龙盆峪景区开发、破兑臼民俗客栈等7个重点旅游项目。

浑源县优化旅游线路，实施"探岳之旅"——天路工程项目，整合恒山13个子景区和乡村旅游资源，连片成面，打造旅游新亮点。破解旅游交通线路瓶颈，铺修道路130余千米，以交通线串起全域旅游好风光。在乡村旅游实现"村村通"的基础上，重点打造吴城十里杏林绿道、驼峰乡骑行路线、恒荫登山步道等乡村旅游线路，完善快进慢行旅游交通体系。建设六棱山红色旅游公路5千米。在东葫芦头、破兑臼、龙盆峪等自然生态区，由于长期重视生态环境建设，森林覆盖率都达到了60%以上。

按照"宜林则林，打造森林氧吧"的思路，投资157万元，在东葫芦头村打造天然氧吧、运动康养等亮点工程，建成环境好、服务优、价格亲民的生态休闲区；投资50万元在破兑臼村建立游客服务中心，聚力发展以破兑臼村为中心的"探岳之旅"乡村文旅产业；按照"宜景则景，发展风光游览"的思路，保留景点原始、安宁、自然等特色，大力宣传和挖掘龙盆峪景区风光，将尘封百年的原始沟壑带入人们的视野。

在东葫芦头村，在明代古长城、双乳山、马鬃崖等景观、万亩生态林、300亩油菜花交相辉映下，7千米旅游步行木栈道从村中蜿蜒入林，沿途有木制阁楼观景台、"太空舱"补给休息处，颇有星级景区风貌。随着游人的增多，村里也相应建起游客中心、停车场、旅游公厕等旅游服务配套设施。目前村里常住户数20余户，吃上了旅游饭，通过办露宿营地、开农家乐、开客栈、销售自家产肉蛋奶粮食等农副产品、卖山野蘑菇……旅游旺季，每日能直接为农户带来各种收入上万元。在农家乐，系列开发出凉粉、莜面块垒、黄糕、山蘑菇烩菜……农民手里的土饭碗换成了金饭碗。

浑源县通过"探岳之旅"，带动沿线乡村享受良好生态带来的红利，让村民们吃上绿色的"旅游饭"，让绿水青山成为金山银山，使乡村产业、生态、生活得到全面提升。作为88千米"探岳之旅"线路上的中转站，东葫芦头、破兑臼只是浑源利用良好生态环境发展文旅产业的一个缩影。依托恒山国家森林公园、山西省恒山自然保护区自然风景打造的"探岳天路"途经4个乡（镇）、25个村庄，一路行来，山川逶迤、树木掩映，游人沉醉其间；所经之处，客栈、农家乐、农副产品超市林立，当地村民大受裨益，地方旅游经济风生水起。

（摘自《北岳报》2022年9月5日第一版）

2022年，浑源全面发展乡村民俗文化旅游。图为破兑臼村一景

（安兴旺 摄）

打造北岳灵秀地 厚植千年黄芪乡

浑源县底蕴深厚，历史绵长，遍布全县的古迹和文化景点像颗颗璀璨明珠镶嵌在北岳大地，成为全县发展旅游业的宝贵历史文化资源。中共十八大以来，特别是2018年下半年以来，浑源县委、县政府把发展壮大文旅产业作为推动县域经济绿色转型的战略性支柱产业来打造，通过统筹历史文物资源、自然山水资源、乡村文化资源，实施一大批文化旅游精品工程，在增强文旅厚重感、延长旅游链条上狠下功夫，全力推动文旅振兴。目前，已打造出恒宗朝圣游、古城寻幽游、天路探险游、乡村度假游、黄芪文化游、实景演艺游等全链条式的旅游精品路线，让浑源之旅倍感满足。全景浑源遍开全域旅游之花。

提升“颜值” 扮靓古城新形象

传承恒岳大地独有的历史文脉，弘扬浑源古城独特的历史文化。2022年春节期间，经过多年建设打造的浑源州署开“衙”迎客，引起各界关注。随着这一集浑源文化展示、衙署场景演绎等全方位多功能文化体验景区的建成，浑源古城的文化内涵、历史情怀、人文精神得到显著提升，浑源在高质量推进文旅振兴的宏图中增添了一抹浓烈的色彩。

在推动文旅振兴进程中，浑源县将历史古城的复兴作为点睛之笔来打造，坚持“历史真实性、风貌完整性”发展思路，有效盘活历史建筑、传统民居的“活文物”价值，植入恒山文化元素，再现浑源古城风貌，将历史街区打造成为游、购、娱一体式旅游目的地，大力提升浑源古城“颜值”，真正让来浑游客慢下来、留下来。

为了提升古城“颜值”，浑源县委、县政府高质量编制了《浑源县国土空间总体规划》《浑源县城区城市风貌规划》以及古城规划、历史文化街区保护与更新规划，坚持古城保护、老城改造和新城建设三线并进，对总面积10万余平方米的187栋建筑物外立面进行更新；开展“两下两进两拆一提升”专项行动，实施了20条道路提质工程，解决了县城主街道恒山南北路、永安东西街地下管网年久失修、功能滞后问题，实现管线入地、雨污分流，打造了具有浑源特色的照明、绿化设施；开通了恒山南路通往恒山景区的唐家庄阻挡路段，打通了县城与恒山景区的交通大动脉，祛除了多年以来困扰在全县人民心头的“病”，修通了多条“断头路”；拆除县城内不协调建筑和消极空间共计3万余平方米、违章建筑4300平方米，拆除广告牌600余块、约1.6万平方米……在具体改造整治中，还邀请了国内顶尖设计院进行规划设计，植入恒山文化元素，再现浑源古城风貌。

全域开发 打造文旅新业态

盛夏时节，在浑源县青磁窑镇东葫芦头村，300余亩油菜花，漫山遍野，绿意葱茏，层次分明，格外秀美。三五成群的游客，或骑行小路上，或漫步花丛间，感受着浓郁的田野乡村游。

这个古韵浓重的民俗小村在大山深处，只有一条公路与外界相通，偏远的地理位置，使这个小山村远离了城市的喧闹，使游客放眼自然、心旷神怡。而村内吃农家饭、买当地土特产品、玩游乐项目，不仅大大丰富了乡村旅游业态，还鼓起了村民的“钱袋子”。如今，在浑源县，像东葫芦头村这样具有特色的小村庄不胜枚举。

启动了总投资5亿元的旅游服务中心建设工程，开辟了长达80千米、贯通恒山13个子景区的“探岳之旅”天路，打造了全市首家大型山水实景演出《神溪记忆》，建成了5个省级旅游扶贫示范村和2个省级旅游示范村，“一码游浑源”全域通上线，全域旅游示范县创建顺利通过省级验收……近年来，浑源县委、县政府以打造“全境恒山、全景浑源”为切入点，坚持把文化和旅游统筹起来谋划、与城乡融合和乡村振兴一体推进，全力打造“以文塑旅，以旅彰文”、山水景城联动、“一业兴、百业旺”的全域旅游发展格局。

素有“塞上小黄山”之称的浑源县千佛岭景区物华天宝、人杰地灵，景区内苍松翠柏、古木参天，山清水秀、景色宜人，是恒山108峰中一颗璀璨的明珠。7月1日，千佛岭乡拉开了旅游月的序幕，游客在此可以领略到浑源的秀美山川、旖旎风光，感受到淳朴的民风民情民俗，体会到“恒久北岳、厚道浑源”的独特魅力。

空中草原、探岳天路、民俗客栈、神溪湿地、汤头温泉、骑行赛道……随着全域旅游的深度开发，一大批具有特色的旅游项目应运而生，游客在吸纳自然美景、畅游乡间赛道、感受四季交替的过程中，切身体验到了“春有百花秋有月，夏有凉风冬有雪”的如诗如画美景。

依托黄芪 拓宽增收新渠道

7月的天，艳阳高照，蔚蓝的天空下，绿油油的芪坡上，小黄芪长势正浓。在浑源县官儿乡的山坡上，祖祖辈辈生活在大山里的芪农又迎来了采摘黄芪叶的时节，浑身是宝的土黄芪，根可入药，叶可入茶，边角废料皆可利用。

“恒久北岳灵秀地，厚道浑源黄芪乡”。近年来，被誉为“中国黄芪之乡”的浑源县按照“举文化生态牌、建特色休闲城、走旅游康养路”的战略部署，依托恒山旅游资源，深度挖掘道地药材资源优势，以黄芪产业发展为核心，延伸产业链条，积极探索黄芪康养产业富民强县的新路径。目前，全县宜芪面积39.5万亩、有芪面积28万亩、规范化面积23万亩，年可采刨鲜芪2500万公斤，产值达5亿元。

走进浑源黄芪文化园，“初识黄芪”“国药芪珍”“芪诗医案”“恒山黄芪”“北岳芪农”“药食同源”……依次呈现的六大单元板块，图文并茂地展示着恒山黄芪的前世今生、发展沿革、药食价值、涉芪古方等恒山黄芪的厚重文化。这个全国首家黄芪文化园集游览、体验、购销于一体，游客在这里可以参与黄芪生产、加工技艺体验，享受劳动成果和精神获得感。

黄芪羊、黄芪鸡、黄芪蜜、黄芪饲料、北芪菇、北芪耳……近年来，随着黄芪产业的发展，黄芪附属产品也不断开发，延伸了产业链条，带动全县黄芪产业大发展。下一步，浑源县不断优化产业布局，整合全县资源，充分挖掘“恒山黄芪”的优势资源，按照“标准化、高端化、精品化、品牌化”的总体要求，在良种保护及繁育、规范化种植、标准制定、精深加工、产品研发、市场营销和品牌保护等多方面多点发力，使黄芪产业成为发展县域经济、助力乡村振兴的基础支撑。

浑源县坚持把打造北岳文化旅游目的地作为提振经济、转型发展的核心抓手，进一步放大世界名胜悬空寺、中华北岳所在地、中国黄芪之乡等“金字招牌”的带动效应，突出文旅融合，持续规划和打造一批具有地域特色的景点，让浑源成为全国游客慕名而来、争相游览、流连忘返的网红美景打卡地。

站在新起点，开启新征程，浑源县委、县政府确立了更加明确的奋斗目标。全县上下将齐心协力全力推进转型发展，在新一轮竞争中占据先机、赢得优势，努力构建质量更高、效益更好、结构更优、速度更快的转型发展新格局。

（摘自《大同日报》2022年8月29日第一版）

大事记

1月

6日

浑源县沙圪坨镇杨庄村获中国农业银行“信用村”授牌。

同日

浑源县10名孤儿获海南成美慈善基金会提供的“爱助事实孤儿”助学激励金。

7日

中共浑源县委十六届四次全体会议暨县委经济工作会议召开，会议审议通过《中共浑源县委常委会2021年工作报告》，部署2022年经济工作，推荐浑源县拟出席中共二十大代表候选人。

8日

北京华科未来生物科技有限公司考察团到浑源调研，就推进黄芪高端品牌研发、销售等事项对接洽谈。

24日至26日

政协第十五届浑源县委员会第二次会议召开。县政协党组书记、县政协主席李启忠作工作报告。

25日至26日

浑源县第十八届人民代表大会第三次会议召开。会议听取县长赵昱清代表县人民政府向大会作《政府工作报告》。县人大常委会主任李跃新代表县人大常委会向大会作《县人大常委会工作报告》。听取县人民法院、县人民检察院工作报告。会议选举产生浑源县出席大同市第十六届人民代表大会代表，选举产生高大伟为浑源县第十八届人民代表大会常务委员会委员，会议投票产生2022年县政府十件民生实事。

29日

浑源县150名医护人员驰援云冈区抗击新冠疫情。

2月

18日

中国共产党浑源县第十六届纪律检查委员会第二次全体会议召开。县委常委、纪委书记、监委主任杨建中主持会议并作工作报告。

24日至25日

山西省严厉打击非法违法开采矿产资源专项行动督察组到浑源督导检查。

26日

浑源县项目建设“冬季行动”调度会召开，确定重点推进项目77个。

3月

3日

浑源县政府与北京“一亩田”新农网络科技有限公司“恒山黄芪”品牌建设战略合作洽谈会暨签约仪式举行，双方合作开展八大品牌系列营销行动。

9日

山西省副省长贺天才到浑源，调研清洁取暖改造、大气污染防治等工作。

11日

县委书记高莹通过视频连线的方式，与台湾拜宁腾能生技股份有限公司负责人对接洽谈恒山黄芪高端研发等情况。

15 日

山西浑源抽水蓄能电站筹建期洞室及道路工程爆破启动仪式在中铁十八局集团公司浑源项目部举行。

同日

浑源县金融服务个体工商户倍增计划工作启动会举行，中国邮政储蓄银行浑源支行，将投放担保贷款 3000 万元，小微企业累计实现投放 1 亿元。

16 日

浑源县第一期“干部大学堂”开班授课，邀请北京绿十字发起人、总顾问，农道联众城乡规划设计研究院院长孙君讲解乡村振兴相关内容。

18 日

浑源县恒山黄芪产业商会成立，通过《浑源县恒山黄芪产业商会章程》，产生第一届恒山黄芪商会会长、秘书长。

28 日

浑源县委农村工作会议暨全县黄芪产业振兴大会召开，各乡（镇）向县政府递交粮食生产、耕地保护目标责任状。

30 日

浑源县与大同市同步举行 2022 年度重点项目集中开复工活动，总投资 139.2 亿元的 41 个项目开复工。

4 月

1 日

浑源县妇联被表彰为“山西省维护妇女儿童权益先进集体”。

4 日

原恒山风景名胜区管委会正式更名为恒山风景名胜区管理中心，提格为正处级。

8 日

浑源县新冠疫情防控志愿者突击队 100 余名志愿者，分批次入驻县人民医院助力抗疫。

19 日

“电商进企业——直播助上行”走进山西恒山茶业有限公司，助推企业农产品销售。

20 日

浑源县“同心抗疫工会行动”暨“流动爱心驿站”揭牌，县总工会为一线奋战工作人员送去价值 6.6 万元的抗疫保障物资。

5 月

9 日

由中共浑源县委宣传部、北京京易影业有限公司联合摄制的电影《古镇谜案》，在浑源州署开机。

12 日

大同市政协主席姚鸿波到浑源，调研浑源县栗毓美文化、企业经营发展、重点项目推进、国家传统村落保护、黄芪文化产业、古城修复等工作。

同日

浑源县首个家庭教育指导站在穆岳小学挂牌成立。

18 日

浑源县裴村乡农民夜校成立。

19 日

赵昱清代表县政府与大象农牧集团举行项目洽谈，初步达成投资 8600 万元、投放 4.8 万头生猪的合作协议。

28 日

山西浑源黄芪文化园入选国家 AAA 级旅游景区。

6 月

2 日

浑源县神溪村入列山西美丽休闲乡村。

8 日

浑源县凉粉文化产业园规划设计汇报会召开，会议要求把小凉粉做成大产业。

9 日

山西神溪国家湿地保护公园建设 PPP 子项目设计成果汇报会召开。

18 日

浑源县入选山西省级农业生产托管高质量发展试点名单。

23 日

清廉浑源建设暨全县作风大整顿营商环境大提升工作推进会召开，聚焦形式主义、官僚主义新表现和群众最反感、市场主体最困扰、制约发展最突出的问题，整顿优化营商环境。

27 日

浑源县矿山秩序专项整治行动开始，为期 6 个月。

同日

浑源县县管干部学习贯彻中共十九届六中全会精神专题研讨班开班，县处级领导干部、正科级干部

107 人参加培训。

28 日至 29 日

浑源县举办“职工心向党，喜迎二十大”演讲比赛。

30 日

浑源县庆祝中国共产党成立101 周年摄影展在县文庙开展，摄影展征集本土摄影人关于浑源的影像作品 150 幅，展出作品以时间为主线，聚焦北岳大地、城市空间、历史人文、市井生活等。

7月

1 日

浑源县最大的易地扶贫搬迁集中安置点——思源社区便民市场投入运营。

4 日

能臣廉吏栗毓美廉洁文化研讨会召开，市县 42 位专家学者交流研讨，3 位专家学者作主题报告。

9 日

黄芪产业发展座谈会召开。中国科学院教授、北京中科前方生物技术研究所所长蒋佃水等专家、教授应邀到会，就黄芪药用、食用、营销等方面达成共识。

同日

北京一亩田新农网络科技有限公司“恒山黄芪”品牌创建和市场营销汇报会举行。

10 日

山西省书画院写生创作基地和山西书画院联盟创作基地分别在浑源州署和三元宫成立。

18 日

“以喜迎二十大，奋进新征程”为主题的浑源县 2022 年文化旅游季群众消夏文艺演出举办。

20 日

山西省曲艺团“送戏下乡”活动在浑源峣村举行。

21 日

山西省总工会“送理论、送文化、送温暖、进项目、进企业、进工地”慰问演出活动在山西浑源抽水蓄能电站项目工地举行。

同日

国家卫健委卫生发展研究专家团队到浑源，专题调研山西省《“十四五”医疗卫生体系规划》编制工作开展情况。

25 日

浑源县首个妇女手工创意基地——绣娘文化艺术创意基地“石奶奶手作坊”运营。

26 日

浑源县域公共品牌新品发布会暨电商产销对接会举行，活动推介 9 款新农特产品，6 家企业现场签约。

8月

2 日至 3 日

浑源县总工会开展 2022“关爱职工·夏送清凉”慰问活动，慰问一线职工 1000 余人，赠送价值 12 余万元的慰问品。

3 日

浑源县大学生村干部（到村任职选调生）培训班暨科级干部第八期主题班（读书班）开班。

同日

浑源县举行新冠疫情防控第九版防控方案政策培训会，邀请市疾控中心副主任白建军作专题授课。

5 日

“畅游恒岗、乐享北岳”浑源文化旅游季恒山站系列活动启动。

10 日

高莹与山西农业大学校长张强座谈，双方围绕浑源县黄芪产业发展交流。

18 日

浑源县第二期干部大讲堂开班授课，特邀复旦大学和上海开放大学教授、博士生导师围绕五岳文化思想、北岳恒山文化做专题辅导。

19 日

2022 浑源矿山生态园（二亩湾）文化旅游月启动。

24 日

大同市“清廉文化县区行”晋剧《河清海晏》在浑源巡演。

29 日

大同市“清廉文化县区行”活动启动仪式在浑源举行。

31 日

浑源县下韩学校张玉凤老师入选教育部 2022 年乡村优秀青年教师培养奖励计划名单。

9月

7 日

中国农业发展银行浑源支行投放浑源扶贫产业园 PPP 项目城乡一体化贷款 4214 万元。

16 日

浑源县被授予省级“县城绿色低碳建设试点县”“城市更新试点

县”称号。

21 日

浑源县首个病死畜禽无害化处理有限公司投入运营。

22 日

“喜迎二十大”暨统一战线政策提出 100 周年书画展开展。

23 日

山西省文联在蔡村镇文家庄村开展“庆丰收迎盛会”送文化下乡活动。

24 日

集游览、体验、购销于一体的全链条式综合性游览区——全国首家黄芪文化园开园，园区占地 32 亩，总投资 8000 万元，总建筑面积 11735.1 平方米。

同日

中国 · 浑源恒山黄芪产业高质量发展论坛举行。山西农业大学副校长李卫祥等 7 位专家教授作专题学术报告，高莹等参加。

同日

国家、山西省中药材产业技术体系对接交流会在浑源县举行。高莹等出席。

同日

大同市委副书记、市长张强带队到浑源开展项目考察。

28 日

浑源州文庙活化利用启动仪式暨祭孔大典举行。

同日

浑源县首届“恒山黄芪”烹饪大赛举办。

30 日

浑源县在烈士陵园举行“烈士纪念日”公祭活动。

10 月

16 日

浑源县干部群众收听收看中共二十大开幕会盛况。

18 日

浑源县价值 9 万元的爱心生活物资发往大同市云州区，支援云州区新冠疫情防控工作。

28 日至 29 日

大同市委副书记、市长张强到浑源，督导新冠疫情防控工作。

11 月

1 日

浑源县新冠疫情防控调度会议召开。

17 日

全县经济运行分析会召开，要求各单位、各乡（镇）高标准、高质量谋划推进项目建设，确保完成年度目标任务。

18 日

浑源县举行“两癌”救助项目救助金发放仪式，为 8 名符合救助条件的妇女每人发放 1 万元救助金。

12 月

8 日

山西省民政厅公布首批省级地名文化遗产及红色地名保护名单，浑源县上榜山西省历史文化地名千年古县名单。恒山入选 23 个著名自然地理实体地名。

同日

司法部、民政部公布命名第九批“全国民主法治示范村（社区）”名单，蔡村镇蔡村上榜。

12 日

山西裕隆祥农业发展有限公司被山西省高新技术企业认定机构备案为高新技术企业。

13 日

山西博尔众创空间被山西省科技厅认定为省级众创空间。

21 日

浑源县行政审批局为县恒吉利酒厂家属楼便利店颁发食品行业综合许可证。这是浑源县首次颁发行业综合许可证，标志着全县“一业一证”综合许可证改革工作启动。

29 日

恒山黄芪数字种植基地启动、签约仪式暨恒山黄芪产业数字赋能创新研讨会举行。（田　迪）

县情概览

建置区划

【位置面积】 浑源县地处山西省东北部，大同盆地东南边缘，桑干河支流浑河中上游，位于北纬 39° 38′ 43″~39° 88′ 45″、东经 113° 44′ 34″~113° 96′ 11″。东连大同市广灵县，南与大同市灵丘县、忻州市繁峙县接壤，西邻朔州市应县，北接大同市云州区，东北与大同市阳高县相邻。南北长约 60 千米，东西宽约 52 千米，辖区面积 1968.5 平方千米。（李向奎）

【建置沿革】 春秋时期，今浑源地属代国，其时无郡县建置。春秋末期，晋国大夫赵襄子吞并代国，浑源归晋。战国时，赵武灵王开疆拓土，置云中、雁门、代郡，浑源属赵国雁门郡。秦始皇统一全国，并天下为三十六郡，今浑源地仍属雁门郡。西汉置崞县、平舒二县，分属雁门郡和代郡，后两县合并为崞县，属恒山郡。东汉建武年间，废崞县，置常山关（常山即恒山，因避文帝刘恒讳而改名）。三国动乱，浑源为匈奴、鲜卑、乌桓势力范围。西晋时，崞县依旧属雁门郡。西晋永嘉四年（310），并州刺史刘琨迁马邑、阴馆、楼烦、繁峙、崞五县之民于陉南（雁门关以南）。北魏迁都平城，浑源为京畿内地。北魏末期，六镇叛乱，今浑源地沦陷。北齐时，今浑源地为北恒州所辖。北周时，为朔州云中县所辖。隋于今朔州置马邑郡，于今大同置云内县，今浑源地为马邑郡云内县所辖。隋末马邑校尉刘武周叛乱，大同盆地沦陷，唐代于今大同置云州。唐初为云州属地，隶应州，因地处浑河源头，故名浑源。后唐改浑元县，属应州彰国军节度使。辽称浑源，属西京道应州。金仍称浑源，属西京路，贞祐二年（1214），浑源由县升州。元时浑源州隶中书省河东山西道宣慰使司大同路，明代浑源州属山西布政使司大同府，清属山西省大同府，民国元年（1912）废州为县，属雁门道。1949 年，中华人民共和国成立，浑源属察哈尔省雁北专署。1952 年，雁北专署划归山西省，县随属。1993 年，雁同合并，浑源属大同市至今。1994 年，浑源县辖 6 个镇、22 个乡，分别为城关镇、西坊城镇、蔡村镇、沙圪坨镇、王庄堡镇、大磁窑镇，张庄乡、东坊城乡、荆庄乡、什义号乡、西留村乡、驼峰乡、下韩村乡、杨庄乡、北榆林乡、南水头乡、吴城乡、大洼乡、黄花滩乡、大仁庄乡、官王铺乡、中庄铺乡、温庄乡、西河口乡、官儿乡、土岭乡、青磁窑乡、林场乡。2001 年 2 月 23 日，经省政府批准浑源县所辖乡（镇）调整为 6 个镇、12 个乡，分别为永安镇、西坊城镇、蔡村镇、沙圪坨镇、王庄堡镇、大磁窑镇，东坊城乡、裴村乡、驼峰乡、西留村乡、下韩村乡、南榆林乡、吴城乡、黄花滩乡、大仁庄乡、千佛岭乡、官儿乡、青磁窑乡。其中，原城关镇与张庄乡合并组建永安镇；原北榆林乡与南水头乡合并组建南榆林乡；原中庄铺乡与温庄乡合并组建千佛岭乡；沙圪坨镇与杨庄乡合并组建新的沙圪坨镇；王庄堡镇与西河口乡合并组建新的王庄堡镇；吴城乡与大洼乡合并成新的吴城乡；黄花滩乡与官王铺乡合并成新的黄花滩乡；青磁窑乡与林场乡合并成新的青磁窑乡；官儿乡与土岭乡合并成新的官儿乡；东坊城乡与荆庄乡合并成新的东坊城乡；蔡村镇、西坊城镇、大磁窑镇、下韩村乡、西留村乡、驼峰乡、大仁庄乡、裴村乡（什义号乡改称裴村乡）8个乡（镇）行政区划不变。2016年，浑源县辖6个镇、12个乡，315个行政村、215个自然村、11个社区。2021年3月15日，青磁窑乡与大磁窑镇合并为新的青磁窑镇；黄花滩乡与大仁庄乡合并为新的大仁庄乡。（李向奎）

【行政区划】 2022年，浑源县辖6个镇、10个乡，即永安镇、西坊城镇、蔡村镇、青磁窑镇、沙圪坨镇、王庄堡镇，东坊城乡、裴村乡、驼峰乡、西留村乡、下韩村乡、南榆林乡、吴城乡、大仁庄乡、千佛岭乡、官儿乡，11个社区，213个行政村。（张志刚）

2022年浑源县行政区划一览表

表1

乡镇	下辖行政村和社区数量、名称	
永安镇	25个村 11个社区	行政村：王千庄、民安、土桥铺、永兴号、新华、三元号、顾册、神溪、丰台铺、道巷、当巷、唐家庄、武村、东关、张庄、兴安、益民、海村、西顺、东辛庄、许村、南顺、南关、张家号、停旨岭 社区：春晖社区、翠屏社区、和顺社区、永安社区、永兴社区、兴源社区、栗园社区、毓园社区、步云社区、恒麓社区、天峰社区
王庄堡镇	24个村	下达枝、西河口、西湾、西河、训草、岭顶、小寺、寨头、上牛还、汤头、西会、白羊、北坡头、南坡头、杏庄、东庄、上达枝、马家沟、水磨、洪水、王庄堡、下牛还、太安岭、下容易沟
蔡村镇	8个村	蔡村、碾槽沟、白道、峣村、文家庄、东留、元坨、师家号
西坊城镇	11个村	大有号、南阳庄、涧村、小辛庄、圪坨、黄沙口、大辛庄、西辛窑、大峪口、义家寨、西坊城
沙圪坨镇	20个村	英庄、乱岭关、西庄、黄家坡、杨庄、官道、沙圪坨、赤泥泉、塔村、老僧洼、沙河、龙洼、井上、东信庄、沙岭铺、三条彦、水沟、荞麦川、照壁、山阴山
青磁窑镇	16个村	青磁窑、小岭、古磁窑、刁窝、界庄、郝家湾、桃山、大柴峪、西泥沟、东葫芦头、破兑臼、英沟、尹子沟、大磁窑、胶泥圪坨、孟家窑
东坊城乡	11个村	仁和号、东尾毛、郭家庄、荆庄、李峪、郝家寨、长条、晋家庄、龙山、水磨疃、东坊城
裴村乡	9个村	新裴村、下疃、旧裴村、三合号、西辛庄、凌云口、什义号、杓头涧、迁旺新村
千佛岭乡	17个村	羊投崖、王家沟、麻地坪、钟楼坡、红泉、打虎沟、火石头、小道沟、后庄子、中庄铺、小窝单、龙嘴、金峰殿、鸽子峪、杨家庄、宽坪、温庄
大仁庄乡	16个村	东泥沟、清水沟、吴家圪坨、岔口、杨湾、大仁庄、柴眷、大西沟、官王铺、苏家坪、黄花滩、石嘴、南花园、椽厂、进士沟、前庄村
官儿乡	9个村	李家庄、官儿村、穆家庄、土岭、黑石、石窑、蔡沟、麻庄、黄崖
西留村乡	7个村	泉头、西留、宝峰寨、车道口、上祝安、贾庄、傅家坡
下韩村乡	7个村	麻庄、下韩、花疃、石庄、中韩、西辛坊、藏经庄
吴城乡	10个村	吴城、大洼、皇叔洼、麻塔、东辛坊、上辛安、下辛安、翟家洼、北大仁庄、高嘴
南榆林乡	11个村	姜家沟、北榆林、北紫峰、南榆林、南紫峰、毕村、二岭、上韩、东水头、南水头、聚兴村
驼峰乡	12个村	深涧、浅涧、宋庄、高窑、李千庄、西堡、中堡、东堡、田村、梨园、驼峰、西郭家庄

自然地理

【地质地貌】 浑源地质构造属恒山构造带，是黄土高原与太行山构造体系的过渡带，位于中期地台中北部、燕山台褶带、山西断隆带3个二级构造单元，经历地槽、地台及大陆边缘活动3个演化阶段。浑源县地处黄土高原的边缘地带，太行山脉、恒山山脉的崇山峻岭中，地貌类型多样，可概括为“南山北坡中盆地”。山地面积1068平方千米，丘陵面积563平方千米，盆地面积337平方千米，分别占总面积的54%、29%和17%。（尚书健）

【气候】 浑源县属于中温带大陆性季风气候区，年平均气温6.2摄氏度，年平均降雨量407毫米，年平均日照量2696.3小时，年平均风速2.5米/秒，无霜期平均为110天至140天。2022年，浑源县气温偏低、降雨量略偏多、日照时数偏多。年平均气温6.9摄氏度；极端最高气温34.4摄氏度，出现在6月19日；极端最低气温零下28.9摄氏度，出现在2月14日。全年总降雨量420.6毫米；一日最大降雨量57.1毫米，出现在8月18日。全年日照时数2789小时。

（薛　东）

【土壤植被】 浑源县土壤分山地草甸土、褐土、栗褐土、潮土、粗骨土5个土类，其中褐土、栗褐土为全县的主要土类。植被以恒山为分区线，恒山以南为暖温带夏绿林和灌丛草原区，恒山以北为温带暖温带稀树草原区。树种有油松、落叶松、云杉、白桦、山杨等。（尚书健）

【水文】 浑源境内水源无外域河流补充，河流主要有浑河、唐河，分属海河流域桑干河水系和唐河水系。其中，浑河流域面积1470.6平方千米，干流长度55千米，年平均径流量5900万立方米，2022年，径流量约6000万立方米；唐河流域面积393.8平方千米，干流长度35.4千米，平均年径流量3129万立方米，2022年，径流量约3200万立方米。河流的水文特征为：流域面积小、流程短、水量小、季节变化大。（尚书健）

自然灾害

【洪涝灾害】 2022年8月17日至18日，浑源县出现强降雨，对部分房屋和农田造成损坏，全县受灾乡（镇）10个，房屋受灾户数399户，农作物受灾面积56公顷。（县应急局）

【冰雹灾害】 2022年6月19日，浑源县降雷阵雨夹杂冰雹，千佛岭乡麻地坪村等10个村遭受灾害。受灾农户990户，受灾人口2856人，受灾农田580.4公顷。（薛　东）

自然资源

【土地资源】 2022年，浑源县土地总面积19.7万公顷。其中，农业用地8.8万公顷，牧业用地1.3万公顷，林业用地6.9万公顷（包括国营0.5万公顷），水域占地0.4万公顷。人均土地面积0.6公顷，在利用的土地资源中农耕地5.2万公顷，占26.5%；园地面积0.1万公顷，占0.5%；林地面积3.1万公顷，占15.8%；牧草地面积1.3万公顷，占6.6%。（尚书健）

【林草资源】 浑源县林草资源丰富多样，恒山以南为暖温带夏绿林和灌丛草原区；恒山以北为暖温带稀树草原区。2022年，浑源县林地总面积4.4万公顷。其中，乔木林地面积2.7万公顷，灌木林地面积0.9万公顷，其他林地面积0.8万公顷。全县其他草地面积6.7万公顷，其中人工牧草地42.6公顷，全县森林覆盖率18.5%。

（县林业局）

【矿产资源】 浑源县矿产资源丰富，截至2022年底，浑源县探明矿产资源86种，依类型划分为能源矿产、金属矿产、非金属矿产、冶金辅助原料、建材原料等。其中，能源矿产资源有煤、油页岩、地热3种。金属矿产资源发现有黑色、有色金属、稀土等金属矿产11种；非金属矿产发现31种；冶金辅助原料有耐火黏土、萤石2种；建筑材料矿产有水泥用的石灰岩、高岭岩（土）、陶瓷土、花岗岩等。花岗岩累计查明资源储量24.6万立方米，保有资源储

量 8.5 万立方米。（尚书健）

【湿地资源】 2022 年，神溪湿地总面积 246.9 公顷，湿地率 78.1%。其中，河流湿地 14.3 公顷，洪泛平原湿地 142.2 公顷，沼泽湿地 9.7 公顷，人工湿地 80.7 公顷。

（李　枢）

【水资源】 2022 年，浑源县水资源总量 1.4 亿立方米。全县有中型水库 1 座、小型水库 13 座，总库容量 2200 万立方米。（李　枢）

【野生动植物资源】 2022 年，浑源县野生动物分两栖类、爬行类、鸟类、哺乳类四大类 228 种；境内植物有乔木、灌木、菌类、野生药用植物 1030 种，如黄芪、蘑菇、蕨菜等。（李　枢）

风景名胜

【概况】 截至 2022 年底，浑源县有不可移动文物 488 处。全县有国家 A 级旅游景区 3 处，其中，国家 AAAA 级旅游景区 1 处，国家 AAA 级旅游景区 2 处。北岳恒山景区辖 13 处景色独特、功能各异的子景区，其中主景区面积 122.4 平方千米。（李　枢）

【北岳恒山】 恒山山脉东西连绵 250 千米，古有“恒山如行”之说。1982 年，恒山风景名胜区被国务院公布为首批国家级重点风景名胜区，2002 年，被评为国家 AAAA 级旅游景区，2009 年，北岳恒山被列入“国家自然和文化双遗产名录”“世界自然和文化遗产预备名录”。主峰天峰岭海拔 2016.1 米，素有“人天北柱”“绝塞名山”之美誉，是中国道教文化重要发源地之一。悬空寺是北岳恒山第一景，始建于北魏后期，距今有 1500 余年的历史，是佛、道、儒三教合一的独特寺庙，素有“悬空寺，半天高，三根马尾空中吊”的俚语。1982 年，悬空寺被列入全国重点文物保护单位，2010 年，入选《时代周刊》世界岌岌可危十大建筑之一。全寺为木质框架式结构，呈“一院两楼”般布局，总长约 32 米，楼阁殿宇 40 间。（李　枢）

【浑源州署】 浑源州署位于浑源县城永安西大街，始建于金代，现存建筑为明洪武七年（1374）州判张溥主持营造，距 2022 年有 648 年的历史，沿南北中轴线由五进院落组成，占地约 3.3 万平方米，有房舍 310 余间，是中国北方现存的古官署衙门中独具特色的明清风格州衙建筑。州署内设驿馆，集住宿、餐饮、娱乐、购物于一体，有房间 43 间。2022 年，浑源州署成功申报国家 AAA 级旅游景区。（李　枢）

【黄芪文化园】 黄芪文化园坐落于“中国黄芪之乡”浑源县北岳恒山脚下，占地 21470 平方米，建筑面积 11735.1 平方米，总投资 8000 万元。整个园区由仓储物流中心、黄芪博物馆、产品展示销售区组成，2022 年 3 月试营业，9 月开园，截至年底，完成招商 59 家，供货单品 1400 余种，接待游客 7 万余人。2022 年，浑源县黄芪文化园成功申报国家 AAA 级旅游景区。（李　枢）

土特名产

【浑源白酒】 浑源酿酒起源于春秋时期，隆盛于明清时期，有 2700 余年历史。从明清时期民间就一直流传着“吸水烟下兰州，喝烧酒浑源州”的民谚。具有“酒液莹澈透明，清香馥郁，入口香绵、甜润、醇厚、爽冽，饮后回味悠长”的特点，截至 2022 年底，开发出 4 大系列 40 余个品种的纯粮白酒。

（李　枢）

【浑源凉粉】 浑源凉粉有着数百年的历史，制作技艺先后被列入大同市、山西省非物质文化遗产名录。浑源凉粉以土豆淀粉为主，制作过程分为磨米浆、制粉浆、过滤、蒸熟、晾凉、切片等，配料讲究，成品清亮、滑嫩、爽口，清而不腻、辣而不涩、朴而奇香、香而纯正，风味独特，堪称北岳一绝，是山西省的代表性风味小吃之一。

（李　枢）

【浑源黄芪】 浑源县是中国黄芪之乡，早在 1500 年前的北魏时期就有黄芪种植入药的记载。浑源黄芪种植在北岳恒山山脉南部，其皂苷含量是《中华人民共和国药典

（2020年版）》标准的3倍多，是全国乃至全球重要的农业文化遗产，先后获各类认证、奖项60余项。截至2022年底，浑源黄芪初加工产品形成黄芪王、黄芪原芪、黄芪长切片、黄芪饮片、炮台芪、礼品芪6大类38个品种；深加工产品包括黄芪胶囊、黄芪咀嚼片、黄芪保健酒、黄芪蜂蜜等30余个系列。（李　枢）

人口　民族　宗教

【人口】　截至2022年底，浑源县常住人口233812人，比上年下降3.2%。其中，城镇人口103602人，乡村人口130210人；男性约12万人，女性约11.4万人。全年全县出生1692人，出生率7.2‰；死亡2436人，死亡率10.4‰，自然增长率-3.8‰。（白东浩）

2022年浑源县常住人口数及其构成统计表

表2

指标	年末数（人）	比重（%）
全县常住人口	233812	100
其中：城镇	103602	44.3
乡村	130210	55.7

【民族】　2022年，浑源县有蒙古族、黎族、满族等22个少数民族225人。其中，蒙古族45人、黎族37人、满族30人、其他少数民族113人。（张　琦）

【宗教】　2022年，浑源县有佛教、道教、基督教三大宗教，全县有信教群众4400人，有正式登记、依法开放的宗教场所40处。其中，佛教场所19处、道教场所11处、基督教场所10处，分布在全县14个乡（镇）。有常住宗教教职人员55人。其中，佛教21人、道教24人、基督教10人。（张　琦）

历史人文

【文化遗存】　浑源县有2000余年的历史，自古为民族聚居、融合之地。物质文化遗产中，全国重点文物保护单位有7处，分别为始建于北魏的恒山悬空寺，建于金代的圆觉寺、大云寺，建于元代的永安寺、律吕神祠，建于清代的栗毓美墓，以及始建于辽、历代重修的浑源文庙。省级文物保护单位有8处，分别为恒山庙群、麻庄汉墓群、古磁窑村瓷窑遗址、界庄瓷窑遗址、麻家大院、北岳行宫、李峪青铜器遗址、西留古戏台。市级文物保护单位有5处，分别为千佛岭石窟、殿山兴国寺、下韩完全小学、刘官庄瓷窑遗址、金龙峡栈道遗址。县级文物保护单位有9处，分别为三清殿、崞县古城遗址、烈士纪念塔、州衙、孙公亮家族墓、云峰寺、栗家府、田应璜旧居、神溪关帝庙。

（李向奎）

【非物质文化遗产】　2022年，浑源县完成市级非物质文化遗产“浑源炝辣子”申报省级非物质文化遗产；县级非物质文化遗产“恒山老道茶”“浑源煎羊肉制作技艺”和民间文学“恒山爷的传说”申报完成市级非物质文化遗产；传统戏剧“浑源秧歌”，传统技艺“浑源面塑”“浑源墙围画”“浑源布老虎”新列入县级非物质文化遗产保护项目。截至年底，浑源县列入省级非遗项目8项，列入市级非遗项目7项，列入县级非遗项目11项。（李向奎）

【历史名人】　浑源县历史悠久，文化灿烂，涌现出许多名人志士。五代后唐刘皇后与其弟刘延皓皆为浑源人。金元之间，浑源科甲及第者众多，其中刘、雷两家以文学知名，孙、高两家以武功显赫。浑源刘氏家族有刘撝、刘汲、刘渭、刘侃、刘俨、刘似、刘从益、刘从禹、刘祁9人进士及第。浑源雷氏有雷嗣卿、雷思进士及第。雷渊、雷膺拜监察御史。元朝时期，浑源孙氏因善于制造甲胄而受到历代君主宠幸。孙威获封号“也可兀兰”（大工匠、将作大匠之意）。孙公亮、孙拱、孙谦、孙谊俱追封神川郡公。经高定子孙三代及归云、西庵、月溪觉亮禅师建寺弘法，永安寺成为浑源州规模最大、文物类型最为丰富的“州城要寺”。清代，河东河道总督栗毓美首创“抛砖筑坝”法预防水灾，被敕封为河神“栗大王”。至近现代，抗日名将石作衡英勇奋战，为国捐躯；中国工程院院士于润沧，把青春年华奉献给有色金属采矿工程事业。

（李向奎）

【民间习俗】 浑源长期处于多民族杂居的环境，因为地处边塞，逐渐养成重商力耕的传统。明弘治《浑源州志》记载："清明拜扫插柳、四月朝岳、端阳馈粽、六月六日曝衣踏麴、七夕乞巧、中秋切瓜馈月饼、重九馈糕赏菊、十月朔拜扫焚寒衣、冬至不作节、腊日食豆粥，除夕聚族守岁、盛乐燧庭。"旧志所载习俗，今多有遗存，有二月二理发、端午节至栗氏佳城祭拜栗公、中元节上坟祭祖等习俗。2022年9月28日孔子诞辰日，浑源文庙恢复中断100余年的祭孔习俗并举办祭孔大典。（李向奎）

2022年经济社会发展

【经济建设】 2022年，浑源县地区生产总值56.9亿元，比上年增长0.6%；第三产业增加值32.7亿元，比上年增长1.6%；固定资产投资30.6亿元，比上年增长5.6%；一般公共预算收入2.1亿元，比上年增长6%；社会消费品零售总额38.1亿元，比上年下降0.3%。全县净增市场主体4403户，市场主体总量15137户，2家公司在"晋兴板"挂牌，实现"晋兴板"设立以来浑源县挂牌企业"零的突破"。（李向奎）

【政治建设】 2022年，浑源县以习近平新时代中国特色社会主义思想为指导，深入学习宣传贯彻中共二十大精神，加强575个基层组织建设，全县有党员1.5万余名。全年全县发挥县委把方向、管大局、作决策、促落实的作用，强化全面从严治党及党风廉政建设。以政治为引领，抓项目、兴产业、强基础、抗疫情、惠民生、防风险，全县呈现出党的建设全面加强、产业结构持续优化、改革创新不断深化、民生民计显著改善、社会大局稳定的良好局面。（李向奎）

【文化建设】 2022年，浑源县规划文化、生态、旅游、康养、民生、城市更新等项目221个。实施恒山、悬空寺景区基础设施提升、古城基础设施和历史街区改造、文物本体维修、旅游交通改造、全域旅游服务中心建设等重大项目；持续释放浑源古城新活力，围绕"文脉""气息""业态"3个重点，以古城文旅业态增质增量增效为核心，提炼北岳文化元素，传承推广非物质文化遗产，浑源县发展文化创意设计服务企业3家，工艺美术品生产企业1家，奇石根雕古玩字画商家20家。全年举办群众文化惠民系列活动80场。（李向奎）

【社会建设】 2022年，浑源县参加社会养老保险人数21.4万人。其中，企业养老保险参保人数2.9万人，机关事业单位养老保险参保人数1.3万人，城乡居民基本养老保险参保人数17.2万人。城乡居民补充养老保险参保人数17.1万人，城乡居民基本医疗保险参保人数25.4万人，职工基本医疗保险参保人数1.8万人。新增城镇就业6927人，农村劳动力转移就业5715人，失业人员再就业3293人，就业困难人员再就业673人。全年全县城镇常住居民人均可支配收入30473元，比上年增长7.1%；农村常住居民人均可支配收入11758元，比上年增长7.8%。全年全县财政资金持续向民生和社会事业倾斜，全县教育、社会保障和就业、医疗卫生等13项民生支出24.9亿元。（李向奎）

【生态文明建设】 2022年，浑源县推进绿色低碳循环改造，构建现代生态经济体系。推进清洁取暖工作，实施县城建成区煤改电2000户，县城建成区和农村清洁取暖覆盖率分别达86%、70%，全年二级以上天数285天。开展国土绿化行动，人工造林0.7万公顷。二亩湾生态治理被评为"全省国土空间生态修复示范工程项目"。投资1.2亿元，实施污水处理厂扩容及提标改造子项目。浑源县获省级"城市更新试点县""县城绿色低碳建设试点县"称号。（李向奎）

中国共产党浑源县委员会

综　述

【概况】　2022年，中国共产党浑源县委员会（简称“浑源县委”）始终把学习贯彻习近平新时代中国特色社会主义思想作为首要政治任务，深入学习贯彻中共二十大精神，加强思想政治建设，全年开展理论宣讲活动235场，培训党员干部12633人（次）。举办“喜迎二十大、奋进新征程”群众文化惠民系列展演102场，推动2163名县、乡、村三级干部领办实事2653件。严格履行管党治党责任，研究全面从严治党工作15次。坚持重大事项集体研究制度，全年召开县委常委会（扩大）会议5次，县委常委会会议18次。坚持统筹疫情防控和经济社会发展，全域旅游新格局初步形成，新能源基地建设领跑大同市，抽水蓄能电站走在山西前列。持续加大民生和社会事业投入，民生支出占一般公共预算支出近90%。

（王文龙）

【深化改革】　2022年，浑源县委深化各项改革。推行“局队合一”运行机制，构建起“1+9+N”综合执法体系；强化基层执法力量建设，组建乡（镇）综合行政执法队16支；建立完善综合行政执法联席会议、案件移送等制度，加强行政执法信息共享。深化国资国企改革。完成65家企业调查取证，国企全民所有制改革完成33家。加快粮食系统改革，整合划拨旧粮站资产，国有粮食企业制定6项关于储备粮管理制度，设立粮食应急供应点。深化放管服效改革。推行市场主体登记注册“一网通、一窗办、半日结、零成本”，完成税务登记进驻大厅；创新监管方式，全县26家监管职能单位1018项基础数据全部完成认领；推行建设项目全流程网上审批，实现建设项目从赋码到竣工验收在80个工作日内办结。深化县管校聘改革，激发校长、教职工队伍工作激情，完成全县2384名公办教职工竞聘上岗。推进义务教育均衡发展，整治规范全县4所民办义务教育学校，完成穆岳小学迁址重建，示范中学新建公寓楼投入使用。扶持高中教育，给予政策、资金倾斜，全年高考达线812人，比上年增长43.5%。

（王文龙）

【经济发展】　2022年，浑源县实现地区生产总值56.9亿元，比上年增长0.6%；第三产业增加值32.7亿元，比上年增长1.6%；规模以上工业增加值比上年下降14.8%；一般公共预算收入2.1亿元，比上年增长6%；固定资产投资额30.6亿元，比上年增长5.6%；社会消费品零售总额38.1亿元，比上年下降0.3%；城镇常住居民人均可支配收入30473元，比上年增长7.1%；农村常住居民人均可支配收入11758元，比上年增长7.8%。加快抽水蓄能1期项目工程建设；加大新能源产业建设力度，全年实施风光电项目4个，全县装机总规模133.7万千瓦，比上年增长17.6%。推进花岗岩固废综合利用，构建“吃干榨净”

闭环管理产业体系。（王文龙）

【文旅康养培育】 2022年，浑源县委推进恒山国家AAAAA级旅游景区创建，实施恒山建筑群保护修缮系列工程，加快全域旅游服务中心建设，推进历史文化名城整体保护与更新，推动黄芪文化园、浑源州署成功申报国家AAA级旅游景区，打造探岳之旅天路、空中草原等5条乡村旅游廊道，建成二岭、东葫芦头等10个省级旅游示范村；实施文物托管2处，完成省县非物质文化遗产申报6项，编制完成《浑源县康养产业发展规划（初稿）》，推动神溪国家湿地公园、汤头温泉休闲康养度假区等项目建设。

（王文龙）

【特色产业发展】 2022年，浑源县委围绕黄芪高端发展，成立恒山黄芪产业研究院，持续挖掘、弘扬黄芪文化；举办首届恒山黄芪产业高质量发展论坛、恒山黄芪数字赋能创新研讨会，提升"正北芪"知名度和影响力；修订申报"地理标志保护产品——恒山黄芪"，制定黄芪行业标准；建设官儿乡黄芪产业示范基地，筹建国家级黄芪保种实验室，启动恒山黄芪数字种植基地建设。以把浑源凉粉打造成为特色产业为目标，加快凉粉文化园建设，探索推进凉粉标准化、工业化生产。推动浑源白酒产业重整旗鼓、重拾辉煌，扶持恒芪康酒业集团发展，引资建设酒文化产业园。

（王文龙）

【乡村振兴】 2022年，浑源县委筑牢返贫防线，对新识别重点监测对象251户、510人全部采取针对性帮扶措施；提升"三保障"（义务教育、基本医疗、住房安全有保障）和饮水安全水平，危房改造293户、户厕改造2650座，完成23个村供水保障工程，启动实施投资5.5亿元的城乡一体化供水工程。推进产业振兴，统筹整合资金1.2亿元实施项目85个；开展就业帮扶，实现脱贫劳动力务工19614人；发放小额信贷9536万元，支持脱贫户和监测对象发展产业，全年脱贫人口人均纯收入10992元，比上年增长15.4%。（王文龙）

2022年12月29日，浑源县恒山黄芪产业数字赋能创新研讨会在北岳神耆公司举行（王晓宇 摄）

【从严治党】 2022年，浑源县委把全面从严治党引向深入，县委常委会带头，严格履行管党治党主体责任，研究全面从严治党工作15次。推进清廉浑源建设，印发《浑源县全面建设清廉浑源2022年工作要点》，推动整改问题20个。推进政治巡察，完成十六届县委第二轮和第三轮巡察，两轮巡察发现的"三个聚焦"共性问题309个和问题线索30个，全部处办整改到位。坚持严的主基调，把一体推进"三不"方略贯穿正风肃纪反腐全过程，受理信访举报189件次，受理问题线索452件，立案197件。运用监督执纪"四种形态"批评教育帮助和处理党员及监察对象488人（次）。开展抓党建促基层治理能力提升专项行动，建立县级统筹谋划、工作专班协调推进、责任部门牵头实施、乡（镇）党委具体落实的"四级联动"工作体系，对村（社区）党组织书记实行"星级化"管理，新招聘106名大学毕业生到村工作，持续实施农村干部学历提升工程和后备干部培养工程，储备后备干部234人、后备人才634人。（王文龙）

中共二十大精神学习宣传落实

【中心组引领学习】 2022年，浑源县委深入学习宣传落实中共二十大精神，县委理论学习中心组创新学习形式，有序开展专题学、集中学、个人学、网上学、视频播、展板亮等学习活动，组织开展县委中心组理论学习11次，组织全县3629名党员干部集中收听收看中共二十大开幕会，开展集中学习、解读、研讨活动，使学习宣传贯彻大会精神成为全县学习的主题、政治教育的主课、政治环境的主导、全面建设的主线，始终同以习近平同志为核心的党中央保持高度一致。（王文龙）

【党员干部学思践悟】 2022年，浑源县委把学习宣传贯彻中共二十大精神作为全年的首要政治任务，坚持把学习大会报告同学习大会系列讲话和相关文件结合起来，同学习中共十八大报告、十九大报告精神和党的百年历程结合起来，深刻领悟中共二十大关于党和国家事业发展大政方针和战略部署的历史逻辑、理论逻辑、实践逻辑，组织全县领导干部撰写各种形式学习心得1000余篇。全县掀起学习宣传热潮，综合运用干部教育培训、分层分众宣讲、主流媒体报道、专家研究阐释等方式，把中共二十大报告、《中国共产党章程（修正案）》、中央纪委工作报告等重要文件和习近平总书记一系列重要讲话精神层层传达。单位“一把手”发挥导向作用，在各自部门形成抓落实的自觉意识，加强对非中共人士宣传宣讲，形成全社会凝聚广泛共识，推动全县上下凝聚起抓贯彻落实的集体意志。（王文龙）

【专题宣讲培训】 2022年，浑源县精选党校教师和理论专家组建宣讲团，成立专题备课小组，同步推动中共二十大精神集中宣讲和浑源历史文化宣传。围绕五岳文化、恒山文化在推进文化自信自强中的实践意义，邀请复旦大学和上海开放大学教授、博士生导师做专题讲座；先后组织两批年轻干部廉洁从政专题培训班；举办第八期干部读书班和2021—2022年度新任公务员任前培训，推动中共二十大精神入脑入心、走深走实。开展中共二十大精神相关主题宣传，加大浑源对外形象宣传力度，年内在国家、省、市级媒体发表各类稿件400余篇，突出“喜迎二十大，奋进新征程”主题，开展文化旅游季群众消夏文艺演出、“廉洁文化艺术展”优秀作品巡回展览、新编历史晋剧《河清海晏》巡回演出、优秀微视频微电影微动漫作品展映展播等活动，展现全县干部群众昂扬奋进的精神风貌。通过微信公众号、视频号及时转载相关评论，深入进行宣传阐释，在政府门户网站开辟学习专栏，举办机关单位线上“微宣讲”，组织各乡（镇）结合新时代文明实践所站建设积极开展农民夜校试点工作，创办农民夜校16所。（王文龙）

2022年10月24日，浑源县党群服务中心开展中共二十大精神宣讲。图为主体班学员聆听讲解 （安兴旺 摄）

重要会议

【中共浑源县委十六届四次全体会议暨县委经济工作会议】 2022年1月7日，中共浑源县委十六届四次全体会议暨县委经济工作会议召开，全会应到县委委员38人，实到34人，应到县委候补委员7人，实到6人，符合

2022年1月7日，中共浑源县委十六届四次全体会议暨县委经济工作会议召开 （杨 钦 摄）

规定。不是县委委员、候补委员的其他县领导，乡（镇）党委、政府主要负责人，政府职能部门主要负责人，部分党组织在浑源的条管单位及金融单位主要负责人列席会议。全会由县委常委会主持。会议审议通过《中共浑源县委常委会2021年工作报告》。县委书记高莹部署2022年经济工作。县委副书记、县长赵昱清就2022年经济工作作出具体安排。县委常委、组织部部长、统战部部长王小军作中共浑源县委拟推荐出席中共二十大代表候选人推荐人选名单说明。

（王文龙）

【县委常委会会议】 2022年，中共浑源县委召开常委会会议18次，下面节选县委常委会会议14次。

1月6日，中共浑源县委常委会会议召开，县委书记高莹主持会议。会议传达学习习近平总书记重要讲话重要指示精神。审议《中共浑源县委班子2021年度工作总结（审议稿）》《高莹2021年度个人述职报告（审议稿）》和《浑源县人民政府班子2021年度工作总结（审议稿）》《赵昱清2021年度个人述职报告（审议稿）》。听取中共浑源县委十六届四次全会暨县委经济工作会议筹备情况。审议《中共浑源县委常委会2021年工作报告（审议稿）》《县委书记高莹在县委十六届四次全会暨县委经济工作会议上的讲话（审议稿）》《县委副书记、县长、政法委书记赵昱清在县委十六届四次全会暨县委经济工作会议上的讲话（审议稿）》。听取2021年度县人大常委会党组、县政府党组、县政协党组、县法院党组、县检察院党组工作汇报。听取2021年度县纪委监委党风廉政建设和反腐败工作情况汇报。审议《中共浑源县委拟推荐出席中共二十大代表候选人推荐人选名单（审议稿）》。

1月14日，中共浑源县委常委会会议召开，高莹主持会议。会议传达学习习近平总书记在省部级主要领导干部学习贯彻党的十九届六中全会精神专题研讨班开班式上的重要讲话精神、平安中国建设表彰大会精神。听取浑源县第十八届人民代表大会第三次会议筹备情况的说明，审议《浑源县人民代表大会常务委员会工作报告（审议稿）》。听取政协第十五届浑源县委员会第二次会议筹备情况的说明，审议《政协第十五届浑源县委员会第二次会议工作报告（审议稿）》《关于增补政协第十五届浑源县委员会委员的报告（审议稿）》，听取县政协“有事来商量”建设情况汇报。审议《浑源县人民政府工作报告（审议稿）》《2022年浑源县人民政府民生实事候选项目（草案）》。审议《浑源县2021年国民经济和社会发展计划执行情况与2022年国民经济和社会发展计划（草案）》《浑源县2021年财政预算执行情况和2022年财政预算（草案）》《浑源县人民法院工作报告（审议稿）》《浑源县人民检察院工作报告（审议稿）》。审议《县委常委班子党史学习教育专题民主生活会对照检查材料（审议稿）》《中共浑源县委常委会工作规则（审议稿）》《县委书记专题会议工作规则（审议稿）》《中共浑源县委关于贯彻执行民主集中制的若干规定（试行）（审议稿）》。传达省委常委、市委书记卢东亮在县（区）委书记、党（工）委书记抓基层党建工作述职评议会议上的讲话精神。审议《浑源县第十八届人民代表大会第三次会议选举办法（草案）》《浑源县第十八届人民代表大会第三次会议民生实事项目票决办法（草案）》《补选浑源县人大常委会委员建议名单（审议稿）》《浑源县第十八届人民代表大会第三次会议总监票员、总计票员建议名单（审议稿）》。审议《浑源县事业单位引进研究生及以上学历人才实施方案（试行）（审议稿）》《浑源县事业单位引进研究生及以上学历人才激励政策十条（审议稿）》。研究部署省"两会"、春节、冬奥会期间疫情防控、社会治安、信访、安全生产、稳价保供、环境保护等工作。

2月8日，中共浑源县委常委会会议召开，高莹主持会议。会议传达学习习近平总书记在山西省考察调研、看望慰问基层干部群众时重要讲话及重要指示精神，传达学习中央重要会议精神。审议《中共浑源县委关于成立涉粮问题专项巡察整改工作领导小组的通知（审议稿）》《第十五届市委涉粮问题专项巡察问题、任务、责任"三清单一台账"（审议稿）》。

2月24日，中共浑源县委常委会会议召开，高莹主持会议。会议传达学习习近平总书记重要文章、全国宣传部部长会议精神、省委书记林武讲话精神。审议《关于在全县集中开展排查整顿农村发展党员违规违纪问题工作实施方案（审议稿）》。听取环保工作情况汇报，研究部署下一步工作。听取县纪委监委加强对"一把手"和领导班子监督、对重点村（社区）开展"三个一批"（党建引领一批、督办化解一批、以案促治一批）工作情况的汇报，安排部署下一步工作。听取疫情防控工作情况汇报，研究部署下一步工作。

3月15日，中共浑源县委常委会会议召开，高莹主持会议。会议传达学习习近平总书记重要讲话精神、全国两会精神、省委市委重要会议精神。传达学习市委组织部部长崔巍在全市组织工作分析谋划会上的讲话精神。审议《县委第十六届四次全会暨县委经济工作会议任务分解方案（审议稿）》。审议《浑源县政协2022年协商工作计划（审议稿）》《政协浑源县委员会2022年工作要点（审议稿）》。审议《第十六届浑源县委第二轮巡察工作方案（审议稿）》。听取全县森林草原防灭火工作情况的汇报，安排部署下一步工作。研究人事相关事项。

4月14日，中共浑源县委常委会会议召开，高莹主持会议。会议传达学习习近平总书记在中共中央政治局常务委员会会议、在参加首都义务植树活动时的重要讲话精神和关于基层治理能力的重要论述；传达学习毛泽东重要文章《改造我们的学习》《反对自由主义》；传达学习省委书记林武、省纪委书记王拥军在全省巡视巡察工作会议暨十二届省委第一轮巡视动员部署会上的讲话。传达学习全市国安工作专题会议精神。听取全县第一季度社会稳定形势分析的汇报，研究部署下一步工作。审议《贯彻落实〈关于全面建设清廉大同的责任清单〉实施方案（审议稿）》《关于组建全面建设清廉浑源工作专班的通知（审议稿）》《全面建设清廉浑源2022年工作要点（审议稿）》《关于在全县开展作风大整顿、营商环境大提升工作方案（审议稿）》；听取全县第一季度党风廉政建设和反腐败工作情况汇报，研究部署下一步工作。审议《中共浑源县委常委会2022年工作要点（审议稿）》《县委常委分工（审议稿）》《中共浑源县委关于全面贯彻落实习近平总书记考察调研山西重要指示精神的实施意见（审议稿）》。审议《中共浑源县委联系的优秀人才管理办法（审议稿）》《关于开展中共浑源县委联系的优秀人才第二次评选工作的通知（审议稿）》。听取全县第一季度意识形态领域形势分析的汇报，研究部署下一步工作。审议《浑源县拓展新时代文明实践中心建设工作实施方案（审议稿）》《关于在全县深入开展"微笑浑源"主题活动的实施方案（审议稿）》《浑源县突发公共事件新闻报道应急预案（审议稿）》。审议《浑源县人大常委会2022年工作要点（审议稿）》《浑源县人大常委会2022年监督工作计划（审议稿）》《浑源县人大常委会2022年代表工作计划（审议稿）》。听取全县第一季度经济运行形势分析的汇报，研究部署下一步工作。传达学习3月31日全国安全生产电视电话会议精神，听取全县第一季度安全生产形势分析的汇报，研究部署下一步工作。听取全县第一季度乡村振兴工作情况的汇报，研究部署下一步工作。听取全县第一季度生态环境保护工作情况的汇报，研究部署下一步工作。研究人事相关事项。

5月13日，中共浑源县委常委会会议召开，高莹主持会议。会议传达学习习近平总书记重要文章和重要讲话精神、中央和全省会议精神及《信访工作条例》。传达学习省委书记林武关于中共二十大期间维稳安保工作的批示精神、省市二十大期间维稳安保暨更高水平的平安建设工作会议精神、全市肇事肇祸等严重精神障碍患者摸排管控工作推进会会议精神。听取抓党建促基层治理能力提升工作汇报。听取党校建设情况汇报。听取交通项目情况汇报。听取城市建设情况汇报。听取生态建设情况汇报。听取经济运行情况汇报。听取康养规划进展情况汇报。听取抽水蓄能电站工程进展情况汇报。听取巩固拓展脱贫攻坚成果同乡村振兴有效衔接考核评估反馈问题排查整改情况汇报。审议《浑源县贯彻落实中央生态环境保护督察报告整改方案（审议稿）》。审议《关于进一步完善安全生产责任体系的实施办法（审议稿）》。研究人事相关事项。集中学习政府产业基金相关知识。

5月17日，中共浑源县委常委会会议召开，高莹主持会议。会议传达学习《习近平关于档案工作、历史学习与研究、文化遗产保护重要论述摘编》。传达学习省委第十二届四次全会精神和《中共山西省委关于防疫情稳经济保安全以优异成绩迎接中共二十大胜利召开工作意见》。听取“三个一批”情况汇报。研究2021年度市管领导干部实绩考核和年度考核等次建议相关事宜。

6月22日，中共浑源县委常委会会议召开，高莹主持会议。会议听取全县矿山秩序治理工作情况，研究部署下一步工作。专门约谈涉煤的沙圪坨镇、青磁窑镇、千佛岭乡、大仁庄乡、蔡村镇5个乡（镇）党委书记。

6月30日，中共浑源县委常委会会议召开，高莹主持会议。会议传达学习习近平总书记在中央全面深化改革委员会第二十六次会议上的重要讲话精神、给种粮大户的回信、在《求是》杂志上发表的重要文章《坚定不移走中国人权发展道路，更好推动我国人权事业发展》。传达学习全市稳经济促发展项目谋划推进会暨1月至5月经济运行分析会会议精神。听取全县上半年在建、续建项目进展情况，研究部署下一步工作。传达学习全市抓党建促基层治理能力提升专项行动暨发展壮大农村集体经济推进会会议精神。听取全县上半年意识形态领域形势分析汇报，全县上半年社会稳定形势分析汇报，全县上半年安全生产形势分析及防汛工作开展情况汇报，全县上半年生态环境保护工作情况的汇报，全县规范民办义务教育工作开展情况汇报，研究部署下一步工作、研究2022年事业单位招聘工作相关事宜。研究人事相关事项。

7月15日，中共浑源县委常委会会议召开，高莹主持会议。会议传达学习习近平总书记重要讲话精神、全国重要会议精神和省委书记林武讲话精神。听取全县作风大整顿、营商环境大提升专项行动开展情况汇报，研究部署下一步工作。审议《中共浑源县委党建工作领导小组2022年工作要点（审议稿）》。研究整合山西恒山文化旅游发展有限公司与浑源县恒兴恒山旅游发展有限责任公司以及相关人事安排事宜。审议《第三届浑源道德模范及提名奖人选名单（审议稿）》。听取全县依法治县工作情况汇报，研究部署下一步工作。听取全县疫情防控工作情况汇报，研究部署下一步工作。传达学习《1月至5月省考高质量发展综合绩效指标进展情况报告》，研究部署下一步工作。研究人事相关事项。

8月11日，中共浑源县委常委会会议召开，高莹主持会议。会议传达学习习近平总书记重要讲话精神、中央和省委市委重要会议精神、《纪检监察机关派驻机构工作规则》。传达学习中央审计委员会第五次会议精神、《关于进一步发挥改革效能有力推进纪检监察监督巡视巡察监督与审计监督贯通协同高效的指导意见》。听取上半年“12345”接诉即办工作情况汇报。审议停止李兴宇中共浑源县第十六届党代表职务有关事宜。审议县推荐担当作为干部人选事宜。研究人事相关事项。

10月24日，中共浑源县委常

委会会议召开，高莹主持会议。会议传达学习贯彻中共二十大精神。传达学习山西省巩固脱贫攻坚成果同乡村振兴有效衔接领导小组办公室《关于开展2022年巩固拓展脱贫攻坚成果同乡村振兴有效衔接考核评估工作的通知》精神；听取全县第三季度乡村振兴工作情况的汇报，安排部署下一步工作。审议《关于浑源县公安局党委委员、二级警长栗海滨违纪违法问题的审理报告（审议稿）》；听取全县第三季度党风廉政建设和反腐败工作情况汇报，研究部署下一步工作。听取全县第三季度意识形态领域形势分析汇报，研究部署下一步工作。听取全县第三季度生态环境保护工作情况汇报，研究部署下一步工作。听取全县第三季度经济运行形势分析汇报，研究部署下一步工作。

12月29日，中共浑源县委常委会会议召开，高莹主持会议。会议学习习近平总书记重要讲话重要指示重要文章精神、中央和省委重要文件重要会议精神。听取中共浑源县委十六届五次全会暨县委经济工作会议筹备情况汇报；审议《中共浑源县委常委会2022年工作报告（审议稿）》《中共浑源县委关于深入学习宣传贯彻中共二十大精神的实施方案（审议稿）》。审议《2021年度目标责任考核等次和领导班子考核等次（审议稿）》。审议中国共产党浑源中学集团校委员会关于增补党委委员和党委副书记人选事宜；审议2022年度整顿软弱涣散村（社区）党组织退出事宜。听取全县2022年度党风廉政建设和反腐败工作情况汇报，研究部署下一步工作。听取第十六届县委第三轮巡察情况报告，研究部署下一步工作。听取全县2022年度意识形态领域形势分析汇报，研究部署下一步工作。听取全县2022年度乡村振兴工作情况汇报，研究部署下一步工作。 （王文龙）

【县委常委会（扩大）会议】

2022年，中共浑源县委召开常委会（扩大）会议5次。

2月8日，中共浑源县委常委会（扩大）会议召开，县委书记高莹主持会议。赵昱清、杨琼圣等县领导出席。会议传达学习贯彻习近平总书记考察慰问山西基层干部群众时的重要指示和省委书记林武的讲话精神，对标市委“奋斗两个五年、跨入第一方阵”的总要求，再安排再部署加快推进全县高质量发展步伐。会议研究2022年领导干部报告个人有关事项相关事宜。

2月16日，中共浑源县委常委会（扩大）会议召开，高莹主持会议。赵昱清、李跃新等县领导出席。会议传达省委十二届三次全会精神与市“两会”精神，听取中共浑源县纪委第十六届二次全会筹备情况的说明，审议《浑源县纪律检查委员会常务委员会在中国共产党浑源县第十六届纪律检查委员会第二次全体会议上的工作报告（审议稿）》；传达学习市委民族工作会议暨全市宗教工作会议精神。

9月8日，中共浑源县委常委会（扩大）会议召开，高莹主持会议。赵昱清、杨琼圣等县领导出席。会议传达学习习近平总书记重要讲话精神、省委书记林武讲话精神和全国、全省、全市会议重要文件精神。听取2022年村机动巡察情况汇报，审议《第十六届县委第三轮巡察工作方案（审议稿）》，听取全县农业稳产增收情况汇报，

2022年9月8日，中共浑源县委常委会（扩大）会议召开

（安兴旺 摄）

研究部署下一步工作，听取全县抓党建促基层治理能力提升工作情况的汇报，研究部署下一步工作，审议思源社区党工委委员调整事宜，研究人事相关事项。

10月24日，中共浑源县委常委会（扩大）会议召开，高莹主持会议。赵昱清、杨琼圣等县领导出席。会议传达学习中共二十大精神和习近平总书记重要讲话精神，安排部署全县贯彻落实工作。

12月9日，中共浑源县委常委会（扩大）会议召开，高莹主持会议。赵昱清、杨琼圣等县领导出席。会议专题传达学习市委十六届四次全体会议精神，安排部署全县贯彻落实工作。（王文龙）

【县委议事协调机构会议】 2022年浑源县委召开议事协调机构会议7次。下面节选县委议事协调机构会议3次。

1月25日，县委召开浑源县2021年度基层党建工作述职评议会议，县委书记高莹主持会议。蔡村镇等8名乡（镇）党委书记和县直机关工委等4名县直党（工）委书记口头述职，其余8名乡（镇）党委书记和4名县直党（工）委书记书面述职，并民主测评基层党建工作。

3月28日，县委农村工作会议暨全县黄芪产业振兴大会在县党群服务中心召开，高莹讲话，县长赵昱清主持。会议安排部署全县农业农村及乡村振兴工作，各乡（镇）向县政府递交粮食生产、耕地保护目标责任状，王庄堡镇等5家单位书面交流发言。

12月1日，县委召开2022年巩固拓展脱贫攻坚成果同乡村振兴有效衔接工作推进会，赵昱清主持会议。会议对照巩固拓展脱贫攻坚成果同乡村振兴有效衔接评估考核工作精神和要求，对照上级反馈意见和问题清单，逐项逐条全面自查整改。会议安排部署总体工作和强化驻村帮扶工作。县教科局、住建局、水务局、医保局、医疗集团、民政局、人社局、残联作表态发言，乡村振兴局通报上级督导检查反馈问题清单。（王文龙）

重大决策

【义务教育发展规划的实施】 2022年1月20日，浑源县委出台《关于义务教育发展规划的实施意见》（简称《实施意见》）。《实施意见》分基本情况、指导思想、实施原则、工作目标、实施办法和保障措施6个部分。其中工作目标分学校布局规划、民办义务教育在校生压减两项内容，即不断扩大优质教育资源覆盖面，保障公办义务教育学校学位供给。在县域农村打造3所优质初中学校；县城打造4所优质单办初中和1所九年一贯制学校；每个乡（镇）打造1~2所优质小学，保留必要的农村小学教学点。实施办法分4项内容，分别为扩大公办学校学位、压减民办学校体量、分年度购买学位及规范招生入学行为。2022年秋季学期，把民办义务教育学校在校生规模压减至980人，占比4.9%。（王文龙）

【恒山景区创建国家AAAAA级旅游景区】 2022年，浑源县按照《恒山风景名胜区创建国家AAAAA级旅游景区工作方案》（简称《工作方案》）要求，实施恒山建筑群保护修缮系列工程，加快全域旅游服务中心建设，推进全域旅游示范县创建工作。《工作方案》分指导思想、恒山风景名胜区国家AAAAA级旅游景区创建的目的及意义、创建原则、景区创建领导组、景区创建责任分工、创建4个阶段的安排5个部分。其中景区创建责任分工有创建申报和技术咨询组、基础设施建设组、环境综合整治提升组、景区管理服务提升组、恒山文化挖掘组、旅游宣传营销组、资金保障组7个工作组；4个创建阶段分别为筹备动员阶段、创建阶段、验收阶段和总提高阶段。

（王文龙）

【扶持“恒山黄芪”产业高质量发展十条措施】 2022年12月30日，浑源县出台《浑源县扶持“恒山黄芪”产业高质量发展十条措施》。为配合黄芪产业国家区域认证项目实施，促进浑源黄芪产业链整体高质量发展，制定以下十条扶持措施：（1）成立恒山黄芪产业高质量发展领导组，统筹协调推进黄芪产业国家区域认证项目各项工作。（2）组建黄芪商会，搭建对外交流、承政联企、对内严格标准和管理的平台，推动政府、行业、企业三方协调，形成合力，实现行业自律、组织协调、互助共建的产业高质量发展新格局，推进黄芪产业国家区域认证项目。（3）设立恒山黄芪产业发展基金。支持“恒山黄芪”公用品牌的创建、宣传、推广及基础研究、创新研发等，推进黄芪产业国家区域认证项目，打响大同本土地方品牌。（4）县财政每年安排20万元专项资金，推进黄芪产业国家区域认证项目，重点对标准化基地建设、产地初加工能力提升、黄芪产业深加工研发、龙头企业培育、科技创新、文化体系建设、黄芪产品品牌创建等方面给予扶持。（5）落实减免税政策。参与黄芪产业国家区域认证项目的企业和新建黄芪加工的小微企业税费优惠政策落实。跟踪确保政策红利精准释放，助力企业稳定发展。（6）打造园区基地。支持黄芪产业园区和黄芪文化体验基地建设，且能为入驻并参与黄芪产业国家区域认证项目的企业连续三年提供符合工艺要求的标准化生产厂房的，一次性给予10万元奖励补助。（7）支持科技创新。实施数字赋能恒山黄芪，推动浑源黄芪产业。对与国内外知名科研机构建立长期合作关系并在黄芪精深加工技术、产品研发、品牌推广等方面联合攻关的项目，每项目给予奖补资金不少于50万元，对建设研发中心、科创中心、院士站等给予建设费用30%的奖补支持。（8）对新引进的中国500强、中国民营500强企业投资1亿元以上，或固定资产一次性投资1亿元以上的黄芪精深加工项目，支持政策实行“一事一议”“一企一策”。（9）优化人才结构。加强基层相关人员的专业培训，提高黄芪种植、加工、经营主体的专业技术能力和标准化生产能力，加大人才引进力度，对全日制硕士生、本科生，在浑黄芪相关企业连续工作满5年并签订长期劳动合同的，由县财政分别给予每人一次性生活补贴5万元、3万元。（10）提高黄芪产业整体质量发展水平。对获国家级、省级、市级质量奖的黄芪及黄芪相关产品的生产加工销售企业分别一次性给予5万元、3万元、1万元的奖励。对参与黄芪产业国家区域认证项目的企业一次性予以2万元的奖励补助。（王文龙）

组织工作

【概况】2022年，浑源县有基层党组织575个。其中，党委25个，党总支18个，党支部532个。县委派出党工委5个（机关工委、经贸工委、农业工委、非公经济和社会组织工委、思源社区党工委），党组37个，党组性质党委2个。全县有党员15315名。其中，在岗党员4088名，占比26.7%；离退休党员2675名，占比17.5%；农民党员6961名，占比45.4%；学生毕业未就业人员627名，占比4.1%；其他不明职业党员964名，占比6.3%。女党员2739名，占比17.9%，中华人民共和国成立前老党员50名。乡（镇）党员10191名。其中，在行政村党员8399名，社区党员776名，乡（镇）机关党员1016名。（王　龙）

2022年浑源县党组（党委）情况一览表

表3　　　　单位：个

类别	数量	党组（党委）
党组性质党委	2	县公安局、国家税务总局浑源县税务局
政府局党组	26	县发改局、县民政局、县司法局、县财政局、县人社局、县交通局、县水务局、县林业局、县审计局、县统计局、县工信局、县文旅局、县卫体局、县教科局、县住建局、县农业农村局、县应急局、县市场局、县生态环境局、县自然资源局、县退役军人事务局、县医保局、县行政审批服务管理局、县信访局、县能源局、县乡村振兴局
群团党组	2	县总工会、县科协
其他党组	9	县人大、县政府、县政协、县法院、县检察院、县人大机关、县政协机关、县工商联、县法学会

2022 年浑源县党组织基本情况统计表

表 4 单位：个

党委		总支		党支部					党组	县委派出党工委
乡镇	机关事业	机关事业	“两新”组织	机关事业	农村	社区	非公经济组织	社会组织	—	—
16	9	16	2	238	213	11	50	20	39	5

2022 年浑源县乡（镇）党组织基本情况统计表

表 5

乡镇党委	支部数（个）				党员数（人）		
	村	社区	机关支部	其他支部	党员总数	村（社区）党员数	乡镇机关党员数
永 安 镇	25	11	1	2	1927	1834	93
东坊城乡	11	—	1	—	691	614	77
裴 村 乡	9	—	1	—	454	402	52
西坊城镇	11	—	1	1	482	435	47
驼 峰 乡	12	—	1	—	481	438	43
西留村乡	7	—	1	—	377	325	52
下韩村乡	7	—	1	2	409	353	56
南榆林乡	11	—	1	—	442	377	65
蔡 村 镇	8	—	1	—	471	419	52
吴 城 乡	10	—	1	—	486	447	39
沙圪坨镇	20	—	1	1	623	562	61
大仁庄乡	16	—	1	—	836	738	98
青磁窑镇	16	—	1	1	749	650	99
千佛岭乡	17	—	1	—	614	550	64
王庄堡镇	24	—	1	—	641	581	60
官 儿 乡	9	—	1	—	508	450	58
合计	213	11	16	7	10191	9175	1016

2022 年浑源县党员基本情况统计表

表 6 单位：人

党员总数	预备党员	男	女	35 岁及以下	36 岁至 60 岁	61 岁及以上	本科及以上	大专	大专以下
15315	176	12576	2739	2666	6327	6322	2998	2641	9676

机关党员	事业单位党员	乡镇党员	社区党员	农村党员	离退休党员	非公企业党员	社会组织党员	流动党员	
								流入	流出
1274	1835	10191	776	8399	2675	233	52	—	—

2022 年浑源县属党（工）委基本情况统计表

表 7　　单位：个、人

党工委	所辖党委	所辖总支	所辖支部数	党员数
机关工委	5	9	133	2956
经贸工委	3	4	55	1424
农业工委	—	3	19	361
非公经济和社会组织工委	—	2	70	285
思源社区党工委	—	—	2	11
合计	8	18	279	5037

2022 年浑源县党委、总支基本情况一览表

表 8

数量	名　称
9 个党委	恒山风景名胜区、县教育科技局、县医疗集团、县公安局、县市场监督管理局、国家税务总局浑源县税务局、国家税务总局浑源县税务局机关、浑源中学集团校、山西大同大学浑源师范分校
18 个总支	县人民医院、县新型工业化服务中心、恒山林场、县城镇集体工业联合社、县供销合作社联合社、县发展和改革局、县政府办、县水务局、县卫生健康和体育局、县农业农村局、县老干部局、县住房和城乡建设管理局、县纪律检查委员会、县人力资源和社会保障局、县委办、县交通局、县非公经济组织、县社会组织

【思想引领】 2022 年“七一”期间，中共浑源县委组织部（简称“县委组织部”）通过党员干部讲党课、新党员入党宣誓、革命传统教育、身边榜样宣传等系列活动，回顾党的光辉历程，歌颂党的伟大成就，提振党员干部干事创业的工作热情，推动全县经济社会发展。国庆期间，以“同心庆国庆 喜迎二十大”为主题，以主题党日活动为依托，围绕学习贯彻中共二十大报告精神，通过集体学习党章、集中收听收看习近平在中国共产党第二十次全国代表大会上的报告等形式，引导党员干部不忘初心、牢记使命。（王　龙）

【“光荣在党 50 年”纪念章颁发】 2022 年，县委组织部制定印发《浑源县“光荣在党 50 年”纪念章颁发工作实施方案》，通过县委颁发、具有审批预备党员权限的基层党（工）委颁发、党组织上门派发三种方式，向 517 名符合条件的党员颁发纪念章，并建立纪念章领取登记台账。（王　龙）

【干部教育培训】 2022 年，县委组织部完成中央、省、市调训 150 人（次）。其中，脱产培训 48 人（次），网络调训 102 人（次）。按照“全员、精准、有效”培训要求，围绕专项行动工作人员政策业务培训、各级党员干部基层治理能力提升培训、基层治理专项工作模块化培训，制定出台《抓党建促基层治理能力提升专题培训计划》，举办开展“三类十五项培训”34 期，培训 2881 人。创新方式搭建线上培训平台。依托县党群服务中心视频系统，用好“同步课堂”，以移动“云视讯”App 平台为主体，打造“1+16+N”会场教学新模式。累计开展线上培训 17 期，累计培训村（社区）“两委”干部、驻村干部、大学生村干部、选调生等各类乡村干部 12054 人（次）。

（王　龙）

【干部队伍建设】 2022 年，

县委组织部选派县乡机关事业单位干部到村任职，坚持把政治标准放在首位，择优选派57名政治素质硬、作风能力强、业务水平精、热爱农村工作的县直机关干部扎根一线。持续实施农村干部学历提升工程和后备干部培养工程。分别建立农村后备干部库、后备人才库，其中储备后备干部234人、后备人才634人。联合电大对15名符合条件的农村干部进行学历提升，选派18名农村后备干部参加大同大学“后备干部定向培养工程”，提升农村基层干部的政治素养和履职能力。实施“乡村振兴万人计划”，使用乡（镇）事业编制招聘213名大学毕业生到村工作，实现“一村一名大学生”全覆盖。实施农村（社区）党组织书记县级备案管理，档案动态调整换届后的213名村党支部书记、11名社区党支部书记。组织开展村（社区）党组织书记星级化管理，全县评选出4星级党组织书记1名、3星级党组织书记11名、2星级党组织书记49名、1星级党组织书记88名。（王　龙）

【党员队伍建设】 2022年，浑源县发展党员176名。其中，发展农村党员88名，机关企事业单位78名，非公经济组织党员7名，社会组织3名。在新发展党员中35岁以下117名，占发展总数66.4%；大专及以上学历116名，占发展总数65.9%；女党员53名，占发展总数30.1%。企事业单位专业技术人员、社会组织专业技术人员22名，村“两委”干部14名，社区工作者3名，网格员3名，物业企业人员1名，在疫情一线优先发展党员12名。抓实农村发展党员问题排查整顿。通过开展农村党员排查，确定涉及“四类18种情形问题”的党员109名，对55名党员给予不承认党员身份、取消预备党员资格、相应党纪处分、批评教育等处置处理，对88名相关责任人追责问责。加强党员教育培训。以增强党员党性观念、培育党员主体意识、提高党员业务技能和综合素质为重点，健全培训内容，创新培训方式，拓宽培训渠道，完善培训机制，组织开展2022年党员发展对象培训和农村（社区）、“两新”组织党员教育培训等类型党员培训，累计培训党员12054人（次）。（王　龙）

【基层党组织建设】 2022年，县委组织部开展党建示范点创建工作。围绕基层党建工作重点，高标准创建农村、社区、机关、学校、非公经济组织等党建示范点，坚持以“争旗提档”5旗标准，推进农村基层党组织创建，打造永安镇神溪村、王庄堡镇上达枝村、南榆林乡聚兴村、蔡村镇峣村等党建示范村，75个村申报“争旗提档”党组织。坚持以“创星升级”5星标准，推进示范社区基层党组织创建工作，7个社区申报“创星升级”党组织。坚持以“双强六好”示范标准，打造“两新”组织党建示范点7个。按照机关事业单位党建工作示范点创建要求，打造机关党建示范党组织9个。印发《浑源县2022年度软弱涣散村（社区）党组织集中整顿工作方案》《关于县级领导班子成员走访排查软弱涣散基层党组织的通知》《浑源县2022年度软弱涣散党组织整顿结对帮扶名单的通知》，县领导到包联乡（镇）遍访全县213个行政村（社区），确定16个软弱涣散农村基层党组织和1个社区党组织。按照“四个一”整顿工作机制，17个软弱涣散党组织按期完成整顿目标任务，全部退出。（王　龙）

【村级集体经济扶持】 2022年，县委组织部联合县农业农村局、县财政局制定并印发《关于开展全县农村集体经济壮大提质专项行动的实施方案》，制定发展壮大村级集体经济奖励办法，县财政列支50万元对发展壮大村集体经济成效明显的村给予奖励。由县委组织部、县农业农村局共同牵头，联合县乡村振兴局、县文旅局等相关部门，提级评审全县213个村的集体经济发展规划，确保发展规划切实可行可操作。建立全县发展壮大村集体经济典型案例库，并在“浑源党建”微信公众号设立村集体经济发展专栏，全年挖掘典型案例11个。（王　龙）

【党组织基层治理能力建设】 2022年，县委组织部推进在职党员进社区“双报到、双服务”活动，累计1916名干部报到。特别是在新冠疫情防控工作中，在职党员领导干部驻守单位包联责任小区，共同抗疫。推进小区党组织、业委会、物业服务企业建设，开展小区“五个全覆盖”工作，探索建立小区党组织、业委会（物管会）、物业服务企业协调运行机制，加强小区党建阵地建设，提升小区党组织组织力，推进小区党建工作。截至年底，95个小区中，有89个小区建立业委会，6个建立物管会，全部建立党组织，32家小区由物业企业服务管理，12家老旧小区由单位管理，51家小区由业委会（物管会）管理。（王　龙）

【“两新”组织党建覆盖提升行动】 2022年，县委组织部实施“三整一提升”（整园建强、整楼推进、整线突破、全面提升）行动和“三亮三比三争”（亮身份、亮职责、亮承诺；比学习，比作风，比贡献；组织普通职工中的党员争当“生产模范”、组织管理人员中的党员争当“管理能手”、组织技术人员中的党员争当“技术标兵”以及全体党员要立足岗位、奉献社会，争做“公益先锋”）活动。构建以乡（镇）党组织为核心，“两新”组织共同参与的基层治理格局，引导“两新”组织参与驻地基层治理，实现“两新”组织与党组织建设目标同向、工作同步。以永安镇为试点，成立全县首个“两新”综合党委。结合新业态新就业群体特点，推动物业行业党委作用的发挥。建立健全定期摸排机制，指导住建、交通运输、邮政管理部门联合市场监管部门定期开展物业、快递物流行业，以及新业态企业分支机构、末端网点的摸底排查工作，并建立工作台账，增强非公经济组织和社会组织“两个覆盖”有效性。（王　龙）

【干部选拔任用】 2022年，县委组织部坚持鲜明选人用人导向，坚持把政治标准放在第一位，改进民主推荐和民主测评方法，健全完善干部推荐考察办法，把政治素质与平时工作挂钩，细化正反向测评内容，深入考察干部政治忠诚、政治定力、政治担当、政治能力、政治自律“五个方面”，建立受处分干部信息库，对政治上不合格的“一票否决”。全年调整干部10批次111人。其中，提拔17人，平调12人，调任3人，兼职30人，免职13人，职级晋升37人。优化部分单位领导班子结构。从工作实际出发，跟从实绩导向，划定拟调整人员范围，围绕盘活基层资源、提升基层治理能力等重点方面做到人员的合理选配，重新调整工业口干部。（王　龙）

【干部监督管理】 2022年，县委组织部加强“一把手”和重点部门、关键岗位领导干部监督，打通监督工作“最后一千米”，把监督范围由干部“工作地”向居住地党组织延伸，由“工作圈”向八小时以外延伸，把家德家风情况纳入监督考评体系，从严监督管理干部；深入推进规范领导干部配偶、子女及其配偶经商办企业行为工作；配合市委组织部完成上年县处级领导干部个人事项报告填报工作。全年开展干部“五查”109人（次），新增出入境备案26人，完成71名干部的职数报批工作，对免职的27名主要领导干部印发离任审计通知。加强干部提醒函询和诫勉力度。落实对领导干部提醒、函询和诫勉的相关规定，健全干部经常性提醒教育机制，加大与干部双向约谈力度；推进干部考察工作常态化，打破不换届不考察、不提拔交流不考察的传统；坚持在日常考察中发现问题、分析问题、解决问题，把日常考察与提醒谈话、跟踪问效、调整不适宜担任现职结合起来，形成更完整的干部监督管理链。（王　龙）

【公务员管理】 2022年，浑源县有公务员1027人，参公73人。县委组织部通过听取汇报、召开座谈会、谈心谈话等方式，到工作一线近距离掌握公务员的政治表现和能力特点，了解考核对象日常工作开展情况，把日常考核作为年度考核的重要依据，把辨德识才贯穿工作全过程；完善公务员（绩效）考核机制，推广应用管理系统，严格执行公务员登记、转入、考核和评价制度。年内评选优秀公务员170名。（王　龙）

【人才建设】 2022年，县委组织部面向社会引进一批高层次、高学历、高素质兼备的浑源籍人才，全年引进71名研究生学历人才，分配到全县34个担子重、任务多的党委政府部门进行为期一年的跟班学习。深化省校合作。聚焦浑源县农文旅融合、黄芪凉粉传统产业发展需求，在科研平台延伸、科技成果转化以及智库建设方面取得合作。全年与省内外合作高校达成合作意向14个，签署协议6个。其中，“12大基地”框架协议1项、大学生联合培养基地1个、大学生实习实训基地3个、高校科研平台延伸基地2个、红色教育和国情教育基地2个、智库合作基地5个。加强本土优秀人才选用。统筹确定第二批涉及浑源县农业生产和科技推广、教育教学、医疗卫生、文学艺术、企业经营、特殊行业等一线的专业人才45人。（王　龙）

【乡村干部管理】 2022年，县委组织部研究制定出台《大学生村干部管理办法（试行）》《浑源县选调生管理办法（试行）》《浑源县乡镇综合执法队伍管理制度（试行）》《关于进一步加强乡镇干部管理制度》，深化乡（镇）干部管理。开展乡（镇）工作人员轮岗交流工作。按照市委组织部《大同市乡镇（街道）工作人员轮岗交流制度（试行）》要求，起草并印发《浑源县乡镇工作人员轮岗交流实施方案》，组织各乡（镇）开展轮岗交流工作。经过摸排，全县符合轮岗交流条件的干部34人，涉及13个乡（镇）。其中，关键岗位工作满5年的一般干部9人、满10年的25人，均轮换岗位安排。开展借调乡村干部集中清退工作。4月出台《关于全面清理规范从乡镇借调工作人员的通知》，规范借调人员的各项管理制度，保障乡（镇）力量不减；开展借调乡村干部集中清理工作，通过乡（镇）自查和部门摸排的方式，清理乡村借调干部40名；开展清退从乡（镇）借调干部“回头看”工作，经摸排，全县无相关违规情况出现。

（王　龙）

【走访慰问党员】 2022年，元旦春节期间，县委组织部划拨党费45.1万元，走访慰问各类党员384名。其中，慰问中华人民共和国成立前入党的农村老党员和未享受离退休待遇的城镇老党员56名，慰问因公牺牲党员家属7名，慰问因战因公伤残党员79名，慰问生活困难离任村党组织书记32名，慰问生活困难党员210名。“七一”期间划拨党费21.5万元，慰问各类党员266名。其中，慰问中华人民共和国成立前农村老党员和未享受离退休待遇的城镇老党员49名，慰问生活困难党员213名，慰问因公殉职党员干部家属4名。（王　龙）

【干部谈心谈话】 2022年，县委组织部坚持开展干部谈心谈话是落实党管干部原则，坚持干部工作走群众路线，近距离了解干部，加强领导班子和领导干部综合分析研判的重要渠道和手段，是深入了解干部、关心爱护干部的重要途径。研究制定《常态化开展干部谈心谈话工作实施方案》，加强谈心谈话效果，激发干部干事创业热情。全年谈心谈话乡（镇）16家、县直机关63家，总计321人。（王　龙）

【第一期干部大讲堂】 2022年3月16日，浑源县第一期“干部大讲堂”开班授课，邀请北京绿十字发起人、总顾问，农道联众城乡规划设计研究院院长孙君讲解乡村振兴相关内容。孙君围绕乡村振兴之路，结合中国式乡建阐释乡村治理、乡村营造、乡村建设等内容，分享特色乡村的发展经验，县领导，各乡（镇）党员干部、各村支部书记、驻村工作队等747人聆听辅导。（王　龙）

【农村社区领头雁培训】 2022年，县委组织部举行农村、社区“领头雁”培训班2次。培训班采用现场教学与远程教育相结合的方式，在县级党群服务中心设主会场1个，各乡（镇）党群服务中心设分会场16个。全县农村（社区）“两委”主干、驻村干部、大学生村干部、“两新”党组织书记、到村任职选调生834名分别在主会场、分会场参加会议。

1月6日至10日举行第一次培训班，应邀授课的领导、专家分别以《中共十九届六中全会精神辅导》《社区新冠防疫工作制度》《巩固脱贫攻坚成果》《农村党支部如何发挥乡村振兴战斗堡垒作用》《认清形势、提高认识，全面夯实基层反邪教基础》《学好用好执行好党纪法规》《做好驻村帮扶工作之我见》《深刻理解和把握习近平新时代中国特色社会主义思想》等为题作专题辅导。

6月13日至17日，举行第二次培训班，应邀授课的领导、专家分别以《乡村振兴战略及其实践的认识》《“十四五”推进农业农村现代化规划政策解读》《深化农村集体产权制度改革发展新型农村集体经济》《抓党建促基层治理能力提升专项行动重点任务专题辅导》《中国共产党农村基层组织工作条例解读》《解读习近平法治思想纲要，推进农村“三治融合”专题培训》等为题作专题辅导。（王　龙）

【第一期青年干部培训班】 2022年7月13日至27日，县委组织部在县党群服务中心举行第一期中青年干部培训班，全县50名中青年干部参加培训，应邀授课的领导、专家分别以《党的十九届六中全会精神专题辅导》《山西省十二次党代会和大同市第十六次党代会精神专题辅导》《习近平总书记考察调研山西重要讲话重要指示精神专题辅导》《省十二次党代会精神专题辅导》《深刻理解和把握习近平新时代中国特色社会主义思想》《在中国特色社会主义新时代全面加强党的建设》《推进国家治理体系、治理能力现代化》《中国共产党党内法规汇编》《以总体国家安全观构建中国特色国家安全道路》《实施乡村振兴战略、走中国特色社会主义乡村振兴道路》《浅淡〈共产党宣言〉主要内容和当代价值》《中国共产党章程》《习近平法治思想》《依法行政案例分析》《习近平新时代干部必备的维稳处突、化解矛盾的素质和能力》《社会主义发展史》《恒山文化趣谈》《提升领导干部政治判断力、政治领悟力、政治执行力》《大党兴衰与执政党作风建设》等为题作专题辅导。培训班并在二亩湾生态恢复示范区和栗毓美广场分别开展生态文明思想教学、栗毓美廉政文化现场教学。（王　龙）

【年轻干部廉洁从政专题培训班】 2022年，县委组织部在县党群服务中心举办全县80后年轻干部廉洁从政培训班2次。180名80后年轻干部参加培训。

9月16日至20日，举行第一期年轻干部廉洁从政专题培训班。应邀授课的领导和专家围绕《中国共产党廉洁自律准则》《习近平关于党风廉政建设和反腐败斗争论述摘编》等作专题辅导，并在县廉政教育基地开展现场教学。

9月21日至27日，举办第二期年轻干部廉洁从政专题培训暨中青年干部培训班。应邀授课的领导和专家围绕《中国共产党廉洁自律准则》《习近平关于党风廉政建设和反腐败斗争论述摘编》《党的十九届六中全会精神》《省第十二次党代会和市十六次党代会精神》《习近平法治思想》《推进国家治理能力、治理体系现代化》等作专题辅导，并在县廉政教育基地开展现场教学。（王　龙）

【大学生村干部初任培训班】 2022年，县委组织部在县党群服务中心举办全县大学生村干部任职培训班2次。培训班采用讲授教学和现场教学相结合的方式。

8月3日至17日，第一期大学生村干部初任培训班举行。121名大学生村干部接受培训，应邀参

2022年9月21日，浑源县第二期年轻干部廉洁从政专题培训暨中青年干部培训班开班（穆立新　摄）

加授课的领导和专家、学者分别以《习近平总书记在中央党校省部级和中青年干部培训班开班式上的重要讲话》《党的十九届六中全会精神专题辅导》《到农村建功立业——乡村振兴背景下如何开展农村基层党建工作》《山西省第十二次党代会和大同市第十六次党代会精神》《习近平总书记考察调研山西重要讲话重要指示暨山西省委十二届三次全会精神》《深刻理解和把握习近平新时代中国特色社会主义思想》《在中国特色社会主义新时代全面加强党的建设》《以抓党建促基层治理能力提升为主线推进国家治理能力、治理体系现代化》《中国共产党党内法规汇编》《以总体国家安全观构建中国特色国家安全道路》《乡村振兴战略及其实践的认识》《习近平法治思想概论》《依法行政案例分析》《深化农村集体产权制度改革发展新型农村集体经济》《公文写作方法、规律与技巧》《社会主义发展史》《到村工作大学生的管理与服务》《提升领导干部政治判断力、政治领悟力、政治执行力》《大党兴衰与执政党作风建设》等为题作专题辅导，并在栗毓美广场举行栗毓美廉政文化现场教学，在云州区、阳高县开展抓党建促基层治理能力提升暨农村集体经济现场教学观摩。

12月15日至21日，举行第二期大学生村干部培训班，50名大学生村干部接受培训。因新冠疫情，全部课程为中央党校网课。授课教师分别以《习近平总书记在中央党校省部级和中青年干部培训班开班式上的重要讲话》《新时代、新征程中国共产党的使命任务》《习近平新时代中国特色社会主义思想概论》《深刻领会“两个确立”的决定性意义，坚决做到“两个维护”》《坚定不移全面从严治党 深入推进新时代党的建设新的伟大工程》《习近平生态文明思想的丰富内涵及实践路径》《我国碳达峰碳中和实现路径及“十四五”能源发展》《中国式现代化提出的深刻背景与光明前景》《以高质量发展推进中国式现代化》《再赶考 新担当》《领导干部要全面提高政治能力》《实施乡村振兴战略》《习近平法治思想概论》《公文写作方法与技巧》《现代农业产业与农村集体经济效用》等为题作专题辅导教学。（王　龙）

宣传工作

【概况】　2022年，中共浑源县委宣传部（简称“县委宣传部”）结合清廉浑源建设和“六治”（庸、懒、散、慢、乱、浮）工作，推进各级党组织和党员干部理论武装工作，印发《关于加强规范全县各级基层党委（党组）中心组理论学习的通知》和《关于加强基层理论学习、提升基层治理能力、全面推进农民夜校工作的实施方案》，扩大理论武装覆盖面。发挥县委中心组学习的带头示范作用，始终在思想上政治上行动上同以习近平同志为核心的党中央保持高度一致。全年组织开展县委中心组理论学习11次。聘请党校教师、理论专家组建宣讲团，到各乡（镇）、各单位开展习近平总书记考察调研山西重要讲话精神和十九届六中全会精神宣讲活动235场次。举办干部大讲堂，专程邀请复旦大学和上海开放大学教授、博士生导师围绕五岳文化思想、北岳恒山文化作专题辅导。组织各乡（镇）结合新时代文明实践所站建设开展农民夜校试点工作，创办农民夜校16所，并在裴村乡举行农民夜校挂牌仪式。全县各级党组织结合理论学习中心组、“三会一课”和支部主题党日，推进习近平新时代中国特色社会主义思想的学习和贯彻。以“喜迎二十大，奋进新征程”为主题，在《北岳报》、浑源融媒体开设“聚焦中共二十大”等专栏，发布社评65篇，开展文化旅游季群众消夏文艺演出活动，为担当作为和干事创业凝聚正能量。（牛建军）

【意识形态工作责任制落实】2022年，县委宣传部落实《党委（党组）意识形态工作责任制实施办法》和《山西省党委（党组）意识形态工作责任制实施细则》，把意识形态工作作为一项重要工作。县委常委会多次专题研究意识形态工作有关议题。各级党组织均把意识形态工作纳入重要议事日程，纳入党建工作责任制，纳入领导班子、领导干部目标管理，形成主要领导带头抓意识形态工作、带头管阵地把导向强队伍、带头批评错误观点和错误倾向的良好氛围。加强新闻出版、广播影视、文化市场管理工作。全年检查各类文化场所532家次，出动检查人员190人（次）。（牛建军）

【社会宣传】 2022年，县委宣传部融媒中心制播《浑源新闻》235期、1000余条，“浑源融媒”App、微信公众号、视频号、抖音号、快手号编发3000余条；广播电台播出自办节目和引进节目2150期，推出《浑源文旅》350期，《小岳带你游浑源》专题30余期；疫情期间，开设专栏节目，播放防疫信息，制作发布防疫短视频140部、宣传信息140余条，刊登《以静促胜 曙光在前》《万众一心 浑源必胜》等评论。新闻中心编排《北岳报》45期，公众号发布220期、1100余条，开设“喜迎二十大”“奋进新征程 建功新时代”“非凡十年”“二十大时光”“聚焦二十大”“学习宣传贯彻中共二十大精神”专栏。加大浑源对外形象宣传。融媒中心在上级媒体刊播125篇（条），新闻中心在市级以上媒体登载稿件712篇。（牛建军）

【网络阵地建设】 2022年，县委宣传部以融媒体创新为突破，以形成宣传矩阵为支撑，把握正确导向，扩大传播途径，讲好浑源故事、唱响浑源声音、增强浑源影响。推动县融媒体中心成立巨观传媒公司，提升融媒产品质效。推进总投资500余万元的应急广播体系建设工程，建成县级平台指挥中心，安装终端170余个。（牛建军）

【网络安全管理】 2022年，县委宣传部排查全县社区企业操作系统、机构情况，开展“清朗”专项行动、打击提防电信网络诈骗宣传活动和以“网络安全为人民，网络安全靠人民”为主题的2022年网络安全宣传周活动，形成全民关注和维护网络安全氛围。（牛建军）

【党建促基层治理宣传】 2022年，县委宣传部在《北岳报》、“北岳报”公众号上开辟党建引领促基层建设专题专栏，报道全县抓党建促基层治理过程中涌现出的典型事迹和人物。其中，《“党建+”奏响百姓幸福曲》《山西大同浑源：强化对村巡察工作实效 提升村级基层治理能力》《山西大同浑源县：三措并举打好选调生到村任职“育才牌”》《山西大同浑源县“四项计划”夯实基层治理人才支撑》等稿件在中新网、山西新闻网、《山西画报》、《大同日报》等中央、省、市级媒体上刊发，为全县抓党建促基层治理营造舆论氛围。（牛建军）

【媒体融合发展】 2022年，县委宣传部坚持事业促进产业、产业反哺事业的原则，在传统广告投放、活动承办、专题制作等业务的基础上，组建巨观（大同）传媒有限公司，探索建立公司化运营和市场化运作的长效机制。面对媒体融合新形势，提升安全播出保障，加强安全教育，经常性开展安全知识教育，重点岗位实行领导带班制、人员轮班制，保障安全刊播。排查整改，技术人员每天检修重点设施设备。（牛建军）

【主题宣传】 2022年，县委宣传部邀请《山西日报》、《山西画报》、市委宣传部，以及市委、市政府新闻中心、《大同日报》等主流媒体记者宣传报道电影《古镇谜案》开机仪式，拍摄的图片在新华网、人民网、中新网、山西新闻网等网站上刊发，取得宣传效应。在黄芪文化园试营业期间，编辑印刷《北岳报·恒山黄芪专刊》，在“北岳报”公众号上开设“芪牌行动”栏目，组织记者撰写《全国首家黄芪文化园5月正式运营》《一根浑源芪，一条金苗苗！浑源黄芪为何有了高端范儿？》《一亩田力挺恒山黄芪步入高端市场》等稿件；在“五一”小长假期间，采写《全景浑源竞放“文旅之花”》，并在《山西晚报》上刊登；“两会”期间，利用《北岳报》、“北岳报”公众号宣传“两会”精神，制作具有可读性、指导性专题专栏，印发人代会专刊。7月、10月编印2期《北岳报·文旅专刊》，出版《全景浑源》《浑源美食》2本画册。4月3日，组织召开浑源县新冠疫情防控工作新闻发布会，邀请山西新闻网、《大同日报》等省、市媒体参加宣传报道。10月25日，对疫情防控工作的相关动态、通知、通告，立编立发，在第一时间传递官方消息。采写刊发《岗位就是阵地 坚守必定胜利》《94岁独居老人吃上暖心饭》《与爱并肩勇疫前行》等稿件。在《人民日报》上刊登相关评论。（牛建军）

【浑源形象宣传】 2022年，县委宣传部与国家、省、市主流媒体联系，拓展对外宣传渠道，创新形式内容策划，加大浑源对外形象宣传。在融媒体中心，本着“对内宣传有重点、对外宣传有亮点”宗旨，精心策划选题，寻找有价值的新闻亮点，向中央和省、市新闻媒体投稿，扩大浑源的影响力。央视《新闻直播间》《生财有道》等品牌栏目多次报道浑源，多条视频新闻被央视、新华网山西频道、山西卫视、《大同新闻联播》、“看大同”App等平台刊播，提升浑源对外知名度和影响力。全年在上级媒体刊发稿件125篇（条），比上年增长20%。组织县新闻中心、利用《北岳报》等媒体，在国家、省、市级以上媒体上发表各类稿件712篇。其中，国家媒体168件，省级媒体461件，市级83件。在央视一套播放《悬空寺》两集专题片，每集时长30分钟；中新网刊登《浑源县委书记高莹访谈：举文化生态牌、建特色休闲城、走旅游康养路》《山西大同市浑源县奏响高质量发展新乐章》《山西大同浑源古城年味浓》《一根浑源芪，一条金苗苗！浑源黄芪为何有了高端范儿？》等稿件，展现浑源高质量发展进程，向外界传递浑源好声音，塑造浑源好形象。6月13日，《山西日报》头版刊发《浑源：恒山脚下好客地》图配文新闻稿件，展示全县古城复兴、文旅发展、扶贫搬迁后的新形象、新作为。《全国首家黄芪文化园5月正式运营》《古城，浑源文旅路上的那抹最亮色》《浑源县：北岳大地山水美，老区人民幸福长》《全景浑源竞放“文旅之花”》等稿件，在《人民日报》、新华网、新华社客户端、人民网、央视新闻移动网、《山西日报》、《山西经济日报》、山西新闻网、《大同日报》等国家、省、市级媒体上刊发。《打好三张牌 助力黄芪产业》《清凉之夏游遍浑源》《恒山脚下浑源城》《浑源古城蝶变》《从“黑金”之路走向“绿色”发展》《“两山论”的浑源成功实践》《浑源黄芪文化园开园》《浑源州文庙活化利用启动仪式暨祭孔大典举行》《浑源首届黄芪烹饪大赛举行》《恒岳深处层林尽染》《飞累了，到恒山脚下歇歇脚》等稿件和视频，相继在中央广播电视总台、中新网、山西新闻网、《山西日报》、《大同日报》上刊发。（牛建军）

【国家、省、市主流媒体到浑源采访】 2022年，县委宣传部加强与国家、省、市媒体对接和沟通，全年接待央视4套国际频道、央视17套农业农村频道、新华社、《山西日报》、《山西经济日报》、“喜迎二十大 发展看变化老区新貌采访团”等国家、省、市到浑源采风媒体记者80余人（次）。完成老区新貌采访团在浑源拍摄工作，在《大同日报》《老区新貌》栏目中刊登《浑源县：北岳大地山水美，老区人民幸福长》。（牛建军）

统一战线工作

【概况】 2022年，中共浑源县委统一战线工作部（简称“县委统战部”）开展党员先锋行动。结合“双报到”（单位党组织到社区报到、在职党员到居住地社区党组织报到）活动，以“为民办实事”为落脚点，组织党员干部到天峰社区（岳麓新城小区）开展疫情防控。组织召开建立民营企业涉纪涉法维权机制座谈会，并由统战部牵头出台《关于建立民营企业涉纪涉法维权机制的指导意见》。创建清廉企业。制定《关于推进清廉企业建设构建亲清政商关系的实施意见》，确定民营企业山西裕隆祥有限责任公司、宏大汽车综合性能检测有限公司2个试点，推进清廉民企建设。组织专人到全县各乡（镇）、县公安局户籍股、出入境登记股，摸清全县台属、华侨、侨眷等基本情况和基本信息，并为其人员健全相关资料。（张琦）

【党外人士社会服务】 2022年，县委统战部举办非党干部以学习习近平新时代中国特色社会主义思想为主要内容的培训班，全县有92名党外优秀年轻干部参加培训。113名优秀年轻党外干部个人基本信息、参加培训学习、工作政绩、年终考核等内容录入数据库。11名非党年轻优秀干部被派到乡、村基层压担子接受锻炼。举办党外知识分子“喜迎二十大，同心跟党走”读书座谈会，促进党外代表人士沟通了解、增进感情。（张　琦）

【民族宗教工作】 2022年，县委统战部召开由乡（镇）党委副书记、统战委员参加的浑源县乡（镇）宗教工作会议，统一制作各乡（镇）宗教治理工作台账及自查问题清单、整改清单、责任清单。把“三条例”“四办法”选编成册，发给各乡（镇）“两委”干部和社区干部200余册；把宗教政策宣传纳入抓党建促基层治理能力提升“领头雁”培训中，参训人员850余人；通过乡村循环播放一系列宗教政策法规原文，扩大民族宗教政策宣传覆盖面。（张　琦）

【民营经济统战工作】 2022年，县委统战部优化环境，提供服务，发挥民营经济统战工作牵头作用，细化分解浑源县出台的鼓励和支持民营经济发展18条政策措施，逐条逐项落实到21家涉及民营经济发展责任单位。举办非公经济代表人士政治素质能力提升培训班。组织专人到民营企业，了解民营企业存在的困难和问题，建立《浑源县四套班子领导干部联系民营企业工作制度》，成立黄芪商会组织，引导黄芪产业向高、精、深加工发展。全年为民营企业提供各类政策信息和经济信息120余条。5月17日，组织召开浑源县政银企对接交流会议，各相关部门单位、金融机构负责人、企业家代表70余人参加会议，“政银企”携手并进，共商合作发展大计。（张　琦）

2022年5月17日，浑源县委统战部在山西银行股份有限公司浑源支行举行政银企对接交流会议（乔海荣　摄）

【新的社会阶层人士统战工作】 2022年，县委统战部组织成立新的社会阶层人士联谊会，截至年底，新的社会阶层人士联谊会会员单位由21个发展到39个，联谊会活动站由1个发展到24个，会员人数由刚成立时的47人发展到91人。成立恒山网络人士联谊会。（张　琦）

【统战红色主题教育活动】 2022年6月14日，县委统战部组织县无党派人士、党外知识分子、宗教界人士、工商界人士和新联会代表50余人，到阳高县大泉山爱国主义教育基地开展“喜迎二十大同心跟党走”红色主题教育活动。参观大泉山水土保持科技示范园、东方红展览馆，11200平方米展厅有藏品1万件。8月16日，全县各界统战成员代表人士50余人到云州区开展“传承红色基因·同心同梦同圆”红色主题教育活动。观摩学习团一行到唐家堡黄花基地、大同三利农产品公司实地观摩学习，了解黄花种植、加工和系列产品研发、销售，以及带动农户增产增收情况。到昊天寺和普渡寺，参观寺院的主要建筑、殿堂以及图书馆等，了解寺院的历史传承和云州区委统战部对宗教活动场所规范化管理的先进做法和经验。在火山地质公园，考察团走上木栈道，边走边了解狼窝山火山的人文古迹、地质遗迹保护和旅游开发工作现状等。（张　琦）

2022 年 8 月 16 日，浑源县委统战部组织统战人士到云州区黄花基地观摩学习 （乔海荣 摄）

【“喜迎二十大”暨统一战线政策提出 100 周年书画作品展】 2022 年 9 月 22 日至 10 月 31 日，由县委统战部主办，县文联、县书法家协会、县美术家协会、县老年书画家协会承办的“喜迎二十大”暨统一战线政策提出 100 周年书画作品展举行，展出书画作品 82 幅。其中，书法作品 52 幅，国画作品 15 幅，水彩、剪纸、工笔画等作品 15 幅。整个展期接待观展人员 1000 余人。 （张 琦）

【“喜迎二十大、奋进新征程”暨统一战线政策提出 100 周年文艺会演】 2022 年 9 月 26 日，由县委统战部主办的“喜迎二十大、奋进新征程”暨统一战线政策提出 100 周年文艺会演举行。文艺会演节目有舞蹈《五星红旗》《火火的中国》《祝福祖国》《灯火里的中国》等，歌曲《最美的歌儿献给妈妈》《亲吻祖国》《说句心里话》《祖国万岁》《送别 + 共筑中国梦》《不忘初心》《我的祖国》《万疆》《我敬祖国三杯酒》《走进新时代》等，电吹管演奏《军歌联奏》，竹笛葫芦丝表演《红歌联奏》，唢呐独奏《喜庆丰收年》等，恒山三元宫道长魏高烁现场表演《恒山武术》。 （张 琦）

2022 年 9 月 22 日，“喜迎二十大”暨统一战线政策提出 100 周年书画作品展在浑源州署开展 （张晓田 摄）

【统一战线知识竞赛活动】 2022 年 10 月 1 日至 10 日，县委统战部为学习宣传贯彻落实中央统战工作会议精神，促进社会各界进一步普及统战知识、增强统战意识，组织全县统战成员参与全省统一战线知识竞赛，县委统战部获优秀组织奖。 （张 琦）

机构编制工作

【概况】 2022 年，浑源县有科级及以上单位 164 个（除恒山风景名胜区管理中心）。其中，公务员单位 56 个（党委工作部门、人大、政协、工商联 13 个，政府工作部门 27 个，乡镇 16 个），全部为正科级建制；参公群团单位 7 个，全部为正科级建制；其他事业单位 101 个（不含股级），其中正科级建制20个、副科级建制81个。全县有行政编制1254名（不含法院、检察院），在职人员1100人（男826，女274）。其中，公务员1027人，参公73人。全日制学历中：研究生学历20人，大学本科320人，大学专科228人，中专及以下532人。（高艳霞）

【综合行政执法体制改革】 2022年，中共浑源县委机构编制委员会办公室（简称“浑源县委编办”）根据省、市关于县（区）综合行政执法改革有关文件精神，组建市场监管、文化市场、交通运输、农业、应急管理、城市管理、劳动保障、卫生健康、自然资源9个领域综合行政执法队，实行“局队合一”体制，制定并印发9个综合行政执法队“三定”（定职责、定机构、定编制）规定，明确执法职责，理顺管理体制，推动综合行政执法规范化建设。根据市委编办《关于加快调整各县区应急管理综合行政执法队伍机构编制事项的通知》，结合浑源县实际，组建浑源县应急管理综合行政执法大队，实行“局队合一”管理体制，为县应急管理执法队伍提供编制支持与制度保障。（高艳霞）

【乡镇机构改革】 2022年，浑源县委编办结合各乡（镇）实际情况，以乡（镇）综合行政执法办公室为基础，整合乡（镇）公安、市场、司法、自然资源4个派出机构执法力量和资源，组建统一的综合行政执法队，由乡（镇）长任队长，负责辖区内综合行政执法工作的统筹协调和指挥调度。完善“街乡吹哨、部门报到”的体制，制定并印发浑源县乡（镇）综合行政执法队“三定”规定，完善相关制度，落实“一支队伍管执法”要求。全县16个乡（镇）综合行政执法队有167人，保证基层执法力量。（高艳霞）

【行政复议体制改革】 2022年，浑源县委编办根据省委、市委精神，完善行政复议体制，加强行政复议力量，在县司法局加挂“浑源县人民政府行政复议局”牌子，明确职责和内设机构，并增加相应编制，为行政复议体制改革提供机构编制保障。（高艳霞）

【事业单位改革】 2022年，浑源县委编办上报恒山风景名胜区管理中心职能配置、内设机构和人员编制规定，明确恒山风景名胜区管理中心主要职责，规范内设机构，把恒山风景名胜区管理中心改为正处级单位。撤销县公共文化服务中心，成立县图书馆与县文化馆（美术馆），在乡（镇）党群服务中心加挂“乡（镇）综合文化站”牌子。成立县统战事务服务中心，核定编制。县现代农业发展中心加挂“浑源县农技推广中心”“浑源县农村经济经营管理服务中心”牌子，县畜牧发展中心更名为“浑源县畜牧兽医服务中心”。县供销合作联合社由于历次改革未涉及，编制和领导职数一直不明确，经县委编委会议研究，报市委编办批复，明确县供销合作联合社编制数和领导职数。成立县公安局经济犯罪侦查大队。（高艳霞）

【机构编制管理】 2022年，浑源县委编办梳理用编核准、入编备案流程，实行人员编制使用事前核准、人员流动事后备案制度，并在引进人才、招录招聘、政策性安置、干部调任、科级及以下人员流动、其他人员流动6个方面细化，初步制定流程图，明确用编、入编具体环节，健全机构编制管理制度，使机构编制管理有制可依、有章可循，更加科学规范。在事业单位改革编制精减43%、招录任务重的前提下，合理配置编制资源，为大学生村干部招聘、研究生人才引进、教师招聘、医院招聘、退伍军人安置等方面预留编制。（高艳霞）

【事业单位法人登记管理】 2022年，浑源县委编办通过梳理各种申办要件和办理流程，更新服务指南，编制图文操作手册，畅通电话、微信群等服务通道，了解、解决事业单位在申报过程中遇到的问题。对不影响后续审查和判断的内容，实行“容缺受理”或“容缺办理”。压缩事业单位登记办理时限，优化办理流程，为机关、事业单位人员办理登记、变更、注销事宜提供方便。全年完成事业单位法人年度报告公示和新设立、变更、注销登记工作。全年年检单位110家，设立登记4家，变更登记31家，注销登记23家。（高艳霞）

【基层治理能力提升专项行动】 2022年，浑源县委编办开展乡村振兴万人计划工作专班工作，制订专班工作方案，明确专班工作人员、工作任务和工作要求。分解“乡村振兴万人计划”工作任务，制订并印发《“乡村振兴万人计划”重点任务分解》和《“乡村振兴万人计划”重点任务清单》。通过“借编使用”“逐步归还”等办法，建立乡（镇）事业编制周转池，制订乡（镇）事业编制统筹调剂方案，为大学生村干部预留出乡（镇）事业编制。开展乡（镇）综合行政执法改革工作专班工作，制订并印发《乡（镇）综合行政执法改革重点任务分解》，推动队伍、清单、平台、网格4个维度的融合，构建乡（镇）综合行政执法新格局。截至年底，乡（镇）综合行政执法队组织行政检查308次，出动执法人员832人（次），出动执法车辆318辆次，实现乡（镇）执法由“多头执法”向“综合执法”转变；“单独执法”向“联合执法”转变。（高艳霞）

县直机关党建

【概况】 2022年，中共浑源县直属机关工作委员会（简称“县直机关工委”）所辖47个党组织。其中，5个党委、8个总支、34个直属支部，有党员2916人。县直机关变更党组织名称4个、撤销党组织1个、成立临时党支部3个。10月底，县直机关工委被国家机关事务管理局、中共中央直属机关事务管理局、国家发展改革委委员会、财政部联合授予“节约型机关”称号。

（许晓敏）

【党员思想淬炼】 2022年，县直机关工委贯彻中央、省、市组织工作会议精神，增强机关党建工作的政治自觉、思想自觉、行动自觉，围绕新时代党的建设新的伟大工程，聚焦县委中心工作，履职尽责，制订印发《2022年县直机关党建工作要点》和《浑源县直机关党建工作“四级四岗”责任清单》，确保全年机关党建工作有方向、有重点、有举措、有目标。（许晓敏）

【党员能力提升】 2022年，县直机关工委突出“学习强国”和“智慧党建”平台应用，推动党员齐聚平台，学习政策法规、开阔改革发展视野。组织单位全体干部职工集中观看中共二十大开幕会，并学习中共二十大工作报告，领会中共二十大精神实质，领悟“两个确立”的决定性意义，增强“四个意识”、坚定“四个自信”、做到“两个维护”。在“七一”前为61名党龄50周年的老党员颁发“光荣在党50年”纪念章，发挥老党员的先锋模范作用。巩固拓展党史学习教育成果，建立常态化、长效化机制，深化“四史”教育，开展重温入党誓词、过政治生日等形式活动。（许晓敏）

【清廉机关建设】 2022年，县直机关工委根据县委印发《贯彻落实〈关于全面建设清廉大同的责任清单〉实施方案》，制定印发《关于清廉机关建设的实施方案》，推进清廉机关建设，树立起行政审批服务管理局和县融媒体中心2个清廉机关建设示范点，县行政审批局开展的项目建设由“领办帮办”向“全代办”转变做法经验，被《北岳报》《大同日报》宣传报道。开展清廉文化建设，推进“廉政文化”“家风教育”进机关，常态化开展警示教育，组织党员干部参观革命烈士陵园和麻庄廉政教育基地，观看廉政教育纪录片。

（许晓敏）

【党员教育管理】 2022年，县直机关工委巩固《中国共产党党员权利保障条例》《中国共产党地方组织选举工作条例》等条例的学习，使党员对党建条例制度熟知应会，对操作流程融会贯通。落实讲党课制度，开展党员教育。根据党员党组织关系的变动，按时转接，开展党员管理工作，全年为123名党员办转组织关系。严把机关工作人员近亲属党员发展对象政审关，全年政审50名。（许晓敏）

【机关党建标准化建设】 2022年，县直机关工委按照所属县直各机关党组织换届、改选、补选等情况，按时督促需换届、改选、补选的基层党组织按期开展相关工作。对因党组织班子成员发生变动而未补选改选的，责令限期完成补选改选工作，按时健全党组织班子。按照单位党员人数配齐配强党务工作者，建设专职党务队伍。落实《关于新形势下党内政治生活的若干准则》，开展“三会一课”和“支部主题党日”。利用县委党校培训主阵地，专题培训56家县直部门（单位）机关党组织书记，示范培训45名机关党务工作人员。（许晓敏）

老干部工作

【概况】 2022年，浑源县在山西省离退休干部信息系统登记人数4860人。其中，按身份划分，离休干部18人，退休干部4842人。按待遇划分，享受处级待遇66人，享受科级待遇842人；按年龄段划分，60~69岁2373人，70~79岁1486人，80~89岁904人，90岁及以上97人。（赵 健）

【退休干部理论提升】 2022年，浑源县委老干部局以党的教育实践活动为载体，组织退休干部开展党的理论学习教育。按照党中央和省、市县委关于学习贯彻中共二十大精神教育的部署要求，组织离退休党员干部学习领会习近平总书记重要论述，通过“学习强国”“离退休干部工作”“山西老干部”“大同老干部”微信公众号学习平台、“支部主题党日活动”和“三会一课”等形式，发挥老干部的独特优势，组织开展学习教育活动。根据“五个聚焦”工作任务有关要求，督导检查中共二十大精神学习教育工作开展情况，掌握学习教育进展情况，增强离退休干部政治意识。（赵 健）

【老干部政策待遇落实】 2022年，浑源县委老干部局落实老干部生活待遇。为党总支订阅书报10余种，为20个老干支部订阅《山西日报》《大同日报》。为26位离休干部订阅《山西晚报》，为退休干部订阅《山西老年》1000余份。落实老干部政治待遇。组织老干部参政议政，发挥老干部政治作用。建立离休老干部“一人一策”精准服务项目台账，了解他们的身体状况和思想动态与诉求。落实《山西省医疗保障局、中共山西省委老干部局、山西省财政厅关于进一步做好离退休干部医疗保障工作的通知》，为离休干部报销医药费448062元。宣传先进典型的感人事迹，发挥他们的带头和示范作用。（赵 健）

【慰问帮扶老干部】 2022年，浑源县委老干部局在中秋、国庆两节期间，慰问全县离退休老干部、老干部遗孀、特困老干部155人，发放慰问金92600元和价值39993元的慰问品。根据离退休干部党员身体、年龄和居住地情况，强化流动党员管理。为5名50年以上党龄的老党员颁发党龄纪念章。为5名患病和生活困难的老干部申请发放特困帮扶救助金1.5万元。（赵 健）

【老干部志愿服务活动】 2022年，浑源县委老干部局创立老干部“书画之家”，与老年书画家协会合作，坚持“送文化进军营”活动，到县武装部等地开展书画创作，举办“今又重阳”书画展。与县老年书画家协会、县卫生健康体育局举办“喜迎二十大，金秋书画展”活动，有100余名老干部志愿者提供展品。与县老年书画家协会、县美术家协会等单位，在县衙开展“恒久北岳、厚道浑源”书画宣传活动，同县文联、县文艺志愿者协会开展二岭民俗宣传和三玉门采风活动。（赵 健）

【退休干部信息采集】 2022年，浑源县委老干部局推进“山西省离退休干部数据服务管理平台”建设，完善浑源县离退休人

员信息库，收录完善 4860 名退休干部信息，掌握退休老干部医疗保健、日常生活、困难救助等方面个性化需求。（赵 健）

【老干部文化活动】 2022 年，浑源县委老干部局组织老干部开展喜迎中共二十大系列活动。5 月 27 日，县老干局组织全县离退休干部开展“庆祝中国共产党建党 100 周年”健步行活动，共同庆祝中国共产党成立 100 周年。来自全县各行各业的 500 余名休老干部参加活动。6 月 2 日，浑源县老干局组织全县 500 余名离退休老干部在恒山后山恒荫路举行健步行活动。7 月 9 日，由浑源县老体协、老干部局举办的一年一度的夏季离退休干部运动会在体育休闲广场举行。260 多名离退休干部参加，设置投篮赛、地掷球赛、击球进门赛、踢球进门赛、保龄球赛、吹灯等 13 项比赛。9 月 29 日，由县委老干部局和县老年书画协会共同举办的“夕阳红”书画展在一德街展厅开展。书画展共征集展出作品 110 余幅。全县 461 名离退休老干部参加活动。在老干部活动中心举办“喜迎二十大”金秋书画展，展出各种书画作品 90 余幅。以“喜迎二十大 丰富老年生活”为主题，举办全县离退休老干部夏季室外运动会，有 270 余人参加。举办“重阳登高 恒山健步行”活动。

（赵 健）

党校工作

【概 况】 2022 年，浑源县委党校贯彻习近平总书记关于党校办学治校系列重要指示精神，贯彻习近平总书记考察调研山西重要讲话重要指示精神，贯彻中共十九届六中全会和省十二次党代会精神，把握党校姓党根本原则，按照政治建校、质量立校、从严治校要求，坚持教学活动、科研活动、办学活动党性原则，把清廉要素融入党校发展过程各方面，初步形成一套集组织生活、党性锤炼、红色教育、作风建设于一体的工作机制。坚持马克思主义理论为主课，以党性锻炼为核心，提升党员干部的理论素养和工作水平，全年将重点学习宣传贯彻习近平新时代中国特色社会主义思想、中共十九届六中全会精神和中共二十大精神贯穿于干部培训教学和管理全过程。（孟晓荫）

【办学创新发展】 2022 年，浑源县委党校突出抓党的理论教育和党性教育主业主课，发挥党校干部培训、思想引领、理论建设、决策咨询作用，坚持基础设施建设和提升办学水平双向发力，注重提升教师能力素质和加强师资队伍建设协同推进，提高培训的实效性、针对性和实践性。挖掘浑源红色文化资源，用足浑源优秀传统文化资源，打造出栗毓美廉政文化现场教学基地和二亩湾生态修复现场教学基地，打造二岭村、烈士陵园现场教学基地。恒山文化教学、文旅振兴促进经济转型发展、特色文化旅游资源开发与区域经济发展等课题进入主体班课堂。在创新教育方法方面。县委党校重视理论学习、报告宣讲、课堂讲授等方式，运用案例式、讨论式、选学式、交流互动式、模拟式、现场体验式等方法，促进受教育者在交流、体验、反思、分享的过程中完成思想清理和感情升华，在结合自己思想和工作实际的过程中提升思想境界。在创新内容设计方面，县委党校依据受教育者的思想发展脉络、学习需求和学习认识的逻辑设计教学内容，注重运用马克思主义中国化最新理论成果分析经济社会发展中的重大现实问题，使理论教育和党性教育更加切合受教育者的思想实际，符合时代和党的任务的需要。在创新话语表达方面，为把推进当代中国马克思主义大众化的任务具体体现于教育实践中，县委党校要求理论教员注重宣讲语言的乡土味和接地气，以群众听得懂、愿意听和能听进去的生动形象语言开展理论教育和党性教育，实现政治话语与文化话语的结合、宣传话语与接受话语的结合、学术话语与大众话语的结合、专业话语与乡土话语的结合。

（孟晓荫）

【干部培训】 2022 年，浑源县委党校突出宣传贯彻习近平新时代

2022 年 6 月 27 日，浑源县县管干部学习贯彻中共十九届六中全会精神专题研讨班在县党群服务中心开班（穆立新 摄）

中国特色社会主义思想和中共十九届六中全会精神，组织开办两期科级干部主体（读书）班，培训学员 119 人；开办一期县管干部学习贯彻中共十九届六中全会精神专题研讨班，培训学员 107 人；一期中青年干部培训班，培训学员 50 人；一期大学生村干部培训班，培训学员 121 人；两期年轻干部廉洁从政培训班，培训学员 180 人；两期农村（社区）"领头雁"培训班，培训学员 2697 人；一期初任公务员培训班，培训学员 83 人。全年举办培训班 10 个班次，培训学员 3357 人。（孟晓茼）

【政治理论宣传】 2022 年，浑源县委党校以宣传贯彻习近平新时代中国特色社会主义思想、中共十九届六中全会精神和省第十二次党代会精神为重点，组织穆立新、许国华、乔桂霞、王瑞荣、王彩云、张红霞 6 名骨干教师到 16 个乡（镇）宣讲中共十九届六中全会精神和省第十二次党代会精神 22 次。组织骨干教师到基层宣讲 22 次，穆立新、许国华、王瑞荣、乔桂霞分别应邀在县医疗集团公司、市场局、恒山景区管理中心、机关工委、应急局、编办、永安镇、沙圪坨镇就"坚定政治信念、提升理论素养、做一名新时期合格的共产党员""《习近平谈治国理政》第四卷""深刻理解和把握习近平新时代中国特色社会主义思想""实施乡村振兴战略、走中国特色社会主义乡村振兴道路"内容上党课 8 次。（孟晓茼）

【党校标准化建设】 2022 年，浑源县委党校培训场所建设事宜在县委会议专题研究，加快推进其建设进度，研究决定用空闲东尾毛学校改建党校培训基地。经县住建局牵头，县委党校、县教科局参与，开展基础设施改建和办公配置预算工作。截至年底，党校培训基地完成可行性研究报告、立项工作和招投标工作主体改造工程。（孟晓茼）

【教师队伍建设】 2022 年，浑源县委党校把强化队伍建设、提升办学能力作为从严治校重要原则，14 名党校内部专兼职教师全部参加省委党校举办的全省党校系统教师教学能力提升网络培训班，7 名骨干教师全部参加中国干部网络学院的师资培训班学习。引进一批党性强、学历高、重实干的一些领域的专家学者作为兼职教师充实教师队伍。招聘兼职教师 7 人，分别是县委党校行政管理岗位的穆立新（副校长、大学学历）、乔桂霞（三级主任科员、大学学历）、恒管中心副主任杨新儒（文联主席、大学学历）、政协常委张富（《北岳报》编辑、《北岳》编委、《栗毓美研究》编委）、大同大学浑源师范分校的麻进宇、孙智勇、王海生（研究生学历、研究涉及浑源历史文化和马克思主义基本理论）。推进领导干部上讲台，县委书记高莹，县委常委、组织部部长王小军，县各职能局领导等在党校主体班参与授课。形成立体多元、适应各类培训班次和培训对象的复合型师资体系。全年把学习宣传贯彻中共二十大报告精神作为首要政治任务和头等大事来抓。11 月 1 日至 2 日，县委党校所有教师参加中国干部网络学院举办的“基层教师讲好中共二十大精神”视频直播培训。11月14日，县委党校组织全校中级以上职称教师参加中央党校（国家行政学院）举办的全国党校（行政学院）系统学习贯彻中共二十大精神师资培训班。县委党校教研室组织教师开展集体备课，对中共二十大报告提出的一系列新的重要思想、重要观点、重大论断、重大举措开展研究阐释。围绕中共二十大提出的重大理论和实践问题，结合浑源高质量发展实际开展课题研究，推进教研咨学一体化建设。（孟晓荫）

【清廉党校建设】 2022年，浑源县委党校结合主题党日、清廉机关创建、“六治”工作等开展干部作风问题排查、以案促改等活动和办学质量对标整改。围绕中国特色社会主义和中国社会主义现代化开展宣传教育，学习习近平新时代中国特色社会主义思想、中共十九届六中全会、中共二十大精神及省十二次党代会精神等，培养和践行社会主义核心价值观，提升党员干部的党性修养。组织开展党风廉政建设宣传教育活动，举办全体教职员工警示教育专题讲座，学习中央八项规定、《中国共产党党员领导干部廉洁从政若干准则》及新的《纪律条例》和中央、省、市、县纪委会议精神等，不定期开展专题学习、研讨交流，提高党员干部的廉政意识。修订《教师岗位职责规定》等制度和工作流程12项，确保各项工作高效运行。把乡村振兴战略、“双碳”目标、生态文明、法治建设、现代化建设等内容列入教学专题，安排教师开展教学研究。把习近平强军思想、新时代中国特色社会主义经济思想、生态文明思想、外交思想、法治思想五大思想内容，乡村振兴及发展新型农村集体经济，党内法规，“四史”教育等作为主要内容，分设各专题责成教师认领备课。坚持开放办学理念，参与全县追赶超越转型发展大局，学习教学科研、后勤服务、信息化建设先进经验，明确目标任务奖励办法，以制度建设为抓手，丰富追赶超越活动内容，建设全市一流党校。（孟晓荫）

党史编研

【概况】 2022年，中共浑源县委党史研究室（浑源县地方志研究室）深入贯彻落实中共二十大精神，开展党史宣传教育、党史资料征编、党史课题研究和党史业务培训等工作。与市委党史研究室联合完成《穆岳》微视频制作并公开发布，收集中国共产党浑源历史资料20余万字，完成党史课题研究7个。制定实施理论学习计划，集中收听收看中共二十大开幕盛况，开展专题学习12次，召开党风廉政建设专题会议2次，举行党史业务培训2次，进行党支部换届选举，产生新一届党支部。（姚振华）

【编研成果】 2022年，中共浑源县委党史研究室（浑源县地方志研究室）认真学习贯彻习近平总书

2022年10月16日，县委党史研究室全体人员集中收听收看习近平总书记在中共二十大开幕式上的重要讲话（安晓玲 摄）

记在中共二十大开幕式上的重要讲话精神，坚持文化赋能党史高质量发展，组织开展《中国共产党浑源历史（1921—2021）》编著工作，该书分新民主主义革命时期、社会主义革命和建设时期、改革开放和社会主义现代化建设时期和新时代4个阶段，浑源县委党史研究室成立由分管县领导牵头，15名专兼职人员为成员的征集资料小组，到县直机关单位和基层乡村150余个基层单位，通过原始党史资料收集、革命英雄人物口述、召开座谈会等方式，征集整理资料20余万字。（姚振华）

【党史课题研究】 2022年，中共浑源县委党史研究室（浑源县地方志研究室）设置党史研究课题7个。以迎接中共二十大、贯彻中共二十大精神为主题，安排设置课题5个，并形成5个成果，分别是《浅谈新时代高素质党员干部必备的政治站位》《中国特色社会主义“特”在哪里，“优”在哪里》《巩固和提高党长期执政的能力水平研究——基于党的领导制度体系的视角》《深刻理解把握治理的中国特色》《感恩共产党 奋进新时代》；以研究方法论和世界观为切入点和主题，设置课题1个，并形成《浅析自然辩证法的主要内容和当代价值》理论成果；紧扣红色资源的挖掘、传承和发展，形成理论成果1个。（姚振华）

【红色遗址普查】 2022年，中共浑源县委党史研究室（浑源县地方志研究室）配合上级部门开展浑源县红色革命遗址普查工作，经过普查，浑源县有主要红色革命遗址5处，分别为浑源县革命烈士陵园、穆家庄抗日烈士纪念馆、黄崖村“八一三”抗日英烈纪念亭、官儿烈士纪念碑和黄花滩陡嘴烈士墓。其中，浑源县革命烈士陵园的前身为晋察冀边区一分区在县城西关门外兴建的烈士塔，始建于1950年。2008年，经县委、县政府研究，决定迁址重建烈士陵园，坐落在南榆林乡二岭村，占地面积2公顷，主要建筑有烈士纪念碑、烈士纪念馆、入园牌楼、浮雕、穆岳烈士纪念碑等。2021年11月，被山西省人民政府核定为山西省第一批省级红色文化遗址。（姚振华）

【党史业务能力提升】 2022年9月20日至21日，中共浑源县委党史研究室（浑源县地方志研究室）全体在职干部参加市委党史研究室（市地方志研究室）举办的2022大同市党史、地方志干部培训班。11月26日，浑源县委党史研究室召开2022全县党史地方志工作培训会，全县各单位专兼职党史工作人员100余人参加，特邀市委党史研究室（市地方志研究室）宣传教育科科长作《党史编纂标准和要领》专题讲座。（姚振华）

浑源县人民代表大会

综　述

【概况】 2022 年，浑源县人大常委会党组贯彻落实中共二十大精神，中央、省委人大工作会议精神，执行重大事项请示报告制度，坚持重大事项、重点工作、重要情况向县委请示报告，全年请示报告 8 次。全年人大常委会党组专题研究党建工作 5 次。组织召开党组扩大会议专题学习交流研讨 6 次，常委会领导班子成员为基层党员讲党课 4 人（次）。利用党组会、主任办公会、常委会等不同形式，针对不同层面、不同内容，组织法律知识、政策解读等各类学习教育活动 30 余次。召集县人代会 1 次，召开常委会会议 8 次、主任会议 15 次，听取和审议专项报告 33 项，作出决定决议 7 项，开展专题调研 13 项，进行执法检查 3 次，组织集中视察 1 次，开展专题询问 1 次，督办代表意见建议 123 件，任免国家机关工作人员 138 人（次）（任职 101 人、免职 37 人）。县十八届人大三次会议期间，依法选出出席市第十六届人代会代表 36 名；依法补选市第十六届人代会代表 1 名。

（傅自鹏）

【人大代表构成】 2022 年，浑源县有省、市、县三级人大代表 245 名。其中，出席省第十三届人民代表大会代表 1 人，出席市第十五届人民代表大会代表 36 人（其中市下派代表 13 人、驻浑源代表 23 人），浑源县第十八次代表大会代表 208 名（其中一线代表 49 名，占代表总数 23.5%；妇女代表 49 名，占代表总数 23.5%；党政干部代表 120 名，占代表总数 57.5%；党外代表 76 名，占代表总数 36.5%；连任代表 92 名，占代表总数 44.2%）。

（傅自鹏）

【重大事项决定】 2022 年，浑源县人大常委会紧扣县委决策部署，把党代会作出的决策、提出的思路、明确的重点作为人大依法履职方向目标，主动服从和服务浑源经济社会发展大局。党组谋划工作，坚持和县委方向一致，与政府同频共振。全年作出决定决议 7 项，并加大跟踪监督力度，助力县委决策部署落实。

（傅自鹏）

【执法检查】 2022 年，浑源县人大常委会就《中华人民共和国环境保护法》《山西省环境保护条例》“一法一条例”贯彻实施情况，开展建成区影响大气、水、土壤环境质量的重点领域执法检查，发现主要问题 3 类，提出意见建议 4 条。责成责任部门采取措施建立台账，逐步解决存在的问题。针对水能资源、计划生育两方面与《中华人民共和国民法典》《中华人民共和国水法》《中华人民共和国人口与计划生育法》等新制定、修订上位法相抵触情况开展执法检查。配合省、市人大检查督查《中华人民共和国工会法》《中华人民共和国统计法》在浑源县行政区域的贯彻实施情况，保证相关法律法规的正确实施。开展专题询问，就《山西省人民代表大会常务委员会关于促进农作物秸秆综合利用和禁止露天焚烧的决定》《山西省人民代表大会常务委员会关于禁止野外用火的决定》两个决定在浑源县委贯彻实施情况开展询问，强化部门、乡（镇）依法履职责任心。（傅自鹏）

【“一府两院”工作报告审议】 2022 年，浑源县人大常委会围绕《政府工作报告》及县人民法院、县人民检察院工作报告，聚焦全县经济运行，重点关注国民经济和社会发展计划执行情况、财政预决算情况；聚焦高质量转型发展，重点关注项目建设、工业振兴、招商引资、优化营商环境、国有资产管理状况；聚焦文旅振兴，重点关注围绕国土空间规划和城市风貌规划逐步实施的城市建设、古城亮化美化、城市道路框架拓展、街巷改造、“恒久北岳、厚道浑源”文化彰显的成就；聚焦乡村振兴，重点关注巩固脱贫攻坚成果与乡村振兴有效衔接的谋划及实施成果；聚焦绿色生态，重点关注打好蓝天、碧水、净土保卫战的生态环境保护；聚焦民生期盼，重点关注社会保障、公共卫生服务、教育提升、医疗保障、就业创业、技能培训、民生实事等；聚焦法治浑源，重点关注法治宣传教育、一站式多元解纷和诉讼服务体系建设工作、职务犯罪检察工作、备案审查制度完善情况以及部门依法行政状况等开展审议，并提出合理化建议。（傅自鹏）

【立法建议】 2022 年，浑源县人大常委会推进县域治理体系和治理能力现代化进程。在省、市人大的指导下开展《大清河流域生态修复与保护条例》和《桑干河流域生态修复与保护条例》立法调研 2 项、提出立法建议 8 条，向市人大提出“小切口”立法建议 1 条，助力省、市人大在重点领域、新兴领域立法。（傅自鹏）

重要会议

【浑源县第十八届人民代表大会第三次会议】 2022 年 1 月 25 日至 26 日，浑源县第十八届人民代表大会第三次会议举行。大会执行主席高莹、赵昱清、李启忠等出席会议。大会主席团常务主席、执行主席李跃新主持会议。此次会议应出席代表 208 人，实际出席 189 人，缺席 19 人，符合法定人数。根据会议议程，赵昱清代表县人民政府向大会作《政府工作报告》。

会议表决通过浑源县第十八届人民代表大会第三次会议选举办法（草案）；表决通过县人民政府民生实事项目票决办法（草案）。会上，县委常委、常务副县长杨琼圣作县人民政府关于上年民生实事项目完成情况的报告，并说明 2022 年民生实事候选项目。会议审查关于浑源县 2021 年国民经济和社会发展计划执行情况与 2022 年国民经济和社会发展计划（草案）的报告；审查关于浑源县 2021 年财政预算执行情况和 2022 年财政预算（草案）的报告。26 日，大会举行第二次全体会议，听取县人大常委会、县人民法院、县人民检察院工作报告。县人大常委会主任李跃新向大会作《县人大常委会工作报告》。大会举行第三次全体会议。会议依照法定程序，选举产生浑源县出席大同

2022 年 1 月 25 日，浑源县第十八届人民代表大会第三次会议召开

（傅自鹏 摄）

市第十六届人民代表大会代表；选举高大伟为浑源县第十八届人民代表大会常务委员会委员。会议投票产生2022年县政府十件民生实事。会议表决通过关于浑源县人民政府工作报告的决议；关于浑源县2021年国民经济和社会发展计划执行情况与2022年国民经济和社会发展计划的决议；关于浑源县2021年财政预算执行情况和2022年财政预算的决议；关于浑源县人民代表大会常务委员会工作报告的决议；关于浑源县人民法院工作报告的决议；关于浑源县人民检察院工作报告的决议。（傅自鹏）

【人大常委会会议】 2022年，浑源县第十八届人民代表大会常务委员会召开常务会议8次。

1月14日，浑源县第十八届人民代表大会常务委员会第十一次会议召开。会议研究人事事项；表决《浑源县人民代表大会常务委员会关于接受贾宇辞去浑源县人民代表大会常务委员会委员职务请求的决定（草案）》；听取和审议县人民政府关于县十八届人大一次会议代表所提建议、意见办理情况的报告；听取和审议县人民政府关于县2021年国民经济和社会发展计划执行情况与2022年国民经济和社会发展计划（草案）的报告；听取和审议县人民政府关于县2021年财政预算执行情况与2022年财政预算（草案）的报告；听取浑源县第十八届人民代表大会常务委员会代表资格审查委员会关于个别代表变动情况的代表资格审查报告；听取浑源县第十八届人民代表大会第三次会议有关筹备情况的报告，通过相关事项；讨论县人大常委会工作报告（讨论稿）；会议还研究其他事项。

3月31日，浑源县第十八届人民代表大会常务委员会第十二次会议召开。会议听取和审议县人民政府关于农业农村工作（含春耕备耕、农资打假、动植物检疫防疫和关于《山西省农业生产托管条例》执行情况）的报告；听取和审议县人民政府关于林业工作（含护林防火）的报告；听取和审议县人民政府关于水务工作（含防汛抗旱、大清河流域生态修复浑源段）的报告；听取和审议县人民政府关于司法工作（含七五普法工作情况和对《关于开展第八个五年法治宣传教育的决议（草案）》的说明）的报告；审议《浑源县人民代表大会常务委员会关于开展第八个五年法治宣传教育的决议（草案）》；审议《浑源县第十八届人民代表大会常务委员会关于调整代表资格审查委员会组成人员的决定（草案）》。

4月6日，浑源县第十八届人民代表大会常务委员会第十三次会议召开。会议研究人事任免事宜。

5月26日，浑源县第十八届人民代表大会常务委员会第十四次会议召开。会议听取和审议县人民政府关于全县项目谋划和进展情况的报告；听取和审议县人民政府关于行政事业性国有资产管理情况的报告；听取和审议县人民政府关于安全生产工作情况的报告；听取和审议2021年全县环境状况和环境目标完成情况的工作报告；审议县人大常委会2022年工作要点（草案）、2022年监督工作计划（草案）、2022年代表工作计划（草案）；审议浑源县第十八届人民代表大会常务委员会代表资格审查委员会关于个别代表资格的审查报告（草案）；审议浑源县人民代表大会常务委员会关于补选县第十八届人民代表大会代表的决定（草案）。

7月29日，浑源县第十八届人民代表大会常务委员会第十五次会议召开。会议听取和审议县人民政府关于代表票决的2022年民生实事项目进展情况的报告；听取和审议县人民政府2022年上半年国民经济和社会发展计划执行情况的报告；听取和审议县人民政府关于浑源县2021年财政决算（草案）和2022年上半年财政预算执行情况的报告；听取和审议县人大财政经济委员会关于对浑源县2021年财政决算（草案）的审查报告；听取和审议县人民政府关于浑源县2021年财政预算执行和其他财政收支情况的审计工作报告；听取和审议县人民政府关于2022年上半年经济运行及下半年经济预测情况的报告；听取和审议县人民政府关于新能源产业发展情况的报告；审议浑源县第十八届人民代表大会常务委员会代表资格审查委员会关于个别代表的代表资格审查报告。

9月28日，浑源县第十八届人民代表大会常务委员会第十六次会议召开。会议听取和审议县人民政府关于市场秩序监管服务情况的报告；听取和审议县人民政府关于文旅融合发展工作情况的报告；听取和审议县人民政府关于全县医疗卫生工作（含疫情防控、乡镇卫生院建设）情况的报告；听取和审议县人民政府关于全县民政工作情况的报告；听取和审议县人民政府关于全县教育工作（含县管校聘、“双减”工作、规范民办教育发展）情况的报告；听取和审议县人民政府关于人力资源和社会保障工作（含就业创业）情况的报告。

11月15日，浑源县第十八届人民代表大会常务委员会第十七次会议召开。会议表决《浑源县人民代表大会常务委员会关于接受李兴宇辞去大同市第十六届人民代表大会代表职务请求的决议（草案）》；接受李兴宇辞去大同市第十六届人民代表大会代表职务的请求；补选马淑玲为大同市第十六届人民代表大会代表。

12月29日，浑源县第十八届人民代表大会常务委员会第十八次会议召开。会议审议县人民政府关于城建工作的报告；审议县人民政府关于工业振兴工作情况的报告；审议县人民政府关于乡村振兴工作进展情况的报告；审议县人民政府2022年生态环境环保工作情况的报告；审议县人民政府关于代表票决的民生实事项目完成情况的报告；审议县人民政府2021年财政预算执行和其他财政收支审计查出问题整改情况的报告；审议县人大常委会规范性文件备案审查工作情况的报告；审议县人民法院关于一站式多元解纷和诉讼服务体系建设工作的报告；审议县人民检察院关于职务犯罪检察工作的报告；审议县人民政府2022年财政预算调整方案（草案）的报告；审议县人大财经委员会关于县人民政府2022年财政预算调整方案（草案）的审查报告。（傅自鹏）

人大监督

【概况】 2022年，浑源县人大常委会坚持宣传导向、问题导向、目标导向，采取听取和审议专项工作报告、组织执法检查、开展视察调研等监督方式，把人大监督工作融入全县中心大局。全年听取和审议专项报告33项，开展专项文件清理2批次，组织执法检查1次，开展集中视察1次、会前调研7次、专题调研6次。（傅自鹏）

【经济运行监督】 2022年，浑源县人大常委会听取专项报告，围绕县域经济高质量发展，依法审查《2021年国民经济和社会发展计划执行情况与2022年国民经济和社会发展计划（草案）》，听取全县项目谋划和进展、上半年国民经济和社会发展计划执行、上半年经济运行和下半年经济预测情况、新能源产业发展、文旅融合发展、安全生产等方面报告，建议县政府及有关部门科学研判发展趋势，谋划重大项目、重点任务、重要举措，推动全县实体经济高质量发展。围绕强化资金资产管理，依法审查《2021年财政预算执行情况和2022年预算（草案）》，听取行政事业性国有资产管理、《2021年财政决算（草案）》和2022年上半年财政预算执行及2021年财政审计工作情况的报告，深化预决算审查监督，强化国有资产管理。（傅自鹏）

【环境保护监督】 2022年，浑源县人大常委会围绕生态环境保护，听取《2021年全县环境状况和环境目标完成情况的报告》，督促县政府及相关部门加强生态环境工作统筹协调，建议加强环境保护，强化环境监测，持续改善生态环境质量。（傅自鹏）

【“三农”工作监督】 2022年，浑源县人大常委会围绕“三农”工作，听取农业农村、春耕备耕、农资打假、动植物检疫防疫、农业生产托管、林业、水务等方面报告，建议瞄准农业高质高效、农村宜居宜业、农民富裕富足目标，推进农民增收、农业发展、农村稳定，促进乡村振兴。（傅自鹏）

【法律实施监督】 2022年，浑源县人大常委会围绕法治浑源建设，在政府常务会上举办《依法行政》讲座1次，听取司法工作（含七五普法工作）情况报告，并作出开展第八个五年法治宣传教育的决议，建议抓好领导干部学法用法，开展法治宣传进社区、进农村、进校园、进商铺等活动，促进全县法治建设。（傅自鹏）

【民生领域监督】 2022年，浑源县人大常委会围绕民生福祉，制定《2022年民生实事跟踪监督实施方案》，听取市场秩序监管服务、医疗卫生、民政、教育、人力资源和社会保障及民生实事项目进展情况报告，督促政府财政资金优先保障民生，持续保障和改善民生，提高人民生活品质。（傅自鹏）

人事任免

【概况】 2022年，浑源县人大常委会坚持党管干部和人大依法任免干部有机统一，县十八届人大三次会议期间，依法选出出席市第十六届人代会代表36名。全年常委会会议任免国家机关工作人员137人（任100人、免37人），依法补选市第十六届人代会代表1名。（傅自鹏）

【人大常委会工作机构人事任免】 2022年，浑源县第十八届人民代表大会常务委员会第16次会议通过任命：史天红为县人大常委会法制工作委员会主任；张霞为县人大常委会人事代表工作委员会主任。免去：谢伟县人大常委会人事代表工作委员会主任职务；张霞县人大常委会法制工作委员会主任职务。（傅自鹏）

【政府部门人事任免】 2022年，浑源县第十八届人民代表大会常务委员会第13次会议通过任命：赵祥为浑源县人民政府副县长；付元进为浑源县人民政府副县长。免去：杨琼圣浑源县人民政府副县长职务；曹启龙浑源县人民政府副县长职务。免去：王发浑源县卫生健康和体育局局长职务；范文顺浑源县信访局局长职务。浑源县第十八届人民代表大会常务委员会第14次会议通过任命：范淑慧为浑源县卫生健康和体育局局长；赵江涛为浑源县信访局局长。浑源县第十八届人民代表大会常务委员会第18次会议通过任命：徐彦龙为县工业和信息化局（县商务局、县民营经济发展促进局、县政府国有资产监督管理局）局长；程熙宏为县财政局局长；宫政为县审计局局长；张东皞为县文化和旅游局（县文物局）局长。免去：范华县工业和信息化局（县商务局、县民营经济发展促进局、县政府国有资产监督管理局）局长职务；武建文县财政局局长职务；程熙宏县审计局局长职务；晋洪涛县文化和旅游局（县文物局）局长职务。（傅自鹏）

【人民法院人事任免】 2022年，浑源县第十八届人民代表大会常务委员会第12次会议通过任命：赵峰为浑源县人民法院副院长、审判委员会委员、审判员。免去：赵明浑源县人民法院副院长职务。浑源县第十八届人民代表大会常务委员会第15次会议通过，免去：元化明浑源县人民法院蔡村人民法庭庭长、审判员、审判委员会委员职务；郭志钧浑源县人民法院审判委员会委员职务；李文孝浑源县人民法院审判委员会委员职务；杨义浑源县人民法院沙圪坨人民法庭庭长职务；安立斌浑源县人民法院大磁窑人民法庭庭长职务。免去：陈静宜、武艳、贺瑾、范瑞卿、樊如意、靳晶、靖山太、荣超、李园、李娜、李肖峰、乔佳鑫、马飞、史淑英、王雪峰、许飞、邢小飞、杨东宇、姚丽君、赵云20名浑源县人民法院人民陪审员职务。任命：王春娇、王红利、王红梅、王静、王鹏飞、王艳君、吴清秀、吴卓慧、武宏梅、谢慧敏、邢晓婷、熊晓东、杨桂忠、杨树利、杨勇卿、杨振春、袁春笋、袁如、孟佳权、孟庆玮、孟庆文、穆秉霞、穆宏伟、穆丽霞、穆琦琦、裴学琴、荣彩云、史鹏云、史秋菊、史艳青、孙美青、孙岩、孙兆鑫、田广瑞、汪鸿、翟花、张宝伟、张翠花、张帅、张文斌、张琰、张迎春、张哲、张振兴、赵宝军、赵波、赵子坤、郑东、周洁、朱伟、黄晨、贾慧、贾文娟、康雁昭、李桂桃、李慧、李娇娇、李瑾秀、李瑾照、李玲、李鹏飞、李淑霞、李文坛、梁玉桃、刘爱花、刘志平、吕彬艳、白素春、白莹琴、陈金梅、陈丽娟、陈卫华、陈鑫、崔建华、崔鹏升、董鹏宇、范东南、范高山、范九香、耿淑卿、郭秋平、郝汝娟、郝希廷、黄保花、黄波等85人为浑源县人民法院人民陪审员。浑源县第十八届人民代表大会常务委员会第18次会议通过任命：李晓磊为浑源县人民法院审判员；贾海光为浑源县人民法院审判员。免去：谢丹莉浑源县人民法院审判员职务。（傅自鹏）

【人民检察院人事任免】2022年，浑源县第十八届人民代表大会常务委员会第11次会议通过任命：翟爱琴为浑源县人民检察院检察委员会委员；乔艳为浑源县人民检察院检察委员会委员。（傅自鹏）

议案建议

【概况】2022年浑源县十八届人大三次会议期间，收到代表建议意见123件，办复率100%。其中，经济建设方面接收12件，占总数9.8%；乡村振兴方面接收29件，占总数23.6%；旅游发展接收10件，占总数8.1%；城乡建设接收29件，占总数23.5%；环境保护接收14件，占总数11.4%；民生和社会事业接收28件，占总数22.8%，其他方面接收1件，占总数0.8%。（傅自鹏）

2022年浑源县十八届人大三次会议重点意见建议办理一览表

表9

内容	办理情况
关于从脱贫攻坚到乡村振兴靠什么支撑	1. 成立9个乡村振兴专项小组，出台《浑源县关于巩固拓展脱贫攻坚成果有效衔接乡村振兴的实施方案》《浑源县2021年乡村建设专项行动》 2. 培育裕隆祥、政通、北岳神耆、万生黄芪等16家省市级农业产业化龙头企业。建设乡村级服务站点220个 3. 开展农村人居环境“六乱”整治，把213个行政村全部纳入城乡一体化环境卫生管护体系
浑源县乡村旅游建设	1. 投资7亿元的旅游服务中心项目主体建筑基础工程完工，打造4条乡村旅游廊道，重点培育10个省级旅游示范村建设，发展农家乐和乡村客栈 2. 实施公路改造工程、危桥改造等工程。改造完成农村户厕2275座 3. 组织开展“五峰山百仙大会”“莲花山康养游”“千佛岭旅游节”“消夏晚会”“浑源州署实景演出”等旅游活动
关于长青路一条街进行整治改建和管理	1. 打通天峰北路北延、恒山南路南延、朝阳路等制约全县旅游产业发展的“断头路” 2. 加快新旧城区融合发展，畅通连接县城城区和恒山悬空寺景区的交通动脉 3. 对道路质量状况和外观状况建立严格的记录汇报制度，推行“城市道路网格化管理”
浑源县黄芪产业发展	1. 成立以县委、县政府主要领导为“双组长”的恒山黄芪产业发展领导小组，编制《浑源县黄芪产业发展规划》，制定出台政策措施 2. 全面推行“企业＋基地＋农户”经营模式 3. 建成国内首家集文化传承、产品展示、观光旅游、休闲消费于一体的黄芪文化园，成立浑源县恒山黄芪产业商会 4. 打造恒山黄芪品牌，山西北岳神耆生物科技股份有限公司被列为全省首批省级标准化示范区试点项目单位

【“关于从脱贫攻坚到乡村振兴靠什么支撑”的建议】 2022年，县十八届人大三次会议期间，代表王俊尧提出“关于从脱贫攻坚到乡村振兴靠什么支撑”的建议：浑源县作为脱贫摘帽后的全省重点帮扶县，以组织保障、产业培育、环境整治为切入点，深入推进乡村振兴战略。（1）高起点谋划，顶层推动落实。成立浑源县乡村振兴工作领导小组和产业、人才、文化、生态、组织振兴及有效衔接等9个乡村振兴专项小组，为乡村振兴战略实施提供有力的保障。制定“6+1”乡村振兴发展规划，出台《浑源县关于巩固拓展脱贫攻坚成果有效衔接乡村振兴的实施方案》《浑源县2021年乡村建设专项行动》，为实现农业高质高效、乡村宜居宜业、农民富裕富足，打造出乡村振兴的“浑源模式”。（2）高规格培育，加快农业提质。把黄芪确立为浑源“一县一业”的特色产业，把培育和做强做大龙头企业作为引领特色农业转型、实现产业振兴的重要抓手，健全现代农业产业、生产、经营体系，建成全国首个黄芪文化园，培育裕隆祥、政通、北岳神耆、万生黄芪等16家省市级农业产业化龙头企业。依托黄芪、小杂粮等特色优势农产品，认证“三品一标”（无公害农产品、绿色食品、有机产品和地理标志产品）农产品39个，成功创建国家电子商务进农村综合示范县，建设乡村级服务站点220个，推出“厚道浑源”公共品牌。（3）高标准治理，注重生态效益。深入开展农村人居环境“六乱”整治，把213个行政村全部纳入城乡一体化环境卫生管护体系，建立村庄清洁监督机制、片区管理和门前“三包”责任制、清洁积分制、红黑榜制。拓展以“一拆三清一改”为重点的村庄清洁行动，同步推进生活污水治理和厕所革命，实现总体整村环境和农户家庭干净整洁，村庄和田间地头无垃圾堆放。 （傅自鹏）

【“浑源县乡村旅游建设”的建议】 2022年，县十八届人大三次会议期间，代表王世杰提出“浑源县乡村旅游建设”的建议：旅游业对农村产业体系的构建至关重要，是拉动农村经济增长的动态引擎。浑源坚持以绿为底、文旅为基，持续促进农文旅深度融合，实现“绿水青山”与“金山银山”的良性互通。（1）全力推进特色乡村旅游发展。坚持“旅游全域化”理念，紧盯服务体系建设，投资7亿元的旅游服务中心项目主体建筑基础工程完工，以恒山、龙山等五山为骨架，12个乡村旅游为“样板”，深度打造探岳之旅·天路、空中草原等4条乡村旅游廊道，重点培育二岭村、破兑臼、东葫芦头等10个省级旅游示范村建设，扶持发展乡村旅游合作社21个，发展农家乐和乡村客栈20余家，“全境恒山”的全域旅游空间持续拓展，“全景浑源”全域景区化发展格局初具雏形，有力奠定全县旅游服务体系基础。（2）全面加强乡村基础设施建设。2022年，浑源致力提升县域通达能力，实施南榆林乡通三级路韩镇线—南榆林段公路改造工程、蔡村桥和浑河前桥危桥改造等工程；改善旅游体验，新建乡村游客中心5座、停车场11个，新建5G基站20座，新增加5G发射设备基站18座；改善人居环境，实施1个行政村的环境整治建设项目，编制完成3个行政村的生活污水治理项目可研报告，推进9个行政村的管网配套整改方案，改造完成农村户厕2275座，有效提升乡村环境，旅游基础得到进一步提升。（3）有序开展系列恒山旅游活动。结合浑源县丰富的旅游资源，组织开展“五峰山百仙大会”“莲花山康养游”“千佛岭旅游节”“消夏晚会”“浑源州署实景演出”等一系列旅游活动，吸引游客到恒山悬空寺、州衙、探岳之旅·天路、龙盆峪、东葫芦头等各景点旅游，文旅事业在常态化新冠疫情防控背景下生机盎然。 （傅自鹏）

【“关于长青路一条街进行整治改建和管理”的建议】 2022年，县十八届人大三次会议期间，代表潘俊提出“关于长青路一条街进行整治改建和管理”的建议：近年来，浑源县坚持以市政道路建设作为推动民生工作的重要抓手，多措并举，不断提升城市服务功能和城市生活品质。（1）抓规划引领。坚持把建设人民满意交通作为根本目的，县城市政道路建设顺应原有地形地貌，坚持县城龟城蛇街建筑格局和深厚文化底蕴，按照《浑源县国土空间总体规划》《浑源县城区城市风貌规划》以及《浑源历史文化名城保护规划》《浑源古城历史文化街区保护规划》等进行规划设计，坚持建设需求与长远发展规划相结合，道路规划与旅游发展相结合，统筹推进城市道路建设。（2）抓建设实施。2018 年以来，共计实施新建和改造道路 36 条，硬化小街小巷 15 条，建设道路全长 27542.1 米，全县路网结构逐步完善，古城、旧城、新城边界分明，城市发展空间明显提升。尤其是打通天峰北路北延、恒山南路南延、朝阳路等制约全县旅游产业发展的“断头路”，加快新旧城区融合发展，畅通连接县城城区和恒山悬空寺景区的交通动脉，真正使全县交通网络实现“血脉相通”。（3）抓管理落实。加强道路日常使用过程中的养护质量管理，严格落实道路维护保养制度，加大抽查日常道路维护中质量的排查与检验力度，对道路质量状况和外观状况建立严格的记录汇报制度，有针对性地开展专项化与精细化的维护保养工作。推行“城市道路网格化管理”，依托数字化城市管理平台，做到“第一时间发现问题，第一时间处置问题，第一时间解决问题”，全面达到道路精细化管理要求。（傅自鹏）

【“浑源县黄芪产业发展”的建议】 2022 年，县十八届人大三次会议期间，代表杨文华、安军提出“浑源县黄芪产业发展”的建议：（1）组织为基，规划先行推动高质量发展。县委、县政府紧紧围绕全方位推动高质量发展目标，坚持将黄芪产业作为“一县一业”主导产业，成立以县委、县政府主要领导为“双组长”的恒山黄芪产业发展领导小组，建立联席会议制度，定期研究黄芪产业发展重大事项，编制《浑源县黄芪产业发展规划》，制定出台黄芪产业管理办法以及黄芪产业人才培育、科技创新、品牌建设等方面的政策措施，为黄芪产业高质量发展奠定坚实基础。（2）企业为本，做大规模推动高质量发展。作为山西首个国家黄芪种植与加工标准化示范区，浑源县通过全面推行“企业 + 基地 + 农户”经营模式，大力引进、扶持黄芪产业化龙头企业建设，黄芪产业规模化进程进一步加快。全县有黄芪种植加工销售的企业、合作社、个体工商户 297 户，引进培育黄芪产业龙头企业 5 家，开发黄芪中药饮片以及黄芪茶、黄芪菇、黄芪羊、黄芪鸡、黄芪蜜等 600 余个品类产品，黄芪产业年产值 5 亿余元。（3）创新为要，形成集群推动高质量发展。为发展壮大黄芪特色产业，打造产业集群，投资 8000 余万元，建成国内首家集文化传承、产品展示、观光旅游、休闲消费于一体的黄芪文化园，并成功申报国家 AAA 级旅游景区，把黄芪产业融入文旅体系，现入驻厂商 49 家，园区统一使用“恒山黄芪”“厚道浑源”公共品牌和标志，以“产业融合”“电商平台”为核心，把浑源农特产品进行集中展示、销售。组织吸收 30 余家本地优秀企业，成立浑源县恒山黄芪产业商会，实现信息互通、资源共享、优势互补，抱团发展、互通有无、共同壮大。同时，与山西农业大学合作，成立山西农业大学恒山黄芪产业研究院和恒山黄芪种质资源保护与利用实验室，开展良种选育、恒山黄芪规范化栽培整合技术集成、标准化加工技术集成、黄芪系列产品标准化生产技术集成、深加工技术集成等研究，为黄芪产业全链条发展提供强大的科技支撑。（4）品牌为核，高端打造推动高质量发展。以“黄芪之乡”“国家地理标志保护产品”“正北芪”

原产地三大冠名品牌为抓手，以“厚道浑源、恒久北岳”黄芪文化品牌为纽带，以“甲苷含量三倍、种植年限5年以上”的功效品牌为切入，强力塑造、推广、维护恒山黄芪品牌，先后获得黄芪GAP、药品生产GMP认证、道地优质药材种植基地（黄芪）、优质道地药材示范基地（黄芪）等各类认证、奖项60余项。2022年，恒山黄芪（浑源）文旅康养产业有限公司通过ISO 9001质量体系认证，山西北岳神耆生物科技股份有限公司列为全省首批省级标准化示范区试点项目单位；同时县委、县政府筹资近900万元，与北京一亩田新农网络科技有限公司营销团队签订宣传营销协议，相继开发线上交易小程序，线下恒山黄芪拍卖会、产销对接会、恒山黄芪烹饪和新品研发大赛，以及恒山黄芪“走进大湾区”和一线城市名店系列活动，恒山黄芪步入更强更快更优的发展轨道。（傅自鹏）

代表工作

【代表调研视察活动】 2022年，浑源县人大常委会集中视察围绕全县中心工作及民生实事项目，选取永安镇中心学校扩建项目、黄芪文化园及凉粉文化园、思源社区小学幼儿园建设项目、思源社区便民市场建设项目、永安镇卫生院思源分院建设项目、永安东街排水防涝工程及步云路带状公园建设工程、浑源县全域旅游服务中心建设项目、沙圪坨东信庄5万千瓦风电（630并网）、浑源县新环益无害化病死畜禽4000吨项目、蔡村升压站、农村颐养工程（聚兴村）、阳光10万千瓦光伏平价项目（驼峰）、239国道改线、神溪湿地公园PPP项目、东葫芦头乡村旅游、金沙线和老旧小区改造工程（恒管委）亮点工程，针对存在的问题提出合理化建设意见。会前调研根据听取报告内容，针对性组织，促进常委会组成人员准确掌握实际情况，依法有据开展审议。专题调研法律工作监督、神溪湿地立法、古城建设、义务教育“双减”、“颐养工程”、桑干河和大清河流域治理，为全县经济社会发展出台政策提供决策依据。（傅自鹏）

【代表履职服务管理】 2022年，浑源县人大常委会注重改进和强化代表工作，通过加强代表学习培训，提高代表履职能力；通过规范代表联络站点建设，优化代表履职平台；通过完善代表履职机制，提升代表履职责任意识；通过改进监督方式方法，提高代表履职实效。印发《关于进一步加强人大代表联络站（点）规范化建设的通知》，督促乡（镇）加强人大工作，按照法定程序召开上半年人代会，补选县人大代表7名；规范人大代表联络站点建设，完善各级代表履职档案，丰富代表闭会期间活动。组织开展1期县人大代表履职能力提升班，解读修订的《中华人民共和国地方组织法》，组织8名市代表到杨家窑开展学习观摩活动1批次。（傅自鹏）

2022年7月20日，浑源县人大常委会委员集中视察浑源县全域旅游服务中心建设项目（傅自鹏 摄）

【代表服务保障】 2022年，浑源县人大常委会组织集中视察、调研、召开常委会，分批次邀请市、县代表参加，为代表免费订阅《人民代表报》《中国人大》等报刊，为县人大代表发放通信交通补贴，推行《浑源县人大代表履职评价办法》，强化闭会期间代表建议、批评和意见办理并畅通渠道，征集人大代表典型事迹上报市人大投稿《人民代表报》等全国报刊。设立人大代表"社情民意"上报通道，鼓励代表参与市人大常委会举办的"人大代表议政论坛"，组织参加省、市人大研讨征文活动，拓展代表履职渠道。（傅自鹏）

【代表履职平台建设】 2022年，浑源县人大常委会督促、指导全县各乡（镇）各行业完善运行"人大代表联络站、点、室、岗"等民主民意平台和载体，落实《关于加强全县人大代表联络站建设的指导意见》《关于规范全县人大代表联络站（点）运行的意见》《关于加强全县人大代表联络站（点）阵地管理的意见》《全县人大代表联络站（点）工作手册》，推进人大代表联络站点规范化建设和运行，为代表闭会期间提供平台保障。全年各乡（镇）各行业代表联络站点发挥人大代表闭会期间活动的平台功能作用，组织各类活动128次，接待群众290人（次），帮助解决事关人民群众切身利益的大小事136件。（傅自鹏）

【2022年浑源县十件民生实事项目表决】 2022年1月26日，浑源县第十八届人民代表大会第三次会议第三次全体会议召开，人大代表们现场投票表决2022年县政府民生实事，票决产生2022年县政府十大民生实事项目，即义务教育阶段学生课后服务经费保障项目、开工建设浑源县永安镇中心学校扩建项目、开工建设思源社区小学幼儿园建设项目、思源社区便民市场建设项目、永安镇卫生院思源分院建设项目、农村"颐养工程"项目、开工建设浑源县工人文化宫建设项目、步云路带状公园建设工程、2022年老旧小区改造工程、开工建设和顺南路道路改造项目。（傅自鹏）

【人大代表履职能力培训班】 2022年7月6日，大同市浑源县人大常委会在该县恒山饭店五楼会议室举办2022年县人大代表履职能力提升培训班。培训中，市人大常委会赵军结合自身工作经验，从人民代表大会制度的主要内容、《中华人民共和国全国人民代表大会和地方各级人民代表大会代表法》、代表的履职活动三个方面为代表们作主题为《依法履行代表职责，做一名称职的人大代表》专题讲座，并围绕代表是什么、代表干什么、代表怎样干作讲解。（傅自鹏）

专委会工作

【财政经济工作委员会】 2022年，县人大财政经济工作委员会依法审查2021年国民经济和社会发展计划执行情况与2022年国民经济和社会发展计划（草案），听取全县项目谋划和进展、上半年国民经济和社会发展计划执行、上半年经济运行和下半年经济预测情况、新能源产业发展，建议县政府及有关部门科学研判发展趋势，前瞻谋划重大项目、重点任务、重要举措，以高质量规划推动全县实体经济高质量发展。围绕强化资金资产管理，依法审查2021年财政预算执行情况和2022年预算（草案），听取行政事业性国有资产管理、2021年财政决算（草案）和2022年上半年财政预算执行及2021年财政审计工作情况的报告。听取市场秩序监管服务、医疗卫生、民政、教育、人力资源和社会保障及民生实事项目进展情况的报告。在浑源县第十八届人民代表大会第三次会议期间审查《关于浑源县2021年计划执行情况与2022年国民经济和社会发展计划（草案）》《关于浑源县2021年财政预算执行情况和2022年财政预算（草案）》。（傅自鹏）

【法制工作委员会】 2022年，

县人大法制工作委员会除听取和审议法院、检察院、公安、司法、住建、环保的报告外，配合市人大法工委开展《大清河水源保护条例》立法调研。围绕法治浑源建设，推进开展第八个五年法治宣传教育，促进全县法治建设。开展专项文件清理2批次，组织执法检查1次；说明《中华人民共和国环境保护法》《山西省环境保护条例》“一法一条例”贯彻实施情况。（傅自鹏）

【农业农村工作委员会】

2022年，县人大农业农村工作委员会依法听取农业农村、春耕备耕、农资打假、动植物检疫防疫、农业生产托管、林业、水务等方面报告。听取2021年全县环境状况和环境目标完成情况的报告，督促县政府及相关部门加强生态环境工作统筹协调、改善生态环境质量。（傅自鹏）

【教科文卫工作委员会】

2022年，县人大教科文卫工作委员会依法听取文旅融合发展、安全生产等方面的报告，听取2021年全县环境状况和环境目标完成情况的报告。调研义务教育“双减”。听取市场秩序监管服务、医疗卫生、民政、教育、人力资源和社会保障及民生实事项目进展情况的报告，督促政府持续保障和改善民生，提高人民生活品质。（傅自鹏）

【人事代表工作委员会】

2022年，县人大人事代表工作委员会完成7名县人大代表补选工作；规范人大代表联络站点建设，完善各级代表履职档案，丰富代表闭会期间活动。组织开展1期县人大代表履职能力提升班，解读修订的《中华人民共和国地方各级人民代表大会和地方各级人民政府组织法》，组织8名市人大代表到杨家窑开展学习观摩活动1批次，提升代表专业素养。会前开展调研7次（根据听取报告内容，针对性组织，促进常委会组成人员准确掌握实际情况，依法有据进行审议）、开展专题调研6次（调研法律工作监督、神溪湿地立法、古城建设、义务教育“双减”、“颐养工程”、桑干河和大清河流域治理）。

（傅自鹏）

浑源县人民政府

综　述

【概况】2022年，浑源县人民政府实施“举文化生态牌、建特色休闲城、走旅游康养路”发展战略，统筹推进新冠疫情防控和经济社会发展。县人民政府学习贯彻中共二十大精神，执行政府党组集中学习制度，加强学习研讨交流，组织各类学习教育研讨16次。全年召开政府常务会议12次。打造便利政务环境，建成一体化政务服务平台，1189项政务服务实现“一网通办”，120项政务服务实现“跨省通办”，为企业纾困解难办实事300余件，市场主体总量15137户。推进生态建设，制定《浑源县“十四五”生态环境保护规划》，实施“煤改电”2000户，全年优良天数比上年增加17天。提升法治政府建设水平，制定《浑源县贯彻〈法治政府建设实施纲要（2021—2025）〉实施方案》，建立16个乡（镇）、27个县直单位年度法治建设报告公示制度，全年信访人（次）比上年下降30%，治安案件比上年下降40%。　（李梦尧）

【民生事务】2022年，浑源县加大民生和社会事业投入，13项民生工程支出24.9亿元，占一般公共预算支出的86.4%。教育方面，落实“双减”政策，建立课后服务经费保障机制，规范4所民办义务教育学校；穆岳小学、浑源二中新校区投入使用；为6802名贫困学生办理助学贷款0.5亿元。社保方面，新增城镇就业6749人，农村劳动力转移就业5282人；农村低保等救助标准持续提升；建成永安镇卫生院思源分院；参保群众医疗救助实现市级统筹“一站式”线上支付。农村建档立卡户医保率100%，城乡居民基本养老保险参保率99.5%。举办群众文化惠民系列活动80场。10件民生实事落实落地。　（李梦尧）

【经济运行】2022年，浑源县地区生产总值56.9亿元，比上年增长0.6%；第三产业增加值32.7亿元，比上年增长1.6%；固定资产投资30.6亿元，比上年增长5.6%；规模以上工业增加值1.9亿元，比上年下降14.8%；社会消费品零售总额38.1亿元，比上年下降0.3%；一般公共预算收入2.1亿元，比上年增长6%；城镇居民人均可支配收入30473元，比上年增长7.1%；农村居民人均可支配收入11758元，比上年增长7.8%。

（李梦尧）

【古城建设】2022年，浑源县加快推进城市空间优化和品质提升，完善城市基础设施建设，推进雨污分流、道路照明、电网改造等配套设施建设，完成6条市政道路、古城内10条街巷改造工程。朝阳路贯通新旧城区，14个老旧小区完成改造，步云路带状公园建成使用。恒利源片区风貌整治全面完成。推进钟鼓楼片区保护修复工程，鼓楼1、2、3号院相继建成，永安寺、文庙、麻家大院、州衙4处古建筑活化利用。浑源县被列入

山西省第一批“省级城市更新试点县”和第二批“绿色低碳建设试点县”，一德街入选“省级夜经济生活集聚区”。（李梦尧）

2022年7月25日，浑源县项目建设推进会召开（杨 钦 摄）

【农村建设】2022年，浑源县发放小额信贷1910笔1亿元。“雨露计划”补助1210人363万元。实现电子商务交易额3.1亿元，帮助脱贫户销售农产品0.5亿元。引导脱贫劳动力省内外务工2万人，发放务工补贴500万元。发放光伏收益资金0.3亿元，解决就业4053人。完成有机旱作农业示范区0.1万公顷。完成农业生产托管服务1.4万公顷，实现粮食总产量1.8亿公斤。组建恒山黄芪产业商会。完成凉粉文化园和实训基地主体工程。建成农村“颐养之家”5个。村集体经济收入全部10万元以上。（李梦尧）

【项目建设】2022年，浑源县定期召开项目建设推进会，统筹谋划，系统推进重点项目，全年组织规划文化、生态、旅游、康养、民生等项目237个，总投资649.7亿元。其中产业类111个，基础设施类98个，社会民生类28个；118个在建项目投资26.4亿元，4个省级重点项目完成投资7亿元，14个市级重点项目完成投资16.3亿元。全年推动签约项目14个，总投资额104.3亿元，开工12个，落实到位资金18.5亿元。与上级部门沟通协调，申报专项债券项目27个，落实专项债券资金项目5个，到位资金4.3亿元，落实到中央预算内投资项目6个，到位资金1.1亿元，落实到一般债券资金项目6个，到位资金1543万元，申报项目数量、亿元以上项目数量均排全市各县（区）第一，落实到位资金排全市各县（区）第二。（李梦尧）

【文旅建设】2022年，浑源县立足地域与资源优势，完善基础设施配套建设，提升文旅康养软实力。汤头温泉度假区入选省文旅康养示范区创建单位名单，全域旅游服务中心主体工程全面推进，新建5座乡村游客中心、11个停车场。恒山风景名胜区被评为“全国避暑旅游目的地”，浑源县被列入全省打造的10个文旅康养集聚区。（李梦尧）

2022年3月30日，浑源县举行一季度重点项目集中开复工活动，总投资139.2亿元的41个项目开工复工（杨 钦 摄）

【生态环境建设】 2022年，浑源县推进清洁煤替换工程，全县清洁取暖率75.4%，县城建成区和农村清洁取暖覆盖率分别为86%、70%。全年二级以上优良天数285天，比上年增加17天。开工建设4个建制镇污水处理项目，完成白道生态清洁小流域综合治理工程，实施唐峪灌区续建配套与节水改造工程，2个地表水监测断面水质优良比例100%。完成人工造林0.7万公顷。推进13个行政村环境整治、生活污水治理及管网配套建设工程。二亩湾生态治理项目被评为“山西省国土空间生态修复示范工程项目”。（李梦尧）

重要会议

【县长办公会议】 2022年6月28日，浑源县人民政府在县政府1号会议室举行县长办公会议。县长赵昱清主持会议，副县长赵祥、王武明等参加会议，会议专题研究百川煤业有限公司收取的矿山环境恢复治理保证金上缴县财政国库事宜。（李梦尧）

【政府常务会议】 2022年，浑源县人民政府召开常务会议12次。

1月17日，浑源县人民政府第十八届第十次常务会召开，县委副书记、县长赵昱清主持会议。会议传达学习习近平总书记在中共中央政治局召开的专题民主生活会上的重要讲话精神；传达学习中央农村工作会议精神；传达学习习近平总书记在省部级主要领导干部学习贯彻中共十九届六中全会精神专题研讨班开班式上的重要讲话精神；传达学习卢东亮在全市2022年度招商引资和项目建设推进会上的讲话精神；学习《关于更加有效发挥统计监督职能作用的意见》；重温《中央八项规定及实施细则》《中国共产党纪律处分条例》《中国共产党廉洁自律准则》；传达学习大同市纪委监委公开曝光的5起违反中央八项规定精神典型问题。听取全县 安全生产形势及“两节”期间的安全生产工作汇报；听取县防控办关于全县春节期间疫情防控工作的汇报；听取浑源县生态修复治理工程的汇报和后续工作计划的请示；听取根治拖欠农民工工资工作的汇报；听取公益性岗位公开招聘就业困难高校毕业生的请示；听取浑源县政府在第十八届人民代表大会第三次会议上的《政府工作报告（审议稿）》的汇报；听取《2022年浑源县人民政府民生实事候选项目（草案）》的汇报；听取《浑源县2021年国民经济和社会发展计划执行情况与2022年国民经济和社会发展计划（草案）》的汇报；听取《浑源县2021年财政预算执行情况和2022年财政预算草案（征求意见稿）》的汇报；听取《浑源县2021年税收完成情况及2022年税收预测情况》的汇报；听取全县一季度经济工作分析的汇报；听取为大同市首曜生物科技有限公司贷款提供反担保的请示；听取关于解决自来水公司职工2021年工资缺额的请示；听取拨付采煤沉陷区治理搬迁安置工程款相关事宜的请示。会议研究通过《浑源县规范成品油市场专项整治行动工作实施方案》《浑源县2022年乡村振兴特色农业产业补贴实施方案》。

1月28日，浑源县人民政府第十八届第十一次常务会召开，赵昱清主持会议。会议传达学习习近平总书记在中共十九届中央纪委六次全会上的重要讲话精神；学习习近平总书记在中共中央政治局第三十六次集体学习时的重要讲话精神；学习习近平总书记春节前夕到山西看望慰问基层干部群众时的重要讲话精神；传达省第十三届人民代表大会第六次会议、省政协第十二届第五次会议精神；学习《山西省人民政府关于做好2022年安全生产工作的通知》；传达省纪委《关于七起审查调查中发现的领导干部违规吃喝典型问题的通报》、省纪委办公厅《关于开展“领导干部岗位调动带上自己家乡工程队”问题专项整治工作实施方案》《关于开展“领导干部岗位调动带上自己家乡工程队”问题自查自纠的指导意见》；学习习近平总书记关于粮食安全的重要论述并研讨发言。听取全县保奥运大气污染防治工作汇报；听取全县项目建设“冬季行动”进展情况汇报；听取浑源县第一次全国自然灾害综合风险普查（房屋调查）

工作进度汇报；听取幸福里幼儿园建设用地及新增两批次国有建设用地使用权汇报；听取关于把西留粮站、蔡村粮站等10处房地产划转至浑源县经济建设投资有限公司管理汇报；听取新冠疫情防控应急值守人员出勤补助请示；研究保障性住房和顾册拆迁安置事宜。会议研究通过《2022年大同市浑源县“礼享生活 晋情消费”电子消费券活动方案》《恒山风景名胜区创建国家AAAAA级旅游景区工作方案》。

2月16日，浑源县人民政府第十八届第十二次常务会召开，赵昱清主持会议。会议传达学习李克强总理在甘肃考察时的重要讲话精神；学习山西省委十二届三次全体会议精神；学习大同市纪委十六届二次全会精神；学习大同市十六届人大一次会议、大同市政协第十五届一次会议精神；学习《地方党委和政府领导班子及其成员粮食安全责任制规定》；学习《中华人民共和国大气污染防治法》；学习省长蓝佛安在全省政府系统抓落实提高执行力推进会议上的讲话并讨论发言。学习山西省第一号总林长令；学习省、市国土绿化暨林草防灭火工作会议精神；听取2022年《政府工作报告》和民生实事任务分解的汇报；听取部署全县春季国土绿化暨林草防灭火工作的汇报；听取将栗家府、庆永兴巷19号（狄月桂大院）、鼓楼北巷25号（任家大院）、石桥北巷3号（张达故居）4处古民居进行社会认养的请示；听取政府投资建设项目城市基础设施配套费、人防易地建设费征收减免事宜汇报；听取应对不利气象过程和空气质量保障情况汇报。会议研究通过《浑源县“十四五”应急管理体系与安全能力建设规划》。

3月22日，浑源县人民政府第十八届第十三次常务会召开，赵昱清主持会议。会议传达学习习近平总书记在中央全面深化改革委员会第二十四次会议上的重要讲话精神；学习习近平总书记在中央党校（国家行政学院）中青年干部培训班开班式上的重要讲话精神；学习十三届全国人大五次会议、全国政协十三届五次会议精神；学习全国人代会《政府工作报告》重点内容并解读；学习中央一号文件《中共中央 国务院关于做好2022年全面推进乡村振兴重点工作的意见》，省委和市委农村工作会议精神；学习《国务院安委会2022年工作要点》；与会班子成员学习《顺德密码——关于二十三万多户市场主体的调查》并研讨发言。听取2022年度全县农业农村工作计划及春耕备耕情况汇报；听取2022年度全县乡村振兴工作计划的汇报；听取推进“恒山黄芪”品牌建设的汇报；听取全县北京冬奥会、冬残奥会空气质量保障工作总结及2022年度大气污染防治工作计划的汇报；听取省环保督察反馈问题整改的汇报；听取全县疫情防控工作的汇报；听取一季度“开门红”工作的汇报；听取2021年度及2022年1月至2月“12345”政府服务热线“接诉即办”工作汇报；听取招聘警务辅助人员请示汇报；听取县水务局关于调整办公用房请示汇报；听取工人文化宫筹建相关工作汇报；听取恒山风景名胜区汤头温泉疗养院改造工程项目（一期）请示汇报；听取成立浑源县国有资产管理运营有限公司和浑源县恒兴人力资源管理公司请示汇报。会议研究通过《浑源县下岗志愿兵公益岗位补贴增长方案》。

4月21日，浑源县人民政府第十八届第十四次常务会召开，赵昱清主持会议。会议传达学习习近平总书记在中央全面深化改革委员会第二十五次会议上的重要讲话精神；学习中共中央办公厅《关于加强新时代廉洁文化建设的意见》；学习国务院《关于加快推进政务服务标准化规范化便利化的指导意见》；学习全国安全生产电视电话会议精神；学习中共中央办公厅 国务院办公厅《乡村建设行动实施方案》；学习省委书记林武在《人民日报》上发表的署名文章《全面贯彻落实总体国家安全观 不断筑牢三晋全方位高质量发展安全屏障》；学习省长蓝佛安在全省市长例会暨一季度全省经济形势分析会议上的讲话精神；学习大同市人民政府《关于做好2022年安全生产工作的通知》；与会班子成员学习习近平生态文明思想并研讨发言。

2022 年 4 月 21 日，浑源县人民政府第十八届十四次常务会议召开

（杨　钦　摄）

听取政府班子成员工作分工及设置 AB 岗的汇报；听取全县一季度经济运行情况汇报；听取全县重点项目推进情况汇报；听取《市委第六巡察组关于对浑源县开展涉粮问题专项巡察的反馈意见》整改情况汇报；听取《关于耕地保护项目资金使用情况和土地出让金专项审计的综合报告》指出问题整改情况汇报；听取违法破坏森林资源案件查处整改“清零”专项行动开展情况汇报；听取《浑源县贯彻落实中央生态环境保护督察报告整改方案》汇报；听取中央生态环保督察反馈问题整改情况汇报；听取黄芪文化园品牌使用管理及相关资金拨付事宜；听取交通银行援购移动核酸检测实验室事宜汇报；听取拨付龙峪沟村旅游循环公路路基建设工程资金请示。会议研究通过《关于进一步完善安全生产责任体系的实施办法》《浑源县 2021 年冬季采暖煤改电运行补贴发放方案》《浑源县城市改造土地和房屋征收安置补偿方案》《浑源县汤头温泉疗养院转企改制方案》。

5 月 30 日，浑源县人民政府第十八届第十五次常务会召开，赵昱清主持会议。会议传达学习习近平总书记在庆祝共青团成立 100 周年大会上的重要讲话精神；学习习近平总书记在中共中央政治局第三十八次、第三十九次集体学习时的重要讲话精神；学习《求是》杂志上发表的习近平总书记重要文章《加快建设科技强国，实现高水平科技自立自强》；学习中央财经委员会第十一次会议精神、省委财经委员会第三十一次会议精神；学习李克强总理在稳增长稳市场主体保就业座谈会议上的讲话精神、学习全国稳住经济大盘会议精神、学习省长蓝佛安在全省稳经济工作部署电视电话会议上的讲话精神、学习全市经济运行分析会议精神；学习省委书记林武在吕梁调研时的讲话精神；学习《信访工作条例》；学习大同市安全生产委员会办公室《关于贯彻落实习近平总书记重要指示精神 坚决防范化解重大安全风险的通知》；与会班子成员学习李克强总理在国务院第五次廉政工作会议上的讲话精神并研讨发言。会议听取落实“三重一大”（重大事项决策、重要干部任免、重要工程安排、大额资金使用）决策机制的专题辅导；听取法治政府建设的专题辅导；听取县人大代表建议办理情况的说明；听取县政协委员提案办理情况的说明；听取 4 月“12345”政府服务热线“接诉即办”工作情况的汇报；听取全县项目建设情况汇报；听取全县经济运行情况的汇报；听取全县房屋产权登记确权颁证“清零行动”进展情况汇报；听取浑源县消防救援大队正规化建设经费请示；听取 2022 年农村污水治理设施整改及运营维护和 2022 年农村生活污水治理项目资金请示；听取新冠疫情防控人员购买人身意外保险资金请示；听取注册成立传媒公司的请示。会议研究通过《浑源县“十四五”营商环境建设规划》《浑源县乡（镇）公益性公墓（骨灰堂）建设方案》《关于贯彻落实〈山西省全面推行林长制的实施方案〉和五项配套制度行动计划》《浑源县规范民办义务教育工作实施方案》。

7 月 15 日，浑源县人民政府第

十八届第十六次常务会召开，赵昱清主持会议。会议传达学习习近平总书记在四川、湖北武汉考察时的重要讲话精神，在中央全面深化改革委员会第二十六次会议上的重要讲话精神，在中共中央政治局第四十次集体学习时的重要讲话精神，在庆祝香港回归祖国25周年大会暨香港特别行政区第六届政府就职典礼上的重要讲话精神，在《求是》杂志上发表的《坚定不移走中国人权发展道路 更好推动我国人权事业发展》重要文章，6月17日中共中央政治局会议精神；传达学习李克强总理在河北、福建考察时的讲话精神，在经济形势专家和企业家座谈会上的讲话精神；传达学习省委书记林武在朔州市调研以及回访包联信访事项时的讲话精神，在省委深改委（省综改委）第四十三次会议上的讲话精神，在全省开发区2022年第二次“三个一批”活动上的讲话精神，在山西省黄河流域生态保护和高质量发展工作领导小组全体会议上的讲话精神，在全省科技创新大会上的讲话精神；传达学习省长蓝佛安在临汾市调研黄河流域生态保护和高质量发展时的讲话精神，在全省防汛抗旱工作电视电话会议上的讲话精神；传达学习全国燃气安全防范专题视频会议和全省安全生产电视电话会暨第三次全体（扩大）会议精神；传达学习《关于2022年以来（截至6月16日）全省较大道路交通事故情况的通报》《关于深化统计管理体制改革提高统计数据真实性的意见》《统计违纪违法责任人处分处理建议办法》《防范和惩治统计造假、弄虚作假督察工作规定》；学习习近平法治思想；听取上半年经济运行指标情况的汇报；听取全县上半年巩固脱贫攻坚成果有效衔接乡村振兴工作情况的汇报；听取全县上半年安全生产工作情况的汇报；听取全县防汛抗旱、地质灾害防治和规范整治矿山秩序工作情况的汇报；听取全县上半年生态环境保护工作情况的汇报；听取全县新冠疫情防控重点工作情况的汇报；听取省统计局统计执法检查情况的汇报；听取全县上半年社会稳定工作情况的汇报；听取黄芪文化园运行情况的汇报；听取招聘交通管理大队警务辅助人员的情况汇报；听取病死畜禽无害化处理体系建设的情况汇报；听取4个养殖育肥小区市场化运营合作的情况汇报；听取移交农产品质检仪器设备的情况汇报；听取全县林业碳汇开发的情况汇报。会议研究通过《浑源县扎实推进稳住经济一揽子政策措施的行动方案》《浑源县防止返贫动态监测和帮扶保险基金实施办法》《浑源县年度安全生产重点工作任务行动方案》《浑源县“十四五”两山七河一流域生态保护和生态文明建设、生态经济发展规划》《浑源县“十四五”生态环境保护规划》《浑源县2022年清洁煤供应及散煤整治工作方案》《浑源县鼓励促进生态渔业发展实施意见（试行）》《浑源县购买民办学校义务教育阶段学位的实施办法（试行）》《浑源县敬老院公建民营实施方案》《浑源县2022年公共租赁住房租售保障实施方案》《关于浑源县2022年引进人才申请配租公租房实施方案》。

8月19日，浑源县人民政府第十八届第十七次常务会召开，县委常委、政府副县长赵祥主持会议。会议传达学习习近平总书记在中共中央政治局第四十一次集体学习上的重要讲话精神、在中央统战工作会议上的重要讲话精神、在党外人士座谈会上的重要讲话精神，会议学习习近平总书记在省部级主要领导干部专题研讨班上的重要讲话精神；7月28日中共中央政治局会议精神；传达学习李克强总理在经济大省政府主要负责人经济形势座谈会上的讲话精神；传达学习省委书记林武在忻州市忻府区基层党支部工作联系点调研时的讲话精神、在大同督导安全生产及煤炭企业座谈会上的讲话精神；传达学习省长蓝佛安在省政府安委会第三次全体（扩大）会议上的讲话精神、在调研优化营商环境促进市场主体发展工作时的讲话精神。听取县住建局关于全县自建房安全专项整治进展情况的汇报。听取县乡村振兴局关于2021年10月至2022年7月脱贫户、监测对象收入情况的汇报。听取县交通局关于全县交通运输综合行政执法暨治超工作情况的汇报。

9月7日，浑源县人民政府第十八届第十八次常务会召开，赵祥主持会议。会议传达学习习近平总书记在中央全面深化改革委员会第二十七次会议上的重要讲话精神；省委书记林武在全省信访工作会议上的讲话精神；山西省总林长令2022年第1号《关于加强森林草原防灭火工作的令》和大同市总林长令2022年第1号《关于加强林草防灭火工作的令》；重温《中央八项规定及实施细则》《中国共产党廉洁自律准则》；传达山西省纪委监委中秋节前公开曝光5起违反中央八项规定精神典型问题。听取县安委办关于近期全县安全生产工作情况的汇报。听取县农业农村局关于全县1月至8月一产固投工作情况的汇报。听取县统计局、工信局、发改局关于全县1月至8月主要经济指标完成情况的汇报。听取县发改局关于国仓粮食储备有限公司运营情况的汇报。听取县项目推进中心关于全县1月至8月重点项目推进情况的汇报。听取县政府办关于“12345”政府服务热线“接诉即办”工作情况汇报。会议研究通过《浑源县乡镇综合行政执法事项清单》《浑源县全民健身实施计划（2021—2025）》《浑源县进一步做好资本市场县域工程的实施方案》。

9月29日，浑源县人民政府第十八届第十九次常务会召开，赵昱清主持会议。会议传达学习习近平总书记在《复兴文库》所作序言《在复兴之路上坚定前行》，在《求是》杂志上发表的署名文章《坚持和发展中国特色社会主义要一以贯之》《新发展阶段贯彻新发展理念必然要求构建新发展格局》；传达国务院安委办关于上半年全国生产安全事故情况的通报；传达学习省委书记林武在山西省第八次旅游发展大会工作会议上的讲话精神，在太原调研农作物秋收时的讲话精神；传达学习全市1月至8月经济运行分析会议精神。听取全县疫情防控工作情况的汇报；听取主要经济指标完成情况的汇报；听取全县重点项目、专项债项目推进情况的汇报；传达学习2022年度省委、省政府乡村振兴督导组首轮督导情况通报会议精神；听取全县2021年10月至2022年9月脱贫户、监测对象收入情况的汇报；听取制定居民供热价格补贴标准的汇报；听取浑源中学集团校开展托管服务情况的汇报；听取解决提高乡村文化站辅导员工资待遇情况的汇报。会议研究通过《关于加快推进恒山黄芪产业高质量发展的实施意见》《浑源县2022年第二批“全景浑源 晋情消费”消费立减投放工作方案》。

11月17日，浑源县人民政府第十八届第二十次常务会召开，赵昱清主持会议。会议传达学习习近平总书记在中国共产党第二十次全国代表大会上作的报告第一部分“过去五年的工作和新时代十年的伟大变革”、中国共产党第二十次全国代表大会通过的“三个决议”；传达学习10月25日中共中央政治局会议精神，11月10日中共中央政治局常委会议精神；传达学习习近平总书记在陕西延安和河南安阳考察时的重要讲话精神；传达学习中共山西省委第十二届五次全体会议精神，全省贯彻落实中央八项规定精神专题警示教育大会精神，10月21日全省巩固衔接领导小组专题会议精神；传达学习中共大同市委办公室、大同市人民政府办公室印发的《大同市规范领导干部办理婚丧喜庆事宜制度》；学习《中华人民共和国传染病防治法》。会议学习研讨习近平总书记在第二十届中共中央政治局常委同中外记者见面时的重要讲话精神；听取全县1月至10月总体经济运行情况的汇报；听取2022年度巩固拓展脱贫攻坚成果同乡村振兴有效衔接考核评估工作情况汇报；听取全县粮食安全工作情况的汇报；听取1月至10月“12345”政府服务热线“接诉即办”工作情况汇报；审议《关于幸福里、云阁园和云馨园小区配建商铺公开转让的请示》相关事宜；审议整合2022年度三项林业改革发展资金事宜。会议研究通过《浑源县九零后进藏兵工资待遇增长方案》《浑源县提升乡村地名公共服务试点工作实施方案》《浑源县贯彻落实〈法治政府实施纲要（2021—2025）〉的实施方案》《浑源县营商环境创新提升行动方案》。

12月28日，浑源县人民政府第十八届第二十一次常务会召开，赵昱清主持会议。会议传达学习中央经济工作会议精神、中央农村工作会议精神；传达学习习近平总书记对爱国卫生运动作出的重要指示精神、习近平总书记对非物质文化遗产保护工作作出的重要指示精神；传达学习全国、全省文物工作会议和全省文物保护工作调研座谈会议精神、省委书记林武在省管干部主要领导干部学习贯彻中共二十大精神专题研讨班开班式上的讲话精神、省长蓝佛安在学习贯彻习近平新时代中国特色社会主义思想经验交流会上的讲话精神、省委经济工作会议精神；传达学习市委第十六届四次全会会议精神；传达学习《山西省安全生产条例》、中央纪委国家监委公开通报十起违反中央八项规定精神典型问题。会议听取关于开辟马克思主义中国化时代化新境界的交流发言；听取全县重点项目、企业复工复产的情况汇报；听取全县消防安全工作的情况汇报；听取全县人防工作的情况汇报；听取全县食品安全工作的情况汇报；听取全县社会稳定、平安建设工作的情况汇报；听取全县生态环境保护工作的情况汇报；听取全县乡村振兴工作的情况汇报；听取全县新冠病毒感染医疗救治保障工作的情况汇报；听取全县集中整治拖欠农民工工资问题专项行动的情况汇报。会议研究通过《浑源县地质灾害防治“十四五”规划》《浑源县促进工业商贸企业和个体户发展奖励办法（试行）》《浑源县加油站数据管理云平台应用管理办法（试行）》《2022年浑源县财政预算调整方案》。（李梦尧）

政务信息化管理

【政务网络安全】 2022年，浑源县升级和优化政务网络系统，强化系统风险防控能力，实现信息数据、信息安全系统、信息规范化管理和数据安全与稳定服务升级，提升信息安全管理水平。通过日常运行及第三方评估监督，动态开展安全评估，识别安全风险，堵塞或消除各类安全漏洞。全年，第三方评估单位巡查浑源县政府网站安全12次，政府办组织自查工作12次，未发现安全问题及安全漏洞，完成等保三级以上测评。在安全责任制、管理制度体系、基础设施与网络环境、安全控制措施、应用和数据、系统规划与建设、系统运维管理等方面，起到保护信息系统的作用。政府OA办公系统通过权限管理和数据加密等措施，确保信息的机密性和完整性。政府OA办公系统能备份和恢复文件，以防止数据丢失和意外情况发生。全年，通过政府OA办公系统收文1850件，发文1618件。（李梦尧）

【门户网站建设】 2022年，浑源县政府网站发布公开政务信息1057条，各部门主动公开信息200余条，内容重点关注行政执法公开、政务服务公开、市场监管公开、征地信息公开、财政信息公开等方面。全年发布各类政策解读信息32条，其中包括县级文件解读13条，重点涵盖与群众利益息息相关的法律法规、地方性文件。全年全县受理政府信息公开申请16件，行政复议申请3件，行政诉讼1件，均在法定期限内予以答复。（李梦尧）

【政务信息公开】 2022年，浑源县政府支出政府网站维护经费3.6万元。成立由县委常委、政府副县长担任组长，小组成员包括相关单位负责人及各乡（镇）长的政务公开领导小组；制定《2022年浑源县政务公开工作要点》并印发相关单位；编制《浑源县人民政府信息公开指南》《浑源县人民政府政府信息公开工作制度》《浑源县人民政府政府信息公开发布制度》《浑源县人民政府信息公开保密审查办法》《浑源县人民政府政府信息公开年度报告制度》，均在政府网站平台公示。（李梦尧）

【政务新媒体管理】 2022年，浑源县政府运行政务新媒体3家，分别是县公安局主办的“浑源公安”微信公众号、“平安浑源”今日头条，县文旅局主办的“浑源县文化和旅游局”微信公众号。加强3家政务新媒体安全涉密管理，注重内容经常性更新和群众互动回应，成为移动互联网时代政府部门联系群众、服务群众、凝聚群众重要渠道。全年，“浑源公安”微信公众号发布信息160条，“平安浑源”今日头条发布信息115条，“浑源县文化和旅游局”微信公众号发布信息67条。（李梦尧）

【“12345”政府服务热线】 2022年，浑源县受理市政府“12345”服务热线工单7271件，实际考核7210件，有效回访3670件、无效回访3431件，平均响应率98.1%、解决率91.5%、满意率92.9%，平均考核得分94分，与上年同期相比分别提高18.8个、27.3个、23.2个百分点，考核得分较上年提升23.5分。全年乡（镇）办结工单1446件，占全县受理总量的19.9%，平均响应率、解决率、满意率分别为98.8%、92.4%、93.8%，考核得分94.8分，与上年同期相比分别提高20.4个、26个、20.9个百分点，考核得分较上年提升22.5分。全年涉及5件及以上的部门办结工单5434件，占受理总量74.7%，平均响应率、解决率和满意率分别为97.5%、90.5%和91.9%，考核得分93.1分，与上年同期相比，分别提高17.4个、28.6个、25.4个百分点，考核得分较上年提升24.4分。（李梦尧）

【基层政务公开标准体系建设】 2022年，浑源县抓实公布标准目录执行，完善政府网站的按要素查找功能。法定主动内容公开方面，目录、清单类事项均按时、完整、主动向社会公开；指南、年报、网站年度报表等公开内容符合国家规定；“双公示”数据报送情况合规、按时、完整。拟发公文属性认定方面，对属性为依据申请公开、不予公开的公文建立台账，审核未主动公开的依据和理由，定期审查；对接受公众监督的函复类公文做到主动公开；部门联合发文的，明确牵头单位，并认定发文公开属性。（李梦尧）

人事管理

【概况】 2022年，浑源县事业单位在聘人员6042人。其中，管理人员518人，专业技术人员4627人，工勤技能人员897人。按照岗位聘任条件和标准办理岗位等级晋升、三类人员转岗等工作，开展人员聘用相关材料的存档备案工作。全县事业单位专业技术职务和岗位等级晋升728人（次），三类人员转岗52人（次）。（王　鹏）

【工资管理】 2022年，浑源县为机关事业人员调整职称和岗位、薪级工资，涉及228人（次）。为57人审批乡（镇）工作补贴。对受处分的17人执行到位。（王　鹏）

【职称评审】 2022年，浑源县新聘初、中、高级职称435人。其中，教育系列新聘高级28人，中级85人，初级239人；卫生系列新聘高级职称8人，中级11人，初级15人；经济系列新聘高级4人，中级15人；工程系列新聘高级2人，中级10人，初级3人；农业系列新聘初级6人；统计系列新聘中级4人；会计系列新聘中级1人；档案系列新聘中级1人，初级2人；图资群文系列新聘中级1人。（王　鹏）

【事业单位考核管理】 2022年，浑源县对2884名事业单位工作人员及机关工勤人员办理上年度考核审核备案。为63名事业单位工作人员办理正常的人员流动手续，为188名到龄的事业单位工作人员及机关工勤人员办理退休手续，为36名死亡的机关事业单位在职及退休人员遗属办理遗属生活困难补助。（王　鹏）

【人才招聘】 2022年，浑源县为招聘的50名教师、9名医护人员办理聘用手续。为浑源县教科局、县医疗集团及所属乡（镇）卫生院、县中医医院招聘事业单位工作人员，其中招聘中学教师20名，医护人员36名。（王　鹏）

【人事档案管理】 2022年，浑源县为机关事业单位在职及2014年10月以后办理退休的110名有企业工作经历的人员，办理养老保险补缴及接续手续提供个人信息认定材料；为25名事业人员做认定材料。接受高校毕业生档案1217册；为946人办理档案确认登记；为123家单位办理208人的档案转递；接受县委组织部发展党员档案24册。（王　鹏）

【技能培训】 2022年，浑源县政府印发《浑源县2022年精准培训提质增效的工作方案》，全年在16个乡（镇）的75个行政村、社区开展62期技能培训班，结业3471人，有850人经培训合格后签订就业合同，有2145人取得职业技能等级证书。培训企业职工682人。全年培训3471人，占任务总量108.4%。（王　鹏）

行政审批和服务

【概况】 2022年，浑源县行政审批服务管理局（简称“县行政审批局”）大厅受理办结各类业务3.4万余件。其中，进驻大厅的医保、人社办理社保卡、养老、医疗保险等与群众密切相关的业务2.1万余件。审批业务受理办结13327件。其中，市场准入类办结11167件，工程建设办结266件，农林水事务办结270件，社会事务办结784件，交通运政办结840件，全程网办率90%以上。完成各类采购项目4个，采购预算金额587.6万元，成交金额585.9万元，结余1.7万元。全年为127个项目办理立项批复。其中，产业类项目92个，基础设施类项目25个，社会民生类项目10个。（刘忠国）

【营商环境优化】 2022年，县行政审批局按照创优营商环境塑造营商环境新优势要求，制定《浑源县“十四五”营商环境建设规划》。按照“三无”“三可”营商环境（打造无差别、无障碍、无后顾之忧，可预期、可信赖、可发展的营商环境）建设理念，立足新发展阶段，贯彻新发展理念，坚持“三对”“六最”营商环境建设理念，坚持服务转型、公平法治、改革创新、协同联动，分年度明确建设目标。制定建设审批最少、流程最优、体制最顺、机制最活、效率最高、服务最好“六最”营商环节51条重点任务和5项保障措施。结合市场主体倍增工程，制定印发《浑源县营商环境建设工作计划》《浑源县营商环境创新提升行动方案》，编制62条举措，细化149项改革事项清单，围绕打造公平公正的法治环境、高效便捷的政务服务环境、诚实守信的信用环境、开放开明的人文环境、优质完善的要素保障环境“五大环境”，探索开展极简审批、便利市场主体准入和退出、深化“承诺制＋标准地＋全代办”改革等措施。围绕政策措施落实及成效、企业群众满意度调查、市场主体培育和发展等重点工作，制定实施“五大环境”创新提升、市场主体满意度调查、“12345”政务服务热线投诉举报受理办理、市场主体同比增速等11个方面的考核指标，细化考核内容，明确责任单位，推动营商环境创新提升和市场主体发展取得新成效。（刘忠国）

【市场主体倍增工程】 2022年，县行政审批局开展市场主体建设年活动，起草并由县政府印发《关于实施市场主体倍增工程的工作方案的通知》《强化市场主体倍增要素服务保障的若干措施（试行）的通知》等文件。运用报纸、电视台、网站等方式开展政策宣传，开展个体工商户服务月活动。推行“一线工作法”，组建由15名工作人员组成的“办照应急分队”，到批发市场、商业聚集地段、乡村现场帮办营业执照750余人（次），推进市场主体倍增工程。截至年底，浑源县有市场主体14601户。其中企业1841户，农民专业合作社670户，个体工商户12090户。新办各类市场主体4451户。其中企业1841户，农民专业合作社29户，个体工商户4202户，注销576户，净增3875户，新办各类市场主体占全年新增4200户目标任务106%。（刘忠国）

【工程建设项目审批改革】 2022年，县行政审批局推行建设项目全流程网上审批，发挥系统并联审批、限时办结、实时监督的功能，实现一般企业投资项目完成项目赋码到竣工验收80个工作日内办结。提升建设项目审批便利度，利用山西省投资项目在线审批监管平台，实现全网通办、并联办理，推动水、电、气、暖、通信等报装服务事项进驻大厅，实现开工前审批全流程最多跑一次。建立重点服务企业和县重点项目行政审批“绿色通道”，制定《政务服务“全代办”工作实施方案》和《全代办工作流程》，设立“全代办”窗口，实施容缺受理，推行提前服务、全程代办，为项目落地提供从立项到竣工验收的服务。全年完成长城板块旅游公路项目、100兆瓦光伏发电+储能项目、全域旅游服务中心建设项目等47个项目的批复和90个项目的备案。（刘忠国）

【市场准入便利】 2022年，县行政审批局推行电子照章综合应用，实现企业开办从申领营业执照、刻制公章、申领发票到银行开户等业务0.5天内同步办结。深化“证照分离”改革，重新编制优化调整全县“证照分离”改革事项清单，由上年涉及改革事项65项提高到70项，重点提高浑源县涉企经营许可告知承诺事项占比由原来17项提高到24项。深化“一业一证”改革，选取饭店、小餐饮、书店、电影放映场所等办件频率高、涉及跨部门许可较少的26个行业，通过优化内部审批流程，把一个行业准入所涉及的多张许可证整合为一张“行业综合许可证”，实现“一证准营”。（刘忠国）

【政务服务提升】 2022年，县行政审批局按照市场主体倍增工程的要求，推行电子照章综合应用，推行市场主体登记注册“一网通、一窗办、半日结、零成本”，推动税务登记环节进驻大厅，为新设立市场主体首次免费刻制公章。推行企业简易注销登记，拓展简易注销登记适用范围。加快推动电子证照在更多领域应用并实现互通互认。在省、市推动各类系统深度整合基础上，与省市沟通对接熟练平台操作流程和方式，提高审批效率。加强“好差评”应用管理，增加评价渠道，强化评议结果应用，提高政务服务“好差评”覆盖度、满意度及整改率，推动实现主动为办事企业和群众提供有温度、快速度、好态度的“好评”服务。全年为116户新设立市场主体免费刻制印章368枚，节约成本约1.8万元；继取水许可证实施电子证照后又推出建筑工程许可证电子证照，办理电子证照43份；通过政务服务平台等渠道，累计“好差评”评价数77143条，好评率100%。（刘忠国）

【行政许可事项标准化建设】 2022年，县行政审批局从企业群众高频办理、关注度高的事项入手，对申请材料、办理环节、办事时限、办事流程等要素梳理，印制《浑源县行政审批服务管理局政务服务高频事项办事指南》，在办事指南准确度、事项最小颗粒度梳理、政务服务事项网办率、办件事项覆盖度等方面发力，在政务服务网上动态调整，实现同一事项在市、县层级间无差别受理、同标准办理。推动政务服务中心窗口合理规范设置，按照“前台综合受理、后台分类审批、综合窗口出件”模式，推动实现“一窗受理、综合服务”，推进政务服务标准化进程。（刘忠国）

【便民服务事项延伸】 2022年，县行政审批局为实现更多便民事项就近能办、多点可办、少跑快办，结合全县实际情况，拟定并由政府印发《浑源县乡（镇）权责清单》《关于将政务服务事项赋权到乡（镇、街道）、村（社区）的通知》，确定乡（镇、街道）政务服务事项指导清单112项，村（社区）政务服务帮办代办事项指导清单43项。要求乡（镇、街道）、村（社区）完善便民服务设施，优化大厅功能布局，加大宣传力度，提升群众认知度，引导更多群众通过线上、线下服务站点获取更多便民服务。

（刘忠国）

【行政许可事项清单梳理】 2022年，县行政审批局深化行政审批改革，重新梳理全县行政许可事项，建立行政许可事项清单管理机制，制定并由县政府印发《关于全面实行行政许可事项清单管理的通知》文件，确定行政许可事项245项。其中，认领中央层面设定的行政许可事项243项，根据地方性法规设定行政许可事项2项，逐项制定行政许可实施规范，推动线上线下融合、事项清单一致、实施要件统一、办事指南同源，厘清监管责任，推进审管衔接，加强事前事中事后全链条全领域监管。

（刘忠国）

【"互联网+管理"能力建设】2022年，县行政审批局建立跨部门综合管理和协同管理机制，改进完善管理方式。对主管部门不明的领域或事项，特别是一些新产业新业态，补充完善管理事项，明确管理部门，厘清审批、管理的权责边界，统一纳入"互联网+管理"系统动态管理。全县各相关单位完成政务数据目录编制工作1193条，完成率100%。探索建立跨部门综合管理机制，制定并印发《浑源县"互联网+管理"系统运行管理办法》，健全跨部门联合检查制度，逐步实现"进一次门，查多项事"。按照省、市安排组织管理部门编制跨部门综合管理事项，加强管理对象的信用分级分类管理。在生态保护、安全生产、食品安全、交通运输等领域，探索运用现代化技术，创新管理手段。加大管理数据汇聚力度，建立审管信息双向推送体系，为全县19个管理部门配置"审管联动"账号，确定"审管联动"反馈员，完善系统和数据对接，开通审管信息平台推送渠道，推送办结审批事项，推进事中事后联动管理。全年全县26家管理部门，在"互联网+管理"平台，应认领目录清单1018项，实认领目录清单1018项，完成率100%；应编制检查实施清单980项，全部编制完成，完成率100%；录入管理行为5.4万余条，占全年目标任务90%，事项目录清单整体覆盖率60%以上。（刘忠国）

【首张行业综合许可证颁发】2022年12月21日，县行政审批局为浑源县恒吉利酒厂家属楼便利店颁发食品行业综合许可证。这是浑源县首次颁发行业综合许可证，标志着全县"一业一证"综合许可证改革工作启动。"一业一证"是深化放管服改革、优化营商环境的一项改革举措，可节约企业、群众办事时间和成本，提升市场主体登记便利度。（刘忠国）

投资促进

【概况】2022年，浑源县投资促进服务中心签约项目金额104.3亿元，实际签约项目个数14个，开工项目12个；新开工固定资产投资项目计划投资34.6亿元，完成率111.5%；固定资产投资项目资金到位12.1亿元，完成率142%。

（郭世平）

【项目专业培训】2022年，浑源县投资促进服务中心开展专业知识线上培训，全年组织参加专业知识线上培训6次。编制投资指南、招商引资重点项目册，在各类招商活动中发放《2022浑源投资指南》《2022浑源县招商引资重点项目册》。（郭世平）

【代办服务工作机制落实】2022年，浑源县投资促进服务中心为招商引资项目提供从公司注册、立项到开工、投产各环节的所有审批办证手续的代办服务。为山西中润发展有限公司观山樾住宅小区项目代办立项、审批等前期手续，为数字产业园区项目代办运营场所租赁等手续。（郭世平）

【招商引资】2022年，浑源县投资促进服务中心组织参加在太原市举办的2022中国（太原）国际能源产业博览会，与中国能源建设集团山西省电力勘测设计院有限公司新能源公司签约200兆瓦光伏+10%及以上储能发电项目。（郭世平）

【项目签约】2022年，浑源县签约项目14个，总投资104.3亿元。开工建设项目8个。其中，京能清洁能源公司投资10亿元的100兆瓦光伏项目+10%储能项目，累计投资1.2亿元；大同源创翔润新能源有限公司投资1.7亿元的风电项目，累计投资0.1亿元；永定河投资生态发展有限公司投资5亿元的山西神溪国家湿地公园建设项目，累计投资0.4亿元；中铁十七局集团投资10亿元的全域旅游服务中心建设项目，累计投资4.1亿元；

2022年6月10日，浑源县人民政府与中国铁建投资集团签订浑源县抽水蓄能电站项目（二期）框架协议　　（王晓宇　摄）

浑源县七彩神溪农业科技有限责任公司投资1.3亿元的神溪水库休闲渔业综合示范项目，累计投资0.5亿元；山西万犇牧业有限公司投资0.3亿元的黄芪羊养殖项目，主体工程完工；蔺枝养殖专业合作社投资0.2亿元的蔺枝肉牛养殖项目，完工投产；俊生农副产品经销专业合作社投资0.2亿元的麻庄村养殖园项目，完工投产。完工项目4个。其中，内蒙古电设新能源有限公司投资4亿元的王庄堡风电项目，并网发电；浑源县生猪定点屠宰有限公司投资3亿元的年屠宰30万头生猪生产线项目，完工投产；创胜生态种养专业合作社投资0.2亿元的杨树湾村生猪养殖项目，完工投产；浑源县建军黄芪羊养殖专业合作社投资0.3亿元的肉牛养殖项目，完工投产。6月10日，浑源县人民政府与中国铁建投资集团签订浑源县抽水蓄能电站项目（二期）框架协议，拟建电站装机容量280万千瓦。　（郭世平）

信访工作

【概况】　2022年，浑源县信访局推进信访积案化解工作，开展领导包案、属地管理、重点督办等。全县16个乡（镇）均建立健全信访联席会议工作机制，全县每月召开联席会议分析研判信访形势，会商解决重大信访问题。信访部门和责任单位按时受理率均100%，按期答复率100%，重复信访率18.9%。　（高常胜）

【信访积案化解】　2022年，浑源县信访局把专项工作纳入“我为群众办实事”实践活动的重要内容，发挥各级信访工作联席会议统筹协调、整体推进、督促落实职责作用，研究解决问题，加大督促力度，压实化解责任，推进专项工作落实。全年，中央信访联席办交办浑源县117件案件，实际化解率100%；省联席办交办浑源县重复信访案件3件，化解率100%。

（高常胜）

【信访化解机制完善】　2022年，浑源县信访局健全多元矛盾化解机制，整合信访、司法、人社、自然资源、住建等部门相关工作力量统一进驻信访服务大厅，实现信访调处、人民调解、诉讼服务、法律援助、劳动仲裁、心理疏导等措施联动，让信访群众“最多跑一地”“最多访一次”。全年通过多元矛盾纠纷化解机制，调处邻里纠纷、劳动合同纠纷、意外死亡、村企矛盾等较大矛盾隐患17件。健全完善乡镇（城区）信访工作联席会议机制，全县16个乡（镇）均建立健全信访联席会议工作机制，每月召开联席会议分析研判当地信访形势，会商解决重大信访矛盾。建立信访矛盾纠纷风险等级评估机制。为提高各创建主体信访矛盾纠纷排查化解工作实效，加强信访形势、信访突出问题和排查化解情况分析研判，把各创建主体排查上报的矛盾纠纷和信访问题区分“高、中、低”三个等级，对“中、低”矛盾纠纷转送交办至有权处理责任单位，对高风险矛盾纠纷录入综治系统重大矛盾纠纷模块，并确定县级包案领导和化解措施限期办结。全年全县排查化解各类信访矛盾隐患433件，化解率99.8%。实行日提醒、周调度、月通报机制。跟踪上级交办案件，实行日提醒、周调度、月通报机制逐层级压实责任，对重点信访问题实行“五定”（定牵头督办领导、定调处责任单位、定调处责任人、定调处期限、定反馈要求），通过责任落实，推动工作落地见效。（高常胜）

【重点领域信访矛盾专项治理】 2022年，浑源县对城乡建设、劳动社保、自然资源、农村农业等领域的信访突出问题由县级分管领导牵头、县直相关部门负责，县住建局牵头城乡建设领域，县人社局牵头劳动社保领域、县自然资源局牵头自然资源领域、县退役军人局牵头涉军信访领域、县农村农业局牵头农村农业领域，组织开展各领域、各系统信访突出问题治理和信访矛盾化解攻坚战，加强风险研判，针对多发问题开展研究，出台实施方案，细化推进措施，强化工作指导，实现问题治理和化解。

（高常胜）

【疫情期间网上投诉办理】 2022年，浑源县信访局按照县新冠疫情防控指挥部办公室部署，做好县信访局和县群众接访大厅窗口防控措施，为方便群众投诉需求，加大网上投诉办理力度，全部办结，办结率100%，满意率100%。

（高常胜）

【信访宣传活动】 2022年，浑源县信访局开展信访宣传活动3次，分别为：5月20日，到毓园社区及人群密集场所开展《信访工作条例》宣传活动，发放各类宣传资料5000余份，接受群众咨询500余人（次）；6月15日，在县城锦联汇广场参加由县委、县政府组织的防范非法集资集中宣传日活动；8月8日，组织阳光信访大篷车走基层、办实事活动。（高常胜）

【为群众办实事活动】 2022年，浑源县信访局解决永安镇南关村许某某反映村委下水管道漏水导致其房屋裂缝问题，恒山府许某某等10人反映劳动合同纠纷问题，大同市平城区马某某反映其丈夫在自家车库意外身亡事项等9件涉及人民群众切身利益的信访问题，并走访慰问特殊困难的张某某、谢某某、侯某某3户信访群众。

（高常胜）

【全县信访工作会议】 2022年9月8日，全县信访工作会议在县委东二楼会议室召开，会议通报全县2022年信访情况。会议要求，各级各部门抓住主要信访，做到关口前移、未雨绸缪。坚持民生为本，厚植为民情怀，把征求吸纳民意作为制定公共政策的前置程序，做到重大决定让群众参与、重要政策让群众知情、重点项目让群众受益，从源头保证决策的科学性，减少因公共决策失误引发的信访问题。坚持预防为先，源头化解信访，坚持源头治理化解信访根本之策，梳理起底各部门问题纠纷，逐一摸排、登记在册，制定措施、一一解决，做到底数清、情况明、措施实。坚持疏导为主，畅通信访渠道，属地乡（镇）和责任部门重视群众反映的问题，做到事事有回音、件件有交代。坚持法治为纲，依法规范信访秩序，本着有理有序上访案优先处理、有理无序上访案整顿秩序、无理无序上访案坚决打击的原则，按照程序合法处理信访问题，建立起畅通、有序、务实、高效的信访工作新秩序。（高常胜）

县直机关管理

【绿色环保节能型机关创建】 2022年，浑源县直属机关事务服务中心开展绿色办公行动，执行节能环保产品强制采购制度，推广节能新技术、新产品、新模式；通过优化办公家具和设备配置，推广办公电子化、无纸化；限制一次性办公用品，推进办公用品循环使用，推广绿色节能办公用品；推进既有建筑绿色化改造，实施供暖、空调、配电、照明等设备节能改造，营造绿色办公环境。开展日常节能行动，按照节能指标，制定节能措施，开展日常用能管理工作，开展节水、节电、节气、节油、节约粮食工作，挖掘重点用能系统和部位节能潜力。倡导机关单位工作人员节约意识，自觉养成勤俭节约、节能环保、绿色低碳、文明健康的良好行为习惯。（李佳汇）

【公务用房管理】 2022年，浑源县直属机关事务服务中心把党政办公大楼大院作为加强后勤服务保障的主要阵地。动态开展安全整治维修工作，维修改造5处集中办公区、县委机关宿舍基础设施等，定期检查配电房、消防水泵等设施设备，按时排除安全隐患，保障办公大楼内部机关单位安全，全年完成办公用房、机关宿舍、设施设备维修养护1200余次，大楼空调、天然气系统巡查20余次，公共区域消毒500余次。优化工作环境，结合招标文件细化卫生保洁工作标准，明确卫生保洁责任区域，对主楼大厅和5家集中办公区会议室等处，安排专职保洁人员实施动态保洁，不定期组织卫生检查，发现问题按时通知物业公司整改；加强办公大楼内外绿植、花摆的更换管理维护，督促园林部门按时修剪大楼周边，定期开展大楼及周边灭四害、杀虫等工作。（李佳汇）

【公务用车管理】 2022年，浑源县直属机关事务服务中心坚持采用"集中管理、统一调度"模式。加强廉政排查，针对公车维修、加油、保险、ETC等风险点，严控相关审批，明确责任主体，细化防控措施，加大检查力度频次，全年未发生违规情况。不定期抽查车辆订单和行驶轨迹，监督车辆日常使用，严防公车私用等违规问题发生。定期对公务用车驾驶员开展安全行车教育，分析、通报车辆交通违法行为。全年完成疫情防控期间的用车任务，全年提供公务用车保障服务4263车次，安全行驶里程约51万千米，未发生无车可派，未接到服务投诉，未发生一般以上交通事故。（李佳汇）

【公务接待管理】 2022年，浑源县直属机关事务服务中心研究、应对公务活动工作面临的新形势，加强和改进接待工作。定期组织全体干部职工学习中央八项规定精神和有关接待纪律，确保规定入脑入心入行；培育服务能力，强化接待人员的规范意识、细节意识、保密意识和协调意识；完善制度机制，细化接待原则、接待范围、接待程序和接待标准，严控接待费用支出，严明接待审批手续；坚持"晋材晋用"，就近配置资源、突出本地特色，创新推出具有浑源特色的新菜系，让宾客留下深刻印象。全年接待客人824批次。（李佳汇）

【安全管理】 2022年，浑源县直属机关事务服务中心按照规定对进入办公大院人员和车辆严格查验登记，新冠疫情期间完善安保运行设计，规范安保工作。重大节日、重要会议及活动期间，加强安保措施。定期检查维修平台、安防系统等相关设备，确保安防系统正常有序运转。组织加大巡逻频次，开展春节等节假日值班及安全隐患排查工作，全年消防巡视办公区域600余次，查处安全隐患5起。（李佳汇）

中国人民政治协商会议浑源县委员会

综　述

【概况】　2022年，中国人民政治协商会议浑源县委员会（简称“浑源县政协”）召开常委会议5次、专题协商3次、小微协商5场，其中小微协商提出建议24条，紧扣经济社会发展中的突出问题，集中优势力量，调查研究，分析论证，提出可行意见建议。政协第十五届浑源县委员会第二次会议立案101件，提案中选出具有一定代表性、群众较为关心的10件提案列入重点提案，分别由主席、副主席重点督办，并组织召开承接单位主要负责人参加的督办提案约谈会，通过各承办部门落实，所有提案全部办复。浑源县政协下设提案委员会、经济委员会、综合委员会（农业和农村委员会、教科卫体委员会、文化文史和学习委员会与综合委员会合署办公）3个委员会。全年筛选重点提案由政协领导班子成员领衔督办，开展协商座谈、跟踪办理，实现提办双方互动，助推相关工作加快落实。　（荣学明）

【政协反映社情民意】　2022年，浑源县政协印发《浑源县政协社情民意信息工作考评办法（试行）》，以社情民意为载体，通过完善社情民意信息收集、整理、报送、反馈制度，运用政协会议、履职活动等载体，畅通民意信息反馈渠道，反映群众的呼声要求，综合反映社情民意信息160条。其中《农村饮水工程养护工作亟待加强》《道地药材商标抢注的问题亟待引起重视》《加强信息披露监管促进网红经济良性发展》等8篇，被全国政协采纳。组织政协委员现场视察和座谈协商浑源县2022年度“十大民生实事”“重点项目”建设。　（荣学明）

【政协委员构成】　2022年，政协第十五届浑源县委员会有委员175名。其中，中共党员64名，非中共党员111名，设置14个界别，分别为中国共产党、总工会、共青团、妇联、工商联、文化艺术界、经济企业界、农业界、科技教育界、医药卫生界、宗教界、无党派人士、特别邀请人士、社会服务界。

（荣学明）

重要会议

【政协第十五届浑源县委员会第二次会议】　2022年1月24日至26日，中国人民政治协商会议第十五届浑源县委员会第二次会议召开。县委书记高莹，县委副书记、政府县长赵昱清，县人大常委会主任李跃新到会祝贺。县政协党组书记、县政协主席李启忠，县委常委、组织部部长、统战部部长、县政协党组副书记王小军，县政协副主席李锦平、武建文、李雪飞出席会议。武建文主持大会。会议应到委员175名，实到150名，符合规定人数。李启忠代表政协第十五届浑源县委员会常务委员会作工作报告。李锦平代表政协第十五届浑源县委员会常务委员会作提案工作情况报告。会议期间，委员们列席浑源县第十八届人民代表大会第三次会议，听取并协商讨论政府工作报告，协商讨论计划、财政报告和其他报告。会议选举贾富权为政协第十五届浑源县委员会秘书长。大会期间收到委员、团体提案101件，经审查立案101件。大会表决通过政协第十五届浑源县委员会常务委员会工作报告的决议；通过政协第十五届浑源县委员会第二次会议政治决议；通过提案审查委员会关于政协第十五届浑源县委员会第二次会议提案审查情况的报告。

（荣学明）

【政协常务委员会会议】2022年，政协第十五届浑源县委员会举行常务委员会会议5次。

1月17日，政协第十五届浑源县委员会第五次常务委员会会议召开。县政协主席李启忠主持会议。会议传达学习习近平总书记在省部级主要领导干部学习贯彻党的十九届六中全会精神专题研讨班开班式上的重要讲话精神；传达学习习近平总书记在全国政协新年茶话会上的重要讲话精神；传达学习县委第十六届四次全体会议暨县委经济工作会议精神。

3月24日，政协第十五届浑源县委员会第六次常务委员会会议召开。李启忠主持会议。会议传达学习习近平总书记在全国两会重要讲话精神和全国两会精神；学习习近平总书记在中央党校（国家行政学院）中青年干部培训班开班式上的重要讲话精神；学习习近平总书记在第十九届中央政治局第三十五次集体学习时的重要讲话精神；学习《求是》2022年第6期刊文：《新时代加强和改进人民政协工作的根本遵循》；学习县委书记高莹在浑源县第十八届人民代表大会第三次会议闭幕式上的讲话；学习县委书记高莹在县委常委会（扩大）会议上的讲话。

5月27日，政协第十五届浑源县委员会第七次常务委员会会议召开，李启忠主持会议。会议传达学习习近平总书记在庆祝中国共产主义青年团成立100周年大会上的重要讲话精神；传达学习中共中央办公厅印发的《关于加强和改进新时代市县政协工作的意见》通知精神；传达学习《中共山西省委关于防疫情 稳经济 保安全以优异成绩迎接中共二十大胜利召开工作意见》精神。会议审议通过《优化营商环境推动经济高质量发展》建议案；审议通过《浑源县政协社情民意信息工作考评办法》和《中国人民政治协商会议山西省浑源县委员会协商工作规则》；会议审议通过《优化营商环境推动经济高质量发展》建议案；审议通过《浑源县政协社情民意信息工作考评办法》《中国人民政治协商会议山西省浑源县委员会协商工作规则》；审议通过“我为全方位推动高质量发展作贡献”主题活动工作计划和上年度撰写提案先进个人、反映社情民意信息先进个人和建言资政先进个人建议名单。

9月30日，政协第十五届浑源县委员会第八次常务委员会会议召开。李启忠主持会议。会议集中学习《中国共产党政治协商工作条例》；传达学习习近平总书记《全党必须完整、准确、全面贯彻新发展理念》和《新发展阶段贯彻新发展理念必然要求构建新发展格局》重要讲话精神；传达学习习近平总书记在中央统战工作会议上和在省部级主要领导干部学习习近平总书记重要讲话精神，“迎接中共二十大”专题研讨班上发表重要讲话精神；学习

2022年5月27日，政协第十五届浑源县委员会第七次常务委员会会议召开

（荣学明　摄）

习近平总书记谈治国理政第四卷《坚持党的全面领导》专题；学习省委书记林武在《山西日报》头版发表署名文章《牢牢守住山西阵地》。会议审议协商《关于推进我县学前教育高质量发展的建议》建议案。

12 月 13 日，政协第十五届浑源县委员会第九次常务委员会会议召开。李启忠主持会议。会议传达学习中共二十大精神，学习《中国共产党章程》，学习习近平总书记重要文章《坚持人民至上》，传达学习习近平总书记在第二十届中央政治局常委同中外记者见面时的重要讲话精神，传达学习省政协《关于加强和改进新时代市县政协工作的实施意见》。会议审议协商《关于浑源传统文化元素融入特色产业发展的建议案》。（荣学明）

议政协商

【概况】 2022 年，浑源县政协制定出台《中国人民政治协商会议山西省浑源县委员会协商工作规则》，逐步形成以全体会议为龙头，专题议政性常委会会议和专题协商会为重点，小微协商会为常态的协商议政新格局。在县政协十五届二次全会期间，提出建设性意见 110 余条；专题协商研究制定《浑源县“十四五”推进学前教育发展提升行动计划》；小微协商建议 24 条。（荣学明）

【大会协商】 2022 年，浑源县政协在十五届二次全会期间，引导委员围绕政府工作报告、国民经济和社会发展计划、财政预算执行情况等，通过分组讨论、大会发言、专题议政等形式开展协商讨论，建言献策。提交大会发言 25 篇，委员们聚焦创优营商环境、古城建设开发保护、做大做强黄芪产业、浑源经济社会高质量发展、医疗卫生服务能力建设、文化生态、康养旅游等热点问题，提出建设性意见 110 余条。（荣学明）

【专题协商】 2022 年，浑源县政协班子成员带头组织专门队伍，到基层一线征求意见，集中讨论研究。专项调研推动浑源高质量发展、提升学前教育质量、打造历史文化名城等，重点协商后，提出“创优营商环境、改善服务功能，完善体制机制、促进学前教育均衡发展，利用名人效应提升特色产业知名度，唱响‘恒久北岳 厚道浑源’旅游品牌”等建设性建议，书记、县长多次批示为助推浑源经济发展、文化融合、社会进步提供重要参考。《关于推进我县学前教育高质量发展的建议》得到县委、县政府重视，第十八届 23 次政府常务会专题研究相关问题，制定《浑源县“十四五”推进学前教育发展提升行动计划》。（荣学明）

【小微协商】 2022 年，浑源县政协召开小微协商 5 场，在文化方面围绕“扬起北岳恒山龙头 推进文旅高质量发展”协商建言，提出“抓住核心，以点带面，强力打造国际旅游品牌；把握优势，突出重点，积极培育旅游客源市场；补齐短板，优化服务，着力完善公共服务构成；增强协作，互利共赢，深度打造新兴旅游业态”4 条建议。在社会治理方面围绕“完善社区服务管理、加强社区治理体系建设”协商建言，提出“要大力推进社区、社会组织、社会工作者‘三社联动’，实现政府治理和社会调节、居民自治良性

2022 年 1 月 24 日，政协十五届浑源县委员会第二次会议第一讨论组开展协商讨论（荣学明 摄）

互动，不断提高服务居民、管理社区的能力和水平；要注重运用信息化手段，积极探索符合浑源县社区实际的智慧社区建设模式，以技术创新来推动制度创新，让数据多跑路、群众少跑腿，为群众提供方便快捷服务；加大专门的社会组织和社会组织孵化基地的建设、培育；激发浑源县所有公益组织、社会个人以及一些自治组织，发展成为公益社会服务组织，来弥补全县公益组织不足的短板”4个方面的建议。在经济方面围绕“加强产业园区建设与运营”协商建言，提出“明确发展目标，探索建立合作共建园区；完善园区发展规划；完善园区投入机制；加强园区招商引资；加强园区用地管理；加强园区环境保护；提升园区服务水平；加强园区规范化管理”8个方面的建议。在生态方面围绕“大力推行垃圾分类”协商建言，提出“以政府为推进主体，逐步制定完善全县的垃圾分类规范性文件以及相关制度，再逐步向全县域推广；提高县域垃圾处理能力，增加分类设施与技术的财政投入，着力完善垃圾处理设施；提高公民环境素质，加强生态文明宣传教育，强化公众的参与意识和环境责任；重视发挥环卫工人作用，完善环卫工人的保障制度，完善培训考核制度”4个方面的建议。在民生方面围绕“提升我县学前教育质量”协商建言，提出“切实加大学前教育财政投入；加强幼儿教师队伍建设，提高幼儿教师地位、待遇和职业吸引力，解决幼儿教师短缺问题；深化改革，提升幼儿园保教质量；构建幼儿园保教质量评估体系，建立科学导向，着重加强对师资配备、教育过程和管理水平等方面的评估，促进幼儿园保育和教育管理有序进行”4个方面的建议。（荣学明）

提案工作

【概况】 2022年，浑源县政协全体政协委员、政协各参加单位和各专门委员会运用提案建言献策。全年提出提案101件，参与提案撰写的委员120人（次），占委员总数68.6%。经审查立案101件，全部办复，办理满意率95%以上。经济建设类提出相关提案25件，占立案总数24.8%；社会建设类提出相关提案70件，占立案总数69.3%；生态建设类提出相关提案6件，占立案总数5.9%。（荣学明）

2022年政协第十五届浑源县委员会第二次会议提案一览表

表10

序号	类别	案　由	提案者
1	政治建设	全面加强党对教育工作的领导，切实保证浑源教育高质量发展	王海生
2	文化建设	促进教育均衡发展	李争宏
3	文化建设	多措并举，扎实推进学校课后服务扩面提质	韩众卫
4	文化建设	加大非物质文化遗产宣传力度	王存喜 焦　恒
5	文化建设	发挥浑源文旅资源优势 打造北岳武术国际品牌	杨新儒
6	文化建设	扬起北岳恒山龙头 推进文旅高质量发展	裴鲜玲
7	文化建设	关于塑造浑源独特山水历史文化名城的建议	吴春梅
8	文化建设	关于提升我县学前教育发展的建议	张　伟 韩众卫
9	文化建设	关于尽快启动栗毓美纪念馆建设的建议	李建春 胡启耀 张　富
10	文化建设	打造“厚道浑源、恒山桃源”统筹开发恒山后背，提升恒山旅游品位	侯碧桥
11	文化建设	重视青少年心理健康问题	张媛婵
12	文化建设	关于县名校长、名教师队伍建设的建议	李秀清
13	文化建设	继承和发扬优秀的传统文化是德育发展的关键	王　婷
14	生态建设	着力改善农村人居环境	栗国伟

续表 10

序号	类别	案　由	提案者
15	生态建设	完善农村污水管网建设	张　强
16	生态建设	关于推行垃圾分类的建议	张　金
17	生态建设	加快创建省级园林县城的提案	杨　波 裴爱军
18	生态建设	关于推进农村污水治理，助力乡村振兴的建议	左崇霞 吴丽卿 张　淦
19	社会建设	完善社区服务管理、加强社区治理体系建设	郭　庆
20	社会建设	加强农村法制教育，提高农民法律意识	牛　成
21	社会建设	健全校园安全管理，校园周边环境综合治理机制	李　约
22	社会建设	加快体育设施完善提升，推进全民健身运动	刘　君
23	社会建设	关于增设路灯的提案	赵美琴 熊晓峰
24	社会建设	提高卫技人员专业技术能力	侯晓宇
25	社会建设	关于规范我县非国标型电动小车的建议	李　伟
26	社会建设	加强学校及周边治安综合治理	郭晓杰
27	社会建设	关于规范升级县域城市蔬菜市场建设的建议	白　玲
28	社会建设	关爱残疾人	李玄芳
29	社会建设	关于推进社区工作者社会保险及工资待遇制度改革的提案	刘莎莎 杨晓萍
30	社会建设	关于尽快建设浑源县医疗养老一体化中心的提案	郭春林
31	社会建设	合理调整县城建设布局	戴洪江 麻翠花 费国霞
32	社会建设	加强微信销售自制食品的监管	刘奕麟 段家鼎
33	社会建设	深入推进医养结合提升养老服务水平	乔　栋
34	社会建设	关于乡村振兴措施不适、发展变化不大等问题的建议	孙少华 荣金蝉
35	社会建设	加强小区物业管理	董鹏宇
36	社会建设	加强县城内洗车场科学规划和规范管理	尚睿臻
37	社会建设	关于栗毓美休闲广场环境整治的建议	李　伟
38	社会建设	关于完善农村留守儿童、妇女、空巢老人关爱服务体系的建议	刘晓鹏
39	社会建设	关于更好推进疫情防控工作的建议	赵俊周
40	社会建设	关于加强过期食品安全监管的建议	张　纪
41	社会建设	关于合理解决小区停车难问题的几点建议	姜小明
42	社会建设	关于房屋清零工作的建议	王成军
43	社会建设	关于加强小区物业监管	刘亚清
44	社会建设	加强我县社区健身设施管理维护	张亭亭
45	社会建设	加强我县小区物业监管	王振国
46	社会建设	加快体育设施完善、推进全民健身运动	谭晓敏
47	社会建设	转变养老观念，大力推动医养结合健康发展	白少敏
48	社会建设	关于合理解决我县小区停车难问题	于秀娟

续表 10

序号	类别	案　由	提案者
49	社会建设	弘扬道教文化 带动旅游发展	屈国栋
50	社会建设	发展乡村旅游 带动乡村振兴	温增阳
51	社会建设	关于进一步提升及整治便民市场的建议	史曙阳
52	社会建设	关于加强我县居民小区物业管理的提案	晋宏志
53	社会建设	关于持续推进棚户区房的改造建议	冯兰夫
54	社会建设	建议对示范中学所在北岳东街进行整修	常文海
55	社会建设	完善小区老年人精神关爱服务	孟聪仙
56	社会建设	合理解决小区停车难问题	张瑜波 焦　恒
57	社会建设	关于加强校园周边食品安全的提案	杜荣军
58	社会建设	加强青少年心理健康教育	李　波
59	社会建设	关于在全县中学设立教师幼儿子弟辅导班的提案	穆　鹏
60	社会建设	整治学校周边环境　杜绝小商小贩摆摊设点	贾新春 张天娥 韩信愿
61	社会建设	关于加强县级图书馆建设的提案	任文浩
62	社会建设	关于加强各地优秀浑源籍儿女联络的建议	张　富 李建春
63	社会建设	提升物业管理水平 营造幸福安居环境	左建胜
64	社会建设	关于容易沟村村口漫水桥	张月香
65	社会建设	关于修建健身公园的建议	任　蕙
66	社会建设	关于尽快完善县城东大街统一供暖的建议	康宏伟
67	社会建设	关于规范县城出租车计费标准的建议	李文琴
68	社会建设	加强小区物业监管	李　锐
69	社会建设	关于浑源古城永安西街停车难的建议	齐贤敏
70	社会建设	关于规范我县出租车营运秩序的提案	李华丽
71	社会建设	关于学校食堂内部饮食问题	王海英
72	社会建设	学校周边交通安全隐患	佟园园
73	社会建设	加强城市宠物管理	穆学敏
74	社会建设	加强网格长与社区工作人员协力合作	耿淑卿
75	社会建设	关于在乡镇建立集中统一养猪小区助力乡村振兴的建议	赵　华
76	社会建设	关于浑源古城一条街文旅开发规划、宣传北岳文化	邓　强
77	经济建设	关于加强产业园区建设与运营的建议	朱瑞宇
78	经济建设	加强物流基础设施建设，提升智慧物流水平	屈有庆
79	经济建设	关于在乡村振兴中进一步培育壮大农业经营主体引领农村现代化的建议	周建平
80	经济建设	推进现代农业与乡村旅游业融合发展 打造大仁庄乡全域旅游、山水宜居、特色民宿	孙　瑜
81	经济建设	关于加强地理标志农产品保护管理的建议	任茂云
82	经济建设	关于创建特色农村，促进乡村振兴的提案	杨　毅

续表 10

序号	类别	案　由	提案者
83	经济建设	关于加快我市中小民营企业发展的提案	刘　斌
84	经济建设	关于加快王庄堡镇生态文化旅游发展的建议	翟永胜
85	经济建设	加强中小微企业服务平台建设，促进民营经济发展，提升古城旅游活力	郭　普
86	经济建设	构建浑源古城旅游综合体，发展全域旅游	郝利平 穆　录
87	经济建设	发展特色旅游，打造网红 IP	郝希功
88	经济建设	疫情常态化状态下民营经济应对发展	郑宏伟
89	经济建设	培育“旅游 + 实体工业”等多元化新兴业态	王　荣
90	经济建设	激活农村集体经济，助推乡村振兴	王　华
91	经济建设	关于强化地方村镇银行提升服务“三农”能力的提案	李文渊
92	经济建设	如何做大做强黄芪产业	于智勇
93	经济建设	关于进一步提升“浑源农产品”的品牌力度	刘宏宇
94	经济建设	全面提升“浑源农产品”品牌含金量	马　聪
95	经济建设	关于农村土地使用权流转的建议	齐永峰
96	经济建设	关于疫情常态下促进民营经济发展的建议	韩洪涛
97	经济建设	民营企业融资难、融资贵是困扰民营经济发展的突出问题	朱天智 李晓东
98	经济建设	解决制约农村集体经济发展问题	李媛媛
99	经济建设	凝心聚力，上下一心，借文旅振兴之机，兴黄芪发展之业	李帅友
100	经济建设	推动中小学研学旅行，拉动浑源旅游事业发展	武　波
101	经济建设	关于加快浑源县黄芪产业发展的建议	李文会

【《促进教育均衡发展》提案】 2022 年在县政协十五届二次全会期间，县政协常委、市场监督管理局李争宏提出《促进教育均衡发展》提案，提案分两部分内容：第一部分为案由：优质教育资源不断由乡村向城市集中，承担义务教育的乡村学校处境艰难，城乡之间义务教育的差距逐渐拉大。（1）乡村学校师资数量不足，教师队伍整体水平不高，是制约浑源县义务教育均衡发展的关键问题。优秀教师集中于城镇中的个别学校，而薄弱学校特别是乡村学校教师整体水平较低且数量不足，现有教师队伍也不稳定。甚至于一名教师要承担几门课程。（2）乡村学校办学条件较差是制约浑源县义务教育均衡发展的基础性问题。近年来，在各级政府的高度重视下，乡村学校的办学条件有一定的改善，但与城镇学校之间的差距并没有得到明显改变。危房少了，但配套设施跟不上，基本的教学器具仍然比较缺乏。（3）一些农民对待子女教育的观念加剧浑源县义务教育发展的不均衡。部分家长望子成龙心切，不惜一切代价，送子女到条件好的学校。优质生源的集中，进一步拉大城镇学校与乡村学校的差距。第二部分为建议、办法和要求：（1）优先保证乡村学校师资数量，逐步提高教师的整体水平。逐步提高乡村教师的待遇，采取有效措施，优先保证乡村学校教师进修和培训的机会。实行城镇教师和乡村教师轮换、交流等服务乡村学校制度，鼓励城镇教师在乡村学校开展教学研究工作。（2）政府重视，完善政策，健全机制，加强监管。县政府要切实负担起推进农村义务教育均衡发展的责任，把这一关系

千家万户的事业抓深抓实。县政府及其教育部门作为推进浑源县义务教育均衡发展的直接承担者，要严格执行中央和省、市有关政策，结合浑源县实际，建立健全推进义务教育均衡发展的各种机制，制定相应政策。针对盛行的择校和借读之风，县教育部门要强化依法治教，加大监管力度，规范学校办学行为，严格遵守义务教育阶段公办学校免费就近入学的规定，严厉打击乱收费行为。（3）加强义务教育法及有关政策的宣传。义务教育是全民的事业，推进义务教育均衡发展，必须依靠群众，发动群众，调动广大农民的积极性。让广大农民清楚认识并切实履行自己在子女接受义务教育方面所承担的法律义务，理解党和政府为实施义务教育特别是为在农村普及义务教育所付出的努力。让广大农民能够真正认识到子女接受义务教育不只是为了升学，更重要的是培养他们成为现代社会高素质公民，掌握先进生产技术和技能。（荣学明）

【《关于加强产业园区建设与运营的建议》提案】 2022年在县政协十五届二次全会期间，为推进省级生态文化旅游示范区创建工作，把浑源县园区打造成为产业集聚、集群、集约发展平台，使招商引资项目进得来、放得下、稳得住，成为县域经济发展主引擎。县政协委员、浑源扶贫产业园项目经理朱瑞宇提出《关于加强产业园区建设与运营的建议》提案，提案分五部分内容：第一部分为明确发展目标，探索建立合作共建园区。（1）建立共建合作模式。鼓励发挥各自资源优势，签订合作共建工业园区协议；鼓励主城区工业企业实施搬迁改造，把生产环节转移至合作共建园区，促进产业集聚发展。（2）建立合作共建利益分享机制。合作共建期间，双方可在遵守国家和省有关法律法规基础上，通过合作协议等分享园区收益，探索按一定比例分享新增税收地方留成部分。第二部分为完善园区发展规划。（1）加大对现有工业园区的整合与提升。按照城镇建设总体规划和土地利用总体规划加强分类指导，按照“一地、一主园区、一主导产业”的要求，以主园区为主，对原有区位偏僻、基础差、主导产业不突出、投资强度低的工业发展集聚区、工业基地，逐步将其整合到主园区，作为配套区予以规范发展。（2）完善建设发展规划。园区所在地政府要按照要求，做好园区总体规划和控制性详细规划的编制工作，通过科学规划，引导园区有序开发，进一步明确园区主导产业定位。第三部分为完善园区投入机制。（1）加大对工业园区建设扶持力度。对招商引资效果好、工业园区建设成效显著的予以重点扶持。（2）促进园区投资主体的多元化。鼓励由园区当地政府出资，其他社会资金入股，成立园区开发股份有限公司，承担园区投融资平台和开发建设工作。按照市场化方式，以土地使用权、基础设施项目所有权和经营权出让为突破口，实施特许经营，采用BT、BOT、BO、独资、合作等形式，大力引进内外资，充分激活民资，多方融资加大投入，加快园区基础设施建设。第四部分为加强园区招商引资。（1）推动工业企业向园区集中发展。今后凡新建、新引进的工业项目和新办工业企业必须入园建设，园区外原则上不再安排新上工业项目。（2）建立园区与市招商分局合作机制。园区与各招商分局要加强沟通与合作，定期沟通项目、土地、招商等信息，共同推进招商引资。（3）实行招商引资优惠政策。第五部分为加强园区用地管理。（1）优先安排园区工业用地。对工业园区建设用地实行倾斜政策，保障工业园区项目用地。（2）优化土地资源配置。对发展比较好的园区适当增加当地用地指标。（3）科学合理用地。各园区要强化土地集约化使用，提高土地利用率。进园项目投资强度、容积率、建筑系数、行政办公及生活服务设施用地所占比重、绿地率等指标必须严格执行《工业项目建设用地控制指标》。

（荣学明）

【《着力改善农村人居环境》提案】 2022年在县政协十五届二次全会期间，县政协委员、官儿乡副书记栗国伟提出《着力改善农村人居环境》提案，提案分两部分。第一部分为案由：改善农村人居环境，建设美丽宜居乡村，是实施乡村振兴战略的一项重要任务，事关全面建设社会主义国家、广大农民根本福祉和农村社会文明和谐。推进农村人居环境整治，有利于补齐全面小康“三农”领域的突出短板，有利于农村产业振兴和农民精神风貌提升。农村普遍存在的危、脏、乱、差现象，严重影响农民群众居住环境和生活质量，广大农民群众对此反映强烈，改善生存生活环境愿望十分迫切，为此，在全县开展改善农村人居环境工作非常必要和重要。第二部分为建议：（1）保障农民住房安全。建立农民基本住房安全保障机制，加大投入力度，加快改造步伐，尽快解决农民住房存在的破损、漏雨等安全隐患，建立并落实农房建设质量安全管理制度，加强农村建筑工匠和施工管理。（2）净化乡村环境。组织实施乡村清洁工程，村内及周边无垃圾堆放、无污水横流、无杂物挡道，日常生产生活物品堆放规范有序，主次干道两侧环境干净。各村垃圾统一规划若干个垃圾堆放点，普遍推行垃圾就地分类和资源回收利用；加强农村家庭宅院、村庄公共空间整治，清理乱堆乱放，拆除违章建筑，规范农业生产废弃物回收利用，做好畜禽粪便无害化处理。（3）美化村庄面貌。以房边、村边绿化为重点，开展街道、庭院绿化。推广使用太阳能、风能供电的路灯，合理安装线杆、路灯等亮化设施，实现村内主街道和公共活动场所夜晚有照明。（荣学明）

视察调研

【专题调研】 2022年，浑源县政协按照“少而精、深而实、重实效”的原则，围绕优化营商环境、学前教育高质量发展、文化产业融合等方面，组织相应界别委员开展专题调研，到县行政审批局、县发改局、县市场监管局、县税务局、县教科局、县农业农村局、县文化和旅游局等相关部门和企业实地调研考察，了解实情、查找问题，集思广益、探寻对策，形成《优化营商环境推动经济高质量发展》《关于浑源传统文化元素融入特色产业发展的建议案》《关于推进我县学前教育高质量发展的建议》建议案。协助配合省、市政协完成企业经营发展、重点项目推进、黄芪产业升级、栗毓美文化传承、传统村落保护、古城保护修复、全域旅游创建和文化遗产保护利用、乡村治理和宗教治理工作、人才回归创新创业工作、药品和医用耗材集中带量采购改革等调研视察活动6次，并召开座谈会相互沟通和交流。

（荣学明）

【重点项目视察】 2022年4月1日，浑源县政协主席李启忠调研新能源推进项目。县政协副主席李锦平、李雪飞，部分县政协常委参加。调研视察期间到浑源县王庄堡镇50兆瓦风电项目现场和峰岳风电场项目部，实地察看项目建设进度，听取项目建设单位及相关部门情况汇报，并现场指导相关工作。

（荣学明）

【民生实事视察】 2022年8月5日，浑源县政协开展集中视察活动，集中视察县政府2022年度民生实事推进及完成情况。县政协主席李启忠，市政协委员、政府副县长贾雪花，县政协副主席李锦平、武建文，秘书长贾富权，县政协常委及部分省、市政协委员参加活动。

2022年8月5日，浑源县政协委员在县审批局视察全面落实依法治国情况

（荣学明 摄）

2022 年 8 月 5 日，浑源县政协委员视察思源社区小学幼儿园建设项目
（荣学明 摄）

政协委员们一行到凯德世家小学视察义务教育阶段学生课后服务经费保障项目和开展情况，到地税局小区视察老旧小区改造工程，到审批局视察落实依法治国情况，并视察永安镇中心学校扩建项目、黄芪文化园建设项目、永安镇卫生院思源分院建设项目、思源小区小学幼儿园建设项目、思源社区便民市场建设项目、步云路带状公园建设工程、聚兴村农村“颐养工程”项目、和顺南路道路改造工程等。每到一处，委员们都听取汇报、现场询问交流，了解项目落实推进及完成情况，实地了解项目建设和推进中存在的困难和问题，并就落实推进相关项目提出建议和意见。（荣学明）

专委会工作

【提案委员会】 2022 年，浑源县政协提案委坚持“围绕中心，服务大局，提高质量，讲求实效”的提案工作方针，在继承中创新，在创新中提高，完善工作机制，加大工作力度，提升提案工作成效。全年收集提案 101 件，参与提案撰写的委员 120 人（次），占委员总数 68.6%，经审查立案 101 件。二次全会后，会同两办对审查立案的提案初步拟定主、协办单位，召开提案交办会，按照“分级负责、归口办理”的原则，逐一交由相关单位办理，并明确办理措施、时间期限、答复格式，确保提案交办准确到位。并组织召开承接单位主要负责人参加的督办提案约谈会，立案 101 件提案，全部办复，办理满意率 95% 以上。（荣学明）

【经济委员会】 2022 年，浑源县政协经济委员会落实县委、县政协党组重大战略部署要求，把履职的重点放在社会各界关注的，制约浑源县经济、社会发展的热点难点的专题调研上，带头组织专门队伍，到基层一线，征求意见，集中讨论研究。专项调研推动浑源高质量发展，重点协商，提出“创优营商环境、改善服务功能，完善体制机制”等建议，为助推浑源经济发展提供参考。组织委员专项视察县城老旧小区改造工程、黄芪文化园建设、思源社区便民市场建设等项目，建言出招。通过组织召开民情民智座谈会、开展委员进社区活动等形式，收集来自社会各方面的社情民意信息。向上级和有关部门反映社情民意 120 余条，其中 50 余条被上级采纳。（荣学明）

【综合委员会】 2022 年，浑源县政协综合委员会宣传和参与贯彻党和政府各项政策，定期组织开展机关干部理论学习培训，组织学习宣传贯彻中共二十大精神，联系委员和各界人士，发挥他们的专长和作用，开展咨询服务活动 10 余次，推动和协助社会力量为繁荣全县教育、科技、文化艺术、医药卫生、体育事业作出贡献；联系有关部门，就社会稳定、社会保障、社会进步等问题开展调查研究活动，提出意见和建议。协助举办“彼时·此时”摄影展和二胡独奏音乐会，展示厚道浑源形象。开展机关驻村帮扶工作，助推解决一批群众身边的忧心事烦心事。（荣学明）

中国共产党浑源县纪律检查委员会
浑源县监察委员会

综　述

【概况】　2022年，浑源县全县纪检监察机关受理信访举报197件次，处置问题线索527件，立案221件，党纪政务处分213人，向县委书面请示报告26次，县委书记批示23次。为激发纪检监察队伍活力，提升纪检监察工作规范化、法治化、正规化水平，提升干部队伍整体素质和综合能力。全年开展业务培训65期，培训2405人（次），举办线上线下考试3次。坚守安全底线，完善内控机制，开展警示教育，动态更新纪检监察干部廉政档案104份，自觉检视、坚决纠治"灯下黑"，锤炼过硬的思想作风、能力素质。2022年被授予"山西省文明单位"称号。（张　倩）

【纪委监委派驻机构改革】　2022年，浑源县纪委监委加强派驻纪检监察组领导和管理。推进"智慧监督"工程建设，完成医保数据信息的采集和初步分析，以及农村集体"三资"（资产、资源、资金）管理平台电子数据的采集、上报。贯通完善纪律、监察、派驻、巡察"四项监督"，统筹纪检监察监督与组织、审计、司法等其他部门监督协作配合，加强"室组"联动监督、"室组地"联合办案，提升监督执纪执法水平。（张　倩）

重要会议

【县纪委十六届二次全体会议】　2022年2月18日，中国共产党浑源县第十六届纪律检查委员会第二次全体会议召开。县委书记高莹出席会议并讲话。县委副书记、政府县长赵昱清，县人大常委会主任李跃新，县政协主席李启忠出席会议。县委常委、纪委书记、监委主任杨建中主持会议并作工作报告。会议书面传达中共十九届中央纪委六次全会、省纪委十二届二次全会、市纪委十六届二次全会精神。会议通过举手表决的方式，审议通过《县纪委常委会工作报告（审议

2022年2月18日，中国共产党浑源县第十六届纪律检查委员会第二次全体会议第一次会议召开　（张　吉　摄）

稿）》；审议通过《中国共产党浑源县第十六届纪律检查委员会第二次全体会议决议（草案）》。会议以视频的方式召开。县委常委，县人大、县政府、县政协负责人，法检两长，县纪委委员、县监委委员，各乡（镇）党委书记、纪委书记，县委巡察办、县政府职能部门主要负责人分别在县委五楼主会场和县纪委五楼分会场参加会议。（张　倩）

【县纪委常委会会议】 2022年，浑源县纪委召开常委会会议65次，其中节选常委会会议6次。

1月10日，浑源县纪委常委会会议召开。县委常委、县纪委书记、县监委主任杨建中主持会议，参会5人，列席6人。会议传达学习中共山西省纪委办公厅印发《关于对重点村（社区）开展加强基层监督深化治理整治“三个一批”工作方案》的通知；审议案件等。

2月9日，浑源县纪委常委会（扩大）会议召开。杨建中主持会议，参会6人，列席13人。会议传达学习第十九届中央纪委六次全会精神、省纪委第十二届二次全会精神、市纪委第十六届二次全会精神，审议案件，研究审议乡（镇）纪委拟给予相关人员党内警告处分的请示等。

5月10日，浑源县纪委常委会会议召开。杨建中主持会议，参会7人，列席5人。会议传达学习省委常委、省纪委书记、省监委主任王拥军主持专题会议，听取6个市关于15个重点村（社区）“三个一批”治理整治情况汇报时的讲话精神等。

7月15日，浑源县纪委常委会会议召开。杨建中主持会议，参会8人，列席1人。会议传达学习省委常委、省纪委书记、省监委主任王拥军在省纪委监委机关“七一”党课暨创建清廉机关工作会上的讲话精神；传达学习省委常委、市委书记卢东亮在全市医疗医保系统警示教育大会上的讲话精神等。

10月18日，浑源县纪委常委会（扩大）会议召开。杨建中主持会议，参会6人，列席9人。会议传达学习习近平总书记在中共二十大开幕会上所作的重要报告精神。

12月12日，浑源县纪委常委会（扩大）会议召开。杨建中主持会议，参会8人，列席10人。会议传达学习中国共产党山西省第十二届委员会第五次全体会议精神；会议传达学习中国共产党大同市第十六届委员会第四次全体会议精神。（张　倩）

党风廉政建设

【清廉浑源建设】 2022年，浑源县纪委监委锚定政治清明、政府清廉、干部清正、文化清和、社会清朗“五清”目标，印发《浑源县全面建设清廉浑源2022年工作要点》，协助县委推动43个单位制定实施方案；履行重大事项请示报告制度，向县委请示报告清廉建设相关事项20件；开展监督检查累计出动人员218人（次），发现并推动整改问题26个，通报单位20家。加强年轻干部的教育管理监督，分16批对全县2614名80后年轻干部全覆盖警示教育、集体廉政谈话。挖掘廉洁文化资源，打造清廉文化品牌，协助县委组织召开能臣廉吏栗毓美廉洁文化研讨会，举办“清廉浑源”廉洁文化书画作品展，拍摄《栗毓美教子》《栗毓美断案》等廉政微电影，印制发放栗毓美日历。承办晋剧《河清海晏》巡演和“清廉文化县区行”开幕式活动，举办消夏文艺晚会廉政专场，布展党纪教育基地栗毓美廉政展厅，以展板、绘画、实物等方式展现栗毓美肃敬勤勉、干净担当的精神品质。围绕清廉机关、清廉学校、清廉医院、清廉村居、清廉国企、清廉民企创建工作，以“六个突出”推进清廉单元创建工作。（张　倩）

【清廉学校培育教育新风创建】 2022年，浑源县推进清廉浑源建设，县纪委监委强化监督检查，把清廉单元建设情况作为日常监督的重要内容，督促推动各部门单位落实工作机制，履行主体责任，推动清廉浑源建设向全域推进。县纪委监委对县教科局督导检查时，要求相关负责人围绕清廉学校建设，以清廉单元创建为抓手，推动全县教育系统以“全面从严正廉纪、强化认识聚廉心、遵守纪法筑廉墙、清风正气创廉校”四项举措，培育教育新风，创建清廉学校，让清廉文化、清廉意识在教育系统蔚然成风。督促在县东关小学、浑源中学、示范中学选树创建清廉学校示范点，强化清廉学校示范效应，以点带面推动清廉学校建设，让廉洁思想、廉洁作风、廉洁文化在学校落地生根，筑牢全校教师拒腐防变思想防线的同时，在青少年心中从小树立清廉思想。各学校以清廉故事会、清廉手抄报、清廉书法竞赛、清廉主题征文、清廉主题演讲、观看清廉影视等活动为载体，开展多种形式的廉洁教育219场次，警示教育1400余人，悬挂清廉建设标语50余幅，建立健全“三重一大”、师德师风等规章制度近20项，规范学校办学治教行为，营造清净校风、清正教风、清新学风。

（张　倩）

【清廉浑源建设暨全县作风大整顿营商环境大提升工作推进会】 2022年6月23日，清廉浑源建设暨全县作风大整顿、营商环境大提升工作推进会在麻庄廉政教育基地召开，会议贯彻落实省、市深化机关作风整顿优化营商环境工作会议精神，动员全县上下聚焦形式主义、官僚主义新表现和群众最反感、市场主体最困扰、制约发展最突出的问题，以钢牙啃硬骨头的精神，改进机关作风、整顿优化营商环境。县委书记高莹，县委副书记、政法委书记杨琼圣，县人大常委会主任李跃新等县领导出席会议。县委常委、纪委书记、监委主任杨建中主持会议。会上，大家集中观看警示教育片《鼠祸》；会议书面通报《全县作风大整顿营商环境大提升工作推进会通报典型案例》。杨建中通报清廉浑源建设暨全县作风大整顿、营商环境大提升工作进展情况。

（张　倩）

【栗毓美廉政文化研讨会】 2022年7月4日，能臣廉吏栗毓美廉洁文化研讨会在浑源县黄芪文化园会议室召开。市委常委、市纪委书记、监委主任梁晓旭，市纪委常务副书记、监委副主任李文清，县领导高莹、赵昱清、杨琼圣、杨建中等县领导，大同市地方志办公室原主任、现大同市三晋文化研究会会长要子瑾及市、县专家学者42人出席会议。县委副书记、政府县长赵昱清主持会议。高莹致辞，梁晓旭讲话，杨建中作总结讲话。研讨中，要子瑾作《廉吏栗毓美初探》、市委党校教授韩府作《栗公之风 山高水长》、县栗毓美研究会秘书长张富作《能臣廉吏栗毓美》报告。

（张　倩）

【清廉文化县区行启动】 2022年8月29日，大同市“清廉文化县区行”活动启动仪式在浑源县举办。此次活动旨在弘扬栗毓美廉洁文化，挖掘浑源县廉洁文化底蕴，展现大同市新时代廉洁文化建设新成效，讲好“清廉大同”生动故事，擦亮“文化大同”亮丽名片，提升廉洁文化建设的全域性、系统性、持续性。此次活动由市纪委监委、市委宣传部主办，各县区纪委监委、县委宣传部承办，包括送展下乡、送戏下乡、送剧下乡3项内容，即“廉洁文化艺术展”优秀作品巡回展览、新编历史晋剧《河清海晏》巡回演出、优秀微视频微电影微动漫作品展映展播。参展此次“清廉文化县区行”的96幅书法、美术作品，16部微视频微电影微

2022年6月23日，清廉浑源建设暨全县作风大整顿、营商环境大提升工作推进会召开

（张　吉　摄）

2022年8月29日，大同市“清廉文化县区行”走进浑源，晋剧《河清海晏》在浑源中学礼堂上演　　（安兴旺　摄）

动漫作品，均选自“廉洁文化艺术展”参展作品。　（张　倩）

监督检查

【政治监督】　2022年，浑源县纪委监委坚持政治引领，以具体化常态化的政治监督推动党中央和省、市县委各项决策部署贯彻落实。聚焦习近平总书记视察山西重要讲话重要指示精神，以及党中央和省、市县委重大决策部署落实情况，动态跟踪，推动解决问题46个；聚焦新冠疫情防控，开展专项监督518次，下发提醒卡67个，督促整改问题89个；聚焦推进全域旅游、乡村振兴、文物保护、项目建设等重大事项，加强监督检查；开展房屋产权登记确权颁证“清零行动”等专项整治，粮食购销领域腐败问题、安全领域暨矿产资源私采滥挖等专项监督，严查腐败行为，促进行业治理；加强政治生态状况研判，推动全县建立健全“一把手”个人廉政档案；严肃查处省纪委“三个一批”和省市督办农村集体“三资”管理专项巡察移交问题线索，问责6人；严把选人用人政治关、廉洁关、形象关，全年办理党风廉政意见回复245人（次），对4人提出暂缓或不宜使用意见。（张　倩）

【专项督查】　2022年，浑源县纪委监委坚守以人民为中心的工作导向，针对漠视侵害群众利益的突出问题，开展专项治理。聚焦沙霸矿霸整治，加强日常监督，督促相关主体责任部门加大对砂石、矿山资源监管力度。针对审计部门移送的一些乡（镇）固定资产“重资金、轻资产、重购置、轻管理”的问题，下达纪检建议书3份。对督查中发现的村级集体资产台账不规范、“清化收”工作进度缓慢等问题，按时提醒，强化落实。深化“三个一批”重点村专项治理，包村领导及工作专班到3个省定重点村开展入户走访242户，帮助解决各类问题47个。落实抓党建促基层治理能力提升专项行动，运用“县乡村”联动监督机制，“室组地巡”全方位监督，对派出执法机构开展监督检查16次、开展安全生产类监督检查8次，对农村“两委”和村干部履职行为监督检查12次。开展困难群众救助补助资金审计发现问题专项监督，督促民政和医保等单位逐条逐项整改落实。针对“12345”便民热线反馈的3起拖欠一线劳动者工资问题，推动解决17起拖欠一线职工工资问题。推进全县213个行政村、11个社区全部实现村（社区）务监督委员会主任、村级纪检委员、村级纪检监察员“三员合一”，推动基层纪检监察工作与村务监督委员会有效衔接。　（张　倩）

【“一把手”监督】　2022年，浑源县纪委监委聚焦“关键少数”，强化对“一把手”和领导班子监督。强化协助引导推动作用，出台《加强对“一把手”和领导班子监督的意见》，加强对同级党委和下级党组织的监督，推动“一把手”和领导班子既自觉接受监督，又主动开展监督。县纪委书记约谈8名乡（镇）和单位主要负责人，县纪委监委机关与县管干部开展见面谈话41人（次），查处“一把手”4人，开展“一把手”和领导班子政治画

像1216人，填报廉政档案430份，填报“一把手”履职情况监督表90余份，持续压实管党治党政治责任。（张　倩）

审查调查

【概况】 2022年，浑源县纪委监委保持反腐败力度不减、节奏不变、尺度不松。全年全县纪检监察机关受理信访举报197件（次），处置问题线索527件，立案221件，党纪政务处分213人，采取留置措施4人，涉嫌职务犯罪移送检察机关5人，挽回经济损失上缴财政1006.4万元，查处一批因责任落实不力、纪律作风不严、贪污腐败、侵害群众利益等违纪违法案件。（张　倩）

【“四种形态”运用】 2022年，浑源县纪委监委运用“四种形态”批评教育帮助和处理568人（次），比上年增长116%，其中第一种形态（经常开展批评和自我批评、约谈函询，让“红红脸、出出汗”成为常态）351人（次），占61.8%；第二种形态（让党纪轻处分、组织调整成为违纪处理的大多数）190人（次），占33.5%；第三种形态（让党纪重处分、重大职务调整的成为少数）16人（次），占2.8%；第四种形态（让严重违纪涉嫌违法立案审查的成为极少数）11人（次），占1.9%，体现惩治极少数、教育大多数，实现政治、纪法和社会效果相统一。（张　倩）

【纪委监委“后半篇文章”】 2022年，浑源县纪委监委督促健全完善农村“三资”监管机制等，下达纪律检查建议39份、监察建议26份，做到“查、剖、改”同向发力。推动做实以案促改、以案促治，在“三个一批”重点村建立廉政教育“警示室”，在各乡（镇）开展警示教育25场，覆盖2200余人（次）。开展“以案为鉴”警示教育，推动全县各级党组织召开警示教育大会85场，覆盖8055人（次），组织参观党纪教育基地25场，参与1300余人（次），开展集体廉政谈话4次，涉及213人（次）。落实“三个区分开来”要求，对中共十九大以后660名受处分人员回访教育。（张　倩）

作风建设

【概况】 2022年，浑源县纪委监委强化作风建设，坚决纠治形式主义、官僚主义。在全县范围内开展“六治”作风大整顿专项行动，汇总梳理涉及9家单位42名审批负责人、300余项“小微权力”清单向社会公示，督促整改问题248个，查处32人。（张　倩）

【“四风”纠治】 2022年，浑源县纪委监委督促全县各级党组织落实纠治“四风”主体责任，全年开展落实中央八项规定精神专项监督检查15次，发现并督促整改问题76个，查处违反中央八项规定精神问题69人；紧盯不正之风新动向、新表现，查处享乐主义、奢靡之风问题15人。开展“门墙亭廊栏”等景观类项目专项清理，排查清理范围内项目6个，处理1人。对违规收送礼品礼金、公款吃喝、使用公车公房、滥发津贴补贴等突出问题反复敲打，释放作风建设一刻也不放松信号。（张　倩）

案件查处

【乡村振兴领域立案查处】 2022年，浑源县纪委监委开展巩固拓展脱贫攻坚成果有效衔接乡村振兴监督检查6次，发现并督促整改问题12个，立案查处2人。针对环境保护、防火应急、乡村振兴等领域问题，制发纪检监察建议书4份，督促推动问题整改。（张　倩）

【农村集体“三资”管理贪腐问题查处】 2022年，浑源县纪委监委开展农村集体“三资”管理贪腐问题查处，选取9个村作为提级监督试点，推动各乡（镇）建立“三资”台账，加强管理体系建设，全年查处“三资”领域问题106人。（张　倩）

巡察工作

【概况】 2022年，浑源县委常委会研究巡察工作4次，县委书记对巡察工作作出指示批示4次，县委巡察工作领导小组对巡察工作作出指示批示8次。组织开展十六届县委第二轮政治巡察工作，对14个行政事业单位、2个乡16个村开展常规巡察，发现共性问题276个，移交问题线索27个，查处21人；对5个“三个一批”重点村开展专项巡察，发现共性问题58个，移交问题线索3个，查处2人；对2个乡所属的15个村开展专门巡察，发现并督促整改问题191个，移交问题线索12个，查处10人。开展十六届县委第三轮政治巡察工作，巡察党组织28个，发现问题369个、移交问题线索18个；对4个村开展“三资”管理专项巡察，发现问题37个，移交问题线索3个，查处2人。做好巡察整改后半篇文章，第二轮巡察发现的386个问题全部整改到位，巡察移交的42个问题线索处办到位；第三轮巡察移交的21个问题线索按序办理。出台《抓党建促基层治理能力提升对村巡察专项实施方案》，成立巡察专项行动领导组，明确工作目标、监督重点、监督路径、巡察计划和工作要求，制定对村全覆盖五年规划表和年度巡察计划安排表，有序规范推进十六届县委一届任期对村巡察全覆盖工作，截至年底完成76个村的巡察任务，占比33%。

（安建军）

【政治巡察】 2022年9月16日至11月16日，浑源县委派出3个巡察组对县残联、县妇联、青磁窑镇及所属16个村级党组织、官儿乡及所属8个村级党组织开展常规巡察；对蔡村镇蔡村村、吴城乡吴城村、王庄堡镇上达枝村、南榆林乡聚兴村4个重点村级党组织开展农村“三资”管理专项巡察；对南榆林乡南水头村、驼峰乡西郭家庄村2个“三个一批重点村”党组织开展专项巡察；在县委开展第三轮巡察中，市委第九巡察组同步提级巡察裴村乡旧裴村、东坊城乡水磨疃村、西坊城镇黄沙口村；云冈区交叉巡察组同步对大仁庄乡岔口村、官儿乡穆家庄村、千佛岭乡杨家庄村、西留村乡上祝安村、沙圪坨镇老僧洼村开展农村“三资”专项巡察。（安建军）

【常规专项巡察】 2022年3月29日至5月29日，县委派出4个巡察组对县住建局（住房事务中心、市政公用事业服务中心）、县民政局（社会捐助和低收入家庭认定中心）、县市场监督管理局（市场监管事务服务中心）、县水务局（水利灌溉服务中心）、县行政审批局（政务服务中心）、县高新技术产业园区中心等12个行政事业单位和裴村乡及所属9个村、西留村乡及所属7个村开展常规巡察。巡察期间，由县委组织部、县委宣传部派出专项检查组，采取“统分结合、以统为主”的方式，对被巡察单位党组织开展选人用人、意识形态工作责任制落实情况专项检查。4月6日至5月29日，县委2个巡察组同步对“三个一批”重点村永安镇土桥铺村、沙圪坨镇沙圪坨村、千佛岭乡羊投崖村开展专项巡察。此轮“常规＋专项”巡察，发现“三个聚焦”共性问题309个。其中，发现行政事业单位党组织114个问题，村级党组织195个问题。发现问题线索30个。其中，行政事业单位10个线索，村级20个线索。问题线索全部移交县纪委监委，给予党纪政务处分22人。

（安建军）

【机动巡察】 2022年7月14日至8月14日，浑源县委派出2个巡察组，对东坊城乡7个村、驼峰乡8个村开展专门巡察，发现问题191个、问题线索12个。

（安建军）

【巡察成果运用】 2022年，由浑源县委巡察工作领导小组成员带头参加被巡察党组织反馈会，第十六届县委第二轮巡察发现的309个问题全部整改到位，巡察移交的30个问题线索处办到位。召开巡察整改民主生活会。县委巡察组、纪委监督检查室、组织部干部股负责人参加被巡察单位党组织整改民主生活会，全面梳理问题，对照问题提出整改措施。建立巡察整改审核制度。纪委相关监督检查室严格把关“一方案两报告三清单”，再“回访”被巡察党组织针对问题建章立制情况，把巡察整改成果转化为治理效能。加强合力监督机制。纪委监督检查室、组织部门会同巡察办加强日常监督检查，把被巡察单位落实巡察整改情况纳入年终党风廉政建设责任制考核的重要内容之一。（安建军）

群众团体

浑源县总工会

【概况】 2022年，浑源县总工会（简称“县总工会”）以开展“基层组织建设年”活动为主线，坚持面向基层、面向职工、服务基层、服务职工的“双面向、双服务”工作思路，教育全县职工依照宪法和法律规定行使民主权利，发挥国家主人翁作用，加强职工思想政治引领工作，组织全县职工开展社会主义劳动竞赛、技能比武，关爱劳动模范生活和工作，调解劳资纠纷，提供法律援助，维护职工合法权利，扩面提质产业工人队伍建设改革，完善职工新就业形态劳动者入会和权益保障，强化劳动领域政治安全和工会改革创新工作。浑源县工人文化宫建设被列入2022年县政府10件民生实事之一，年底完成立项、选址、地勘、环评等工作。《浑源县工会志》完成资料收集整理，进入初稿编纂阶段。截至年底，全县基层工会组织519家，工会会员45211人，专职工会干部45人。

（李跃珍）

2022年浑源县新成立基层工会委员会一览表

表11

单位名称	职工总数（人）	成立时间	姓　名	工会职务
永定河投资（浑源）生态发展有限公司	21	2022.1.11	贺　健	主席
			张正阳	经审委员
			侯文娟	女工委员
浑源县园林绿化中心	33	2022.1.11	李锦全	主席
			裴爱军	经审委员
			杨　波	组宣委员
浑源县应急管理局	51	2022.6.28	薄建军	主席
			李　波	经审委员
			屈晋辉	女工委员
			张　华	组宣委员
			禹晋波	劳动保障和维权委员

续表 11

单位名称	职工总数（人）	成立时间	姓　名	工会职务
山西丰龙旅游开发有限公司	32	2022.6.22	名　岩	主席
			徐昊凡	经审委员
			陈　丹	女工委员
			张　丹	组宣委员
			杨小文	劳动保障和维权委员
中共浑源县委政法委员会	188	2022.8.15	康延昭	主席
			郭　庆	经审委员
			王秀静	女工委员
			张　帅	组宣委员
			汪　鸿	劳动保障和维权委员
浑源县育栋种植养殖一体化专业合作社、浑源县北岳育栋农业发展有限公司联合工会	28	2022.9.24	刘　畅	主席
			赵金义	经审委员
			吴素琴	女工委员
			张盘喜	组宣委员
			王　嘉	劳动保障和维权委员

【基层工会建设】 2022 年，县总工会新成立永定河投资（浑源）生态发展有限公司、浑源县园林绿化中心、浑源县应急管理局、山西丰龙旅游开发有限公司、中共浑源县委政法委员会、浑源县育栋种植养殖一体化专业合作社、浑源县北岳育栋农业发展有限公司 7 家工会组织。（李跃珍）

【职工思想政治引领】 2022 年，县总工会坚持把习近平新时代中国特色社会主义思想作为职工思想政治教育的中心内容，与学习新修订《中华人民共和国工会法》相结合，明确工会工作的指导思想、目标任务、工作重点。引导职工网民理性讨论，建立企业安全生产“吹哨人”制度，保障群众生命安全和企业合法利益。年内，县总工会相继开展“中国梦·劳动美——喜迎二十大 建功新时代”主题系列宣传活动、“喜迎二十大 建功新时代”系列活动。参加全市职工书画展，报送 22 幅作品，13 幅作品参加展览。（李跃珍）

【智慧工会建设】 2022 年，县总工会开展智慧工会建设，构建数字化智能化服务职工体系。通过数字化智能化技术赋能工会组织，实现全覆盖跟踪服务。年内，建立充实工作专班 9 个，智能化信息员队伍 108 人。（李跃珍）

【工会普惠服务】 2022 年，浑源县总工会搭建企业与职工平等协商、合作共赢平台，建立基层劳动争议调解组织 474 家、农民工公益法律服务站 25 个、户外劳动者服务站点 23 个，提供法律咨询、法律援助惠及 1275 人（次）。开展困难职工解困脱困工作，对全县在档困难职工逐一入户走访核查，结合信息比对精准帮扶困难职工 50 户 124 人。（李跃珍）

【产业工人队伍建设】 2022 年，县总工会以成立区域性、行业性联合工会和工会联合会为主要手段，持续开展新经济组织及货车司机、快递员、家政服务员等“八大群体”集中入会行动，入会率 90% 以上。全县新就业形态劳动者职工总数 1800 人。其中，货车司机 941 人，快递员 259 人，外卖送餐员 66 人，家政服务员 168 人，护工护理员35人，商场信息员66人，房产中介员9人，保安员256人。新建4家新就业形态劳动者工会，在永安镇建立新就业形态劳动者“职工之家”“职工服务站点”，实行“一站式”服务职工。

（李跃珍）

【劳动竞赛】 2022年，县总工会聚焦服务全县重点工程建设和行业领域发展，在抽水蓄能等重点建设项目和行业领域持续开展以“当好主人翁、建功新时代”为主题的劳动和技能竞赛12场次，山西大瑞食品加工有限公司获第六届“三晋新农人”创业创新竞赛创业组三等奖，被山西省农林水劳动竞赛委员会记二等功。（李跃珍）

【技能比武】 2022年，县总工会完成全民技能培训6500人（次），开展“五小”发明创造、合理化建议等活动，完成技术革新、技术攻关467项，实现创新成果154项，累计提出合理化建议3891条。（李跃珍）

【会员关爱行动】 2022年，县总工会开展关爱工会会员工作。认定符合返还条件的小微企业35家，全额返还工会经费30余万元。推进职工一次性电子消费券发放工作，为899名工会会员发放电子消费券27万元。开展中央财政、省财政专项帮扶资金发放活动，帮扶在档国家级困难职工19户，为50户困难职工发放帮扶资金40余万元，其中为困难职工发放医疗救助9.6万元，为“双包联”困难户发放救助金8万元。7月21日，配合山西省总工会“送理论、送文化、送温暖、进项目、进企业、进工地”慰问演出活动到山西浑源抽水蓄能电站项目工地，8月2日至3日，县总工会组织开展2022年“关爱职工·夏送清凉”慰问活动，慰问炎炎夏日奋战在一线的企业职工。（李跃珍）

2022年7月21日，山西省总工会在山西浑源抽水蓄能电站项目工地举行慰问活动（侯秉富 摄）

【新就业形态劳动者建会入会】 2022年，县总工会做好新就业形态劳动者建会入会和权益维护工作。开展“送法进企业·新就业形态劳动者权益保障”“百千万法律帮扶”，定向慰问和法律援助等职工权益维护“五大”专项行动。开展“关心关爱新就业形态劳动者送温暖慰问活动”，为140名快递员、外卖配送员发放棉大衣、棉手套、护膝等暖冬物品，提升工会对新就业形态劳动者的组织覆盖和工作覆盖，推动新就业形态劳动者建会入会。（李跃珍）

【“职工之家”职工服务站点建设】 2022年，县总工会在永安镇建立新就业形态劳动者“职工之家”职工服务站点，实行“一站式”服务职工。截至年底，全县建成“职工书屋”3家，“工会爱心驿站”12家，“妈咪小屋”5家，其中，2家“工会爱心驿站”被评为省总工会级优秀“工会爱心驿站”，1家“妈咪小屋”被评为省级“妈咪小屋”。县永安寺、悬空寺、柳河路、神溪湿地、税务局永安5家户外劳动者爱心驿站被命名为省级优秀“工会爱心驿站”，其中，县永安寺、悬空寺、柳河路、神溪湿地4家“工会爱心驿站”被命名为“省政府2022年民生实事项目——户外劳动者爱心驿站”，浑源县神溪湿地户外劳动者爱心驿站入选2022年全国“最美工会户

外劳动者服务站点”。（李跃珍）

【劳模选树慰问】 2022年，县总工会开展劳模选树推荐工作。选树的浑源恒吉利商贸连锁有限责任公司恒吉利超市蔬菜组被命名山西省工人先锋号，推荐恒山黄芪（浑源）文旅康养产业有限公司申报大同市五一劳动奖状资格，推荐浑源中学高三年级组为大同市工人先锋号，推荐农民工杨文锦、荣晓芳，浑源中学教师朱金慧、浑源县人民医院检验科副主任王鹏为大同市获得五一劳动奖章人选。春节期间慰问省劳模29人，发放慰问金3.5万元。（李跃珍）

【工会系统助力新冠疫情防控】 2022年，县总工会做好新冠疫情防控。1月20日、21日，组织慰问防疫人员。4月20日，开展“同心抗疫 工会行动”送温暖专项行动，设置“流动爱心驿站”，配备急需生活保障物资。6月2日，开展“我为群众办实事”活动，为防疫一线人员送上遮阳棚、防暑降温应急药、矿泉水等物品。7月6日，组成慰问组分别走访慰问防疫一线职工，为“流动爱心驿站”装上空调。10月26日起，响应号召参与浑源县新冠疫情防控各项工作。（李跃珍）

【职工权益宣传】 2022年3月8日，联合县司法局在栗毓美广场开展女职工维权行动月暨《中华人民共和国工会法》宣传活动。4月25日，县总工会组织各级工会观看中华全国总工会和中央网信办联合主办的2022年“网聚职工正能量，争做中国好网民”主题活动启动仪式。4月29日，联合浑源县卫健局等部门以“一切为了劳动者健康”为主题，开展《中华人民共和国职业病防治法》宣传活动。6月16日，在锦联汇广场开展主题为“遵守安全生产法、当好第一责任人”安全生产月宣传活动，活动发放全民应急安全知识手册、安全生产宣传单等各类宣传资料8万份，接受咨询人数50余人。9月11日，在栗毓美广场开展2022年国家网络安全宣传周“个人信息保护主题日”宣传活动。（李跃珍）

2022年6月28日，浑源县总工会在黄芪文化园举行“职工心向党 喜迎二十大”演讲赛。图为6月29日颁奖现场（侯秉富 摄）

【“职工心向党 喜迎二十大”全县职工演讲比赛】 2022年6月28日至29日，县总工会在黄芪文化园举行“职工心向党 喜迎二十大”全县职工演讲比赛，46个代表队的49名选手经过两天比赛，16名选手分获个人一等奖、个人二等奖、个人三等奖及个人优秀奖。（李跃珍）

共青团浑源县委员会

【概况】 2022年，共青团浑源县委员会（简称“团县委”）贯彻落实习近平总书记关于青年工作的重要论述，推动《浑源县青少年发展规划实施重点工作（2019—2025）》中长期规划落实，形成党建带团建和“凝聚青年、联系青年、引导青年、服务青年”四维工作格局。加强基层团组织建设，截至年底，全县有基层团组织395个。其中，团委40个，团工委1个，团总支1个，团支部292个，毕业生团组织57个，待接转团支部4个。

新发展团员共计334人。其中，高中新发展团员100名，初中新发展团员200名，中职新发展团员20名，社会领域新发展团员14名。

（王 任）

【青少年思想政治引领】 2022年，团县委利用重要纪念日开展系列活动，引领全县青少年永远跟党走，奋进新征程。2月18日，召开浑源县2022年寒假大学生“返家乡”社会实践活动座谈会及志愿表彰会。4月23日，共青团浑源县永安镇委员会开展主题为“坚持党建带团建，赋能青春谱新篇”团建活动，攀登翠屏山清理风景区沿途垃圾。4月29日，团县委召开以“强国复兴，奉献有我”为主题的“五四”青年节座谈会，100余名青年共谈发展。5月5日、5月20日，分别到浑源三中、大方职业高中参加新团员入团宣誓仪式，三中29名学生、大方职业高中25名学生宣誓入团。5月10日，组织全县各级团组织及少先队组织，通过网络集中收看庆祝中国共产主义青年团成立100周年大会。

（王 任）

【智慧团建】 2022年，团县委对“智慧团建”系统中的各乡（镇）管理员进行更新，发布全县17个流动团员团支部联系方式。开展习近平新时代中国特色社会主义思想、中共二十大战略部署、习近平总书记“五四”重要回信精神等专题学习，完成系统中434个支部的必学专题学习录入工作，录入率100%。

（王 任）

【青年之家建设】 2022年，团县委指导全县青年之家活动开展工作，全年开展活动100余次。全年申报永安镇青年之家、东坊城乡青年之家、青磁窑镇青年之家3家市级三星级评定。 （王 任）

【少先队工作】 2022年，团县委落实县级少工委工作经费2.7万元。指导鑫源小学六（2）中队申报全国红领巾中队，“六一”前夕，各小学全童“分批入队”。指导各中小学开展“学习二十大、争做好队员”主题队日暨一年级新生入队仪式活动。 （王 任）

【青少年权益维护】 2022年，团县委派出1名“矛调专员”，每周二在法院调解室值班，做好相关矛盾调解工作。开发青少年法治宣传教育产品，印发《青少年自护手册》《预防青少年违法犯罪手册》等宣传资料1000余册，结合“法律进校园”活动，开展日常宣传和主题宣传活动。在鑫源小学、穆岳小学2所小学开展“青春与法同行”法律知识讲座，开展“未成年人保护及预防青少年违法犯罪”专题讲座活动。 （王 任）

【青年人才服务】 2022年，团县委积极与县人社局、县工信局、县农业农村局合作，重点围绕全县正在开展的乡村振兴、文化旅游等中心工作，组织开展青年技能人才培训，课程涉及电子商务、中药材炮制等方面，引导青年为县域发展贡献力量。年内，培训青年人才120余人。 （王 任）

【新社会组织团建】 2022年，团县委筛选符合建团条件的单位以及组织进行团组织全覆盖，新发展社会传统领域团组织11个，“两新”领域团组织增加38个，建立团属青年突击队共17支，16个乡（镇）青年之家阵地全部建成并使用，浑源县青年志愿者协会常态化联系青年400余人。 （王 任）

【青年就业服务】 2022年3月，团县委、县人力资源和社会保障局联合举办2022年春季大型招聘会，覆盖全县16个乡（镇）。岗位设置呈现多元化、多层次、多类别等特点，涉及浙江、江苏、安徽、天津等省（市），提供机械、电气、质检等53个工种，312个就业岗位，缓解企业“招工难”、劳动者“就业难”的“两难”问题。 （王 任）

【青年志愿服务】 2022年，团县委组织全县部分乡（镇）团委书记、少先队辅导员、志愿者30人到浑源县黄芪文化园，开展“挖掘家乡黄芪文化·助力浑源乡村振兴”活动。1月15日，团县委组织大学生志愿者到县政务服务大厅开展志愿服务。1月25日，团县委开展“返家乡”大学生志愿服务活动，组织返乡大学生到浑源州署配合开展新冠疫情防控工作。1月28日，组织10余名青年学子，到永安禅寺助力浑源文旅振兴。3月

5日，联合县学雷锋志愿者协会、县消防救援大队等80余名志愿者，到永安西街开展“浑源古城学雷锋美化环境我先行”保护古城环境活动。4月15日，联合县青年志愿者协会组织志愿者10余名在兴源小区、栗毓美广场开展“国安才能国治，治国必先治安”国家安全教育日宣传活动，发放宣传资料500余份，医用口罩200余个。5月7日，组织全县志愿者部分团组织负责人20人，到浑源州署开展“探索浑源古迹·宣传浑源文化——五四青年节系列活动”。5月11日，联合县税务局到浑源七中开展“税润校园”主题宣讲活动暨个税政策辅导座谈会。6月10日，联合县人大、县委政法委、县人民法院、县思源社区党工委，组织志愿者在思源社区集中开展以“惩治养老诈骗，维护合法权益，共建平安山西”为主题的法治宣传活动，解析提供“养老服务”、投资虚假“养老项目”、销售虚假“养老产品”、虚假代办养老保险、虚假低价旅游等十类常见的骗局和套路，并发放宣传资料。

（王　任）

【暑期“返家乡”大学生“三下乡”社会实践活动】 2022年7月8日起，团县委联合山西工程职业学院在西留村乡开展为期7天的暑期“返家乡”大学生“三下乡”社会实践活动。活动以“喜迎二十大，永远跟党走，奋进新征程”为主题，分6支队伍，分别开展党史宣讲、劳动实践、电商扶贫、志愿服务、文艺职教志愿服务表演。

（王　任）

【共青团专项会议】 2022年12月8日，团县委召开2022年全县青少年工作联席会议暨共青团基层组织改革推进会，会议听取《2022年度全县青少年工作报告》；审议《浑源县青少年发展工作2022年重点任务清单》《浑源县青少年发展统计监测指标》。12月9日，团县委组织召开2022年预防青少年违法犯罪专项组工作联席会议，通报2021年全县预防青少年违法犯罪工作考核情况，安排部署工作。

（王　任）

2022年5月11日，浑源县团县委联合县税务局到浑源七中开展“税润校园”主题宣讲暨个税政策辅导座谈会　（安兴旺　摄）

浑源县妇女联合会

【概况】 2022年，浑源县妇女联合会（简称“县妇联”）常态化开展法律、安全、拒赌防毒等知识进家庭进学校活动，把“美丽庭院”创建作为参与乡村振兴战略抓手，实施“巾帼建新功+绿水青山”行动，发挥妇女和家庭在推进生态宜居、乡风文明和环境保护中的作用，在全县范围内开展深化“庭院美”“室内美”“身心美”“厨厕美”“村庄美”的“美丽庭院”创建活动。全年累计创建市级“美丽庭院示范户”9户、“乡风文明户”8户。截至年底，全县有县直机关妇联39个、社区妇联11个、乡（镇）妇联16个、村级妇联213个。

（高　芳）

【县妇联被评为“山西省维护妇女儿童权益先进集体”】 2022年，浑源县妇联树立大维权理念，以“服务妇女儿童，维护合法权益，构建温暖之家”为目标，在为妇女儿童办好事、做实事、解难事上出实招。通过线上线下开展普法宣传，常态化开展法律、安全、拒赌防毒等知识进家庭进学校，宣传《中华人民共和国反家庭暴力法》等，持续做好妇女儿童普法宣传和典型培树，涌现出温淑琴等“全省五好家庭”及省、市、县先进典型家庭60余个，累计为“两癌”妇女发放救助金68万元，为弱势妇女提供法律援助108件，县妇联被省妇联评为“山西省维护妇女儿童权益先进集体”。（高 芳）

2022年7月5日，浑源县妇联在南关村评选表彰“文明家庭”“道德模范”“好婆媳”“好妯娌”“好儿女”等模范代表（杨 钦 摄）

【妇女主题活动】 2022年，县妇联通过组织系列宣传活动，引领全县妇女争当新时代女性，做社会新风的引领者、文明传播的倡导者、勤俭节约的先行者、世风转变的实践者。3月8日，县妇联主办，县人社局、国家统计局浑源调查队协办，在锦联汇广场举行浑源县2022年“三八维权月 法律进万家”暨“推动移风易俗、弘扬时代新风”宣传活动，发放环保袋及《中华人民共和国妇女权益保障法》《中华人民共和国婚姻法》《中华人民共和国民法典》《中华人民共和国未成年人保护法》《中华人民共和国反家庭暴力法》和妇女健康知识等宣传资料。县妇联制定《浑源县“清廉家庭”建设实施方案》。4月，县妇联开展“清廉浑源·长城脚下多巧娘”——门帘、手工老旧物件和妇女手工艺术作品收集展示活动，征集到老物件、传统手工艺品近150件，助推清廉浑源建设。7月5日，组织各乡（镇）妇联主席联合步云社区、永兴社区党员到党群服务中心开展以“巾帼心向党、一起向未来”为主题的红色教育主题党日活动。（高 芳）

【服务妇女创业创新】 2022年3月8日，县妇联主办，在三八维权月期间，引进省内外用工单位11家，提供岗位980个。活动现场接待女性求职人员109人，达成就业意向68人，推荐参加保姆育婴培训3人。确定在当地就业26人。7月25日，助力位于浑源州署东侧的“石奶奶手作坊”开业，成为浑源县首个妇女手工创意基地，集制作、收集、展览、销售于一体，让妇女们在就近就业和发展增收的同时，加大对优秀传统文化的传承保护。（高 芳）

【家庭文明家风建设】 2022年，县妇联以“服务妇女儿童，维护合法权益，构建温暖之家”为目标，开展“平安家庭”“最美家庭”“浑源好媳妇”等评选活动，涌现出温淑琴等“全省五好家庭”及省、市、县先进典型家庭60余个。3月23日，县妇联工作人员到东坊城乡水磨疃、东尾毛等村，为获大同市妇联“美丽庭院”示范户和“乡风文明户”的家庭送奖上门。3月25日，为浑源县学雷锋志愿者协会颁发“妇女之家”牌匾，为爱心公益协会表现突出的王海霞和张海英申报大同市最爱家庭。7月5日，县妇联在南关村评选表彰“文明家庭”“道德模范”“好婆媳”“好妯娌”“好儿女”等模范代表。（高 芳）

【巾帼建功行动】 2022年，县妇联联系有关单位，开展一系列建功行动。3月25日成立浑源县学雷锋志愿者协会妇女委员会。5月12日，联合县人民检察院、县科教局在穆岳小学挂牌成立“家庭教育指导工作实践站”。5月27日，联合县检察院到凯德世家小学，开展“法治进校园，护航未成年人健康成长”普法宣传活动。6月5日世界环境日，联合大同市生态环境局浑源分局在锦联汇广场开展“共建清洁美丽世界”主题宣传活动。6月15日，联合中国农业发展银行浑源县支行金融知识宣传小分队，在思源社区开展“金融知识万里行、守住钱袋子”宣传活动。6月26日，联合浑源县公安局禁毒大队开展以“禁毒防艾、远离毒品、关爱未来”为主题的宣传活动。（高　芳）

【关爱儿童健康成长】 2022年1月22日，县妇联在天峰社区开展“我们的节日——春节”少儿绘画活动。在凯德世家小学开展以“珍爱生命，远离危险水域”为主题的安全知识教育宣传活动。2月23日，浑源县妇联携手爱心企业在沙圪坨学校开展捐赠活动。5月27日，联系县检察院等单位举办“携手落实‘两法’、共护祖国未来”检察开放日系列活动，贯彻落实《中华人民共和国未成年人保护法》《中华人民共和国预防未成年人犯罪法》《中华人民共和国家庭教育促进法》。6月1日，联系县检察院开展“送法进校园”凯德世家小学普法宣传活动。7月15日，开展“少年儿童心向党，用心用情伴成长”——暑期儿童关爱服务活动，引导少年儿童健康快乐成长。（高　芳）

【贫困妇女儿童帮扶】 2022年9月7日至9日，县妇联邀请社会各界爱心人士共同参与“99公益日”助力困境女童成长活动、帮老龄妇女解难纾困活动。有843位爱心人士捐款11829.1元，为大同市困境女童送去1182份资助金。11月18日，县妇联举行全国妇联低收入妇女“两癌”救助项目救助金发放仪式，为8名符合救助条件的患病妇女每人发放1万元救助金。截至年底，浑源县累计为“两癌”妇女发放救助金68万元，为弱势妇女提供法律援助108件，开展“母亲邮包”“回家行动”等活动，为困难妇女家庭和留守儿童发放慰问金、慰问品累计32.6万元。（高　芳）

2022年6月1日，浑源县妇联联系县检察院开展“送法进校园”凯德世家小学普法宣传活动（高　芳　摄）

浑源县科学技术协会

【概况】 2022年，浑源县科学技术协会（简称“县科协”）发挥党和政府联系科学技术工作者的桥梁和纽带作用，坚持科技创新和科学普及，加强科技宣传，推动全县科学技术事业发展。推荐浑源县5名科技工作者参与大同市“最美科技工作者”评选，县畜牧发展中心高级畜牧师孙高东被评为大同市“最美科技工作者”。截至年底，全县有乡（镇）科协16个，工作人员50人。（王亦龙）

【主题科普活动】 2022年3月23日，县科协联合驼峰学校师生到农村科技馆开展第二次“天宫课堂”现场直播课，感受太空宇宙的奥秘和神奇。9月，以“喜迎二十大，科普向未来”为主题，结合食品安全宣传工作，在县城主要街道、重要场所悬挂横幅，推动崇尚科学风尚。9月20日，在锦联汇广场开展科普宣传活动，提供《大同科普》《垃圾分类》《新冠疫情防控知识读本》《青少年食品安全》等科普类读物，解答群众提出的关于生活、健康等方面问题。与县教科局、农业农村局等全民科学素质成员单位合作，引导群众参与2022年山西省公众科

学素质网络知识竞赛活动，弘扬科学精神、普及科学知识。（王亦龙）

【应急防疫科普宣传】 2022年，县科协在新冠疫情防控各阶段宣传防疫健康知识、心理疏导方法等，通过云MAS业务，发送新冠疫情防控科普宣传短信4500余条。针对浑源县新冠疫情，通过微信等渠道，宣传新冠疫情防护小知识，到全县各校区、商场等主要区域张贴新冠疫情防控科普宣传挂图，内容涉及“新冠疫情正确防护知识”“奥密克戎病毒的特点”“疫情检测的内容与区别”等。在新冠疫情期间，县科协参与进驻小区新冠疫情防控、科普宣传、居民物资保供等。（王亦龙）

浑源县工商业联合会（总商会）

【概况】 2022年，浑源县工商业联合会（总商会），［简称“县工商联（总商会）”］，发挥工商联“桥梁”和“纽带”作用，加强与民营企业家的联系沟通，解决民营企业在政策、融资等方面存在的困难和问题，促进非公经济“两个健康”发展。截至年底，县工商联累计有会员单位103家，会员103人。（张　琦）

【非公经济人士思想政治引领】 2022年，浑源县建立《浑源县四套班子领导干部联系民营企业工作制度》，每人联系两家民营企业。县工商联（总商会）加强民营经济人士思想政治建设和落实民营经济意识形态工作，多次举办理论学习培训班和外出参观学习活动，累计培训130余人。宣传党的理论和方针政策，重点学习《中共中央关于党的百年奋斗重大成就和历史经验的决议》《中国共产党统一战线工作条例》《中国工商业联合会章程》《关于加强新时代民营经济统战工作的意见》等内容，宣传中国特色社会主义道路，引导民营企业家在思想上与党同心同德，目标上与党同心同向，行动上与党同心同行。在民营企业家代表人士中开展以守法诚信为主要内容的理想信念教育活动，引导非公经济人士提振信心，依法经营，诚实守信。（张　琦）

【民企服务保障】 2022年，县工商联（总商会）围绕全县改革发展等重点任务，组织民营企业家代表现场观摩全县脱贫攻坚、乡村振兴、古城建设、农村教育等，通过“两会”和其他渠道，引导和组织民营企业家为促进浑源经济建设积极建言献策。细化分解浑源县出台的鼓励和支持民营经济发展18条政策措施，逐条逐项落实到21家涉及民营经济发展的责任单位。推动黄芪产业与高校合作，加大黄芪对外宣传。成立黄芪商会组织，引导黄芪产业向高、精、深加工发展。5月17日，组织召开浑源县政银企对接合作会议。各相关部门单位、金融机构负责人、企业家代表70余人共商合作发展并达成初步合作意向。截至年底，县工商联（总商会）为民营企业提供各类政策信息和经济信息120余条。（张　琦）

【商会建设】 2022年，县工商联（总商会）发挥团结、教育、引导、服务非公经济人士作用，加强组织建设、壮大商会队伍，把服务工作延伸到非公经济发展的各个层面。截至年底，实现16个乡（镇）有分会，大村有组织。（张　琦）

【民企助力抗疫】 2022年，浑源县民营企业家面对全市新冠疫情防控严峻形势，第一时间捐款捐物，为教育捐款7.5万元。10月18日，派出3辆满载捐赠生活物资的运输车支援云州区新冠疫情防控工作。据统计，年内新冠疫情防控期间，山西恒山茶业有限公司、山西恒悦饮用水有限公司、浑源县华宸食品有限公司、浑源县鑫泰名车汇、山西恒山茶业有限公司等民企捐赠价值9万元的物品物资。（张　琦）

【县工商联（总商会）第十五次会员代表大会】 2022年1月5日，县工商联（总商会）第十五次会员代表大会召开。县人大常委会主任李跃新，县政协主席李启忠，县委常委、组织部部长、统战部部长王小军出席会议，市工商联副主席王建平到会祝贺。会议审议通过县工商联第十四届执委会

2022 年 1 月 5 日，浑源县工商联（总商会）第十五次会员代表大会召开

（张　吉　摄）

的工作报告，选举产生新一届的县工商联主席、副主席、副会长、秘书长、常务委员、名誉主席。

（张　琦）

【清廉民营企业建设座谈会】　2022 年 8 月 3 日，清廉民营企业建设座谈会在工商联会议室召开，15 家民营企业家代表参加会议，会议制定《关于推进清廉企业建设构建亲清政商关系的实施意见》，安排部署全县民营企业清廉创建活动，确定民营企业山西裕隆祥有限责任公司、宏大汽车综合性能检测有限公司两个试点，实现清廉民企建设全方位、全链条整体推进。　（张　琦）

【民企涉纪涉法维权机制座谈会】　2022 年 8 月 5 日，县工商联（总商会）组织召开建立民营企业涉纪涉法维权机制座谈会，由统战部、工商联牵头，出台《关于建立民营企业涉纪涉法维权机制的指导意见》，保障民营企业在生产经营和涉法涉诉的知情权、参与权、表达权和监督权，维护民营企业合理诉求，营造法治化的营商环境。　（张　琦）

浑源县文学艺术界联合会

【概况】2022 年，浑源县文学艺术界联合会（简称“县文联”）围绕全县确定的“举文化生态牌、建特色休闲城、走旅游康养路”的战略思路及全县文艺工作实际，开展各项工作，为弘扬民族精神和时代精神、满足人民群众的文化需求贡献文艺力量。截至年底，县文联有美术家协会、书法家协会、硬笔书法协会、诗词朗诵协会、老年书画家协会、文艺志愿者协会、摄影协会 7 家文艺组织，各类会员 508 人。其中，美术家协会 45 人、书法家协会 52 人、硬笔书法协会 42 人、诗词朗诵协会 69 人、老年书画家协会 48 人、文艺志愿者协会 72 人、摄影协会 180 人。有贫困山区合唱团、北岳艺术团 2 家文艺群体，会员 105 名。（杨新儒）

【文艺为民服务】　2022 年 1 月 2 日，县文联联合西顺村党支部开展“文艺进乡村 · 新春送春联”活动，为村民写春联 200 余副。1 月 9 日，山西省文联文艺志愿服务小分队走进包点帮扶的蔡村镇文家

2022 年 1 月 9 日，山西省文学艺术界联合会文艺志愿服务小分队到浑源县蔡村镇文家庄村开展“走基层 送温暖”活动　（乔海荣　摄）

庄村，开展“走基层 送温暖”活动。1月14日，联合县委统战部、团县委等单位，组织部分书画家举办书画展，与企业家交流共谋浑源发展。从4月3日起两个余月时间，组织部分作家、诗人开展“全民动员·抗疫必胜”“众志成城·抗疫必胜，浑源文艺界在行动”等抗疫主题文艺作品创作活动，部分诗歌在“今日头条”《耘社诗刊》等媒体上发表，选送市文联“众志成城 共抗疫情”大同作家作品发表。5月，组织“五一”黄金周文艺演出活动，组织浑源县书画家参加大同市第四届“劳动者之歌”职工书画展，袁和军、李健等书画家作品入展。（杨新儒）

2022年10月9日，浑源县文联举办“恒久北岳 厚道浑源”——大同书法名家书歌浑源采风创作活动。图为书法创作现场（乔海荣 摄）

【恒山文化研究】 2022年，县文联组织部分文史研究者和作家开展恒山文化研究工作，在《小品文》《大同日报》等报刊上发表《浑源县十大未解之谜》《北岳恒山会仙府神仙文化解读》等研究文章，其中《美国旅行家盖洛眼中的八角形圣城》在省委党刊社《映像》杂志上发表，并被中宣部“学习强国”学习平台转载。3月11日，大同市恒山文化研究会工作会暨北岳恒山书画交流联谊会召开，县文联负责人介绍《恒山》杂志复刊情况。4月8日，县文联参与组织成立恒山书院，联合书院部分会员就恒山文化的宣传和研究主题开展研究和探讨。4月18日，参与组织部分文史学者、作家诗人走进恒山景区为景区干部职工作恒山文史讲座。4月19日，参与组织武术教师到浑源三中等校园开展恒山武术文化进校园活动。（杨新儒）

【文艺助力区域发展】 2022年，县文联围绕县委中心工作，组织部分文艺工作者开展主题创作，助力浑源发展。参加首届“清廉大同”廉洁文化艺术主题活动，浑源10余位文艺工作者作品入选入展。组织省市县书画家举办“清廉浑源”书画展，90余幅作品参展。3月7日，参加“典藏恒山、乐游古城”座谈会，推进北岳文化陈列展览工作。7月1日，组织开展“喜迎中共二十大书画笔会”，参与组织浑源县“喜迎二十大”暨统一战线政策提出100周年书画展。7月，组织诗人创作凉粉、黄芪、土豆、莜面等主题诗歌，为乡村振兴助力。（杨新儒）

【采风创作活动】 2022年6月3日，县文联组织开展“端午祭栗公”同题诗会活动，创作同题诗歌作品48首。7月中旬，第六期《微芒》诗刊编辑出版，开设星空、部落、地理、诗评、古韵含珠等专栏，累计出版7期。10月9日至10日，组织中国书法家协会大同会员举办“恒久北岳 厚道浑源——碧连天杯”大同书法名家书歌浑源采风创作活动，创作书法作品39幅。11月8日，召开《从浑源古城走出的名人》创作人员线上座谈会，30名文史研究者从古城与名人、名人与发展、沟通与联系等方面畅叙感悟。（杨新儒）

浑源县残疾人联合会

【概况】 2022年，浑源县残疾人联合会（简称“县残联”）立足保障和改善残疾人民生，提升残疾人公共服务水平和生活品质，组织农村贫困残疾人开展实用技术培训、技能培训工作，资助残疾人大学生及残疾人家庭子女大学生。实施残疾人家庭无障碍改造工程，开展持证残疾人基本服务状况调查，加强省政府民生实事工作及康复工作，申报发放残疾人机动轮椅车燃油补贴，开展残疾人维权服务。截至年底，全县有基层乡（镇）残联16个，行政村残协213个，乡村工作人员228人。全县持证残疾人总数3737人。其中，视力残疾261人，听力残疾167人，言语残疾293人，肢体残疾1960人，智力残疾655人，精神残疾200人。（郭　松）

【残疾人就业服务】2022年，全县残疾人新增就业78人。其中，城镇新增就业24人，农村新增就业54人。农村种植养殖加工3537人，灵活就业200人。（郭　松）

【残疾人脱贫攻坚成果巩固】2022年，县残联经入户访视确定，浑源县未解除返贫风险残疾人68人。针对残疾人家庭返贫风险点，开展残疾人返贫和帮扶两个环节的动态监测，制定出台《巩固拓展残疾人脱贫攻坚成果有效衔接乡村振兴工作行动计划》，涉及残疾人就业培训行动、残疾人社会保障行动、残疾人康复行动、残疾人助残帮扶行动、残疾人教育扶助行动、残疾人托养服务行动、残疾人兜底保障行动等，因人因户实施精准帮扶，确保风险未消除残疾人不返贫。6月20日至28日，举办农村困难残疾人实用技术培训，全县40位生活困难残疾人参加培训。按照贫中选贫、困中选困、最需帮扶，且通过帮扶基本可以稳定脱贫、有一定示范带动作用原则，从农村纳入建档立卡的残疾人家庭中，选择有劳动能力、有就业愿望的残疾人户30户，确定帮扶对象名单，签订帮扶协议，帮扶资金每户6000元。（郭　松）

【残疾人康复服务】2022年，县残联加强省政府民生实事工作的落实，实施残疾人精准康复服务行动，强化基本康复保障，精准需求康复服务率85%。实施残疾人辅助器具的配发工作，增强残疾人参与社会生活的适应能力。全年残疾人无障碍改造100户。对0~6岁儿童筛查诊断项目，任务数13名，完成数20名，完成率153.9%；疑似残疾评定项目，任务数399名，完成数772名，完成率193.5%；残疾儿童抢救性康复项目，任务数41名，完成数67名，完成率163.4%。6月至12月从各乡（镇）各村确定服务对象50名，由大同恒奇精神病医院有限公司实施中央资金“阳光家园计划”残疾人托养服务工作。（郭　松）

【扶残助残活动】2022年，县残联相继开展“我为群众办实事”实践活动、“追忆峥嵘岁月、不忘初心使命”、“八一”慰问老兵主题志愿活动、“情暖中秋　与爱同行”公益慰问活动，共慰问残疾户10户，老兵9人，送去价值3万余元慰问品。（郭　松）

【扶残助学活动】2022年，县残联按照《山西省彩票公益金扶残助学项目实施方案（2021—2025）》要求，确定4名符合条件的残疾人大学生和残疾人家庭子女大学生，全年每名资助5000元。协助海南成美慈善基金会确定浑源县10名事实孤儿接受“爱助事实孤儿”助学激励金。（郭　松）

【残疾人权益保障】2022年，浑源县为无劳动能力持证残疾人全覆盖办理意外伤害保险，县政府承担保费每人50元。残疾人机动轮椅车燃油补贴发放7人，每人260元，合计1820元。（郭　松）

【残疾人文体活动】2022年5月，县残联开展以“科学防疫　康复健身　融合发展　乐享生活”为主题的浑源县第十二届残疾人健身周活动，普及体育运动项目5项。5月26日，县残联、县残联扶残助残志愿者协会组织永安镇恒麓社区及新时代文明志愿服务站22名志愿者，到县特教学校开展欢度“六一”志愿红+梦想关爱助学慰问活动，向孩子们捐赠价值2000余元的爱心T恤和文具。（郭　松）

【持证残疾人基本状况调查培训】2022年9月1日，县残联召开全县持证残疾人基本状况调查工作会议，讲解调查工作整体要求、工作流程、工作指标、信息录入及数据上报等。培训县乡两级调查员224人，11601名持证残疾人接受问卷事项调查。（郭　松）

浑源县红十字会

【概况】2022年，浑源县红十字会(简称“县红十字会”)弘扬“人道、博爱、奉献”精神，发挥在人道领域的政府助手作用，建立和完善基层组织建设，加强业务培训，提高干部工作能力和工作质量，提高筹资能力和救助能力，扩大红十字救助范围和红十字博爱精神的影响力。截至年底，全县有12个基层红十字会组织，团体会员单位2个，红十字志愿服务队2支，红十字会员1117人、注册志愿者72人。

（王守中）

【红十字会主题宣传活动】2022年，县红十字会开展“5·8”世界红十字日博爱周宣传系列活动：组织中国红十字会总会举办的“5·8”人道公益日互联网筹资项目活动，浑源县有近500名红十字志愿者参加，组织募捐团队4个，志愿者个人捐款4922元；开展“文明大同——红十字在行动”线上讲故事比赛活动，县红十字志愿者王磊作品入围，参加大同市红十字会网上投票活动，总票数位居全市第四名；组织20余位志愿者向群众发放关于“5·8”世界红十字日知识宣传手册、《中华人民共和国红十字会法》宣传手册、红十字救护知识、心肺复苏救护知识等科普宣传资料1100余份。开展防灾减灾救灾宣传周活动，发放宣传单、宣传册等资料1000余份，受益人数1000余人。9月11日，开展“世界急救日”宣传活动，普及应急救护知识和技能，发放宣传品4000余份。受益人群1万余人（次）。在“浑源县红十字会”微信公众号上推送宣传初级救护员培训的重要性、初级救护员基本技能及红十字运动知识等近100条。（王守中）

2022年6月25日，浑源县红十字会在浑源中学举办红十字应急救护知识培训班（段 愫 摄）

【应急救援能力建设】2022年，县红十字会向上级红十字会争取到自动体外除颤器2台，分别安装在浑源中学、浑源县汽车站，对两处工作人员开展应急救护知识和心肺复苏技能培训。举办应急救护知识进乡村活动。组织红十字志愿者到西坊城镇、裴村乡等3个行政村，开展以心肺复苏为主要内容的急救知识培训活动，受益人群500余人。开展县初级救护知识与技能培训，全年培训救护员130人，使县初级救护员队伍扩大到930人。

（王守中）

【疫情专项捐款活动】2022年，县红十字会在新冠疫情发生后，第一时间向全县发出倡议，号召全县各机关事业单位、各企业及社会各界爱心人士为抗击新冠疫情捐款，全年获新冠疫情专项捐款70万元。向上级红十字会落实1253床棉被，捐赠给县工信局，由县工信局统一发放到全县新冠疫情防控第一线。组织210名红十字志愿者开展新冠疫情防控工作，参加总人（次）620人（次），服务总时长5200小时。（王守中）

法　治

政法委与综治

【概况】 2022年，中共浑源县委政法委员会(简称"县委政法委")始终以习近平新时代中国特色社会主义思想为指引，团结带领全县政法干警和平安建设各条战线的基层力量，以中共二十大精神为引领，打好风险防范、矛盾化解等各项战役，健全完善执法执纪监督长效机制，持续巩固、拓展学习教育成果，持续提升平安浑源建设社会化、法治化、智能化水平。执法执纪督察室每月常规督查县政法各单位及派出机构的纪律作风和廉政建设情况，年内开展督查12次。截至年底，全县重大社会稳定风险预警率96%以上，处置率100%，刑事案件比上年下降11.8%。 （赵　竞）

【平安浑源建设】 2022年，县委政法委贯彻总体国家安全观，召开部署会、推进会、协调会等各类会议20余次，制订工作方案、应急预案17个，建立健全工作机制21项，统筹推动中共二十大安保工作落实；召开政法委员全体会议2次，书记办公会3次，协调解决重大问题10余次，定期向县委呈报社会形势研判报告4次，向市委政法委报告重大案事件10余次，进驻县人民法院开展政治督察，确保《中国共产党政法工作条例》职责落实。选派44名优秀干警担任法治副校长，配备村（社区）法律顾问25名，选聘兼职人民调解员709名，加强基层治理队伍；坚持发展新时代"枫桥经验"，实行领导带头"无假日"接访，化解矛盾纠纷1000余件。对标市域社会治理现代化38项工作任务，推进县乡村综治中心规范化建设，完成"政法综治"智能化建设项目，探索实践心理健康"培训+咨询+服务"，打造乡村治理"数字综治"智能平台。持续创优法治营商环境，快速处置涉企事项、为企业纾困解难办实事300余件。针对流浪乞讨人员和重点青少年群体，协调民政、团委等相关职能部门，给予必要的帮扶和救助。 （赵　竞）

【社会治安整治】 2022年，县委政法委聚焦社会治安，在打击犯罪上持续发力，维护社会大局稳定。开展"扫黑恶、治电诈、打盗抢、禁毒品、护民生"和夏季治安打击整治"百日行动"专项行动，严厉查处各类违法犯罪活动。制定《学习宣传贯彻〈中华人民共和国反有组织犯罪法〉实施方案》，发放各类宣传资料2.1万份，张贴宣传海报520余份，悬挂宣传横幅471条，制发"三书一函"21份，核查涉黑9条线索。打击电信网络诈骗违法犯罪，整治黄赌违法犯罪，开展打击整治养老诈骗专项行动，整治食品药品环境违法犯罪。加强与自然资源、生态环境、应急等单位的协同配合，部署开展"昆仑2022"专项行动。侦办盗采矿产资源案件1起，打击处理犯罪嫌疑人4人，移送起诉2人，破获骗取医保案1起，采取强制措施13人，

办理非法出售运输散装汽油行政案1起，行政拘留1人。（赵 竞）

【风险隐患化解】 2022年，县委政法委聚焦防范重大风险隐患，集中力量开展整治行动。派驻最基层单位，建立应急处突力量，设立警务室，配备防暴处突工具，以县委、县政府为中心，落实“1、3、5分钟”快速响应机制，发现处置各类突发案事件。定期组织开展应急处突演练，加强对党政机关、学校、医院、车站等部位和场所的防护，最大限度震慑犯罪，挤压犯罪空间。强化属地部门协同配合，建立工作台账，形成问题清单，做到早发现、早处置。全年联合开展安全风险隐患排查155次，当场责令整改隐患问题5处。妥善处置“1·29”许村杀人案、“4·12”井上村火灾事故、“5·21”交通事故等事件。密切关注涉众型经济犯罪和地方债务、民间借贷、土地权属、教育医疗等各类社会风险。8月24日，县委政法委联合有关组织开展讲授主题为“拒绝网贷、理性消费”的心理服务公开课活动。全年县委政法委开展民生领域信访积案评查专项行动，评查相关案件15件，评查化解率100%。

（赵 竞）

【市域社会治理】 2022年，县委政法委推进“五治融合”（政治引领、自治强基、法治保障、德治教化、智力支撑）城乡基层社会治理机制和全科网格化建设全覆盖任务。出台《市域社会治理现代化试点工作半年攻坚行动实施方案》《浑源县市域社会治理现代化试点工作指引》等指导性文件19件，把市域社会治理现代化试点工作纳入“十四五”规划和平安建设考评体系，成立社会治理工作专项组，定期对38项任务跟踪督导，启动完成县综治中心搬迁新址、“一厅四室”（群众接待大厅，网络管理室、矛盾纠纷调处室、调度指挥室、心理服务室）规范化设置；推进乡（镇）党群服务中心与综治中心合署办公，实施“浑源县政法综治智能化建设项目”，截至年底，建成1个县级平台、16个乡（镇）平台。整合乡（镇）各类要素资源，把林田路井、矿产资源、河流沟壑等风险隐患点纳入管理范畴，落实事项准入制度，对党建、环境保护、安全生产、治安稳定、社情民意、公共服务、应急指挥、城市管理等事项，细化职责清单。截至年底，全县综治平台受理各类有效事件23686件。其中，矛盾纠纷类443件，治安问题492件，风险隐患类22030件，利益群体信访诉求类44件，其他事件587件；宣传工作90条等。（赵 竞）

法治政府建设

【依法治县】 2022年，浑源县成立县委全面依法治县委员会，审议通过并印发“两规则一细则”（《委员会工作规则》《协调小组工作规则》《委员会办公室工作细则》）。各乡（镇）、各单位相应成立由主要负责人为组长的法治建设领导小组及办公室，组建有89名依法治县联络员的法治建设队伍。印发《浑源县贯彻落实习近平总书记在中央全面依法治国工作会议上的重要讲话精神的任务清单》等文件。把党政主要负责人履行推进法治建设第一责任人职责纳入年度目标责任考核体系，建立领导干部学法长效机制，把习近平法治思想纳入县委中心组、县委党校、行政执法人员重点学习培训内容，提升领导干部法治思维能力。全年，县委常委会、中心组带头学习习近平法治思想5次；县委组织部、县委党校举办习近平法治思想专题讲座4次，培训干部2050余人（次）；通过“行政执法大讲堂”线上培训行政执法人员3000余人（次）。持续推进法治宣传，出台“八五”普法规划，常态化开展民法典、突发公共事件应对法、安全生产法、防范非法集资等各类法治宣传活动和送法下乡，在革命烈士陵园和栗毓美陵园等红色文化和传统文化基地融入法治元素，利用融媒体平台创办《律师说法》栏目，让法治观念深入人心。坚持以典型带动全域，创建民主法治示范单位和示范村，全年新申报国家级1个、省级3个民主法治示范单位和示范村。截至年

底，全县建成国家级1个、省级3个、市级12个民主法治示范单位和示范村。（薛培峰）

【行政复议和合法性审核】2022年，浑源县构建职责明确、依法行政的政府治理体系，研究制定浑源县《贯彻〈法治政府建设实施纲要（2021—2025）〉实施方案》，建立16个乡（镇）、27个县直单位年度法治建设报告公示制度，以及法治工作重要决定和方案备案台账，推进行政复议体制改革，推行行政规范性文件合法性审核机制。全年，受理行政复议申请5件，累计合法性审核行政规范性文件7件，县人民政府应诉行政复议案件3件。（薛培峰）

【行政决策跟踪】2022年，浑源县司法局完善重大事项决策法律顾问制度和听证、公示制度，对与公民、法人利益密切相关的事项，公开征求意见建议，建立落实重大决策评价制度和终身责任追究及责任倒查制度，通过抽样检查、会商分析等方式，研究评价决策实施的社会效果和经济效益等情况，适时调整和完善有关政策。2月，在县政府门户网站公示2022年第一批重大行政决策事项目录。截至年底，聘请政府法律顾问2名，召开决策咨询会5次，完善决策制度8项，实施重大决策跟踪项目12个。

（薛培峰）

【行政执法监督】2022年，浑源县司法局坚持推行行政执法“三项制度”（执法工作透明化、执法过程规范化、执法决定合法化），开展重点执法领域行政执法监督与行政执法案卷评查，评查农业农村系统、市场监管系统33件行政执法案卷。推进综合行政执法改革，组建乡（镇）综合行政执法队16支、执法人员440人，梳理与基层群众生产生活关系密切的行政执法事项97项。（薛培峰）

【法治化营商环境】2022年，县司法局推进“放管服”改革，持续实行“一枚印章管审批”，调整完善县直各部门权责清单，公布行政职权事项1840项，取消行政许可事项3项；建成一体化政务服务平台，1189项政务服务实现“一网通办”，120项政务服务实现“跨省通办”；开展“作风大整顿、营商环境大提升”专项整治行动，以问题整改全力提升服务水平、优化营商环境。（薛培峰）

公 安

【概况】2022年，浑源县公安局（简称“县公安局”）聚焦维护全县经济发展和社会稳定大局，推进社会秩序整治、吸毒人员收戒收治、打击治理电信网络诈骗、农用车违法载人专项整治、常态化新冠疫情防控等重点工作，推进夏季治安打击整治“百日行动”，实现和平稳定有序工作目标。截至年底，全县公安机关破获各类犯罪团伙9个，破获刑事案件137起，抓获犯罪嫌疑人161人；查处治安案件352起，行政拘留170人。（姚建宝）

【打击犯罪】2022年，县公安局推进夏季治安打击整治“百日行动”。全年破获各类犯罪团伙9个，立各类刑事案件183起，破获137起，破案率75%。抓获各类犯罪嫌疑人161人，刑事拘留76人，取保候审80人，提请逮捕43人，起诉102人，抓获逃犯19人。查处各类治安案件352起，行政处罚305人。惩治电信网络诈骗违法犯罪，“国家反诈中心”App注册10.6万余人；破获电信网络诈骗犯罪团伙3个，刑事打处55人，破获案件24起，破案率69.4%；案件止付4.5亿元，冻结资金3131.3万元，返还资金178.2万元。重拳打击整治黄赌违法犯罪，侦破“5·12”同聚缘大酒店专案，打击处理59人，全年办理黄赌案件20起，打击处理183人。深化毒品违法犯罪打击整治，办理涉毒刑事案件6起，行政案件75起，打击处理81人。开展打击整治养老诈骗专项行动，摸排线索26条，立案31起，破获22起，追回资金65万元，抓获犯罪嫌疑人8人。打击整治食药环违法犯罪，部署开展专项行动，推进打击制售假药劣

药专项行动和私挖滥采矿产资源专项行动。侦办食药环案件3起，打击处理18人。（姚建宝）

【社会治安管理】 2022年，县公安局以排查化解家庭、感情、邻里、债务等突出矛盾纠纷为重点，推动落实矛盾纠纷多元预防调处化解综合机制，全年化解矛盾纠纷111起。落实“护学岗”“法制副校长”制度，加强对党政机关、学校、医院、车站等地的防护工作。（姚建宝）

【公安机关执法规范化建设】 2022年，县公安局落实领导“双带班”制度，每日开展会商，推进执法规范化建设。法制大队通过办案区管理系统、接处警音视频管理系统开展常态化案件巡查。督促办案部门严格规范执法，抓好日常接处警，4G执法记录仪规范使用，依法受立案，采取强制措施，查封、扣押、冻结、保管、处置涉案财物等重点环节，驻局纪检组、警保室、督察、审计、法制等部门在各自职权范围内监督执法工作，避免执法问题的发生。全年启动执法站300次，查处车辆违法行为554起。（姚建宝）

【道路交通安全管理】 2022年，浑源县公安局交通管理大队（简称“县交警队”）以道路交通事故预防“减量控大”（减少道路交通事故总量，防控较大事故和特大事故）为中心，推进隐患排查治理，排查出省、市、县三级挂牌督办隐患点10处；开展春运、春季农村地区交通违法集中整治、道路交通安全大检查大整治大提升、酒醉驾暨夏季交通违法集中整治百日行动等各类专项行动5次，现场查处各类道路交通违法行为10986起。加强农村交通安全管理，出台农用车安全管理“八项制度”和农用车违法载人专项整治清单，全县213个行政村交通安全劝导站全部启动。推进重点车辆和驾驶人源头隐患“清零”，全县重型货车检验率85%，重点驾驶人审验率、换证率，面包车检验率、报废率均为100%。持续推进“警医联动”机制。落实道路交通事故救助，开通救治“绿色通道”，全年垫付社会救助基金21笔93万元。强化宣传引导，开展“寒（暑）假前最后一节交通安全课”“开学第一课”等一系列专项宣传活动。在全县213个行政村村委会或村内醒目位置设置固定宣传栏200余个、提示牌100余处。通过宣传平台，曝光典型案例和重点违法以及发送温馨提示200余条。截至年底，全县发生道路交通事故1222起，比上年下降3.5%。造成16人死亡，比上年下降33.3%；造成412人受伤，比上年上升22.2%；造成直接经济损失24.7万元，比上年增长19%。（姚建宝）

2022年10月7日，浑源县公安局在通往恒山景区的柳河路组织开展道路隐患排查治理 （郭占英 摄）

【交管“放管服”】 2022年，县交警队实施“申请材料四个减免”（免复印、免填表、免拓印、免提交），对补换领、审验驾驶证，补领机动车行驶证，驾驶人和机动车所有人联系方式变更等18类车驾管业务，凭本人居民身份证明一证即办。继续推进“放管服”改革，落实公安交管12项便民措施，把服务触角和关口前移，车管大厅推出导办服务，提升交管服务能力。截至年底，办理机动车注册登记436笔，转出登记398笔，变更登记8笔，转入业务209笔，补领牌证合格标志105笔，申领合格标志152笔，受托检验7笔，补领驾驶证1627笔，驾驶证注销登记2笔，办理电动三轮车注册登记2笔，电动自行车登记564笔。（姚建宝）

【户政管理】 2022年，浑源县公安局开通落户服务“快车道”，实现本人申办“零门槛受理”、举家随迁“一窗式办结”，人才引进落户86人；为群众办实事、解难题，主动上门为群众办理户籍业务158次，开展帮扶救助60余人；强化流动人口和出租房屋登记管控，登记流动人口4992人，办理居住证364个，登记出租房屋1329间；深入开展矛盾纠纷大排查大调解，摸排矛盾纠纷104起，化解104起；16个户籍派出所设立矛盾调解室，专人化解建立台账。（姚建宝）

【出入境管理】 2022年，浑源县公安局按照“受理前审查细致，受理中规范准确，受理后跟进问询”三步法延伸服务触角，以受理首问负责、预约延时、急事急办三项措施细化便民举措，接待咨询申请群众200余人（次），办理出国护照12人（次），港澳通行证22人（次）；对到浑源外国人办理住宿登记7人，主动联系上级业务指导部门，协助办理居留许可7人。（姚建宝）

【禁毒管理】 2022年，浑源县以创建全国禁毒示范城市为载体，以开展禁毒“清源断流”行动为牵引，坚持“控新治旧”方针，强化源头治理、综合治理、系统治理，始终保持对涉毒犯罪严打高压“零容忍”态势，县公安机关办理涉毒刑事案件6起，刑事拘留6人，办理涉毒行政案件75起。强化寄递物流从业人员管理，逐一签订安全责任书；开展寄递物流从业人员安全培训3次，培训物流从业人员100余人；开展以“健康人生、绿色无毒”为主题的系列宣传活动，发挥县禁毒教育基地作用，全方位、深层次地提高人民群众及广大青少年对毒品危害的认知度，到全县16个乡（镇）开展进社区、进学校、进单位、进家庭、进场所、进农村禁毒宣传活动，发放各类禁毒宣传材料4万余份，举办禁毒宣传活动、知识讲座28场次，签订禁毒承诺书5000余份，解答群众咨询、提问2000余人（次），受教育群众达到5万余人（次）。

（姚建宝）

【重点单位安全保卫】 2022年，浑源县公安局加强安全保卫重点单位督导检查，加强其内部方案预案、“三防”建设、经费保障、人员背景审查等安全保卫工作，全年开展风险隐患检查155次，整改5处隐患。（姚建宝）

【警务督察】 2022年，浑源县公安局督察大队采取网上、明察暗访、不定期抽查等方式，坚持全面督察与重点督察相结合，围绕“巩固教育整治成果”“队伍集中整肃”“整治群众身边腐败问题”等全局重大专项行动，对全体民警队伍纪律作风、民警着装问题、民警规范执法、办案区的管理使用、警务保障用房建设情况、日常服务群众等重点，警车规范使用，公务用枪规范使用等，自上而下对局机关、局属基层单位开展专项督察。全年督察大队共网上督察300余次，下发督察通报35次，当场整改24次，下发督察建议书2次。（姚建宝）

【网络安全治理】 2022年，浑源县公安局网安大队完成市局下发落地核查任务42次42人，反馈信息19条，核查反馈市局推送《网情摘报》22期，完成专项约稿核查任务19人。对全县4家互联网经营场所进行专项检查2次，印发监督检查通知书8份，督促互联网经营场所严格落实网吧上网实名登记、上网日志留存和各项安全管理制度。印发限期整改通知书各1份。（姚建宝）

【危爆物品管控】 2022年，

浑源县公安局关闭矿点 76 次、外来人员聚集地 131 次、废弃仓库 59 次、废弃矿点 63 次、废品收购点 88 家次、五金商店 235 家次，当场整改 2 处，限期整改 1 处，为全县 4 家易制爆使用单位制作安全监管台账。春节、元宵节期间，查处违规燃放烟花爆竹案件 20 起，训诫 21 人、行政罚款 21 人，收缴各类烟花爆竹 579 箱。（姚建宝）

【“110”接处警】 2022 年，浑源县公安局指挥中心打造“情、指、行、督”“四位一体”的警务模式，确保警力精准投放、接处警高效运转。全年接报有效警情 620 起。其中，刑事类警情 42 起，治安类警情 148 起，交通事故类警情 394 起，群众求助类警情 27 起，其他 9 起。印发相关刊物 67 期，为办案部门提供侦办线索 32 次。

（姚建宝）

【公安信访工作】 2022 年，浑源县公安局接到来信 18 件，接待群众到访 42 次 60 人，该局领导接待到访群众 22 次 30 人，下访 5 次，约访 16 次。按照“谁分管、谁负责”“谁主办、谁负责”“一包到底、一案一清”的原则由各部门指定专人负责办理，初信初访 4 起，办结 4 起，公安部转送 1 起、省公安厅交办 2 起、市公安局交办 2 起，县信访局转办 9 起，县纪委监委交办 2 起，全部办结并答复当事人。（姚建宝）

2022 年 9 月 9 日，浑源县公安局组织开展夏夜治安检查第三次集中统一行动（郭占英 摄）

【公安机关科技信息化建设】 2022 年，浑源县公安局 38 个所队公安网运行流畅，350 兆终端配备数量 200 部，4G 全网通 6 部，配备率 100%，350 兆终端在线数量 100%，每周指挥中心对全局各部门对讲机使用情况组织测试，确保全局通信设备正常。配有一名人员专职负责公安网络系统，每日定时参加视频会议系统点名调度。（姚建宝）

【夏夜治安工作】 2022 年 9 月 9 日至 12 日，县公安局组织开展夏夜治安检查第三次集中统一行动。行动期间，出动警力 362 人（次），警车 142 辆次，对辖区内 45 家夜市、烧烤摊、人员密集场所等开展检查，对 14 家洗浴、141 家旅馆酒店、9 家网吧、16 家 KTV、32 家加油加气站等易滋生违法犯罪的场所开展清查，发现并现场整改安全隐患 9 处，设置固定检查点 4 个，查处各类交通违法行为 52 起。其中，酒驾 8 起，公路易肇事易肇祸 26 起，一般违法行为查处 18 起，检查农用三轮车 52 辆。发放宣传资料 5500 余份。

（姚建宝）

检　察

【概况】 2022 年，浑源县人民检察院（简称“县检察院”）落实《中共山西省委关于加强新时代检察机关法律监督工作的实施意见》《中共大同市关于加强新时代检察机关法律监督工作的实施意见》，对危害国家安全、恐怖活动依法从严追诉，对人民群众反映强烈的恶劣刑事犯罪和多发性刑事犯罪依法从严惩处，防范各类安全风险。全年审查批捕、起诉故意杀人等严重暴力犯罪 8 件 8 人、盗窃等侵财犯

罪20件32人、电信网络诈骗及其关联犯罪6件15人。（陈晓玲）

【民事行政检察】2022年，县检察院贯彻落实《中华人民共和国民法典》，办理民事审判程序违法监督案件8件，民事执行活动监督案件5件，民事生效裁判监督案件2件。开展民事支持起诉工作，办理支持农民工起诉案件，开展土地执法查处领域行政非诉执行监督专项活动，以“违法乱占耕地”非诉执行监督为重点，促进生态文明建设。办理行政审判程序违法监督案件2件，行政非诉执行监督案件3件，行政检察建议4件。持续开展“全面深化行政检察监督依法护航民生民利”专项活动，重点围绕社保、住房、社会治安、医疗卫生、教育等民生热点，坚持“小案不小办”，抓金融监管、网络整治、安全生产等检察建议落实，制发检察建议67件。（陈晓玲）

【公益诉讼检察】2022年，县检察院办理行政公益诉讼案件105件。其中，诉前磋商结案96件，提出诉前检察建议9件。针对发现的共性问题与监管部门磋商，提出社会治理类检察建议2件，督促相关部门建章立制、堵塞漏洞。聚焦生态环境和资源保护、食品药品安全、国有财产保护等领域，持续开展整治焚烧秸秆污染环境专项行动，保护生态环境。联合县公安局、市场监督管理局到商超、市场等场所开展食品安全专项检查3次。持续开展森林防火宣传，开展“窨井盖”、消防通道、英烈遗址等公益诉讼专项监督活动。依法从严惩治破坏环境资源犯罪，创新实践“刑事打击+公益诉讼+警示教育+生态修复”四位一体办案模式。全年摸排生态环境和资源领域公益诉讼案件线索59件，立案59件，发出诉前检察建议9件。运用监督职能促使有关单位清理非法碘石堆1个，清理垃圾6吨。（陈晓玲）

【民生涉法涉检案件办理】2022年，县检察院常态化落实群众信访“件件有回复”，开展群众涉法涉检诉求化解工作，全部化解5件受理群众信访案件。办理20件行政争议实质性化解工作，全部做到案结事了。打击养老诈骗、医保诈骗犯罪，办理相关犯罪案件2件14人，开展预防养老诈骗法治宣传6次，拍摄的微视频《诓言诈语》被评为全省“打击非法集资”“整治养老诈骗”微视频、微动漫优秀作品。受理司法救助案件28件，发放司法救助金17万元。受理浑源、灵丘、广灵三地的涉未成年人审查逮捕案件10件11人。向未成年嫌疑人监护人和被害人监护人发出“督促监护令”5份。参与全县根治拖欠农民工工资专项行动，办理支持农民工起诉案件46件，帮助讨薪32万余元。（陈晓玲）

【诉源治理】2022年，县检察院推进落实认罪认罚从宽制度和少捕慎诉慎押刑事司法政策。移送起诉的案件中，适用认罪认罚从宽制度64件92人，适用率92%；提出量刑建议51人，法院采纳率100%；不捕率、不起诉率、诉前羁押率分别下降至61.4%、13.8%和34.8%，节约司法资源和诉讼成本，最大限度化解社会矛盾。

（陈晓玲）

【检务为民服务】2022年，县检察院统筹融合履行刑事、民事、行政、公益诉讼检察监督职能，平等保护市场主体合法权益。加大经济领域犯罪惩治力度，打击职务侵占、挪用资金、侵犯知识产权等影响民营企业发展的犯罪行为，办理相关案件1件1人。推进涉案企业合规改革工作，用好第三方监督评估机制，推进涉企“挂案”清理工作，会同公安机关集中排查出长期未结案件2件，依法监督撤案。常态化开展联企服务工作，走访乡（镇）、企业、重点项目24家，为企业发展建言献策30余条，提供法律咨询40余次。加强与工商联沟通协作，在县工商联设立检察联络室，提高服务保障民营企业发展效能。坚持受贿行贿一起查，服务清廉浑源建设。受理职务犯罪案件7件7人，全部移送起诉。持续加强乡村振兴驻村工作队帮扶工作，组织干警开展“大走访”、矛盾纠纷“大化解”、帮扶政策“大宣讲”、环境卫生“大整治”及便民措施“大优化”“五大”行动，巩固脱贫攻坚成果。（陈晓玲）

【刑事检察】 2022年，县检察院立足批捕起诉职能依法惩治犯罪，受理审查逮捕案件66件123人，审查起诉案件71件109人。强化刑事侦查活动监督，与县公安局共同设立侦查监督与协作配合办公室，健全完善监督制约、协作配合、信息共享等工作机制，提高法律监督效能。监督立案10件，监督撤案8件，纠正漏捕漏诉5人，纠正侦查活动违法39件。强化刑事审判和刑事执行活动监督，提出抗诉2件，二审采纳1件；纠正审判活动违法2件；纠正财产执行违法28件；纠正监管场所执行活动违法32件；纠正社区矫正违法63件。（陈晓玲）

【检察机关法治宣传活动】 2022年，县检察院加大对未成年人法治宣传力度，选派优秀检察官担任法治副校长，走进县第二中学、东关小学、穆岳小学、北岳小学等中小学校，讲授法治课、发放宣传资料。5月27日，举办“携手落实‘两法’，共护祖国未来”检察开放日系列活动，推动未成年人保护工作。6月13日，联合浑源县人民法院和浑源县农村商业银行在县城栗毓美广场联合开展防范非法集资宣传活动，发放宣传资料300余份，接受群众法律咨询20余人（次）。加强未成年人司法保护，持续贯彻落实《中华人民共和国未成年人保护法》和《中华人民共和国预防未成年人犯罪法》以及最高人民检察院“一号检察建议”，促进家庭、学校、社会、网络、政府和司法六大保护相互融通、整体落实。8月28日，浑源县人民检察院法治副校长到县永安小学，为同学们讲解《中华人民共和国未成年人保护法》。（陈晓玲）

2022年8月28日，浑源县人民检察院法治副校长为县永安小学学生讲解《中华人民共和国未成年人保护法》（杨青龙 摄）

法 院

【概况】 2022年，浑源县人民法院（简称“县法院”），围绕“努力让人民群众在每一个司法案件中感受到公平正义”目标，依法打击危害人民群众生命财产安全等犯罪活动，强化服务理念，发挥司法制约公权、保护私权作用，开展部门联动、诉调对接、源头化解工作，提升审判绩效，提高队伍素质。全年受理各类案件1510件，审执结1400件。（李 宁）

【刑事审判】 2022年，县法院依法打击危害人民群众生命财产安全等犯罪活动，严惩涉职务犯罪、电信网络诈骗犯罪和破坏社会主义市场经济秩序的各类经济犯罪，全年受理刑事案件70件，审结64件。开展电信诈骗专项审判，审结案件6件20人。依法审结贪污受贿、滥用职权等案件7件7人。开展扫黑除恶常态化工作，宣传《中华人民共和国反有组织犯罪法》。落实宽严相济刑事审判原则，依法对19名被告人适用缓刑等非监禁刑处理，为72名被告人指定辩护律师。（李 宁）

【民商事审判】 2022年，县法院受理各类民商事案件899件，审结797件。优化法治化营商环境，开辟快立快审快执“绿色通道”，网上预约立案69次、网上开庭28案，依法适用“活封活扣”，审结涉企融资借贷等案件56件。审结农民工工资、土地流转、相邻权等案件38件，妥善处理争议化解纠纷，维护农村、农业、农民的正常生产生活秩序。审结环境资源类案件3件，依法保障县域环境资源的合法合理利用。开展案件当事人对裁判结果的法律解释工作，一审案件上诉率比上年降低1.8个百分点。（李 宁）

【行政审判】 2022年，县法院发挥司法制约公权、保护私权作用，审结行政案件23件（行政诉讼案件14件，行政非诉案件9件）。支持行政机关依法履职，维持行政行为4件。推进行政争议实质化解，依法组织协调化解行政争议7件。纠正行政机关违法行为，撤销、确认违法、变更行政行为3件。助力法治政府建设，发出司法建议4份，向市场监督局等部门提供行政执法咨询20余次。推动行政负责人出庭应诉工作，行政负责人出庭应诉率85.7%。（李 宁）

【案件执行】 2022年，县法院巩固“解决执行难”成果，执行收案518件，结案516件。开展执行案款发放整治工作，案款发放期限缩短至30天以内，实现超期案款“动态清零”。开展“晋法出击”“三晋执行护民生”行动，采取集中执行攻坚活动30次，执结案件145件，为申请人追回案件款1300余万元。加强被执行人资产核查，按时兑现申请人权益，累计查封不动产17处，扣押车辆等动产33次，有财产可供执行案件法定审限内执结率全省排名第一。加大信息化运用，开展网络查控案件518件，开展网络拍卖被执行人财产11件次，案拍比全省名列第二。加强失信惩戒力度，公示失信被执行人名单137人（次），对336人采取限制消费措施，移送拒执犯罪案件14人。（李 宁）

【审判公开与监督】 2022年，县法院依托审判流程、裁判文书、执行信息、庭审直播四大平台，把司法公开覆盖审判执行工作全领域、各环节。全年除依法不公开审理的案件外，公开审理100%，旁听人数1万余人，网上庭审直播234场，在中国裁判文书网公开裁判文书368篇，所有执行信息均录入中国执行信息网，保障社会各界和案件当事人对案件的知情权参与权监督权。推动人大代表委员监督法院工作常态化，邀请旁听庭审、视察法院、见证执行等7人（次）。办理代表建议3件。健全定期沟通会商和案件查办协作机制。贯彻落实《加强新时代检察机关法律监督工作的意见》，邀请检察长列席审委会8次，办理检察建议27件。（李 宁）

【诉前调解】 2022年，县法院发展新时代“枫桥经验”，开展部门联动、诉调对接、源头化解工作，民商事案件受理数比上年下降2.1%。完善多元解纷机制，搭建法院＋政府部门调解平台，诉前调撤各类民商事案件800件。开展涉诉信访“百日会战”、信访积案化解专项行动，落实院庭长接访制度，强化初信初访处理，加强对重点信访人员的心理疏导、经济帮扶、政策落实，信访案件实现“控增量减存量防变量”目标。（李 宁）

【审判为民服务】 2022年，县法院依法保障人民群众合法权益，维护社会公序良俗，审结涉民生案件404件。助力法治社会建设，开展“送法六进”活动，分别在浑源一中、穆岳小学等中小学校普法宣教8场次，在栗毓美墓区广场、思源社区等地开展《中华人民共和国反有组织犯罪法》、反养老诈骗、反电信诈骗法律宣传6场次。开展“为群众办实事示范法院”创建活动，简化诉讼程序，减轻群众诉累，适用简易程序审理、速裁民商事案件654件，占民商事案件结案总数的82%。适用简化审、简易程序开庭审理刑事案件43件，占刑事案

2022 年 6 月 10 日，浑源县人民法院在新时代文明实践站开展“惩治养老诈骗、维护合法权益、共建平安山西”主题法治宣传活动（张晓田 摄）

件结案总数的 67%。开展民商事案件减半收取诉讼费用工作，减半收取诉讼费用近 40 万元。对符合诉讼费缓减免条件的 27 件案当事人缓减免缴诉讼费 1.5 万元。开展线上立案、查询等“一网通办”工作，通过短信、微信公众号推送案件受理、开庭等流程节点信息 1130 条。开展司法救助，对 24 件案 30 名困难当事人发放救助款 55.8 万元。

（李 宁）

司法行政

【概况】 2022 年，浑源县司法局（简称“县司法局”）聚焦乡村振兴、项目建设、文旅发展、营商环境优化等中心工作，探索建立司法前置程序，落实“谁执法、谁普法”责任制，引导领导干部带头崇法、学法、用法，发挥司法保障经济社会发展作用。推进政法机关包联企业和项目活动，为 30 个包联企业和项目提供法律服务，运用人民调解、安置帮教、社区矫正、法治宣传、法律援助、公证等工作，维护社会和谐稳定。截至年底，全县有 16 个基层司法所，县司法局所属、指导管理的事业单位 1 个。

（薛培峰）

【公共法律服务体系】 2022 年，县司法局推行便民利民措施，完善法律援助工作网络和基层法律服务体系，培养村（社区）法律明白人 680 人，开展人民调解全民快捷行动，实施免费法律咨询便民工程和特殊群体法律援助惠民工程。全年提供免费法律咨询服务 6642 件、法律援助 203 件，较上年均有增加。

（薛培峰）

【人民调解】 2022 年，县司法局探索非诉调解机制，畅通多元纠纷化解渠道。县公共法律服务中心、县人民法院，通过派驻专职人民调解员以坐班式工作模式专职参与诉前调解工作，联合辖区内律师事务所通过结对共建的方式开展律师调解工作。联合县妇联成立婚姻家庭调委会，建立较为完善的家事调解体系。协调推进司法调解平台建设，完善诉前多元化解联动衔接机制和诉调一体对接机制。加强基层司法所、法律服务所、人民调解组织建设，健全完善村居法律顾问制度，推动律师进村居活动，加强重点领域矛盾纠纷调处化解，筑牢社会安全稳定的“第一道防线”。截至年底，全县有 4 个行业性调解委员会、240 个人民调解组织和 681 名调解员，调解纠纷 1168 件，成功调解 1157 件，无一例因调解不当引发民转刑或酿成群体性事件。

（薛培峰）

【社区矫正】 2022 年，县司法局逐步理顺社区矫正机制，推进社会管理法治化。做好社区矫正对象的教育矫正，每年度对暂予监外执行罪犯的病情鉴定，组织社区矫正对象到监狱开展警示教育，提升矫正质量。浑源县社区矫正中心设置综合管理、监督管理、教育帮扶三大功能区，涵盖十一室一中心。截至年底，全县在册社区服刑人员 34 人。其中，缓刑 27 人，暂予监外执行 7 人。

（薛培峰）

【“枫桥式司法所”建设】 2022 年，县司法局按照新时代“枫桥式司法所”建设标准，通过改建扩建、升级改造、多元融合等方式，多举措抓好司法所基础设施建设。改建驼峰、青磁窑2个司法所，依托司法所同步打造临街、便民的公共法律服务站，设置人民调解、社区矫正、法律服务等业务接待平台；规范提升初步达标的永安、下韩、西坊城3个司法所，打造永安司法所成为全县首个“智慧调解室”，实现线上线下一体联动；融合建设东坊城、沙圪坨、王庄堡3个司法所，整合人民调解、社区矫正、法律服务、法治宣传等各项司法行政职能，“一站式”受理公共法律服务事项。（薛培峰）

【律师工作】 2022年，浑源县有山西晋恒律师事务所、山西铭优律师事务所2家律师事务所，有执业律师16人。全年办理各类案件232件。晋恒律师事务所全年办理各类案件151件。其中，刑事案件11件，民事案件80件，行政案件8件，仲裁案件2件，法律援助50件。接待、解答法律咨询500余人（次）。全年收入40余万元，纳税近万元。铭优律师事务所全年办理各类法律事务案件81件。其中，刑事案件辩护及代理48件，民事案件代理6件，咨询和代书22件，法律顾问5件。参与信访接待和处理案件4件，为社会弱势群体提供免费法律服务17件。全年业务收入120万元。（薛培峰）

【公证服务】 2022年，浑源县公证处办理各类公证109件。其中，办理合同（协议）公证25件，法定继承公证38件，小额继承6件，委托公证7件，声明公证13件，赠予公证19件，无犯罪记录公证1件。在公证服务中，办理减免收费的公证5件，开展法治宣传和公证咨询83件，各类公证收费94907.9元。（薛培峰）

【法律援助】 2022年，浑源县法律援助中心本着应援尽援的理念，为弱势群体提供优质的法律服务。浑源县司法局、浑源县公证处、浑源县法律援助中心在永安镇栗毓美广场开展以“法润民心 援梦三晋”为主题的《中华人民共和国法律援助法》宣传月活动。活动通过悬挂横幅、发放宣传册、现场咨询等方式宣传《中华人民共和国法律援助法》《习近平法治思想核心要义》《中华人民共和国宪法》《中华人民共和国民法典》及防范非法集资和防范电信诈骗及养老诈骗等相关法律法规，并由律师、基层法律服务工作者向现场群众解答。活动接待咨询群众20余人，发放宣传册2300册、宣传品2500份。全年，受理法律援助案件107件。其中，刑事辩护全覆盖案件92件，侦察阶段和审查起诉阶段8件，民事案件7件，认罪认罚案件89件。（薛培峰）

【普法宣传】 2022年，县司法局突出重点对象和重点人员普法，落实党委（党组）中心组学法、法治培训、任职法律考试和依法决策、依法履职等制度，推动各级领

2022年3月8日，浑源县司法局联合县总工会在栗毓美广场开展2022年女职工维权行动月暨《中华人民共和国工会法》宣传活动及贯彻《中华人民共和国工会法》依法维护职工合法权益、加强女职工劳动保护维护女职工特殊权益宣传活动（薛培峰 摄）

导干部依法用权，带头厉行法治、依法办事，做学法用法的模范。加强社会普法，通过举办“法律讲堂”、法律知识巡回宣讲，开展“送法进基层”“送法进企业”“送法进社区”等活动。3月8日，浑源县司法局联合县总工会在栗毓美广场开展女职工维权行动月暨《中华人民共和国工会法》宣传活动，发放宣传资料5000余份。坚持系统内普法与社会普法并重，建立行政执法人员以案释法制度。紧扣执法对象，通过面对面宣讲、发放宣传资料、印发行政指导意见书等形式，向执法检查对象、经营企业单位负责人、行政执法相对人开展专业普法。推进法治乡村建设，培育选树“民主法治村建设带头人”，开展村（居）“法律明白人”“遵纪守法户”评比活动，提升基层民主法治氛围。（薛培峰）

【戒毒管理】 2022年，浑源县对戒毒人员落实严格管理措施，监督管理区设置报到登记室、宣告室、审查警务室等功能室，教育帮扶区设置教育培训室、心理矫正室、图书阅览室等功能室。年内，社区戒毒55人。（薛培峰）

【司法鉴定】 2022年，浑源县有1家司法鉴定机构，主要从事身体损害赔偿鉴定等业务。年内，浑源县司法鉴定中心开展司法鉴定项目3个，服务人员3人（次）。（薛培峰）

仲 裁

【司法仲裁宣传与服务】 2022年，大同市仲裁办进驻浑源县公共法律服务平台，拓展法律服务的范围和渠道，发放宣传资料1000余份，开展涉及仲裁的免费法律咨询100余次；司法仲裁延伸服务到基层，参与基层社会治理，调处人民群众在日常生产生活中涉及财产权益的各类民事纠纷80件（次）。（薛培峰）

【劳动人事争议仲裁】 2022年，浑源县人事劳动局受理劳动争议案件10件，裁决解决7件，调解解决3件。（王 鹏）

军 事

浑源县人民武装部

【概况】 2022 年，中国人民解放军浑源县人民武装部（以下简称县人武部）在常态化疫情防控特殊背景下，守牢底线、经受考验，注重在强化理论武装上下功夫，开展“忠诚维护核心、矢志奋斗强军”主题教育和战备训练，抓好抗震救灾、灭火救灾等非战争军事行动训练，提高应急处突能力，加强国防动员能力建设，在各项活动中取得优异成绩。军事科参谋付云贵参加省军区组织的全省征兵知识竞赛获满分，被通报表彰；永安镇人民武装部部长郑志伟和蔡村镇人民武装部部长刘志慧代表全县专武干部参赛，分别取得 123 分和 109 分的优异成绩；在军分区组织的社招文职人员集训比武中，县人武部师慧星取得综合成绩第二名，付云贵获军事理论第一名、综合成绩第五名。

（姚智旭）

【思想政治】 2022 年，县人武部通过“三会一课”、党委中心组学习，坚持不懈用习近平新时代中国特色社会主义思想和习近平强军思想武装头脑，以上率下、上下联动抓好理论学习。注重持续巩固深化党史学习教育，开展“忠诚维护核心、矢志奋斗强军”主题教育，抓好思想调查、党委议教、集中学习、授课辅导、解决问题等重点环节落实。开展党规党纪教育、安全教育、战备教育、保密教育、“四反”教育等经常性思想教育，确保全体干部职工思想稳定和高度集中统一。围绕中共二十大提出的新理念、新论断，调整设置标语，更新营院灯箱、橱窗、展板，营造学习氛围，筑牢现役、文职人员、职工的理想信念根基。开展“四严四整”教育整训活动，制定《人武部教育整训活动实施方案》，围绕 4 个方面 16 项问题清单，制定整改措施 10 条。

（姚智旭）

【练兵备战】 2022 年，县人武部加强战备训练，重点抓好抗震救灾、灭火救灾等非战争军事行动训练，提高应急处突能力，开展课题研究并形成研究成果。修订完善战备方案，围绕支援保障、应急抢险等任务组织有针对性的演训活动，提高应急能力。落实军事训练大纲要求，组织专武干部集训，提高专武干部军事素养以及任教组训能力。选派业务骨干担任教练员，结合专武干部集训进行试讲试教，确保自训质量。

（姚智旭）

【民兵整组】 2022 年，县人武部加强国防动员能力建设，制定《民兵建设“十四五”规划》，调整应急和支援保障力量比重，编实建强全县基干民兵队伍。落实省市两级关于新质力量形成战斗力会议精神，提高新质力量编建水平，筹备现场观摩会，重点对浑源县气象水文观测排进行研究，形成“五个一”（一支队伍、一套标准规范、一幅展板、一部教学示范片、一份经验交流材料）成果，开展示范教学片展示，提升队伍战斗力。

（姚智旭）

【国防动员】 2022 年，县人武部联合县退役军人事务局开展天峰社区在职党员进军营活动，浑广高速北党支部到县人武部组织参观见学，听国防教育讲座，参观武装工作史馆、国防教育展厅、室内射击场，体验军事技能训练，筑牢国防意识，激发爱国热情。军地共同部署，开展征兵宣传，确保完成大学毕业生兵员征集任务。在征兵过程中强化“依法征兵、廉洁征兵”，刚性落实廉洁征兵16项制度，把好体检、政考关，搞好役前教育训练和思想摸底，提升征兵质量。

（姚智旭）

【安全教育整顿】 2022年，县人武部加强《军队安全管理条例》《军队保密条例》《军队互联网媒体管理规定》等规章制度的学习落实，组织安全教育整顿，重点纠治人员思想麻痹、安全意识不牢、作风养成松懈等问题。开展保密工作专项整治活动，排查手机40余部、电脑23台，责任到人、限时整改。按照安全网络加固行动要求，改造营区内网络线路，实行分离分段管理、机柜物理隔离，封堵240余个网线接口，标签化管理百余条网线，最大限度堵塞网络安全漏洞。（姚智旭）

【县人民武装部党委（扩大）会议】 2022年1月29日，县人武部党委（扩大）会议召开，县委书记、人武部党委第一书记高莹出席会议并讲话，县委常委、人武部部长，县委常委、县委办主任，政府副县长、公安局局长出席会议。县人武部全体干部、文职人员、职工，各乡（镇）专武干部、民兵骨干参加会议。会议传达军分区党委全体（扩大）会议精神，县人武部部长作题为《坚定信心决心 凝聚意志力量 奋力推进全县国防动员建设高质量发展》的工作报告，表彰2021年度先进单位和个人。

（姚智旭）

武警浑源中队

【概况】 2022年，武警浑源中队以《军队基层建设纲要》为依据，对照三级党委扩大会议部署，发挥组织在中队建设中的引领作用，相继开展聚焦“忠诚维护核心、矢志奋斗强军”、深化“传承红色基因、担当强军重任”主题教育和“密切内部关系、依法文明带兵”“五四”团日等活动。全年，开展选送技术学兵、推荐参加院校招生考试、参加支队预提指挥警士培训等工作，确定党员发展对象1名，发展团员6名。（郝浩帆）

【执勤战备】 2022年，武警浑源中队制定《支队推进武警部队执勤安保规范化集训调整修改内容落实的措施清单》，完成落实人人应急、执勤模式调整、战备综合库调整等10个方面工作。中队累计完成执勤上哨42次，开展抗震救灾、抢险救援演训2次。（郝浩帆）

【军事训练】 2022年，武警浑源中队开展军事训练转型，制定专项练兵计划，以优秀士官为核心打破班建制开展训练，区分不同训练内容探索组训方法。6月，在支队举办的军体运动会上获得团体第三名，排长朱佳斌获手枪速射第一名，班长杨松山获自动步枪速射第三名。（郝浩帆）

【安全保障】 2022年，武警浑源中队开展枪弹安全专项整治活动，定期召开安全形势分析会，定期组织风险检查目标单位及营区周边，围绕“聚力迎盛会，扎实保稳定”创安活动，开展部队管理领域问题自查自纠。制定《营区基础建设两年规划》，落实资金30万元，用于中队日常工作和基础设施建设。（郝浩帆）

人民防空

【概况】 2022年，浑源县人民防空办公室（以下简称县人防办）组建8类人防专业队，分别是抢险抢修队、医疗救护队、消防队、治安队、防化防疫队、通信队、运输队、新型专业队（信息防护、伪装防护），涉及14个部门182人。全年，完成防空袭警报试鸣、社区人防建设等工作。（任亚东）

【人防工程管理】 2022年，县人防办开展房屋“清零行动”，县人防易地建设费涉及57个小区，按照相关文件精神把27个问题小区推送至县审批局及清零办，由属地审批部门审核并出具缴费通知单，税务部门执收。截至年底，对某小区出具质量监督报告，向市住建局提出对部分企业联合惩戒申请，其他无竣工验收小区由县审批局聘请第三方房屋质量鉴定机构出具质量鉴定报告。（任亚东）

【防空警报试鸣】 2022年9月18日10时至10时15分，浑源县人民政府组织开展防空警报试鸣，试鸣的防空警报信号为预先警报、空袭警报，每种信号间隔3分钟，参与试鸣防空器全部精准鸣响，鸣响率100%。（任亚东）

退役军人事务

【概况】 2022年，浑源县退役军人事务局（以下简称县退役军人事务局）以服务保障好退役军人为目标，持续夯实基层基础、推进双拥共建、落实优抚政策、开展权益维护等退役军人事务各项工作。全年接收各类退役军人，包括自主就业退役士兵、符合政府安置工作条件退役军人及军队退休士官。截至年底，全县为各类优抚对象及军休所服务对象建档立卡，70%以上通过审核，制证下发优待证近半数。（李文娟）

【双拥共建】 2022年，县退役军人事务局加强双拥文化宣传，军地联动，开展春节、“八一”走访慰问、为立功受奖现役军人家庭送喜报、走访慰问边海防官兵家属等工作。完善创建设施，提升创建能力，做好迎检准备。1月12日，陪同省爱国拥军促进会、省军区等单位领导一行10余人慰问边海防现役军人石超家属；9月，联合乡（镇）退役军人服务站入户走访21户边防民警家属。全年为现役军人家庭送三等功喜报30份、“四有”优秀士兵喜报55份，悬挂光荣牌114个、换发光荣牌23个。12月，县退役军人事务局被评为全省爱国拥军模范单位。（李文娟）

【退役军人接收安置】 2022年10月9日，浑源县组织召开该年度符合政府安置工作退役士兵和退出消防员提前选聘公开选岗大会，符合条件的退役士兵按照排名先后依次选岗，完成5个管理岗位的提前选聘安置工作。10月25日，浑源县举行由政府安排工作退役士兵和退出消防员阳光安置公开选岗大会并依次选岗，完成年度安置工作。（李文娟）

【优抚优待】 2022年，县退役军人事务局坚持政府主导，立足济难解困，对陷入困境的退役军人予以帮扶援助。全年为退役军人累计发放各类优抚对象定期抚恤金和生活补助金1532.8万元，发放各类优抚对象丧葬费53.3万元，发放各类优抚对象医疗补助金35.9万元，发放2021年上半年第二批及2021年下半年第一批义务兵优待金531.8万元，发放退役士兵一次性自主就业金127.6万元，发放随军未就业家属补贴2.9万元，为各类困难退役军人发放帮扶援助资金15.7万元。建立下岗志愿兵公益岗位补贴自然增长机制和进藏兵工资待遇自然增长机制，做好退役军人权益维护工作。（李文娟）

【走访慰问】 2022年，县退役军人事务局利用重要节假日走访

2022年10月25日，浑源县举行由政府安排工作退役士兵和退出消防员阳光安置公开选岗大会（安兴旺 摄）

慰问退役军人及其家属。春节期间，慰问伤残军人、在乡老复员军人、在乡两参人员等，发放慰问金 17.5 万元；慰问县人武部、武警浑源中队、县光荣院、县消防救援大队 4 家单位，发放慰问金（品）各 1 万元，合计 4 万元。八一建军节前夕，慰问伤残军人、在乡老复员军人、在乡两参军队退役人员、企业军转干部、下岗志愿兵等，发放慰问金 18.5 万元。为每位荣立三等功的现役军人发放一份价值 500 元的慰问品。（李文娟）

2022 年 5 月 12 日，浑源县双拥工作领导组全体（扩大）会暨创建新一届省级双拥模范县工作推进会召开（安兴旺 摄）

【纪念设施维修改造】 2022 年，县退役军人事务局投资近 400 万元，实施浑源县革命烈士陵园维修改造项目，维修改造陵园内鞠躬柱、纪念碑、平台、广场、殉难烈士塔、烈士墓区等硬件设施；重新改陈布展革命烈士纪念馆，增设英雄雕塑、缅怀厅、沙盘、抗战影像资料展厅、烈士遗物展厅和英烈墙，从根本上改善烈士陵园的整体面貌。整体维修保护官儿乡零散纪念设施。投资 46 万元，维修改造光荣院，重点修缮房屋 16 间。（李文娟）

【退役军人年度申报与换证】 2022 年 5 月底，县退役军人事务局印发《关于 2022 年 60 周岁以上农村籍退役士兵生活补助申报工作的通知》，开展 60 周岁以上农村籍退役士兵申报工作。截至年底，103 份申请材料通过市退役军人事务局审核，按照退役军人档案中的时间，更核部分享受 60 周岁以上农村籍退役士兵待遇的服役年限，按照最新规定核定其每月生活补助金金额。为年度内新增伤残军人整理、核实伤残资料，完成换证工作。（李文娟）

【退役军人志愿服务】 2022 年，县退役军人事务局组织退役军人参与服务高考、抗击新冠疫情等志愿服务。抗击新冠疫情期间，有 38 名退役军人志愿者开展环境消杀、餐饮配送等志愿服务工作。（李文娟）

【浑源县双拥工作领导组全体（扩大）会暨创建新一届省级双拥模范县工作推进会】 2022 年 5 月 12 日，浑源县双拥工作领导组全体（扩大）会暨创建新一届省级双拥模范县工作推进会召开。会议要求各成员单位做好双拥创建工作，实现浑源县争创省级双拥模范县“五连冠”。（李文娟）

【“9·30”烈士公祭】 2022 年 9 月 30 日，县退役军人事务局组织协调在县革命烈士陵园举行烈士纪念日公祭仪式。县领导，县委、县政府工作部门主要负责人，当地驻军及政法干警代表、退役军人代表、新闻媒体记者等 100 余人参加活动，缅怀革命先烈丰功伟绩，传承弘扬爱国主义精神。（李文娟）

经济管理

宏观经济调控

【概况】 2022年，浑源县出台41条稳经济一揽子政策措施，落实国家退税减税降费1.8亿元，推动产融对接4.4亿元，取消行政审批事项10项，实行告知承诺制24项。全年完成地区生产总值56.9亿元，比上年增长0.6%；第三产业增加值32.7亿元，占全县地区生产总值的57.4%，比上年增长1.6%；规模以上工业增加值比上年下降14.8%。公共财政预算收入2.1亿元，比上年增长6%；固定资产投资30.6亿元，比上年增长5.6%，扭转过去两年连续负增长态势；社会消费品零售总额38.1亿元，比上年下降0.3%；城镇常住居民人均可支配收入30473元，比上年增长7.1%；农村常住居民人均可支配收入11758元，比上年增长7.8%。

（陈锦灵　高　阳）

【重大项目投资管理】 2022年，浑源县坚持走绿色发展道路，全年谋划布局文化、生态、旅游、康养、民生等项目237个（产业类111个、基础设施类98个、社会民生类28个）总投资649.7亿元。其中，重大储备项目59个，总投资87.4亿元；谋划项目60个，估算总投资369.5亿元；118个在建项目总投资192.8亿元。全年开工项目114个，开工率96.6%，全年投资26.5亿元，4个省级重点项目投资7亿元，14个市级重点项目投资16.3亿元。（陈锦灵　高　阳）

【争资引项】 2022年，浑源县签约项目14个，总投资额104.3亿元；开工12个，落实到位资金18.5亿元。落实地方政府专项债券资金项目5个，到位资金4.2亿元；中央预算内资金项目6个，到位资金1.1亿元；一般债券资金项目6个，到位资金1543万元。申报下年专项债券项目31个，申报项目数量、亿元以上项目数量均排全市县区第一，到位资金排全市县区第二。（陈锦灵　高　阳）

【重大项目政府专项债券资金落实】 2022年，浑源县落实地方政府专项债券资金项目5个，分别为：全域旅游服务体系建设项目，总投资7亿元，落实到2022年第一批专项债券1亿元，2022年专项债券结存限额资金0.2亿元；浑源城乡一体化供水工程，项目总投资5.5亿元，落实到2022年第二批专项债券1亿元，2022年专项债券结存限额资金0.2亿元；浑源县幸福里幼儿园建设项目，总投资0.3亿元，落实到2022年第二批专项债券0.2亿元，2022年专项债券结存限额资金0.1亿元；浑源县排水防涝改造工程项目，总投资2.7亿元，落实到2022年第三批专项债券1.4亿元；2022年浑源县老旧小区改造工程，总投资0.3亿元，落实到2022年第三批专项债券0.2亿元，2022年专项债券结存限额资金0.1亿元。

（陈锦灵　高　阳）

【重大项目中央预算内资金落实】 2022年，浑源县落实中央预算内资金项目6个，浑源县永安中心校扩建项目，总投资4960万元，落实到教育强国中央预算内资金1000万元；浑源县东关幼儿园建设项目，总投资623万元，落实到教育强国中央预算内资金498万元；浑源县北岳小学公寓楼扩建项目，总投资869万元，落实到教育强国推进工程专项中央预算内投资688万元；浑源县示范中学女生公寓楼扩建项目，总投资897万元，落实到教育强国中央预算内资金717万元；浑源县排水防涝改造工程，项目总投资27322万元，落实到排水设施建设专项中央预算内资金992万元；浑源县晋北地区高原风沙源保护和修复重点项目，分解下达中央预算内投资6847.7万元。（陈锦灵　高　阳）

【重大项目储备】　2022年，浑源县确定下年全县储备建设项目69个，总投资229.4亿元，年度计划投资额37.3亿元。其中，亿元以上项目30个，总投资217.1亿元，年度计划投资额30.3亿元。基础设施类项目52个，总投资194.1亿元，年度计划投资24.9亿元；产业类项目17个，总投资35.2亿元，年度计划投资12.6亿元。进入省地方政府专项债券下年度储备库项目23个。（陈锦灵　高　阳）

【价格监测和认证】　2022年，浑源县加强水、电、暖气、天然气价格，垃圾处理收费价格、旅游服务门票价格、物业服务收费、住宿收费、停车场收费、幼儿园收费、课后培训服务收费以及民办义务教育收费的管控工作。聘请第三方公司价格监审浑源县3个灌区、2个出租车公司、1个天然气公司，规范企业收费行为。全年办理价格认定案件12件，认定标的23.3万元。

（陈锦灵　高　阳）

【价格临时补贴发放】　2022年，浑源县发展和改革局向全县优抚对象、城乡低保对象、城乡低保边缘人员、特困人员、孤儿、事实无人抚养儿童、领取失业保险金（补助金）人员，以及农村寄宿制学生15.4万人发放价格临时补贴332.5万元。（陈锦灵　高　阳）

【社会信用体系建设】　2022年，浑源县发展和改革局推动市县一体化信用信息平台建设，逐步提升社会信用体系建设水平。开展诚信守法宣传，提高社会公众的信用意识，体现“诚信浑源”“厚道浑源”文化气息。（陈锦灵　高　阳）

自然资源管理

【概　况】　2022年，浑源县建设用地面积13466.7公顷、未利用地面积72133.3公顷，农用地面积111266.7公顷，耕地红线面积48933.3公顷，永久基本农田保护面积42133.3公顷。全县“三区三线”（农业、生态、城镇三个功能区，永久基本农田、生态保持红线、城镇开发边界）划定生态保护红线53866.7公顷、城镇开发边界约166.7公顷。以土地用途管制为核心，严把农用地转用、土地征用审批关。2020年至2022年，经国务院和省政府批准的浑源县农用地转用面积336.6公顷，其中耕地面积50.3公顷，所占用耕地均按照“占一补一、先补后占”的原则进行等质等量补充。（尚书健）

【土地划拨和供应】　2022年，浑源县自然资源局按照《中华人民共和国土地管理法》《招标拍卖挂牌出让国有建设用地使用权规定》等规定，执行《划拨用地目录》等有关规定，确保建设用地供应工作依规合法。截至年底，出让10宗地，面积22.1公顷，出让金5557万元。划拨21宗，面积242.1公顷。对土地市场动态监测监管系统中的供地后项目宗地进行日常开工、巡查、竣工等相关工作巡查监管。严格审批项目建设用地，浑源县2022年第一批次城乡建设用地项目，面积10.3公顷，涉及工人文化宫、小转盘周边、采煤沉陷区幼儿园、恒麓街、黄芪产业园开发等重点项目，上报省政府。（尚书健）

【耕地保护】　2022年，浑源县政府与各乡（镇）签订耕地保护目标责任书和基本农田保护责任状。全县2019年度三个批次增减挂项目完成验收，2020年两个批次增减挂项目工程完成60%。完成永久基本农田及储备区划定工作。全县耕地后备资源评价工作上报国家。完成浑源县大仁庄乡南花园和东水沟村土地整治项目设计评审工作，完成浑源县驼峰乡占补平衡补充耕地项目设计工作。（尚书健）

【自然资源违法查处】 2022年，浑源县自然资源局严格按照执法监察巡回检查制度，不间断开展动态巡查，制止自然资源违法行为。与公安、应急、百川煤业公司联合，抽调骨干人员组成联合巡查组，紧抓不同阶段工作重点和隐患易发区域，在全县范围内进行不间断巡查检查，建立巡查台账，制定巡查人员名单，做到发现一处、打击一处、查处一起，确保矿山秩序整治工作持续高效运行。全年出动巡查检查车辆近800台次，巡查人员近1000人（次）。完成上年土地矿产卫片下发监测图斑的核查上报工作，2022年土地矿产卫片下发图斑工作在开展中。全年立案查处土地、矿产、规划违法案件25件，收缴罚款174.8万元，拆除复耕、恢复地貌8宗违法占地，涉及耕地面积0.8公顷。（尚书健）

【矿产资源管理】 2022年，浑源县推进《浑源县矿产资源规划（2021—2025）》的编制工作，截至年底，初稿完成，开展评审等相关工作，同时与空间总体规划等相关规划统一协调，确保县矿产资源合理开采利用。截至年底，浑源县有持证矿山企业43家。其中，煤矿5家、花岗岩矿18家、铁矿3家、石英矿1家、膨润土矿1家、长石矿1家、片麻岩矿2家、石灰岩矿3家、砖厂9家。

煤矿矿区总面积约5000公顷，储量26875万立方米，5座煤矿从2018年7月开始停产整治至2022年底。5月，省自然资源厅向社会公布纳入异常名录名单，浑源县3座煤矿（百川、东邦、瑞风）被列入异常名录，其中2座煤矿（百川、东邦）因3年列入异常名录未整改，被列入严重违法名单。

花岗岩矿区总面积约240公顷，储量91.9万立方米。18家花岗岩企业从2018年7月起停产整治至2022年。花岗岩矿山企业从2019年开始自主进行生态修复，截至年底，累计完成生态修复面积180余公顷，植树（包括沙棘、柠条、云杉）21.4万余株，撒播草籽4800余公斤，矿区修路3.5万余米，修筑边坡、排土场筑坝、排水沟等，投入资金6540余万元。

铁矿矿区总面积约310公顷，储量388.6万立方米，3家铁矿企业长期停产。石灰岩矿区总面积约30公顷，储量107.9万立方米。3家石灰岩矿1家过期，2家在有效期内。片麻岩矿区总面积约60公顷，储量37万立方米。膨润土矿矿区总面积约2公顷，储量53.9万吨，在办理采矿许可证延续手续。石英矿矿区总面积约800公顷，储量22.7万吨。长石矿矿区总面积约30公顷，储量5万吨。砖瓦黏土矿矿区总面积约60公顷，储量137万立方米，9家砖厂中6家完成技改。（尚书健）

【矿山企业综合整治】 2022年，浑源县制定《全县矿山企业综合整治实施方案》，由县自然资源局牵头开展全县矿山企业综合整治工作。通过第一阶段的排查，浑源县矿山企业在证照齐全、履行义务、缴纳专项费用、编制相关方案等方面存在不同程度的问题。针对存在的问题，联合相关单位，研究制定整改措施，督促矿山企业积极整改，促进全县矿山企业健康、绿色发展。（尚书健）

【矿业权管理】 2022年，浑源县自然资源局开展矿业权人勘查开采信息公示系统填报工作，截至年底，应公示矿山全部公示，公示率100%。征收欠缴的矿业权出让收益，督促东邦煤业缴纳2020年至2022年度欠缴人矿业权出让收益614.5万元，并向税务部门推送费源信息，配合税务部门开展征收工作。（尚书健）

【矿山生态修复】 2022年，浑源县自然资源局落实矿山地质环境保护和土地复垦工作，印发《关于全面监督矿业权人严格履行矿山生态修复义务的通知》文件，要求未开设专户的矿山企业开设专户，签订土地复垦协议，同时把矿山地质环境治理恢复基金、土地复垦费用缴存至专户。要求未编制《矿山开发治理方案》的矿山企业尽快按要求编制。在全省国土空间生态修复示范工程项目二亩湾生态修复区（百川煤业有限公司二亩湾矿区）的基础上，巩固国土空间生态修复示范成果，持续推进生态修复治理，谋划历史遗留矿山生态修复治理项目。浑源县生态文明建设投资有限公司作为浑源县生态修复治理工程项目的实施单位，统一编制矿山治理规划、可研、立项。浑源县生态修复治理工程项目设计治理5000公顷，项目总投资估算284095.7万元，其中矿山治理91322.2万元。累计签订合同106个，签约价141690.1万元，其中山体整形76764.5万元（二类费用989.5万元，工程费用75775万元）。截至年底，累计完成矿山生态治理面积3600公顷。（尚书健）

【二亩湾矿区被列为全省国土空间生态修复示范工程项目】 2022年，浑源县生态修复治理工程（百川煤业有限公司二亩湾矿区）生态修复试验区项目被山西省自然资源厅列为全省国土空间生态修复示范工程项目。该项目短期内提升浑源现有人工林的生态功能，初步形成乔、灌、草多层次多结构的植被群落，挽救受损山体。在生态修复治理过程中，在适生区域种植黄芩、柴胡等中小药材和杏树、山桃、沙棘等经济林，在阳光片区反哺村集体和农户占地补偿费，实现矿山修复、企业受益、村户增收。（尚书健）

财　政

【概况】 2022年，财政部门统筹新冠疫情防控和经济社会发展，发挥财政职能作用，组织财政收入，保障各项重点支出。全年全县一般公共预算财力339151万元，公共预算支出执行287611万元，上解上级支出5551万元，安排预算稳定调节基金17864万元，结转下年支出28125万元，实现公共财政收支平衡。落实均衡性转移支付和县级基本财力保障机制奖补资金等财力性转移支付153933万元，同口径增加18772万元。（郭　悦）

【一般公共预算收支】 2022年，全县一般公共预算收入21257万元。其中，税收收入8425万元，非税收入12832万元，占年度预算100%，扣除留抵退税因素后比上年增长14.7%，按自然口径计算增长6%。一般公共预算支出执行287611万元，占调整预算91.1%，比上年增长2.3%。其中，一般公共服务支出23763万元、国防支出206万元、公共安全支出7551万元、教育支出48575万元、科学技术支出1184万元、文化旅游体育与传媒支出10978万元、社会保障和就业支出75999万元、卫生健康支出23591万元、节能环保支出15833万元、城乡社区支出12716万元、农林水支出34241万元、交通运输支出7635万元、资源勘探工业信息等支出2252万元、商业服务业支出631万元、自然资源海洋气象支出2887万元、住房保障支出13977万元、粮油物资储备支出342万元、灾害防治及应急管理支出1570万元、债务付息支出1743万元、其他支出1937万元。（郭　悦）

【政府性基金预算收支】 2022年，全县政府性基金预算收入1143万元，占预算74.5%，增长34.7%；预算支出执行61840万元（含专项债券支出42050万元），占预算235.4%，增长78.4%。

（郭　悦）

【社会保险基金收支】 2022年，全县社会保险基金预算收入44837万元，占预算104.3%，增长12%；预算支出执行41960万元，占预算110.1%，增长12.2%。

（郭　悦）

【民生领域财政资金保障】 2022年，浑源县开展普惠性、基础性、兜底性民生建设，确保财政资金向民生和社会事业倾斜。全年全县教育、社会保障和就业、医疗卫生等13项民生支出累计执行248589万元，占一般公共预算支出86.4%。支持教育高质量发展，投入教育资金48575万元，比上年增长25.2%。支持健全社会保障体系，投入社保和就业资金75999万元，比上年增长14.2%。支持推进健康浑源建设，投入医疗卫生健康资金

23591万元，比上年增长23.8%，筹措安排新冠疫情防控专项资金3066万元。支持衔接推进乡村振兴，投入乡村振兴补助资金12790万元。（郭　悦）

【国库集中支付】2022年，浑源县提高国库经理水平，截至年底，办理县级预算收入21256.6万元，县级预算支出30390.2万元，办理退库21264万元。办理增值税留抵退税103笔、金额19739.4万元，惠及62家企业；办理退税264笔、金额104.7万元；个人所得税汇算清缴退税3201笔、金额163.3万元，个人所得税代扣代缴手续费退库40笔、金额16987万元。畅通国库紧急拨款通道，全力保障疫情防控资金及时、准确拨付，全年办理疫情防控资金2768.8万元。（郭　悦）

【政府债务风险防范】2022年，浑源县财政局强化政府债务管理，遏制隐性债务增量，化解存量隐性债务，完善对存量隐性债务的常态化监控机制，对风险隐患做到早发现、早处置，牢牢守住不发生系统性风险的底线。全年，省财政厅下达浑源县新增政府债券资金43593万元。其中，一般债券1543万元，主要用于三个一号旅游公路、小型水库雨情测报和大坝安全监测、综合档案馆建设等项目；专项债券42050万元，主要用于全域旅游服务中心建设、排水防涝改造、城乡一体化供水工程、老旧小区改造、幸福里幼儿园建设等项目。截至年底，政府性债务余额137316万元。其中，地方政府债券137084万元（一般债券47034万元、专项债券90050万元）、林业项目世界银行贷款232万元。全年市级财政部门确认浑源县政府性债务限额137316万元，地方性政府债务在可控限额之内。（郭　悦）

【财政监督】2022年，浑源县财政局推进财政资金直达机制高效运行，抓实抓细常态化资金直达机制和监督管理工作，开展常态化民生资金重点检查，优化分配流程，加大监管力度，持续规范政府债务管理，会同有关部门建立健全项目储备与申报机制，落实和用好新增专项债券资金，合理使用地方政府债务限额，加快专项债券资金支出进度，尽早形成实物工作量，带动扩大有效投资。（郭　悦）

【预算管理】2022年，浑源县财政局加强预算支出标准的动态调整和执行应用，上线运行预算管理一体化2.0系统，初步建立起“制度＋技术”的预算管理新机制。全年，上级财政下达浑源县直达资金83729万元，实际支出75439万元。财政预算坚持党政机关过紧日子不动摇，压减一般性支出和非急需非刚性支出，从严控制“三公”经费支出，盘活财政存量资金，加强预算财力统筹，优化财政支出结构，提高财政保障能力，确保财政资金用在“刀刃”上。全年全县公共预算安排的“三公”经费支出执行730万元，占年初预算1040万元的70.2%，下降13.8%。盘活财政存量资金11043万元，压减盘活的资金全部统筹用于支持重点领域重大项目建设。（郭　悦）

【预算绩效管理】2022年，浑源县财政局制定《浑源县县级部门整体支出绩效目标管理细则》《县级部门委托第三方机构参与预算绩效管理工作管理办法》《浑源县县级分行业分领域绩效指标和标准体系》，全面推动预算绩效管理实施，加快构建“全方位、全过程、全覆盖”预算绩效管理体系。（郭　悦）

税　务

【概况】2022年，浑源县税务管理税户9317户。其中，一般纳税人334户，社会保险费灵活就业人员缴费6226人，关联企业养老缴费270户，关联企业失业缴费232户，关联企业医疗缴费247户，工伤缴费308户。全年，浑源县税收收入8425万元，非税收入12832万元，社会保险费收入45887万元，其他收入5507万元（工会经费233.2万元、职业年金5273.8万元）。（杨　琪）

【税收收入】2022年，浑源县税收收入8425万元，占预算95.1%，扣除留抵退税因素后比上年增长21.9%，按自然口径计算增长1%。其中，增值税1233万元，下降41.1%；企业所得税835万元，下降 54.5%；个人所得税 197 万元，增长 42.8%；资源税 174 万元，增长 20.8%；城维税 317 万元，下降 17.5%；房产税 247 万元，下降 20.8%；印花税 121 万元，下降 49.6%；城镇土地使用税 223 万元，下降 6.3%；土地增值税 436 万元，下降 10.8%；车船税 630 万元，增长 12.5%；耕地占用税 2234 万元，增长 57.1%；契税 957 万元，增长 109.9%；环境保护税 821 万元，增长 24.7 倍。（杨　琪）

【非税收收入】 2022 年，浑源县非税收收入 12832 万元，占预算的 103.6%，增长 9.6%。其中，专项收入 2193 万元，增长 319.3%；行政事业性收费收入 719 万元，增长 229.8%；罚没收入 1927 万元，增长 63.3%；国有资源有偿使用收入 5650 万元，增长 14.4%；捐赠收入 1253 万元，增长 25.3%；政府住房基金收入 1090 万元，下降 71.5%。（杨　琪）

【社保费征收】 2022 年，浑源县各项社会保险费征收 45887 万元。其中，机关事业单位养老保险费 13674.2 万元；企业职工基本养老保险费 13773.1 万元；工伤保险费 402.4 万元；医疗保险费 14421.7 万元（其中，职工基本医疗保险费 6874.5 万元，灵活就业人员医疗保险 7.6 万元，城乡居民基本医疗保险费 7539.5 万元）；失业保险费 630.4 万元；城乡居民养老保险费 93199 人、入库 2985.4 万元（其中，基本养老保险 62483 人、入库 1749 万元，补充养老保险 30716 人、入库 1236.4 万元）。（杨　琪）

【减税降费】 2022 年，浑源县税务局通过线上线下等渠道宣传税收优惠政策，召开多场税收政策和纳税服务辅导会，保证政策的有效对接。全年“减免缓退”各类税费 18015 万元，3122 户次。其中，减税类 992 万元，2485 户次；免税类 785 万元，345 户次；缓税类 1536 万元，230 户次；退税类 14702 万元，62 户次。（杨　琪）

【税务服务】 2022 年，浑源县税务局精选“双专员”（税收服务专员、税收协调专员），指派“双团队”（政策服务团队、征管服务团队）跟进服务大企业和重点项目，为 31 个重点项目量身定制“税收政策服务建议书”。开展走访调研活动，累计走访纳税人 150 余户次，吸纳意见建议 36 条。加速推进“智能化”办税缴费，智慧办税厅为纳税人提供的“非接触式”智能导税功能；“前置导办、全程协办、重点帮办”的三办举措，为纳税人点对点发送业务提醒短信 77096 条。举办政策宣传入社区活动 4 次，税企座谈会和大厅开放日活动 3 次，纳税人辅导会 7 次培训 500 余人（次），为企业及个体工商户发放“政策大礼包”300 份、对 26 户企业开展多次“一对一”的政策辅导。4 月 1 日，举办第 31 个全国税收宣传月活动。推出“现金、电子税务局、POS 机、微信、支付宝”等多种缴费方式，形成“网上缴费为主、自助缴费为辅、实体缴费兜底”的征缴模式，针对老年人、残疾人等特殊人群提供“预约式”“陪伴式”和“优先办”服务，开通“一对一”缴费服务“绿色通道”。（杨　琪）

2022 年 4 月 1 日，浑源县税务局举行第 31 个全国税收宣传月活动启动仪式暨惠企政策宣讲会（安兴旺　摄）

【“以数治税”】 2022年，浑源县税务局围绕“强基提智”的工作目标，把“以数治税”融入税费服务和征管工作大局，推出并完善纳税人风险自助体检服务。自助体检终端累计服务纳税人180余户次，内部开展指标扫描10余批次，涉及纳税人近3600户次，被省税务局作为全省电子税务局纳税人端创新功能在全省推广。

（杨 琪）

金融监管

【金融风险监控】 2022年，中国人民银行浑源县支行（简称“人行浑源县支行”）加强法人机构流动性监测、防范流动性风险，做好辖内银行业金融机构重大事项信息报送和反馈，全年收到辖区金融机构重大事项报告15起。组织召开地方法人机构金融风险防范工作座谈会，向县委、县政府专题报送防范化解金融风险工作情况专题报告。（刘 德）

【金融行业监管】 2022年，人行浑源县支行深化“两管理、两综合”（开业管理、营业管理，综合执法检查、综合评价）工作，对全县8家金融机构按时开展综合评价工作，并运用综合评价结果，督促金融机构整改，合规稳健经营。做好存款保险各项工作，按季度对浑源县辖内2家法人投保机构开展运行监测。要求投保机构依据机构真实风险状况报送风险差别费率申报表和报告，按照差别费率，督促2家投保机构按时足额交纳保费。（刘 德）

【支付服务】 2022年，人行浑源县支行提升支付服务和监管水平，指导银行机构升级改造508个惠农服务点、助农取款服务点，实现金融服务乡村全覆盖。加大手机号码支付推广，深化农村支付业务功能应用场景建设，推进适老化移动支付建设，农村居民支付服务可获得性不断提升。（刘 德）

【反洗钱工作】 2022年，人行浑源县支行提高反洗钱履职能力，分类评级浑源农村商业银行上年反洗钱义务履行情况。组织做好辖内法人金融机构洗钱和恐怖融资风险评估工作，指导浑源慧融村镇银行开展风险自评估工作，细化内部控制制度、客户身份识别、客户身份资料和交易记录保存、大额交易报告或者可疑交易报告等法定义务指标外，重点把宣传、培训及接受日常监管情况等关键指标进行细化，增强可操作性，按时上报《法人金融机构固有风险评估表》《控制措施有效性评估表》等。组织反洗钱工作人员参加网络远程、线下现场等2次业务培训，课程内容涵盖法人金融机构洗钱和恐怖融资风险评估操作实务、反洗钱监管形势、执法检查实务及取证规范、处罚裁量基准最新政策解读等知识，提高反洗钱工作人员的履职能力。

（刘 德）

【金融消费者权益保护】 2022年，人行浑源县支行开展金融消费权益保护工作，教育引导广大群众理性投资与合理借贷，共同防范金融诈骗。利用“3·15”消费者权益保护日、“6·14”信用记录关爱日等重大宣传时间节点，开展金融知识普及宣传，保护金融消费权益。其中，6月14日，联合农发行浑源县支行、县发改委等单位在县城社区、学校等地开展征信主题宣传活动，揭示“征信修复”骗局，增强全县人民知信守信意识，活动累计发放征信相关宣传资料1000余份，接受群众咨询200余人（次）。

（刘 德）

【非法集资防范宣传】 2022年6月15日，人行浑源县支行联合县法院、县检察院、县司法局、县信访局、县农商行等在浑源县锦联汇广场、思源社区开展以“守住钱袋子·护好幸福家”为主题的“6·15”防范非法集资宣传活动。通过悬挂横幅、发放宣传材料、现场开展答疑等方式，向过往群众讲解非法集资的常见形式及防范非法集资诈骗的措施和方法，特别是针对虚拟货币、养老服务等现代新型非法集资方式进行重点宣传。此次宣传活动发放宣传材料500余份，接受群众咨询20余人（次），参与群众400余人。（刘 德）

审　计

【概况】 2022年，浑源县审计局按照年度审计项目计划，完成审计项目5个，查出主要问题34个，涉及金额3046.6万元。其中，违规问题1个，涉及金额3.6万元；管理不规范问题13个，涉及金额3043万元；非金额计量问题20个。提出审计建议16条，被采纳审计建议16条。（王少华）

【重大政策措施落实情况跟踪审计】 2022年，浑源县审计局完成全省重大政策措施落实情况跟踪审计项目，即新冠疫情防控资金的管理和使用情况审计。

（王少华）

【财政审计】 2022年，浑源县审计局完成上年度县级财政预算执行情况审计，并对县农业农村局、乡村振兴局、民政局、人社局、文旅局、高新产业园区和南榆林乡7个重点部门单位延伸审计，把促进财政资金提质增效、优化营商环境、推动国家重大政策落实，贯穿到财政预算执行审计的全过程，为促进财政预算管理规范化、制度化和法治化建设发挥作用。（王少华）

【固定资产投资审计】 2022年，浑源县审计局以框架协议采购的方式，采购9家社会审计机构，开展政府投资项目竣工决算审计项目9个，分别为2012年廉租住房建设项目、2012年廉租住房二期建设项目、2012年新建廉租住房基础配套设施建设项目、县新建新城区四条道路工程、旧城区三条道路改造工程、县古城历史文化街区5条街巷改造工程、京津风沙源治理二期工程浑源县2020年度水利水保项目、唐河浑源县（王庄堡—西会段）河道治理工程和浑源县生态修复治理工程中水利工程项目。

（王少华）

【专项资金审计】 2022年，县审计局完成省市审计机关部署的"人人持证，技能社会"建设专项资金审计，其间对参培人员入户调查63人（次）。完成就业技能培训资金审计、巩固拓展脱贫攻坚成果同乡村振兴有效衔接相关政策和资金审计。（王少华）

【经济责任审计】 2022年，浑源县审计局完成2个领导干部任中和2个领导干部离任审计项目，分别是县农业农村局郝希涛任中审计；县红十字会秘书长段愫任中审计；南榆林乡原党委书记庞乃红、原乡长刘丽霞离任审计。完成省审计厅交办的对县委、县政府主要领导自然资源资产离任审计前期数据采集工作。

（王少华）

【内部审计】 2022年，县审计局分3批组织全县75家一级预算单位专(兼)职内审人员召开座谈会，成立县属国有企业内审机构7家，住建局、王庄堡镇内审机构完成结算审核项目6个，送审金额16422万元，审减金额1736.3万元。教科局完成浑源县第三中学等10所义务教育阶段学校新增固定资产、校务公开情况审计1项、恒山景区管理中心完成财务收支审计1项。

（王少华）

【审计监督】 2022年，县审计局成立审计局机关日常监督小组，对全县重点资金和重大项目开展常态化监督，组长由一名班子成员担任。全年监督小组发现苗头性、倾向性问题3条，并按程序向县委、县政府主要领导和相关部门单位进行通报。（王少华）

【审计协作】 2022年，县审计局制定《关于建立审计与发改、财政等部门信息共享机制的意见（试行）》，与各部门加强协作，做好审前调查工作。协助县委巡察办完成对县水务局党组、县民政局党组的常规巡察工作和对羊投崖村、沙圪坨村"三个一批"专项巡察任务及对官儿乡、县残联的巡察任务。

（王少华）

【审计问题整改】 2022年，县审计局在审计"人人持证，技能社会"建设专项资金时，发现不符合培训条件21人（次），涉及资金3.6万元，督促协调财政、社会保险部门和金融机构补缴失业保险基金收益40.1万元。完成省审计厅下达的衔接推进乡村振兴资金疑点数据核实工作，督促相关部门单位回退乡村振兴项目结余资金241万元。督促协调财政、社会保险部门和金融机构补缴失业保险基金收益40.1万元，核查发现的1个问题按程序完成上报。对上年度完成的审计项目和在开展的项目开展自查，发现问题按时整改。（王少华）

【审计信息化建设】 2022年，县审计局投入资金14.1万元完成"金审三期"建设及应用，提升审计工作的现代化、科学化和信息化水平。参加审计署在中国审计

数字在线网举办的计算机初级网络培训班。（王少华）

统 计

【概况】 2022年，国家统计局浑源调查队和浑源县统计局依法开展统计调查，对城乡居民收支、居民消费价格、商品零售价格、农村土地流转、农民工监测、脱贫县农村住户监测、主要农产品中间消耗、农产品生产价格、农产品集贸市场价格、农作物面积遥感测量和产量、主要畜禽监测、月度劳动力12个项目开展统计调查，完成农业普查、经济普查、人口普查三大国情国力调查任务。（白东浩）

【民生项目调查】 2022年，国家统计局浑源调查队开展居民收支调查，调查样本户110个。居民消费价格调查，抽中的商场（店）、超市、农贸市场、服务网点233个、规格品812个。商品零售价格调查，抽中的商场（店）、超市、农贸市场212个、规格品574个。农村土地流转调查，抽中5个样本村，调查耕地流转情况。农民工监测调查，县内抽中7个调查小区，样本量70户。脱贫县农村住户监测调查，抽中8个调查小区，样本量80户。月度劳动力调查，抽中6个城乡样本小区，每月调查96户。（熊晓芳）

【农业和畜牧调查】 2022年，国家统计局浑源调查队开展农业和畜牧调查。其中，主要农产品中间消耗调查，抽中10个样本村，19户调查户，调查品种为猪、羊；农产品生产价格调查，抽中5个样本村，11户调查户，规格品为玉米、蔬菜、药材、油料、水果；农产品集贸市场价格调查，抽中调查网点10个，规格品为主要农产品；农作物面积遥感测量和产量调查，抽中6个样本村，18个地块样方；主要畜禽监测调查，抽中33个村，137个养殖场户。（熊晓芳）

【人口抽样调查】 2022年，浑源县人口变动情况抽样调查工作涉及全县14个乡（镇）的54个村、居委会（社区）。县统计局核查建筑物33519个，入户登记调查1080户，做到“房不漏户、户不漏人、人不漏项”，按时完成人口变动情况抽样调查任务。（白东浩）

【统计监测预警】 2022年，浑源县统计局每月坚持做好开网前摸底调研、开网后跟踪监测、关网后分析评估工作。按月按季撰写经济运行分析材料，提前预测经济运行情况，针对全县经济发展中的问题和短板，按时预警预判，并向县委、县政府提出建议和对策。聚焦疫情对经济运行带来的冲击和影响开展专题调研，并针对企业存在的交通不畅、订单不足、融资困难等问题提出意见建议。全年向县委、县政府呈送统计月报8期，统计季报2期，统计专报1期，为县委、县政府把握经济走势提供参考依据。

（白东浩）

【企业纳规入统】 2022年，县统计局与行政审批、财政、税务等部门建立数据共享机制，按时获取新注册登记工商企业、上级下达项目资金和企业纳税情况，通过信息比对、甄别筛选，联合筛选达到入库标准或临近入库标准的企业，并由各行业主管部门牵头，对筛选出的准达标企业“点对点”跟踪检测和业务指导，确保达标企业纳统和项目入库。截至年底，入规工业企业2家，贸易企业1家，固定资产投资项目71个。（白东浩）

【统计执法检查】 2022年，县统计局以统计造假不收手不收敛问题专项纠治行动为契机，组织专业力量，分专业对“四上”（第一产业、第二产业、第三产业和居民收入）单位和固定资产投资项目“入退库”情况、联网直报单位数据质量进行检查，重点核查2017年以后入库单位（投资项目）行业（类别）划分是否正确，申报材料特别是税务材料、施工材料等是否真实，2022年上半年上报数据是否真实准确。其中，核查“入退库”单位116家，工业企业3家、贸易企业（单位）10家，房地产企业1家，建筑企业2家，固定资产投资项目11个。强化与纪检监察机关的协作配合，紧盯发现问题整改处理，完成专项纠治工作。（白东浩）

【统计服务】 2022年，浑源县统计部门通过主动上门服务企业、网络后台指导，推动全县固定投资项目和“四上”企业入库入统工作，并建立联动机制，加强与政府职能部门、与企业的沟通与协调，靠前指导，主动服务，做到“颗粒归仓”。全年指导固定投资项目入库76个，新增“四上”企业5家。（白东浩）

【数据质量管理】 2022年，浑源县统计部门重视报表数据质量，要求各专业加强数据审核，对报表数据做到“即报即审”，紧盯重点单位和数据波动较大的企业，逐企逐户摸清底数，收集上报数据支撑凭证，防止错报、漏报、瞒报，保质保量地完成农业、工业、投资、贸易、劳资、服务业多个专业月报、季报报表上报工作。（白东浩）

【统计业务培训】 2022年，县统计局针对乡（镇）、部门统计人员业务不精的现状，聘请市统计局重点科室业务骨干，对农业、工业、固定资产投资、贸易业、服务业、劳动工资等一套表调查单位的分管统计领导和统计报表人员进行重点培训，组织6个班次对各乡（镇）、各单位、各联网直报企业报表人员进行培训，培训700余人（次）。组织统计局干部职工通过“线上+线下”相结合的方式，参加国家、省、市各种统计业务培训20余次。（白东浩）

【“中国统计开放日”宣传活动】 2022年4月25日，县统计部门在第十三届“中国统计开放日”之际，在步云社区开展以“数说新时代 奋进新征程”为主题的宣传活动。通过张贴海报悬挂条幅，发放《统计法释疑》《记账小贴士》等宣传资料，以及宣传袋、围裙等宣传礼品，向现场群众讲授统计调查的重要意义，宣传统计调查工作。（白东浩）

2022年4月25日，国家统计局浑源调查队在步云社区开展以“数说新时代 奋进新征程”为主题的宣传活动（白东浩 摄）

市场监督管理

【概况】 2022年，浑源县市场监督管理局严守食品药品、特种设备、产品质量安全底线，履行市场监管职责，全年查处各类案件265起，结案265起，罚没款金额25.1万元，未发生行政复议和行政诉讼案件。（王世军）

【市场主体监管】 2022年，县市场监督管理局组织“双随机、一公开”（随机抽取检查对象、随机选派执法检查人员，抽查情况及查处结果及时向社会公开）抽查任务9次，执行省市局下派抽查任务9次，检查县域内市场经营主体148家。发挥市场监管领域“双随机、一公开”监管工作领导小组办公室作用，发起跨部门联合抽查任务36次，抽取市场主体和机构组织240户。对517户主动消除不良影响的轻微失信市场主体，按时实施信用修复。做好无证无照查处工作，引导办照22户，依法立案查处17户。（王世军）

【产品质量监管】 2022年，县市场监督管理局加强工业产品质量安全监管，以电动自行车、电器、消防产品、危化品、电线电缆、儿童和学生用品、建材产品等产品为重点，开展产品质量安全隐患排查和专项整治。创新质量基础设施“一站式”服务模式，加大质量安全、标准化宣传，推动企业的标准化、市场化发展。加大对全县管理体系认证、环境监测认证、有机产品认证、机动车检验检测认证的日常检查力度。5月20日，在锦联汇广场开展主题为“数字时代的计量”的宣传活动。9月，在锦联汇广场开展以“推动质量变革创新、促进质量强县建设”为主题的质量月活动。（王世军）

【食品安全监管】 2022年，县市场监督管理局严把食品生产环节关口，强化食品生产企业日常监管，通过企业自查、责任约谈、以会代训等方式落实食品生产企业食品安全主体责任。对全县食品生产企业进行风险分级分类，以企业消毒物品使用、化学试剂使用、防虫防蝇灭鼠、电气防爆等为重点，开展安全风险隐患排查。开展食品安全抽检工作，开展2022年春季学校食堂及周边餐饮食品安全集中检查，排查食品安全隐患。以白酒、粮食加工、桶装水企业为重点，推进食品生产“一企一档”建设。开展肉制品、淀粉制品、食醋（酱油）制品、月饼（糕点）等专项整治，规范小作坊生产经营行为，全年检查食品生产企业32家次，检查小作坊130家次，下达责令改正通知书26份。做好食药物质试点企业申报工作，7月22日，恒芪康酒业有限公司获山西省市场监督管理局食药物质试点批准许可。

（王世军）

【药品安全监管】 2022年，县市场监督管理局开展药品安全专项整治行动，整治非法渠道购进药品、回收药品、超范围经营药品等违法违规行为。持续加强药品零售企业和医疗机构的日常监管。完成“两品一械”（药品、化妆品、医疗器械）监测系统监管任务。完成药品不良反应报告与管理251件，完成化妆品不良反应报告与管理21件，完成医疗器械不良事件报告与管理99件，完成率分别为104%、105%、103%。7月18日至22日，开展以“安全用械、共治共享”为主题的医疗器械安全宣传周活动。（王世军）

【特种设备安全监管】 2022年，县市场监督管理局指导和督促特种设备使用单位健全和完善特种设备安全管理制度，与其签订“特种设备使用单位安全责任承诺书”，推动安全生产主体责任的落实。抓好特种设备安全监察和隐患治理，组织市场监管领域城镇燃气安全排查整治，检查学校、医院、宾馆、酒店、商场、超市、旅游景区和气体充装站等重点场所特种设备，配合大同市市场监督管理局开展超期未检特种设备监管清查整治工作，整治15台超期未检设备；专项检查9家电梯维保单位。发现一般安全隐患165项，下达特种设备安全监察指令书45份，全部完成整改。（王世军）

【价格监管】 2022年，县市场监督管理局加强客运票价和生活必需品市场价格监管力度，对各大药店的防疫用品加强监督巡查。加强旅游景区和高速服务区的监管工作，做好旅游景区景点门票明码标价指导督查，加强景区及周边餐饮、酒店、旅业宾馆价格执行情况的监管。检查房地产中介服务机构，以及供水、供气、供电主体。开展涉企收费检查，抓好清费减负政策落实。年内，浑源县市场监督管理局开展价格监督检查，出动285人（次），检查相关企业95家。其中，粮油批发15家，农贸市场2个，商场超市8家，各类药店33家，旅游景区2个，宾馆旅业13家，餐饮企业18家，物业公司4家。受理处理价格投诉举报件11件。（王世军）

【电商监管】 2022年，县市场监督管理局加强电子商务经营者监督管理，网络监测整治辖区内2个外卖平台、16个网站、120个网店，未发现违法行为。（王世军）

【计量检测监管】 2022年，县市场监督管理局检查使用强检计量器具的单位30家企业，立案查处违规使用强检计量器具企业11家。对全县医院、药店（戥子22杆）、超市（电子秤75台）及加油站（加油枪235把）完成计量器具的强制检定，对部分压力表使用单位完成压力表（35台）的强制检定；对综合检测中心使用的标准金属量器，玻璃液体温度计、标准砝码等计量标准设备送省计量研究院进行检定。配合市检验检测中心对浑源县五家医院的心电图监护仪、B超完成强制检定。投资80万元改造装修960平方米的实验室竣工，并于9月1日投入使用。接收县农业农村局农产品安全检验设备35台，原县质量监督局食品检验设备54台。（王世军）

【知识产权保护】 2022年，县市场监督管理局完善知识产权保护联席会议制度，加强与公安、农业等部门的信息沟通机制和联合执法。开展知识产权服务万里行、奥林匹克标志知识产权等专项行动，配合汾酒厂家检查全县5家汾酒经营单位，没收侵权汾酒64瓶。发挥知识产权维权工作服务站职能作用，实施企业知识产权战略，开展“知识产权进企业、进校园、进社区”活动，指导帮助全县企业申请注册商标123件。截至年底，全县有效注册商标895件，有权专利110件。（王世军）

【消费者权益保护】 2022年，县市场监督管理局加强对供水、供电、供气等行业不正当竞争行为监管，加大对与人民群众生活密切相关、涉及人身财产安全的日常消费品的监督检查力度。做好消费者投诉受理和调处工作，推行“12315”诉转案工作，查案9起，罚款0.9万元。持续开展隐患排查整治，妥善解决市场监管领域各类信访矛盾纠纷。做好投诉举报处理工作，全年受理“12345”工单299件，处理299件，解决满意率97%。（王世军）

民营经济服务

【概况】 2022年，浑源县民营经济市场主体数量2442个。其中，规模以上企业22个，规模以下企业2420个。民办非企业40个（民办学校、民办医院、律师事务所、资产评估中心）；农村合作社676个。个体工商户10487户，从业人员为19524人。截至年底，有86家民营企业通过特色产业、项目带动、安排就业、资助捐赠等形式与86个贫困村结对。（郭 俊）

【民营经济政策扶持】 2022年，浑源县把发展民营经济作为全县经济工作的重点来抓，结合浑源实际，县委、县政府制定出台《鼓励和支持民营经济发展政策措施18条》，鼓励和支持民营经济健康快速发展，针对性破解民营经济发展中的难题。建立《浑源县四套班子领导干部联系民营企业工作制度》，县领导带头深入民企，真心诚意帮企业。落实县委、县政府出台的“18条”，列出任务清单，逐条分解到21家成员单位。明确各成员单位由一名副职领导专门负责民营经济工作，配备一名普通工作人员作为联络员。（郭 俊）

【民营企业集约化发展】 2022年，浑源县加快园区建设，促进民营企业向集约化、规模化发展。全县统一规划，建设经济开发园区，使一批民营企业入驻，集中发展。截至年底，有55家民企入驻园区，涉及新能源、石材加工和工业建材等行业。（郭 俊）

【民营企业转型创新】 2022年，浑源县抓好产业升级，加快民营企业转型创新。引导民营企业把主要精力放在向新经济、新能源、循环经济、特色农业方向发展。截至年底，有17家民营企业实现向新能源、新科技成功转型。扶持民企恒山酿酒厂，该企业先后投资1.4亿元，与北京红星二锅头酒厂合作，开展技术改造，年产白酒从1500吨提升到1.1万吨，生产规模在全省仅次于山西汾酒厂。（郭 俊）

【民营企业支持奖励】 2022年，浑源县工信局多次组织力量，到民企调研走访，现场为企业谋发展、解难题，全年为27家民营企业落实优秀民营企业奖励和产业政策兑现。制定《浑源县促进四上企业和个体户发展奖励办法》，通过制度化奖励支持企业做大做强。（郭 俊）

【民营企业维权机制建设】 2022年，浑源县委统战部制定《关于建立民营企业涉纪涉法维权机制的指导意见》，维护民营企业合理诉求，更好地保障民营企业在生产经营和涉法涉诉的知情权、参与权、表达权和监督权，支持民营企业高质量发展。在县工商联设立检察联络室，搭建起检察机关服务保障民营企业经济发展的平台，帮助各民营企业化解经营风险、解决法律问题和矛盾，为民营企业经济发展营造更加良好的法治环境。（郭 俊）

北岳恒山

综 述

【概况】 北岳恒山位于山西省大同市浑源县城南4千米处，与东岳泰山、西岳华山、南岳衡山、中岳嵩山并称为“中华五岳”。1982年经国务院批准的首批国家级风景名胜区，辖有13处景色独特、功能各异的子景区，其中主景区面积122.4平方千米，拥有全国重点文物保护单位7处，省级文物保护单位6处和恒山国家森林公园等。2009年，北岳恒山被列入“国家自然和文化双遗产名录”“世界自然和文化遗产预备名录”。恒山主峰天峰岭海拔2016.1米，层峦叠嶂，气势磅礴，素有“人天北柱”“绝塞名山”之美誉。

2022年，浑源县按照省、市关于加快旅游产业发展总体部署，推进“绿色恒山、人文恒山、智慧恒山、美丽恒山、宜游恒山”建设，全面改善景区范围内的环境及设施，提升恒山景区在国内外景区中的知名度和影响力，推进申报国家AAAAA级旅游景区，打造全景浑源、全境恒山大旅游，使恒山成为全国知名的观光休闲度假旅游胜地。北岳恒山被中国气象局授予“全国避暑旅游目的地”称号。全年接待游客16.4万人，旅游收入306.2万元。

（李卓超）

【恒山山脉】 恒山含狭义和广义两个概念。广义的恒山，亦称恒山山脉，大致呈西南—东北走向，延伸于山西省大同市东南部、河北省张家口市南部。最高峰为山阴县、应县边界处的馒头山，海拔2426米。狭义的恒山，位于恒山山脉中部、浑源县城南，主峰天峰岭海拔2016.1米。恒山主脉位于桑干河以南，滹沱河上游谷地与灵丘盆地之间，呈北东走向延伸，向东伸入河北省境，为大同盆地与忻定盆地的分界。西南与吕梁山脉之云中山相接，其西隔恢河与管涔山相望。恒山山西省境内绵延约200千米。河北省境内延伸近100千米。恒山山脉东西长近300千米。（李卓超）

【地质地貌】 恒山是经历次造山运动和历次地壳升降运动形成的一座断层山，岩层为古老的寒武纪奥陶系石灰岩，距今有五亿年，相对高差达1000米以上。恒山山地的排列及形态受断层控制。沿断裂沉陷带发育桑干河谷地、浑河谷地、滹沱河上游谷地，其间的隆起带则形成大体平行斜列的六棱山，恒山主景区地貌类型多样，结构复杂。以恒山主峰为界，主峰南为群峦起伏的山地，主峰北为土肥水美的浑源平川。总的轮廓是山地多于丘陵，丘陵多于平川。山地占景区总面积的三分之二，山体高大，起伏连绵，呈东北西南走向。恒山主峰一带，为石灰岩山地；抢风岭一带，为玄武岩山地；千佛岭一带，为片麻岩山地。恒山主峰北的浑源川，南、东、北三面围山，浑河自东向西横流，形成一个东西窄长的浑河流域盆地，地势平坦，土壤肥沃，海拔在1100~1200米。

（李卓超）

【水文气候】 恒山为海河流域余条河流的发源地和分水岭，主脉南与五台山之间为滹沱河上游，主脉与北支之间为桑干河支流浑河，北支北麓山沟汇入桑干河上游，北支东南端是壶流河的发源地，南支与主脉之间有唐河发源，流向河北省。其中，浑河与唐河皆发源于浑源。恒山风景名胜区属温带半干旱大陆性气候，四季分明，冬季寒冷，春季干旱多风，夏季雨量集中，秋季短暂晴朗。早晚温差大，古诗人有“雁门关外有人家，早穿皮袄午穿纱”的诗句。恒山风景名胜区年平均温度6.1摄氏度，是避暑度假的理想之地。（李卓超）

【土壤植被】 恒山山区属云杉、落叶松、油松、辽东栎林地区，地势起伏变化很大，土壤以淡褐土为主。与同纬度地区相比，恒山山区以云杉、落叶松、沙棘、针茅灌草丛分布较广，山区盛产的中药材黄芪驰名中外。域内由于山地、丘陵、浑河谷地构成的地形差异形成特有的植被类型，恒山以南为暖温带夏绿林和灌丛草原区，恒山以北为暖温带稀树草原区。以恒山为界，南部石山区两翼有第三纪残留的天然林，主要分布在1600~2000米群峰陡峭的山坡上。林下有次生灌丛和各种草本植物，组成高（乔）、中（灌）、短（草）的绿色盛装。东翼以千佛岭为核心的孙膑寨、花银山、五峰山一带，中草药种类繁多。由密马鬃山、明石尖梁、马鬃崖、卧羊场、铁钢崖山一带组成的亚高山草甸带，是该境的良好牧场，草本植物丰富，称为“五花草甸”。恒山以北的浑河谷地，是自东向西横贯的槽形盆地，为主要产粮区，沿河两岸有耐盐碱的沼泽草甸。（李卓超）

【自然资源】 恒山主要以林草资源为主，主要树木是松科的华北落叶松、油松、云杉；杨柳科的山杨、青杨；桦木科的白桦、榛子、虎榛子；壳斗科的辽东栎；蔷薇科的绣线菊、美蔷薇、灰枸子、水枸子；木科的小叶丁香、红丁香、暴马丁香；忍冬科的六道木、金花忍冬、荚迷及虎耳草科的大花溲疏和菊科的蚂蚱腿子。野生动物主要有兽类、鸟类、虫类、鼠类等。恒山属国家保护的珍稀动物有8种。其中，一类保护动物有金钱豹、黑鹳2种；二类保护动物有金雕、原麝2种；三类保护动物有秃鹫、猎隼、石貂、豹猫4种。（李卓超）

【国家“避暑旅游目的地”】 2022年底，中国气象局授予37个地区（景区）“避暑旅游目的地”称号，北岳恒山位列其中。浑源县北岳恒山名胜区因全年无炎热酷暑性天气，夏季平均气温20摄氏度，昼夜平均温差14摄氏度，温度适中，气候条件舒适，适宜避暑度假而榜上有名。（李卓超）

悬空寺

【概况】 2022年，悬空寺接待游客35.3万人，旅游收入1243.4万

·链接·

恒山景点选介（一）

恒宗殿 元灵宫主殿恒宗殿，又称贞元殿，位于天峰岭恒宗峰南坡半山腰的峭壁下，背崖临谷，雄视南天。占地面积约2800平方米，长约80米，宽约30米，是恒山最大的寺庙，殿宇崇宏，伟丽辉煌。现存建筑为明弘治十四年（1501）都御史刘宇奉圣旨修建。恒宗殿面宽五间，通面宽17.8米；进深四间，通进深10.9米；总高10.6米，正中有103级台阶。殿顶为檐歇山式，上覆黄绿琉璃瓦，正脊用三彩琉璃脊饰，两端大吻龙首怒对，威严异常。

·链接·

恒山景点选介（二）

天峰岭 是五百里恒山的浓缩和代表。狭义的恒山，指的就是天峰岭。明代《恒岳志》和清代《恒山志》所记的皆是这一座山峰。它叠嶂拔峙，独耸塞上，被称为“人天北柱”“绝塞名山”。以元灵宫（恒宗殿）为主庙的北岳和道教庙宇古建筑群集中于此峰。以恒山天峰岭为中心，北连浑源城区，南至果子园沟，西临金龙峡，东界柏山峪（俗称王千庄峪），被划分为天峰岭景区，面积约9.7平方千米。

北岳寝宫 据清乾隆年间《恒山志》记载，北岳寝宫始建于北魏太武帝太延元年（435）。寝宫背东面西，殿身广三间，前檐和左、右下檐出廊，通面阔9.8米，进深两间，前出廊，总进深6.8米。

真武庙 真武庙始建于北魏时期，原建筑毁坏。2008年，由当地村民集资，在原址上恢复重建。庙宇为单檐庑殿顶，覆盖黄色琉璃瓦，供奉真武大帝。真武大帝又称玄天上帝、佑圣真君、玄天大帝等，为道教神仙中赫赫有名的玉京尊神。

白龙堂 白龙堂在当地又称白龙王堂，相传是北岳大帝的女儿和女婿白龙王夫妻的行宫，建于恒山北麓百丈悬崖间的一片绿草如茵的平台上。每年农历五月十三日过庙会，则信众纷至，热闹非凡。

九天宫 九天宫宫院呈长方形，坐北面南。宫院四周，挺立着36株古松，称“三十六天罡松”。正面大殿面宽五间，通宽13.3米，进深两间，通深7.6米，前出廊，三面施单杪下昂，五铺作歇山顶。内塑有九天玄女圣母的神像。旧日宫内曾是人们求嗣问子的香火盛处，从规模上讲，也是恒山诸庙中仅次于北岳主庙元灵宫的重要祠庙。

会仙府 明弘治二年（1489）依崖建庙，前出檐廊，面阔三间，进深两间，简洁大方，古朴幽雅。庙内塑着27尊仙像，正中是福、禄、寿三星君，两旁和两壁是上八洞、中八洞和下八洞24位神仙，表情各异，神采不凡。其中有人们熟悉的张果老、吕洞宾、何仙姑、铁拐李等八仙。会仙府旁还建有玉皇阁和御碑亭，御碑亭内立有康熙皇帝亲书的“化垂永久”碑。

元。悬空寺始建于北魏后期，是佛、道、儒三教合一的独特寺庙。悬空寺建筑极具特色，以如临深渊的险峻而著称，素有“悬空寺，半天高，三根马尾空中吊”的俚语。1982年，悬空寺被列入全国重点文物保护单位，恒山十八景中“第一胜景”。2010年，入选《时代》周刊世界岌岌可危十大建筑。悬空寺呈“一院两楼”般布局，总长约32米，楼阁殿宇40间。南北两座雄伟的三檐歇山顶高楼好似凌空相望，悬挂在刀劈般的悬崖峭壁上，三面的环廊合抱，六座殿阁相互交叉，栈道飞架，各个相连，高低错落。全寺最高处距地面50余米，以半插横梁为基础，借助岩石的托扶，回廊栏杆、上下梁柱左右紧密相连，形成一整个木质框架式结构。 （麻　斌）

【服务质量提升】 2022年，悬空寺管理处开展“旅游服务质量提升年”专项行动，由浑源县政府牵头，委托北京建筑设计研究院、中水北方公司设计，形成《柳河生态修复治理悬空寺景区概念规划设计方案》，邀请省社科院、巅峰智业等文旅行业专家学者讲解国家AAAAA级旅游景区创建方法路径，常态化在景区公众号、工作群通报表扬服务游客先进事迹，营造“创建AAAAA我在行动”“我服务、我光荣”的浓厚氛围。 （麻　斌）

【旅游服务】 2022年，悬空寺管理处立足重要假日、重要节点、重要时段人流量较大的实际，在县城进入景区的枢纽位置唐庄路口设置停车点、公交站，疏散景区车流量，在公交车、摆渡车落点，加派工作人员和志愿者进行路线指引和咨询服务，景区设置餐饮服务点，推出平价、可口、特色的简餐；设置雪糕、纪念币、书签、冰箱贴等文创产品销售点。（麻 斌）

【宣传推广】 2022年，悬空寺管理处以树北岳形象、展悬空魅力为目标，开展各类宣传活动。央视新闻频道报道“五一”小长假期间恒山悬空寺景区盛况，省文旅厅官方抖音直播间直播悬空寺1场，云游大美中国山西站直播悬空寺1场，参与“登顶五岳 看见中国”五省联播、《全境恒山·全景浑源》《恒山景区合作商家形象展示》等主题宣传视频，通过官方抖音号、公众号、微博号、今日头条等平台发布悬空寺文化、景区活动、风景宣传等信息20余条。（麻 斌）

【安全管理】 2022年，悬空寺管理处在新冠疫情防控期间，景区实行线上实名制预约购票，游客须通过“北岳恒山景区”微信公众号进行预约，持个人有效身份证件进入景区。景区内严格执行新冠疫情防控规定，各景点单日最大游客接待量不超过景区最大承载量的50%，未预约的游客不予接待。（麻 斌）

景区规划

【柳河生态修复治理悬空寺景区概念规划】 2022年1月20日，浑源县组织召开柳河生态修复治理悬空寺景区概念规划汇报会。县委副书记、政府县长赵昱清出席会议。县文旅、自然资源、水务、住建、交通及恒管委、永定河公司等单位负责人在浑源县主会场参加会议。北京市建筑设计研究院、中水北方公司等设计单位负责人及设计人员在分会场参加会议。设计人员以视频连线的方式，汇报柳河生态修复治理悬空寺景区概念规划设计方案。与会人员围绕电梯造型、栈道设计、博物馆位置、河道布局等，与设计方沟通交流，并结合实际情况提出意见和建议。柳河生态修复治理悬空寺景区建设工程是悬空寺景区整体上档升级的重要环节，浑源县要求设计单位全面融合浑源厚重的文化底蕴和历史元素，对设计方案进行再细化、再优化、再提升。（李卓超）

【恒山大景区交通环境提升示范区建设项目规划】 2022年8月5日，浑源县组织召开恒山大景区交通环境提升示范区建设项目规划汇报会。县委书记高莹、恒山景区管理中心主任曹启龙出席会议。交通、文旅、住建等相关部门负责人参加会议。大同市兰园园林绿化景观有限公司工作人员汇报规划内容、规划布局、区域功能等内容。与会领导围绕空间布局拓展、旅游功能延伸、文化内涵的融入等方面提出意见和建议。会议要求设计方案要紧扣文化灵魂，植入文化内涵，营造厚重的北岳文化氛围；根据游客的需求，布局相关功能与服务；把线型道路空间和点状游憩空间连接起来；融入智慧旅游服务内容，提升旅游城市品质；重点突出浑源的青铜文化，给游客以强大的视觉冲击力、文化感染力和心灵震撼力。构建浑源县以恒山、悬空寺为主的大景区，实现龙盆峪、二亩湾、神溪湿地、汤头温泉等景点交融互通的大景区格局。（李卓超）

景区建设

【工程项目建设】 2022年，恒山风景名胜区管理中心按照国家AAAAA级旅游景区标准，实施景区基础设施建设、恒山建筑群保护修缮、恒山庙群区消防系统改造和恒山景区绿化等工程。截至年底，完成恒山景区休息平台建设工程、恒山景区供电设施升级改造工程、恒山庙群临时照明系统安装工程和永安寺太阳能石灯安装工程等建设项目。开工建设投资2.3亿元的悬空寺景区环境提升项目。（李卓超）

【基础设施建设工程】 2022年，恒山风景名胜区管理中心主要实施景区配套服务设施建设、景区交通改造、景区生态工程以及景区供水

设施工程。工程总投资 4.9 亿元。（李卓超）

【恒山建筑群保护修缮】 2022 年，恒山风景名胜区管理中心完成九天宫、山神庙、疮神庙、纯阳宫屋面的维修，推进实施贞元殿各庙宇屋面维修工作等。工程总投资 1100 万元。（李卓超）

【供电设施升级改造工程】 2022 年，恒山风景名胜区管理中心完成投资 118.8 万元。工程主要包括拆除旧供电系统电杆 3 根及配套供电设施，安装 400 千伏安组合型成套箱式变电站 1 套、250 千伏安组合型成套箱式变电站 1 套及配套电力变压器系统、送配电装置系统、避雷器等配套电力设施等。（李卓超）

【恒山庙群区临时照明系统安装工程】 2022 年，恒山风景名胜区管理中心完成投资 34.7 万元。工程主要包括在恒山人行步游道及恒山庙群区安装 LED 灯带 5000 米、配套各类电源线 3400 米、配套电源柜 5 个及相关配套设施等。（李卓超）

【休息场所建设工程】 2022 年，恒山风景名胜区管理中心完成工程投资 150.1 万元。主要内容包括砌筑毛石基础 186 立方米、铺设混凝土垫层 67.1 立方米、安装防腐木栏杆 165 米、防腐木栏杆刷油漆 120 平方米、安装防腐木平台 671 平方米、造型木质圆凳 8 套及配套工程等。（李卓超）

【恒山景区绿化工程】 2022 年，恒山风景名胜区管理中心在恒山索道沿线荒坡栽植 1 米左右油松 11500 株和山桃 6000 株，完成绿化面积约 2.3 公顷，完成投资约 200 万元。绿化岳门湾景区周边环境，完成栽植各类树木和草坪 1400 余平方米。（李卓超）

景区管理

【旅游服务质量提升年】 2022 年，恒山风景名胜区管理中心开展“旅游服务质量提升年”专项行动，从思想认识、工作方法、文化素养、服务能力等方面入手，提升员工形象。常态化在景区公众号、工作群通报表扬服务游客先进事迹，在全体员工中形成“创建 AAAAA 我在行动”“我服务、我光荣”氛围，景区服务质量得到游客好评，“12345”政府热线综合评分排名居全县第一。（李卓超）

【金牌导游（讲解员）培训班】 2022 年 4 月 18 日至 28 日，恒山风景名胜景区管理中心金牌导游（讲解员）培训班开班。恒山景区管理中心导游、讲解员、计调员及部分机关工作人员，黄芪文化园、州衙、神溪国家湿地公园等景点讲解员 70 人参加培训。首讲由浑源县地方文化学者张富作题为《国山北岳说“贞元”》的恒山文化专题讲座，解读“贞元”中蕴含的恒山文化。授课教师由本地文化学者、文艺专家，省市大学教授、金牌导游等组成。授课内容有导游服务礼仪及讲解技巧，恒山历史人文、诗词、书画、摄影摄像、青铜器鉴赏、佛教造像、陶瓷艺术等，兼有具体观摩和实践练习。（李卓超）

【星级员工评选】 2022 年 6 月中旬起，恒山风景名胜景区管理中心为加快恒山国家 AAAAA 级景区创建、提升景区服务质量、规范工作人员讲解服务，启动覆盖中层干部、中层以下干部、旅游公司员工和导游（讲解员）的星级员工评选工作。7 月 7 日，举行星级员工评选讲解环节（中层干部）。22 位中层干部先自选景点讲解，后从恒山、悬空寺、永安寺、栗毓美墓 4 个景点中随机抽取讲解。评委团现场评分，根据评选环节得分和排名情况，确定推荐人选，并经过民主测评、党委研究和公示等环节，在机关、各评选单位、网站和公众号等公告五星级、四星级、三星级员工。活动营造出“人人爱恒山、人人讲恒山”的良好氛围。（李卓超）

【景区应急救援培训】 2022 年 7 月 7 日，恒山风景名胜景区管理中心应急救援培训班开班，安全科及各管理处相关工作人员参加培训。此次培训旨在提升景区应急救援能力，壮大景区应急救援骨干队伍，强化应急救援队员的业务素质，在遇到重大公共卫生事件、重大自然灾害等突发事件时，能够迅速应对、把问题解决在萌芽状态。县中医院医护人员就心肺复苏应急抢救和常见外伤急救常识作专题辅导，借助教学模拟人为大家演示心肺复苏救护技术，县消防大队技术骨干就应对突发事件组织人员疏散逃生和正确使用消防器械知识等作专题辅导。（李卓超）

景区宣传推介

【报刊宣传推介】 2022 年，恒山风景名胜景区管理中心加大恒山宣传力度，在《大同日报》整版发表《击水扬波奔新程——恒山风景名胜区全方位推动高质量发展掠影》文章 1 篇；在《中国晨报》发布景区动态消息 1 条；在《中国国家旅游》杂志 5 月刊登载《恒久北岳 厚道浑源》主题宣传文章；在中国最美期刊《映像》杂志第 7 期登载《美国旅行家盖洛眼中的浑源古城》；在《大同日报》头版头条大篇幅刊登《中国旅游日：循着徐霞客的足迹感受北岳恒山》。（李卓超）

【线上视频推介】 2022 年，恒山风景名胜景区管理中心利用新媒体，上新《大美恒山欢迎您》《小岳带你游浑源》《张果老重游恒山》等系列短视频。“5·19”中国旅游日，在山西广播电视台发布《全境恒山 全景浑源》宣传片；拍摄制作《恒山景区合作商家形象展示》等主题宣传视频。在央视一套、央视 13 套早 8 点城市天气预报中播出恒山景观照。省文旅厅官方抖音直播间直播恒山、悬空寺、后山各 1 场；山西新闻联播视频号、山西文旅融媒体中心视频号等平台发布景区宣传视频 10 余条。云游大美中国山西站直播悬空寺 1 场。恒山景区官方抖音号直播 100 余场，在公众号、微博号、今日头条等平台发布恒山文化、景区活动、风景宣传等信息 80 余条。参加省文旅厅“美在身边 晋在眼前”、环球网“云游大美中国”、同程旅行“慢直播里的中国”等直播活动。在恒山景区管理中心的引导下，满天星光、夫子的眼等本土自媒体品牌加入宣传阵营，景区员工晋级“短视频达人”，通过“随手拍”形式记录身边美景。浑源籍在外人士变身“对外窗口”，各地游客甘愿自带流量，各类短视频、照片、直播在线上推介呈现爆发之势。（李卓超）

【线下宣传推介】 2022 年，恒山风景名胜景区管理中心参加“大同市第三届金牌导游大赛暨大同导游未来新星选拔赛”，获金牌导游大赛三等奖 1 个，未来新星选拔赛三等奖 1 个，优秀奖 2 个，恒山风景名胜景区管理中心获得优秀组织奖。参加“晋享清凉 活力一夏”石家庄推介会，举办“畅游恒荫 乐享北岳 浑源文化旅游季——恒山站”等系列活动，发放景区自然和文化遗产日宣传资料、恒山精美画册、景区简介、《恒山风景名胜区条例》等宣传资料 3000 余份。举办《彼时 此时》《城市更新 浑然天成》、浑源州署、栗家庙等主题书画摄影展，成为新的旅游名片。（李卓超）

【学术活动推介】 2022 年，恒山风景名胜景区管理中心推动成立恒山书院，邀请国内知名高校专家学者开展武术、颛顼等主题学术交流，吸纳本土专家学者研究北岳文化。推出《山西唯一的一座“国山”：北岳恒山》《恒山（浑源）历史文化十二讲》《北岳恒山会仙府中的神仙文化解读》《圣何可及也，文不在兹乎——浑源文庙详解》等系列成果，利用《北岳》杂志和“恒山景区”“浑源州文庙”微信公众号等媒体宣发。研究永安寺的学术专著《浑源永安寺文物保护与研究》出版发行。3 月 11 日，大同市恒山文化研究会工作会暨北岳恒山书画交流联谊会召开。大同市地方史学家、作家、词作家、恒山文化学者张剑扬介绍《恒山》杂志的组建与发展历程。书画家开展联谊活动，让与会人员共同感悟到传统文化魅力。组织 1000 余名小学生开展“走近国宝 爱我浑源”暑期研学社会实践活动，把北岳文化种子植根于青少年心中。（李卓超）

【参加“登顶五岳 看见中国”五省联播活动】 2022 年 10 月 1 日，“登顶五岳 看见中国”五省大联播开启。此次活动采用五省联合直播方式，分“大美五岳”“人文五岳”“风尚五岳”三个篇章，通过多位创作者连线，邀请全国网友一览泰山、华山、嵩山、恒山、衡山五岳美景，感受祖国大好山河，品味各地人文内涵。大同市北岳恒山的秀美风光以及深厚人文内涵，吸引众多网友关注。直播镜头下的北岳恒山层峦叠嶂、河谷交错，尽显雄伟壮阔。兼具“奇”“悬”“巧”建筑特色的悬空寺等，无不展现北岳的深厚底蕴。（李卓超）

【恒山旅游季系列活动】2022年8月5日至31日，“畅游恒荫 乐享北岳”恒山旅游季系列活动举行。节目展演主要有舞蹈《浑源之韵——飞天》，大同数来宝《婆媳之间》、古筝《高山流水》，歌曲《美丽大同》《火火的中国》等，带有浓厚乡土气息。活动让更多人领略恒荫秀美奇峻的自然风光，感受浑源浓厚淳朴的民俗民风，体会“恒久北岳 厚道浑源”的独特魅力，推动恒荫成为浑源人民和广大游客休闲、健身、观光、旅游、康养的又一胜地。（李卓超）

国家AAAAA级旅游景区创建

【概况】 2022年，浑源县打造北岳恒山品牌，申报创建“北岳恒山—悬空寺国家AAAAA级旅游景区”。分别在县委十六届四次全会以及县十八届人大三次会议上，把恒山国家AAAAA级景区创建作为2022年的重点任务推进。恒山风景名胜区管委会更名为恒山风景名胜区管理中心，提格为正处级，行使景区管理职能。推动国家AAAAA级旅游景区创建各项工作，解决旅游公共设施、旅游产品、交通游线、景观环境等硬件问题，开展微笑服务，进行“旅游服务质量提升年”行动、星级员工评选等提升旅游服务质量，聘请专业咨询机构，以创建国家级旅游度假区及华夏历史文化旅游名山为引导，助推恒山景区国家AAAAA级旅游景区的创建。（李卓超）

【入选省景区培养成长计划】2022年，山西省人民政府根据全省具备国家AAAAA级创建条件的景区的资源情况、开发水平、管理服务状况及创建准备情况，筛选出7家创建单位，恒山风景名胜区位列其中，被山西省人民政府列入国家AAAAA级旅游景区培养成长计划。（李卓超）

【工作机制】 2022年，浑源县按照《旅游景区质量等级评定管理办法》《旅游景区质量等级的划定与评定》标准，制定《恒山风景名胜区创建国家AAAAA级旅游景区工作方案》。恒山风景名胜区创建国家AAAAA级景区工作领导组成立。领导组下设办公室、创建申报和技术咨询组、基础设施建设组、环境综合整治提升组、景区管理服务提升组、恒山文化挖掘组、旅游宣传营销组、资金保障组等。办公室设在恒山风景名胜区管理中心，负责按照恒山风景名胜区国家AAAAA级景区创建方案分解任务，协调调度各单位和各创建工作组。（李卓超）

【创建资料准备】2022年底，恒山风景名胜区组织完成《恒山景区旅游质量等级申请评定报告书》《恒山景区创建国家AAAAA级旅游景区景观质量报告书》《恒山景区汇报片》三项景观质量评审所需资料，上报省文旅厅。（李卓超）

2022年8月5日，“畅游恒荫、乐享北岳”恒山旅游季系列活动启动仪式现场（杨 钦 摄）

中国黄芪之乡

综 述

【概况】 浑源县是中国黄芪之乡，早在1500年前的北魏时期就有黄芪种植入药的记载。浑源黄芪种植在北岳恒山山脉南部，平均海拔1612~2778米，昼夜温差大，土壤富含营养元素钾和微量元素硒。独特的生长环境造就浑源恒山黄芪的特殊秉性，其皂苷含量是《中国药典》标准的3倍多，是全国乃至全球重要的农业文化遗产，先后获各类认证、奖项60余项，全国人大常委会华建敏为浑源题匾“中国黄芪之乡”。中国工程院院士、中药学家肖培根通过多年研究，认为恒山黄芪化学成分中的皂苷类、黄酮类、多糖类远远高于全国其他同类黄芪。截至2022年底，浑源县适宜种植黄芪面积39.6万亩，种植黄芪面积28.1万亩，其中规范化种植面积23万亩，直接拉动从业人员1万余人，拉动相关从业人员超5万人。全县黄芪相关产业年产值13亿余元，拉动3万户芪农户均增收2万余元。（郭 俊）

【恒山黄芪品质研究】 黄芪入药始载于《神农本草经》，古人写作“黄耆”，李时珍在《本草纲目》中解释为“耆，长也，黄耆色黄，为补药之长，故名”。《浑源县志》记载，“浑源县早在1500年前的北魏时期即有采药士为入中药而上恒山采刨黄芪”。浑源黄芪其有效成分皂苷类、多糖类、氨基酸，特别是微量元素硒的含量，远高于其他产地的黄芪。生长5年以上的黄芪，其中，水溶性浸出物含量35%左右，总皂苷含量1.2%~2.1%，甲苷含量0.2%以上，毛蕊异黄酮葡萄糖苷0.1%~0.2%。特别是总皂苷含量远远高于其他产地的黄芪。恒山黄芪微量元素铁、锰、锌的含量明显高于内蒙古、安国黄芪，含硒量几乎是安国黄芪的2倍。

（李 枢）

【浑源县被评为“大同市恒山黄芪产业专业镇”】 2022年，黄芪主产区分布于9个乡（镇）、56个行政村。全县黄芪种植面积28.1万亩，占总宜芪面积39.6万亩的71.3%。其中野生黄芪面积5.1万亩，仿野生种植黄芪面积23万亩（农户种植14.2万亩、企业和合作社种植8.8万亩）。在仿野生黄芪种植面积中，六年生及以上15.8万亩，年产能2.5万吨，产值5亿元。浑源县被评为“大同市恒山黄芪产业专业镇”。（李 枢）

【恒山黄芪产业商会成立】 2022年3月18日，浑源县恒山黄芪产业商会成立大会召开。会议以投票方式选举产生第一届恒山黄芪商会会长、秘书长，山西裕隆祥农业发展有限公司董事长于智勇当选商会会长。会议审议通过《浑源县恒山黄芪产业商会章程（讨论稿）》，公布浑源县恒山黄芪产业商会第一届理事单位、常务理事单位。该商会以服务恒山黄芪企业发展，步入健康循环快车道为宗旨，致力于恒山黄芪产业化、规模化，吸纳先进技术、金融资本、高端人才，架起对接企业与协调沟通功能的连心

桥，最大化地让利企业、让利芪农，培育壮大恒山黄芪在乡村振兴中发挥应有地位。（郭 俊）

黄芪种植

【概况】 截至2022年底，浑源县有黄芪面积1.9万公顷。其中，官儿乡的野生黄芪和仿野生种植黄芪面积均远高于其他乡（镇），分别为19270.1公顷和6678.2公顷，总面积占到全县黄芪面积46%；其次为千佛岭乡，黄芪总面积4528.8公顷；裴村乡、青磁窑镇、大仁庄乡和沙圪坨镇的野生黄芪和仿野生种植的黄芪面积中等，总面积分别为1816.5公顷、1246公顷、1076.5公顷和728.5公顷；王庄堡镇和东坊城乡的黄芪总面积最小，占地仅245.7公顷和440.7公顷。（郭 俊）

【道地属性保护】 2022年，浑源县强化黄芪籽种、种植、采收、管护等各环节的规范化建设，从源头上保护其道地属性。浑源黄芪是道地产品，其有效成分皂苷类、多糖类、氨基酸，特别是微量元素硒的含量，远高于其他产地的黄芪。与山西大学中医药现代研究中心、山西中医药大学、山西农业大学等11家研学单位建立长期合作关系，山西中医药大学与澳大利亚阿德莱德大学合作，完成浑源黄芪的全基因组测序，成为全球首次对黄芪进行全基因组测序，对黄芪种植产业升级提质增效有重要意义。浑源县以黄芪文化园种子研发中心为依托，科学规划和建设种子繁育生产基地，配套建设自动化育苗日光温室、种子贮藏库，配备必要的种苗检测、精选、催芽等设备。在官儿乡、千佛岭乡、青磁窑镇3个乡（镇），发展黄芪良种繁育与优质种子种苗供给基地200余公顷。在浑源“恒山黄芪”中药资源分布较为集中的官儿乡划定两个核心区和种源保护地，建设原生态环境保护区近333.3公顷，保护生态环境，实现道地黄芪中药资源的可持续发展与利用。（郭 俊）

【黄芪品质认定】 2022年，浑源县野生种系选的“恒芪1号”新品种通过省级非主要农作物品种认定。官儿乡恒山黄芪基地成为山西省入选农业农村部第二批100个全国种植业“三品一标”基地名单的3个基地之一。浑源县建立面积约133.3公顷的“国家级黄芪种子种苗繁育基地”，黄芪种子生产能力20吨/年。（郭 俊）

【病虫害防治】 2022年，浑源县结合黄芪主要病害有根腐病、白粉病、枯萎病、锈病等，主要虫害有芫菁类、蚜虫、蝽类、二十八星瓢虫、豆荚螟和蒙古灰象甲，采取“预防为主，综合防治”策略，尽量少施农药，严禁施用高毒农药、高残留农药、具“三致”（致癌、致畸、致突变）农药，提倡使用植物性和微生物农药。全县推广黄芪（恒山正北芪）无公害栽培技术，推广病虫草害综合防治技术、田间栽培综合管理技术等，实现提质增

·链接·

黄芪种植规模化发展 2002年，国家药监局颁布《中药材生产质量管理规范（GAP）》，标志着中国黄芪种植步入一个新阶段，黄芪种植从传统技术向规范化技术（GAP）转变，黄芪种植技术进入规范化、种植规模基地化阶段。浑源县组织县级农技专业团队科技推广攻关，实施省市中药材产业崛起工程，《恒山北芪规范化栽培技术研究与应用》《山西道地药材黄芪仿野生种植关键技术研究与GAP基地建设》两项种植技术取得自主知识产权成果，支撑浑源“恒山黄芪”向高产、高效和高端化发展，并在黄芪产区推广应用。2009年和2013年大同丽珠芪源药材有限公司和浑源县万生黄芪开发有限公司相继获国家黄芪GAP种植基地和药品生产GMP认证，并被国家中药协会种植专业委员会认定为优质道地黄芪药材基地。2014年国家质检总局通过恒山黄芪“国家地理标志保护产品”认证，发布DB14/T865—2014《地理标志保护产品—恒山黄芪》山西省地方标准。2016年，被评为“AAAAA”黄芪种植基地。2017年，浑源县企业承担“国家黄芪种植和加工标准化示范区”建设项目，大同丽珠芪源药材有限公司等3家企业的黄芪基地通过“有机产品认证”。2022年，“恒山黄芪数字种植基地”项目启动，国家级恒山黄芪种植系统申遗，浑源县被评为“大同市恒山黄芪产业专业镇”。

效和农民增收。先后制定《浑源县出口质量安全示范区有害生物疫情监测办法》《浑源县出口质量安全示范区农药安全使用技术规范》以及《无公害优质黄芪主要病虫害综合防治措施》。成立专门工作组，在示范区内设立固定有害生物综合监测点，按照统一要求和规范观察记录，根据有害生物监测情况，指导农民进行无害化控制，有效预防和控制黄芪豆荚螟、食心虫、蚜虫、蝼蛄的发生，减少农药使用频次，打造绿色农业生态环境，确保出口黄芪（恒山正北芪）的质量安全。（郭　俊）

【恒山黄芪数字种植基地启动】 2022年12月29日，恒山黄芪数字种植基地启动、签约仪式暨恒山黄芪产业数字赋能创新研讨会举行。省委、省政府乡村振兴第四督导组、县委、县政府领导及相关集团公司负责人参加会议。县委常委、政府副县长胡鹏代表县人民政府与厦门瞳景物联公司签订招商引资框架协议。县委副书记、政府县长赵昱清宣布恒山黄芪数字种植基地建设项目启动，标志着恒山黄芪步入数字赋能创新新领域。实施数字赋能恒山黄芪把推动传统产业与新型的数字产业结合，更好地推动黄芪产业的保护、传承。与会专家及领导从数字赋能、数字种植、规范中医药材产业等方面，就提升恒山黄芪的知名度提出指导性建议，为浑源的发展把脉问诊。（郭　俊）

黄芪生产加工

【概况】 截至2022年底，浑源县有注册登记的黄芪种植加工企业297家。其中，有限公司160家（省级龙头企业4家，市级龙头企业6家），农民专业合作社113个（其中国家级示范社1个，省级示范社3个，市级示范社10个），个体工商户24家，从业人员1万余人。（郭　俊）

【黄芪药用加工企业】 2022年，浑源县初加工产品形成黄芪王、黄芪原芪、黄芪长切片、黄芪饮片、炮台芪、礼品芪6大类38个品种；深加工产品包括黄芪胶囊、黄芪咀嚼片、黄芪保健酒、黄芪蜂蜜等30余个品种。重点龙头企业有山西北岳神耆生物科技有限公司、山西浑源万生黄芪开发有限公司、山西安瑞农林科技有限公司、大同丽珠芪源药材有限公司等。

北岳神耆生物科技　截至2022年底，山西北岳神耆生物科技股份有限公司有野生黄芪系列产品、仿野生黄芪系列产品、正北芪系列产品、原生态野生恒山黄芪蜂蜜产品、野生恒山黄芪破壁超微粉等40余个品种投放市场。同时研究开发生产黄芪有效成分提取物、恒山黄芪保健品、功能食品饮品等，延伸黄芪产业新链条，实现黄芪资源综合利用的前提下增值增效。经营项目有：中药材、黄芪饮片、颗粒剂、中药黄芪制剂、黄芪提取物生产制造；黄芪种植、收购、加工、销售、仓储；黄芪种子繁育、销售；黄芪功能系列饮料、保健品的制造与销售。年加工鲜芪1500吨，干黄芪产品500吨。

浑源万生黄芪　2022年，浑源县万生黄芪开发有限公司主营业务为黄芪礼品系列产品、中药材、中药饮片的生产销售和进出口。是山

·链接·

黄芪　是中国重要的传统药食两用植物，浑源人在长期的黄芪种植和加工实践中，形成食用黄芪花、以黄芪根作为膳食添加的药膳文化。在食用黄芪花方面，黄芪花茶是最为常见的天然饮品，把黄芪花晒干后即可泡茶，或与金莲花、野玫瑰一起饮用。春季时节，黄芪花开，煎蛋或炒蛋是常见的食用方法，取黄芪花补气补血、鸡蛋滋阴之功效，是老少兼宜的食疗方式。还有黄芪花蔬菜丸、清炒黄芪花、黄芪花拌黄花菜等，丰富黄芪花的食用方法。在食用黄芪根方面，浑源人以煮、炖为主，兼用煎、炒等烹饪方式，把黄芪根与食材巧妙结合在一起，既不破坏其营养价值，又具有突出的食疗效果。代表性菜肴有养生黄芪炖家鸡、黄芪养生汤、黄芪嫩豆腐、黄芪养生鸡肚煲、黄芪煎羊肉等。丰富黄芪药膳文化，创造出包括辣炒黄芪羊拐筋、黄芪煎王庄堡豆腐、黄芪焗野鸡蛋等式菜肴。

2022年，浑源县年产北芪菇50吨。图为浑源县裕隆祥北芪菇系列产品

（安兴旺 摄）

西省较大的中药饮片厂和质检化验中心。该公司为自营进出口企业，国家扶贫龙头企业，“恒宗”牌商标为山西省著名商标。截至年底，该公司主要生产礼品包装黄芪、供药厂投料药材及中药饮片三大系列产品。中药饮片生产有600余个品种，其中地产中药饮片68个品种。

安瑞农林科技　截至2022年底，山西安瑞农林科技有限公司依托政策扶持优势，发展种植规模6.7公顷以上大户近100家。借助浑源县道地药材“正北芪”独一无二的种植地优势，建设集“正北芪种植、技术研发、生产加工、电商运营、生态旅游”于一体的“国家级黄芪种植与加工标准化示范区”项目实施单位。

丽珠芪源药材　截至2022年底，丽珠芪源药材有限公司自建规范化种植黄芪1000余公顷，自建良种繁育基地20公顷，除自产黄芪外，年收购鲜黄芪600吨，可供应黄芪300吨，年销售额约1000万元。2022年，通过日本JAS有机认证。主要从事黄芪基地建设，黄芪种植、加工和购销，以及为丽珠集团利民制药厂自主研发的国家二类中药——“参芪扶正注射液”提供可靠优质的黄芪中药材。

（郭　俊）

【黄芪食用附加品】　浑源人利用黄芪下脚料培育出众多菜品，创造性地与当地小杂粮融合，把其益气补血的食疗功能发挥到极致。2022年，浑源县年产北芪菇50吨，产值100万元。年产黄芪羊3万只，产值3000万元。年产黄芪蜜1万千克，产值150万元。年产黄芪饲料0.3万千克，产值3万元。

（郭　俊）

【首届“恒山黄芪”烹饪大赛】　2022年9月28日，浑源县首届“恒山黄芪”烹饪大赛在黄芪文化园成功举办。此次大赛由浑源县委、县政府主办，县农业农村局、北京一亩田新农网络科技有限公司承办，中国预制菜产业联盟、北京烹饪协会、山西省烹饪餐饮饭店行业协会、大同市餐饮饭店业协会协办。在比赛现场，北京、太原、大同等地35名烹饪大师、餐饮名厨，以黄芪为主角，通过蒸、炸、煮、煎等烹饪手段，把各种山珍海味和鲜嫩蔬菜变成一道道美味佳肴。正

2022年9月28日，浑源县首届“恒山黄芪”烹饪大赛在黄芪文化园举办

（程天佑 摄）

北芪牛蛙养生锅、黄芪焖甲鱼、黄芪炖小鸡、虫草北芪炖花胶等菜品，由6位中国烹饪大师组成的评审组通过赏其型、观其色、尝其味进行品鉴、打分。经过比赛，产生特金奖7名、金奖21名、银奖7名。活动还为北京烹饪协会副会长、北京烹饪协会名厨委员会主席、北京烹饪协会副会长侯玉瑞等6位中国烹饪大师现场颁发恒山黄芪美食推广大使聘书。北京烹饪协会会长云程向浑源县赠送《恒山黄芪 中国烹饪大师菜》菜谱画册。（郭 俊）

黄芪研发与合作

【恒山黄芪品牌战略合作协议】 2022年3月3日，浑源县与北京一亩田新农网络科技有限公司签订“恒山黄芪”品牌建设项目战略合作框架协议，双方围绕加快恒山黄芪区域品牌建设、提升产业数字化水平、拓宽市场销售渠道等内容开展工作。（郭 俊）

【与台湾拜宁腾能对接洽谈】

2022年3月11日，县委书记高莹通过视频连线方式，与台湾拜宁腾能生技股份有限公司负责人就恒山黄芪高端研发等对接洽谈。双方就认识和利用恒山黄芪营养成分，推进恒山黄芪普食化等方面交流。（郭 俊）

【黄芪产业研究院共建】

2022年5月10日，浑源县与山西农业大学举行共建恒山黄芪产业研究院暨省校合作线上签约仪式，县委常委、组织部部长、永安镇党委书记王小军，县委常委、政府副县长胡鹏，副县长付元进等县方代表出席签约仪式，山西农业大学党委副书记、校长张强，校党委常委、副校长李步高等校方代表在龙城校区出席签约仪式。实施黄芪产业年度行动方案、技术研究与推广、专业人才培养与培训、栽培体系与技术集成、采刨小型设备研发等工作。双方选任中药材产业技术体系专家田洪岭研究员担任产业研究院院长。9月26日，浑源县与山西农业大学共建“恒山黄芪产业研究院”，开展黄芪种质资源、品种选育、生态种植、组建遗产育种、病理病害、栽培技术等工作，建立恒山黄芪品种选育机制，开展恒山黄芪良种遴选实验。（郭 俊）

2022年5月10日，浑源县人民政府与山西农业大学举行共建恒山黄芪产业研究院暨省校合作线上签约仪式（王晓宇 摄）

【黄芪八大系列营销行动】

2022年5月31日起，浑源县政府与北京一亩田新农网络科技有限公司合作，开展八大品牌系列营销行动，推动“恒山黄芪”区域公用品牌建设。具体内容为组织开展“恒山黄芪”年份标准评级鉴定和官方认证；“恒山黄芪”产品走进一线城市名药店；“晋品入粤”山西恒山黄芪走进大湾区；举办恒山黄芪年份黄芪王拍卖会；组织开展全国百家厨师“恒山黄芪”烹饪大赛；开展“恒山黄芪”新品研发大赛；建设“恒山黄芪”生产流通大数据平台，发布“恒山黄芪”全球品牌指数报告；举办“恒山黄芪”线上农交会+线下交易会暨走进RCEP国家发车仪式。通过“恒山黄芪”区域公用品牌建设项目的实施，最终实现产区与销区、线上和线下、国内和国际的结合，通过建立恒山黄芪生产流通大数据平台、

恒山黄芪采购联盟两条线路，打开国内国际销售渠道。（郭 俊）

【恒山黄芪种质资源保护与利用实验室】 2022年6月，浑源县人民政府与山西农业大学投资120万元专项经费实施晋产道地药材（黄芪）安全生产技术集成示范“特”“优”项目，联合建设恒山黄芪种质资源保护与利用实验室。截至年底，该实验室围绕种质资源保护、良种选育、病虫害综合防治、土壤肥料、栽培技术等，组建多支科研团队开展研究，建设2个黄芪种质资源圃，选育“恒芪1号”黄芪品种，研发2种黄芪专用肥，集成1套恒山黄芪生态种植模式，开发出黄芪酒、黄芪口含片、黄芪饼干等8款产品。（郭 俊）

黄芪产业高质量发展

【产业区域认证提升行动】 2022年，浑源县黄芪产业被国家认证认可监督委员会确定为全国小微企业质量管理体系认证提升行动9个区域试点之一。浑源县以“恒山黄芪”为切入点，实施产业区域认证提升行动，制定扶持“恒山黄芪”产业高质量发展十条措施，为浑源黄芪发挥产业集聚和规模优势、深化品牌创建提供平台。县财政安排20万元专项资金，重点对标准化基地建设、产地初加工能力提升、黄芪产业深加工研发、龙头企业培育、科技创新、文化体系建设、黄芪产品品牌创建等方面给予扶持。全县初加工产品已形成黄芪王、黄芪原芪、黄芪长切片、黄芪饮片、炮台芪、礼品芪6大类38个品种，远销美国、英国、加拿大、印度尼西亚、马来西亚、菲律宾等80余个国家和地区。全县主要用于高端民用滋补品原料条芪98万公斤，产值9800万元，片芪30万公斤，产值7200万元，其中出口7.5万公斤，产值3750万元。在中国港澳台地区及东南亚市场占有率15%。（郭 俊）

【黄芪质量监管】 2022年，浑源县市场监督管理局落实黄芪生产加工及农业标准化工作的宣传、培训、标准的制修订和监督，组建中药材服务管理所，做好黄芪等中药材及其衍生产品市场规划及引导工作，严格控制其他来源黄芪的混入。配套建立全县以黄芪交易为主的中药材交易超市，引导企业正确使用恒山黄芪地理标志，规范全县中药材及其衍生产品交易市场秩序，扩大交易规模。按照《ISPM国际植物检疫措施标准》及黄芪进口国的标准要求，浑源县政府组织农业技术推广中心的专家制定出口黄芪（恒山正北芪）生产加工技术规程等一系列技术标准，发放给加工企业和农户。实行黄芪（恒山正北芪）生产经营档案化管理，构建农产品质量安全监管长效机制。根据黄芪（恒山正北芪）的生长特点和各区自然生态条件以及习惯，分类按区域进行布局，实行集中连片开发。开展一村一品和特产之乡、名优之村活动，转变千家万户黄芪（恒山正北芪）生产散、乱、杂、多的无序状态，以市场为导向，有计划、有组织的规模生产，形成产业优势。重点抓好出口黄芪（恒山正北芪）的生产发展。在示范区内推广黄芪（恒山正北芪）无公害栽培技术，推广病虫草害综合防治技术、田间栽培综合管理技术等，实现提质增效和农民增收。同时加强对黄芪（恒山正北芪）加工、销售活动中的监管，提升出口黄芪（恒山正北芪）质量安全水平。（郭 俊）

【黄芪质量管理体系认证推进座谈会】 2022年8月15日，浑源县黄芪质量管理体系认证推进座谈会召开。县委常委、副县长胡鹏出席会议。恒山恒芪康酒业有限公司、山西北岳神耆生物科技有限公司等14家涉芪企业参加会议。会议围绕黄芪小微企业质量管理体系认证提升行动区域试点项目展开讨论，安排黄芪种植和加工企业质量管理体系认证提升相关工作。（郭 俊）

【恒山黄芪产业高质量发展研讨会】 2022年8月29日，恒山黄芪产业高质量发展研讨会在黄芪文化园召开。县委副书记、政法委书记杨琼圣，政府副县长付元进出席会议，县农村农业、发改等单位负责人及涉及黄芪种植乡（镇）、

2022 年 9 月 24 日，中国·浑源恒山黄芪产业高质量发展论坛在浑源县举行 （安兴旺 摄）

黄芪协会、企业代表、黄芪种植技术人员参加会议。付元进主持会议。会议围绕建设恒山黄芪良种繁育基地、构建发展恒山黄芪产业科技创新团队、建设恒山黄芪标准化基地、恒山黄芪初深加工、打造黄芪示范种植基地、黄芪衍生产品研发等进行研讨交流。 （郭 俊）

【首届恒山黄芪产业高质量发展论坛】 2022 年 9 月 24 日，中国·浑源恒山黄芪产业高质量发展论坛在浑源县举行。论坛由浑源县人民政府、国家中药材产业技术体系浑源综合试验站、长治综合试验站、山药运城综合试验站主办，山西省中药材产业技术体系、浑源县农业农村局承办，中国生态学学会中药资源生态专业委员会协办。论坛上，7 位专家教授分别立足自己研究的领域，就恒山黄芪发展“把脉会诊”。中央电视台导演徐彤围绕工作中如何与现代网络媒体结合，加大晋药宣传推广作融媒体主题报告；福建农林大学农学院教授张重义作《道地药材的生态记忆与高质量发展》学术报告；国家中药材产业技术体系质量与品质综合评价岗位科学家戴小枫作《国家中药材产业技术体系在黄芪攻关方面的科研成果及努力的方向》学术报告；山西大学中医药现代研究中心教授秦雪梅作《恒山黄芪优质特性研究与产业发展思考》学术报告；中国农业科学院特产研究所研究员张亚玉作《野山参抚育技术研究与推广应用》学术报告；国家中药材产业技术体系全草类药材岗位科学家温春秀研究员作《新形势下的中药材生产》学术报告；中国农业大学水利与土木工程学院教授贺冬仙作《设施育苗技术助力中药材产业转型升级》学术报告。与会专家共同探讨恒山黄芪产业的科技创新，为恒山黄芪产业的发展和品牌共谋良策。 （郭 俊）

黄芪文化园

【黄芪文化园建设】 2022 年 3 月，黄芪文化园完成消防验收。项目坐落于“中国黄芪之乡”浑源县北岳恒山脚下，占地 21470 平方米，建筑面积 11735.1 平方米，总投资 8000 万元。项目分为三层，负一层为仓储物流中心，建筑面积 1000 平方米；一层建筑面积 5367.8 平方米；二层建筑面积 4837.2 平

2022 年 9 月 24 日，黄芪文化园举行开园仪式 （安兴旺 摄）

方米，园区主体工程于2020年12月竣工，2021年11月完成室内装修装饰工程，2022年浑源县黄芪文化园成功申报国家AAA级旅游景区。2022年3月3日，浑源县与北京一亩田新农网络科技有限公司举行恒山黄芪品牌建设项目洽谈会，签订战略合作框架协议。

（梁 超）

【黄芪综合体验空间】 2022年，黄芪文化园由恒山黄芪（浑源）文旅康养产业有限公司负责园区运营和管理，主打黄芪体验。3月试营业，9月开园，完成招商59家，供货单品1400余种，接待游客7万余人。黄芪文化园负一层以黄芪及衍生产品保鲜冷冻、黄芪农产品仓储为主；一层分为黄芪博物馆、黄芪加工互动展销区、黄芪宴会餐厅、多功能会议厅、黄芪保种实验室、恒山黄芪研究院6个板块；二层分为芪遇时代、芪迹时代、好芪时代和芪创时代4个板块，及古装才艺展示、泥塑制作、手工剪纸等非遗项目。二层主要展示销售的产品种类，分别为：黄芪酒、黄芪茶、黄芪蜜、黄芪菇等黄芪衍生系列产品；浑源各乡（镇）生产的胡麻油、小米、黑豆等农副杂粮产品；销售恒山野山菌、羊肚菌等天然野生产品；浑源各景区及文化相关的文创产品。园区以电商平台为载体，由北京一亩田新农网络科技有限公司助力品牌营销，抢占国内黄芪领域制高点。（梁 超）

2022年3月3日，浑源县与北京一亩田新农网络科技有限公司举行恒山黄芪品牌建设项目洽谈会，签订战略合作框架协议 （杨 钦 摄）

【国家AAA级旅游景区】 2022年5月28日，大同市文化和旅游局根据中华人民共和国国家标准《旅游景区质量等级的划分与评定》和《旅游景区质量等级管理办法》，按程序组织评定，发布《关于确定1家旅游景区为国家AAA级旅游景区的公告》，确定黄芪文化园为国家AAA级旅游景区。该园成为浑源全域旅游中集黄芪文化体验、黄芪生产加工、康养休闲、研学旅游、民俗体验于一体的综合性游览区。5月，经大同市教育局批准为大同市中小学生研学劳动实践教育基地。9月，经浑源县乡村振兴局、浑源县人力资源和社会保障局批准为浑源县就业帮扶基地。（梁 超）

产业功能区

恒山恒芪康酒文化产业园

【概况】 2022年，浑源县委、县政府根据酿酒业作为低生产成本、高附加值的劳动密集型行业，关联度高，带动力强，又是县传统优势产业的特点，借助恒芪康品牌、县酿酒业历史文化，以浑源县恒山酿酒厂有限公司为依托，打造恒山恒芪康酒文化产业园（简称“酒文化产业园”）。项目以优质高粱为原料，以先进管理方式与科学技术为手段，以县域旅游资源为参照，打造集观光、休闲、展览、购物、餐饮、娱乐于一体的酒文化旅游胜地，利用浑源酒业的综合实力和社会影响力，把酒产业与旅游产业有效对接，创造1100个以上就业岗位，促进县域经济发展。（郭　俊）

【园区建设规模】 2022年，酒文化产业园与山西省轻工设计院沟通对接，确定项目方案及主要建设内容，完成编制项目可研报告。该项目位于浑源县永安镇东辛庄村西，占地面积6.4公顷。项目总投资10亿元。主要建设内容包括：恒山白酒博物馆、恒芪康酒文化广场、酒文化一条街、地下酒窖、客服中心和传统酿酒工艺生产展示区。白酒工艺采用灌装生产工艺和国际先进无菌自动化冷灌装生产线，观光旅游等生态配套项目。资金来源包括企业自筹、银行贷款等。（郭　俊）

【恒酒系列产品开发】 截至2022年底，浑源县恒山酿酒厂有限公司生产出4大系列40余个品种的纯粮白酒。第一类为“老白干”系列，突出“酒液莹澈透明，清香馥郁，入口香绵、甜润、醇厚、爽冽，饮后回味悠长”的特点，以满足酒宴消费需求；第二类为“恒芪康”系列，突出“绿色环保、养生保健”的特点，以满足嗜酒怕醉，担心影响健康消费者的需求；第三类为“清香原浆”系列，突出“原浆原度，典雅高贵，纯真善美，货真价实”的特点；第四类为“珍藏酒”，以满足馈赠，收藏者的需求。（郭　俊）

·链接·

恒芪康白酒 与恒山黄芪、恒山悬空寺并称恒山“三绝”。浑源酿酒起源于春秋，隆盛于明清时期，有2700余年历史。在浑源县李峪村庙坡出土的春秋战国时期的盛酒器具牺尊酒炉、酒爵、豆洗盘等，证明浑源在2700年以前有酿酒行业。唐代大诗人李白游恒山时，畅饮浑源烧酒，醉书“壮观”二字于悬空寺石壁；宋初名将杨业麾军出征代州，收燕云，用浑源烧酒壮行三军，在金沙滩谱写一曲悲壮战歌；旅游家徐霞客游览恒山时大加赞赏浑源烧酒，奋笔书写一副楹联：“酒味冲天，飞鸟闻香化凤。糟粕落地，小蛇得味成龙。”从明清时期民间就一直流传着“吸水烟下兰州，喝烧酒浑源州”的民谚。在首届中国旅游名酒博览会上，“恒山誉华夏，甘泉酿美酒”受到好评。

2022年，浑源县实施年产原酒1.5万吨恒山酿酒厂有限公司技改项目。图为公司技改后生产线　　（安兴旺　摄）

【技改扩建项目建设】　2022年，经浑源县行政审批服务管理局审查批准备案，浑源县恒山酿酒厂有限公司开展技改扩建项目。项目占地面积4.9公顷，年生产原酒1.5万吨，总建筑面积65900平方米。建设内容包括酒类交易服务中心9000平方米，综合服务中心1万平方米，3栋酒文化创作中心2700平方米，3栋标准化厂房24600平方米，1栋酒文化展示中心8000平方米，2栋职工宿舍10200平方米，1栋设备用房1400平方米；更新设备LS-250立式过滤机5台，GLD18H型电动连调精量灌装机2台，QPS-6型全瓶型冲瓶机1台，CGF3型风刀吹干机2台，FG8型金属盖封盖机2台，FTZ-D1型多功能贴标机1台，LQF300型风冷冷却机1台，RLZ10型自动润粮机1台，TLZ150型自动摊晾机1台。项目总投资估算6亿元，资金来源为建设单位自筹。截至年底，项目在办理环评手续，完成2405平方米综合服务中心主体建设，更新3台过滤机、1台电动连调精量灌装机、1台金属封盖机、1台自动摊晾机。　　（郭　俊）

浑源凉粉文化产业园

【概况】　2022年，浑源县委、县政府确定浑源县凉粉产业园建设项目为2022年县级重点工程，总投资0.4亿元，由县乡村振兴局负责。项目位于全县最大的易地扶贫搬迁集中安置点东辛庄村，是浑源县易迁后续扶持产业骨干项目之一。占地1.3公顷，总建筑面积6000平方米。建设内容为产业园区内给排水工程、弱电工程、采暖工程、消防工程等其他附属工程；室外土方工程、室外给排水、室外供暖、路灯工程、室外配套设施等其他工程。　　（郭　俊）

【园区项目建设】　截至2022年底，园区项目主体工程完工。该项目以享誉省内外的特色美食“浑源凉粉”为主打品牌，打造农业生产—加工商贸—乡村旅游三位一体的县域经济综合产业体系，形成优质土豆规模化种植、精制土豆淀粉标准化加工、特色浑源凉粉集约化生产、凉粉系列产品线上线下同步销售的现代农业产业格局，拉动莲花豆、豆腐干、辣椒油、熏鸡蛋等关联生产原料、制成品、包装配套的企业和农户环环相扣、合作共生、滚动发展，带动搬迁人口就地就近就业增收，实现巩固脱贫成果与推进乡村振兴有效衔接。　　（郭　俊）

【园区规划设计汇报会】　2022年6月8日，凉粉文化产业园规划设计汇报会在黄芪文化园召开。县委书记高莹，县委副书记、政法委书记杨琼圣，县委常委、县委办主任乔普出席会议。山西大瑞食品加工有限公司设计人员分别从凉粉文化产业园的建设目标、总体定位、平面布局、项目布局、运营建议等方面，汇报浑源凉粉文化产业园定位和策划方案。与会人员围绕园区功能定位、凉粉产品开发、策划运营、产品营销等方面提出意见和建议。　　（郭　俊）

高新技术产业园区

【概况】　截至2022年底，浑源县高新技术产业园区（简称“高新产业园”）入园企业47家。其中，石材加工37家、型煤2家、商砼1家、酒店2家、秸秆燃料1家、锌锭加工1家、检车机构1家、废钢利用1家、黄芪加工1家。在入园企业中，规模以上企业2家，分别为浑源县环保型煤有限公司和浑源县益新工贸有限公司。（王　峰）

【新企业入驻】 2022年，高新产业园引入山西川至建材有限公司，投资新建浑源县100万平方米绿色生态透水砖项目，投资6268万元，新建生产车间1.2万平方米、仓库2000平方米、附属用房1000平方米。（王　峰）

【营商环境优化】 2022年，高新产业园与县卫健局配合，开展职业病防治和职业健康检查；与消防部门配合，开展消防大检查；与环保部门配合，开展地毯式的环保排查；与市场监管部门配合，搞好企业特种设备检验；与中小企业局配合，搞好中小企业创业基地申报；与人事劳动部门配合，搞好创业园区的创建；与自然资源部门配合，搞好园区的用地规划，抓好卫片执法工作；与安监部门配合，搞好安全整治达标；与水务部门配合，搞好水资源的勘测和取水许可工作；与统计、工信等部门配合，开展企业的“小升规”工作，协调解决2家企业的工伤纠纷。（王　峰）

【配套平台项目申报】 2022年，高新产业园申报配套平台建设项目。建设内容包括建筑面积3000平方米、预算投资1200万元的办公大楼建设项目；建筑面积2000平方米、预算投资900万元的综合服务楼建设项目；投资2200万元的供热主管网建设项目，包括征地、管网、土方、管井、加压站等；投资9000万元的道路管网建设项目；预算投资1000万元的景观广场停车场建设项目，占地面积7000平方米；投资1500万元的智慧园区综合管理服务平台项目。（王　峰）

【园区环境整治】 2022年，高新产业园加大基础设施建设、服务、协调力度，整治园区环境，清除杂草垃圾树枝废弃料12余吨，整理绿化带、视野内草地、公园草坪1.4万平方米，整理砍伐高压线下树枝树头400余株，粉刷园区内牌楼主道两边的围墙，修葺粉刷办公用房，定期美化牌楼、花坛及周边景观。（王　峰）

【浑源片观摩会准备】 2022年，高新产业园为筹办全市项目浑源片观摩会，新建项目区围挡300米，清理填埋园区建筑垃圾14吨，平整场地200平方米。组织山西亿汇再生资源有限公司、台湾马山矿业（山西）有限公司、北岳石材工艺制品有限公司3家企业在县康养产业园区举办小型展会，展出展品60余件。（王　峰）

【安全生产监督检查】 2022年，高新产业园持续开展安全生产专项整治三年行动，建立健全安全生产责任制。落实园区服务中心的安全生产“一岗双责”制。集中实施易燃易爆风险排查治理等七项专项行动，推进农村房屋安全隐患排查整治行动，完成园区企业房屋隐患整治排查，开展“安全生产月”活动，到47家企业宣传安全防范知识，发放安全生产宣传资料700余份。组织安全生产检查，开展地毯式、拉网式、滚动式风险隐患大排查大整治，打击各类非法违法生产经营建设活动。全年出动安全检查人员900余人（次），开展企业安全检查400余次，督促整改安全隐患286个（处）。（王　峰）

全域旅游

综　述

【概况】 2022年，浑源县拥有国家级森林公园1处、国家级湿地公园1处、省级自然保护区1处、中国传统村落1处、省级农业旅游示范点2处、省级农业旅游点3处。北岳恒山景区是全国著名的国家AAAA级风景名胜区，高空摩崖建筑悬空寺为全球十大最奇险建筑之一，永安寺元代壁画集中国宗教神祇之大成，栗毓美墓汉白玉石雕是清陵石刻中的精品和瑰宝，汤头温泉乃北方著名的康体疗养之地。黄芪文化园、浑源州署成功创建国家AAA级景区，汤头温泉度假区入选省文旅康养示范区创建单位名单，全域旅游服务中心完成主体工程，神溪湿地公园项目有序推进。打造探岳之旅·天路、空中草原、凌云口、五峰山、莲花山5条乡村旅游廊道，推进10个省级旅游示范村建设，新建5座乡村游客中心。恒山风景名胜区获评全国避暑旅游目的地，全县被列入全省打造的10个文旅康养集聚区。完成国家级全域旅游示范区创建的省级初审验收，全域旅游初具规模，形成以北岳恒山为支撑，浑源古城为映衬，神溪村、东葫芦头村、二岭村、上达枝村、凌云口村等秀美乡村为点缀，同时经全长80千米恒山天路串联，集文、旅、康、养于一体的全景浑源、全境恒山大旅游格局。全年全县接待游客321.9万人(次)，实现旅游综合收入9434.2万元。

（王素芳）

【全域旅游规划】 2022年，浑源县围绕“举文化生态牌、建特色休闲城、走旅游康养路”目标，以核心景区为支撑，打造北岳国际旅游目的地，把发展全域旅游作为推动区域经济社会转型发展的重要抓手，纳入全县经济社会发展规划。县委、县政府把全域旅游创建列入重要议事日程，成立创建工作领导小组。出台《浑源县全域旅游示范区创建实施方案》，确定旅游业在全县的战略性支柱产业地位。县财政加大投入力度，安排专项资金用于旅游发展。把全域旅游纳入浑源县“十四五”规划，编制完成《浑源县全域旅游规划及三年行动计划》等配套规划文本，为浑源全域旅游创建和发展划定路线图。出台《浑源县国家全域旅游示范区创建及验收行动计划》，确定25条80项内容，形成层次分明、相互衔接、规范有效的全域旅游规划体系。

（王素芳）

【全域旅游服务中心建设】 2022年，浑源县推进全域旅游服务中心建设项目，与浑源古城的性质、定位紧密结合，集城市庆典、展示演出、旅游休闲、生态调节、交通集散等功能为一体。该项目位于浑源县迎宾街与正阳线（G239）交叉口东南角，总投资5.2亿元，用地面积26.8万平方米，总建筑面积2.4万平方米。主体建筑面积2.3万平方米，其中地上两层，地下一层。地下一层为地下车库、游客服务大厅、卫生间及设备用房。地上一层为办公区、游客服务大厅、餐厅、超市、展厅。地上二层为展厅及其附属用房。设计停车位总计3641个。截至年底，主体混凝土结构完成95%，型钢柱、梁加工制作完成70%，安装完成40%；室外管网完成85%；高压迁改土建工程全部完成；架空道路主体结构全部完成；锅炉房，1#、3~5#卫生间土建工程全部完成；海绵城市完成60%；室外道路及停车位基础完成70%。所使用专项债按时拨付，完成投资1.5亿元。（王素芳）

【全域旅游基础设施建设】 2022年，浑源县提升全域旅游硬环境，实施旅游基础设施建设、旅游路网体系建设、旅游标识体系建设三大工程。截至年底，累计改造提升23座旅游厕所，21座乡村旅游厕所投入使用；新建改建停车场7个，新增车位5000余个；按序推进浑源旅游服务中心、古城周边改造建设项目建设，省道239东坊城段改线工程完工，依托"四好公路"建设，打造吴城十里杏林绿道、驼峰乡骑行线路、恒荫登山步道等特色乡村旅游路线，完善慢行旅游交通体系，铺修道路130余千米。累计设置全景牌、导览牌、安全警示牌等各类标识牌800余块。

（王素芳）

【全域旅游品质服务建设】 2022年，浑源县实施"旅游服务品质提升"行动，加强从业人员培训、推行挂牌服务和"十项服务"承诺制等，培养一批"视野宽、知识新、能力强、专业化"的旅游干部。设立旅游咨询服务中心、旅游咨询站点、展示架、电子触摸屏、电视录像、移动咨询车等设备，为游客提供旅游产品、旅游线路、餐饮娱乐介绍，实现旅游咨询服务全覆盖。结合旅游服务中心建设推进旅游大数据中心建立，完成悬空寺景区售检票系统，开通微信扫码免费听景点的讲解，打造智慧旅游服务产品。组建旅游志愿者和讲解员队伍，在旅游旺季和重大节假日，组织开展"志愿者服务周""志愿者服务月"活动，为游客提供高质量的服务。（王素芳）

【国家AAA级旅游景区创建】 2022年，黄芪文化园通过国家AAA级旅游景区评审并挂牌；神溪国家湿地公园国家AAA级景区创建文本通过专家团队初评；浑源古城国家AAA级旅游景区创建完成总体规划。（王素芳）

【"一码游浑源"上线】 2022年，浑源县以"恒久北岳 厚道浑源"为品牌，推出"一码游浑源"全域通并成功上线，发布浑源logo图标，利用数字互联网技术全新打造一站式、多功能智慧旅游平台。

（王素芳）

浑源古城

【概况】 浑源古城南依恒山，北临浑河，城墙呈八边形，街巷逶迤曲折，应对北方玄武星象，故有"龟城蛇街"之称，距今已有1000余年的历史。浑源古城南北长900米，东西宽700米，面积0.6平方千米，1993年被山西省人民政府公布为第二批历史文化名城。古城内有全国重点文物保护单位4处，分别是始建于辽代的州文庙、金代的圆觉寺释迦塔、元代的大永安寺、清代的栗毓美墓。还有北岳行宫、麻家大院，以及近年修复的浑源州署等其他文物保护单位。2022年，浑源县持续释放浑源古城新活力，围绕"文脉""气息""业态"三个重点，以古城文旅业态增质增量增效为核心，在浑州八景、北岳真行图、玄武神兽图等传统文化资源中提炼北岳文化元素，确定标志性符号，融入城市建设中。在城市中心位置显著、人流量大的地方，布局浑源传统手工艺人塑像，打造集自然风貌、休闲怡情于一体的景观小品。对钟楼街至鼓楼街的文化广场进行优化，盘活历史建筑、传统民居的"活文物"价值；持续推动永安寺、文庙、麻家大院、州衙开放，把历史文化街区打造成吃、住、行、游、购、娱一体的旅游目的地。

（王素芳）

【基础设施建设】 2022年，浑源古城道路改造庆永兴巷、石桥北巷等7条道路的路面铺设，实施强、弱电，上下水入地，暖气、照明灯相关配套工程。完善古城基础设施和旅游服务功能，完成永安寺鼓楼牌楼工程及周边环境绿化工程、文庙文昌阁的亮化防雷工程，文庙前泮池及西侧广场修建工程；实施州衙捕快院、驿舍修缮项目，永安西街1、2、3号院修缮项目。（王素芳）

【历史街区改造】 2022年，浑

2022 年 12 月 22 日，浑源古城历史街区改造后夜景　（安兴旺 摄）

源县在老城中心实施历史文化街区建设工程项目，包括文庙、州衙、麻家大院、圆觉寺 4 处古建筑群。他们相互毗邻，形成规模，占地面积 6.2 公顷。经过恢复建设，形成南有北岳恒山、悬空寺，北有神溪湿地、历史文化名村为依托的，具有北方建筑特色的古民居旅游景点。（王素芳）

【古城开发】 2022 年，浑源古城内的浑源州署以“两权分离”托管的方式由山西丰龙旅游开发有限公司运营。完成文庙碑廊建设，文庙展陈完成，启动文庙活化利用。投资 12.5 亿元的浑源县历史文化名城整体保护与更新项目完成项目建议书审批，项目分块在编制可研立项。（王素芳）

旅游资源

【概况】 浑源旅游资源丰富，历史悠久，业态多样。截至 2022 年底，主要包括：古迹旅游景点 9 处、生态旅游景点 7 处、乡村旅游景点 4 处。（王素芳）

【浑源古迹景区景点】 文庙　浑源文庙始建于辽、兴盛于金，距今有 1000 余年的历史。浑源文庙是一处规模宏大、形制完整的古代建筑群，占地面积 1.6 万平方米。自辽建成后，曾于明成化八年（1472）、弘治四年（1491）及 2009 年重修。2013 年 5 月，浑源文庙经国务院批准为第七批全国重点文物保护单位。古建沿中轴线自南至北，依次为泮桥、戟门、大成殿、明伦堂、敬一亭、尊经阁。截至 2022 年底，接待游客 2 万余人。

永安寺　原称浑源州永安禅寺及神州大永安禅寺，俗称“大寺”，始建于金。永安寺原为五进院落，现仅存两进院落，占地面积 4056 平方米。寺内有文物建筑物 7 座，总建筑面积 1429.1 平方米；清代壁画 305.4 平方米，明清彩画 2118 平方米。传法正宗殿内壁现存的巨幅水陆画，是国内现存古代水陆壁画中的精品。1986 年 8 月，永安寺经山西省人民政府批准为第二批山西省文物保护单位。2001 年 6 月，经国务院批准为第五批全国重点文物保护单位。截至 2022 年底，接待游客 9883 人（次）。

圆觉寺　全名圆觉寺释迦舍利砖塔，位于县城东北，建于金代正隆三年（1158），为全国重点文物保护单位。宝塔九层，密檐飞拱，通体砖砌。塔体呈等边八角形，总高 30 米，完全模仿木建筑式样，结构坚固，造型别致，雄伟而有气魄。整座塔分基座、塔身、塔顶三部分，多用雕刻，门窗、柱、枋、斗拱全部模仿木结构，各层结构、45 度斜面拱做法和金代木结构建筑完全相同，是一座典型的仿木制密檐式塔。塔刹尖端立一翔凤，随风旋转，可辨风向。截至 2022 年底，接待游客近千人（次）。

粟毓美墓　位于恒山北麓浑源城东，为全国重点文物保护单位。粟毓美（1778—1840），字含晖，号朴园，浑源城人，清代河东河道总督，治河专家。墓区坐北朝南，平面作长方形，长约 164 米，宽约 70 米，总占地面积 11687 平方米，正门门额正中嵌横匾一方，上镌刻“粟氏佳城”四字，是清代砖雕中的上乘作品。左右分立石碑两通，右碑为恩旨碑，镌刻粟毓美死后道光帝赐封粟毓美之圣旨。左碑为神道碑，碑阳楷书大字，记载栗毓美生前所任官职和逝世后赐封的荣衔。碑阴镌刻着由翰林学士彭邦畴撰文、学者阮元篆额、户部尚书祁俊藻书丹的“栗恭勤公神道碑铭”。爱国名宦，时任两广总督的林则徐为其撰写碑文。截至2022年底，接待游客35528人（次）。

大云寺　始建于北魏，是中国北方著名的佛刹。大云寺上寺位于浑源城西南20千米的龙山主峰南侧。大云寺下寺位于浑源县城西10千米龙山脚下荆庄村，现存大雄宝殿，面宽三间，进深四椽，单檐歇山顶，筒板瓦覆顶。殿内东、西、南三面绘十大明王壁画，虽后世曾有重饰，但仍具元风。大云寺下寺是浑源县现存木构建筑最早的一座，2001年6月被列为全国重点文物保护单位。截至2022年底，接待游客近千人（次）。

云峰寺　又名天赐禅林，位于浑源县东南约15千米处的天赐沟。云峰寺从公元404年北魏道武帝赐建并赐名“天赐禅林”，距今有1600余年的历史。庙群现存殿宇12处，佛尊神像200余尊。整个云峰寺景区以奇、险、悬、隐而闻名，庙群布局上下呼应，左右贯通，散而不乱，主次分明，再加依山傍水，藏于深山云雾之中，嵌于奇峰绝壁之间，具有独特的景致。截至2022年底，接待游客近千人（次）。

浑源州署　位于浑源县城永安西大街，始建于金代，现存建筑为明洪武七年（1374）州判张溥主持营造，距今有648年的历史，占地约3.3万平方米，有房舍310余间。浑源州署历经各朝代修建扩建，到清朝乾隆时期，逐步形成布局严谨、规制齐全、规模宏大、深邃森严的高品位、全功能的官署衙门，建筑群由五进院落组成，是中国北方现存的古官署衙门中独具特色的明清风格州衙建筑。截至2022年底，接待游客8962人（次），门票收入10.2万元。

麻家大院　大院原主人麻席珍，字国华，浑源县东坊城乡水磨疃村人。清光绪二十八年（1902）举人，宣统二年（1910）考取法官，历任陕西长安初级审判厅、山西太原地方审判厅推事，山西闻喜、晋城、沁水等县知事，民国12年（1923）5月辞职返乡。麻家大院占地面积3300平方米，呈平面长方形，现存房屋73间。整体建筑坐北朝南，木雕荷花墩和墀头砖雕艺术精美。截至2022年底，接待游客1303人（次）。

浑源古长城　浑源境内有秦长城、汉长城、战国时期赵长城、北魏长城、北齐长城和明长城等，其中以北齐长城最为突出。浑源长城正是中段“重墙”雁门关至平型关的组成部分，由应县北楼口延入浑源境内，南连繁峙团城口直达平型关，东进灵丘倒马关直通紫荆关。浑源长城历经数代构筑和修复，到明朝时又连接修缮，形成墙、堡、寨、楼以及边贸互市等极其完备的军事防御体系和民族交往渠道。经过1500年的风雨洗礼和无数的沧桑变化，幸存少量长城，风采依旧。

（王素芳）

【浑源生态景区景点】　汤头温泉　位于恒山主峰东南王庄堡镇境内，距县城45千米，面积9.5平方千米。汤头温泉有着悠久的历史，据《水经注》记载：“其水温热若汤，能愈百疾。”明隆庆元年（1567），在重建温泉的石碑上写道，对各种疾病“润之神效，洗之即愈”。根据《魏书》的记载，汤头温泉早在1400余年前，就是北魏王朝的皇家行宫。据化验，温泉含有钾、钠、钙、镁等10余种成分，出水温度69摄氏度。

龙盆峪　位于青磁窑镇，距县城10千米，景区面积990公顷，与北岳恒山景区、悬空寺景区相连。这里高崖雄壁，水声潺潺，奇峻秀美，有金代遗存静居寺，寺内有金代石刻造像，是一处集自然风貌、人文景观、古建筑于一体的风景区。龙盆峪口有艺术客栈，内有若干间客房供游人居住。

二亩湾矿山生态园　二亩湾曾经是煤炭大县浑源的“富矿区”，也是生态环境受损重灾区。从2018年开始治理，浑源累计完成山体整形治理面积3600公顷，其中种草面积2933.3公顷，栽种各类树木380余万株（丛），造地145.3公顷，铺设灌溉管网150千米，建成排水工程240千米，建设公路89.8千米，各个治理区发生由“黑”向“绿”的惊人蝶变。二亩湾矿山生态园主要景观包括木屋、水景、广场、步道和园林小品等，总建筑面积6336.5平方米，投资300万元，曾经裸露的山体被漫无边际的绿色覆盖，万亩林地叠翠葱茏、鸟语花香。

千佛岭　距县城约25千米，景区面积1280公顷。山势奇峻秀美、林木茂密、山水交融，自然风貌极佳，并有着深厚的宗教文化内涵，遗存有千佛寺、碧峰寺、板方寺、玄都观等。每逢秋季，层林尽染的多彩画卷尽收眼底，令游人流连忘返，故其奇峰、怪石、林海、幽寺被称为"佛岭四绝"，当地有"恒山虽有十八景，论美不及千佛岭"的谚语。

五峰山　位于浑源城东16千米的大仁庄乡境内，面积7.1平方千米，海拔1919米，西北—东南走向，因山有五峰，故名五峰山。山势雄峻，林木苍翠。半山有天然石洞，宽18米，高5米，进深11米。据清乾隆年间《重修五峰山集仙观碑记》载，依洞建有一座庙观，名集仙观，又名五峰观，有玄天庙、灵官庙、乐楼、茶坊等建筑。

莲花山　位于浑源县城南40千米王庄堡镇刁窝沟村，景区面积865公顷，海拔1500米。有高耸的山峰，潺潺的溪流，鸟语花香，沿途古树繁茂，像一处避世的仙境，令人向往。因山似莲花，恰如婀娜多姿、盘坐在荷叶上的青莲少女，故云"若青莲出水，蜕埃壒立，净明奇丽，岳之一胜也"。

凌云口　位于县城西南20千米裴村乡境内，为内长城古关塞口，又是凌云二水汇流之山口。这一带依山带水，风景秀丽，沟口坡区有村旧称"龙峪口"，后讹为"凌云口"，多产果木。凌云水分为大峪水和小峪水，是浑河的重要支流。两河间隔一岭，名箭杆梁，相传北宋杨延昭曾箭射于此，明代大旅行家徐霞客游历此地时感其壮美，有"瞰东西峰连壁隤同颓，翠蜚飞丹流"的记载。（王素芳）

【浑源乡村景区景点】东葫芦头村　位于青磁窑镇，距县城37千米。这里风景秀丽，绿意满眼，连绵蜿蜒，清凉舒爽，使出行的人心旷神怡。东葫芦头旅游区是"探岳之旅"线路中的精品景区之一，主要特色为村野古风、千年林海、万亩花田和悬空栈桥。

破兑白村　位于青磁窑镇，地处恒山南部山区，距离县城34千米。走进破兑臼，群山环抱，天空湛蓝，空气清新，到处是黄芪、茂密的树林，还有涓涓清泉。

二岭村　位于南榆林乡，距县城13千米。在这里可以穿越数千米地道，关公庙前看大戏，赏花卉芬芳，观明代烽火台，抱百年大树，在土洞里感受生活，吃农家饭，站观景台眺恒岳美景。

上达枝村　位于王庄堡镇，距县城38千米。这里依托得天独厚的自然环境和旅游资源，集生态旅游、文化传播、康养休闲、研学交流、餐饮食宿于一体。（王素芳）

旅游业态

【古迹旅游】2022年，浑源县有不可移动文物就有488处，有国保单位7处、省保单位8处。结合丰富的文物资源和文化底蕴，浑源县创建推动"旅游+文化"发展，坚持文物保护优先，推进历史文化地标保护工程。按序实施县州衙、永安寺、圆觉寺、文化街区、文庙、麻家大院等文旅项目，投资近6亿元完成三元宫古建群恢复、景区绿化，打造恒山悬空寺文旅地标。（侯文静）

【生态旅游】浑源县夏季平均气温20摄氏度，昼夜平均温差14摄氏度，温度适中，全年无炎热酷暑性天气，适宜避暑度假，人居环境十分舒适。依托浑源县北岳恒山名胜区入选2022年避暑旅游目的地契机，浑源县大力发展生态旅游和康养旅游，实现生态建设和旅游产业发展双赢，以恒山、龙山、凤凰山、五峰山、荞麦川山为骨架，连接神溪、龙盆峪、东葫芦头等12个原生态景点，打造探岳之旅天路、空中草原、凌云口、五峰山等旅游廊道，逐步形成"五峰山百仙大会""莲花山康养游""千佛岭旅游节""龙盆峪房车营地"等生态旅游景点。

（侯文静）

【乡村旅游】2022年，浑源县结合美丽乡村建设推动"旅游+农业"发展，在乡村振兴推进过程中，融入旅游元素，实现乡村旅游全覆盖。申报5个省级旅游扶贫示范村和2个省级旅游示范村，新建5座乡村游客中心，11

个停车场。举办神溪荷花节、走进凌云口·千人侠客行等节庆活动，带动周边乡村接待游客60余万人（次），实现收入1000万元。建成农家乐14家、乡村客栈9家，带动青磁窑、东坊城等6个乡（镇）民俗旅游持续增长，累计接待游客近200万人（次），实现旅游收入900万元。（侯文静）

【康养旅游发展】 2022年，浑源县结合资源禀赋优势推动“旅游+康养”发展，借助道地黄芪产地、汤头温泉、千佛岭森林氧吧等资源优势，打造“温泉疗养+黄芪康养+森林富氧”为一体的中医药健康养生游新业态。编制完成《浑源县康养产业发展规划（初稿）》，推动汤头温泉改造项目开工建设，汤头温泉旅游度假区成功入选省级文旅康养示范区创建名单。（侯文静）

【浑源州署对外开放】 2022年1月，位于浑源古城的浑源州署经过改造升级后，对外开放。浑源州署定位为“聆听浑源文脉、感观浑源文化、体验州署文化”，内有文创产品馆、浑源陶瓷馆、州署大讲堂、非遗传承馆、六部研学课堂等中国传统文化体验场馆，展示有明清州衙建筑形制布局、非物质文化遗产、饮食、军事、商贾、民俗等浑源诸多文化元素，是集官邸特色住宿、地方风味饮食、浑源文化展示、衙署场景演绎等于一体的文化体验景区。（侯文静）

【乡村旅游路线优化】 2022年，浑源县优化旅游线路，实施“探岳之旅”——天路工程项目，整合恒山13个子景区和乡村旅游资源，连片成面，打造旅游新亮点。破解旅游交通线路瓶颈，铺修道路130余千米，以交通线串起全域旅游好风光。在乡村旅游实现“村村通”的基础上，重点打造吴城十里杏林绿道、驼峰乡骑行路线、恒荫登山步道等乡村旅游线路，完善快进慢行旅游交通体系。建设六棱山红色旅游公路5千米。（侯文静）

2022年9月27日，世界旅游日当日，游客在浑源州署内 （安兴旺 摄）

【乡村旅游业态培育】 2022年，浑源县培育二岭村、破兑臼、东葫芦头、上达枝“恒山人家”新业态，重点培育二岭、东葫芦头等10个省级旅游示范村建设，完成申报省级旅游示范村视频拍摄和文本编制工作。扶持发展乡村旅游合作社21个。全年东葫芦头、龙盆峪、莲花山、二岭村等特色乡村旅游景点累计接待游客近10万人。（侯文静）

旅游推广

【旅游项目推广】 2022年，浑源引入具有高端IP、自带品牌流量的旅游新项目。完成麻家大院37万元的锦茂博物馆的品质提升工程；申报州衙100万元的跨界融合特点的表演艺术和民俗风尚酒店、沙画院150万元的传播交流推广资助项目和10万元的油画创作项目。集游览、体验、购销于一体的全链条式综合性游览胜地——黄芪文化园投入运营，延长旅游链条，拓展全域旅游空间。（王素芳）

【文艺作品推介旅游】 2022年，《浑源旅游一本通》编纂出版，该书涵盖县情概览、历史烙印、精品旅游、地方特产、民俗古风、浑源三美、恒山人家和旅游管家8个板块内容，介绍浑源县各景点、线路及相关服务内容，以导览图的形式，让旅客轻松体验吃、住、行、游、购、娱。编辑《浑源县文物志》《浑源县旅游志》，全景展示浑源丰富的人文历史自然景观，书稿送出版社审核。电影《古镇谜案》等剧组依托古城丰富资源，入住浑源古城开机拍摄，游山、玩水、品文、赏景、美食、宜居等业态融合发展的旅游体系为影视创作、拍摄提供理想场地和创作空间。（王素芳）

【“探岳之旅”旅游线路发布】 2022年，浑源县文化和旅游局发布“探岳之旅”旅游线路，该路线集休闲观光与文化体验为一体，沿途涉及有恒山国家森林公园、山西省恒山自然保护区等丛林探险，经过青磁窑镇破兑臼、东葫芦头村、始建于明嘉靖年间的王庄堡等。行走在“探岳之旅”线路，可到千佛岭、莲花山等风景名胜地，感受浑源的绮丽风光。（王素芳）

【特色旅游文创产品开发】 2022年，浑源县以具有代表性的浑源传统手工艺品及文化衍生品为核心，开发具有北岳文化元素和浑源特色的“山西礼物”系列旅游文创产品。恒山景区开发出以北岳恒山道教文化为题材的北岳全貌图，北岳大帝图剪纸，恒山、悬空寺彩贴，悬空寺题材的棒棒糖、橡皮，以及恒山、悬空寺形状文创雪糕等。黄芪文化园打造以“黄芪仙子”为代表的抱枕、挂饰、雪糕系列文创产品。浑源州署推出不同形式的文创礼盒和文创礼包，深受旅客喜欢。（王素芳）

【特色旅游文创产品选介】
北岳全貌图　北岳全貌图灵感来源于恒山会仙府外的北岳全图碑。北岳全图碑上镌刻着恒山在民国时的全貌，此图为1932年浑源县县长董垚与当地乡绅共同商议并亲自撰文，并由当地画坛、书坛两大高手耿建瀛与左士玉共同完成的，碑刻分正反两面，前为北岳全图，后为全图碑记。图中真实完整地反映北岳恒山在民国时期的风貌，是恒山的“镇山之宝”。而北岳全貌图就是在北岳全图碑的基础上制作成的，为研究恒山一带的历史与文化提供很好的佐证。

恒山悬空寺彩贴　恒山、悬空寺彩贴以恒山、悬空寺的元素为基础，运用钢、铁材质所制成。

恒山悬空寺形状雪糕　北岳恒山雪糕完美还原其景区内庙宇建筑，造型精美，空间感十足。悬空寺雪糕造型为缩小版悬空寺，绝美浮雕，让游客感受悬空寺巧俏幽伏于峭壁之上的震撼。雪糕推出巧克力味与酸奶黄桃两种口味，分别对应白天与夜晚的悬空寺。

北岳大帝图剪纸　北岳大帝图剪纸就是以恒山上恒宗殿供奉的北岳大帝为原型，以剪纸形式，创新表达北岳恒山文化。

“黄芪仙子”系列文创产品　根据恒山“黄芪仙子”的故事，以“黄芪仙子”为原型，制作出一系列抱枕、挂饰和雪糕等。

浑源州署文创礼盒礼包　浑源州署特产礼盒内含有浑源八大特产——正北黄芪、明王书签、北岳芪蘑、忘忧仙草、松林地衣、天香麻花、莲花禅豆、椒香红油。

铜镇尺　恒山景区铜镇尺就是在镇尺的基础上加以恒山、悬空寺景区元素制作而成。

栗大人一品官帽烟灰缸　栗大人一品官帽烟灰缸以栗大人官帽为原型，把清代官帽与烟灰缸巧妙地结合起来，为一个普通的烟灰缸赋予新的价值的同时，也宣传浑源的廉政文化。

悬空寺叠雕、金属积木　悬空寺叠雕是以悬空寺为原型，利用木质材料，做成层层叠叠有空间错落感的摆件。悬空寺积木则是利用青少年的创新能力和实践能力，把文物古建与积木很好的结合，让人们在享受搭积木的同时，更好地了解悬空寺、了解文物。（王素芳）

【特色美食推广】 2022年，浑源县文化和旅游局组织策划“浑源风物节”，利用网络电商平台，带动观众了解浑源自然美景，同时进行网络直播互动，推广浑源凉粉、辣椒油、茶叶、粉条等特色美食，总成交8000余单，销售额20万元。在黄芪文化园召开首届中国“恒山黄芪”烹饪大赛，来自北京、太原、大同等地39名烹饪大师和餐饮名

厨，将各自特色菜品与恒山黄芪相结合，同台竞技，展示道地黄芪的美食本色，产生特等奖、金奖和银奖 35 名。（王素芳）

【特色美食选介】 浑源凉粉 晋北传统特色美食之一，以土豆淀粉为原料，大约出现于明代，浑源凉粉制作技艺为省级“非遗”技艺之一。食用时佐以香醋、葱花盐水、莲花豆、豆腐干、熏鸡蛋、辣椒油、芫荽、黄瓜丝或水萝卜丝等，清爽味美。浑源凉粉虽为小众，但也成就了其别样的文化内涵。当地有歇后语称：“浑源人吃凉粉——不看天气。”

浑源莲花豆 是浑源凉粉的佐品之一，它和豆腐干、辣椒油一样，是成就浑源凉粉盛名的重要组成部分。莲花豆取自浑源当地生产的大豆，学名蚕豆，油炸后金黄圆润，撒一些食盐，油酥脆硬，很有嚼头，如果再和凉粉拌起来，与凉粉的轻软绵滑相得益彰。

浑源炸麻叶 为浑源传统小吃，历史悠久，可追溯到魏晋时期。经胡麻油炸制而成的麻叶色香味俱全，成品状如蝴蝶，两端如妇女发髻，故称“新媳妇头”，香甜可口，是端午节必备食品，也是日常民众喜爱的早餐之一。

黄芪羊肉汤 起源于浑源，因其营养丰富、味道鲜美而远近闻名，是浑源一绝，也是山西比较有名的药膳。用恒山黄芪烹制的黄芪羊肉汤，酥软绵烂，香味扑鼻，鲜美异常，极易消化吸收，对肺病、气管炎、咳嗽具有很好的作用，不仅是妇女、老年人、体弱多病者的滋补佳品，而且还是恒山地区招待贵宾的必备佳肴。（王素芳）

文旅活动

【文化旅游季群众消夏晚会】 2022 年 7 月 18 日至 27 日，浑源县委、县政府举办“清爽北岳 康养浑源”浑源县文化旅游节群众消夏文艺演出活动，组织活动 10 场。通过开展群众文艺活动，助力全县“举文化生态牌、建特色休闲城、走旅游康养路”发展战略，推动文旅振兴，实施文旅融合。（高 慧）

【矿山生态园（二亩湾）文化旅游月】 2022 年 8 月 19 日至 9 月 9 日，浑源矿山生态园（二亩湾）文化旅游月举行。活动展演唢呐独奏《黑土地》，独唱《打酸枣》《泪蛋蛋》，古筝独奏《不忘初心》，歌曲《复兴的力量》《母亲》，二胡独奏《战马奔腾》等节目。有来自四面八方的游客、摄影爱好者、书画创作者参加。浑源县依托恒山景区，在矿山生态园实现赏、游、玩一体化发展，房车营地、旱溪、深坑湖、木屋、水景、广场、步道、园林小品、音乐灯光等多元化的休闲观光以及生态景观工程陆续建成，成为浑源一处新的旅游打卡地，截至年底，接待游客 1 万余人（次）。（高 慧）

【浑源州文庙活化利用启动仪式暨祭孔大典】 2022 年 9 月 28 日，在孔子诞辰 2573 年之际，浑源州文庙活化利用启动仪式暨祭孔大典在文庙举行。此次活动由浑源县委、县政府主办，大同市文旅局、中国书法家协会、山西省书法家、复旦大同中华民族寻

2022 年 8 月 19 日，浑源县矿山生态园文化旅游月活动启动仪式在二亩湾举行（杨青龙 摄）

2022年9月28日，浑源州文庙活化利用启动仪式暨祭孔大典举行。图为仪式现场（安兴旺 摄）

根工程研究院、大同市古建研究院等机构的专家学者应邀参会。此次活动是浑源州文庙修缮完成后首次举行的大型传统祭孔活动，也正式启动文庙活化利用工程，以诗书礼乐、琴棋书画为代表的国学课堂在文庙开设。（高 慧）

旅游行业管理

【旅游行业综合治理】 2022年，浑源县成立旅游市场综合监管领导小组，出台《关于加强旅游市场综合监管的实施方案》，建立旅游市场综合监管联席会议制度，构建“政府主导、属地管理、部门联动、行业自律、各司其职、齐抓共管”的工作格局，形成联席会议成员单位信息互通、密切配合、高效运行的长效工作机制。检查全县所有涉旅经营场所、过往旅游车辆和从业人员，加强旅游秩序监管，确保旅游市场更加规范、有序、健康发展。截至年底，检查涉旅经营场所18家，检查过往车辆500余辆，检查从业人员500余人（次）。（王素芳）

【景区景点安全运营监管】 2022年，县文化和旅游局开展A级旅游景区安全隐患大排查。对A级旅游景区内的交通道路、水库、桥梁、涵洞、隧道及易发生流石、山体滑坡等危险区域开展安全隐患排查，对A级旅游景区内的大型游乐设施是否符合安全要求开展安全隐患排查。对各类文旅活动场所安全防范工作，用火用电安全管理、消防设施设备保养维护、特种设备、疏散通道和安全出口通畅等开展隐患排查，完善流量管控方案，减少人员聚集。开展地质灾害防范工作。截至年底，开展专项排查5次，督促整改问题5个。（王素芳）

【旅行社管理】 2022年，浑源县共有旅游服务公司1家，旅行社2家，代办点2家，旅游从业人员2.6万人。县文化和旅游局开展旅行社和在线旅游企业安全隐患大排查。对旅行社和在线旅游企业是否严格落实“五不租”（不租用未取得相应客运经营许可证的车辆，不租用未持有效道路运输证的车辆，不租用未安装卫星定位装置的车辆，不租用未投保承运人责任险的车辆，不租用未签订包车合同的车辆）制度，安全评估旅游产品、旅游路线，督促旅行社严格把控食品来源，合理安排出游行程，禁止组团到未开发的区域，以及易发生山洪、滑坡和泥石流等地质灾害的地区旅游。（王素芳）

【旅游酒店管理】 2022年，浑源县有旅游酒店和民宿146家。其中，旅游酒店9家，旅游住宿单位65家，民宿72家，有3059套住宿房间，床位6100余张，从业人员15800余人。年内，规范完善旅游酒店服务标准、质量标准、卫生标准等18项，接待游客约10万余人(次)。（王素芳）

【导游管理】 2022年，浑源县加强导游管理，开展星级导游评选，强化导游培训，提升导游素质，发挥导游旅游窗口形象。年内，开展金牌导游培训1次，培训导游70人，38名导游获星级导游称号。（王素芳）

农　业

综　述

【产业发展】　2022年，浑源县耕地面积69.1万亩。其中，水浇地25.8万亩，旱地43.3万亩。宜机地36万亩。浑源县谋划农业转型发展，突出打好“特色优势、有机旱作、加工转化”三张牌，扶持杂粮、黄芪、畜牧、蔬菜、水果等产业，强主体、延链条、树品牌。全年完成有机旱作农业示范区1.5万亩，农业生产托管服务示范20.6万亩。全年粮食总产量18.1万吨，肉、蛋、奶产量分别达3.1万吨、0.1万吨、0.3万吨。加快重点工程项目建设、高标准农田建设和农产品销售，全县农业农村领域谋划项目85个，项目总投资23.9亿元。强化惠农支农工作，拓宽投资渠道，全县中央衔接资金7627万元。持续培育山西北岳神耆生物科技有限公司和浑源县金昌粮贸有限公司2个省级农业产业化联合体示范点建设。

（刘　萍　周　璐）

【高效设施农业】　2022年，浑源县投资254万元建设高效设施农业大棚。其中，驼峰乡中堡村设施农业建设项目投资222万元，新建标准钢结构蔬菜大棚60栋（含连体），投建80千伏安变压器一台；西坊城镇南阳庄村蔬菜大棚项目投资32万元，新建钢结构蔬菜大棚10栋。农业大棚建成后，村级经济组织自营或者租赁给有实力的农业经济联合体运营，或通过转移就业、发包管理、合作种植等模式，发展特色农业。

（刘　萍　周　璐）

【农产品品牌培育】　2022年，浑源县持续打造恒山黄芪产业品牌，县政府与山西农业大学共同组建恒山黄芪产业研究院，6月建成恒山黄芪种质资源保护与利用实验室。与北京一亩田新农网络科技有限公司营销团队携手合作，完成恒山黄芪线上交易平台建设。开展恒山黄芪烹饪大赛，在央视等媒体投放恒山黄芪广告宣传。与新华社山西分社合作，发布恒山黄芪价格指数。落实省级资金300万元，由县农业农村局组织建成恒山黄芪仓储物流中心2处。成立浑源县恒山黄芪产业商会。恒山黄芪文化园（黄芪博物馆）集黄芪文化宣传及产品展销于一体，投入运营。召集全国黄芪专家召开首届恒山黄芪产业高质量发展论坛会议。官儿乡恒山黄芪种植基地入选100个全国种植业“三品一标”（推进品种培优、品质提升、品牌打造和标准化生产）基地名单，成为山西省成功入选的三大基地之一。（刘　萍　周　璐）

【特色产业】　2022年，浑源县重点实施5项特色农业产业：投资421万元实施中小药材种植补贴项目5263亩，涉及8个乡（镇）26个村；投资166.3万元，实施经济林木产业补贴项目，种植经济林木1663亩，涉及6个乡（镇）8个村；投资250.5万元，实施经济作物补贴项目，种植经济作物8350.7亩，涉及10乡（镇）37村；投资542.6万元实施小杂粮及特色种植补贴项目，种植小杂粮27132亩，涉及6乡（镇）53个村1个合作社；投资291万元实施养殖产业补贴项目，涉及14个合作社。（刘　萍　周　璐）

【农业补贴】　2022年，浑源县把产业发展作为重点，衔接中央资金7627万元，用于小杂粮、中药材、经济林木、经济作物及特色种植产业补贴。易地移民搬迁后续产业、乡村旅游和养殖产业项目的投资规模4211.9万元，占衔接资金总量58.9%。发放小额贷款1197户5979.6万元。全年完成耕地地力保护补贴52682户50.6万亩，发放金额3387.2万元；实际种粮农民一次性补贴第一批发放49243户492.1万元，第二批发放49186户221.6万元。（刘　萍　周　璐）

【农产品质量安全监管】　2022年，浑源县以“两节”“两会”“二十大”期间农产品质量安全为重点，配合省市抽查种植业产品23个种类。推进食用农产品合格证试行工作。实施蔬菜、水果、畜禽、禽蛋等食用农产品生产主体实施合格证制度，全年完成企业2家、合作社2个，开具合格证934份，附带合格证上市的农产品783.2吨。

（刘　萍　周　璐）

【农业综合行政执法】　2022年，浑源县组建县农业综合行政执法队，开展农村假冒伪劣食品专项执法行动，全年派出执法车辆45车次，出动执法人员112人（次），检查相关企业（门店）34家。开展监督抽检8次，抽检农资经营企业（门店）13家，抽检种子5批次、农药10个批次、化肥5个批次。发放农业投入品相关法律法规的宣传资料70余份。开展农业投入品“双随机　一公开”监管，加大网络监管的工作力度，实现数据共享。

（刘　萍　周　璐）

【农资打假】　2022年，浑源县农业综合行政执法队开展农资打假“春雷行动”，打击假劣农资产品，全年处理投诉3起，检查各类农资经营单位200余家（次），累计出动执法人员1130人（次），查办案件20起。其中，简易程序案件19起，一般程序案件1起，罚没款11500元。开展放心农资下乡活动2场次，发放各类宣传材料5000余份。

（刘　萍　周　璐）

【农业生产托管试点】　2022年，浑源县实施农业生产托管高质量发展创新试点县项目，在完成2021—2022年度20.6万亩农业生产半托管服务的基础上，在王庄堡镇小寺村、蔡村镇蔡村村、西留村乡贾庄村试点推进农业生产全托管服务1万亩；实施2022—2023年度省级农业生产托管服务项目7.2万亩、市级农业生产托管项目2.5万亩。根据《山西省农业农村厅关于开展农业生产托管高质量发展试点工作的通知》，浑源县上榜省级农业生产托管高质量发展试点名单，成为全省20个县（市、区）开展农业生产托管高质量发展试点之一。（刘　萍　周　璐）

【绿色食品认证】　截至2022年底，浑源县有5个食品通过绿色食品认证。其中高粱食品2个、黑豆食品1个、沙棘茶食品1个、红青稞茶食品1个。

（刘　萍　周　璐）

【农业种质资源普查】　2022年，浑源县对全县16个乡（镇）213个行政村全覆盖开展农业种质资源普查，确定上报国家普查办的种质资源35份。其中，粮食作物29种、豆料2种、油料2种、蔬菜2种。（刘　萍　周　璐）

种植业

【概况】　2022年，浑源县农作物种植面积53.5万亩，比上年增加0.1万亩。其中，谷物种植面积43.8万亩，豆类种植面积3.6万亩，马铃薯种植面积4万亩，蔬菜种植面积2.1万亩。全年全县粮食产量18.1万吨，比上年增加0.3万吨，增产1.5%。其中，谷物产量16.7万吨，比上年增加0.7万吨，增产4.5%；豆类产量3150.7吨，比上年减少953.7吨，减产23.2%；马铃薯产量1.1万吨，比上年减少0.4万吨，减产25.14%。种植小杂粮2.7万亩、经济作物8350亩；新建有机旱作农业示范区1.5万亩，辐射带动种植6万亩，完成农业生产托管20.6万亩。培育恒山黄芪农业

2022年，浑源县下韩村在大棚内种植200余株葡萄树，填补应季蔬菜收割后的空白 （杨 钦 摄）

品牌，新种植黄芪标准化示范基地2万亩，官儿乡黄芪基地入选第二批100个全国种植业“三品一标”基地名单。 （刘 萍 周 璐）

【粮食生产】 2022年，浑源县加强农作物田间管理，全县粮食播种面积51.3万亩，粮食总产量18.1万吨。推进高标准农田建设，全年新增高标准农田2.3万亩。

（刘 萍 周 璐）

【蔬菜生产】 2022年，浑源县抓好“菜篮子”产品生产，做好冬春季设施蔬菜及露地果园管理和科技减灾工作。全年全县蔬菜播种面积21141.3亩，蔬菜总产量57196.7吨，较上年增长4.2%。

（刘 萍 周 璐）

【有机旱作农业生产】 2022年，浑源县实施推动1.5万亩有机旱作农业生产项目区建设，辐射带动种植6万亩，实现稳定增收。高粱亩均增产95.6千克，亩均增收344.2元；谷子亩均增产113.5千克，亩均增收612.9元；黍子亩均增产86.5千克，亩均增收484.4元。项目区增收564.2万元。

（刘 萍 周 璐）

【农作物病虫害监测和防治】 2022年，浑源县农作物病虫总体为中等发生，发生面积112.9万亩。玉米病虫为中等发生，发生面积38.2万亩。其中，虫害发生27.9万亩，病害发生19.3万亩。马铃薯病虫为中等偏重发生，发生面积2.1万亩。其中，虫害发生1.9万亩，病害发生0.9万亩。杂粮病虫为中等偏轻发生。发生面积0.9万亩。其中，谷子病虫发生0.6万亩，高粱病虫发生0.3万亩。暴发性病虫程度为中等偏轻。

（刘 萍 周 璐）

【农作物保险】 2022年，浑源县克服新冠疫情影响，开展杂粮、玉米、高粱、马铃薯、黄芪、黄花等特色农产品及设施大棚保险，险种8个。全年全县农作物保险保费补贴资金1603.3万元，全县投保玉米33.5万亩、马铃薯1158亩、油料作物6480亩、黄芪24.1万亩、谷子7116.2亩、黍子1.5万亩、黄花1776.5亩、黄花价格险940亩、高粱1万亩、大棚120.2亩。

（刘 萍 周 璐）

林 业

【概况】 2022年，浑源县林地总面积44400公顷。其中，乔木林地面积26800公顷，灌木林地面积9000公顷，其他林地面积8600公顷。全县其他草地面积66933.3公顷（其中人工牧草地42.6公顷），全县森林覆盖率18.4%。林业部门开展日常监测，掌握全县森林资源状况，严厉打击违法占用林地行为，年内接收81个疑似变化图斑，全部调查核实查处。开展外来物种普查工作，确保林草资源安全。

（刘志华）

【林业发展规划实施】 2022年，浑源县按照县“十四五”总体规划，突出林业部门职能，建立以国家“双重”规划为总纲、以县级林草保护发展规划纲要为统领、以林草专项规划为支撑的融合型发展规划体系。因地制宜确定绿化方式，宜林则林、宜灌则灌、宜草则草，乔灌草合理配置。合理选择绿化树种草种，采用乡土树种营造混交林。

有序开展退耕还林还草，加大封山育林、森林抚育、退化林修复、退化草原恢复力度，保护自然植被的原真性、完整性。打造王庄堡、千佛岭、东坊城3个万亩造林绿化示范工程。加强责任制考核，把规划目标任务完成情况纳入林长制考核范围。（刘志华）

【造林绿化】 2022年，浑源县围绕省政府制定的“十四五基本实现宜林荒山绿化并力争提前完成”和“三年绿化三晋”奋斗目标，立足打造环京津绿色生态屏障的目标定位，累计完成各级各类营造林6866.7公顷。其中，完成人工造林4533.3公顷，封山育林1333.3公顷，退化林修复1000公顷。完成四旁植树176万株。（刘志华）

【特色经济林】 2022年，全县有特色经济林8800公顷。其中，仁用杏5333.3公顷、沙棘2466.7公顷、山桃866.7公顷、钙果133.3公顷。仁用杏杏核产量150万千克，产值1500万元；沙棘产量155.5万千克，产值311万元；山桃产量3万千克，产值9万元。林下经济以林芪模式为主，有芪面积18733.3公顷，规范化种植面积15333.3公顷，形成种植规模稳定，种植与采刨交替的良性循环。（刘志华）

【林长制全面推行】 2022年，浑源县全面推行林长制，有效保护森林资源。调整、完善林长制组织体系，坚持党政同责，实行党委、政府一把手双总林长责任制，各乡（镇）比照县级林长设置，明确乡（镇）级总林长32人。县委、县政府联合出台《关于贯彻落实〈山西省全面推行林长制的实施方案〉和五项配套制度行动计划的通知》，细化各级林长工作职责要求。（刘志华）

2022年11月18日，浑源县官儿乡土岭村村民剪收沙棘运往加工车间（安兴旺 摄）

【野生动植物保护】 2022年，浑源县有针对性地采取保护对策，推进野生动植物保护事业可持续发展，实现人与自然的和谐相处。在野生候鸟到来前，重点区域实行专人看管，张贴宣传标语，提高全民对野生动植物的保护意识。组织各乡（镇）工作人员，核实清查辖区的野生动植物资源分布情况，掌握各类野生动物迁徙、栖息规律，划定区域，采取建立保护小区措施，加强野生动物保护。先后把1只受伤猫头鹰、1只受伤金雕和2只白天鹅送至大同市野生动物救助中心进行救治。（刘萍 周璐）

【森林有害生物防治】 2022年，浑源县针对松材线虫病、美国白蛾在部分地区日趋严重的实际情况，全县把重大林业有害生物的防治工作列入政府专项考核内容，制定完善《浑源县2022年度松材线虫病美国白蛾等重大林业有害生物防控工作总体规划》和《浑源县2022年度松材线虫病美国白蛾等重大林业有害生物防控工作实施方案》，重点监控恒山景区。县林业防治检疫监测中心落实上级专项资金23万元，完成省市规定动作，实行日报告、周巡查，严密监控。（刘萍 周璐）

【森林草原防火宣传】 2022年3月9日，浑源县森林草原防火

2022年3月9日，浑源县森林草原防火宣传月活动启动仪式在栗毓美广场举行 （安兴旺 摄）

宣传月活动启动仪式在栗毓美广场举行。活动月期间，以“携手护林防火，共享生态美景”为主题，组织LED宣传车，走上街头、走进商场、走进学校、走向乡村，广播宣传《中华人民共和国森林法》《森林防火条例》，发放宣传单、宣传品2万余份，向群众面对面讲解森林火灾的危害和违法用火行为的处罚办法，受教群众10万人（次）。提高人民群众的林草防火意识，形成“人人都是防火宣传员”“人人都是防火监督员”的良好氛围。

（刘志华）

畜牧业

【概况】 2022年，浑源县肉类总产量15806.7吨，比上年减少9.6%。其中，猪肉产量9249.1吨，减少18.4%；牛肉产量2575.2吨，增长1.7%；羊肉产量3187.8吨，增长6.9%。生猪年末存栏75281头，增长7.9%；生猪出栏127241头，减少14.9%。禽蛋产量4340.4吨，增长1.3%，牛奶产量9552.1吨，减少12.6%。实施重点养殖项目建设3个，推行粮改饲工作，加强家庭牧场建设和肉牛养殖场建设，保障畜牧产品供应。 （孙恒宏）

【重点养殖项目建设】 2022年，浑源县持续推进畜牧业重点养殖项目建设3个。推进大同市百草园农牧科技有限公司5万头猪场建设项目，年内投资9000万元，新建粪污沉淀池4000立方米以及管道配送，新建洗消中心1处。推进政通有限责任公司黄芪羊养殖基地项目，改扩建标准化羊舍2万平方米，改造产房1000平方米，引进能繁母羊7000只，引进种公羊500只。推进浑源县新环益畜禽无害化处理有限公司病死动物畜禽无害化处理项目。该项目由浑源县新环益畜禽无害化处理有限公司承建，建设地点位于沙圪坨镇东信庄村，总投资2000万元，建设规模为年加工处理4000吨病死动物，覆盖浑源、灵丘、广灵3个县区，全年收集病死生猪约700头。 （孙恒宏）

2022年，浑源县政通有限责任公司改扩建标准化羊舍2万平方米。图为该公司羊舍场景 （张晓田 摄）

【常规畜牧项目建设】 2022年，浑源县完成粮改饲项目，全株玉米收储1.4万吨，发放收储补贴79.2万元，涉及12个收储养殖场户；完成县恒泉奶牛养殖合作社奶牛家庭牧场项目，投资40万元，完成牛舍顶棚建设1600平方米，完成圈舍地面硬化1300平方米，铺设栏杆350米。完成县政通公司苜蓿项目，购置苜蓿草种1吨，购置饲草机械1台（套）。落实省级乡村振兴资金安排计划项目，涉及建设4个肉牛和2个肉羊规模养殖场。

（孙恒宏）

【畜产品保供】 2022年秋冬，针对新冠疫情期间畜禽流动、饲料运输不畅的问题，浑源县农业农村局协调有关部门，调运送饲料车辆35辆，调运动物12个批次，使新冠疫情防控期间全县畜牧生产物资运送顺畅。协调生猪屠宰企业、养殖企业按时复工复产，加快恢复产能，帮助解决复工复产过程中遇到的问题和困难，做好"菜篮子"产品稳产保供工作，确保新冠疫情期间市场供应不断档。（孙恒宏）

【动物疫病防控】 2022年，浑源县落实非洲猪瘟防控强化措施，建立健全包村包场排查工作机制、疫情报告和车辆备案制度。全覆盖监测500头规模以上猪场。加强生猪定点屠宰场的日常监管工作，向定点生猪屠宰厂派驻2名官方兽医，配备非洲猪瘟快检设备。在千佛岭、吴城、东坊城3个乡实施动物免疫社会化服务试点工作，完成免疫猪13753头、羊53675头、鸡29110羽、牛4285头。

（孙恒宏）

【动物疫病监测】 2022年，浑源县根据《大同市2022年畜产品质量安全例行监测方案》的要求，采集肉样、尿样10个，蛋样10个，对全县40个养殖场采集血清样本680份。按照《2022年山西省畜间布鲁氏菌病基线调查方案》的要求，完成牛羊现状调查和采样工作，全年检疫畜禽1.9万头，发放信息登记表1.9万份，对全县所有的奶牛、种羊、奶羊养殖场（户）采血抽样全覆盖。对肉牛、肉羊养殖场（户）采样，牛、羊各采集85个养殖场户，未发现有染病畜禽。（孙恒宏）

【屠宰检疫管理】 2022年，浑源县规范动物检疫，强化屠宰检疫。要求派驻屠宰场的检疫员做到跟班作业，开展宰前检验，宰后检疫，规范检疫行为，按比例开展"瘦肉精"抽检，对检疫不合格产品监督屠宰场采取无害化处理，经检疫合格后出具检疫合格证明后方可出厂销售，全年检疫畜禽1.9万头（只）。落实病死猪无害化处理工作。浑源县新环益病死动物无害化处理有限公司建成运行。（孙恒宏）

【畜禽粪污资源化利用】 2022年，浑源县加快推进畜禽粪污资源化利用，在建规模养殖场粪污处理设施建设10家。截至年底，全县有规模场74家，完成粪污资源化利用及设施装备配套73家，完成配套率98.6%。全年畜禽粪污产生量约962万吨（包括畜禽粪便、尿液、冲洗水以及养殖废弃物等）。其中，规模场产生量约81万吨，规模以下散养户产生量约881万吨，畜禽粪污综合利用率84.6%。

（孙恒宏）

渔业

【概况】 2022年，浑源县加大政策引导力度，培育渔业合作社，加快渔业重点项目建设，实现渔业产业健康有序发展。年内出台《鼓励促进生态渔业发展实施意见》，新发展渔业合作社4家，实施渔业重点项目19个，新建标准化养鱼池塘100亩，新建养殖池塘6个，投放鱼苗、虾苗2万余尾。

（刘萍 周璐）

【渔业合作社培育】 2022年，浑源县加大渔业合作社培育，发挥合作社的组织作用及主体活力，引导支持浑源县唐河海晏旅游发展有限公司、怀成养殖专业合作社、水磨疃村永恒农牧专业合作社、凌波水产养殖有限公司等合作社的发展壮大。（刘萍 周璐）

【渔业重点项目建设】 2022年，浑源县推进渔业类重点项目建设19个，计划总投资6.5亿元。其中，设施渔业项目8个，绿色生态渔业发展项目11个。全年新开工建设项目3个，分别为大同市吉象火山农业科技有限责任公司总投资7000万元的浑源县七彩水稻示范园稻渔综合种养项目，种植水稻100亩，全年完成外围围挡、办公场所建设、土地平整；浑源县凌波养殖场总投资500万元的对虾养殖棚建设项目，建设地点荆庄村，先期投资70万元，新建钛钢帆布池7个（6个养虾、1个水循环），已完成注水养藻和投虾；浑源县富景生态美化农业科技发展有限公司投资3000万元，在王庄堡镇汤头村实施百亩莲渔综合种养项目。（刘 萍 周 璐）

【《鼓励促进生态渔业发展实施意见》出台】 2022年，浑源县人民政府出台《鼓励促进生态渔业发展实施意见》，意见分重要意义、扶持措施、机制保障三大部分15项具体措施。要求不断完善利益联结机制,带动群众参与种养，真正做到联农带农、惠农富农。保护好渔业资源，保护好水生态，推动依规养殖、科学养殖、绿色养殖，促进渔业可持续发展。利用政策优势和资源优势，找准定位和发展方向，培育打造独具特色的农渔产业示范点,引导传统农业向高效农业、绿色农业、特色农业转型升级。

（刘 萍 周 璐）

农田水利

【水利灌溉】 2022年，浑源县发挥水库和灌区作用，保障农作物健康生长。恒山水库实灌面积2000余亩，灌区内粮食产量由原来亩产500千克提高到750千克以上。神溪水库为神溪湿地河湖连通工程供水80余天，供水量120万立方米，完成湿地调蓄水任务。王千庄灌区完成自流灌溉面积10100亩，井灌面积21300亩，完成年度总收入15.4万元。凌云口灌区完成自流灌溉面积8000亩，完成年度总收入7.8万元。（温增松）

【水土保持】 2022年，浑源县完成白道生态清洁小流域综合治理工程，总投资700万元，治理水土保持面积20平方千米，工程于5月开工，12月底结束。（温增松）

【中小河流治理】 2022年，浑源县在中小河流治理方面，实施荞麦川河浑源县（东信庄村—东留村段）河道治理工程，到位资金1844万元，4月中旬开工，12月底完工。（温增松）

【节水改造】 2022年，浑源县实施唐峪灌区续建配套与节水改造项目（二期），到位资金1479万元，计划完成干渠改造6403米。其中，新生渠渠道改造2100米，利民渠渠道改造4303米。截至年底，主体工程完工。（温增松）

农业机械化

【概 况】 2022年，浑源县农业机械总动力114612千瓦；有大型拖拉机125台，中型拖拉机786台，小型拖拉机910台，玉米收获机392台，农产品初加工机械510台（套）。机耕面积32060公顷，机播面积26600公顷，机收面积17380公顷。有农机服务组织58个。其中，农机专业合作社19个，农机户2805个。（李 广）

2022年，浑源县机播面积26600公顷。图为拖拉机地膜覆盖作业

（杨 钦 摄）

【农机购置补贴】 2022年，浑源县落实农机购置补贴政策，全年完成补贴资金349万元，补贴机具128台（套），受益农户108户。落实市级农业托管农机补贴项目180万元。（李 广）

【深松整地作业补贴项目】 2022年，浑源县投资30万元，完成深松整地作业面积1万亩，涉及全县3个乡（镇）5个村。（李 广）

【农机技术推广】 2022年，浑源县投资10万元，在王庄堡镇洪水村实施莜麦生产全程机械化试验示范推广项目。县农机发展中心在全县范围内推广秸秆农机打捆作业新技术，助力农民增加收入。

（李 广）

【农机安全生产】 2022年，浑源县按照《全市农业安全生产风险隐患大排查大整治“百日攻坚”行动实施方案》的统一部署，开展农机安全生产专项整治，杜绝较大及重大农机安全生产事故的发生。（李 广）

【农业机械设备报废拆解】 2022年，浑源县落实农机报废更新补贴政策，新建浑源县润田报废回收有限公司，实施报废农业机械设备拆解项目，总投资500万元，项目占地面积20亩，年拆解报废农机2000辆。建设内容为新建拆解车间300平方米，拆解部件存储间120平方米，管理用房280平方米及配套设备附属设施等。截至年底，项目全部建成。（李 广）

2022年11月30日，浑源县农机发展中心组织秸秆打包机开展打捆作业，助力农民增加收入 （杨 钦 摄）

农业科技推广

【有机旱作全膜双垄沟播技术推广】 2022年，浑源县实施有机旱作全膜双垄沟播技术。应用“抗旱良种＋全膜双垄沟播＋增施有机肥＋全程机械化＋绿色防控”有机旱作全膜双垄沟播技术实际完成1500亩。实施膜下滴灌、微喷灌节水技术。应用膜下滴灌、微喷灌节水技术实际完成3500亩。

（刘 萍 周 璐）

【水肥一体化技术推广】 2022年，浑源县实施水肥一体化技术，应用水肥一体化技术实际完成3500亩。（刘 萍 周 璐）

【深耕深松技术推广】 2022年，浑源县应用深耕深松技术示范任务1万亩，实际完成1.5万亩。

（刘 萍 周 璐）

【绿色农业技术推广】 2022年，浑源应用绿色防控技术实际完成1.5万亩。实施化肥减量增效示范项目，完成耕地点位调查及取土化验69个，完成农户施肥情况调查100户。（刘 萍 周 璐）

工业

综 述

【产业发展】 2022年，浑源县规模以上工业企业完成工业总产值7.3亿元，实现利税1.4亿元，实现利润0.9亿元，实现主营业务收入10.3亿元。规模以上工业增加值下降14.8%。因绿电补贴、去资源化等政策调整影响，下降从2022年一季度的48.4%，二季度的40.5%，三季度的20.3%，到四季度的18%，逐季度放缓。其中，制造业增加值占规模以上工业增加值比重1.7%，上升率18.3%；规模以上工业战略性新兴产业增加值增长速度7%，下降51.1%；工业增加值占地区生产总值比重18.5%；规模以上工业企业中有研发机构的企业占比10%，规模以上工业企业研发经费支出增长速度15%。（郭　俊）

【工业企业培育】 2022年，浑源县新培育规模以上工业企业6户，包括浑源县源阳新能源发电有限公司和浑源县成隆清洁能源有限公司2户新能源企业。培育“四上”企业户7户，包括浑源县源阳新能源发电有限公司、浑源县成隆清洁能源有限公司、大同市华佗医药恒山一部大药房有限公司、浑源县翔远科贸有限责任公司、山西丰龙旅游开发有限公司、浑源荣盛源餐饮有限公司、浑源县悬空寺假日酒店有限公司。（郭　俊）

【国有工业企业改革】 2022年，浑源县完成9家国有企业公司制改革，9家国有企业注销，14家企业破产。推进国有企业退休人员社会化管理工作，地企双方协议签订、信息采集、人事档案接收整理、党组织关系接转、社会保障管理服务和资产划转等工作顺利推进。完成央企、省企和市属国企退休人员的接收工作。截至年底，接收27人。（郭　俊）

【工业转型创新】 2022年，浑源县重点推进工业转型项目8个。其中，4个新建项目、2个续建项目、1个储备项目、1个谋划项目。4个新建项目分别是山西亿汇循环经济基地二期项目、福鑫陶瓷文化工艺品展厅建设项目、大同市浑源龙城石化有限公司加油站项目、浑源县润田报废回收有限公司报废农业机械设备拆解项目。2个续建项目为大同市首曜生物科技有限公司小分子肽项目和浑源万吨特色农产品深加工项目。1个储备项目为废旧轮胎资源再生循环利用项目。1个谋划项目为恒山恒芪康酒文化产业园建设项目。县工业和信息化局加强对工业项目的跟踪督查，使其按预定计划完成投资，按期竣工达产达效。浑源县推动高科技工业和循环工业经济建设。续建大同市首曜生物科技有限公司小分子肽项目，总投资3.5亿元，厂区占地3.6公顷，总建筑面积35645.9平方米。截至年底，厂区及车间建设完工。引进山西亿汇循环经济基地二期项目，总投资2063万元，建设内容为年拆解各类机动车2万辆，建拆解车间2000平方米，产品暂存车间1500平方米，危险废物暂存间500平方米及配套废旧汽车暂存场等附属设施。截至年底，项目主体工程全部完工，设备实施安装。（郭　俊）

【城镇集体工业改制】2022年，浑源县城镇集体工业联合社结合县政府总体城市规划，启动以造纸厂为试点的征拆改制工作。通过由县政府收购企业土地使用权及房屋等资产的形式，盘活企业资产，妥善安置企业职工，一揽子解决企业职工养老保险问题。结合大病救助政策，摸排下属企业的困难职工底数。持续做好企业困难职工慰问工作，全年组织发放慰问金23.7万元。（郭　俊）

电力工业

【概况】2022年，浑源县规模以上工业发电量195027.4万千瓦·时，比上年增长19.1%；规模以上工业用电量6333.4万千瓦·时，比上年增长59.4%。全年全县全社会发电量5679.4万千瓦·时，比上年增长21.5%；全社会用电总量41796.3万千瓦·时，比上年增长34.1%。其中，大工业用电量4301.1万千瓦·时（占总用电量的10.3%），比上年下降3.5%，一般工商业及其他用电量13073.1万千瓦·时（占总用电量的31.3%），比上年增长0.8%，农业用电量3619.5万千瓦·时（占总用电量的8.66%），比上年增长12.3%，居民用电量20802.6万千瓦·时（占总用电量的49.9%），比上年增长97.9%。（郭　俊）

【能源结构转型】2022年，浑源县持续推进能源结构转型，坚持把抽水蓄能作为推进储能主攻方向，优化一期项目工期，加快建设；完成抽水蓄能二期选址规划，申报纳入全省“十四五”中长期规划。持续在风光电项目落地上发力，全年实施风光电项目4个，王庄堡镇50兆瓦风电、沙圪坨镇50兆瓦风电、京能100兆瓦光伏发电+10%储能实现并网发电，源创翔润20兆瓦分散式风电项目加紧施工。全年全县并网新能源发电企业装机总规模133.7万千瓦。（郭　俊）

【新能源发电】2022年，浑源县新能源装机容量持续壮大，3个新能源项目实现并网发电，分别是同阳浑源县沙圪坨5万千瓦风电项目、浑源县王庄堡镇5万千瓦风电项目、京能浑源10万千瓦平价光伏+10%储能项目。截至年底，全县并网新能源发电企业为18家，装机规模133.7万千瓦，并网企业全年总发电量20.6亿千瓦·时。（郭　俊）

【风力发电】2022年，浑源县建成风力发电企业5家，装机容

2022年浑源县风电企业一览表

表12

名称	地址	性质	规模
国电电力山西新能源开发有限公司浑源分公司	浑源县大仁庄乡西王铺村平梁	国有中央企业	装机容量15万千瓦
浑源东方宇华风力开发有限公司	浑源县官儿乡李家庄村南	国有中央企业	装机容量10万千瓦
大唐浑源密马鬃梁新能源有限公司（密马鬃梁风电场）	浑源县大仁庄乡	国有中央企业	装机容量10万千瓦
恒山风电公司（含泽清岭、凌云口风电场）	浑源县千佛岭乡 浑源县官儿乡	国有中央企业	装机容量15万千瓦（泽清岭风电场5万千瓦、凌云口风电场10万千瓦）
浑源斯能新能源有限公司	浑源县南榆林乡和西留村乡	国有中央企业	装机容量5万千瓦

2022年浑源县光电企业一览表

表13

名称	地址	性质	规模
浑源国昶新能源有限公司	浑源县翠屏路东线务局北	国有企业	装机容量2万千瓦
北控绿产（浑源）新能源有限公司	浑源县西留村乡西留村	国有中央企业	装机容量2万千瓦
浑源县风光新能源开发有限公司	浑源县吴城乡北大仁庄村北	私营企业	装机容量2万千瓦
浑源京晶新能源有限公司	浑源县吴城乡	国有企业	装机容量10万千瓦
浑源中电光伏发电有限公司	浑源县蔡村镇	国有企业	装机容量10万千瓦
浑源县源阳新能源发电有限公司	浑源县驼峰乡中堡杨树坡村	国有中央企业	装机容量20万千瓦
浑源县成隆清洁能源有限公司	浑源县驼峰乡中堡杨树坡村	国有中央企业	装机容量10万千瓦

量55万千瓦；在建项目2个，装机容量10万千瓦；新建项目3个，装机容量8.6万千瓦；风电项目总装机容量73.6万千瓦。 （郭 俊）

【光伏发电】 2022年，浑源县发挥北坡区日照充足的太阳能资源优势，招商引资开发利用太阳能。截至年底，建成规模比较大的光伏电站7个，总装机容量56万千瓦。 （郭 俊）

【浑源抽水蓄能电站建设】 2022年，实施山西浑源抽水蓄能电站项目建设，该水电站是省级重点项目，装机容量150万千瓦，项目总投资89亿元，涉及浑源县官儿乡、东坊城乡、裴村乡等乡（镇）。浑源县配合中铁十八局项目部架设临时用电线路30千米，配合中国移动通信集团山西有限公司浑源县分公司新建基站5个、铺设光缆56千米、架设油杆98根、配套各类设备5套，基本覆盖抽水蓄能施工区域。根据县政府与大同抽水蓄能有限公司签订的《山西浑源抽水蓄能电站对外交通公路工程共建协议》，配合实施主体东坊城乡政府，完成改扩建公路2.5千米。截至年底，完成各类隧道洞身开挖2603.4米。其中，通风兼安全洞累

2022年3月23日，山西浑源抽水蓄能电站项目浑源负责人在进行沙盘调度 （安兴旺 摄）

计完成洞身开挖支护574.4米，泄洪排沙洞进口端累计完成洞身开挖支护227米，Y1路隧道出口端累计完成洞身开挖582米，洞身支护完成521米，A11隧道累计完成洞身开挖451米，上库施工岔洞累计完成开挖248米。建成11条临时道路30千米；完成35千伏中心变电站等户外土石明挖51万立方米；业主营地完成3~5#楼封顶；建成3座碎石加工及混凝土搅拌站，2座炸药库和钢筋加工厂。全年完成投资2.8亿元，累计完成投资8.6亿元。（郭　俊）

【垃圾焚烧电厂建设】 2022年，浑源县静脉产业园（垃圾焚烧电厂）PPP项目（私营企业、民营资本与政府合作）一期工程由浑源县市政公用事业服务中心作为实施主体，县经济建设投资有限公司作为政府出资方代表共同推进。项目位于浑源县沙圪坨镇三条彦村与永安镇武村之间。静脉产业园（垃圾焚烧电厂）PPP项目一期工程进入PPP项目库，并列入山西省第三批示范项目。全年重新采购社会资本方，并签订PPP合同，成立项目公司。截至年底，项目现场完成土地平整。（张　鑫）

食品工业

【即食蔬菜加工】 2022年，浑源县续建万吨特色农产品深加工项目。项目总投资1.5亿元。建设内容为购置安装即食蔬菜生产设备；新建4栋生产车间、2栋原料冷库、2栋成品库、1栋生活楼、1栋质检及产品开发中心楼以及相应配套设施等。建成后实现年处理蔬菜1万吨，年生产即食方便菜900万包、速冻菜900万包、调味菜450万包的产能。截至年底，项目主体建设完成50%。（郭　俊）

【方便凉粉加工】 2022年，浑源县打造“浑源凉粉”品牌，推进凉粉深加工，扶持山西大瑞食品加工有限公司实施方便凉粉科技成果转化项目。项目总投资1200万元，厂房改建5000平方米，新建方便凉粉生产线2条。（郭　俊）

【饮用水加工】 2022年，浑源县扶持山西恒悦饮用水有限公司实施瓶（桶）装水加工项目，年内投资6500万元，标准化厂房建设3.3公顷，引进国外先进吹灌旋一体机2套、生产线2条。实现日投产瓶装水36万瓶，桶装水3.6万桶的产能。（郭　俊）

【小杂粮深加工】 2022年，浑源县扶持浑源县金昌粮贸有限公司实施2万吨小杂粮深加工建设项目，年内投资800万元，扩建有机杂粮原料仓储库1185平方米，改建成品杂粮恒温冷藏库620平方米。（郭　俊）

【白酒生产】 2022年，浑源县全县有生产许可证的酿酒企业5家，产能1.5万吨，年产量6000吨，产值约2亿元，实现利税约6000万元，产品主要以恒山酿酒厂有限公司系列酒为主。全年浑源县恒山酿酒厂有限公司实施恒山恒芪康酒文化产业园建设项目，首期计

2022年，山西浑源县恒悦饮用水有限公司实现日投产瓶装水36万瓶，桶装水3.6万桶的产能。图为该公司生产线（杨　钦　摄）

2022 年 6 月 20 日，浑源县恒山酿酒厂有限公司技术人员查看酒质
（安兴旺 摄）

划投资 7800 万元，受新冠疫情影响，实际完成投资 3300 万元，完成 2405 平方米综合服务中心主体工程建设。（郭 俊）

建材工业

【概况】 2022 年，浑源县建材产业总产值约 1.5 亿元。其中，有煤矸石制砖企业 6 家，产能 4.7 亿块，年产值约 5000 万元；有高岭土加工企业 8 家，产能 33 万吨，年产值约 2000 万元；有花岗岩加工企业 97 家，因主要集中在工业园区，主要产品以花岗岩板材、墓碑、各种工艺品为主。因原料紧缺、市场订单减少、产品附加值低等原因，大部分企业停产。（郭 俊）

2022 年浑源县主要建材企业一览表

表 14

名称	地址	主要设备	主要产品	计量单位	生产能力
浑源县闳旺新型环保建材有限公司	浑源县驼峰乡中堡村	旋转式隧道窑 1 座	煤矸石烧结砖	万块	6000
浑源县红达新型环保建材有限公司	浑源县驼峰乡西堡村	隧道窑 1 座	煤矸石烧结砖	万块	6000
浑源北岳圆融新型环保建材有限公司	浑源县王庄堡镇王庄堡村	隧道窑 2 座	煤矸石烧结砖	万块	12000
浑源融诚新型环保建材有限公司	浑源县驼峰乡顾关村	隧道窑 2 座	煤矸石烧结砖	万块	12000
浑源县昌久建材有限公司	浑源县下韩村乡中韩村	隧道窑 1 座	煤矸石烧结砖	万块	5000
浑源县藏经庄金凤新型环保建材有限公司	浑源县下韩村乡藏经庄村	隧道窑 1 座	煤矸石烧结砖	万块	6000
浑源县恒宇耐材加工厂	浑源县下韩村乡藏经庄村	竖式节能窑 60 立方米 ×9 个	高岭土	万吨	6

续表 14

名称	地址	主要设备	主要产品	计量单位	生产能力
浑源县福鑫耐材有限公司	浑源县下韩村乡下韩村	旋转窑 1 座 50 米 ×2 米	高岭土	万吨	1
浑源县海鑫瓷业有限公司	浑源县沙圪坨镇三条彦村	竖式节能窑 60 立方米 ×8 个	高岭土	万吨	8
浑源县春隆高新材料科技有限公司	浑源县沙圪坨镇三条彦村	旋转窑 1 座 75 米 ×2.8 米、竖式节能窑 60 立方米 ×4 个、隧道窑 4 米 ×100 米	高岭土	万吨	6
浑源县晟瑞耐火材料科技有限公司	浑源县沙圪坨镇三条彦村	竖式节能窑 60 立方米 ×3 个	高岭土	万吨	3
浑源县恒旺粉体材料有限公司	浑源县永安镇王千庄村	旋转窑 1 座 60 米 ×2.8 米	高岭土	万吨	3
浑源县恒山瓷业有限公司	浑源县青磁窑镇原恒山电厂	隧道窑 4 米 ×100 米	高岭土	万吨	3
浑源县晋荣耐材有限公司	浑源县蔡村镇蔡村西北	竖式节能窑 60 立方米 ×3 个	高岭土	万吨	3

【花岗岩产业转型升级】2022 年，浑源县坚定产业转型发展之路，推动传统优势产业花岗岩产业绿色转型升级发展，加快绿色矿山建设。花岗岩企业从 2018 年 7 月起全部停产整治，并自主进行生态修复。截至年底，累计完成生态修复面积约 180 公顷，投入资金 6540 余万元。加快解决原有废料堆放问题，县自然资源中心统一调度各矿山开采企业固废处理及综合利用，引进发展花岗岩固体废物处理和工艺品加工企业浑源县岩矿开发有限公司，利用北岳墨钰矿石富含钙、铁、锌、锶、铜、镁、银等十几钟对人体有益的矿物元素，具有优异的红外功能，开发利用“山西黑”矿山的废弃料，深度开发其在养生保健、美容护肤领域的应用，实现变废为宝。 （郭　俊）

2022 年，浑源县推动传统优势产业花岗岩产业绿色转型升级发展，加快绿色矿山建设。图为矿山绿化现场 （张　吉　摄）

商贸服务业

综　述

【服务业政策帮扶成效】 2022年，县委、县政府出台《浑源县促进服务业领域困难行业恢复发展具体措施》，帮助中小微企业渡过难关。浑源县第三产业增加值32.7亿元，占地区生产总值的57.4%。受新冠疫情影响，服务业占税收的比重，由上年的40.3%降至24.2%；服务业增加值占地区生产总值的比重，由上年的57.7%增加至59.6%。（王　鹏）

【商贸体系建设】 2022年，浑源县继续推进县域商业建设行动，以人口相对聚集的乡（镇）为重点，支持商贸中心、大中型超市、集贸市场，完善冷藏、打包、食品加工等设施，补齐基础设施短板。建设改造一批县级物流配送中心和乡（镇）快递物流站点，提高物流配送效率。鼓励商贸物流、电商等企业建设分拣、预冷、配送等商品化处理设施，提高农村产品商品转化率。引导商贸流通、生活服务与现代农业等特色产业融合发展，增强商贸服务业推动生产、扩大消费的功能。推动电子商务发展，电商化改造优势产业、特色产品，建设电子商务共享云仓试点。（王　鹏）

【民生市场保供】 2022年，新冠疫情期间，浑源县市场监督管理局协助永顺便民市场转运各类生活必需物资2578.5吨；为县城建成区内12个社区的居民保供蔬菜包78687个、水果包34718个、牛奶17968箱、米面粮油47吨。县发改局协调供应商向市场投放成品面粉24.1吨、大米21吨，方便面18.4吨、矿泉水212吨。（王　鹏）

【省级夜经济聚集区打造】 2022年，浑源县释放夜间消费潜力，做大做强夜经济，培育经济新增长点。位于浑源恒山南路与永安东街交会地带的一德街被山西省商务厅认定为首批省级夜经济生活集聚区。一德街建筑面积1.5万平方

2022年，浑源县一德街被评为“山西省省级夜经济生活集聚区”。图为6月25日，一德街消夏文化节现场（乔海荣　摄）

米，长500米，有东、西、北3个入口，以浑源独特的历史文化、旅游资源、民俗风情、特色饮食等，充分展示“地道浑源”。（王　鹏）

【一刻钟便民生活圈建设】2022年，浑源县继续开展一刻钟便民生活圈建设工作，以社区居民为服务对象，服务半径保持在步行15分钟左右范围，以满足居民日常生活基本消费和品质消费为目标，形成多业态集聚形成的社区商圈。对思源社区B区B16号楼和B17号楼前的20间商铺进行改造，建成思源社区便民市场。（王　鹏）

【消费性补贴】　2022年，为激发市场活力，释放消费潜力，浑源县分别于6月、10月分两批次开展政府数字消费券发放活动，投放资金100万元，核销90万元，拉动消费486.5万元，发挥消费券纾困惠民的作用。（王　鹏）

电子商务

【概况】　2022年，浑源县大力发展电子商务，以“厚道浑源”县域公共品牌建设为龙头，带动引领全县市场经营主体形成合力，共同发展，构建电商经济新生态，让更多农特产品走出浑源。支持优势产业提升设计研发、创意创新、渠道建设等电子商务应用水平，延伸产业链条，孵化“小而美”网络品牌和适应网络消费的分支产品，提高产品附加值，扩大网络销售。支持电子商务共享云仓试点。通过为企业提供多平台订单管理服务、智能仓储服务、运输、配送管理服务、快递追踪管理等服务，降低综合运营成本，带动中小型电子商务企业发展。全年，打造“品牌＋电商＋供应链＋助农”的供应链电商模式，打造电子商务示范乡（镇）5个、示范村级电商服务站19个。全年全县电子商务交易额3.2亿元，农村网络零售额7389万元，农产品网络零售额3325万元。（王　鹏）

【浑源县电子商务公共服务中心】　2022年，浑源县电子商务公共服务中心为全县电商产业免费提供特色产品展示、营销渠道建设、业务咨询、创业孵化、品牌培育、电商培训等服务。截至年底，入驻企业18家，提供品牌化设计、包装升级服务25家，网络运营指导服务7家，提高拓展网络销售渠道服务15家。（王　鹏）

【电商平台建设】　2022年，浑源县重点打造电商综合服务站点，并为站点提供电商平台对接，社区团购、小额贷款等服务，全年为33家企业、45家网商提供服务。规范运营浑源县电商物流快递分拣仓储中心，规划6条派送线路（5条乡村线路+1条城区线路），正常运营3条线路，涵盖9个乡（镇）。（王　鹏）

【“厚道浑源”电商体验店】2022年，浑源县通过打造“厚道浑源”文化生活馆，以电商品牌旗舰店的形式提升品牌体验，旗舰店内售卖4大类9个单品的品牌农产品、民间工艺品及文创产品，配套“厚道浑源”产品包装。各大电商平台陆续更新产品23款，其中包含浑源凉粉、恒山黄芪、莲花豆、辣椒油、北芪菇、北芪耳、小杂粮

2022年9月24日，浑源县通过第五届中国农民丰收节直播平台助力浑源特色农产品推广。图为浑源特色产品直销现场　（杨　钦　摄）

等农特优产品。（王 鹏）

【电商人才培训】2022年，浑源县电商进农村项目开展不同类型的电商培训268期，参与13583人（次），涉及7180户脱贫户。通过电商培训，累计打造3个电商示范村，为383个村民开设微店、农特产品分销店等，推荐到电商企业就业人数7697人。（王 鹏）

批发零售业

【社会消费品零售】2022年，在统筹新冠疫情防控和经济社会发展下，浑源县社会消费品零售额指标总体平稳，全县社会消费品零售总额38.1亿元，比上年下降0.3%。其中，城镇消费品零售总额23.8亿元，比上年下降1.8%；乡村消费品零售总额14.3亿元，比上年增长2.3%。全县限额以上社会消费品零售额2.2亿元，比上年同期的2.1亿元增长4.8%。（王 鹏）

【商品批发零售】2022年，浑源县从事批发零售企业的市场主体6112户、从业人员15265人。截至年底，县限额以上批发业商品销售额1亿元，比上年同期的1.4亿元下降28.6%。县商品零售总额34.9亿元，比上年下降0.3%。全县限额上零售业商品销售额1.3亿元，比上年同期的1.4亿元下降7.1%。

（王 鹏）

粮油流通

【粮油管理制度建设】2022年，浑源县发改局印发《县级储备粮油轮换管理办法》《县级储备粮油出入库管理操作规范》《县级储备粮仓储库存管理办法》《县级储备粮油轮换入库验收办法》《县级储备粮质量安全管理办法》《县级应急生活必需品储备管理暂行办法》6项制度，夯实监管部门的监管责任及储备粮承储企业主体责任。

（王 鹏）

【粮油应急供应保障】2022年，浑源县发改局统筹规划县内成品粮销售企业、加工企业、配送企业资源，在永安镇、吴城乡等乡（镇）建立18个应急粮油供应点、3个粮油应急加工点、1个应急配送中心、1个粮食储运中心，完善粮食应急供应保障体系，提高应急突发处置能力。收购点收购玉米5700吨。（王 鹏）

【社会储备】2022年，浑源县发改局引导县内私营企业建立社会责任储备，构建“官储”“民储”互为补充的新格局，全年实现企业粮权成品粮面粉应急储备400吨、大米应急储备200吨，实现社会力量应急瓶装水储备45吨、方便面储备18吨。（王 鹏）

【粮食储备安全管理】2022年，浑源县发改局核查验收浑源县国仓粮食储备有限公司承储的5000吨县级储备粮的数量、质量、贷款及制度执行情况。加强对辖区内粮食流通、加工行业和物资储备承储单位安全生产监督检查，在县政府网站公布安全隐患举报电话（邮箱），接受群众监督，推动安全生产工作。（王 鹏）

【“全国粮食安全宣传周”宣传】2022年10月14日，浑源县发改局在文庙广场举行“全国粮食安全宣传周”宣传活动，现场发放宣传资料1500余份，悬挂宣传标语20余条，宣传爱粮节粮举措和价值观念，宣传粮食生产、收购、储存、加工、消费全链条节约减损的有效做法，营造爱粮节粮的氛围。（王 鹏）

供销合作

【概况】2022年，浑源县供销合作联合社以服务“三农”为中心，以供销综合改革为契机，强化对农村综合服务中心（社）、电商体验店的管理指导，加强基层网络建设和电商体验店、基层供销社的升级改造工作。全系统全年完成商品销售1.3亿元。其中，日用消费品销售8500万元，农副产品销售4300万元，销售农业生产资料总价值200万元，完成税收70万元，实现利润30万元。新增土地托管533.3公顷、土地服务1200公顷。

（杨振春）

【基层供销综合服务网点建设】 2022年，浑源县供销合作联合社落实县级综合改革资金9.2万元、省供销社培育壮大工程专项资金82万元，新建蔡村供销合作社、荆庄帮农农机专业合作社、南榆林供销合作社，新建综合服务社5个、惠农服务站2个，统一悬挂供销社标识牌，发放货架。

（杨振春）

【供销社电商体验店】 2022年，浑源县供销社电商体验店与全国供销总社“供销e家”、省社“农芯乐”电商平台对接，依托“扶贫832”电商平台，实现线上线下运营，使浑源县优质产品恒山老道茶、黄芪、凉粉、北芪菇、小米等实现网上销售，带动贫困户脱贫致富。

（杨振春）

【惠民农贸市场升级改造】 2022年，浑源县供销合作联合社以深化供销社综合改革为契机，继续加大惠民农贸市场的升级改造，惠民农贸市场路面重新规划停车位，对市场屋顶防水处理和墙体粉刷，提升供销社形象。（杨振春）

成品油管理与经销

【概况】 2022年，浑源县石油公司累计销售成品油8578吨。其中，汽油销售5838吨，比上年减少2538吨；柴油销售2740吨，比上年减少865吨。非油品基础类销售额590万元，比上年减少238万元。

（田　芳）

【加油站（点）管理】 2022年，浑源县石油公司从细节入手，规范加油站运营，在全县加油站推广应用加油站液位仪，系统使用率、自动计量率、电子出单完整率、进货验收准确率“四率”均达100%。开展库站安全风险和隐患排查，建立安全风险与隐患治理清单，确保检查整改到位。（田　芳）

【成品油监管】 2022年，浑源县石油公司建立安全生产长效机制，解决安全责任落实不到位、各类安全环保风险隐患治理不彻底、加油机超差付油时有发生等问题。加强安全环保管理，抓好承包商准入管理，定期开展警示教育，确保施工安全。严把油品出入库关、运输关、销售关，运用视频监控、液位仪、地罐交接“三位一体”措施加大油品数质量监管，杜绝盗换主板、遥控器控制付油准确度等高科技加油机作弊现象发生。持续提升LIMS系统应用，确保油品质量安全。（田　芳）

烟草专卖

【概况】 2022年，浑源县烟草专卖局（营销部）夯实市场基础，保障卷烟销售。全年全县卷烟销售收入比上年增长0.5%，含税毛利比上年增长1%。（县烟草办）

【烟草市场监管】 2022年，浑源县烟草管理部门与县公检法司、市场监督、教育、邮管等职能部门联合，提高卷烟打假工作力度。全年查处涉烟违法案件30余起。查获违法卷烟62万支，案值28万余元，保障辖区卷烟市场规范有序。（县烟草办）

【烟草专卖许可便民化】 2022年，浑源县烟草专卖局（营销部）推广和实施线上办理烟草专卖零售许可业务，畅通服务群众渠道。烟草零售商可进入国家烟草专卖局政务服务行政许可网上办理平台申请烟草专卖零售许可证核发办理，提交基本信息后，县烟草专卖局工作人员主动联系申请人，并约定时间上门开展实地核查。

（县烟草办）

【烟草普法宣传】 2022年6月29日，浑源县烟草专卖局（营销部）围绕纪念《中华人民共和国烟草专卖法》实施30周年开展法律法规宣传活动，为群众讲解真假卷烟鉴别技巧、解读重点法律法规，引导烟草零售户合法经营，同时为群众放心消费提供指引。（县烟草办）

盐务管理

【食盐供应】 2022年，浑源县盐业公司实现销售收入125万元，实现利润2万元。加强食盐储备工作，储备食盐150万吨。在新冠疫情防控期间，部署食盐库存、车辆运输、食盐配送等方面工作，对接辖区内商超、农贸市场、学校和社

区保供单位，确保食盐货源充足、价格稳定、配送通畅，确保所在区域食盐不脱销、不断档，保障全县民众日常生活需求。（杨振春）

【“晋盐”品牌宣传】 2022年9月14日，浑源县市场监督管理局、县供销联合社、县盐业公司等部门联合在县城中心广场举行食品安全宣传，为过往群众发放“晋盐”品牌食盐和食盐宣传资料，推介“晋盐”品牌，开展“食盐科普，安全用盐”宣传活动。（杨振春）

邮政和快递服务业

【邮政寄递】 2022年，中国邮政集团有限公司山西省浑源县分公司（简称“浑源邮政”）寄递业务收入107.1万元，比上年增长34.4%。扩大寄递业务规模，加快三级物流体系建设进度，做好自提点和村邮站建设。侧重快递包裹和散件揽收，同时开辟农村市场，发挥邮政资源广和价格低等优势，推出免费体验邮政寄递服务，吸引更多电商卖家和大客户。（李梦星）

【邮政业务拓展】 2022年，浑源邮政加大对邮乐小店宣传力度，吸引店铺叠加助农取款、邮件代取代投业务，利用邮乐小店开展金融、寄递两翼业务联动。持续推进邮掌柜代购和专营店线上平台批销业务发展模式。开展全县晋康保、文旅卡等增值业务营销活动，推进“晋康保”简易险、洗车卡、文旅卡、惠民卡业务发展，选定东大街营业所作为烟草零售专卖示范点，做好网点站点业务叠加工作。全年函件和文创专业收入28.6元，比上年下降56%；报刊专业收入104.2万元，比上年增长17.9%；集邮专业收入81万元，比上年增长8.5%。

（李梦星）

【邮政服务】 2022年，浑源邮政开展“综合业务展厅，周末邮市周周有”活动。围绕恒山、悬空寺景区门票项目及悬空寺主题项目，由市场营销部牵头，集邮与文化传媒中心配合，利用节假日及“黄金周”，帮助游客免费加盖旅游日戳。（李梦星）

【快递服务】 2022年，浑源县除浑源邮政外，设有圆通速递、顺丰速运、中通快递等快递公司网点，有11家快递物流外卖企业、从业人员1500余人。全年快递业务量5000余万件，快递业务收入2.2亿元。浑源县高标准打造“小哥驿站”，有党建元素、休息设施、生活用品、学习书籍、常用物资，歇脚休息、物资补给、续航充电、学习阅读、应急急救、工作集会等基本服务，让“小哥驿站”成为新业态新就业群体的温馨港湾。依托临街商超等场所设立个性化“小哥爱心角”，为快递员、外卖员取水充电等提供便利。（李梦星）

通信服务业

【概况】 2022年，浑源县工信局推进5G建设，提升通信服务水平。截至年底，新建5G基站20座，为15座存量站新加5G发射设备。中国移动通信集团山西有限公司浑源县分公司（简称“浑源移动”）乡（镇）5G汇聚机房建设项目完成备案；中国联合网络通信有限公司浑源县分公司（简称“浑源联通”）有5G用户21056户；中国电信股份有限公司浑源分公司（简称“浑源电信”）有5G用户5923户。

（王　鹏）

【浑源移动】 2022年，浑源移动强化基础管理，提升服务水平，提升公司的整体运营质量。全年通信服务收入3718万元，比上年增长2.8%；新增移动客户3400户，占目标进度的95.7%；移动通信客户10.5万户，市场份额34.2%。截至年底，移动城市宽带覆盖小区50个，覆盖率67%，全年净增宽带客户1526户，宽带电视完成1000户。（郭　亮）

【浑源联通】 2022年，浑源联通设置8个网格。其中，公众网格7个（自营厅1个，城市综合网格3个，农村综合网格3个），综合运营与交付网格1个。截至年底，移动网络用户58561户，其中5G用户21056户。宽带用户22165户。接入网点36个，自留基站物理站点5个，共享移动及电信物理站点72个。3G基站185个，覆盖小区552个；4G基站192个，覆盖小区573个；5G基站63个，覆盖小区

188个；5G覆盖59个行政村。全年通信服务收入3500万元，较上年增长1.8%。（高耀荣）

【浑源电信】 2022年，浑源电信累计收入1026万元，收入完成率104.7%，网格、支局收入比上年均有增长。新增用户3550户，净增665户，完成率48%。宽带用户新增1785户，净增479户。5G用户累计5923户，渗透率47.6%，5G权益用户896户，占比15.1%。全屋Wi-Fi用户新增1375户，渗透率23.2%。在政企业务方面，全年累计收入280万元，完成率152.2%，全年累计新增双线13条。（张志宇）

会展业

【概况】 2022年，浑源县商务局出台《浑源县展会知识产权纠纷处理规则》，完善会展涉及的知识产权纠纷处理机制。全年在浑源县组织县域公共品牌新品发布会暨电商产销对接会、浑源县第五届中国农民丰收节等4个展会，组织浑源县12家企业34种产品，参加中国·天津投资贸易洽谈会暨PECC国际贸易投资博览会（津洽会）、中国绿化博览会、2022上海世界博览会等全国知名展会，主要展出恒山黄芪、小杂粮、北芪菇、浑源凉粉、浑源手工艺品等浑源特色产品。（王　鹏）

【浑源县优质工业品供应链下沉对接会】 2022年3月10日，浑源县召开优质工业品供应链下沉对接会。对接会由浑源县工业和信息化局主办，创客快建（天津）网络科技有限公司、浑源县电子商务公共服务中心承办，全县50余家电子商务公共服务站点的部分经销商现场推广产品。此次对接会直接对接工业品生产厂家，实现"厂家—电商服务中心—电商服务站"的供货模式，让电商服务站和老百姓都能享受到"电子商务进农村"带来的好处。此次对接洽谈现场达成意向签约14家。（王　鹏）

【县域公共品牌新品发布会暨电商产销对接会】 2022年7月26日，浑源县域公共品牌新品发布会暨电商产销对接会在黄芪文化园广场举行。活动由浑源县委、县政府主办，县工业和信息化局、创客快建（天津）网络科技有限公司和县电商公共服务中心承办。活动以电子商务进农村为契机，宣传浑源县农特产品，助力乡村振兴。山西大瑞食品加工有限公司、山西恒山茶业有限公司等浑源县6家企业分别与山西梦妆电子商务有限公司、山西箱对论文化传媒有限公司等企业现场签约。（王　鹏）

【浑源县第五届中国农民丰收节】 2022年9月24日，以"'芪'庆丰收 喜迎盛会"为主题的浑源县第五届中国农民丰收节在黄芪文化园举行。活动由县乡村振兴局、县农业农村局和县供销联合社联合主办。来自16个乡（镇）和6家公司参展，展出王庄堡的松蘑、西留的狗肉、驼峰的富硒小杂粮、官儿乡的黄芪、沙圪坨镇的羊

2022年7月26日，浑源县县域公共品牌新品发布会暨电商产销对接会在黄芪文化园广场举行（安兴旺　摄）

2022 年 9 月 24 日，浑源县第五届中国农民丰收节在黄芪文化园举行

（程天佑 摄）

肚菌等浑源特色农产品。活动还通过直播方式与向全国观众分享浑源黄芪采挖场景、分享丰收喜悦，活动期间举办新品研发、烹饪大赛等系列活动，提升浑源黄芪持续的品牌影响力。（王 鹏）

【第五届中国国际进口博览会浑源参展】 2022 年，浑源县商务局组织包括县委书记、县长在内的政府和企业人员 21 人报名参加在上海举办的第五届中国国际进口博览会（简称“进博会”），代表企业包括浑源县恒山酿酒厂有限公司、山西芪颐源恒山黄芪产业集团有限公司、山西北岳神耆生物科技股份有限公司、山西裕隆祥农业发展有限公司、山西恒山茶业有限公司等。恒山酿酒厂有限公司派人参展，推介产品有黄芪酒、黄芪茶、恒山黄芪、黄芪蜜、北芪菇等产品。（王 鹏）

【浑源县 2022 石材展会】 2022 年 12 月 10 日，浑源县工业和信息化局在浑源县康养产业园区举办小型石材展会。山西亿汇再生资源有限公司、台湾马山矿业（山西）有限公司和北岳石材工艺制品有限公司 3 家企业参展，展出展品 60 余件。（王 鹏）

住宿餐饮业

【概况】 2022 年，浑源县限额以上住宿业营业额 971.6 万元，比上年同期的 1191.3 万元下降 18.4%。限额以上餐饮业营业额 6930.6 万元，比上年同期的 6145.4 万元增长 12.8%。全县餐饮收入 32248.8 万元，比上年增长 0.1%。在节假日旅游高峰期，浑源县恒吉利大酒店、恒山国际大酒店、华泰大酒店等餐饮酒店，每日客房入住率均在 85% 以上。（王世军）

【酒店安全管理】 2022 年，浑源县组织自然资源、文旅、住建、消防、公安、卫健、生态环境、市场监督、商务等部门人员组成联合检查组，在重大节日节点、旅游高峰期加强各大酒店安全检查。检查人员对恒山国际大酒店、北岳国际假日酒店、恒山饭店等 7 家大中型酒店、14 家个体工商户就有关安全生产管理制度、安全责任落实情况、消防安全设施设备、燃气使用管理等情况进行检查，检查中发现部分企业安全检查和安全教育培训不足，存在消防水带破损、消防栓前堆放杂物、燃气使用相关记录不规范等问题，责令企业立即整改，并下发整改通知书。（王世军）

【餐饮安全检查】 2022 年，浑源县市场监管局开展常态化餐饮安全检查，现场督导餐饮服务单位 50 余家，发现问题要求立即整改，建立整改报告，问题解决率 100%。完成各类重大活动餐饮服务食品安全保障工作 10 余次。开展制止餐饮浪费宣传。开展食品安全监督抽检，公布 834 批次监督抽检结果，涉及淀粉及淀粉制品、豆制品、方便食品、糕点、罐头、酒类、肉制品、乳制品、蔬菜制品、水产制品、水果制品、饮料等 22 大类，根据相关国家食品安全标准，合格样品 826 批次，不合格样品 8 批次。不合格检验报告送达当事人并依法开展调查，并予以行政处罚，责令立即整改。（王世军）

【“食品安全宣传周”宣传活动】 2022年9月14日，浑源县食品安全委员会及成员单位在锦联汇广场开展以“共创食安新发展 共享美好新生活”为主题的“食品安全宣传周”集中宣传活动。活动旨在宣传“共创”“共享”食品安全理念，增强广大群众食品安全意识，发放宣传资料8000余份、接受咨询200余人（次）。（王世军）

广告服务业

【广告宣传引导】 2022年，浑源县加强广告宣传导向审查宣传，进工厂、进学校、进社区，开展“3·15”消费者权益保护日宣传、“4·15”国家安全教育日宣传、保护知识产权宣传周活动、防范非法集资宣传月、疫苗接种宣传等广告宣传活动，运用广告的传播力和影响力，引导群众维护加强法治意识，了解惠民优惠政策，维护群众合法权益。（郭 俊）

【虚假广告专项整治】 2022年，浑源县开展违法虚假广告专项整治行动，检查辖区的校园周边、农贸市场周边等重点经营场所。重点检查是否存在烟草广告；加大对农村户外广告、网络直播违法广告、节日期间广告、房地产广告、保健食品广告、虚假违法农资广告、金融广告资讯、“护苗助老”系列广告、非法涉野生动物广告、“大棚房”销售广告、校外培训机构广告的监管力度，其间出动执法人员10人（次）、检查各类经营户30余户。通过现场提醒告诫、合规提示等方式，对辖区内各类经营者讲解《中华人民共和国广告法》及相关案例，要求经营者不得发布损害消费者合法权益、扰乱广告市场秩序的违法虚假广告。（郭 俊）

【“非法小广告”专项整治】 2022年，浑源县针对群众反映的部分街道非法小广告乱贴乱画严重，县政府对面及恒山国际酒店西平房片区等地非法小广告泛滥的问题，浑源县市场监管局、住建局、文旅局等部门联合开展以整治乱张乱贴、乱牵乱挂为主要内容的“非法小广告”专项整治活动，把永安西街划为严管街，禁止在建筑物、构建物的外墙、楼道、楼梯和人行道、公益广告牌、树木、电线杆、户外管线及其他户外设施上非法张贴、涂写、刻画，禁止在道路、交通路口、停车场、公园、广场等场所向过往车辆、人员发放广告、卡片等宣传品，维护浑源古城市容市貌。（郭 俊）

家庭服务业

【养老服务站点建设】 2022年，浑源县在原有的4所公办敬老院的基础上，有序推进社区居家养老服务设施建设项目，规划在云阁园西小区和思源小区建设社区养老院，满足全县老年群体的养老需求。（郭 俊）

【家政人员爱心体检】 2022年，浑源县妇联为全县500名女性家政服务从业人员提供健康体检服务工作，涉及全县16个乡（镇），年龄为18周岁至65周岁的从事母婴护理、育婴、家务服务、老年人照护、病人照护、家庭保洁等工种的女性人员，提升家政服务行业发展质量，让家政从业人员更专业，让群众在选择家政服务时更放心。（郭 俊）

【“浑源搓澡工”劳务品牌】 2022年，浑源县打造特色劳务品牌“浑源搓澡工”，鼓励劳务输出。沙圪坨镇沙圪坨村的人口有2000余人，外出务工人员每年近800人，其中有70%~80%从事搓澡工行业，月收入在4000元至5000元，成为村民致富之路。（郭 俊）

金融业

金融服务

【概况】 2022年，浑源县金融机构各项存款余额160.9亿元，比年初增加12亿元，增长8%，比上年同期增加12.3亿元；各项贷款余额71.8亿元，比年初增加12.4亿元，增长20.7%，贷款余额比上年同期增加4.6亿元，全年累计投放再贷款资金4.3亿元。全县保险保费收入13550.6万元，比年初增长3331.9万元，增幅32.6%；浑源恒山路证券营业部客户数量2654户，交易金额178876.9万元。（刘 德）

【金融服务中小微企业】 2022年，人行浑源县支行强化中小微企业金融服务，综合运用涉农评估、农行三农金融事业部差别存款准备金考核、乡村振兴评估等，指导各机构加大对小微企业的支持力度。指导浑源农商行开展普惠小微贷款支持工具申请工作，截至年底，浑源农商行普惠小微贷款余额环比增量为9098.3万元，轧差交割利率互换收益137.2万元，确保辖内普惠小微企业贷款支持工具落地。对考核不达标、约谈评估为勉励档的2家机构主要负责人，要求其加大工作力度，提高支持小微企业效果。截至年底，全县普惠小微企业贷款余额7.3亿元，较年初增加1.3亿元，增长20.9%。（刘 德）

【金融服务乡村振兴】 2022年，浑源县涉农贷款余额46.3亿元，较年初增加11.1亿元，增长31.5%。做好乡村振兴金融服务。为2家法人银行办理扶贫再贷款展期业务申请3次，金额7170万元，扶贫再贷款使用率100%。截至年底，全县脱贫人口小额贷款余额1.6亿元，全年新发放1亿元，支持脱贫人口1910人。（刘 德）

【绿色金融】 2022年，人行浑源县支行推进绿色金融发展，印发《浑源县金融支持县域经济发展的指导意见》，指导金融机构做好气候风险敏感性压力测试，开展碳账户监测企业名录摸排，建立健全绿色金融发展体制机制。截至年底，全县绿色贷款余额6.4亿元，占全县贷款余额的8.9%，比年初增加0.7亿元，增长12.7%。绿色信贷中，清洁能源产业贷款占比64.8%，基础设施绿色升级贷款占比18.6%。（刘 德）

【金融支持黄芪产业】 2022年，人行浑源县支行印发《金融支持浑源县黄芪产业发展指导意见》，引导金融机构不断丰富涉农信贷产品和服务方式，支持黄芪产业做大做强。全年发放涉芪贷款480笔、金额1.3亿元。其中，浑源农商行投放4200余万元、农业银行投放670余万元，支持黄芪收购和深加工、菌类产品研发和黄芪药茶开发，实现黄芪资源增值增效。人寿财险及人保财险累计承保中草药种植保险（黄芪）68笔，投保面积13333.3公顷，保费收入960.7万元，理赔支出110.5万元。（刘 德）

【政银对接合作】 2022年，浑源县市场监督管理局、人力资源和社会保障局与邮储银行浑源支行联合开展金融服务个体工商户倍增计划工作启动会，围绕“市场主体建设年”活动主线，深化政银关系，搭建合作平台，激发市场活力，力争2022年至2025年实现个体工商户、小微企业等各类市场主体贷款累计投放8亿元，城乡覆盖率100%，其中2022年个体工商户、小微企业主、农业合作社等市场主体贷款累计实现投放1亿元，其中投放创业担保贷款3000万元，小微企业累计实现投放1亿元。

（刘　德）

【征信服务】 2022年，人行浑源县支行优化征信查询服务，增加征信有效供给，提升征信服务。优化窗口环境，设置征信服务公示栏和征信知识宣传栏，让群众了解信用报告办理流程、需要提交的材料、收费标准、查询时间等。设置便民设施指导群众无障碍、快捷查询打印信用报告，完善征信柜台服务配置，配备笔、印泥、老花镜等便民用品。提升服务意识和查询质效，开展“我为群众办实事、为民解读信用报告”活动，耐心为群众解答能不能修复信用报告、信用报告是否存在有效期、信用报告逾期等问题，开通特殊群体绿色通道为老年人、病残人等群体提供贴心、周到的服务。强化征信服务实体经济的能力，通过“小窗口”解决企业“大问题”，在提供企业信用报告查询服务的同时，了解企业信贷需求，助力企业破解融资难融资贵难题。

（刘　德）

【存款保险宣传】 2022年，浑源县开展形式多样的存款保险宣传工作，建立常态化工作机制，拓展宣传广度，推动存款保险宣传工作向纵深化发展。依托5月开展的“存款保险宣传月”专题宣传活动，辖区各银行保险机构按照划分好的片区开展特色宣传，推动存款保险宣传工作常态化。

（刘　德）

银行业

【概况】 2022年，浑源县有中国农业发展银行浑源县支行、中国工商银行股份有限公司浑源支行、中国农业银行股份有限公司浑源支行、中国建设银行股份有限公司浑源支行、中国邮政储蓄银行股份有限公司浑源县支行、山西银行股份有限公司浑源支行、山西浑源农村商业银行股份有限公司、浑源慧融村镇银行股份有限公司8家银行。全县银行各项存款余额133.9亿元，比年初增加11.3亿元，比上年增长9.2%。银行各项贷款余额86.5亿元，比年初增加4.9亿元，比上年增长5.9%。

（乔利军）

【中国农业发展银行浑源县支行】 2022年，中国农业发展银行浑源县支行发挥政策性金融“当先导、补短板、逆周期”作用，不断加大信贷支农力度。服务国家宏观调控和“三农”发展，全年累计投放各项贷款1.4亿元。服务国家粮食安全，累放粮棉油贷款2220万元。支持农村基础设施建设，投放城乡一体化贷款1.1亿元。推进小微企业优化服务工程，全年投放普惠小微贷款1510万元。推进脱贫攻坚项目营销，年内推进浑源县汤头温泉疗养院改造工程项目、浑源县翠屏路交通局周边地段一期棚户区改造项目。6月15日，中国农业发展银行山西浑源县支行金融知识宣传小分队到浑源县思源社区开展“金融知识万里行 守住钱袋子”宣传活动，为群众普及金融知识。

（乔利军）

【中国工商银行股份有限公司浑源支行】 2022年，中国工商银行股份有限公司浑源支行各类存款余额16.2亿元，比年初净增0.9亿元。其中，储蓄存款余额13.7亿元，比年初增加0.2亿元；公司存款余额0.6亿元，比年初减少819.8万元；机构存款余额2亿元，比年初减少6443.4万元。各类贷款余额4.8亿元，比年初减少562.3万元。其中，公司贷款余额4.6亿元，比年初减少669万元；个人贷款余额0.2亿元，比年初净增106.7万元。5月27日，工商银行浑源支行与县退役军人事务局在工商银行会议室联合举办《退役军人及其他优抚对象优待证》浑源县域首发仪式。

（杨生富）

2022年5月27日，中国工商银行浑源支行与县退役军人事务局联合举办退役军人及其他优抚对象优待证首发仪式　　（杨生富　摄）

【中国农业银行股份有限公司浑源县支行】 2022年，中国农业银行股份有限公司浑源县支行各项存款余额28.6亿元，各项存款比年初净增1.5亿元。各项贷款余额14.4亿元，比年初增加3.9亿元，新增额市场占有率32%。个人经营贷款全年累计放款481万元。发放法人项目贷款4亿元，为10家小微企业发放普惠贷款1359.1万元。为浑源县所辖16乡（镇）的全部贫困村提供金融支持，发放小额扶贫贷款1350万元。

（乔利军）

【中国建设银行股份有限公司浑源支行】 2022年，中国建设银行股份有限公司浑源支行一般性存款余额8.9亿元。其中，对公存款1亿元，对私存款7.9亿元，全口径存款较年初新增4212万元，实现净利润503.2万元。普惠金融余额1226.6万元，新增投放16笔，新增投放金额949万元。扶贫小额贷款投放46笔，金额230万元。个贷业务投放4020万元。支持科技创新、小微企业、绿色发展，按时保量完成农户小额贷款投放任务，任务数由50万元调整到225万元。开展金融精准扶贫工作，以扶贫小额贷款为抓手，全年为3个乡（镇）的46户建档立卡贫困户发放小额贷款230万元。发展普惠金融，向社会公众开放“劳动者港湾”，推荐引导客户通过手机银行、“云工作室”、“建行生活”等渠道办理日常业务。　　（白利清）

【中国邮政储蓄银行股份有限公司浑源县支行】 2022年，中国邮政储蓄银行股份有限公司浑源县支行累计实现收入2584.9万元，累计实现利润1799万元。截至年底，存款余额3.9亿元，比年初增加3062万元，市场占有率16%；贷款余额6.5亿元，比年初增加4638万元，市场占有率10.7%。个人储蓄余额6.1亿元，累计净增6502万元，比上年增长247%，活期余额占比43%。代办全县教师工资、城镇职工及城乡居民养老金、退役军人补助等28个项目业务。发放“三农”业务贷款1054笔，金额1.1亿元；消费贷款447笔，金额2717.9万元；小企业贷款7笔，金额4917.5万元，其中发放个人创业担保贷款12笔，金额285万元；发放脱贫人口小额贷款383笔1915万元。公司存款余额3.9亿元，较年初增长3062万元。累计完成107个“信用村”建设和2086户“信用户”的评定工作。

（安仲凯）

【山西银行股份有限公司浑源支行】 2022年，山西银行股份有限公司浑源支行资产总额6亿元，各项存款余额5.6亿元。全年发放贷款182笔，余额4328.9万元，全年新增发卡610张，银行卡交易量2.1万笔，交易金额3747.6万元；开立单位结算账户223户。

（郝凯旋）

【山西浑源农村商业银行股份有限公司】 2022年，山西浑源农村商业银行股份有限公司各项存款余额66.6亿元，比年初增加8.2亿元，存款增量市场份额占全县的85.4%，存量市场份额占全县的43.1%，比上年同期增加3.8个百分点。响应复工复产、助企纾困等一系列稳经济、保民生政策，加大贷款投放力度，截至年底，各项贷款余额40.9亿元，较年初净增6.1亿元。强化财务预算管理，全年实现各项收入3.3亿元，比上年增加4990.1万元；实现经营利润1.2亿元，比上年增加1341.5万元。利用司法力量，多元化清收，化解风

2022年8月25日，中国人民银行浑源支行、浑源农村商业银行到北岳神耆企业开展“手机号码支付 助力乡村振兴”主题宣传活动（安兴旺 摄）

险资产。截至年底，清收处置各类风险资产5.3亿元，不良贷款余额7.2亿元，不良占比1.8%，较年初降低0.1个百分点。信合通个人信用卡新增3005张，信用卡业务收入6.4亿元。累计创建信用主体21个，其中挂牌“信用村”20个，“信用市场”1个。2022年8月25日，中国人民银行浑源支行、浑源农村商业银行到北岳神耆企业开展“手机号码支付 助力乡村振兴”主题宣传活动。（贾 斌）

【浑源慧融村镇银行股份有限公司】 2022年，浑源慧融村镇银行股份有限公司各项存款余额4.1亿元，比年初增加5429.3万元，增长15.4%。各项贷款余额2.3亿元，全年累计发放贷款1.8亿元，累计收回贷款1.4亿元，各项贷款余额比年初增加3933.8万元，增长20.7%。全年累计发放普惠型小微企业贷款1.2亿元，涉及餐饮、商场、超市、蔬菜批发零售、环保建材加工等行业400余户小微企业及个体工商户。创新推出黄芪深加工、小杂粮精加工、浑源凉粉、旅游产业项目的慧融“兴芪贷”“兴农宝”“普惠通循环贷”“小微快贷”等专属信贷产品。（王晓庆）

保险业

【概况】 2022年，浑源县有保险机构17家，其中，寿险7家、财险7家、中介3家，从业人员513人，累计保费收入13550.6万元，较年初增加3331.9万元，增长32.6%；理赔支出4700.5万元，较年初减少449万元，下降8.7%。（李玄芳）

【中国人民财产保险股份有限公司浑源支公司】 2022年，中国人民财产保险股份有限公司浑源支公司实现保费收入1856.2万元，比上年增长219.8万元，同比增长13.4%。其中，车险保费收入405万元、责任险保费收入26.1万元、企业财产险保费收入26.7万元、家财险保费收入5.9万元、意外险保费收入13万元、农业险保费收入1362.6万元、货物运输保险保费收入300万元、健康险保费收入15.9万元。综合费用率9.3%，综合赔付率56.1%，综合成本率65.4%，实现承保利润608.3万元。（李玄芳）

【中国人寿保险股份有限公司浑源支公司】 2022年，中国人寿保险股份有限公司浑源支公司利用大同市战略合作协议，首创政企合作发展模式，承接部分政府工作人员意外保险、医护人员意外及防疫险、教职工意外保险等。助力乡村振兴，为乡（镇）提供专人投保及理赔服务。个险渠道方面，实现首年期缴保费收入205.8万元，三年期缴97万元，十年期及以上期缴108.6万元，短险45.9万元。团险渠道方面，全年短期险保费收入219.7万元。其中，残联25.9万元、村“两委”66万元、医护人员23.7万元，大短险突破259万元。银保渠道方面，加强与各银行网点的合作落地，实现首年期缴保费收入14.9万元，三年期4万元，5年至9年期10.5万元，趸交86万元，短期险7.9万元。全年服务客户近2000人（次），获赔率99.9%，涉及医疗、意外、重疾、身故和伤残等方面的理赔。推出重大疾病一日赔、突发事件特快赔、住院探视主动赔等，针对行动不便的老年客户、卧病在床的客户或其他特殊需求的客户，提供“上门赔”贴心服务。（石 研）

交　通

公路建设

【概况】　2022年，浑源县公路通车里程1799.9千米。其中，国道3条，通车里程181.6千米；省道4条，通车里程81.5千米；县道9条，通车里程208.5千米；乡道79条，通车里程608.1千米；村道468条，通车里程720.2千米。（顾文官）

【长城一号旅游公路项目建设】　2022年，浑源县交通运输局开展长城一号旅游公路后续项目建设。长城一号旅游公路支线大同市浑源县神溪湿地至汤头温泉旅游专线土桥铺至唐家庄段公路工程，路线全长5.4千米，设计标准二级，项目总投资2158.8万元，年内，该项目主体完工；长城一号旅游公路支线大同市浑源县神溪湿地至汤头温泉旅游专线唐家庄至大磁窑段公路工程，路线全长8千米，设计标准二级、三级，项目总投资3274.6万元，年内，该项目主体完工；长城一号旅游公路大同市浑源县神溪湿地至汤头温泉旅游专线王庄堡至西会段公路工程，路线全长8.5千米，采用三级公路标准建设，投资估算5577万元，年内，该项目路基工程完工。长城一号旅游公路大同市浑源县荞麦川至空中草原公路工程，路线全长6千米，项目总投资1851.4万元，年内，该项目路基工程完工。长城一号旅游公路大同市浑源县陈韩线至神溪湿地景区段公路工程，路线全长3.9千米，项目总投资863.2万元，年内，该项目主体完工。（顾文官）

【"四好农村路"建设】　2022年，浑源县"四好农村路"（建好、管好、护好、运营好农村公路）建设计划4项，其中公路计划建设里程7.4千米、危桥改造2座，计划总投资1913.3万元。官儿乡通三级公路县道郝家湾—罗庄线破兑臼—黑石段公路改造工

2022年5月3日，浑源县唐家庄至大磁窑段旅游公路项目主体完工（张锦涛　摄）

程，项目起点郝罗线K14+600处，位于破兑臼村西，终点郝罗线K20+705处，位于黑石村西，路线全长5.1千米，投资总金额1150万元，项目可行性研究报告编制完成；浑源县南榆林乡通三级公路韩镇线—南榆林段公路改造工程，项目位于浑源县南榆林乡境内，起点位于县道韩镇线K5+490处，终点接乡道韩村—北榆林线K3+100处，路线全长2.2千米，总投资295.7万元，该项目验收并建成通车；蔡村桥危桥改造工程，项目位于蔡村村，桥梁设计荷载公路一级，建设桥宽8米，桥梁总长度11米，现浇实心板桥，扩大基础，总投资57.1万元，该项目验收并建成通车；浑河前桥危桥改造工程，位于土桥铺村，桥梁设计荷载公路一级，建设桥宽9米，桥梁总长度83.1米，预应力空心板桥，桩基础，总投资410.5万元，该项目全部完工。（顾文官）

【道路交通基础设施规范化建设】 2022年，浑源县交通运输局以降压事故和改善民生为指引，完善道路交通基础设施建设，改善人民群众道路交通出行环境。针对县城恒山南北路街面相对狭窄，导致迎宾岗、东门岗路口通行率低、高峰期部分路段拥堵等突出现象，通过收集民意、现场踏勘调研，优化调整县城东门岗和迎宾岗南北路口的交通标线。结合永安东街道路改造，在县城主城区6个岗区施划5000平方米的彩色斑马线、行人等待区、行人、非机动车通道，对比强烈的颜色提示居民遵守交通规则，提醒过往车辆礼让行人。通过实地调研及数据分析，挖掘信号灯系统潜能，以绿波技术作为重要抓手，按需对道路实施绿波协调控制，设置覆盖县城主城区2条“绿波带”，减少路口停车次数、缩短通行时间。实施完成悬空寺通往恒山景区岳门湾的“彩虹路”，推进智能交通监控设施建设，年内完成该路段4组智能球机的安装。全年，在全县道路施划交通标线4.6万平方米，更换恒山南北路交通标线6块，新建、改造交通信号7座，在“5·21”事故现场安装仿真警察1个。（顾文官）

2022年，浑源县实施完成悬空寺通往恒山景区岳门湾的“彩虹路”

（张　吉　摄）

【公路养护】 2022年，浑源公路段做到日常道路养护、隐患排查处置和预防性养护合理部署。全年完成灌缝375千米，全线修补坑槽1.6万平方米；路面刷油1.8万平方米，车辙处治1.2万平方米，施划标线134.5千米，粉刷沿线设施3.4万平方米，安装标志116套，清理塌方980立方米，疏通边沟42千米，清扫路面1.5万千米，修复路肩墙120米，修复防撞墙120米，桥梁更换伸缩缝27米，更换胶条61米，修理泄水孔148个，裂缝封闭642米，热熔震荡标线235.9平方米，修复边沟135米，修复路店隔离墙185米，修复拦水带105米，修复波形护栏560米，除草395千米，打冰扫雪27.3万平方米，备撒防滑料865立方米，撒融雪剂500吨，修剪行道树39千米，平交道口4处，整理边坡1.3万平方米，疏通涵洞109个，道口柱633根，百米桩265套，里程碑5块，修复小矮墙565米、护面墙75米、花池5个，形成浑源段特色旅游公路环境。

（顾文官）

【公路“六乱”整治】2022年，浑源县域农村公路“六乱”（乱停、乱放、乱搭、乱建、乱堆、乱倒）整治长效机制实行路长制管理，县农村公路交通沿线“六乱”整治由各路段路长负责监督清理，村级街巷由所属乡村监督清理，县农村公路路网“六乱”整治实行县、乡、村三级路长负责监督清理，县交通运输局负责县道交通沿线“六乱”整治，乡、村负责乡道、村道及村内街巷的“六乱”监督清理。县交通运输局成立4个责任小组、对全县农村公路按照划分路网区域、管辖区域、归属区域的县、村道路及街巷“六乱”整治要求，制定“六乱”整治长效机制、监督制度、清理办法，推动公路“六乱”整治长效化、持续化。统筹使用农村公路管护费用，不定期组织局属相关科股室对县域路网实行“六乱”整治检查监督，接受群众监督、社会监督、行业监督、媒体监督。细化完善分区段道路“六乱”整治成果应用，加大制度执行落实督察力度，放大奖优罚劣额度，做大考核奖励热度。立足交通区位，向沿线附近居民、过往车辆司乘人员、往来过客发放交通沿线整治“六乱”长效机制宣传品，交通枢纽道口建立固定广播设施，微信公众号扩展到更广泛人群。全年累计清理积存建筑垃圾和生活垃圾2867.8吨，拆除废弃广告牌和视觉污染设施322处，消除交通安全隐患237处。（薄红梅）

公路运输

【概况】 2022年，浑源县有16个乡（镇）213个行政村。全县各类机动车保有量25428辆。各类机动车驾驶人32150人。全县配备乡（镇）交通安全管理员16人，配备农村交通安全劝导员213人，建成标准化警保联合劝导站3个，利用乡村客运站建成警保联合劝导站15个。截至年底，浑源县有货运车辆1330辆，货运量405万吨，货物周转量83152万吨千米；全县有班线客车23辆，城际公交（浑源—大同）20辆，客运量31.4万人。（顾文官）

【综合执法】 2022年，浑源县交通运输综合行政执法队发布“致全县人民的一封信”，提醒全县人民出行乘坐正规客运车辆，督促检查全县从事货运车辆守法运营。从严执行《综合执法队工作纪律》《执法人员风纪规范》等一系列制度规定。加强超限超载管控力度，出动执法车辆40台次，执法人员150人（次），走访排查公示源头企业，造册登记正在经营企业42家，签订源头治超承诺书，检查混凝土企业4家，处罚混凝土企业超限超载行为2家，登记驾校2家，检查全县出租公司2家、公交公司1家。加强道路巡查管理，出动执法车辆50台次，执法人员180人（次），对未审验的18辆出租车，勒令全部审验，打击客运货运市场非法营运行为，罚款4万元。（顾文官）

【公路运输安全】 2022年，浑源县交通运输局树立安全发展理念，以防范化解重大风险、消除安全隐患，遏制生产事故为目标，通过开展“安全生产专项整治三年行动”“百日攻坚”等专项行动，制定活动实施方案，开展对道路运输的综合执法治理和宣传，解决道路运输安全生产存在的突出问题和薄弱环节，确保全县道路运输安全形势总体稳定。抓客运站场源头安全管理，强化安全检查制度。加强安全工作检查、监督，驻站人员协同车站管理人员执行“三关一监督”（严把运输经营者市场准入关、营运车辆技术状况关、营运车辆驾驶员从业资格关；加强客运站场的监督）和“四不进站、七不出站”（危险品不进站、无关人员不进站、无关车辆不进站、旅客不戴口罩不进站；超载营运客车不出站、安全例行检查不合格营运客车不出站、旅客未系安全带不出站、驾驶员资格不符合要求不出站、营运客车证件不齐全不出站、“出站登记表”未经审核签字不出站、旅客不戴口罩不出站）等规定。加强全县道路安全隐患排查工作，实施县、乡公路安全生命防护工程，推进公路临水临崖、急弯陡坡等危险路段改造整治。排查全县县、乡公路防护栏，修复损坏护栏，保障行车行人安全。

加强县、乡公路事故多发路口路段排查治理，按照规范有针对性设置各类交通设施。在大磁窑学校附近安设减速带2条、15米。加强农村公路运营安全，提升冰雪天气铲雪除冰能力。在县道郝罗线、韩镇线、陈韩线等主要线路储备防滑材料；出动装载机对相关路段进行铲雪工作，提升公路运营安全保障能力。年内，安装交通标志116套，清理塌方980立方米，除冰扫雪27.3万平方米。（顾文官）

【2022年春运】 2022年春运期间，浑源县交通运输局组织督察组，采用以暗访为主和“四不两直”（不发通知、不打招呼、不听汇报、不用陪同接待，直奔基层、直插现场）形式，到春运一线开展春运督查检查，确保参与春运工作人员、运输工具、站场、道路等安全。合理调配运力，配合各地倡导实施的措施，强化信息对接，加强运输组织，科学调配运力。根据需要组织开通农民工返乡和回城“点对点”包车运输。根据春运期间客流变化规律，做好客运新冠疫情防控工作。各类客运场站和交通运输工具增加通风、消毒等措施频次。落实实名购票，对号入座，加强乘客和客运一线职工个人防护。提高人员进出站通行效率。制定《2022年春运疫情防控分类应对工作预案要点》，提前制定应急预案，加强应急运力、保障队伍和防疫物资储备，确保运力安全可靠、防疫物资正常运转。抓运输安全，监管各单位利用营运车辆联网系统，加大春运期间道路运输安全管控力度。发现和纠正乘客未系安全带行为、车辆未按规定线路行驶、驾驶员超速和疲劳驾驶等违法行为。农村地区依靠乡（镇）基层组织，发挥“两站两员”（乡镇交通安全管理站和农村交通安全劝导服务站，乡镇交通安全管理员和农村交通安全劝导员）作用，劝导和纠正超员载客、货车违法载人、酒后驾驶等违法违规行为，严防发生群死群伤事故。畅通旅客诉求渠道。发挥交通行业服务热线作用，加强“12328”电话运行管理，提高电话接通率，改善服务质量，受理人民群众投诉举报、信息咨询和意见建议。各单位因地制宜组织开展该地区春运服务调查评估活动，提升春运服务质量。春运期间，浑源县汽车站组织春运车辆18辆，服务旅客2万余人（次）。

（顾文官）

城乡公共交通

【概况】 2022年，浑源县佳龙城乡公交客运有限公司作为浑源县政府购买农村客运服务项目实施主体，实施“交通惠民”全覆盖交通扶贫项目。截至年底，该公司开通农村客运主线18条（城乡公交一体化运营6条）；农村客运辅线（支线）8条。有车辆68辆。其中，纯电动公交车30辆；11座汽油车24辆；9座汽油车8辆；校车4辆。全年运营11个月，发班次44159班，完成运营里程164.3万千米，完成客运周转量60万人（次），收入159.4万元。（顾文官）

【行政村城乡公交全覆盖通车】 截至2022年底，浑源县投入80辆农村客运车辆，城乡公交一体化工程投入30辆城市公交新能源纯电动车，直通村213个（上年浑源县乡镇、行政村撤并整合，由原301个行政村，整合成213个），其中公交化运营通车79个，实现浑源县行政村通车全覆盖。

（顾文官）

【公交运营安全管理】 2022年，浑源县佳龙城乡公交客运有限公司贯彻“安全第一、预防为主、综合治理”的方针，把安全工作放在生产工作首位，落实到道路旅客运输全过程。落实驾驶员从业资格，严禁无从业资格证人员驾驶营运车辆。加强运输从业人员特别是驾驶员安全再教育和培训，增强安全意识和责任意识。把好车辆安全技术状况关，发车前安全例检参加营运车辆，各类安全设施设备齐全后发车，严禁车辆带病运行，防止机械事故发生，确保运营安全。监督驾驶员安全行车，纠正超速、超载等危及安全行车违法行为。年内，培训驾驶员3批次150人，纠正违章驾驶行为11次。（顾文官）

【出租车运营】 2022年，浑源县有天禾、兴浑2家汽车出租管理服务有限公司。其中，天禾汽车出租管理服务有限公司拥有巡游出租车120辆（含新能源电动出租车14辆），兴浑汽车出租管理服务有限公司拥有巡游出租车171辆（含新能源电动出租车1辆）。年内，出租车运营服务旅客514.1万人（次）。其中，天禾出租服务旅客244.3万人（次），兴浑出租服务旅客269.8万人（次）。（顾文官）

【出租服务管理】 2022年，浑源县交通运输局加强出租服务管理，强化岗前和在岗培训，定期开展业务提升学习，提高出租车驾驶员法制观念和服务水平；重点纠治出口成“脏”、车内吸烟、随意上下客、拒载、甩客等陋习。打造“微笑服务、温馨出租”服务品牌，引导驾驶员争先创优；启动“星级文明出租车”“优秀出租车驾驶员”等评选活动。开展志愿服务行动，围绕春节、中考、高考等特殊时段，开展“春风行动”“爱心送考”等志愿公益活动，提升出租汽车行业在广大市民中的口碑。利用LED灯牌、车内广告等，向乘客宣传浑源旅游文化知识。要求驾驶员着装统一，举止文明，对车辆内外进行全面清理、定期保洁。提升驾驶员个人素养，增强安全文明驾驶思想自觉和行为自觉，建立健全服务管理标准8项，选树出租服务行业标兵10人。 （顾文官）

交通运输管理

【概况】 2022年，浑源县交通运输局出动执法人员360人（次），出动执法车辆95辆次，检查道路运输企业230家次，提醒规范18次，批评教育20次，下达整改通知书3份，责令限期整改通知单3份。 （薄红梅）

【运输超限超载治理】 2022年，浑源县交通运输局针对县内源头企业网点多、任务重、监管难的特点，落实落细源头检查制度，到货运源头、物流企业开展日常巡查。加强路面管控，路警联合执法，加大对超限超载车辆避站绕行、冲关闯关、扰乱检测站点秩序等违法行为的打击力度。发挥超限检测站点功能，按照超限超载认定标准和联合执法工作流程实施昼夜检测，对检测到的超限超载车辆，做到“三个不放行”（疑似超限超载车辆不检测不放行、超限超载车辆不卸载到位不放行、超限超载车辆处罚不到位不放行），短途非法超限超载、农村和旅游公路非法超限超载行为，通过道路管理、流动稽查、联合执法得到有效治理。年内，县交通运输部门与公安交警部门联合开展车辆“一超四罚”超限超载专项治理行动3次，处罚货运源头企业2家，罚款2.4万元。 （薄红梅）

【运输企业管理】 2022年，浑源县交通运输局开展沙石场清理整治。加强对国省道、韩镇线沙石场管理，组织执法人员对公路沿线沙石场开展全覆盖检查，对排查出的问题督促落实整改，年内，公路沿线2家沙石场完成沙石场打围、沉沙池修建、进场道口硬化及堆场全覆盖。开展道路运输企业专项整治。开展客运、维修企业卫生整治，与1家客运站、18家维修企业签订责任书，督促客运、维修企业落实门前“五包”（包卫生、包绿化、包市政公用设施、包建筑物容貌、包秩序）。加大维修行业占道修车、油污路面等“脏、乱、差”行为检查力度，责令整改1家，督促二类、三类32家维修企业与具备废油回收资质的公司签订废油回收协议；加强公交、出租汽车车容车貌整治，引导客运企业开展创优争先、文明驾驶员等活动，促进城乡环境卫生综合治理在运输企业深入开展。针对在建工程项目建设易发生扬尘、水源污染、噪声污染、植被破坏、建筑垃圾处理等问题，抓项目建设环境保护工作，督促施工单位执行环境影响评价，确保公路与自然生态环境之间和谐统一。开展空气污染问题专项整治。通过日常检查，督促施工单位对料场进行全覆盖，覆盖工程车辆运输材料，冲洗硬化路面，未硬化路面洒水降尘；清理作业场地及运输车运行，保证场地及车辆清

洁；密闭存放汽油等易挥发物品，严禁施工单位在场地内燃烧各种垃圾和废弃物。（薄红梅）

【国三柴油货车淘汰】 2022年，浑源县交通运输局推进“国三及以下排放标准营运中型和重型柴油货车淘汰”工作，采取经济补偿、限制使用、严格超标排放监管等方式，减少机动车大气污染物排放量，打赢蓝天保卫战。结合浑源县道路运输货车工作实际，全县组织交通、生态环境、公安交管、财政、工信等相关部门成立淘汰工作专班，淘汰国三及以下排放标准的中重型营运柴油货车442辆。（薄红梅）

【乡（镇）客运站管理】 2022年，浑源县道路运输管理所根据《浑源县人民政府办公室关于对全县乡镇客运站统一管理使用的通知》要求，接收全县乡镇客运站，并由浑源县佳龙城乡公交客运有限责任公司分批接手投入运营。佳龙城乡公交客运有限责任公司负责管理运营的乡（镇）站12个，分别是：大仁庄、王庄堡、东坊城、驼峰、西坊城、沙圪坨、千佛岭、蔡村、下韩、裴村、青磁窑、南榆林。全年12个乡镇站进站2.7万班次，客流1.5万人（次）。（顾文官）

【出租车行业整治】 2022年，浑源县交通运输局开展出租车行业整治工作，治理巡游出租车行业乱象。与公安交警开展联合执法，打击非法营运车辆，组织执法人员在县城内巡查执勤，整治存在违规揽客、拒载及司乘纠纷的出租车，营造良好市场经营环境。督促出租汽车公司落实主体责任，加强与出租车公司之间信息互通，掌握行业动态，发现即处理，确保行业安全稳定和正常运营。加强出租汽车质量信誉考核，综合服务评价、行政处罚、乘客投诉、安全运营等因素，对出租汽车公司和驾驶员进行年度考核评价，对考核不达标的企业和个人，督促所在企业组织开展相关法规培训学习，相关驾驶员记入不良信用名单。全年出动执法车辆24辆次，出动执法人员96人（次），检查出租车辆380辆次，查处黑出租8辆，罚款4万元。处理出租车不打表投诉2起，罚款400元。（顾文官）

城市建设与管理

城市规划

【国土空间规划编制】 2022年，浑源县确定县域国土空间保护、开发、利用、修复、治理总体格局，推进全县国土空间规划编制工作，为全县产业转型、文旅发展的空间发展作出战略框架，为各重点建设项目用地落实提供保障。组织编制《浑源县加油加气站布点专项规划》，配合县公用事业局、县住房保障和城乡建设管理局开展供热专项规划、环卫设施专项规划、停车场专项规划等工作。截至年底，完成浑源县国土空间总体规划划定成果方案，基本形成“两片两屏、一核两轴”（盆地农业片区、王庄堡农业片区，六棱山生态屏障、恒山生态屏障，浑源中心城区作为辐射带动全县发展的核心，引领全域城镇化的东西向广浑城镇发展轴、南北向大雄城镇发展轴）的国土空间开发保护总体格局。

（郝日功）

【城市规划建设管理】 2022年，浑源县制定全域规划分区，明确建设项目准入规则，统筹划定控制线，控制整体开发强度；统筹县域交通等基础设施布局和廊道控制要求，提出公共服务设施建设标准和布局要求，提出对城乡风貌塑造、历史文脉传承、绿地水系建设和城市更新原则要求；安排国土综合整治、生态修复等重点工程的规模、布局和时序；健全规划传导机制，明确国土空间分区准入，用途转换等管制规则，严格耕地、自然保护地、生态保护红线、生态敏感脆弱区等特殊区域的用途管制。在城市规划建设管理工作中按照《浑源县城区城市风貌规划设计》中整体风貌管控导则管控城市风貌，给浑源县文旅产业发展、城市品质提升提供指引。

（郝日功）

城市基础设施建设

【概况】 2022年，浑源县实施城市排水防涝和路网配套建设工程，征收安置119户2.2万平方米，完成6条市政道路、古城内10条街巷改造工程，特别是打通连接新旧城区交通动脉朝阳路。推进恒利源片区风貌整治，建成8360平方米的步云路带状公园。完成县第一招待所院内、原新华书店停车场改造工程和恒山府、恒源首席、顾册新苑3个住宅小区续建工程。年内，浑源县入列全省“县城绿色低碳建设试点县”“省级城市更新试点县”“一德街省级夜经济生活集聚区”，增强城市创新发展动力。

（郝日功）

【老旧小区和棚户区改造】 2022年，浑源县推进实施恒山府商住小区、恒源首席商住小区、顾册新苑住宅小区建设项目，实施老旧小区和棚户区改造项目。老旧小区改造项目涉及14个小区46栋楼1216户11.3万平方米，中标价2833万元，年内工程完工。棚户区改造项目。翠屏里小区棚改项目，建设5栋楼180套住宅，总建筑面积20060.9平方米，投资3500万元，年内5栋楼主体工程完成；幸福里小区棚改项目，建设住宅9栋楼359套住宅，总建筑面积45800平方米，投资1.2亿元，5栋楼主体工程完成，1栋楼主体工程完成1/3。（郝日功）

【采煤沉陷区搬迁】 2022年，浑源县采煤沉陷区集中安置入住分发钥匙3048户，办理入住手续2175户，入住率95.9%。货币化补偿安置完成搬迁1535户，完成率100%，补偿资金15283.2万元。采煤沉陷区治理搬迁集中安置区小学，恒麓街建设项目，因农用地转用未批复暂未开工；浑源县公共实训基地建设项目，完成年度目标任务。（郝日功）

市政公用设施建设

【市政道路建设】 2022年，浑源县实施中心城区市政道路和古城历史街巷改造工程，道路全长7383米，总投资17589万元。其中，步云路西侧规划一路、规划二路道路续建项目，总投资788.5万元，建设2条道路全长422米（其中规划一路224米，规划二路198米），规划红线宽度20米，实施道路铺装、给排水、电力、照明、绿化等工程，道路铺装完成，实施人行道收尾工程；恒山南路南延道路续建项目（唐庄村北—唐庄村南），总投资1888万元，建设道路全长720米，红线宽度40米，实施道路铺装、给排水、电力、照明、绿化等工程，均已完工；古城衙门南巷等4条历史文化街巷改造工程，中标价664.7万元，建设道路全长816.1米，实施道路拆除、石材路面铺装、给水、污水、雨水、供热、电力管线、照明等工程，年内工程完工。（余鹏飞）

2022年6月24日，浑源县市政道路永安东街改造工程施工现场（张 吉 摄）

【排水设施维修】 2022年，浑源县维修自有产权管道和设施63处，为群众自用设施提供维修服务93次。协助道路施工方维修管道38次，保障全县重点工程项目运行。向县审批大厅派出专职人员1名，落实用水报装服务事项。全年维修收水井坑300余处，更换污水井盖、盖板200余套，清掏污水坑400余座，疏通排水管道1500米。（余鹏飞）

【路灯维修养护】 2022年，浑源县市政公用事业服务中心开展路灯维护工作，定期组织维护人员维护检修县城路灯及亮化设施。全年维修更换路灯200余盏，更换电缆200米，更换亮化灯具200余套，确保路灯设备正常运行。（余鹏飞）

【停车规划及场地建设】 2022年，浑源县开展停车问题规划及停车场地建设工作，补强城市发展短板，缓解停车难问题。改善永安西街周边配套设施，解决市民和游客“停车难”问题。完成浑源县第一招待所院内和原新华书店停车场建设项目。（郝日功）

【城市生活垃圾处理】 2022年，浑源县按照《生活垃圾卫生填埋技术规范》和《生活垃圾填埋场无害化评价标准》要求，开展城市生活垃圾处理工作。全年处理生活垃圾37230吨，无害化处理率100%。加强库区维护，疏通垃圾库区周边泄洪渠。按照城市生活垃圾处理要求，调试渗滤液处理设备，实施细菌驯化，全年处理渗漏液1253吨。（余鹏飞）

【排水防涝改造项目】 2022年，浑源县实施排水防涝改造项目一标段工程，包括实施旧城区永安东街、朝阳路、和顺南路3条道路和古城内庆永兴巷等6条街巷的改造，道路全长5.4千米，总投资14248万元，建设内容包括道路工程（含交通、绿化、信号灯）、污水工程、雨水工程、给水工程、供热工程、燃气工程、照明工程、电力工程和电信工程。永安东街全长2304.3米，红线宽度30米，路面宽度19米，截至年底，完成给水、雨污水、电力管线、供热主线及部分支线工程。朝阳路全长1139米，红线宽度16~20米，路面宽度12~14米。截至年底，完成雨污水主管线、给水主管线700米，完成部分支线安装。和顺南路建设项目列入2022年浑源县政府十件民生实事，道路全长745.5米，红线宽度20米，路面宽度14米，截至年底，雨污主管线完成510米铺设。古城6条街巷全长1235.8米，包括庆永兴巷、大石头巷、石桥北巷南段、大寺东巷东段、郭家巷东段、钟楼北巷北段，按现状路面铺设。截至年底，完成5条街巷的地下管线工程，进行铺设混凝土垫层。（余鹏飞）

【污水处理】 2022年，浑源县注重抓供排水工作，升级改造旧厂氧化沟曝气系统及细格栅并投入运行，年污水处理量1130万吨，实现进厂污水应收尽收，产生剩余9000吨污泥，全部运至垃圾处理厂无害化填埋。化学需氧量、氨氮、总磷3项主要污染物排放指标达到《国家地表水环境质量标准》V类标准，其余指标达到国家污水综合排放标准一级A标准。浑源县建制镇生活污水处理设施建设工程位于王庄堡镇、蔡村镇、大磁窑村，项目总投资4790.9万元，各建制镇项目按序实施管网工程。（郝日功）

2022年7月18日，浑源县朝阳路排水防涝改造工程施工现场

（张 吉 摄）

【第二污水处理厂PPP项目】 2022年，浑源县建设第二污水处理厂PPP项目。一期工程位于浑河以南，扶贫园区外西侧，总投资5400万元，项目主要解决新建移民安置区、工业园区周边居民生活污水及工业园区急需解决的工业污水问题。第二污水处理厂PPP项目一期工程完成“两评一案”（财政承受能力评价、项目物有所值评价、初步实施方案），进入PPP项目库，并列入山西省第三批示范项目。完成社会资本方采购工作，签订PPP合同，并成立项目公司，维修现场施工便道。（张 鑫）

供 水

【概况】 2022年，浑源县关闭家和小区、英姿浴室等6眼自备井，把其统一纳入公司供水管网。水费收入286万元，水质合格率100%。配合县城道路建设施工单

位，铺设主管道5000余米。协助城乡供水一体化项目部，拆迁4号井院落。按照《浑源县县城取水自闭井关闭实施方案》进度安排，从年初开始分4个年度逐步关闭剩余61处自备井。截至年底，关闭自备井16处。（温增松）

【饮水安全】 2022年，浑源县投资572万元，完成全县农村供水提升和维修养护工程。在22个村改造、配套、升级供水工程标准偏低、规模偏小的建筑工程。年度水质检测化验水样243处，化验结果全部合格。（温增松）

【城乡一体化供水工程】 2022年，浑源县城乡一体化供水工程总投资5.5亿元，覆盖县城、全县213个行政村及全部自然村，受益人口32.5万人。分集中供水和分散供水两部分，集中供水区覆盖县城及周边72个村庄，分4个片区供水，分散供水主要是山区村镇，覆盖约160个村庄。4月15日，山西合瑞通晨招标代理有限公司在大同市公共资源交易中心公开招标，确定大同泰瑞集团建设有限公司为施工单位。5月25日开工建设。年内，村级供水管网及县城范围内小区供水改造工程全面开工，集中供水区3个供水片区的水厂选址确定，1个水厂（蔡下南水厂）清水池及管理用房等结构完工，智慧水务调度中心主体结构、二次结构完工。30个小区及单位供水改造工程开工19个，管道施工完成17个，二次加压安装完成9套。县旅游集散中心管道铺设全部完工，自来水6号井增加与水厂连接段管道完工，集中供水管线（球磨铸铁管）铺设完成50千米。40个村庄管网（PE管）改造工程完成37个，入户约1.4万户。全年完成总投资1.8亿元。（温增松）

供　热

【概况】 2022年，浑源县热力有限公司（简称“浑源县热力公司”）热源厂占地6.7公顷，建成4台58兆瓦循环流化床热水锅炉，均达到环保烟气超低排放标准。供热一次网管线57千米，供热面积400余万平方米，运行38座无人值守热力站，管网及热力站均实现智能平衡调节。（张　伟）

【供热工程】 2022年4月，浑源县2021—2022年度供热工作结束，县热力公司组织人员依次检修、清洗、维护38个热力站内锅炉设备及其附属设施，排查治理隐患。浑源县热力有限公司开展厂区4×58兆瓦循环流化床锅炉省煤器技改项目，工程包括4台锅炉的炉墙拆除及恢复、省煤器上料及组装安装施工、检修平台的制作安装、对项目地使用单位的报验。通过实施锅炉省煤器技术改造，增加省煤器换热面积，达到降低锅炉排烟温度，使锅炉带大负荷能力得到提升。完成1#、2#锅炉烟气超低排放改造施工项目，符合国家烟气超低排放标准。（张　伟）

【供热管网建设】 2022年，浑源县热力公司参与浑源县排水防涝改造工程，配合县住房保障和城乡建设管理局把道路红线范围内涉及的热力管线改迁，配合全县市政道路项目实施，投资800余万元完成文庙庭院管网建设、三运热力站建设安装、三运一网进站及二网出站与实验中学实现连通。和顺园站至新穆岳小学新入网二网支线实现连通。完成石桥北巷支线拆改、浑源县第二中学新入网二网支线安装、一中热力站至栗公陵管理处热力管网安装、浑源县经济建设投资有限公司（百川煤业）管网建设。实现北岳批零商场新入网、云馨园新区新入网、浑源示中新建公寓楼新入网、恒麓社区新入网、永安禅寺售票中心新入网、古县衙新入网。（张　伟）

【居民煤改用电】 2022年，浑源县能源局牵头在县城建成区实施“煤改电”2000户，改造区域覆盖永安镇16个村（社区），改造方式采用蓄热＋直热式采暖，达到“技术先进、路径择优、类型集中”及“节能、环保、安全、高效”的目标，改造工程政府配套资金640万元，用户自筹资金160万元。截至年底，全县“煤改电”改造49135户。（张虎林）

供　气

【概况】 2022年，大同华润燃

气有限公司浑源县分公司建立以县城为中心的基础专业化服务运营体系。通过信息管理，推进完善客户服务系统、巡检系统，提升客户服务和内部专业信息化管理水平，保障全县居民安全稳定用气。大同华润燃气有限公司浑源县分公司有日加气能力1万立方米天然气加气站1座及日输气能力2万立方米天然气输配站1座。天然气中压管道铺设覆盖浑源县各类用户。（朱宏斌）

【供气管网】 2022年，大同华润燃气有限公司浑源县分公司在浑源县铺设天然气中低压管道126.5千米，阀门井152个，调压箱（柜）195个。发展工商业用户109户，开通送气89户；发展居民用户21299户，验收管理11542户，开通送气7080户，日供气量在3000~10000立方米。各类用户年用气总量255万立方米。（朱宏斌）

【供气安全管理】 2022年，大同华润燃气有限公司浑源县分公司全年不间断巡检各类燃气设备、管道。对全县燃气民用户开展1年1次安检服务，对燃气工商业用户开展1年2次安检服务，对企业、学校、工厂、机关、社区、农村等用户开展一年一次安全宣传。（朱宏斌）

供 电

【概况】 2022年，国网浑源县供电公司以服务社会经济发展为主线，售电量4.2亿千瓦·时，比上年增长1.1亿千瓦·时，增长34.1个百分点，占年计划（3.8亿千瓦·时）116.1%；收取电费20681.8万元，电费回收率100%，完成电网建设投资12118万元。全年“95598”报修工单486起，比上年减少113起，下降18.9%。该公司提质增效典型经验在省公司平台发布17篇，“向日葵QC小组”“起航QC小组”分别获优秀QC小组二等奖和三等奖，贺伟被授予公司劳动模范称号、陈国强被评为公司先进工作者，大磁窑供电所被命名公司工人先锋号。（侯东旭）

【电网建设】 2022年，浑源县供电面积1966平方千米，用电客户11.9万户。总投资12118万元，建设及改造10千伏线路138.7千米，增加及改造配变120台46.2兆伏安，建设及改造0.4千伏线路250.9千米，改造接户线316.2千米。完成城内老旧架空线路入地13.8千米，改造县城内26台老旧变压器，5千米地下电缆等设备，配合县委“建旅游康养城”发展规划，建设浑水2线2.4千米，为恒山、悬空寺等景区接入双电源，保障浑源多景区可靠供电。（侯东旭）

【“一证受理”和“互联网+”业扩报装】 2022年，国网浑源县供电公司受理客户用电申请，依据客户用电需求并结合供电网络状况，制定安全、经济、合理供电方案（简称“受理业扩报装”）1.3万户，比上年上升592.3%，完成业扩报装1.3万户，比上年上升639%；高压用户平均接电时间40.2天，实现160千瓦及以下的小微企业用电报装“零投资”。掌上电力App推广，客户足不出户线上办理新装接电、变更用电、电费充值等用电业务，线上缴费

2022年9月8日，国网浑源县供电公司工作人员在检修线路

（安兴旺 摄）

比 98.7%。（侯东旭）

【供电站所网格服务】 2022 年，国网浑源县供电公司建立“派驻一名党员干部、协管一个站所网格、服务一片用电客户”机制，6 名党员干部分别下沉 12 个站所，划分低压服务网格 20 个、高压服务网格 13 个，建立 120 个网格服务微信群，构建“全能型”“网格化”供电服务，改善 11.8 万户客户用电体验。（侯东旭）

【供电安全生产】 2022 年，国网浑源县供电公司落实“谁主管谁负责”原则，完成 56 项责任清单的滚动修订，实现安全生产从全员参与到全员履责。加强现场安全管控，盯紧 6 项重点工程 36 个大型作业现场，建立推广“月计划、周安排、日管控”工作体系，执行“两票三制”（工作票、操作票，交接班制、巡回检查制、设备定期试验轮换制）和“作业现场十不干”（无票的不干；工作任务、危险点不清楚的不干；危险点控制措施未落实的不干；超出作业范围未经审批的不干；未在接地保护范围内的不干；现场安全措施布置不到位、安全工器具不合格的不干；杆塔根部、基础和拉线不牢固的不干；高处作业防坠落措施不完善的不干；有限空间内气体含量未经检测或检测不合格的不干；工作负责人不在现场的不干），营销安全可视化系统应用率实现 100% 严格信息安全管理，加强信息安全建设，优化编制全年停电计划 73 项，严禁超稳定极限和超设备能力运行。（侯东旭）

【供电科技与信息化】 2022 年，国网浑源县供电公司完善 OMS 系统各类数据填报及调控云系统基础台账，完成配网模块应用，并对改、扩建一次设备台账修改。推进“互联网 + 安全监督”，深化安全管控系统应用，开展 7 座变电站网络安全监测装置部署。修编 2022 年度浑源调度规程、变电站主接线图、保护配置图、电网阻抗图、设备技术台账、调度标准操作票、变电站接地拉路序位表、变电站进线及主变全停预案等制度标准，印发浑源电网 2022 年运行方式、用电方案等文件。（侯东旭）

市容管理

【市容市貌整治】 2022 年，浑源县城管大队工作人员采取三班制，实行错时管理，抓好早、中、晚三个时段的管理工作，确保市容市貌和环境卫生服务不断档、不留缝隙，签订“门前五包”责任书 1600 余份。取缔探头经营、占道经营 487 处；清理流动摊点 280 余人（次）；拆除违章搭建的建（构）筑物 48 处；规范门头牌匾 25 块；清理撤除破旧广告 70 余处、清除破旧横幅、条幅 80 余条；清理卫生死角 20 余处、清理背街小巷建筑垃圾 50 余吨；增设果皮箱 140 个、垃圾箱 280 个。清理各类乱张贴、乱涂写、乱刻画的小广告 2480 余条、粉刷墙体广告 1200 余平方米。（王世军）

【违法建设治理】 2022 年，浑源县城管执法队规范城市管理，制作法制宣传标语 60 余条，每日利用环卫宣传车沿街穿巷广播宣传。整改处理不合格、不规范、不统一的商铺牌匾 50 余起；对经营车辆买卖的商铺占用公共停车场和道路的行为发放责令整改通知书 3 份；对一些个体经商户、幼儿园等擅自占用公用道路设置栅栏的行为发放责令整改通知书 7 份，拆除开发公司小区的私搭乱建；在永安东街、大石头巷和朝阳路改造建设中，对道路两旁违建，与县自然资源局、东关街居委联合执法，发放限期拆除通知书 50 余份。（王世军）

【便民市场管理】 2022 年，浑源县针对流动摊点具有流动性、低成本、便民性等特点，采取“堵疏结合”方法，严管和弹性管理相结合，按照城市规划要求在不同地段设置固定的便民摊点方便流动摊贩经营。试点规范栗毓美便民摊点、体育场便民摊点和兴源东街便民摊点。（王世军）

【市容监察管理】 2022 年，浑源县按照“因地制宜、合理规划、有序放开、规范管理”原则，落实“精准施策、精准调度、精准服务、精准治理”的城市管理机制。在固定经营点（体育场便民摊点、兴源东街便民摊点）；临时经营点（栗毓美便民摊点）落实常态化管控，建立长效管理机制。组织执法队员到摊点、街区宣传。依托信息化管理，通过定点值守、突击检查、联勤执法等多种方式，强化对该摊点、该区域的日常管控和宣传力度，引导辖区内摊点规范经营。（王世军）

2022 年 4 月 15 日，浑源县园林工人在天峰北路北延段植树（杨　钦　摄）

【恒利源片区风貌整治】2022 年，浑源县实施恒利源片区风貌整治项目。项目总投资 1100 万元，改造总建筑面积 6108.2 平方米，其中恒利源小区改造面积 2941.4 平方米，主要项目包括更换仿古断桥铝门窗、屋顶防水保温、立面青砖砌筑、女儿墙、瓦屋面、木结构装饰、台明装饰、南侧外墙等亮化、雕塑及木牌楼维护等；U 型建筑改造面积 3166.8 平方米，主要项目包括更换仿古断桥铝门窗、立面仿古砖漆、楼梯处天桥、花架天桥、彩钢屋顶喷灰色仿古漆、台明及影壁维护等。（王世军）

城市绿化

【概况】2022 年，浑源县建成区绿地面积 462.1 万平方米，绿地率 33.7%，绿化覆盖面积 508.5 万平方米，绿化覆盖率 39.2%。公园绿地面积 288.4 万平方米，人均公园绿地面积 24.8 平方米，公园绿化活动场地服务半径覆盖率 32.4%。（王剑华）

【道路绿化】2022 年，浑源县园林绿化中心完成恒山南北路、天峰北路行道树绿化带 3200 米，总投资 200 万元，栽植大型油松 1500 株，种植大量香花槐、松树等树木。完成浑源北高速出口至县城隔离带设置花箱 1600 个，种植牵牛花等花卉 3 万余株，形成立体绿化高品质景观；国庆期间，锦联汇广场设置花坛 1 座，摆放各种鲜花 7000 余盆，总投资 38 万元。配合县城主干道改造工程项目，在道路两侧种植大型油松 1500 株。（王剑华）

【公园绿化】2022 年，浑源县园林绿化中心因地制宜，优化完善绿地布局，提升浑源古城整体景观。投资 20 余万元，完成小转盘西侧口袋公园建设和迎宾街土桥铺村口旧路绿化建设。见缝栽种式种植成片花卉 0.7 万平方米，在主要路口种植直径 35~50 厘米油松 9 株。（王剑华）

【步云路带状公园建设】2022 年，浑源县总投资 260 万元完成步云路带状公园项目建设。该项目列入 2022 年浑源县政府十件民生实事。项目位于步云路西侧，公园面积 8360 平方米。公园沿步云路两侧呈带状分布，工程内容包括修建步行小路、园林景观，安装健身器材等，项目建设利于改善城市环境、提升旅游城市形象和满足居民休闲健身需求。（王剑华）

建筑业管理

【建筑产业发展】2022 年，浑源县有 3 家有资质的建筑企业，各建筑企业全部按照“六个百分之百”（建筑施工现场围挡 100%、物料堆放覆盖 100%、土方开挖湿法作业 100%、“主要道路及材料加工区”

路面硬化100%、渣土车辆密闭运输100%、“必须搭设自动洗车装置”进行出入车辆冲洗100%）要求施工。全年完成建筑产值5124.3万元，比上年减少10.7%。（郝日功）

【建筑市场管理】 2022年，浑源县住建局制定“双随机、一公开”实施方案，根据方案开展“双随机、一公开”执法检查。检查全县在建房屋建筑和市政基础设施工程项目，检查在建工程项目，特别是立案查处未批先建行为，打击建设项目违法转包、分包、挂靠等行为。（郝日功）

【建筑节能改造】 2022年，浑源县完成农村住房节能保温改造任务337户，总投资101万元，改造包括室内吊顶、安装节能双层窗户、外墙保温（A级防火材料岩棉板、聚苯板厚度不少于8厘米）等工程。建筑节能改造工程包括水务局办公楼、财政局办公楼、人民医院血液透析科、统计局办公楼、恒管中心办公楼，改造面积1.4万平方米。（郝日功）

【建筑质量安全监管】 2022年，浑源县推进工程质量安全监督工作规范化，落实工程质量终身责任制要求，建立健全工程质量安全巡查制度、落实监督人员责任，规范工程施工、监理、检验检测市场和企业行为。对全县续建、新建的14个房屋建筑、市政项目进行质量、安全、环保、疫情防控、节能监管，发放质量安全隐患整改单15份，排查隐患95条，全部整改到位，未发生建筑工地质量、安全事故。（郝日功）

【建筑勘察设计监管】 2022年，浑源县住房保障和城乡建设管理局开展建筑勘察设计“双随机、一公开”检查。浑源县行政区内无注册的勘察设计企业及分支机构。检查辖区7个项目，建设单位委托具有相应资质的勘察设计单位开展勘察设计活动，落实承诺制，无违法发包、分包和挂靠转包等情况。（郝日功）

房地产管理

【房地产开发】 2022年，浑源县投资40203万元，完成恒山府商业住宅小区扫尾工程；投资20767万元，完成恒源首席住宅小区一期15栋及二期2栋住宅楼扫尾工程，二期2栋住宅楼四层到八层的续建工程，完成建筑面积86532平方米；投资13886万元，完成颐册新苑住宅小区项目扫尾工程。（郝建功）

【不动产登记】 2022年，浑源县完成不动产权电子证书同步生成工作。推进“放管服”（简政放权、放管结合、优化服务）改革，7月与县邮政公司签订合作框架协议，共同推进开展不动产权证书寄递服务合作。浑源县在不动产登记清零行动专项工作中，全县60个清零范围小区11232套全部完成首登、转移登记。其中，历史遗留问题小区涉及套数10308套，办理首登套数10308套，办理转移套数10308套，办理首登、转移占比均是100%；新建房问题涉及套数924套，办理首登套数924套，办转移套数924套，新建房办理首登、转移占比均是100%。（孟振宁）

【农村“两权”确权登记】 2022年，浑源县推动全县“农房一体”（农村宅基地和集体建设用地使用权以及房屋所有权进行的统一登记确认和保护）农村“两权”（农村宅基地使用权和集体建设用地使用权）确权登记工作开展，夯实农业农村发展基础，提高农村治理体系和治理能力现代化水平。截至年底，浑源县完成农房宗地调查56659宗。完善“一窗式”受理业务，提高办事效率，压缩办理时间。（孟振宁）

【项目建设用地审批】 2022年，浑源县严格审批项目建设用地。第一批次城乡建设用地项目，面积10.3万平方米，涉及工人文化宫、小转盘周边、采煤沉陷区幼儿园、恒麓街、黄芪产业园开发等重点项目，报送至省政府。（孟振宁）

【自建房安全隐患排查整治】 2022年，浑源县住房和城乡建设管理局开展经营性自建房安全隐患排查整治工作，排查2341户，完成鉴定1336户，初步判定存在隐患110户，全部移送相关部门并通知乡（镇）管控。（郝日功）

2022年，浑源县按照联片联管模式实现物业管理全覆盖。图为物业管理下干净整洁的凯德世家住宅小区（杨 钦 摄）

【房屋建筑调查】 2022年，浑源县开展房屋建筑调查工作。全年完成房屋建筑调查181162栋。其中，城镇房屋9185栋，农村房屋171977栋。完成调查房屋总面积1124.6万平方米，完成率100%，质检通过率100%。（郝日功）

【棚户区项目资金管理】 2022年，浑源县经济建设投资有限公司配合农发行浑源县支行与棚改办抓浑源县棚户区资金管理工作，保障永安镇城中村改造项目、交通局周边棚改等项目实施。协助住房和城乡建设局融资浑源县迎宾街道路改造工程，并管理该项目资金。（张 鑫）

【物业管理】 2022年，浑源县制定《浑源县住房和城乡建设管理局关于加强社区物业党建联建工作的实施方案》，成立社区物业党建联建工作专班。联合永安镇排查县城内各住宅小区基本情况，县城内住宅小区96个，有物业企业管理的32个，物业企业管理覆盖率33%，单位和业主自管小区60个，无管理小区4个；有物业企业21家，物业企业从业人员385人，党员人数27人。推进物业管理全覆盖工作，把96个小区按片区划分到11个社区，按照联片联管模式实现物业管理全覆盖。3家物业企业成立党支部，1个小区成立业主委员会，全县92个小区成立业主委员会，4个小区成立物业管理委员会，并在主管部门指导下开展工作，全县96个小区实现清零，组建物业行业党委。（孟振宁）

【维修资金管理】 2022年，浑源县住房和城乡建设管理局根据建设部、财政部《住宅专项维修资金管理办法》，大同市房产管理局《关于大同市住宅专项维修资金管理有关规定的通知》，及浑源县《关于浑源县住宅专项维修资金管理有关规定的通知》加强住宅专项维修资金管理，规定住宅专项维修资金的使用、缴存标准、监督监管等，保障住宅共用部分、共用设施设备的维修和正常使用。截至年底，浑源县收缴房屋维修资金的小区有23个，浑源县住房事务中心维修资金管理中心账户余额1430.9万元。（孟振宁）

综　述

【概况】 2022年，浑源县乡村振兴局推进巩固拓展脱贫成果和乡村振兴有效衔接。全县脱贫人口人均纯收入10992元，比上年增长15.4%，脱贫劳动力务工就业人数19543人。投资8000万元的黄芪文化园正式运营，投资4030.5万元的凉粉产业园完成主体工程。全年新识别监测对象251户510人；发放小额贷款1910笔9534.7万元；发放各类补贴及光伏收益资金4555.5万元。投资1300万元创建示范村和示范基地各1个；投资180万元建设5个“颐养之家”等。（兰宏宙）

【产业振兴】 2022年，浑源县委乡村振兴工作领导小组办公室印发《浑源县2022年乡村振兴特色农业产业补贴实施方案》，鼓励依托当地资源和品牌优势，培育发展特色产业，增强产业带动功能。建立“防返贫保险基金”，统筹整合财政资金1.2亿元，实施85个项目，扶持发展黄芪、农特产品加工、规模养殖、乡村旅游、设施农业等特色产业。（兰宏宙）

【人才振兴】 2022年，浑源县实施“人才强县”战略，引进75名研究生及以上学历人才，为全县高质量发展提供人才支撑和智力保障。在上年107个行政村配备大学生村干部基础上，继续招录106名大学生到村工作，213个行政村实现“一村一名大学生村干部”目标。（兰宏宙）

【文化振兴】 2022年，浑源县开展文化下乡，促进文化振兴。全年开展文化惠民送戏下乡演出180场；举办群众文化惠民演出42场；举办浑源县文旅产业促乡村振兴文化旅游季系列活动17场；“五一”、端午等节假日进景区演出21场。（兰宏宙）

【生态振兴】 2022年，浑源县加快生态振兴，促进人和自然和谐共生。造林绿化巩固脱贫成果。2022年省级生态扶贫PPP项目人工造林任务666.7公顷，全部由20个扶贫攻坚造林专业合作社实施，吸纳脱贫户劳动力参与造林320人，劳务收入192万元，人均劳务收入6000元。林业生态补偿巩固脱贫成果。生态护林员公益岗安排脱贫户就业870人，工资性收入424万元，人均收入4874元。上一轮（2002—2005）退耕还林到期面积抚育补助资金264.5万元，涉及农户38262人，其中脱贫户6086户。发放新一轮退耕还林补助资金1768万元，涉及农户6875人，其中脱贫户2686人。（兰宏宙）

【组织振兴】 2022年，浑源县部署开展抓党建促基层治理能力提升专项行动。建立县级统筹谋划、工作专班协调推进、责任部门牵头实施、乡（镇）党委具体落实的“四级联动”工作体系，专项行动取得成效。实施农村“带头人”队伍优化提升行动，对村（社区）党组织书记实行“星级化”管理，激发基层队伍活力。实施“党建+网格”精细化管理模式，把基层治理、公共服务、治安稳定等事项纳入339个基础网格、27个专属网格管理范畴，确保管理要素全入网、管理事项全进网。实施“清化收”专项工作，清理不规范合同905份，整改合同703份，清欠承包费107.7万元，回收债权116.4万元，化解债务111.9万元，增加资源204.6公顷，增收63.2万元，拓宽增收渠道、壮大集体经济。（兰宏宙）

农村改革

【农村集体产权管理】 2022年，浑源县村集体经济组织“三资”（农村集体资金、农村集体资产、农村集体土地）管理平台数据录入上年数据271个村集体经济组织，录入2022年数据240个，录入率均100%。县现代农业发展中心开通与“三资”监管平台对应的“三资”监管账户，相应匹配的村集体经济组织分别在农商行、邮储银行、农业银行3家银行开设账户。全县315个村集体经济组织赋码的259个。县现代农村发展中心与县委专项办联合完善印制《农村集体经济合同示范文本（试行）》模板和《三资管理制度汇编》各240套，合计480套，分发到乡（镇）、村。

（兰宏宙）

【农村集体经济“清化收”专项工作】 2022年，浑源县村集体经济债权总额9918.3万元，累计回收债权429.3万元，较上期356.6万元增加72.6万元，清收率4.3%，较上期增长20.4%；债务总额11097万元，累计化解债务1039.4万元，较上期893.6万元增加145.8万元，化解率9.4%，较上期增长16.3%。（兰宏宙）

乡村产业

【“农＋文旅”特色产业】 2022年，浑源县鼓励依托当地资源和品牌优势，发展以黄芪、乡村旅游、现代设施农业为主的特色产业。整合中央、省、市衔接资金1167万元用于产业项目配套，支持特色产业发展。通过乡村旅游试点，打造二岭、东葫芦头、破兑臼、莲花山、龙盆峪等乡村旅游景点，成为全域旅游的组成部分。

（兰宏宙）

【黄芪产业】 2022年，浑源县在各个安置区全部建立帮扶车间，投资8000余万元在全县最大的安置点思源小区，建成集乡村振兴政策和黄芪文化宣传、黄芪产品展销、黄芪品种实验、旅游观光、生产体验、康养餐饮于一体的黄芪文化园。组建恒山黄芪商会，完成招商56家，供货单品1014种。接待游客25166人，产品销售额65287元，园区安置66人就业，其中易地搬迁户脱贫户45人。黄芪文化园餐厅、加工车间、园区自有人员、文创公司直接带动就业153人，其中脱贫户36人。年内，黄芪文化园被评为国家AAA级旅游景区。

（兰宏宙）

【凉粉产业】 2022年，浑源县投资4030.5万元建设凉粉产业园，占地1.2万平方米，总建筑面积6820平方米，主体建筑面积6372.3平方米。截至年底，凉粉产业园主体工程完工。（兰宏宙）

【农业产业】 2022年，浑源县完成有机旱作农业示范区1000公顷，农业生产托管服务示范137333.3公顷，全年粮食总产量18.1万吨，肉、蛋、奶产量分别是3.1万吨、1200吨、3200吨。年处理能力4000吨的无害化处理病死畜禽建设项目投产运营。高窑村生猪养殖园区建成运行，养殖生猪2.5万头。（兰宏宙）

【扶贫产业园建设项目】 2022年，浑源县投资77281.4万元在石材园区北建设扶贫产业园区项目。办理纬二路、经九路、经六路北段、纬六路东段工程规划许可证、建设用地规划许可证、施工许可证。完成小分子肽厂区绿化工程及室内部分装修。（张　鑫）

乡村建设

【乡（镇）村庄规划】 2022年，浑源县自然资源局组织规划编制团队开展《县域乡村布点规划》编制。根据乡（镇）村庄社会经济发展实际，结合人口规模、发展潜力、自然地理格局等情况，初步确定县域内213个行政村发展模式。因村施策，对各村庄提出公共设施配建、产业发展策略，确定村庄规划应编尽编村庄60个，全县乡村振兴一、二、三产业融合发展，逐步规范乡村地区各类建设活动，引导浑源县村庄地区建设发展。（尚书健）

【乡村振兴示范村建设】2022年，浑源县推动蔡村镇峣村村乡村振兴示范村创建工作。蔡村镇峣村示范村创建项目，省级分配资金500万元，市级分配250万元，县级配套250万元，资金全部到位。总计投资1000万元在蔡村镇峣村村开展示范村创建，建设智能日光温室2.4公顷，发展樱桃种植450株，村庄绿化等基础设施建设工程有序铺开。投资300万元在官儿乡石窑村、土岭村、黄崖村种植黄芪133.3公顷，建设黄芪规范化种植基地，工程全部完工。大同市分配浑源县3个乡村振兴示范村创建名额，经市乡村振兴局确定乡村振兴示范村，分别是东坊城乡荆庄村、永安镇东辛庄村、南榆林乡聚兴村。（兰宏宙）

【"颐养工程"实施】2022年，浑源县利用中央、省、市、县投资金额180万元，在南榆林乡聚兴村、裴村乡迁旺新村、王庄堡镇下牛还村、东坊城乡东尾毛村、西留村乡宝峰寨村5个村，完成5个"颐养之家"项目建设任务，全部投入运营。5个"颐养之家"配备房间82间，可为82名农村"两无"（无儿女、无社会养老金）老人提供入住服务，能为300余名农村困难老人提供送餐、医疗等服务，入住53人。开展助救、助餐、助医、助洁、助购、助娱服务，呈现出制度化管理、人性化服务、组织化关爱的运行态势。（兰宏宙）

【农村生活垃圾治理】2022年，浑源县按照"村收集、乡（镇）清运、县处理"方式，突出以城带乡，把农村生活垃圾纳入城镇垃圾处理体系，推动城乡垃圾一体化处理。加强农村生活垃圾中转站、卫生填埋场建设，提高农村地区垃圾无害化填埋比例。辖区生活垃圾终端进行无害化填埋，处理率100%。农村生活垃圾收运体系覆盖自然村比率在95%以上。结合浑源县地域特色，建成12座农村生活垃圾中转站，分别是朝阳垃圾中转站、迎西垃圾中转站、裴村乡垃圾中转站、东坊城乡垃圾中转站、沙圪坨镇垃圾中转站、青磁窑镇垃圾中转站、西留村乡垃圾中转站、西坊城镇垃圾中转站、驼峰乡垃圾中转站、大仁庄乡垃圾中转站、吴城乡垃圾中转站、王庄堡镇垃圾中转站，生活垃圾日处理能力380吨，满足农村生活垃圾收运要求，且中转站运行正常；给16个乡（镇）213个行政村配发7台中型农村垃圾转运车、21台20装载机、18辆四轮垃圾转运车、206辆三轮农村生活垃圾清运车、845辆垃圾收集车，初步建立以村收集、乡镇清运、县转运、无害化处理公司处理的收转运处理体系，实现生活垃圾收转运体系全覆盖。查出在500立方米以上并建档的非正规垃圾堆放点17处，涉及8个乡（镇），合计堆体体积1612950立方米。完成17处非正规垃圾堆放点的整治销号工作及现场核查工作。明确管理责任主体，强化属地管理责任，不定期逐点核查，未发现反弹现象及出现新堆放点等问题。根据垃圾"减量化、资源化、无害化"原则，结合全县农村具体实际，把垃圾按可回收垃圾、

2022年7月7日，浑源县官儿乡黄崖村村民在芪坡上采摘黄芪叶

（杨　钦　摄）

厨余垃圾、有害垃圾、其他垃圾4种方法分类处理，推进农村生活垃圾分类。截至年底，浑源县农村垃圾分类行政村64个。（兰宏宙）

【乡村危房改造】2022年，山西省分配浑源县危房改造“动态保障”任务130户全部分解到户，全部为农村易返贫致贫户、农村低保户、农村分散供养特困人员、因病因灾因意外事故等刚性支出较大或收入大幅缩减，导致基本生活出现严重困难家庭、农村低保边缘家庭、未享受过农村住房保障政策支持且依靠自身力量无法解决住房安全问题的其他脱贫户六类重点对象，涉及3个乡（镇）10个村，其中维修118户，新建12户。（郝日功）

【农村户厕改造】2022年，浑源县推进农村户厕改造，采用通风改良+粪污集中无害化处理式在全县5个乡（镇）21个村实施，各乡（镇）按《浑源县2022年农村“厕所革命”整村推进实施方案》要求，完成改造。全年改造农村户厕2650座。（兰宏宙）

脱贫攻坚成果巩固与拓展

【防返贫动态监测】2022年4月27日，浑源县委乡村振兴工作领导小组印发《浑源县2022年防止返贫监测帮扶集中排查工作实施方案》。落实《浑源县防止返贫致贫动态监测和帮扶机制实施方案》，在全县贫困户范围内，加强对脱贫不稳定户和边缘易致贫户监测，对符合条件的纳入动态调整范围，采取针对性帮扶措施，确保不发生规模性返贫。把握动态监测、精准帮扶、风险消除3个环节，做实分析研判，监测预警、事态排查、动态保障等工作，严格风险消除程序，确保应纳尽纳、应扶尽扶、程序规范。开展集中排查、部门筛查，每季召开防贫动态监测帮扶联席会议，每月召集行业部门会商，分析研判，推动问题解决。9月7日，印发《关于进一步加大排查力度，做细做实防贫监测和帮扶有关工作的通知》，加大排查力度，做到应纳尽纳。全年识别监测对象251户510人，全县有监测对象1523户3149人，按程序消除风险804户2001人，剩余719户1148人在监测中。推动县里建立“防返贫保险基金”，以多道防线防止规模性返贫。（兰宏宙）

【帮扶政策落实】2022年，浑源县乡村振兴局发放一次性外出务工交通补贴512万元，发放稳岗就业补贴541万元。发放光伏收益资金3044万元，解决就业4053人。落实省政府关于消费帮扶相关工作部署，帮助脱贫户销售农产品价值4500万元，助力脱贫群众增收。投资562万元实施农村供水保障工程；投资5.5亿元实施城乡一体化供水工程，提升浑源城乡供水保障能力；组织110名教师开展送教上门工作，“控辍保学”成果得以巩固；对鉴定为C、D级“六类重点对象”实施危房改造，改造危房293户；村卫生室建设全部达标，重新安装POS机，村民不出村就可享受医保报销政策。给乡（镇）卫生室公开招聘5名医生和8名护士，脱贫户参加基本医疗保险实现全覆盖。

（兰宏宙）

【驻村帮扶成效巩固】2022年，浑源县乡村振兴局按照“一村一队，一队3人”派驻要求，组建

2022年5月15日，驻村干部华南农大硕士研究生李晓杰（右一）在浑源县下韩村蔬菜大棚进行技术指导（杨 钦 摄）

121支工作队，驻村干部371名。制定印发《浑源县驻村干部管理办法》《浑源县进一步健全常态化驻村帮扶工作机制的实施意见》，对全县驻村干部集中培训19期，培训5246人（次）。开展驻村工作队星级化评定和驻村干部积分制考核，评选出五星工作队36支，三星工作队85支，70分以上的驻村干部111名。以明察暗访、巡回督导、电话抽查、随机抽查、实地检查等方式，督促驻村干部严守“五天四夜”驻村纪律、落实“六化十到位”（“六化”指驻村帮扶工作系统化、系统精细化、精细清单化、清单责任化、责任具体化、具体长远化；“十到位”指作风建设夯实到位、基础资料和基础工作提升到位、排查反馈问题整改到位、农村人居环境整治到位、项目建设和资金拨付到位、走访入户到位、识别纳入动态监管到位、惠民政策落实到位、宣传引导到位、严明纪律要求到位）工作要求，开展送政策、送清洁、送文化、送就业、送资金、送健康、送帮销、送温暖、送项目、送信心“十送”活动，实现进村遍访、入户遍访常态化全覆盖。全县帮扶单位主要领导调研督导753次，解决问题357个。（兰宏宙）

【乡村振兴财政资金保障】 2022年，浑源县财政投入衔接推进乡村振兴补助资金12790万元，继续实施涉农资金统筹整合，健全乡村振兴财政投入保障机制，加强财政衔接资金管理，支持用于产业发展、易地扶贫搬迁后续扶持、农村人居环境整治提升等项目。

（兰宏宙）

【信贷支持】 2022年，浑源县加大信贷支持力度，放大政策帮扶效应。全年发放脱贫人口小额贷款9534.7万元，贷款户数1910户，占全年任务数101.7%。利息应贴尽贴，贴息559.2万元。完成“雨露计划”资助1214人，发放补助资金364.2万元。资助2022年监测户、脱贫户本科大学生190人，资助资金95万元全部发放。

（兰宏宙）

【脱贫户就业保障】 2022年，浑源县乡村振兴局通过多种形式推送岗位信息、联合企业入村招聘、带头人领带、职业技能培训、落实就业帮扶各类补助政策，制定和实施人才培训计划，提高就业技能，拓宽脱贫户就业空间。全年全县脱贫劳动力务工19543人。其中，省外就业4194人，省内县外就业7381人，县内就业7968人。18个安置点有6022名劳动力外出务工，为1619人安排公益岗，264人在帮扶车间就业，所有有劳动能力的搬迁家庭至少有1人就业。全年完成90人的乡村致富带头人和230人的乡村致富带头人技能提升培训任务。（兰宏宙）

【脱贫群众增收途径拓宽】 2022年，浑源县制定出台《关于加强脱贫户和监测户收入测算及录入工作的九条意见》，通过统筹调度、业务培训、队伍建设、考核督导等办法，做实全县脱贫户和监测户收入测算及录入工作。制定出台《浑源县促进脱贫群众增收措施三十条》，从加强防返贫动态监测帮扶、发挥产业带动作用、强化衔接资金项目联农带农利益联结、支持脱贫人口就近就地就业、加大省外务工输出力度、开展消费帮扶、推动社会帮扶、夯实“三保障”（保障其义务教育、基本医疗和住房安全）和饮水安全工作，加大金融保险支持力度，发挥转移收入兜底保障作用10个方面，采取30条具体措施，促进脱贫群众增收。全年全县人均纯收入11610元，增长21.9%，全县脱贫人口人均纯收入高于全县农村居民常住人口人均可支配收入增速7.6个百分点。（兰宏宙）

【高素质农民培训】 2022年，浑源县培训高素质农民2694人。其中，省农业农村厅高素质农民培训任务734人、大同市高素质农民技能提升培训任务1960人；全县高素质农民取证2694人，持证率100%，中、高级持证人数分别占持证总人数的35%、15%以上，从业率不低于70%。（兰宏宙）

生态环境保护

环境质量

【大气环境质量】 2022年，浑源县二级以上天数285天，比上年增加17天。空气质量综合指数4.6，比上年下降9.6%；PM_{10}（可吸入颗粒物，指粒径在10微米以下的颗粒物）浓度79微克/立方米，比上年下降14.1%；$PM_{2.5}$（可吸入颗粒物，指粒径在2.5微米以下的颗粒物）浓度39微克/立方米，比上年下降18.8%。（田 竹）

【水环境质量】 2022年，浑源县2个地表水考核断面水质优良（达到或优于Ⅲ类）比例100%，其中寺庄国考断面平均达地表Ⅱ类优良水体，王庄堡省考断面平均达地表Ⅲ类优良水体；11个集中式饮用水源地［县城集中式饮用水源地1处，乡（镇）集中式饮用水源地10处，其中沙圪坨集中式饮用水源地为地表水，其余9个乡（镇）为地下水］，除沙圪坨镇集中式饮用水源地总氮超标、南榆林乡集中式饮用水源地氟化物超标（其余指标合格），县城城东集中式饮用水源地及其余8个乡（镇）集中式饮用水源地水质各项指标均合格。

（田 竹）

【声环境质量】 2022年，浑源县开展昼间城市区域环境质量监测工作，设置监测定位1个，覆盖城市面积5平方千米，昼间城市区域环境质量总体水平等级为二级。

（田 竹）

【土壤环境质量】 2022年，浑源县开展土壤环境质量监测项目3个，分别为土壤污染调查项目、土壤理化指标调查项目、土壤普查项目，经监测土壤环境质量清洁。

（田 竹）

水环境保护

【河长制推行】 2022年，浑源县开展河道堤防安全包保工作，向各乡（镇）印发《大同市河长制办公室关于转发〈山西省河道堤防安全包保责任制管理办法（试行）的通知〉》，要求按照行政区划编制包保责任堤段划分方案，逐河段落实堤防管理责任，上报堤防责任包保落实情况，并签订责任状。

（温增松）

【水资源管理】 2022年，县水务局落实水资源管理制度，合理确定地下水取水工程布局，制定全县年度取水计划。加大工作力度，利用各种媒体引导和动员社会各界参与节水型社会建设，完成节水达标创建工作。做好水资源远程监控和机械水表的巡查安装工作，加强对企业地下水计量监测的监管，同时安装计量设施。委托大同万维检测科技有限公司开展水源地水质监测2次，21项指标均合格。

（温增松）

【水利项目建设】 2022年，县水务局实施县生态环境综合治理PPP项目，总投资1.3亿元的王千庄水库配套供水工程项目，全年实施管道采购及净水厂场坪建设，完成投资2000万元；总投资2.2亿

2022年，浑源县实施恒山水库清淤及矿山修复工程。图为清淤后的恒山水库 （安兴旺 摄）

元的柳河生态修复治理工程项目，全年实施悬空寺段河道底板施工，完成投资2000万元；总投资3.7亿元的山西神溪国家湿地公园建设项目，全年实施传统建筑标段、湿地水域1标段的主体建筑施工，完成投资1亿元。 （温增松）

【水利项目储备】 2022年，县水务局储备多项水利项目，其中包括：太安岭、羊投崖、水峪小流域综合治理工程，总投资1300万元，治理总流域面积90平方千米，小流域水土流失治理面积76平方千米。浑源县龙盆峪生态清洁小流域水土流失治理工程，投资1000万元，主要建设内容为水保林100公顷，河道整治2.5千米，封禁治理2760万平方米。浑源县凌云口峪河河道治理工程，总投资4160万元，治理段河道总长26.4千米。大清河河源区（浑源）修复与保护工程项目，总投资8.6亿元，工程建设规模为大清河河源区（浑源）修复保护范围409平方千米。恒山水库清淤及矿山修复工程，总投资2.2亿元，主要建设内容为清理恒山水库淤泥275万立方米，运往3处矿坑及裴村乡土地整理区用于复垦。 （温增松）

污染防治

【大气污染防治】 2022年，大同市生态环境局浑源分局按照《浑源县空气质量再提升2022年行动计划》，重点从减煤、控车、应对重污染天气等方面落实。加快清洁取暖改造，实施煤改电2000户、棚改1600户，检查沿街商铺或商住混用平房居民296户次，责令改用清洁煤商铺59户次，查封燃煤锅炉12个，取缔燃煤锅炉6个、土小炉灶9台。检查柴油车93辆，天然气货车166辆，发现违法行为7起，均处罚。按照市气防办（大同市大气污染防治工作领导组办公室）关于做好不利气象条件应对工作的通知要求，督促企业做好厂区散煤、料堆覆盖，最大限度降低扬尘污染，落实建筑施工工地“六个百分之百”（施工工地周边100%围挡、物料堆放100%覆盖、出入车辆100%冲洗、施工现场地面100%硬化、拆迁工地100%湿法作业、渣土车辆100%密闭运输）措施，做好不利气象条件应对工作。年内，对建筑施工工地开展专项检查5次，纠正违章作业8次。 （田 竹）

【水污染防治】 2022年，大同市生态环境局浑源分局围绕水环境质量改善目标，完成“千人以上”农村水源地现场踏勘61个。定期巡查浑河、唐河上下游河段、入河排污口和采砂点。完成浑源县污水处理厂尾水人工湿地净化工程可研报告编制工作，取得浑源县行政审批服务管理局批复。设立入河排污口标识牌4个，便于采集水样和现场监督检查。年内，抽样检查水样6次，合格率100%。 （田 竹）

【土壤污染防治】 2022年，大同市生态环境局浑源分局按照全省重点建设用地安全利用推进会议精神，督促上年度涉及用途变更“一住两公”（住宅用地、公共管理与公共服务用地）3个土壤污染地块，完成调查报告编制，并在全国土壤污染状况调查系统为土地使用权人分配地块账号，完成资料上传工作。年内，抽样检查土样3次，合格率100%。

（田 竹）

【固体废弃物污染防治】 2022年，大同市生态环境局浑源分局督促63家企业完成上年固废年报及管理计划备案工作；规范化评估7家医院、6家风电、1家高岭土企业和山西恒山索道有限公司、15家危废产生单位。年内，引进山西润昂达环保科技有限公司总投资1.2亿元约3.3万平方米，再生资源综合利用项目，选址青磁窑镇车厂村，开展无害化处理50万吨。（田 竹）

【大气污染防治对策研究专家座谈会】 2022年2月15日，浑源县大气污染防治对策研究专家座谈会召开，生态环境部环境工程评估中心原副总工程师、二级研究员任景明及中科院大气物理研究所专家学者参加。浑源县委副书记、县长赵昱清主持会议。县委常委、政府副县长曹启龙、胡鹏，副县长张树军出席会议。政府办、发改局、工信局、住建局、能源局、生态环境局、自然资源局、永安镇等部门负责人参加会议。专家组到浑源师范空气质量监测点、热力公司、生态环境局及部分平房居民家中，调研大气污染防治工作。与会部门负责人介绍各行各业发展与生态环境保护工作和对大气污染防治的思考。中科院大气物理研究所现场交流在其他地区开展大气污染防治技术支持工作成果。与会专家结合自身工作实际和国家大气治理工作方面政策方向，对浑源县大气环境防治工作提出意见和建议。

（田 竹）

环境卫生

【日常清扫保洁】 2022年，浑源县市政中心采取早上“人力+机械”全面普扫、上下午“动态保洁+集中整治”模式，对县城大街小巷的卫生死角实行“地毯式”排查和清理，对人流量大、易产生垃圾的繁华路段、商业路段、便民市场等县城重点部位实行重点保洁，增加频次，确保保洁不留死角。打造永安西街、恒山南北路示范标杆道路，实现环境卫生大提标。

（余鹏飞）

【垃圾清收清运】 2022年，浑源县实行“车桶对接、密闭运输、日产日清、车走地净”模式，确保垃圾收集不落地、存放不暴露、运输不洒漏、全程密闭化，防治二次污染。增加重点路段、繁华场所、居民小区垃圾清运频次，适时延长清运时间，提高清运率。（余鹏飞）

【公共厕所管理】 2022年，浑源县市政公用事业服务中心完善公厕管理机制，公示公厕管理制度、管理标准、管理岗位责任制，强化社会监督。加强公厕保洁管理，提高保洁人员服务意识，定人定岗，对公厕门前的纸屑、烟头、树叶等杂物勤清理，勤消毒，勤打扫，对公厕门把手、洗手台、纸篓等按时消杀，确保公厕内外环境干净整洁。定期加强公厕设施维护，确保水电等设施完好。每日定时对全县的排污化粪池、水冲式公厕和旱厕消杀。全年出动消杀车4辆，早晚2次对

2022年，浑源县打造通往浑源古城的环境卫生示范标杆道路

（杨 钦 摄）

12个酒店的排污化粪池、县城9座水冲式公厕和26座旱厕人工全覆盖消杀，对主要路段的5个管网排水口进行投加消杀。（余鹏飞）

【道路清洗】 2022年，浑源县市政中心按照“人机结合”道路清洗模式，每日出动4辆洒水车、1辆雾炮车，每日不低于6次作业，加大对主次干道洒水、机洗、抑尘的频次，着重清洗慢车道、人行道、交通护栏基底等重点部位。深层次冲洗擦拭果皮箱、垃圾桶等环卫设施和市政箱柜、花池、雕塑等城市家具，确保路见本色、设施如新。（余鹏飞）

【无害化处理】 2022年，浑源县建有1座无害化处理有限公司，位于浑源县南榆林乡二岭村西北约600米的荒沟内，分填埋区、渗滤液处理区和办公区，占地面积11万平方米，处理工艺采用卫生填埋法。日处理生活垃圾120吨，总库容120万立方米。经升级改造渗滤液处理设施，通过采用MBR（膜生物反应器）生化处理与膜处理工艺，处理规模20立方米/天，出水水质达国家一级B标准。（余鹏飞）

环境监督管理

【环保执法】 2022年，大同市生态环境局浑源分局出动综合行政执法人员1659人（次），检查企业863家次，上传执法记录日志1210条，现场执法检查移交相关部门属地6例，查封汽车修理铺2家，立案处罚企业(个人)18家(人)，罚款17万元。年内，禁止秸秆露天焚烧，发现并扑灭火点30余处，批评教育15人，查处焚烧秸秆的环境违法行为9起。（田竹）

【环境监测】 2022年，浑源县聚焦物理指标监测、化学指标监测、生态系统指标监测三项内容，坚持日常监测与定期监测相结合，重点监测与抽样监测相结合，现场监测与综合评价相结合，开展大气环境、水环境、声环境、土壤环境等监测，完善优化大气环境质量监测点1个、声环境质量监测点1个，委托大同万维检测科技有限公司开展水源地水质监测2次21项指标，涉及11个集中式饮用水源地，开展土壤环境监测项目3个，抽样检查3次。（田竹）

【环保热线事件受理】 2022年，大同市生态环境局浑源分局按照全天候接访、无缝隙对接的信访处办机制，受理环保信访案件77件，其中“12369”受理16件，微信平台受理2件，“12345”政府服务热线办理59件，所有举报均在规定时间内办结，处理率和反馈率均为100%。（田竹）

【生态环境保护督察】 2022年，大同市生态环境局浑源分局推进生态环境保护督察，推动各类督察问题整改。中央、省生态环境保护督察涉及整改事项11个，完成9个，推进2个（中央生态环保督察1个、省生态环保督察1个，均按序在推进）。（田竹）

【环保事项审批服务】 2022年，大同市生态环境局浑源分局协助办理环评审批9个，建设项目环境影响登记表网上备案157个；对浑源晟焰高新材料科技有限公司、大同恒奇精神病医院有限公司、大同首曜生物科技有限公司出具总量初审意见；对浑源县远华商品混凝土有限责任公司年产5万立方米商品混凝土建设项目、恒山风景名胜区汤头温泉疗养院改造工程项目（一期）和浑源县全域旅游服务中心建设项目出具总量削减方案。（田竹）

【环保工程建设】 2022年，大同市生态环境局浑源分局在浑源县驼峰乡西堡村、中堡村、东堡村进行农村污水治理，主要修建150立方米化粪池3座、108立方米化粪池1座。对下韩村乡石庄村集中式饮用水水源地规范化整治，主要建设防护隔离网117米，警示牌2块，水源地界标1块，导流地面硬化194平方米。对永安镇神溪村、土桥铺村，下韩村乡麻庄村、石庄村，西留村乡宝峰寨村，驼峰乡田村，沙圪坨镇井上村，5个乡（镇）7个村庄实施污水收集治理设施整改。对浑源县永安镇神溪村、土桥铺村，下韩村乡麻庄村、石庄村，西留村乡宝峰寨村，驼峰乡田村，东坊城乡郭家庄村、仁和号村，沙圪坨镇井上村，6个乡（镇）9个村庄实施的污水收集治理设施进行运营维护。（田竹）

2022年6月5日，大同市生态环境局浑源分局工作人员在县锦联汇广场开展以“共建清洁美丽世界”为主题的环保宣传活动　（安兴旺　摄）

【环保宣传】2022年6月5日，大同市生态环境局浑源分局围绕“六五”世界环境日“共建清洁美丽世界”主题，组织全体工作人员在浑源县锦联汇广场开展环保宣传活动。活动通过悬挂宣传标语、发放宣传资料、现场解答咨询等方式举行，主要宣传环境保护科普知识及相关政策法规，倡导生态文明、绿色低碳生活方式，号召群众参与生态环境保护，增强公众环保意识和参与意识。活动发放宣传手册画报1300余份，发放环保购物袋3000余份。

（田　竹）

恒山国家森林公园

【概况】　2022年，恒山国家森林公园、恒山省级自然保护区和恒山林场实行“一套人马，三块牌子”运行机制。恒山国家森林公园位于浑源县境内南部山区，北临浑河，东至大仁庄乡，南接王庄堡镇，西连官儿乡，东西绵延250千米，有108峰，其可览度属于中景级以上的自然和人文景观有85个。其中，森林景观15个，自然景观32个，人文景观38个。总经营面积31684.6公顷，森林覆盖率32.8%。　（杜　娟）

【营林造林】　2022年，恒山国家森林公园完成森林抚育933.3公顷，通过生态疏伐抚育方式，促进林木健康生长。建设草种繁育试验基地，种植毛建草8公顷、扁穗冰草24.3公顷、观赏草1公顷。使用2+3营养袋油松和2+3营养袋樟子松壮苗完成植被恢复造林16.7公顷。完成人工造乔木林1333.3公顷，退化林修复400公顷。

（杜　娟）

【森林资源管理】　2022年，恒山国家森林公园加大巡山管护力度，掌握林业有害生物发生情况，编制有害生物防治预案，进行健康木预防，按时清理病死木，喷药防治病虫害木。在林区安装松褐天牛诱捕器，投放防虫烟雾弹防治落叶松鞘蛾、尺蠖，防治总面积666.7公顷，遏制林业有害生物的扩散和危害。　（杜　娟）

【森林防火】　2022年，恒山国

2022年，恒山国家森林公园森林覆盖率32.8%。图为该公园云海风光

（安兴旺　摄）

家森林公园坚持昼夜值班、林情火情“零报告”制度和领导带班制度，优化完善防火组织机构和防火应急预案。防火特险期在重要进山入口处设置防火检查站，集结防火队员，按照“纵向到头、横向到边、不留死角、不留空白”原则，排查火灾隐患。加强防火宣传力度和广度，通过出动防火宣传车、车载喇叭、进村入户、悬挂宣传横幅、发放宣传手册等方式，确保防火宣传、防火法规深入人心，达到全年无火警、火情发生。（杜 娟）

神溪国家湿地公园

【概况】 2022年，神溪国家湿地公园总面积316公顷，湿地率78.1%。位于浑源县城西北3千米处，是国家级湿地公园建设试点。湿地有维管束植物41科、102属、144种，有国家二级保护植物野大豆；野生动物57种，其中哺乳类动物4种，鸟类41种，爬行类动物3种，两栖类动物3种，淡水鱼类6种，分布有国家一级保护动物黑鹳、国家二级保护动物小天鹅、山西省级保护动物普通夜鹰、黑枕黄鹂、苍鹭、金眶鸻等。湿地范围内拥有古戏台、古民居等人文景观，其中位于湿地中央的律吕神祠是国家重点文物保护单位。律吕神祠下神德湖面积约2000平方米。2022年，浑源县在神溪村北凤凰山选址重新修建凤山书院。（王剑华）

【神溪湿地公园景区创建】 2022年，浑源县园林绿化中心推进神溪湿地公园创建国家AAA级旅游景区。依托神溪湿地公园自然和生态景观及神溪湿地PPP项目建设，利用县政府AAA景区倍增计划契机，神溪湿地公园申报国家AAA级旅游景区。3月浑源县园林绿化中心与大同大学签订委托协议，编制申报国家AAA级旅游景区文本，4月底递交市文旅局。6月市文旅局负责人2次到神溪湿地景区考察，明确景区达到国家AAA级旅游景区标准。浑源县园林绿化中心完善神溪湿地游客服务中心各种设施设备、培训景区讲解员、开展清理湿地内卫生死角和湖塘垃圾、整理行道树、清理杂草等工作。（王剑华）

2022年，神溪国家湿地公园湿地率78.1%。图为该公园自然生态景观
（安兴旺 摄）

【神溪湿地保护】 2022年，浑源县园林绿化中心为配合浑源县全域旅游服务中心建设进度，从迎宾街移栽柳树苗1400余株，栽植在神溪水库边界沿线。林木带明确湿地边界，防止周边群众在库区放牧和种地，加强对湿地的保护。租赁大型挖掘机械，在二道河修复挡水围堰120米，加大湿地蓄水功能，防止群众蚕食湿地。与永定河公司 共同开展2月2日世界湿地日、《中华人民共和国湿地保护法》宣传、3月3日世界动植物日、世界文化和遗产日等宣传活动，加大宣传力度。与林业派出所联合查处土桥铺村填埋湿地案件1起、偷盗湿地设施案件1起；制止破坏湿地设施案件1起，制止企业湿地排污事件2起。（王剑华）

节能减排

【节能管理】 2022年，浑源县优化完善能耗“双控”（能耗总量和强度双控）制度，加强能耗强度降低约束性指标管理，

按照地区生产总值增速目标和能耗强度降低基本目标确定年度能源消费总量目标，落实浑源县"十四五"能耗强度降低目标和年度目标。落实国家增加可再生能源电力消费量不纳入能源消费总量考核、原料用能不纳入能耗"双控"考核等政策。严格能耗"双控"管理，压实责任、转变理念、完善政策，强化降碳刚性举措；强化能耗预警，加大对能耗"双控"目标完成情况的监测预警与调度分析。遏制高耗能高排放低水平项目盲目发展，严把高耗能高排放项目准入关，对不符合节能审查要求的项目停产整改。对能效水平落后且不具备改造提升条件的六大传统高耗能行业项目，按照"上大压小、产能置换、淘汰落后、先立后破"原则限期调整退出。年内，通过"双控"管理，淘汰不合标项目5个。（张虎林）

【公共机构节能】 2022年，浑源县14家机构建成节约型机构。4月22日，在第53个世界地球日，开展"倡导绿色生活，拒绝白色污染"教育；各单位干部职工带头停止使用《公共机构停止使用不可降解一次性塑料制品名录（第一批）》内的塑料制品；6月13日至19日，在全国节能宣传周期间，围绕"绿色低碳，节能先行"的主题，制作节能宣传主题横幅20条；在政府网站、职工QQ群推送节能宣传知识内容2254次，开展公共机构食堂厉行节约反对食品浪费工作成效考核；6月15日，在"全国低碳日"，县委办公室领导参加"能源紧缺体验日"活动，停开汽车一天；县委办公区域空调停开一天；倡导发送电子版文件，文件印刷使用双面排版。（李　枢）

【节能减排宣传活动】 2022年6月13日至19日第32个全国节能宣传周，浑源县开展以"绿色低碳节能先行"为主题的节能减排宣传活动。活动通过县融媒体、《北岳报》等平台宣传节能减排，动员社会各界参与，做到全县全民普及生态文明、绿色发展等理念和节能知识。全县各有关部门和企业按照国家、省、市等新冠疫情防控工作部署和要求，结合辖区新冠疫情防控工作实际，在做好常态化新冠疫情防控同时，采用"线上＋线下"相结合方式，创新宣传手段，加大宣传力度，发挥电视、广播、报纸等传统媒体优势，运用网站、微信、微博、视频平台等新兴媒体，动员全社会各界参与节能降耗。

（张虎林）

【浑源县获山西省"县城绿色低碳建设试点县"】 2022年9月，浑源县获山西省第二批县城绿色低碳建设试点县（全省5个市的5个县上榜，浑源作为大同唯一县位列其中）和山西省第一批省级城市更新试点县（全省有3个市、10个县入列）2个奖项。浑源县获2个奖项，分别是在山西省公布的第二批县城绿色低碳建设试点县名单中；被列入山西省第一批省级城市更新试点县名单。浑源县以"举文化生态牌，建特色休闲城，走旅游康养路"为总体目标，打造大同市副中心城市。推进城市规划建设，坚持古城保护、老城改造、新城开发、水城创建等4城同创，综合改造提升主干街道外立面，提升城市环境。坚持绿色发展、文旅兴城，以旅游为主导构建转型发展产业体系，通过构建"一带、七区、多节点"历史文化全要素保护空间格局，建设以全国重点文物保护单位及其他历史文化遗存为支撑，以北岳文化、古都文化为文脉的历史文化名城。全省县城绿色低碳试点县试点期5年，通过实施市政基础、公共服务、绿色节能建筑、绿色低碳交通、历史文化保护等领域的建设项目，使试点县建立生态文明制度体系，形成绿色低碳发展产业集群，健全完善民生保障体系。省级城市更新试点期1年，重点探索统筹实施城市更新工作机制、探索城市更新可持续模式及探索建立健全配套法规政策标准。（张虎林）

教 育

综 述

【概况】 2022年，浑源县有各级各类学校和幼儿园116所（民办20所）。其中，小学36所（含教学点），普通初中9所，特教学校1所，普通高中3所，职业高中3所（民办2所）。幼儿园64所（民办17所）。全县在编在岗教职工3022名。其中，幼儿教师170名，义务教育阶段教师2190名，高中教育阶段教师486名，其他（教科局、学区、青少年活动中心）176名。全县有中小学生25472名。其中，小学12056名，初中生7336名，普通高中生4737名，职业高中生1302名，特殊教育41名。在园幼儿5351名。 （林立峰）

【控辍保学】 2022年，浑源县各学校开展义务教育阶段学生“控辍保学”工作，加强动态监测，建立学生变动情况台账，发现有厌学或失学倾向的学生，通过思想教育、家访调查、困难补助等方式开展劝返工作。与县残联、民政、卫体、医疗等部门，成立残疾儿童少年入学鉴定工作组，制定《浑源县义务教育阶段适龄残疾儿童少年“送教上门”服务工作实施方案》，鉴定在该县居住的学龄残疾儿童少年，并根据鉴定结果确定43名重度残疾儿童少年，采取送教上门形式接受九年义务教育。全年，全县义务教育学龄人口无因贫因残失学辍学学生。 （林立峰）

【“双减”政策落实】 2022年，浑源县各学校在作业管理方面，规范中小学生作业管理，建立作业审批、动态管理、作业批改等制度，控制作业总量，作业时间得以缩短，减轻作业负担。在课后服务方面，浑源县开展中小学课后服务工作，出台《浑源县义务教育阶段课后服务资金保障方案》，县财政在年度预算中列支325万元专门

2022年，浑源县教科局落实“双减”政策，为学生提供“5+2”课后延时服务。图为4月1日，机器人“小胖”进课堂科技活动现场 （杨 钦 摄）

用于课后延时托管服务开展，全县所有中小学给学生提供“5+2”（课后服务时间为学生节假日除外的在校学习日，每周按照五天核算，每天课后延时服务不低于两小时）课后延时服务，主要以文学艺术类社团、体育健康类社团、科技活动类社团和文化学习类社团为主。给全县中小学生开展为期20天的暑期托管服务，组织2000余名小学生分校分批在文庙、永安禅寺、圆觉寺、栗毓美墓开展集中研学实践活动，明确学科类培训机构主管部门为教科局，体育、文化艺术、科技等非学科类校外培训机构主管部门分别是卫体局、文旅局、教科局，各主管部门加强校外学科类辅导班监督管控，防止变异复苏。6月23日，大同市“双减”工作现场推进会在浑源县举行，浑源县的“双减”（减轻义务教育阶段学生作业负担和校外培训负担）经验得到市、县领导肯定。（林立峰）

【县管校聘改革】 2022年，浑源县教育科技局制定《2022年浑源县县管校聘实施方案》，对公办义务教育学校2384名在编教职工，经过校内竞聘、跨校补聘、岗位调剂、转岗竞聘和暂时待聘5个环节，最终聘用教师1906名（初中533名、小学1350名、特教23人），学区62名、青少年活动中心10名、转岗教师131名，退养教师132名，大病教师78名，外借教师21名，落聘教师44名。制定《浑源县教育科技局教师转隶审核方案》，理顺教师队伍“人、编、岗、资”。（林立峰）

【“双师”模式课堂教学研讨会】 2022年1月5日，浑源县“双师”模式课堂教学研讨会在浑源三中会议室举行。凯德世家小学教师孙桂兰、杨红梅及东关小学教师孙莉分别围绕《植树问题》《神州谣》《含有中括号的混合运算》作课例展示。参会老师们从教研活动引入名师授课环节、现场老师的把控程度、课堂互动、课堂氛围等方面现场点评。浑源县“双师”教学模式启动，东关小学、凯德世家小学、实验中学作为“双师”教学试点学校，率先开展实验。（林立峰）

【教育振兴座谈会】 2022年8月19日，浑源县教育振兴座谈会在黄芪文化园召开。会上，校长、教师代表围绕教育发展的问题提出意见和建议，浑源县委书记高莹希望教育工作者以培养全面发展的高素质人才为己任，办好人民教育，并从顶层设计、总体布局方面提出要求，为全县教育事业发展提供根本遵循和实施路径。（林立峰）

【教育工作大会】 2022年8月30日，浑源县教育工作大会在浑源中学大礼堂召开。受表彰代表，县委各部委、政府各委局办主要负责人，各乡（镇）党委书记、乡（镇）长，民营企业代表，学校校长、幼儿园园长、教师代表、学生代表517名参加会议。会议要求坚持把教育放在优先发展战略地位，凝聚起全社会办教育的合力，营造尊师重教氛围，推动浑源教育发展。会议表彰2个捐资助教先进集体，15个优秀教育团队，6名优秀校长，10名师德标兵，95名优秀教师，66名优秀班主任，55名优秀教育工作者，

2022年8月30日，浑源县教育工作大会在浑源中学召开（乔海荣　摄）

11 名优秀毕业生，出台《浑源县中小学奖励性绩效实施办法》。（林立峰）

教育管理

【教师队伍建设】 2022 年，浑源县公开招聘老师 48 名。其中，大专学历 2 名，本科学历 46 名。对公办义务教育学校 2384 名在编教师开展中小学教师县管校聘管理改革工作，经过校内竞聘、跨校补聘、岗位调剂、转岗竞聘和暂时待聘 5 个环节，最终聘用教师 1906 名（初中 533 名、小学 1350 名、特教 23 名）。组织 64 名骨干教师参加国家中小学智慧教育平台应用第一期国家级培训和大同市中小学教师人工智能培训；邀请山西省一线骨干教师、中考命题组的专家举行“浑源县 2022 年初中学科教师培训活动”，培训中学教师 570 名；组织 10 名中小学班主任和 10 名心理健康教师参加大同市教育局培训；组织 258 名中小学骨干教师参加“大同基础教育网教育资源公共服务平台使用管理员培训”和“浑源县小学乡村教师能力提升项目小学语文、数学、英语教师研修班”；小学语文和小学数学名师工作室组织 1217 名教师开展“小学语文课标解读”“小学语文、数学试卷分析评估”“小学数学微型课堂展示”“教师公开课教学活动”。（林立峰）

【教育资金投入】 2022 年，浑源县投入资金 62797 万元，主要用于中小学公用经费、人员工资、教育资助、基础建设、教师补贴、教师培训、规范民办义务教育等项目，其中教育资助投入资金 3159.1 万元，受助学生 36419 人（次），受助教师 18 人（次）。（林立峰）

【德育工作】 2022 年，浑源县通过教学设计、课堂实录、现场说课展示、现场时政述评，选出 2 名思政课专业教师和 9 名思政课骨干教师参加大同市教育局评选。组织 1500 余名师生到红色教育基地或烈士陵园开展清明祭英烈主题活动，通过升国旗、唱队歌、宣誓词、讲故事等形式缅怀革命先烈，组织全县师生以线上献花、网上留言等方式开展网络祭扫。开展“我的家风故事”“新时代大同好少年”“第五届大同市生态环境保护征文”“庆祝建团一百周年”“法律进校园”等活动，推出 9 名新时代好少年，评出优秀征文 246 篇，书画作品 227 幅，表彰五四红旗团支部 5 个，优秀团员 15 名，优秀少先队辅导员 5 名，优秀少先中队 5 个，优秀少先队员 10 名。（林立峰）

【“放心午餐”食品保障工程】 2022 年，浑源县在永安小学、北岳小学、穆岳小学、鑫源小学和南顺小学 5 所学校实施“放心午餐”食品安全保障工程，实现学校食堂、厨房等重点区域、重要环节“可识别、可抓拍、可感测、可示警、可反馈、可核验、可追溯”，保证学生食品安全。2022 年春季学期开始实施营养餐提标工程，由每生每天 4 元提高到 5 元，覆盖全县农村义务教育阶段所有学生。年内，浑源县供餐人数 432 名。（林立峰）

【学校基础设施建设】 2022 年，浑源县投入 643.4 万元改造全县 23 所义务教育学校的屋面防水及采暖系统。投入 160 万元对 8 所幼儿园进行室外硬化、室内外设施及给排水系统改建并全部完工。投资 3945.4 万元，建筑面积 9165 平方米的穆岳小学迁址重建项目全部完工并投入使用。投资 941.4 万元，建筑面积 1997.5 平方米的示范中学男生公寓楼扩建项目全部完工并投入使用。投资 6009.6 万元，建筑面积 10694.3 平方米的永安镇中心学校扩建项目完工并入住。采煤沉陷区治理搬迁集中安置区小学、幼儿园等公共服务设施建设项目，投资 4300 万元，建筑面积 10259 平方米，完成小学实验楼主体结构、教学楼主体结构和连廊主体结构工程。投资 137 万元建设录播室和多功能报告厅，满足师生教研、教学、文艺展演、研讨交流等方面需求。（林立峰）

【平安校园建设】 2022 年，浑源县创建市级平安校园 4 所，分别是浑源县第七中学校、南关幼儿园、恒吉利幼儿园、井上小学；创建县级平安校园 2 所，分别是浑源县第二中学校和思源幼教中心。截至年底，浑源县有省级平安校园1所，市级平安校园40所，县级平安校园37所，平安建设创建率91.7%。

（林立峰）

学前教育

【概况】 2022年，浑源县有幼儿园64所。其中，公办园47所，民办园17所，均是普惠性幼儿园。有幼儿教师524名。其中，在编教师170名，编外教师354名。有在园幼儿5351名，其中公办园在园幼儿占比61.6%，学前3年毛入园率98.6%。（林立峰）

【幼儿园管理】 2022年，浑源县教育科技局与县财政局、发展和改革局、卫生健康和体育局及市场监督管理局联合成立学前教育机构分级分类评定专项评估检查组，对申报初评的2所民办幼儿园（西坊城博思幼儿园和小天使幼儿园），通过实地查看、查阅档案、现场打分等方式，进行综合评估，均被认定为二级二类幼儿园。对18所注册3年的民办幼儿园重新评估定级。年内，重新评估定级幼儿园20所，停办3所。（林立峰）

【幼儿园教师培训】 2022年，浑源县13名幼儿园园长参加山西省学前教育中心组织的第35期幼儿园园长岗位培训，取得园长资格证书。幼儿教师参加国家、省、市级学前教育业务培训100余人（次），参加继续教育200余人（次）。

（林立峰）

义务教育

【概况】 2022年，浑源县有义务教育阶段学校59所（民办1所）。其中，小学48所，单办初中5所，九年一贯制学校4所，十二年一贯制学校1所（民办），特教学校1所。全县有义务教育阶段学生19387名，有民办义务教育阶段学生5597名。其中，小学3105名、初中2492名，占全县义务教育学生总数的28.9%。（林立峰）

【中考】 2022年，浑源县参加中考人数2477名，中考总分660分。600分以上学生31名，全县优生人数518名（528分以上），优生率21%，比上年提高3个百分点；全县合格人数1619名（396分以上），合格率65.6%，比上年提高11.6个百分点。全县中考成绩总平均分432.6分，比上年增加35.1分。

（林立峰）

【义务教育学科设置】 2022年，浑源县开齐开足国家规定课程。小学设有语文、数学、英语、道德与法治、科学、音乐、体育、美术、劳动技术、综合实践、心理健康教育等课程。初中设有语文、数学、英语、道德与法治、历史、地理、生物、物理、化学、音乐、体育、美术、劳动技术、信息技术、综合实践、心理健康教育等课程。

（林立峰）

【中小学教学教研】 2022年，浑源县127名教师在全县中小学教师公开课活动中开展课例展示。现代教育发展中心组织各学科教研员在示范中学、永安小学、西坊城学校开展为期1个月的驻校式督查、指导，听课516节，参与并指导校本教研37次，与教师共同备课48节。各中小学相应开展校本教研、主题教研、联盟校教研等活动。浑源三中、王庄堡中学、穆岳小学、凯德世家小学、东关小学5所学校被认定为山西省教育科学“十四五”规划课题“核心素养视域下中小学学科思维培育策略的研究与实践”课题研究基地校。（林立峰）

【中小学心理健康教育】 2022年，浑源县各级各类学校全部开设心理健康教育课，配备心理健康教育专职教师21名，心理健康教育兼职教师208名，设立心理辅导（咨询）室的学校有52所。每班每两周上1节心理健康教育课，并在学科教学中渗透心理健康教育。利用校园广播、宣传橱窗、主题班会、黑板报、网络等校园媒介开展心理健康教育。（林立峰）

【义务教育名师工作室成立】 2022年，浑源县成立义务教育阶段各个科目的名师工作室，以加强名师队伍建设，发挥名师示范引领和辐射作用，打造高素质、专业化教师队伍。3月，成立第三批小学语文名师工作室，工作室设在鑫源小学，由21名小学语文教师组成，工作期限是2022年3月至2025年2月；2022年3月，成立第三批小学数学名师工作室，工作室设在凯德世家小学，由17名小学数学教师组成，工作期限是2022年3月至2025年2月；10月，成立第四批小学英语名师工作室，工作室设在东关小学，由13名小学英语教师组成，工作期限是2022年10月至2025年9月；10月，成立第四批初中语文名师工作室，工作室设在浑源三中，由16名初中语文教师组成，工作期限是2022年10月至2025年9月；10月，成立第四批初中数学名师工作室，工作室设在示范中学，由16名初中数学教师组成，工作期限是2022年10月至2025年9月；11月，成立第二批班主任名师工作室，工作室设在鑫源小学，由9名班主任组成，工作期限是2022年12月至2025年11月。（林立峰）

【“对话诗词、品味经典”古诗词教学研讨会】2022年1月7日，由浑源县现代教育发展中心主办，浑源县初中语文名师工作室承办的浑源县初中语文“对话诗词、品味经典”古诗词教学研讨会在教科局4楼会议室举行。示范中学语文教师、中语名师工作室主持人李艳丽与学生互动，展现古诗词《卖炭翁》课堂教学案例。县实验中学语文教师、中学语文名师工作室成员贾永祥与学生品学先秦《诗经》名篇《关雎》。浑源三中语文学科教研组长耿东霞作中学语文古诗词教学专题讲座。活动给16名教师颁发“浑源县中小学教学名师”“名师工作室优秀主持人”证书。（林立峰）

【穆岳小学】2022年9月19日，穆岳小学新校区落成并投入使用。占地面积19063平方米，建筑总面积9165平方米，设36个标准教室，9个专业功能教室（校史馆、心理咨询室、计算机教室、云教室、精品录播室、音乐舞蹈室、播音资料室、图书室、自然科学实验室），4个教研室，21个教师和行政办公室，1个多功能报告厅。2022年，该校有教学班26个，教师93名，四、六轨制（1个年级6个班，5个年级4个班），在校生996名；幼儿园两轨制（每个年级2个班），在校幼儿80余名。省骨干教师4名，省模范教师3名，市教学标兵、教学骨干50余名。专科以上学历的教师95.6%，教师合格率100%。年内，该校打造“红色文化校园”与“书香文化校园”，相继开展“弘扬雷锋精神争做少年雷锋”主题教育活动、“缅怀穆岳烈士，继承红色基因”主题教育活动、第二十四届校园文化艺术节暨庆祝“六一”国际儿童节系列活动，“学生文明礼仪习惯养成教育月”活动、“面塑”制作活动、书画艺术作品征集活动等，促进学生全面发展。（李海波）

【北岳小学】2022年，浑源县北岳小学有教学班36个，在校学生1412名，专任教师117名。年内，该校立足于提高学生数学素养，发展学生个性特长，举行“开展数学节班徽设计大赛”“布置创意数学角”系列数学节活动。制定错题本整理环节，夯实数学基础知识。重视学困生转化工作，

2022年9月19日，浑源县穆岳小学新校区落成并投入使用

（安兴旺 摄）

2022 年 9 月 30 日，浑源县北岳小学开展首届数学节活动（安兴旺 摄）

建立学困生成长档案。制定新课标学习计划，减轻学生的学习负担，制定《北岳小学“5+2”配餐式作业管理实施方案》，优化教师布置作业的行为。举行知识竞赛活动、大队委竞选活动、大手拉小手新生入队仪式，在少先队员中培育和践行社会主义核心价值观。每学期举行古诗词过级活动，激发学生“传承民族精神，弘扬民族文化”民族自尊心和自信心。（姜志成）

【东关小学】 2022 年，东关小学有教学班 36 个、学生 1629 名、教职工 120 名。年内，该校坚持立德树人，开展“弘扬雷锋精神，争当美德少年”“三八妇女节感恩”系列活动，举行庆祝“六一”、迎新年、艺术节等系列活动（书画作品展、经典朗诵、文艺会演等），陶冶学生情操。开展“每周之星”“流动红旗”班级评比，开展以“喜迎二十大·奋进新时代”为主题的朗诵比赛，歌颂党、歌颂祖国。各班班主任撰写安全教育教案，做到计划、课时、教材、教师四落实。开展教研活动，组织阶段性素质质量监测，实行课后服务“5+2”模式，确保“双减”政策推进。开发体育、书法、美术、手工、音乐、阅读等多元课程，提升老百姓对教育的获得感和满意度。（杨建利）

2022 年 11 月 15 日，浑源县东关小学开展线上教学活动。图为一年级学生在听老师线上授课（张晓田 摄）

【鑫源小学】 2022 年，鑫源小学一年级至六年级有 28 个教学班，在校生 1200 余名，教职工 104 名。教师本科学历占比 85%，省学科带头人 2 名，省骨干教师 3 名，市级优秀教师、班主任 14 名。年内，该校建立健全教学管理制度，通过要求教师编写课时教案、教学反思、批改作业等措施提高教学成绩。落实“双减”政策，开展教研教改活动。制定针对性、实效性较强的学期教研教改工作计划，让该校学科带头人、骨干教师作“公开课、示范课、专题讲座”，带动、引领、辐射广大教师提高教学水平。加大教师培训力度，外出学习取经 3 次，开展校内培训 2 次，转变教学理念，更新教学方法。开展常态课、示范课、同课异构、专题讲座、课标培训等活动 8 次。成立名师工作室 3 个，打造校内名师 11 名，开展“送

教送培”活动。新冠疫情期间，该校语数英名师工作室完成线上送教活动。（胡志忠）

【浑源三中】 2022年，浑源县第三中学校有教学班32个，学生1803名。继续实施“制度约束+人文关怀”方案，加大师德师风建设，提高教学质量和学生道德修养。中考给重点及普通高中输送优秀人才258名。截至年底，该校有书法美术、舞蹈音乐、体育健身、理化生实验、经典阅读、传统文化等类别的社团20个。该校校长吴建新被中共浑源县委、浑源县人民政府评为“优秀校长”；班主任张卓被大同市教育局评为“2022年度优秀班主任”；教师贾丽媛被浑源县教育科技局评为“浑源县教学能手”。（张　卓）

【浑源县示范中学】 2022年，浑源县示范中学配备有云教室、录播教室各1个，物理实验室3个，化学实验室、生物实验室、图书阅览室、音乐教室、美术教室、劳技教室各2个，微机室3个。200米塑胶跑道运动场1个，标准篮球场2个，足球场1个。有在编教师174名，教学班36个，在校学生1852名。年内，该校以加强班主任教师队伍管理为抓手，组织班主任座谈会，修订《班级量化考核方案》。以“深化课堂改革、优化学案结构、提高教学效率、减轻学业负担、夯实学生‘双基’、发展学科素养”为目标，打造“高效学案课堂”，开展“五轮”教研活动，第一轮培养阶段，第二轮帮扶阶段，第三轮成长阶段，第四轮检查阶段，第五轮主题教研阶段。合理利用学案、问题解决导学方案及相关资料给学生布置“量少质高”作业，确保“双减”政策落到实处；开展“培优补差”工作，让不同层次学生均得到长远发展；开展推门课、跟踪课、优质课、汇报课活动，全面提升课堂质量。浑源县示范中学中考达浑源五中录取分数线以上人数242名，全县前10名该中学占8名，600分以上9名。（郝志国）

普通高中教育

【概况】 2022年，浑源县有普通高中3所，分别是浑源中学集团校（2017年浑源中学和浑源五中组建集团校，实行集团化办学、分校区管理）和浑源七中（民办）。在编教职工486名，普通高中在校生4635名。（林立峰）

【高考】 2022年，浑源县参加高考人数1687名，大文大理达二本以上812名（浑源中学637名，浑源七中175名，总数比上年增加246名），达线率48.1%。其中，达一本线152名（浑源中学126名，浑源七中26名，总数比上年增加42名），占达线人数18.7%。高考600分以上6名（浑源中学5名，浑源七中1名）。（林立峰）

【普通高中课程】 2022年，浑源县普通高中开齐国家规定课程。普通高中开设语文、数学、英语、思想政治、历史、地理、物理、化学、生物学、信息技术、通用技术、音乐、美术、体育与健康和综合实践活动、劳动等国家课程及校本课程。（林立峰）

【新高考“3+1+2”模式】 2022年，浑源县实行新高考“3+1+2”模式。“3”是指语文、数学、外语3门是作为高考必考科目，高考原始成绩计入总分，占学生总数100%；“1”是指考生需要在物理和历史中选择其中1门作为选考科目，选物理占学生总数80%，选历史占学生20%；“2”是指从生物、化学、地理、政治中选择2门作为选考科目。并开展新高考“3+1+2”模式选科指导培训。（林立峰）

【浑源中学】 2022年，浑源中学有教学班62个，学生3495名。在编教职工411名，省学科带头人、教学能手、骨干教师16名，市骨干教师、教学能手113名，研究生、教育硕士27名，高级教师114名，一级教师199名，特级教师1名。高考成绩二本B类以上达线637名，一本达线130名，600分以上5名，被985院校录取7名，被211院校录取27名，实现浑源中学在转型发展中“保量增优”既定目标。其中，李某同学以626分成绩被清华大学录取。

年内，该校出台《浑源中学课堂、自习要求》《浑源中学教师教学考核细则》等制度，规范教学常规和学生行为习惯。开展“青蓝结对”师徒协议签订仪式活动，31位青年教师与老教师结成传帮带师徒关系，实行课间“问课制度”，所有年级利用每天的课外活动和课余时间开展问课活动，针对学生不同情况为学生“培优补弱”，召开高三成绩表彰暨励志动员大会和高一高二期中表彰大会，满足不同学生在学习上的差异化需求，形成“赶、帮、超”学习氛围。9月，浑源中学160余名教师到忻州一中观摩学习，双方签订合作协议，在学校管理、教育教学、师资建设、优生培养等方面开展一系列教研活动。（李　峰）

【浑源七中】 2022年，山西省浑源县第七中学校有教学班76个，学生3966名，教职工393名。为实现义务教育阶段在校生规模控制在5%以内的目标，小学起始年级于2022年秋季停止招生，初中起始年级招生规模控制在330名以内。高中部批准轨制由上年的8轨降为6轨300名。年内，该校小学、初中部落实“双减”政策，全县中考前500名，初中部占比36.5%，获七连冠。高中部实行“小组化成长”管理模式，校本课程研发与运用取得成绩。该校高考二本B类达线171名。被大同市教育局授予“2022年度平安校园”称号。（刘文生）

中等职业教育

【概况】 2022年，浑源县有3所职业学校，分别是浑源县高级职业中学（简称浑源高职）、大方高级职业学校（民办）（简称大方职高）和北岳高级职业中学（民办）（简称北岳职高）。其中，浑源高级职业中学把原实验中学划为北校区，占地面积21570平方米，建筑面积12064平方米，有学生351名，专任教师60名；大方高级职业学校占地面积1.1万平方米，建筑面积6400平方米，专任教师26名，学生270名；北岳高级职业中学占地面积21600平方米，建筑面积14120平方米，专任教师46名，学生621名。（林立峰）

【职业教育招生】 2022年，浑源县组织招生人员到社会各个层面宣传职业教育特点和优势，规范招生行为，让学生自主选择学校和专业。全年3所职校招新生519名。其中，浑源高职中144名，北岳职高285名，大方职高90名。（林立峰）

【职业学校专业调整】2022年，浑源县取缔大方职高的老年服务、航空服务专业和北岳职高的中草药、会计、作物生产技术专业。优化浑源县高级职业中学的汽修专业、一对一升学专业和大方职高的“3+2”（大方职高读三年、对口大专院校读二年）分段大专班。（林立峰）

【职业学校教育科研】 2022年，浑源县以培养实用型技能人才为目标，成立公共课教研室。各职业学校设立公共课教研组，每学期开展1次教师听、说、讲、评活动，开展2次常规教学大检查和不定期抽查。（林立峰）

【职业学校教师培养】 2022年，浑源县教科局面向社会招聘具备学科专业知识和教育教学能力的中高级职业教育人才，即“双师型”教师。派浑源县高级职业中学、大方高级职业学校、北岳高级职业中学、山西大同大学浑源师范分校教师外出培训，到企业学习，提高教师的教学能力和专业能力。

（林立峰）

【校企合作共建】 2022年，浑源高职中和无锡、苏州、长沙、北京等地的20家企业长期合作，提供实训基地；大方职高与北京中航国铁公司合作设“3+2”分段大专班；北岳职高参加一对一升学考试45名，有2人升入本科学校，42人升入专科学校，升学率97.7%。

（林立峰）

【与太原科技大学省校合作】 2022年7月11日，浑源县与太原科技大学省校合作交流座谈会在浑源县党群服务中心举行。太原科技大学马克思主义学院院长刘荣臻，太原科技大学外语学院日语系主任齐明皓参加。浑源县委常委、组织部部长、永安镇党委书记王小军， 政府副县长张树军，县委组织部、教科局、文旅局等相关单位负责人参加会议。会上，齐明皓从国情教育资源研究、“大思政”教育实践引领国情教育、红色文旅助力乡村振兴等方面作解读。会议指出浑源正处在举文化生态牌、建特色休闲城、走旅游康养路进程中，在这个关键时期，浑源迫切需要更多高素质人才支撑、更多科技支撑和要素支持。太原科技大学与浑源县有合作历史，通过与太原科技大学合作，深化细化实化人才培养、科技攻关、成果转化、产业创新、文旅发展建设等方面的合作，把浑源文旅大县的资源、产业、区位、政策优势与太原科技大学的科研、人才、智力优势结合起来，携手打造省校合作、协同发展标杆。（韩玉娟）

【山西大同大学浑源师范分校】 2022年，山西大同大学浑源师范分校有教职工198名。其中，专任教师143名，副教授和高级讲师38名，讲师70名，硕士研究生46名。设置电子商务、物流服务与管理、生物技术制药、学前教育、美术设计与制作、计算机应用、音乐、民族工艺品制作（陶艺）、旅游服务与管理（海事方向）、电子技术应用10个专业。11月1日，山西大同大学浑源师范分校物流服务与管理专业被山西省教育厅确定为山西省职业教育品牌专业“十四五”第一批建设项目。申请母婴护理职业技能等级证书考核站点、电子商务客户服务职业技能等级证书考核站点和WPS办公应用职业技能等级证书考核站点。与浑源县恒山恒兴旅游发展有限公司、三安光电科技股份有限公司、北京美特美通国际教育科技有限公司等企业建立合作关系，成立学生实习领导小组，建立协调机制，优选实习企业，全年有97名学生参与实习，河北省三河市和江苏省无锡市集中组织实习84名、自主实习13名。邀请京东电商客服讲师到该校进行为期1个月的教学培训，组织3批教师进行不同“1+X证书”师资培训，组织2018级、2019级和2020级学生进行“1+X证书”专业培训。6月，派武晓鹏、王文平和赵爱荣3位教师参加市技能大赛获三等奖，并被市教育局选拔代表大同市参加2022年山西省职业院校技能大赛教学能力比赛。该校教师韩春霞和张海萍指导的学生代表队参加大同市第四届职业技能大赛并获三等奖。（秦丽芳）

民办教育

【概况】 2022年，浑源县有民办学校3所，分别是浑源县第七中学校（高中）、浑源县大方高级职业学校、浑源县北岳高级职业中学校。山西省浑源县第七中学校位于浑源县蔡村镇东留村南，占地面积78667平方米，建设面积93908平方米。2022年，该校设有小学部、初中部、高中部，有教学班76个，学生3966名，教职工393名。浑源县大方高级职业学校位于浑源县永安镇翠屏路，占地面积1.1万平方米，建筑面积6400平方米，专任教师26名，学生270名，主要开设有计算机应用、数字媒体技术应用、城市轨道交通运营服务、焊接技术应用、绘画等专业。浑源县北岳高级职业中学校位于浑源县东坊城乡东坊城村，占地面积21600平方米，建筑面积14120平方米，有在校生621名，教师46名，主要开设专业有计算机应用，并以对口升学为主。（林立峰）

【民办义务教育规范】 2022年，浑源县成立以县委书记和政府县长为双组长的规范民办义务教育发展工作领导小组，综合研判浑源县民办义务教育学校的办学实力、教学质量、发展前景和县级财力等因素，确定“转公一所、缩规一所、停办两所”的工作方案。收购育栋学校，并由县实验中学接收转为公办；缩减浑源七中规制，小学一年级停止招生，初中一年级招生323名，购买学位1695个；停办鹏达学校和兴隆学校，学生就近分流到县实验中学和其他学校。民办学校在校生占比5.5%。（林立峰）

成人教育

【概况】 2022年，浑源县有成人教育学校1所，浑源县广播电视大学工作站（简称“浑源电大”）。

该站位于浑源县永安镇南关村，开设农村区域发展（本科）、行政管理（乡村管理方向）（专科）2个专业。年内，该站招生学员15名，截至年底，浑源电大有在校学员106名。（张 之）

【成人教育教学研讨】 2022年，浑源电大教师钻研教育理论和教学教材，贯彻新的教育理念，结合电大实际及学生特点，构建探索式教学模式。采取面授、远程、网络互动、电话答疑等相结合方式，创建灵活教学氛围，激发学生学习兴趣和热情，引导学生主动探究，自主获取知识。年内，开展乡村振兴，科技知识普及等研讨会3次。（张 之）

【成人教育教学平台建设】 2022年，浑源电大加大教育支持服务平台和教学平台建设和管理力度，加强网上教学活动。更新教学资源、发布教学信息15条；开设“校园网”开展辅助教学，给学生提供学习支持服务；按照省、市电大要求，组织学员上网学习，发挥远程教育特点，开展网上教学活动8次；对网上教学活动情况、课程网页及其他多媒体教学资源更新情况定期检查，结合各班网上讨论发帖率，通报12次。（张 之）

【老年教育】 2022年，浑源县老干局利用微信群等媒体平台，定期推送学习内容，开展线上交流讨论，通过“学习强国”“离退休干部工作”“山西老干部”微信公众号和学习平台、“微信群推送”“支部主题党日活动”和“三会一课”等形式，发挥老干部独特优势，组织开展日常学习教育活动，组织老干部支部书记召开座谈会、老干部理论骨干宣讲会及各种线上线下知识竞赛活动，开展学习贯彻宣传中共二十大精神，定期对行动不便的老党员送教送学上门。全年，组织老干部开展学习研讨6次，召开学习贯彻中共二十大精神专题会议2次；参与线下知识竞赛409名，参与网上答题831名；各支部组织集中学习150次，送教送学31人（次）。（赵志远）

【成人高考和自学考试】 2022年，浑源县成人高考报名723名，专本录取率在75%以上。自学考试3月和8月自行在网上报名，报名人数约100名。（林立峰）

特殊教育

【概况】 2022年，浑源县有义务教育阶段适龄残疾儿童少年178名。其中，在特殊教育学校就读29名，随班就读98名，送教上门42名（包括社会面送教上门学生），在学前教育或康复机构就读9名。（林立峰）

【特殊教育服务】 2022年，浑源县引入学前康复“先感统康复，后文化认知”理念，坚持以文化教育为基础，艺术教育为亮点，康复训练为特色，生活技能为方向，开展教学活动4次。借助绘画手工、唱游律动课程和第二课堂，对学生进行艺术熏陶，实施体育康复、绘画手工和简单厨艺教学30次。以生活为中心展开各科教学，注重知识的实用性和技能掌握，开展送教上门42次。（林立峰）

【浑源特殊教育学校】 2022年，浑源特殊教育学校有教师23名，学生43名（就读29名，送教上门14名），设听障班1个，智障班2个，康复训练班1个。设有律动教室、感统教室、康复训练室、心理咨询室、情境教室、宣泄室、计算机教室等功能教室，开设课程有生活语文、生活数学、思想品德、自然常识、唱游律动、手工美术、康复训练等。（林立峰）

科学技术

科技管理

【概况】 2022年，浑源县重新认定国家高新技术企业1家，科技型中小企业4家，全县增加省级众创空间1家。协助由15人组成的科技特派团到乡（镇）开展技术服务，帮助企业实现创新发展。

（冯鹏飞）

【高新技术企业增加计划】 2022年，浑源县实施高新技术企业增加计划，县教育科技局（简称“县教科局”）组织科技管理人员，到企业了解企业的生产经营情况和研发活动开展情况，宣传高新技术企业的优惠政策和申请认定程序，推荐中介公司指导、帮助企业完善规范高新技术企业建设过程，编制高新技术企业申请认定材料。组织山西裕隆祥农业发展有限公司重新认定高新技术企业，12月12日，被山西省高新技术企业认定机构备案为高新技术企业。选定山西恒悦饮用水有限公司作为高新技术企业储备企业，引导和鼓励开展高新技术企业认定。（冯鹏飞）

【支持企业增加研发投入】 2022年，浑源县引导支持企业增加研发投入，开展研发活动，培育壮大产业主体。县教科局把《关于进一步提高科技型中小企业研发费用税前加计扣除比例的公告》编印成小册子，不定期到企业宣传，让县内企业了解加计扣除政策，利用政策，享受政策优惠，提高企业核心竞争力，壮大主体。（冯鹏飞）

科技平台建设

【众创空间认定】 2022年，浑源县协助县内企业认定省级众创空间，优化科技创业孵化机构布局，支撑产业链创新链协同，促进科技创业孵化体系化、专业化建设，加快科技创新创业高质量发展。县教科局指导山西博尔企业管理咨询服务有限公司众创空间加强建设，申请市级众创空间二次认定，并申请省级众创空间认定，通过市科技局、山西省科技厅考察、评审，12月13日，山西博尔众创空间被省科技厅认定为省级众创空间。

（冯鹏飞）

【科技型中小企业培育】 2022年，浑源县加速释放企业研发费用加计扣除政策红利，激发市场活力。县教科局到县税务局，了解企业申报研发费用情况，对申报研发费用企业，引导和鼓励他们开展科技型中小企业网上评价。年内，浑源县4家企业评价为科技型中小企业，分别是山西裕隆祥农业发展有限公司、山西浑源县大瑞食品加工有限责任公司、浑源县环保型煤科技发展有限责任公司和山西恒悦饮用水有限公司。（冯鹏飞）

科技普及

【概况】 2022年，浑源县编印《科技政策》和《大众创新 万众创业税费优惠政策精选（科技类）》，县教科局组织科技管理人员到乡村和企业，现场发放、宣传，引导乡村和企业贯彻落实。组建15名科技特派员，对接服务农业企业、合作社，开展“走基层”科技下乡活动，针对粮食加工、蔬菜种植、病虫害防治等技术指导。（冯鹏飞）

2022年6月8日，县教科局到山西裕隆祥农业发展有限公司开展“走基层”科技下乡活动 （安兴旺 摄）

【科技进企业】 2022年，浑源县开展“走基层”科技下乡活动，到浑源县综农农业科技有限公司，针对蔬菜种植、病虫害防治和粮食加工等技术指导。县教科局到山西裕隆祥农业发展有限公司、浑源县环保型煤科技发展有限责任公司等企业，宣讲科技型中小企业认定、科技项目申报、高新技术企业申请认定、研发费用加计扣除等政策，全年开展科技下乡15次。（冯鹏飞）

【科技进乡村】 2022年，县教科局组织科技管理人员到乡村，现场发放、宣传普及科技知识。组织科技特派员到东坊城乡东尾毛村、王庄堡镇小寺村等地，通过现场讲解、示范指导、入村面授交流等形式，向农户传授新技术和新知识，帮助农民解决生产过程中的技术难题，并为农民推销、介绍新品种、新产品，全年解决技术难题18个，推广新品种、新产品8个。 （冯鹏飞）

2022年7月19日，县科教局科技特派员到王庄堡镇小寺村讲解农业科技知识 （安兴旺 摄）

【科普宣传活动】 2022年5月21日至28日科技活动周期间，县教科局组织科技管理人员开展种植养殖培训、农业科技咨询、科普资料发放等活动。到东坊城乡东尾毛村、王庄堡镇小寺村等农村，了解农作物的生长情况和畜禽养殖情况，召开培训会7场，发放各类宣传资料1000余份，赠送《农民素养与现代生活知识读本》等科普读物，鼓励他们应用新技术、新品种、新产品，提高农业生产经济效益。

（林立峰）

科技研发与成果转化

【科技计划项目申报】 2022年，浑源县以提高企业自主创新能力为核心，以科技计划项目申报为重点，围绕市级科技计划项目政策导向和支持领域，抓住科技计划项目申报有利时机，指导帮助县域内企业单位申报科技项目。县教科局申报6项农业重点研发计划和2项社会发展研发计划，浑源县荞麦川继丰马铃薯原良种培育专业合作社的“冷凉山坡区温室大棚羊肚菌生产技术示范农业项目”成功申报2022年大同市农业重点研发计划。（冯鹏飞）

【科技成果转化】 2022年，浑源县实施有机旱作全膜双垄沟播技术，应用“抗旱良种+全膜双垄沟播+增施有机肥+全程机械化+绿色防控”有机旱作全膜双垄沟播技术完成100公顷；实施膜下滴灌、微喷灌节水技术，应用膜下滴灌、微喷灌节水技术完成灌溉面积233.3公顷；实施水肥一体化技术，应用水肥一体化技术完成233.3公顷；应用深耕深松技术完成1000公顷；应用绿色防控技术完成1000公顷；实施化肥减量增效示范项目，完成耕地点位调查及取土化验69个，完成农户施肥情况调查100户。（林立峰）

气象科技

【概况】 2022年，浑源县建立灾害性天气影响提示、警戒提醒、精细预警、分级叫应、实况通报的“梯次化”预报预警服务业务体系。县气象局适时提供短期、中期预报，滚动发布汛期天气趋势预测。强化防灾减灾，精准做好暴雨、强对流、寒潮等灾害性天气的决策气象服务工作，为县委、县政府防灾减灾科学决策提供依据，全年发布各类决策气象服务材料93期。按时准确向公众提供天气预报与灾害性天气预警服务信息，发布气象服务短信2.5万余条，各类气象灾害预警信号240次（含发布、确认、变更）。（薛　东）

【气象服务】 2022年，浑源县气象局加强与应急管理、水利、自然资源等部门联系，加强会商和应急联动，制作《山洪灾害气象风险预警》9期、《地质灾害气象风险预警》11期，并通过电视台、微信、大喇叭、电子屏等终端设备对公众播放最新天气信息。强化专业专项气象服务，全年发布《浑源春运气象服务专报》40期，发布《森林火险服务专报》6期，针对节假日及“两会”，制作《专题预报》14期。加强重要时节气象服务，全年发布《墒情监测》3期、《春耕春播气象服务专报》6期、《秋收秋种气象服务专报》10期、《浑源县农用气象服务专报》3期。开展黄花、黄芪等特色气象服务，制作《黄芪气象服务专报》16期。（薛　东）

【防雷安全监管】 2022年，浑源县气象局与县应急管理局联合印发《关于开展2022年度防雷安全检查的通知》，落实防雷安全监管，督促相关行业和部门把防雷安全工作纳入自身安全生产责任制。加强防雷安全执法监督工作，制定2022年度“双随机、一公开”抽查工作计划和抽查事项清单。重点对危化场所开展防雷安全检查，开展防雷安全检查20余家。对10余家新能源项目开展防雷安全检查。联合市场监管局开展“双随机、一公开”监督检查1次。重点做好防雷安全、施放气球安全等重点领域安全监管职责，打击防雷、施放气球等安全生产工作中的违法

2022年，浑源县应用水肥一体化技术完成233.3公顷。图为3月16日县农业农村局技术人员在下韩村发放有机肥（安兴旺 摄）

违规行为。（薛 东）

【气象防灾减灾】 2022年2月，浑源县气象局与县发展和改革局联合印发《关于印发〈浑源县气象事业发展“十四五”规划〉的通知》，给推进高质量气象现代化和防灾减灾救灾“第一道防线”建设提供政策支撑。7月，县政府办公室印发《浑源县气象灾害监测预报预警联动工作机制》，夯实“党委领导、政府主导、部门联动、社会参与”防灾减灾救灾机制，联合自然资源局发布地质灾害气象预警信号，发挥气象灾害预警信息在防灾减灾中的“消息树”和“发令枪”作用。加强农村气象信息员管理，定期对信息员培训，提升信息员综合素质及专业水平。9月，举办2022年度全县气象信息员线上培训班。

（薛 东）

【人工增雨】 2022年3月7日，浑源县人民政府办公室印发《2022年度浑源县人工影响天气工作计划》；6月1日，印发《浑源县推进人工影响天气工作高质量发展实施方案》。落实人工影响天气焰炉和焰条购置经费和采购工作，做好作业装备检查、维护和人员备案工作。组织开展汛期人工影响天气安全专项检查，选派1人（次）参加山西省人工影响天气办公室组织的人工影响天气作业培训、3人（次）参加市人工影响天气办公室组织的人工影响天气作业培训，提升操作能力，确保安全作业。适时开展人工影响天气作业，年内开展4次焰炉增雨（雪）作业，助力保卫蓝天、森林防火、抗旱减灾和改善空气质量。（薛 东）

【气象科普宣传】 2022年，浑源县把党建和气象科普融合，县委宣传部牵头与县气象局支部、毓园社区支部联合开展“浑源县2022年哲学社会科学普及周启动仪式”活动及科普志愿服务。利用“3·23”世界气象日、“5·12”防灾减灾日、气象科技活动周，在县城主要广场、社区、军营、农村等场所开展气象科普宣传活动，提高气象知识普及率，提升全社会气象灾害防御能力。（薛 东）

2022年3月23日，浑源县气象局在思源社区开展气象日宣传活动

（庞尔东 摄）

文 化

公共文化

【概况】 2022年，浑源县综合文化站覆盖16个乡（镇），213个行政村有农家书屋和综合文化活动室，行政村综合文化活动场所（地）覆盖率达全省平均水平95%以上，基层文化站达到全部免费开放。完成第七次全国县级以上公共图书馆评估定级工作。升级县级和乡村文化设施，实施文化馆总分馆制。完成16个乡（镇）48个行政村的文化馆图书馆分馆制建设，在平川区农村分类分步实施安装完成中央无线数字覆盖工程。浑源县文化馆设有群文、创作、音乐、舞蹈、美术、书法、乒乓球室、展厅、多功能厅等10余个文化活动厅室，其中多功能厅330平方米，展厅300平方米。馆舍外设有宣传橱窗长30余米，LED显示屏6平方米。浑源县图书馆面积约300平方米，有电脑20台，成人和少儿电子图书借阅机各1台，阅览坐席20个，内设面积230平方米的书库、阅览室、电子阅览室和面积为50平方米的少儿阅览室，是一家面向全社会免费开放的县级公共图书馆。

（王素芳）

【文艺骨干培训】 2022年，浑源县组织举办文化馆站人员培训班，培训人员230人（次）以上，培训课程设图书分类、图书保护、文化传承与保护、浑源历史文化地位及价值等，聘请市文化馆文化学者2名，县内文化研究者、学者8名，采取线上和线下相结合的方式，进行专题授课，每期学习时间48学时以上，文化馆站人员参与率100%。通过培训使每位接受培训人员新掌握1项至2项操作专业技能。

（王素芳）

【文化下乡】 2022年，浑源县组织文化下乡惠民巡回演出，累计演出108场，观众10余万人（次），开展农村公益电影放映，放映2990场次。承办以“脱贫攻坚·你我同行”为主题的故事朗诵会。（张 琦）

【图书馆藏】 2022年，浑源县图书馆有馆藏文献3.5万册（包括图书28300册，古籍1700册，报刊14种，视听文献11套），馆藏内容有故事片、科教片、动画片等影视资料的电子文献约1300GB，有内容为开展各类文化活动图片的自建图片资料10GB。（王素芳）

【阅读服务】 2022年，浑源县图书馆完善全网络、全终端、立体化数字资源服务体系，开通“浑源县图书馆”微信公众号手机移动阅读平台；完善馆藏资源服务体系，实现藏、借、阅、咨一体化，图书借阅采用电脑扫码登记。（王素芳）

【新华书店销售】 2022年，浑源县新华书店营业总收入完成1183.7万元。其中，教材发行204万元、教辅发行889.8万元、POS机连锁销售码洋58.9万元、传媒产品销售码洋4.1万元、其他业务收入26.9万元。（王素芳）

群众文化

【消夏群众文艺演出】2022年，

浑源县举办“第九届消夏群众演唱会”，演出12场，观众达15万人（次）；在体育休闲广场启动“喜迎二十大　奋进新征程”“清爽北岳　康养浑源”文化旅游季群众消夏文艺演出和“清廉浑源”等专场，演出节目128个，健身气功协会、中老年歌舞协会、青少年活动中心、夕阳红舞蹈队等17个群众文艺团体参加演出，展示全县干部群众昂扬奋进的精神面貌，凝聚担当作为、干事创业的正能量。　　（高　慧）

2022年7月5日，“喜迎二十大　奋进新征程”山西省民歌广场舞大赛浑源选拔赛在体育休闲广场举行　　（张　吉　摄）

【民俗节庆文化活动】　2022年，浑源县在传统庙会、节假日、全国旅游日开展景区、历史文化街区民俗文化展演，推动“浑源州署”民俗文化、文艺小剧场展演；协助文旅产业赋能乡村振兴文化旅游季之南榆林站和蔡村站开展文艺演出。围绕把恒山打造成集观光旅游、文化体验、康养度假、户外健身于一体的国家AAAAA级旅游景区的战略定位，启动为期一个月的“畅游恒荫　乐享北岳”浑源文化旅游季恒山站系列活动。春节期间组织举办春节灯展、群众演唱会、“八音会”展演、元宵节大型文艺踩街表演、元宵有奖猜谜、有奖征文、民俗讲座等系列活动。截至年底，有全民健身广场舞点300余个，参与群众约2.5万人。　（高　慧）

【中共二十大文化主题活动】　2022年，浑源县在文庙广场、一德街大舞台举办2022年“喜迎二十大　奋进新征程”群众文化惠民系列展演；在文庙举办喜迎“二十大”暨首届“清廉浑源”廉洁文化书画作品展和浑源老照片摄影展、浑源城市建设摄影展。　　（高　慧）

【群众文艺队伍管理】　2022年，浑源县制定出台浑源县文艺团队管理和扶持办法，发展农村广场舞队伍40支，现有广场舞队伍190余支。组织老年文化工作者创作以践行社会主义核心价值观为题材的文艺演唱节目50余个，并汇编印制成册。　　（高　慧）

【群众文化旅游系列活动暨山西省民歌广场舞大赛浑源选拔赛】　2022年7月5日，浑源县委宣传部和县文旅局共同主办以“喜迎二十大　奋进新征程”为主题的“舞动三晋”2022年群众文化旅游系列活动暨山西省民歌广场舞大赛浑源选拔赛在体育休闲广场举行。活动推出具有浑源特色的八音会、农民歌手大赛、旗袍秀大赛、群众文化惠民演出、文化演出进景区等文化旅游系列演出活动。山西省民歌广场舞大赛浑源选拔赛，有26支队伍参赛，穆家军团队获第一名，健身气功协会舞蹈队、友谊长存舞蹈队获第二名，东升舞蹈队、新裴村健身队、青磁窑健身队获第三名。　　（高　慧）

文学艺术

【概况】　2022年，浑源县有新文艺组织、新文艺群体9家，会员613名，包括浑源美术家协会，有会员45名，现为第二届；浑源县书法家协会，有会员52名，现为第二届；浑源县硬笔书法协会，有会员42名，现为第二届；浑源县诗歌朗诵协会，有会员69名，先后组织举办4期诗歌朗诵会，编印7期《微芒》诗刊，参加各类诗歌朗诵活动；浑源县老年书画家协会，有会员 48 名；浑源县文艺志愿者协会，有会员 72 名；浑源县贫困山区合唱团，有会员 65 名：浑源县北岳艺术团，有会员 40 名；浑源县摄影协会，有会员 180 名。

（杨新儒）

【文学活动与创作】 2022 年，浑源县文联创办《微芒》诗刊，每期封二和封三介绍当地画家、书法家的书画作品，全年编印 7 期。组织部分文史研究者和作家开展文化研究，在《小品文》《大同日报》上发表《浑源县十大未解之谜》《北岳恒山会仙府神仙文化解读》《浑源古城为什么以龟城蛇街布局》等研究文章 10 篇，其中《美国旅行家盖洛眼中的八角形圣城》在中国最美期刊《映像》杂志发表，并被中宣部“学习强国”平台转载。组织部分文史研究者撰写浑源古代名人事迹资料，编辑《从浑源古城走出的名人》。组织“端午祭栗公”同题诗会，部分作家诗人创作数十首同题诗歌作品。组织部分作家诗人开展抗疫主题文艺作品创作活动，部分诗歌在《今日头条》《耘社诗刊》等发表，并选送市文联“众志成城 共抗疫情”大同作家作品选发表。

（杨新儒）

【美术活动与创作】 2022 年，浑源县文联组织书画家参加大同市第四届“劳动者之歌”职工书画展，其中袁和军、李健等书画家的作品入展。完成百米长国画《北岳览胜》，参与组织部分文艺工作者参加首届“清廉大同”廉洁文化艺术主题展，10 余位文艺工作者作品入选。组织“喜迎中共二十大书画笔会”，参与组织浑源县“喜迎二十大”暨统一战线政策提出 100 周年书画展。立足浑源特产资源组织诗人创作凉粉、黄芪、土豆、莜面等主题诗歌。组织中国书法家协会大同会员举办“恒久北岳 厚道浑源”——“碧连天杯”大同书法名家书歌浑源采风，创作书法作品 30 余幅。组织省、市、县书画家举办“清廉浑源”书画展，90 余幅作品参展。县文联和西顺村党支部主办，县美协、老年书协、文艺志愿者协会等协办，开展“文艺进乡村 · 新春送春联”活动，为村民写春联 200 余副。与县委统战部、团县委组织部分书画家举办“文企携手 · 共谋发展”迎新春书画茶会，书写春联 300 余副赠送企业家。

（杨新儒）

【音乐曲艺戏剧活动与创作】 2022 年，浑源县组织文艺工作者开展音乐曲艺戏剧艺术作品创作，先后创作表演唱“十八大精神传四方”、对唱“夸夸农村大变化”、快板书“勤政为公贪为私”、表演唱“大张旗鼓刹四风”、山东柳琴“八项规定好得很”、晋剧对唱“反腐倡廉改作风”等 30 余个文艺节目。

（王素芳）

【摄影活动与创作】 2022 年，浑源县摄影家协会组织摄影爱好者，围绕文旅高质量发展主题开展摄影创作，拍摄浑源风景摄影作品在微信公众号、朋友圈等发表。裴雁巍、胡去非、吴聪、李爱民等摄影爱好者拍摄的近 100 幅城市更新作品，在县州衙举办摄影展。

（杨新儒）

【电影《古镇谜案》在浑源开机】 2022 年 5 月 9 日，由县委宣传部、北京京易影业有限公司联合摄制的电影《古镇谜案》，在

2022 年 5 月 9 日，浑源县举行电影《古镇谜案》开机仪式暨新闻发布会

（乔海荣 摄）

浑源州署开机。该影片阐述一个集合悬疑、推理、爱情等元素的故事，展现“全境恒山、全景浑源”的独特魅力，展现浑源优美的自然风光和丰富的地方人文内涵，该片总投资1000万元。（牛建军）

2022年10月10日，浑源县开展恒山庙群建筑修缮（安兴旺 摄）

文化遗产保护

【概况】2022年，浑源县有不可移动文物488处（其中，全国重点文物保护单位7处，省级文物保护单位8处，市级文物保护单位5处，县级文物保护单位9处，古遗址119处，古墓葬群35处）。境内现存48段长城墙体，总长128.8千米，关堡26座，敌台、烽火台133座，建于北齐、明代等历史时期，分布在王庄堡镇、千佛岭乡、青磁窑镇、东坊城乡、裴村乡、大仁庄乡、永安镇7个乡（镇）。（杨 毅）

【文物管理修缮】2022年，浑源县编制《永安寺保护规划》《圆觉寺保护规划》《悬空寺保护规划》和《文庙保护规划》，编制《恒山景区详细规划》，保护管理全国重点文物保护单位，合理利用文物资源。境内文物悬空寺、恒山庙群、永安寺、栗毓美墓由恒山风景名胜区管理中心管理；圆觉寺、文庙、大云寺、律吕神祠由浑源县文化和旅游局管理；北岳行宫由宗教事务局管理；麻家大院、田应璜旧居、大石头巷11号民居、东大街40号民居参与社会认养，由认养单位管理。州衙以两权分离方式由托管单位管理，文物局负责监管。全年，协助中国铁塔公司完成浑源县国、省文物保护单位监管全覆盖工作；实施恒山庙群部分建筑修缮项目；完成圆觉寺防雷工程；完成涧村关帝庙和北紫峰关帝庙修缮工程。（杨 毅）

【文物活化利用】2022年，浑源县初步形成政府主导、社会参与、成果共享的文物保护新机制，推进“文明守望工程”，让文物真正“活”起来。麻家大院认养后初步形成浑源窑瓷器展厅、民俗风情展厅、青铜器展厅、麻氏家族史料展厅、绣楼闺阁文化展厅和碑拓精品展厅；浑源州衙通过托管方式开展文创产品开发、影视拍摄、州署客栈、开衙表演、非遗展示、文化展陈等活动；文庙开展大型祭孔大典、奇石展、书画展等活动；悬空寺开发游客VR体验；栗毓美墓开展微电影拍摄及相关题材的晋剧《河清海晏》戏剧展演，并作为党政廉政教育基地免费对外开放；永安寺、圆觉寺文创产品初步成型；浑源州署和恒山三元宫分别成立山西省书画院写生创作基地和山西书画院联盟创作基地。（杨 毅）

【不可移动文物保护与研究】2022年，浑源县健全完善县、乡、村三级文物保护网络，县文旅局与各乡（镇）文保安全看管员签订“文物安全目标责任书”。落实文物安全检查记录制度，开展文物安全隐患排查行动。配合公安等机关开展文物安全大检查，并建立文物安全应急处置联动机制。监测不可移动文物安全状况，地毯式摸排古城片区不可移动文物的房屋产权、房屋现状、产权人信息等内容。通过调查县域内不可移动文物，编写《浑源县旅游一本通》《浑源县文物志》《浑源县旅游志》，出版

《浑源县永安寺文物保护与研究》。（杨 毅）

【非物质文化遗产保护传承】 2022年，浑源县制定非物质文化遗产保护规划和浑源县传统工艺振兴方案，发展文化创意设计服务企业3家，工艺美术品生产企业1家，奇石根雕古玩字画商家20家。完成市级非遗“浑源炝辣子”申报省级非遗；县级非遗“恒山老道茶”“浑源煎羊肉制作技艺”和民间文学“恒山爷的传说”申报市级非遗；完成浑源秧歌、浑源墙围画、浑源面塑、浑源布老虎制作技艺4个县级非遗项目评审，列入县级非遗保护项目。推选正北芪加工技艺、浑源烧酒制作技艺、北岳恒山祭祀活动3个项目申报山西省第五批非遗名录，11月被山西省人民政府公布为省级非遗保护项目；10月推荐浑源县高窑村九曲黄河灯会申报大同市第五批非遗保护名录。截至年底，有县级非遗保护项目11项，市级非遗保护项目7项，省级非遗保护项目8项。浑源州衙通过托管方式开展文创产品开发、影视拍摄、州署客栈、开衙表演、非遗展示、文化展陈等活动。（杨 毅）

【恒山文物古迹修缮工程】 2022年，浑源县投资1163万元，对恒山庙群建筑实施修缮。修缮项目包括恒宗殿、会仙府等10处文物古迹修整和3处文物古迹的日常保养。（杨 毅）

【涧村、北紫峰村关帝庙修缮工程】 2022年，浑源县投资75万元对涧村关帝庙大殿和钟鼓楼实施修缮，投资88万元对北紫峰村关帝庙正殿和护坡实施修缮。修缮项目包括屋面、木构件、石作、木装修、做旧等工程。（杨 毅）

【“行走的北纬39度·浑源古城历史研学营”首发启航】 2022年7月25日，大同市旅游集散中心组织的“行走的北纬39度·浑源古城历史研学营”首发启航，80余名中小学生走进浑源黄芪文化园、悬空寺、栗毓美墓、浑源州署等地开启夏日之旅。活动内容包括不同研学主题设定、多样课程体系开发、聘请专业导师团队等。（杨 毅）

【浑源县入选山西历史文化地名千年古县】 2022年12月，山西省民政厅公示首批省级地名文化遗产及红色地名保护名单，经各市、县（市、区）推荐，省、市、县三级审核并组织专家评议，有180个地名入选，浑源县以悠久历史和厚重底蕴上榜千年古县名单。（杨 毅）

大众传媒

【融媒体发展】 2022年，浑源县融媒体中心播出《浑源新闻》235期，制播新闻1000余条。“浑源融媒”App、“浑源融媒”微信公众号、抖音号、快手号编发3000余条。广播电台播出自办节目和引进节目2150期，推出《浑源文旅》350期，《小岳带你游浑源》30余期。新冠疫情期间，新媒体平台制作新冠防疫短视频140部，发布新冠防疫宣传信息140余条。（高 超）

【《北岳报》编辑发行】 2022年，浑源县新闻中心《北岳报》

2022年10月10日，县级非物质文化遗产保护项目—浑源面塑传承人在创作作品（杨 钦 摄）

编排49期，围绕喜迎二十大、奋进新征程，建功新时代、非凡十年，坚决把防线防住底线守牢、慎终如始筑牢筑实疫情防线，党建引领促基层建设、广角镜等主题开展报道。“北岳报”公众号开设聚焦中共二十大、学习宣传贯彻中共二十大精神、抓党建促基层治理能力提升等专栏专题，每日推送新闻5条，推出243期、1280余条。

（韩玉娟）

【应急广播体系建设】 2022年1月，国家广电总局正式批准浑源县实施应急广播体系建设工程，工程总投资500余万元。截至年底，完成全县应急广播体系建设县级平台指挥中心建设，安装终端170余个。（韩玉娟）

文化产业

【“山西礼物”系列旅游文创产品】 2022年，浑源县以具有代表性的浑源传统手工艺品及文化衍生品为核心，开发具有北岳文化元素和浑源特色的“山西礼物”系列旅游文创产品。恒山景区开发出以北岳恒山道教文化为题材的北岳全貌图，北岳大帝图剪纸，恒山、悬空寺彩贴，悬空寺题材的棒棒糖、橡皮，以及恒山、悬空寺形状文创雪糕等；黄芪文化园打造以“黄芪仙子”为代表的抱枕、挂饰、雪糕系列文创产品；浑源州署推出不同形式的文创礼盒和文创礼包。（侯文静）

【“晋北康养名镇”打造】 2022年，浑源县王庄堡镇构建探岳之旅“关键点”，谋划11个项目，其中500万以上的有5个，系统科学划分全镇旅游资源，涵盖游客服务中心、民宿广场、艺术公园、水果采摘园、观景体验区、艺术博物馆等类别。上达枝“峦澄隐约”民宿建成运营，向村民免费提供特色摊位售卖本地特色手工艺品，帮助23个村民实现就业，年人均纯收入增加3600元。完善镇内基础设施建设，完成王庄堡村540米下水管道铺设和5300平方米街巷硬化等。（侯文静）

【绣娘文化艺术创意基地“石奶奶手作坊”开业】 2022年7月25日，位于浑源古城州署东侧的浑源县绣娘文化艺术创意基地“石奶奶手作坊”开业。由县妇联、县文旅局推动的浑源县绣娘文化艺术创意基地集制作、收集、展览、销售为一体，是浑源县首个妇女手工创意基地。（侯文静）

【巨观（大同）传媒有限公司组建】 2022年7月28日，巨观（大同）传媒有限公司组建。在传统广告投放、活动承办、专题制作等业务基础上，浑源县融媒体中心探索建立公司化运营和市场化运作的长效机制，截至年底，该公司投入运营。（侯文静）

档 案

【概况】 2022年，浑源县档案馆接收4家企业退休职工档案13件，接收法院档案61205卷，接收公安局档案2520卷，接收民政局婚姻档案84928件；政府办移交（2014—2021年）档案5771件，县委办移交（2002—2017年）档案823件，机要室移交（1995—

2022年7月25日，位于浑源古城州署东侧的浑源县绣娘文化艺术创意基地“石奶奶手作坊”开业（安兴旺 摄）

2017 年）档案 23 包。截至年底，现存档案 71 个全宗，各种资料 10385 册，保存档案 23 万余卷（件）。（贾仲秀）

【档案信息化】 2022 年，浑源县档案馆录入大同市知青文化研究会上山下乡知青档案 8515 条，供知青文化研究。请专业团队规范整理上架，目录电子化法院档案，婚姻档案。主题教育档案数字化扫描 188 件。（贾仲秀）

【档案服务利用】 2022 年，浑源县档案馆完善档案开发和利用制度，为 25 名准备办理退休手续人员查询知青插队档案，为 12 人查询招工、调动档案，为 12 名办理房屋手续人员查询土地房产所有证。查询婚姻档案 34 份，法院档案 200 余份，公安局档案 100 余份，企业退休人事档案 5 份。为浑源县工会提供相关资料 200 余卷。为太原科技大学师生、山西大学一名博士生、浑源县本地民间红色文化研究者及武装部提供相关档案资料，开发利用革命历史档案。（贾仲秀）

【档案主题宣传活动】 2022 年，浑源县档案馆联合县妇联、县气象局、步云社区围绕“树牢总体国家安全观，感悟新时代国家安全成就，为迎接中共二十大胜利召开营造良好氛围”活动主题开展宣传活动。活动中，张贴宣传海报 3 张，悬挂宣传标语 4 条，发放宣传单 500 份。（贾仲秀）

【档案统计及培训】 2022 年，浑源县档案馆开展县直机关、人民团体、民主党派档案室（科）、企业上年度档案事业统计调查，涉及 67 个单位（其中，1 个档案行政管理部门、1 个档案馆、65 个档案室）。经统计，截至年底，全县局馆及室存包括纸质档案 156218 卷、279607 件，510 张地图，电子档案 1294.9GB，实物档案 14 件。7 月，档案馆工作人员在浑源县第七期科级干部主体（读书）培训班上，讲解《档案工作及归档文件整理》，提高档案工作规范化管理。（贾仲秀）

2022 年 8 月 8 日，浑源县档案馆召开档案移交接收会议

（乔海荣 摄）

【浑源县综合档案馆投入使用】 2022 年 5 月，浑源县综合档案馆投入使用。档案馆占地面积 3333.3 平方米，主体设计 4 层，框架结构，建筑面积 3828 平方米，总预算投资 1486 万元。档案馆有库房面积 1250 平方米，可接收浑源县近 40 年（1981—2021 年）应进馆未进馆档案，进馆后档案实行统一管理、标准化管理、智能化管理。（贾仲秀）

【浑源县档案移交接收会】 2022 年 8 月 8 日，浑源县委办印发《浑源县关于档案馆（新馆）档案接收工作的通知》，召开档案移交接收会议，档案移交接收工作开始，各单位到期档案资料依法接收进馆。各乡（镇）、县直机关、部分企、事业单位、部分驻浑源单位分管档案工作的负责人参加。（贾仲秀）

【智慧档案室建设】 2022 年 10 月，浑源县投资 246.5 万元，建设智慧档案馆档案室项目，截至年底，项目完成 20%。（贾仲秀）

地方志

【概况】 2022年，浑源县地方志研究室开展地方综合年鉴编纂出版，梳理浑源县上年度在政治、经济、文化、社会、生态等方面的大事、新事、特事、要事，展示浑源县在“举文化生态牌、建特色休闲城、走旅游康养路”战略部署下的发展成就和具体举措。完成《山西年鉴（2022）》《大同年鉴（2022）》供稿任务。年内，向浑源县各单位赠送《浑源年鉴（2021）》图书200余册。 （李向奎）

【《浑源年鉴（2022）》出版】 2022年12月，浑源县地方志研究室编纂的《浑源年鉴（2022）》由中国文史出版社出版发行，姚振华担任主编。该年鉴记述时限为2021年1月1日至12月31日，设文献、特载、大事记、政治、军事、法治、群众团体、社会保障与管理、经济管理与监督、农业经济、工业经济、文化旅游、商贸、财政税务、城乡建设与环境保护、交通与邮政通信、金融保险、教育科技、医疗卫生、乡镇概览20个类目，下设分目123个、次目820个，并附机构设置与领导人名录及统计公报。全书59.9万字，印刷500册。 （李向奎）

【年鉴编纂线上业务培训】 2022年3月，浑源县地方志研究室开展线上年鉴稿件编撰业务培训。全县120余家主要供稿单位根据年鉴类目顺序分为6组建立微信工作群，由研究室指派专人负责发布年鉴长效机制文件、稿件资料来源、分目设置情况、条目撰写格式要求等方面内容，与群内撰稿人沟通并有针对性地解决撰稿人提出的问题。 （李向奎）

【地方志资料收集整理】 2022年，浑源县地方志研究室收集《浑源州志》（万历）、《浑源州志》（顺治）、《浑源州志》（乾隆）、《浑源州续志》（光绪）电子版。启动《归潜志》、《栗恭勤公年谱》、西留孙氏坟茔石刻及栗毓美墓石刻点校整理工作，先后点校金元古碑十二通、清代碑刻六通，点校文献、石刻15万余字。7月4日，“能臣廉吏栗毓美廉洁文化研讨会”在浑源县黄芪文化园召开，浑源县地方志研究室为研讨会撰写《治水能臣栗毓美的“德能勤绩廉”》《栗毓美廉洁思想主要内容和时代价值》稿件2篇，入选《能臣廉吏栗毓美廉洁文化研讨会资料汇编》；12月，为《刘皇后回老家浑源过年》实景剧提供史料支持并编写剧本。 （李向奎）

2022年12月31日，《浑源年鉴（2022）》出版发行 （安晓玲 摄）

【《浑源革命老区志》资料征集】 2022年12月，《浑源县革命老区志》第一稿完成。全书52万字，分六编（分别为县情概述、大事记述、抗日根据地、解放战争的大后方、社会主义建设与改造、社会发展综述，另外附加浑源老区建设促进会的发展）。编写期间拜访十几位老干部，收到老干部稿件6份；查阅志史书籍与档案局资料，并到大仁庄、王庄堡、西河口、太安岭等地实地考证。 （李向奎）

卫生健康

公共卫生

【概况】 2022年，浑源县有基层医疗卫生机构210家。浑源县卫生健康和体育局（简称“浑源县卫体局”）制定基本公共卫生服务实施方案、计划，并制定浑源县医疗集团基本公共卫生服务项目规范细则。召开基本公共卫生项目经验交流会。形成县卫体局、各乡（镇）卫生院、村卫生室三级基本公共卫生服务组织管理无缝隙、全覆盖的网络体系。开展居民健康档案建立与管理工作，截至年底，全县常住人口237749人建立电子健康档案206841份，电子健康档案建档率87%。开展健康教育活动，发放宣传资料10万余份，悬挂横幅190余条，张贴宣传标语360余条，接受群众咨询6600余人（次），为9.8万名辖区居民免费测血糖、量血压。 （费国霞）

【家庭医生签约服务】 2022年，浑源县乡（镇）卫生院及分院对辖区内三类监测户3151人实施家庭医生签约服务全覆盖，签约一户履约一户。抽调县、乡、村三级医疗业务人员，组成200余个服务团队，通过智能家庭医生手机App为居民提供在线签约、健康咨询、预约转诊、慢病随访、健康管理等服务。家庭医生签约服务对三类监测户每个月提供一次健康服务，了解监测对象家庭成员的健康状况，为其提供个性化的帮扶。 （晋连成）

【健康知识进万家活动】 2022年，浑源县初步搭建全县“健康知识进万家”健康指导员架构，16个乡（镇）213个村和11个社区有县、乡、村（社区）三级指导员453人，采取微信小程序以“健康素养66条”为基础开展宣传引导。全县224个村（社区）全部绑定家庭健康明白人169998人，覆盖人口占比71.5%。开展线下活动5场次，参加人数228人（次）。 （薄 敏）

【爱国卫生月】 2022年，浑源县在爱国卫生月开展城乡环境卫生综合整治行动，清理卫生死角，喷洒消毒水，消除“四害”滋生地等，动用推土机、清运车清理冬季垃圾，保洁人员彻底清理辖区道路内主次干道、绿化带、果皮箱、死角垃圾等。各乡（镇）、企事业单位在第34个爱国卫生月在辖区范围内开展爱国卫生运动，整治环境卫生，出动13510人（次），出动各类机具5965辆，清理垃圾箱2482个，清理垃圾9680吨，清理卫生死角78处，取缔占道经营128处，清理野广告4357处，规范流动摊点117处。10余名爱卫办工作人员和志愿者在栗毓美广场发放宣传资料8000余份，在汽车站、恒山森林公园等处悬挂横幅68条、刊发县（区）简报4期，宣传预防各种传染病的科学知识和健康生活方式。 （晋连成）

【爱国卫生运动专项行动】 2022年11月12日，浑源县开展全县范围内的“大清扫、大清理、大清运”爱国卫生运动专项行动，改善各村环境卫生状况。开展春季除“四害”防病工作，发放灭鼠药1000余盒，在全县范围内统一灭鼠。（晋连成）

疾病预防控制

【新冠疫情防控】 2022年，浑源县投入新冠疫情防控专项资金3066万元，保障医疗救治能力提升及新冠疫情防控等。成立新冠疫情防控工作领导小组（简称“县领导小组”）下设“一办十六组”，统筹做好综合协调、区域协查、医疗救治与院感防控、社区防控、学校防控、企业防控、生活物资保障、医疗物资保障、环境消杀、督导检查等工作。（李亚维）

【新冠疫情防控措施保障】 2022年，浑源县强化新冠防控责任，召开专题会议、作出决策部署。工信、市场、文旅、交通等部门在各自监管领域牵头负责协调疫情防控工作。各级各类医疗机构制定和完善新冠疫情防控相关制度、工作流程和应急预案。（高　鑫）

【青年志愿者助力新冠疫情防控】 2022年10月26日，浑源县委组建新冠疫情防控青年党员突击队6支，到平城区开展新冠疫情防控工作。全县范围内招募230余名青年志愿者组建疫情防控（储备）志愿者队伍。组织300余名大学生志愿者支援云冈区，开展新冠疫情防控工作。（梁　晶）

【基础免疫疫苗接种】 2022年，浑源县开展麻疹、脊灰疫苗强化免疫，监测、调查、诊断儿童疑似异常接种反应。完善采购报批程序和疫苗分发、接收、贮存、运输方法，督导、检查各乡（镇）预防接种门诊的疫苗领发、保管及冷链管理制度，以及预防接种人员的疫苗免疫程序、使用规定等。全年，运转免疫规划疫苗分别为卡介苗560支、Sabin株脊髓灰质炎灭活疫苗5310支、口服Ⅰ型Ⅲ型脊髓灰质炎减毒活疫苗1060支、乙肝疫苗5100支、乙脑疫苗3800支、A群流脑疫苗980支、A+C群流脑3520支、甲肝疫苗1700支、百白破疫苗4850支、麻腮风疫苗2930支、白破疫苗1080支。（孙高洁）

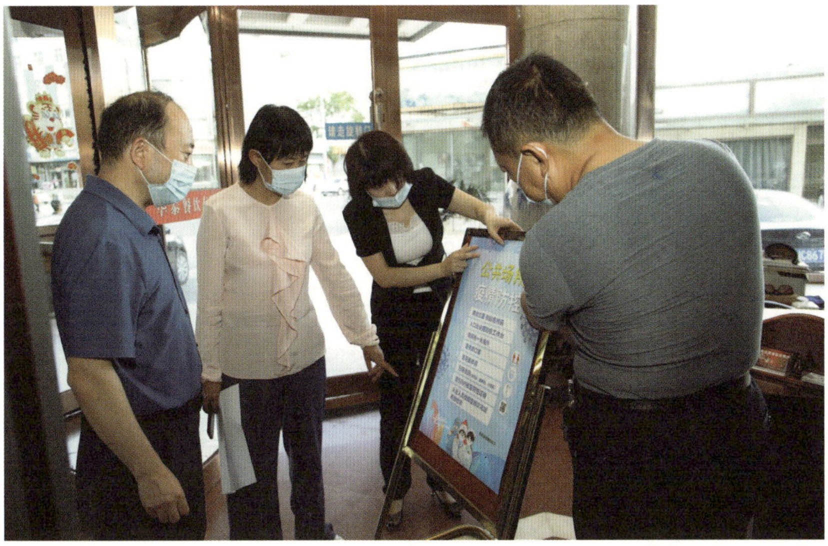

2022年8月15日，浑源县新冠疫情防控工作领导小组到公共场所检查疫情防控措施落实情况（杨　钦　摄）

【地方病防治】 2022年，浑源县加强水质监测，每季度监测市政供水、全年监测农村饮水安全工程水质2次，完成16个乡（镇）54个村、6个市政供水点、3所农村学校水源63份水样的监测和26个历史问题村水中氟测定，结果均在正常范围之内。完成职业病检测相关项目考核；盐碘，尿碘，氟化物省级盲样考核；PCR实验室盲样考核及微生物检测能力测试考核。完成碘缺乏病监测，收集完成200份8岁至10岁儿童尿样、盐样采集，100名孕妇尿样、盐样采集。完成布病监测，筛查检测高危人群132人，职业人群防治干预228人，病例治疗督导351人（次），病原学培养21份，发现的布鲁氏菌病暴发疫情全部调查处理。

（孙高洁）

【传染病监测】 2022年，浑源县以结核病防治科为龙头，以乡

（镇）卫生院为枢纽，以村卫生所为基础，把好定点医院关，提高传染病人发现率。全县通过网络直报报告乙、丙类传染病789例。处理预警484条，报告处置突发公共卫生事件11起。结核病登记人数156例，患者管理率100%，追踪到位率93.8%。开展艾滋病性病防治、宣传教育干预及自愿咨询检测、感染者及病人随访管理、抗病毒治疗等，完成艾滋病病人HIV检测。制作艾滋病防治标识牌200块，向特定人群发放干预包200份。举办宣传活动，发放宣传挂图、宣传手册1000份，发放安全套1000盒，提高群众防治意识。（孙高洁）

【慢性病管理防治】 2022年，浑源县逐步规范老年人慢性病管理，全县有高血压患者31299人，规范管理27327人，规范管理率87%；2型糖尿病患者11161人，规范管理10567人，规范管理率94%。全县65岁及以上老年人中医体质辨识服务逐步完善，中医体质辨识服务覆盖70%以上。

（孙高洁）

【学生常见病健康影响因素问卷调查和健康体检】 2022年，浑源县选出11所学校（幼儿园3所、小学3所、初中3所、高中2所）的3000余名师生开展常见病健康影响因素问卷调查和健康体检工作，制作预防近视、肥胖、龋齿等相关内容的宣传展板，购置电子视力表、体脂秤，定制“呵护牙齿、关注健康”学生预防龋齿干预包等发放给学校和学生，并举办学校传染病防治健康知识讲座。（孙高洁）

医疗保障

【大病救助】 2022年，浑源县根据救助对象类别实施分类医疗救助，加强门诊慢性病、特殊疾病救助保障，取消大病关怀救助制度，对规范转诊且在省域内就医的救助对象经三重制度综合保障后政策范围内个人负担仍较重的，给予倾斜救助。全年，住院医疗救助4292人（次），医疗救助资金支出695.5万元；门诊医疗救助23699人（次），医疗救助资金支出39.7万元。大病关怀救助19人，救助资金支出9.5万元。

（刘　煜）

【职工医保】 2022年，浑源县按照《关于执行全省统一的职工基本医疗保险门诊慢病病种范围的通知（暂行）》文件要求，从4月1日起暂行实施全省统一的45种慢特病病种范围及准入标准。全县职工参保人数17686人，职工医保基金征收7090.7万元。其中，统筹基金3965.8万元，个人账户金3124.9万元。统筹基金为3726人（次）的住院患者支付医疗保险待遇2602.1万元，为30117人（次）的门诊慢特病患者支付医疗险待遇948.8万元。（刘　煜）

【医保电子凭证推广】 2022年，浑源县落实医保业务编码标准化工作，推进定点医疗机构电子凭证应用场景建设，把定点医疗机构电子凭证应用列入市医保中心考核两定机构内容之一。完善市、县、乡三级终端医保信息平台，特别是安全接入乡、村卫生室。截至年底，全县有183个村卫生室全部安全接通骨干网，实现全覆盖。（刘　煜）

健康促进

【浑源县被确定为省级健康促进试点县】 2022年，浑源县被确定为省级健康促进试点县。县政府成立由30家相关部门主要负责人为成员的浑源县健康促进委员会，制定《浑源县创建省级健康促进试点县实施方案》，6月25日召开全县动员大会，构筑覆盖全县城乡机关、医院、学校、企业、村（社区）的健康促进工作网络。健康促进工作包括以促进农村群众健康意识觉醒为目标的“健康促进村（社区）”与“健康家庭”创建，以传播健康知识为导向的“健康促进医院”创建，以锤炼“健康童子功”为出发点的“健康促进学校”创建，以优化为人民服务环境为目标的“健康促进机关”创建，以加强职业安全防护为关注点的“健康促进企业”创建。（晋连成）

【健康促进县宣传】 2022年，

浑源县开展健康促进县宣传工作，在机关、企事业单位、社区、基层医疗机构村庄等设立健康教育宣传栏100余块。在县融媒体中心、浑源宣传微信公众号、微博、微信等平台，宣传健康促进县理念和健康公共政策、健康教育、爱国卫生等知识。县城的街道、村镇采取悬挂宣传横幅、刷写宣传标语、大喇叭、音频、流动宣传车等方式开展宣传，印发宣传材料10万余份，悬挂条幅100余条，制作音频12期。（晋连成）

【健康促进村（社区）创建】2022年，浑源县建立2个大型“健康主题公园”，打造两条健康步道，建设2个“健康教育广场”。修复改造神溪人工湿地。改造雨污排水管道3500米，修补县城人行道7300平方米，新增天然气热源集中供暖3.5万平方米，大气、水、土壤污染防治清理“散乱污”企业35家、取缔、改造燃煤锅炉30余台，完成“煤改电”2.1万余户，推行“河长制”改造升级行政村水源。新增恒山后背、恒山北路健身步道，浑源县柳河公园、迎宾公园、栗毓美广场、体育馆及社区健身场地总面积8万余平方米，完善健康村（社区）、机关、学校、医院、企业等健康场所的健康环境。为百岁老人每人每年发放长寿补贴7600余元，为24名计划生育城镇特殊家庭人员发放慰问金1.2万元。（晋连成）

【健康促进医院创建】2022年，浑源县16家乡（镇）卫生院及5家分院与52所村日间活动中心开展为期3年的医养结合服务。4月21日，4家养老机构与民康医院签订医养协议。全县医疗机构均在导诊处设置老年人优先服务绿色通道，并开通医院无障碍通道。开展老年人健康管理、家庭医生服务，截至年底，有65岁以上常住人口34447人，65岁及以上常住老年人接受健康管理服务率100%，家庭医生签约服务率100%。5月至10月，开展打击整治养老诈骗专项行动，依法查处养老机构内设的无资质医疗机构、无行医资质人员开展诊疗活动等行为。25家医疗机构成功申报老年友善机构。（晋连成）

【健康促进机关创建】2022年，浑源县开展无烟机关单位创建工作，截至年底，全县67家行政机关全部创建完成无烟机关，覆盖率100%。卫生医疗机构26家，建成无烟单位25家，覆盖率97%。全县140家学校覆盖率100%。

（晋连成）

【“健康家庭”创建】2022年，浑源县开展6次“健康知识进万家”活动。活动中，开展医疗志愿服务，选派专家下基层累计巡回医疗服务4600人（次）。开展主题宣传活动20余场，参与群众1万人（次），制作并发放手提袋1万余个，《健康素养66条》手册2000册，《健康中国规划纲要》1000册，《健康知识进万家手册》1万余册。举办健康讲座20余次，受益群众1万余人（次）。开展心理健康教育辅导及心肺复苏、海姆立克法紧急救助知识培训，累计受训600人（次），培训培养家庭明白人6520余人。（晋连成）

卫生监督

【医药医保监管】2022年4月，浑源县医疗保障局开展医疗机构医保基金使用监管工作，追回违规费用1.2万元。各定点医疗机构通过自查，追回涉嫌违规费用2.7万元。通过日常稽核及疑似数据推送，追回各定点医药机构违规费用3.4万元。开展定点医药机构检查，督导检查浑源县涉及做检测定点医疗机构，发现1家医药机构收取1例病毒提取纯化试剂1盒14.5元，处以5倍罚款75.5元，合计应付违规费用87元。与县公安局、卫体局及市场监督局联合印发《浑源县2022年医保基金监管集中宣传月活动实施方案》，统一开展以“织密基金监管网 共筑医保防护线”为主题的集中宣传月活动。活动分发政策宣传页等各类宣传资料6万余份，为群众答疑1.2万余人（次）。开展打击欺诈骗保专项整治，提高医保政策知晓率，规范医保服务和诊疗行为，维护

医保基金安全。（刘 煜）

【生活饮用水卫生监督】2022年，浑源县卫生监督所配合大同市执法队完成丽人美发、银源旅馆、自来水厂和7家桶装水厂的监督检查。（王锦涛）

【公共场所卫生监督】2022年，浑源县卫生监督所把县城内划分4个区域执法小县，开展公共场所卫生监督，按期完成33个国家下派双随机任务。重点开展中小学校、宾馆和澡堂公共卫生、卫生院和卫生室的等监督检查工作。与大同市场局共同完成联合双随机任务，联合监督检查浑源县唯一一家游泳馆。（王锦涛）

【学校自建井调查】2022年，浑源县卫生监督所摸底调查9所中小学校自建井用水情况，有4家学校使用自建井。（王锦涛）

基层医疗卫生

【概况】2022年，浑源县有16家乡（镇）卫生院、5家分院、189所村卫生室。其中，有5个乡（镇）82个行政村分布在县城东南山区，占全县面积54%，辖区内有71所村卫生室，服务人口约1.5万人；有4个乡（镇）40个行政村分布在北坡区，占全县面积29%，辖区内有35所村卫生室，服务人口约1.6万人；有7个乡（镇）91个行政村分布在平川区，辖区内有83所村卫生室，服务人口约20万人。（晋连成）

【乡镇卫生院标准化建设】2022年，浑源县乡（镇）卫生院有在职职工307人，其中专业技术职称人员有207人。每个乡（镇）卫生院至少开设包括急诊室、内科、外科、妇科、儿科、全科、中医科（中医诊疗区或中医馆，含针灸、推拿等）在内的7个科室，配齐DR（X光机）、生化分析仪、心电图机等医疗器械，配齐200种以上基本药物，配备3名执业（助理）医师，至少开展10种中医适宜技术。（晋连成）

【村卫生室建设】2022年，浑源县村卫生室实现诊察室、治疗室、公共卫生室和药房“四室分开”，配齐31件基本医疗器械，配全60种基本药物，建筑面积不小于40平方米。全县村卫生室有243名在职合格村医，每个村卫生室均配备至少1名村医。（晋连成）

【体检服务】2022年，浑源县基层医疗卫生院（室）为1043对新婚夫妇免费婚前检查，婚检率99%，其中男性检出疾病175人，女性检出疾病97人。为65岁以上老年人开展健康体检20048人（次），规范管理率63%。（晋连成）

妇幼保健

【概况】2022年，浑源县妇幼保健中心有序推进妇幼保健管理工作。截至年底，国家支持200万元更新设备，有万元以上设备6台，其中彩超2台、DR1台、生化分析仪1台、五分类血球计数分析仪1台、发光生化分析仪1台、阴道镜1台。全年，免费为35岁

2022年5月24日，浑源县思源社区卫生院为居民体检（安兴旺 摄）

至64岁妇女开展宫颈癌筛查2000例，乳腺癌筛查500例，确诊宫颈癌前病变2例，宫颈浸润癌2例。全年全县活产儿932例。其中，男性469例，女性463例。低出生体重儿21例，巨大儿50例，剖宫产活产数355例。孕产妇系统管理率93.4%，住院分娩率100%，全年无孕产妇死亡。（祁　海）

【优生优育服务】 2022年，浑源县投资200万元更新妇幼健康服务设备，其中有彩超1台、DR1台、五分类血球计数分析仪1台、阴道镜1台。为740对夫妇进行免费孕前优生健康检查，对评估出具有风险的222人给予建议和随访。妇幼免费婚前检查1043对，免费婚前检查率80.6%。为准备怀孕的妇女免费增补叶酸1614人。全县出生缺陷儿2例，无神经管缺陷儿出生。在“5·29”全国计生协第24个会员日开设专题讲座、设立咨询台、义诊，宣传普及优生优育，发放《关爱女孩行动知识宣传》《出生缺陷一级预防知识》等宣传资料1500余份，B超查孕、查病89例，咨询服务586人，为群众答疑解惑，宣传计生法规、政策等计生知识700余人（次）。（薄　敏）

【孕产妇检测】 2022年，浑源县妇幼保健中心为10552名孕产妇建立档案，住院分娩产妇959人，完成产前筛查927例，访视率100%。免费为育龄夫妇提供预防神经管缺陷的叶酸，全年发放增补1500人，实际发放1614人。

（祁　海）

【儿童健康管理】 2022年，浑源县妇幼保健中心开展儿童营养改善项目，帮助降低儿童生长发育迟缓率和儿童贫血患病率。全年，发放儿童营养包19448盒，受益儿童3082人，发放率90%以上。县助产机构开展新生儿疾病筛查，应筛717人，实际筛查693人，筛查率96.6%。苯丙酮尿症筛查确诊1例，治疗1人。（祁　海）

医疗机构简介

【浑源县医疗集团】 2022年，浑源县医疗集团架构主要为浑源县人民医院和16所乡（镇）卫生院、5所分院、189个村卫生室。高级职称专业技术人员56人，中级职称专业技术人员129人，研究生1人。全年，浑源县医疗集团加强医院管理，深化公立医院改革，推进分级诊疗建设、重症医学科特色专科建设，新技术、新项目开展，高压氧舱人运行建设，血液透析室改扩建、生化发光流水线运行等工作，改善就医环境，提升医疗质量和服务能力。开展“降费用，提服务”医疗惠民行动，免费为疑难手术、危重病例聘请140余人（次）市级专家开展手术、会诊。组织专家团队到基层开展科普宣传培训、咨询服务、送医送药、大型义诊等活动，年内组织120余名医务人员开展义诊6次，免费为困难群众发放常用药品价值5万余元。组织开展清廉医院建设，设立“红包基金会”，全年退还“红包”金额6700元。电话回访住院患者3875人、门诊患者934人，受到表扬98条，回访反馈意见建议368条。

血液透析室改扩建　2022年，浑源县人民医院启动血液透析室全面扩建升级工程，历时2个月改造装修完毕投入使用。新血液透析室总面积720平方米，有开放床位20张，血透设备从12台增加到20台，日均透析工作量40余人（次），并配备急救医疗设施和消毒设备。

乡（镇）卫生院建设　2022年，浑源县医疗集团推进各乡（镇）卫生院公共卫生服务项目政策落实，启动高血压、糖尿病综合防治项目。推进中医药健康管理服务，中医药健康管理服务目标人群覆盖率70%以上。以常见病、多发病、慢性病分级诊疗为突破口，建立三级医院医疗联合体。为全县适龄妇女开展“两癌”免费筛查。开展网络远程会诊，会诊病人196例。开展乡（镇）卫生院、村卫生室医生公共卫生知识培训12期，培训1764人（次）。

（费国霞）

【浑源县中医医院】 2022年，

新建浑源县中医医院——大同市浑源县中医医院整体建设项目（一期）和浑源县中医医院住院楼及康养中心建设项目（二期），被列为市重点建设项目。全年，门诊就诊量56334人（次），处方量64945张。与各社区、乡（镇）联合开展义诊活动10余次，受益群众1000余人。

（王文奇）

中医药事业

【对口支援专家帮扶】 2022年，浑源县中医院邀请山西省中医药大学附属医院对口支援专家培训中医药适宜技术，内科选派业务骨干到山西省中医药大学附属医院、山西省针灸医院、大同市同煤总医院、大同市三医院进修学习。依托山西省中医药大学附属医院、大同市五医院等医联体三甲医院技术帮扶，小针刀、三伏贴、通督灸、新九针等中医特色治疗技术得到成熟和完善，脑病、肺病、风湿病等专科治疗能力逐步提升。山西省中医药大学附属医院医疗队专家定期到县中医院驻点帮扶，解决基层群众就医难题。上线健康山西预约挂号、线上支付及检测报告查询服务，优化就诊流程方便群众就医。（王文奇）

【新设备新技术运用】 2022年，浑源县中医院实验室新增PCR扩增仪（96孔）、立式压力蒸汽灭菌锅等设备，提高核酸检测能力。购置的荧光生物显微镜、二氧化碳激光治疗仪、紫外线光疗仪和皮肤检查灯等专业综合设备，并投入使用。（王文奇）

【新冠病毒中药预防治疗方和香囊研发配制】 2022年，浑源县中医院作为县级中医师承基地，开展新冠病毒中药预防方、治疗方和中药香囊的研发配制和推广应用，其间煎煮发放预防方汤剂35540袋，治疗方汤剂1625袋，防疫香囊823个，艾条476根，预防方汤剂7880袋，治疗方汤剂5750袋，防疫香囊679个。

（王文奇）

【中医师承教育基地建设】 2022年，浑源县中医院根据《2022年县级中医师承教育基地建设暨高年资中医医师师带徒项目方案》精神，建成第一个中医师承教育基地。筛选4名有中医药理论基础、临床（实践）经验和技术专长，有带教水平和传承能力的带教老师，16名县域内中医药继承创新人才，传授中医知识。（王文奇）

体　育

全民健身

【概况】 2022年，浑源县制定《创建省级健康促进试点县实施方案》，实施人民健康优先发展战略，构建全民健身服务体系，推进体育惠民提升工程，开展全民健身活动。年内，完成16个乡（镇）级体育健身广场建设，推进实施体育休闲广场和全民健身活动中心两项工程，开展全民健身活动4次。（刘　豹）

【体育惠民提升工程】 2022年，浑源县全覆盖建设213个行政村的农村体育场地，完成16个乡（镇）级体育健身广场建设，配送各类健身器材。建设南榆林乡农民健身场所，建成并投入运行。投资1.6万元为千佛岭乡羊投崖村建设全民健身路径器材并安装。修缮体育休闲广场足球场灯塔和主席台顶棚。推进建设投资500余万元的全民健身活动中心。（刘　豹）

【全民健身活动】 2022年5月19日，浑源县组织开展“我要走”健走活动，社会各界约200名健身爱好者参加。浑源县卫生健康和体育局联合县总工会在县全民健身活动中心举办“喜迎二十大·建功新时代”职工趣味运动会，有12个队150人参加。9月9日，举办重阳节登高活动，100余人参加。10月1日，举办迎国庆群众广场舞活动。（刘　豹）

竞技体育

【概况】 2022年，浑源发挥和提高运动员在体格、体能、心理及运动能力等方面的潜力，完善竞技体育管理体制、竞赛训练体制、人才培养体制，组织开展竞技体育活动2次。（刘　豹）

【浑源乒协参加大同市青少年健身活动和大同市第五届“未来之星”青少年阳光体育大会】 2022年7月29日至31日，以“喜迎二十大　奋进新征程　省运逐梦　天下大同”为主题的青少年健身活动和大同市第五届“未来之星”青少年阳光体育大会举行，浑源乒协组织16名运动员参加大同赛事。运动员依据年龄分在3个不同组别，同大同市及周边省市的451名队员同台竞技。7岁的李湛获第一组别冠军；11岁的杨智森在四强赛中以3：1战胜市少体校选手，夺第二组别第3名；11岁的张雪纯夺女子第二组别第5名；贾欣语、郭孟岳、张曦岚晋级第二、三组别十六强；王铄、刘熠扬、王文鑫晋级三十二强，第二组女子团体获第4名。（刘　豹）

【浑源县首届“恒山杯”青少年足球邀请赛】 2022年7月27日，浑源县首届“恒山杯”青少年足球邀请赛在县体育休闲广场举行，活动以促进浑源县文旅融合发展，构建国际旅游目的地，以球会友，增强全民体育意识为宗旨，以“激情足球　我心永恒”为主题，由北岳恒山研学基地与山西奥联足球俱乐部共同举办，有12个俱乐部、32支球队参加比赛。经过5天比赛，太原龙腾足球俱乐部代表队获甲组冠军；

2022 年 7 月 27 日，浑源县首届“恒山杯”青少年足球邀请赛在县体育休闲广场举行。图为比赛现场 （乔海荣 摄）

斯巴达育杰代表队获乙组、丙组冠军；来自龙腾足球俱乐部的张赢冰获甲组金靴奖、龙腾足球俱乐部的守门员获金手套奖；来自孝义青年路男队的王翰星获乙组金靴奖、奥联经济一队的史宇宸获乙组金手套奖；来自斯巴达育杰代表队的柳沄天获丙组金靴奖、虹桥代表队的张秩轩获丙组金手套奖。 （刘 豹）

学校体育

【概况】 2022 年，浑源县结合季节特点和学校特色，贯彻“以学生为主体，安全健康第一”教学思想，立足“我运动、我健康、我快乐、我成长”体育活动理念，落实每日 1 小时活动内容，开展“英姿与你，乐在其中”“跳跃梦想，谁与争锋”“动感篮球，快乐我秀”“风羽同舟，羽爱同行”等主题活动 100 余场，创新综合实践活动内容，建立劳动实验基地，助力学生增强体质，体会快乐，获得幸福。全县涌现出东关小学、凯德世家小学等 5 家体育活动先进集体。（刘 豹）

【东关小学庆“六一”少儿围棋赛】 2022 年 6 月 1 日，东关小学在围棋社团教室内举办庆“六一”少儿围棋赛，活动以“以赛代练、以赛促训、提高技能、展示风采”为主题，分基础班吃子组、提升班 13 路棋盘组两组参加，有 76 个社团学员进行，每组决出一等奖 2 名、二等奖 3 名、三等奖 3 名，评选优秀小棋手 10 名。（刘 豹）

【浑源县“迎国庆”少儿围棋赛】 2022 年 10 月 2 日，由浑源县卫生健康和体育局主办，浑源县围棋协会承办，培根国学棋院协办的浑源县“迎国庆”少儿围棋赛在东关小学培根国学棋院举办。活动分吃子组、13 路棋盘组、19 路棋盘无段位组、19 路棋盘有段位组，148 名小棋手参赛，比赛采取积分编排制，每组各取前 11 名和优秀小棋手 5 名。 （刘 豹）

2022 年 6 月 1 日，浑源县东关小学庆“六一”少儿围棋赛在围棋社团教室内举办 （乔海荣 摄）

应急管理

综　述

【应急管理体系与安全能力建设】 2022年，浑源县应急管理局制定出台《浑源县“十四五”应急管理体系与安全能力建设规划》，组建1个应急总指挥部和19个专项应急指挥部，成立指挥部办公室。推动修订县级总体应急预案、专项预案、部门应急预案，县安全生产委员会、防灾减灾委员会、防汛抗旱指挥部、地质灾害应急指挥部、抗震救灾指挥部、森林草原防灭火指挥部“两委四部”等“大应急”格局初步形成。开展安全生产三年专项整治，涉及2个专题、10个专项，全年未发生生产安全事故，与上年相比事故起数减少2起，死亡人数减少2人，工矿商贸领域未发生亡人事故。完成第一次自然灾害综合风险普查，水务、交通、气象、林业应急部门风险普查工作全部完成。完善全省统一报灾系统，提高灾害事故应急救援救灾能力。　（薄建军）

【应急执法监察】 2022年，浑源县应急管理局制定《应急局法治建设工作实施方案》和《执法检查计划》，并成立综合执法队，下设综合救援队、减灾检测中心2个事业单位，综合执法队落实行政执法公示、行政执法全过程记录、重大执法决定法制审核“三项制度”，推进信息化建设实现所有行政执法行为100%上线运行。全年，浑源县应急管理局局务会和队务会研究行政执法内容5次，开展执法宣传2批次，发放安全宣传品1.8万余份，办理行政执法案件7件，罚没收入1.7万元；组织执法人员参加省应急厅组织的“应急管理执法专题培训”9次，247人（次）参加；行政执法人员按期参加县司法局组织的“行政执法大讲堂”学习培训第7讲至第15讲，141人（次）参与。　（薄建军）

【应急宣传教育培训】 2022年，浑源县应急管理局开展应急科普宣传教育培训。5月12日，联合县民政局、地震局、气象局、交通局、消防救援大队、自然资源局、住建局等县减灾委成员单位，在栗毓美广场举办“5·12”防灾减灾日宣传活动。7月5日、6日，组织全县各乡（镇）、各部门安全监管人员开展安全生产与应急救援培训教育。9月15日，全国科普日活动在栗毓美广场举行，累计发放防灾减灾知识、家庭安全注意事项口袋书、社区安全注意事项口袋书等宣传资料200余份。9月27日，县应急管理局工作人员在包联小区开展以“喜迎二十大、科普向未来”为主题的全国科普日宣传活动，活动围绕与群众生活密切相关的安全生产和防灾减灾救灾等内容开展宣传，累计发放科普宣传资料100余份。10月19日，在栗毓美广场组织开展防震减灾科普宣传活动，活动以“了解地震地质知识，提高防灾减灾意识”为主题，发放防震减灾手册200余份，参与人数300余人（次）。　（薄建军）

安全生产监督管理

【概况】 2022年，浑源县应急管理局结合县安全生产工作实际情况和面临形势，召开 5 次安委会全体（扩大）会议，分析研究解决安全生产工作中出现的问题，推进全县安全工作落实。定期、不定期巡查检查停产整顿的 5 座煤矿、43 家非煤矿山，未发现私采滥挖、盗采行为。（薄建军）

【安全生产责任落实】 2022 年，浑源县政府召开组织协调会，研究企业安全生产任务落实，按照任务清单细化各部门工作任务，以开展隐患排查整治为基础，梳理各行各业各部门的分管企业，全县 260 家重点企业和 72 家重点消防单位作为整治重点，组织开展以安全生产机构建立，安全培训和持证上岗，各个岗位安全责任、隐患排查落实、动火和密闭空间检查，安全经费提取等为主的安全责任落实，提升企业安全生产工作。

（薄建军）

【安全生产专项整治】 2022 年，浑源县应急管理局开展能源领域安全生产风险隐患大排查大整治“百日攻坚”集中行动和安全生产大检查大整治大提升行动，开展执法检查 49 次，发现各类问题隐患 21 个，下达执法整改文书 12 份，督促企业全部整改到位并通过复查验收。开展道路运输安全专项专治，包括“农用车违法载人”“一盔一带”“两客一危”（从事旅游的包车、三类以上班线客车和运输危险化学品、烟花爆竹、民用爆炸物品的道路专用车辆）等专项行动。各乡（镇）建立交通运输管理站，各村配置交通劝导员。整改县城至西坊城段事故多发道路安全隐患，为各平交口增设减速带、提示灯和路灯；开展整治“百吨王”“大吨小标”、车辆非法改装、“两客一危”、校车等专项治理，建立起常态化监管体系；全县各主要路段完成视频全方位监控平台，各主要路口完成红绿灯信号设施建设。并通过劳务派遣增加道路监管的警力配置。

（薄建军）

【安全生产宣传】 2022 年 6 月 2 日，浑源县安委办举办全县“安全生产月”活动启动仪式。组织各部门学习《生命重于泰山——学习习近平总书记关于安全生产重要论述》电视专题片 27 场，592 人（次）参与；安排理论学习中心组学习 20 次，484 人（次）参与。6 月 16 日，由县应急管理局主办的安全宣传咨询日活动在锦联汇广场举行，13 家相关成员单位参加，现场布置展板 22 块，发放宣传资料 1 万余份，接受现场群众咨询 500 余人（次）。

（薄建军）

危险化学品安全监管

【概况】 2022 年，浑源县应急管理局制定《关于加强危险化学品安全生产工作方案》《危险化学品安全生产专项整治三年行动方案》和《在全县开展非法违法“小化工”专项整治实施方案》，制定各部门责任清单，明确各部门责任。开展加油站隐患排查，未发现有重大隐患，排查 2 家天燃气长输管道企业油气输送管道标准与安全警示标志设置，普华燃气公司浑源末站 1 座标志设置完好率 100%，民爆公司库存为零，不存在安全隐患。安全警示教育和业务培训各加油站负责人，岗前培训 29 家加油站 121 名员工，负责人和安全员均持证上岗，并检查加油站涉及双层罐改造和防渗漏油气回收设施“三同时”（同时设计、同时施工、同时投入生产和使用），按要求完成改造，同时安全风险评估诊断 24 家加油站，没有分级为“橙”色的企业，县生态环境局对危化品废弃物处理建立全程监管制度，未发现有私自填埋废物问题。县交通运输部门会同交警部门对危险化学品车辆进行强化监管、巡查、检查和疏导。会同市场局全面排查浑源县冠名生物、科技、新材料等 21 家企业，未发现有擅自改变市场经营范围的企业。全县各乡（镇）、各有关部门组成 50 余个检查组排查辖区生产经营场所，未发现有非法储存化工产品的小作坊、黑窝点。（薄建军）

【危险化学品专项整治】 2022 年，浑源县应急管理局开展危险化学品专项整治三年行动。全县有危化生产行业加油站 26 家，开展专家服务，建立相应技术团队。针对过境油气车辆集中情况，交通部门和交警部门分时疏导过境油气运输车辆，同时应急、市场、生态环境、道路运输部门建立危废处置转运联单制度。开展“小化工”、硝酸类专项整治和打击冠以生物、科技头衔的非法化工生产专项行动，取缔1家非法燃气充装企业。全年，完成专项整治的22条43项任务，危化行业未发生危化品安全事故。（薄建军）

【危险废物安全专项整治】 2022年，浑源县没有化工生产企业，危险废物主要以煤矿固废物、生活垃圾、医疗废物等为主，建立以县生态环境局牵头，公安、交通、应急等部门协同联动的危废处理机制，整治城市生活垃圾堆放处理、燃气管道的设置、洁净煤推广等，防范危废造成的污染。加强涉粉涉尘企业专项检查，防范尘肺病等职业病。全年，完成安全整治15条16项要求，危废行业涉污涉废处理安全平稳。（薄建军）

防灾减灾救灾

【概况】2022年，浑源县出台《浑源县2022年度地质灾害防治方案》，县政府与16个乡（镇）政府及地质灾害成员单位签订“浑源县2022年度地质灾害防治工作目标管理责任状”，更新群测群防网络，确定监测人和责任人。编制完成《浑源县地质灾害防治“十四五”规划（2021—2025）》。在冰雪冻融期和汛前、汛中期间，县自然资源局分批次组织各乡（镇）分管地质灾害人员、县地质灾害成员单位配合技术单位山西省第十地质工程勘察院有限公司排查全县55处地质灾害隐患点，划定地质灾害危险区，提出地质灾害防治对策和工作建议，在排查过程中发放地质灾害“两卡一表”2000余份。在隐患点安装普适性监测仪器13台、专业仪器3台(其中2处地灾点核减)，覆盖14处隐患点。投资2000余万元，有效应对新冠疫情防控、“11·5”暴雪灾害、千佛岭乡和灵丘交界草原火灾等灾害事故。（薄建军）

【防震减灾能力建设】 2022年，浑源县制定震情监视跟踪方案，监视追踪辖区内的震情；加强群测群防，发现、速报和跟踪落实宏微观地震异常；配合省局完成辖区内“国家地震烈度速报与预警工程”（山西部分）项目实施工作；参加县抗震救灾指挥部组织的地震桌面推演；6月上旬，县应急管理局与水务局、县自然资源局、东坊城乡开展汛期会商，在郝家寨村组织2022年防洪及地质灾害应急演练，提高各部门指挥决策、协同配合、应急处置和后勤保障能力，以及干部群众应对应急预案的认知程度。建设裴村乡凌云口村“断层气监测台站”，全天候监测断裂带逸出气体情况，捕捉地震前兆异常，实现“一县一台”。聘请技术支撑单位专家，培训各乡（镇）分管领导地灾防治工作，各乡（镇）组织开展突发地质灾害应急演练。为各乡（镇）发放地灾巡查反光背心、宣传资料及地灾防治知识读本。

（薄建军）

【防洪防涝】 2022年，浑源县明确防汛重点河段、重点险段，成立防洪抢险指挥部，制定防洪防涝预案，组建防洪防涝应急分队。巡查摸排重点水库、重点山洪沟、重点淤地坝等其他重点险段，汛期前完成全县各类水库的维修养护工作和防汛救灾演练。储备防汛物资，恒山水库购置备用发电机1台，确保安全度汛。神溪水库储备200万元的防汛物资，包括雨裤雨靴10套、编织袋1000条、柴油730升。（温增松）

【防震减灾宣传】 2022年，浑源县应急管理局开展防震减灾宣传，宣传《山西省建设工程抗震设防条例》、新颁布的第五代地震区划图和防震减灾知识。5月12日全国防灾减灾日，宣传活动以“减轻灾害风险，守护美好家园”为主题，普及防震减灾知识，提高群众防震减灾意识及应对突发灾难的避险能力。发放各类宣传手册、资料2000余份，接待群众咨询500余人。7月28日，县防震减灾中心与县科协在南榆林村联合开展防震减灾宣传活动。参加山西省举办的市、县防震减灾工作培训班。（薄建军）

【森林防火灭火联合演练】 2022年，浑源县应急管理局与永

2022 年 2 月 17 日，恒山风景名胜区管理中心联合浑源县消防大队在恒山风景区开展消防演练（侯　翔　摄）

安镇政府、县林业局、县消防大队、恒山风景名胜区管理中心等单位建立经常性联合演练沟通和协作机制，在恒山林区开展联合消防演练 1 次，在永安镇开展联合消防演练 5 次，在恒山风景区开展联合消防演练 1 次，有效防控森林火灾发生。（薄建军）

【省级防震减灾科普示范学校申报创建】 2022 年，浑源县应急管理局推进新建学校、医院等人员密集场所减隔震技术应用，穆岳小学成功申报为省级防震减灾科普示范学校，西顺小学和凯德世家小学申报省级防震减灾科普示范学校。（薄建军）

应急救援

【概况】 2022 年，浑源县应急管理局建立以国家综合性消防救援队伍为主力、专业救援队伍为协同、社会力量为辅助的应急救援力量体系。同时建立“1+19”应急指挥体系，即成立 1 个县级应急救援总指挥部、19 个县级专项指挥部（抗震救灾、森林草原防灭火、防汛抗旱、地质灾害应急、气象灾害应急、生产安全事故应急、煤矿生产安全事故应急、交通事故应急、文化旅游事故应急、校园安全事故应急、城乡建设事故应急、城市安全事故应急、特种设备事故应急、生态环境事件应急、公共卫生事件应急、市场监管事件应急、动物疫情应急、社会安全事件应急、火灾事故应急指挥部）。明确各指挥部及其办公室职责，构建起常态化应急总指挥部机制，推动形成“统一指挥、专常兼备、反应灵敏、上下联动、平战结合”的应急管理工作机制。（薄建军）

【应急管理体系建设】 2022 年，浑源县强化应急救援队伍建设，坚持整合资源、规模适度的原则，以公安消防队伍为主体，以相关部门现有人力资源为基础，整合形成规模适度、精干高效的综合性应急救援队伍。县政府常务会议专题研究应急救援经费保障问题，综合应急救援队基础设施建设经费以及合成演练等工作经费纳入县级财政预算，依托综合应急救援队，建立应急救援物资储备库和社会救援物资动态信息资源库，与其他专业救援队伍、相关社会单位实现“资源共享、信息互通、联勤保障”。（薄建军）

【应急指挥】 2022 年，浑源县持续推动“1+19”应急体系建设，修订完善 19 个专项指挥部工作规则、运行细则，优化应急指挥体系。指导各镇（街道）、县级有关部门、企业修编应急预案 118 个，加强应急救援体制、机制、法制和预案“三制一案”建设。在各乡（镇）、村（社区）建立健全应急管理工作机构，明确分管领导、落实专（兼）职工作人员，成立应急救援专职队伍，构建指挥联动平台，加强基层基础建设。（薄建军）

【应急值守】 2022 年，浑源县应急指挥体系单位执行领导住岗带班制度，每天安排 1 名领导带班和 2 名工作人员值班，手机 24 小时开机，保证联络畅通无阻。带班领导负责辖区范围内突发事件综合协调处置工作，要求值守人员做到“四个熟悉”，即熟悉应急预案、熟悉应急报告与处置流程、熟悉辖区基本情况、熟悉通信联络方式。落实值班责任，执行重大事项报告制度和值班登记、交接班制度，建立完善监测预测、预报预警体系，对可能发生的突发公共事件做到早发现、早报告、早处置。（薄建军）

【应急保供】 2022年，浑源县应急管理局为16个乡（镇）配置80万元防汛物资。在新冠疫情防控工作中，从市应急管理局调拨棉被1100床、帐篷400顶、棉大衣800件。（薄建军）

【灾害救助】 2022年，浑源县建立应急救灾信息平台，健全应急、公安、消防等联合处置机制，应对自然灾害和特殊天气。在“11·5”暴雪灾害、千佛岭乡和灵丘交界草原火灾等灾害事故中，组建专业队伍3支，组织当地村民300余人，开展有效救助和实施帮助58次。在应对处置水旱灾害期间，县应急管理局向上级部门申请救灾资金1000万元。（薄建军）

消防救援

【概况】 2022年，浑源县消防救援大队下辖1个消防救援站（迎宾路消防救援站），担负着全县16个乡（镇）1968平方千米的防火、灭火和抢险救援任务。该大队有执法执勤车1辆，迎宾路消防站有救援运输车1辆、执勤车辆有6辆，基本防护器材1484件、特种防护器材702件、抢险器材370件、防汛器材206件。全县建成乡（镇）专职消防队1个，志愿消防队14个。建立火灾隐患“吹哨人”制度，设立“吹哨人”34名。全年，该大队救援类警情接警出动3起，救助被困人员5人，未发生安全事故。

2022年11月5日，浑源县公安干警救援因暴雪被困的车辆

（郭占英 摄）

辖区迎宾路消防站处置火警233起（与上年同期相比火灾起数下降6%）、抢险救援43起、公务执勤41起、社会救助13起、其他救援出动55起；出动车601辆（次）、人3500人（次）、抢救被困人员39人、抢救财产损失180余万元，救援人员无伤亡事故发生。（王丽容）

【消防安全演练】 2022年，浑源县消防救援大队组织修订完善更新重点单位数字化预案70份，全员开展各类灭火救援演练80余次，开展应急通信训练10余次。组建一支7人的山岳救援小分队，有针对性开展山岳救援训练，联合景区6次实地熟悉恒山地形，无人机地形勘察5次。（王丽容）

【消防安全隐患排查整治】 2022年，浑源县消防救援大队以“消防安全专项整治三年行动”为主线，围绕消防“百日攻坚”集中行动、畅通消防“生命通道”综合治理专项整治、冬春两季火灾防控工作、消防产品专项行动等开展各类消防安全隐患排查整治。全年，开展联合检查及夜查28次，检查社会单位583家，发现火灾隐患730处，督促整改火灾隐患730处，印发责令改正通知书404份，印发行政处罚决定书19份，临时查封1家，责令“三停”2家，罚款17.1万元。联合县交警大队清理拆除障碍物51处，开展消防车通道联合执法22次，依法查处占用堵塞消防

车通道违法行为54起，警告3次，罚款金额3800元。全县未发生较大及以上火灾事故。（王丽容）

【火灾防控与消防监管】 2022年，浑源县消防救援大队重新界定71家消防安全重点单位。其中，商场（市场）、宾馆（饭店）、公共娱乐场所等公众聚集场所19家，医院、养老院和寄宿制的学校6家，国家机关3家，广播、电视和邮政、通信枢纽4家，客运车站1家，具有火灾危险性的文物保护单位8家，发电厂（站）和电网经营企业2家，易燃易爆化学物品充装、储存、供应、销售单位27家，重点工程施工现场1家。该大队指导督促辖区消防安全重点单位落实风险隐患"自知、自查、自改"和公示承诺制度，完善《社会单位自查自改记录表》《社会单位消防安全自评报告》和"三自主两公开一承诺"公示牌，签订2022年上半年、下半年消防安全承诺书。协助政府印发《关于全县范围内禁烧秸秆的公告》，联合网格员到村户和田间地头悬挂秸秆禁烧横幅，张贴秸秆禁烧标语，监督秸秆焚烧工作。

（王丽容）

【消防宣传培训】 2022年，浑源县消防救援大队结合春节元宵节、防灾减灾日、安全生产月、开学第一课、"119"宣传月等活动，在辖区文物古建筑、农村社区、学校家庭、人员密集场所等单位张贴宣传海报，发放宣传资料，开展消防安全宣传，提升公民消防法律法规意识和火灾自防自救能力。累计发放宣传资料1万余份、咨询人数600余人（次）、张贴消防安全宣传挂图2000张。消防志愿者平台注册消防志愿者人数260余人，开展消防志愿者活动6次。全县LED屏播放标语1080余条，重要节日和重大活动期间向目标人群发送消防安全提示短信200余条。定期组织重点单位责任人、人员密集场所从业人员、乡（镇）社区消防工作负责人、乡（镇）社区网格员、景区工作人员、安保人员、消防控制室操作人员等720余人进行消防培训。

（王丽容）

【重要节日活动期间消防安全保卫】 2022年，浑源县消防救援大队在重要节日活动期间，到悬空寺、恒山定点执勤，重点看护"五供单位"500千伏开闭站。全年，开展消防安全保卫工作10余次，出动人员210人（次），出动车辆40车次，重要节日期间未发生有影响性事故。（王丽容）

【乡（镇）消防站建设】 2022年，浑源县消防救援大队协助16个乡（镇）成立消防安全委员会，建立健全组织架构和各项消防工作制度，统筹协调、谋划部署消防安全工作。根据县政府《进一步加强全县乡镇（社区）消防力量建设和火灾防控工作的实施方案》要求，16个乡（镇）全部建立消防工作站，配备办公场所、消防装备器材、人员力量等工作实体，县消防救援大队定期对乡（镇）消防工作站进行帮扶指导和业务培训，协助开展日常消防工作，规范乡（镇）消防执法队伍建设。（王丽容）

2022年12月26日，浑源县消防队组织工作人员参观东坊城乡消防站

（侯 翔 摄）

人口家庭

【人口监测】 2022年，浑源县常住人口23.4万人。其中，城镇人口10.4万人，乡村人口13万人，城镇化率44.3%。常住人口家庭51051户。全年新生儿1692人，人口出生率7.2‰。全县死亡2436人，死亡率10.4‰，自然增长率–3.8‰。 （张志刚）

【婚姻登记】 2022年，浑源县办理结婚登记1468对，离婚登记278对，补发结婚证720对，补发离婚证35对。 （张志刚）

【生育支持政策落实】 2022年，浑源县新增二孩550人，占新生儿32.5%；新增三孩151人，占新生儿8.9%。落实国家三孩生育政策，为孕妇免费提供产前检查、生育补贴、产后检查等全流程跟踪一站式服务。为每位孕产妇免费提供孕前产后检查6次，为每位顺产孕妇补贴1500元，为每位剖腹产孕妇补贴3000元。 （张志刚）

【生育服务】 2022年，浑源县宣传贯彻落实国家优化生育政策。开展妊娠风险筛查与评估，提高危重孕产妇和新生儿救治水平。推进免费孕前优生健康检查和免费婚前医学检查项目，年内，新婚夫妇婚检率99%，为10552名孕产妇建立健康档案，孕产妇住院分娩率100%，无孕产妇死亡，新生儿死亡率2.2‰，婴儿死亡率3.2‰，5岁以下儿童死亡率4.3‰。 （张志刚）

【托育服务】 2022年，浑源县强化托育服务和建设，在县幼儿教育中心、恒吉利幼儿园等3所幼儿教育机构各设立1个托育小班，托育幼儿59名。 （张志刚）

【家庭家风建设】 2022年，县妇联注重家庭、家教、家风建设，在“5·15”国际家庭日之际，向全县广大家庭发出《弘扬家庭美德 树立良好家风 共建和睦家庭的倡议》。6月20日至12月30日，县妇联组织在全县广大党员干部、职工、群众中开展“传承好家训 弘扬好家风”征集活动，征集优秀家风、家训、家规58条，组织开展演讲诵读活动1次。 （高 芳）

【殡葬服务】 2022年，浑源县出台《关于成立浑源县殡葬综合改革工作领导小组的通知》《关于加快推进全县殡葬综合改革促进殡葬事业发展的实施意见》，实施殡仪馆升级改造工程，占地面积11524平方米，设施改造包括综合大楼建筑面积2991平方米，投资1058万元。公益性骨灰堂建筑面积323.5平方米，投资95.2万元。设备升级投资206.9万元，购置1台火化炉、1000门骨灰存放架、1辆殡仪车及瞻仰台、冷冻柜等基本殡葬设备。规划建设1个县级公益性公墓、9个乡（镇）公益性公墓和4个乡（镇）公益性骨灰堂，占地面积16.2公顷，截至年底已完成

土地前期手续。（张志刚）

收入消费

【城乡居民收入】 2022年，浑源县城乡居民人均可支配收入17986元，比上年增长7.8%，总量在大同市10个区（县）排第7位、增幅排第4位。其中，人均工资性收入9147元，比上年增长5.4%；人均经营性净收入3168元，比上年增长11.8%；人均财产净收入518元，比上年增长11.4%；人均转移净收入5152元，比上年增长9.4%。农村常住居民人均可支配收入11785元，比上年增长7.8%，总量在大同市10个区（县）排第8位、增幅排第4位；城镇常住居民人均可支配收入30473元，比上年增长7.1%，总量在大同市10个区县排第6位、增幅排第1位。

（熊晓芳）

【居民消费】 2022年，浑源县全年全体居民人均消费支出11853元，比上年增长4.5%；其中，人均食品烟酒消费支出3765元，比上年增长9.5%；人均衣着消费支出930元，比上年下降2.4%；人均居住消费支出2142元，比上年增长3.8%；人均生活用品及服务消费支出845元，比上年增长0.7%；人均交通通信消费支出1502元，比上年增长5.9%；人均教育文化娱乐消费支出1325元，比上年下降1%；人均医疗保健消费支出1042元，比上年增长3.2%；人均其他用品及服务消费支出302元，比上年增长6.3%。城镇居民人均消费支出19578元，比上年增长2.8%；农村居民人均消费支出9005元，比上年增长5.9%。

（熊晓芳）

【物价】 2022年，浑源县居民消费价格指数（CPI）102.3，即浑源居民消费价格比上年同期上涨2.3%，涨幅较上年增长1.5个百分点，保持在合理区间运行。其中，食品价格上涨4.1%，非食品价格上涨1.7%，消费品价格上涨3.7%，工业品价格上涨3.5%，能源价格上涨11.2%，服务价格与上年同期持平，全年物价涨幅高于大同市（1.9%）0.4个百分点。截至2022年12月，浑源县集市土豆均价4元/千克，红薯均价6元/千克，苹果均价14元/千克，香蕉均价8元/千克，梨均价14元/千克，西瓜均价14元/千克，橙子均价12元/千克，鲜鸡蛋均价11.6元/千克，东北小粒王粳米25千克袋装均价5元/千克，五得利高筋特精面粉25千克袋装均价4.5元/千克。

（熊晓芳）

劳动就业

【概况】 2022年，浑源县城镇新增就业6927人，占目标任务4700人的147%；失业人员再就业3293人，占目标任务2500人的132%；就业困难人员就业673人，占目标任务600人的112%；农村劳动力转移就业5715人，占目标任务3500人的163%。2022年，浑源县人社局被山西省人力资源和社会保障厅评为"山西省人力资源社会保障工作先进集体"，被山西省人民政府农民工工作暨根治拖欠农民工工资工作领导小组评为"山西省根治拖欠农民工工资工作先进集体"。（王　鹏）

【企业就业政策扶持】 2022年，浑源县加码支持企业稳岗减负，采取"免申即享"方式实施失业保险稳岗返还，中小微企业、大型企业返还比例分别由60%和30%提高至90%和50%。对47家不裁员或少裁员符合条件的中小微企业发放稳岗返还资金51.4万元，惠及931人。4月，对餐饮、零售、旅游、运输4个特困行业实施社保费缓缴政策，4个特困行业扩大到受疫情影响生产经营困难的其他特困行业和所有中小微企业、个体工商户，养老、失业保险费分别缓缴到6月和次年3月。累计为266家企业缓缴养老保险1008.5万元，惠及7346人，为55家企业缓缴失业保险13.4万元，惠及958人。

（王　鹏）

【重点群体就业】 2022年，浑源县组织青年参加就业见习，新安置就业见习人员57人。建立困难人员帮扶机制，精准认定就业困难人员，开展一对一服务，通过开发公益性岗位托底安置就业，新安置高校毕业生公益性岗位77人，就业帮扶公益性岗位85人，保持零就业家庭动态清零。推动创业担保贷款政策实施，为45人核准资格，为12人发放贷款285万元。落实小微企业一次性吸纳就业补助，为5家小微企业发放9.6万元，为4家帮扶车间发放7.8万元（其中吸纳脱贫户监测户劳动力就业36人）。对正常运营半年以上的高校毕业生自主创业落实高校毕业生场地租赁补贴，为8人发放1.6万元。年内，安置高校毕业生就业见习岗位及困难高校毕业生公益性岗位134人（公益性岗位77人，见习岗位57人）。（王　鹏）

【就业服务】 2022年，浑源县推进建立健全乡（镇）就业服务站及人员配置，有16人对接16个乡（镇），打通城乡公共就业服务的“最后一公里”。（王　鹏）

【大学生就业帮扶】 2022年，浑源县与太原科技大学签订大学生就业创业基地合作协议书及技能服务人才培养基地合作协议书，确定浑源锦世联行购物中心有限公司尚都商贸城为浑源县大学生就业创业基地，浑源县馨逸职业培训学校为浑源县技能服务人才培养基地。为高校毕业生自主创业提供场地支持、一次性创业补贴、创业担保贷款等政策扶持。对高校毕业生自主创业且正常经营6个月以上的给予场地租赁补贴，发放场地租赁补贴1.6万元。对首次创办小微企业或从事个体经营，且所创办企业或个体工商户自营业执照签发之日起正常运营1年以上的毕业年度和离校5年内高校毕业生，发放带动就业人一次性创业补贴0.3万元。提供创业担保贷款，4名高校毕业生申请创业担保贷款，贷款金额86万元。对小微企业招用毕业年度和毕业2年内高校毕业生，与之签订1年以上劳动合同并足额为其缴纳社会保险费，给予社会保险补贴，发放7.5万元。全县就业岗位征集200个，上岗57人。开发公益性岗位安置高校毕业生就业77人。全年基地培训192人，涉及中式面点师、电子商务师、家政服务员、食用菌生产工、民间工艺品制作工、中药材种植员等工种，培训后为省内外高校输送优质技能服务人才4人（中式面点师）。（王　鹏）

【就业创业补贴】 2022年，浑源县鼓励企业吸纳就业，发放小微企业一次性吸纳就业补助，为9家小微企业发放17.4万元。鼓励重点群体自主创业，发放一次性创业补贴，创业场地租赁补贴8家发放1.6万元。鼓励灵活就业，发放灵活就业人员社会保险补贴，灵活就业新增1人，全年累计发放3.2万元。（王　鹏）

【劳动保障监察】 2022年，浑源县人社局、总工会开展保障职工休息休假和新就业形态劳动者劳动保障权益专项检查，检查企业2家，发放劳动保障法律法规宣传手册50份。开展“喜迎二十大、全力保稳定”根治欠薪夏季专项行动，专项检查全县建筑工地等农民工聚集区域，排查用人单位3家，对存在问题的施工单位下达“责令改正决定书”1份。多部门联动开展集中整治拖欠农民工工资问题专项行动，排查用人单位12家，涉及职工435人，解决欠薪问题3件，涉及劳动者12人，涉及金额11.4万元。全年，累计解决各类投诉举报案件178件，涉及人数601人，涉及金额1009.1万元。全年累计印发“调查询问通知书”4份、“责令改正决定书”17份、拖欠农民工工资“黑名单”告知书1份。（王　鹏）

【预存农民工工资保证金】 2022年，浑源县有5家施工企业以保函形式预存农民工工资保证金，累计预存金额1232.5万元。（王　鹏）

【劳动用工备案】 2022年，浑源县人力资源和社会保障局劳动用工备案1695人，解除劳动合同413人，终止劳动合同13人。（王　鹏）

【工伤认定】 2022年，浑源县人力资源和社会保障局受理工伤认定申请33件，作出认定决定32件；受理劳动能力鉴定申请30件，上报市人社局25件。（王　鹏）

社会保险

【养老保险】 2022年，浑源县参加社会养老保险参保人数21.3万人，其中城乡居民基本养老保险参保人数17.2万人，占年度参保任务数100.9%。缴费人数121259人（次），征缴保费2084万元。发放养老金人数50603人，较上年增加404人，发放养老金7738万元；城乡居民补充养老保险参保人数171297人，实缴费人数44193人（次），征缴保费1562万元。补充养老保险基金支出993万元；机关事业单位养老保险参保人数12548人，参保完成率102%，与上年相比参保人数增加243人，增长2%；参保在职人数7204人，参保完成率101.8%，较上年参保人数增加127人，增长1.8%。全年征缴保费12910万元，领取待遇5344人，发放养老金33174万元；企业养老保险参保人数28680人，参保人数较上年增加1549人，参保增长5.7%。征缴保费11470万元，发放退休待遇12649人，发放遗属待遇800人，发放基本养老金43255万元。（张启慧）

【医疗保险】 2022年，浑源县城乡居民应参保医疗保险259800人，实际参保254346人，参保率97.9%，城乡居民医保基金征收6950.8万元。统筹基金为36766人（次）住院患者支付医疗保险待遇17092.2万元，为179365人（次）门诊慢病患者支付医疗保险待遇3869.9万元。商保公司为4731人（次）支付大病保险费1678.9万元。住院医疗救助4292人（次），医疗救助资金支出695.5万元；门诊医疗救助23699人（次），医疗救助资金支出39.7万元。大病关怀救助19人，救助资金支出9.5万元。（刘　煜）

2022年8月5日，浑源县社会保险中心政务大厅窗口工作人员在为办事群众办理相关业务（杨　钦　摄）

【工伤保险】 2022年，浑源县工伤保险参保人数15626人，任务完成率116.7%，位居大同市工伤参保增长率第一。与上年相比，参保人数增加3227人，参保人数增长率26%，征缴保费319万元。发放27人、342人（次）650.1万元。其中，发放伤残津贴132人（次）35.7万元，发放护理费72人（次）18.4万元，发放抚恤金57人（次）8.6万元，发放一次性伤残补贴29人（次）99.4万元，发放鉴定费2人（次）0.1万元，发放一次性医疗补助金23人（次）161.7万元，发放伙食补助费8人（次）0.2万元，发放医疗费13人（次）52万元，发放丧葬补助费3人（次）11.1万元，发放工亡补助金3人（次）263万元。（张启慧）

【失业保险】 2022年，浑源县失业保险参保人数16267人，征缴保费526万元，发放2299人（次）158万元。其中，发放失业保险金364人（次）58.2万元，发放失业保险金132人（次）16.9万元，发放代缴医疗费398人（次）11.9万元，发放取暖费159人（次）10.7万元，发放稳岗补贴931人（次）51.4万元，发放职业技能提升补贴2人（次）0.3万元，发放临时价格补贴141人（次）0.5万元，发放一次性留工补助172人（次）8.4万元。（张启慧）

【生育保险】 2022年，浑源县

参加生育保险的城镇职工和城乡居民10015名，生育保险基金收入12468.7万元（城镇职工生育保险基金收入5517.9万元，城乡居民生育保险基金收入6950.8万元）；全年有247名城乡妇女享受生育保险待遇，生育保险基金支付9972.2万元。（张启慧）

【特困行业社会保险费缓缴】 2022年，浑源县在落实特困行业缓缴企业职工基本养老保险费、失业保险费、工伤保险费（以下称三项社保费）政策基础上，扩大实施缓缴政策的困难行业范围。在对餐饮、零售、旅游、民航、公路水路铁路运输5个特困行业实施阶段性缓缴三项社保费政策基础上，以产业链供应链受疫情影响较大、生产经营困难的制造业企业为重点扩大实施范围。缓缴扩围行业所属困难企业可申请缓缴三项社保费单位缴费部分，其中养老保险费缓缴实施期限到2022年底，工伤、失业保险费缓缴期限不超1年。原明确的5个特困行业缓缴养老保险费期限相应延长至2022年底，缓缴期间免收滞纳金。受新冠疫情影响严重地区生产经营出现暂时困难的所有中小微企业、以单位方式参保的个体工商户可申请缓缴三项社保费单位缴费部分，缓缴实施期限到2022年底，期间免收滞纳金。（张启慧）

社会救助

【社会救助体系建设】 2022年，浑源县民政局印发《关于转发大同市民政局关于印发〈大同市最低生活保障对象审核确认实施办法的通知〉的通知》《关于转发大同市民政局关于印发〈大同市特困人员认定实施细则的通知〉的通知》，重新明确申请和受理、家庭经济状况调查、审核确认和管理监督等内容，规范最低生活保障对象和特困供养人员认定工作。出台《关于进一步规范全县经济困难的高龄和失能老年人补贴发放工作的通知》，规范经济困难的高龄老年人和失能老年人补贴对象、标准及发放程序。（张志刚）

【救助标准动态调整】 2022年，浑源县民政局动态调整救助标准。农村低保标准和农村分散供养特困对象救助标准分别由每人每月435元、570元调整至每人每月505元、656.5元，集中供养特困对象护理标准分别由上年初的每人每月150元、375元、750元调整至每人每月165元、410元、815元，社会散居养育孤儿、事实无人抚养儿童基本生活标准从上年每人每月1000元调整至每人每月1145元。（张志刚）

【最低生活保障】 2022年，浑源县民政局管理在册农村低保户27884户36624人，发放低保金13607.3万元；管理在册城市低保户1723户3023人，发放低保金1414.3万元。（张志刚）

【特困人员供养】 2022年，浑源县民政局管理在册城市特困人员26人，发放补贴25.5万元；在册农村特困人员2576人，发放补贴2366.4万元。（张志刚）

【临时救助】 2022年，浑源县民政局主要救助因自然灾害、因病、因学等情况导致家庭生活困难的群众。全年，为困难群众2808人（次）发放临时救助金185.6万元。（张志刚）

【流浪乞讨人员救助】 2022年，浑源县民政局救助流浪乞讨人员91人（次）。其中，60岁以上12人（次）；省内籍21人（次），外省籍70人（次）；女性2人（次），男性89人（次）；护送返乡12人（次）。全年，流浪乞讨人员生活救助、医疗救助、返乡救助、临时安置等救助支出24.4万元。（张志刚）

【“爱助事实孤儿”助学活动】 2022年1月6日，浑源县裴村乡西辛庄村17岁的庄雁（化名）和蔡村镇蔡村村16岁的王起（化名）等10名事实孤儿收到海南成美慈善基金会提供的“爱助事实孤儿”助学激励金。该基金会为每位孤儿提供的首批50%助学激励金1万元发放到位，其余50%的助学激励金在春节前后发放。（张志刚）

社会福利

【儿童福利】 2022年，浑源县民政局管理在册孤儿25人，发放补贴37.2万元，管理在册事实无人抚养儿童119人，发放补贴179.9万元。（张志刚）

【残疾人福利】 2022年，浑源县困难残疾人生活补贴主要补助残疾人因残疾产生的额外生活支出，补贴对象为城乡低保家庭中所有持第二代“中华人民共和国残疾人证”的残疾人。全年，为6870名困难残疾人发放生活补贴金573万元。重度残疾人护理补贴主要补助残疾人因残疾产生的额外长期照护支出，补贴对象为所有残疾等级为一级、二级且需要长期照护的持有第二代“中华人民共和国残疾人证”的重度残疾人。全年，为3967名重度残疾人发放护理补贴429.5万元。（张志刚）

【社会福利彩票发行】 2022年，浑源县有彩票发行投注站16家，其中撤站1家，停销2家。各投注站通过创新运营模式、优化服务环境、提高兑奖效率等方式，开展营销活动，吸引顾客购买彩票，全年各站点彩票发行收入共计约100万元。（张志刚）

住房保障

【住房租赁补贴】 2022年，浑源县民政局发放住房租赁补贴1871户，发放464万元。其中，低收入住房困难家庭1063户，发放金额244万元；新就业无房职工及稳定就业的外来务工人员178户，发放41.6万元；最低收入住房困难家庭630户，发放178.4万元。（张志刚）

【保障性住房】 2022年，浑源县民政局按照《大同市人民政府办公厅关于进一步完善住房保障管理工作的实施意见》，对城市低收入住房困难家庭、城市中等偏下收入住房困难家庭、新就业无房职工以及人才引进等群体，以实物配租形式办理租赁住房236套，面积1.5万平方米；拆迁安置66套，面积4100平方米。全年，收取租赁租金155.9万元。（张志刚）

【公租房管理】 2022年，浑源县公共租赁住房采取“租售并举”方式，每套配售住宅捆绑1间地下室，每个保障家庭只能申请1种保障方式，只限申请1套保障性住房。配售房屋售价由审计、市场监督管理局、财政、住建、房管部门共同核算，经价格鉴审并核定，面积以自然资源局委托的有测绘资质单位的测绘结果为准；配租房屋按照相关配租政策规定进行实物配租保障，由保障户缴纳租金，租金标准依大同市人民政府文件标准执行。截至年底，浑源县公租房安置2986套，涉及7个小区。（郝日功）

【基层物业服务】 2022年，浑源县制定《浑源县加强和改进住宅物业管理工作三年行动实施方案》，开展抓党建促基层物业服务全覆盖工作，把96个小区按片区划分到11个社区，按照联片联管模式实现小区管理全覆盖。业委会、物管会推进开展工作。（孟振宁）

【住房公积金管理】 2022年，大同市住房公积金管理中心浑源县管理部引导缴存单位及缴存职工通过中心微信公众号、网上业务大厅、手机公积金App、“12329”热线等线上平台查询及办理相关业务。开展跨省通办业务，开设跨省通办专用业务窗口，办公场所张贴政策文件宣传跨省通办业务的流程和办理条件，通过全程网办、代收代办、两地联办等服务方式，实现住房公积金8个高频业务事项的“跨省通办”。全年有190家缴存单位，8954名缴存职工（其中实缴存职工8628名）。新开户缴存单位3家，新开户缴存职工456人，占年度扩面任务的100%。全年归集17060万元，提取住房公积金1854人（次），提取金额6662万元。其中，住房消费提取1562人（次），提取金额4234万元，非住房消费提取292人（次），提取2428万元。全年发放住房公积金个人住房贷款147笔（其中二手房贷款5笔），发放4848万元。回收贷款本金2400万元，回收贷款利息476万元，贷款余额15234.4万元。（赵　香）

【住宅专项维修资金管理】 2022年，浑源县加强住宅专项维修资金管理，保障住宅共用部分、共用设施设备的维修和正常使用，落实《关于浑源县住宅专项维修资金管理有关规定的通知》精神。截至年底，24个住宅小区专项维修资金累计缴存1384.3万元，由住房事务中心代管。（孟振宁）

基层治理

【基层治理体系建设】2022年，浑源县以抓党建促基层治理能力提升专项行动民政系统承担的5项牵头任务、13项责任任务为引领，组织工作人员实地调研走访10余次，制定出台18项工作制度、方案、措施，指导全县成立村（居）务监督委员会224个，人民调解委员会224个、治安保卫委员会224个、公共卫生委员会224个、妇女和儿童工作委员会224个、红白理事会224个。（张志刚）

【基层社会管理服务】2022年，浑源县指导思源社区2家社区社会组织完成备案手续，成立村(居)务监督委员会224个，实现对“两委”成员监督全覆盖；实施“互联网+基层治理”行动，各乡（镇）、村（社区）完善《全国基层政权建设和社区治理信息系统》。年内，选出永安镇南关村、和顺社区的书记参加省民政厅举办“双百双培双带动”工作专题培训班。与相关部门将沙圪坨镇沙圪坨村打造成全县“清廉村居”示范点，带动40个村（社区）建成“清廉村居”。（张志刚）

【社会工作专业人才队伍建设】2022年，浑源县为社会弱势群体提供专业社会工作服务，强化专业人才团队建设，7人考取社会工作者证书。截至年底，全县持社会工作者证书41人。其中，助理社会工作师37人，社会工作师4人。（牛建军）

【社会组织管理】2022年，浑源县持续培育发展社区社会组织，全县成立社区社会组织282家，社会团体27家，民办非企业36家。引导县爱心公益协会、县学雷锋志愿者协会等爱心组织参与基层社会治理，动员电子商务协会、凉粉协会、恒山黄芪产业商会等行业协会组织深掘自身行业优势，规范产业发展，更好助力乡村振兴。（张志刚）

区划地名管理

【工作启动】2022年，浑源县根据国务院《地名管理条例》《山西省民政厅关于印发提升乡村地名公共服务试点工作实施方案的通知》《大同市民政局关于印发提升乡村地名公共服务试点工作实施方案的通知》文件要求，开展城市街道命名更名工作，于下年前完成建成区（永安镇）的地名信息采集、道路命名和标志设置、门牌编制和安装。（张志刚）

【专班推动】2022年，浑源县组成由民政、公安、住建部门等单位参与的工作专班，进行摸底排查工作。利用永安镇全域卫星图、永安镇社区网格图，把永安镇以社区划分为12个片区进行摸底，县政府召集19个部门进行协调推进，召开由老干部、人大代表、政协委员、文化界人士参加的座谈会3次，宣传发动社区开展征集街巷命名会11次。（张志刚）

【组织实施】2022年，浑源县地名管理委员会办公室通过实地勘测和信息比对筛选，摸排出县城建成区（永安镇）街、路、巷501条。其中，县城建成区233条需重新命名，县城建成区44条需更名，县城建成区224条保留原名。

（张志刚）

老龄事务

【敬老院“公建民营”】2022年8月26日，浑源县永安镇敬老院、裴村乡中心敬老院、浑源县思源社区中心敬老院经公开招投标，委托浑源县康达医养中心运营，服务周期6年，试运营1年。运营床位总数的30%标准分别设置公益性床位，全员接收原入住老人，1年内按照养老福利机构原有的收费标准收费。（张志刚）

【老年补贴发放】2022年，浑源县民政局为4452名80岁以上高龄老人发放高龄补贴265.2万元，为百岁老人发放补贴92498元，为646名失能老年人发放失能补金69.8万元。（张志刚）

【医养结合服务】 2022年，浑源县推进医养建设工程，加强医养专业人才建设，申报黄芪国家药食同源认定，开展社区养老、医养结合服务。年内，开工建设总投资6700万元的中医院康养中心建设工程，全县有医养专业型中医人才20名，开发三伏贴、通督灸、新九针、小针刀等中医特色医养治疗项目，浑源黄芪进入国家卫生健康委员会、国家市场监督管理总局安全性评估及试点生产经营环节。（张志刚）

【老年养护院建设项目规划汇报会】 2022年8月18日，浑源县老年养护院建设项目规划汇报会举行。太原建筑设计研究院工作人员就该项目的规划设计初步方案作说明。老年养护院项目作为县重大民生项目工程，初步选址在和顺南路老城区地段。县民政局、文物局、国土局、住建局等相关部门负责人参加。（张志刚）

关心下一代工作

【工作机制建设】 2022年，浑源县关心下一代工作委员会（简称“浑源县关工委”）按照“巩固真心的、吸纳诚心的、网罗热心的”组织思路，加强关工委班子建设，年内充实领导成员2人。完善巩固“五老”（老战士、老模范、老干部、老专家、老教师）进校园，基地带活动、活动强基地，家校联手、委校互动运行机制，探索实践“五老”包课题演讲、社区牵手联动、青少年“一帮一”互动、典型辐射引领工作机制。（张　玉）

【红色基因传承】 2022年，浑源县关工委组织“五老”宣讲团深入校园宣讲革命英雄穆岳、魏安邦、红嫂与郭伍士的故事和清代廉吏能臣栗毓美的故事，开展红色基因传承进校园、进社区和红色教育演讲、征文比赛、作品展示系列活动8次。（张　玉）

【教育模式创新】 2022年，浑源县关工委与社区嫁接联姻，在全县范围内征集以家庭为单位投送的敬孝、敬老书画作品和学生手抄报100余幅。建立“静逸轩文道书法”中华传统文化教育基地、北岳黄芪生产加工基地、浑源非物质文化遗产生产传承基地，激活净石国防教育基地、贾庄惨案教育基地、“天路”乡村游旅游振兴基地、思源社区农村环境提升基地，选树穆岳小学演讲与口才、恒吉利幼儿园快乐成长两大品牌，对青少年实行多维文化传统教育。（张　玉）

残疾人事业

【残疾人托养服务】 2022年，浑源县残联从各乡（镇）、各村确定服务对象50名，通过竞争性谈判方式，确定大同恒奇精神病医院有限公司为中央资金“阳光家园计划”残疾人托养服务工作服务机构，从6月1日起开始服务，12月底结束服务。（郭　松）

【残联便民服务】 2022年5月13日，浑源县残联按照市残联

2022年5月13日，浑源县残联携手大同市六医院下乡为精神残疾人员办理残疾证（杨　钦　摄）

关于整改行动方案要求，联合大同市六医院在大同恒奇精神病医院为不便于去指定医院评残的精神残疾人开展集中评定服务，并现场办理残疾人证相关业务。全天评残 23 人（其中入户评残 2 人）。

（郭　松）

【农村困难残疾人实用技术培训】 2022 年 6 月 20 日至 27 日，浑源县残联组织开展农村困难残疾人实用技术培训，培训生活困难残疾人 40 人。主要采取集中授课、讨论答疑的方式进行，就设施蔬菜栽培技术、牛羊养殖实用技术及动物疫病防控技术等知识进行系统培训，帮助残疾学员掌握一门劳动技能。（郭　松）

红十字事业

【“博爱送温暖”活动】 2022 年，浑源县红十字会开展“博爱送温暖活动”。春节期间筹集资金 4.6 万元，为 759 户困难户送上爱心物资。对 150 户大病户、困难户、残疾人等弱势群体实施救助，发放救助金 6.2 万元。对 6 名考取一本的家庭困难大学生提供救助，每人补助生活费 2000 元；为 5 名先天性心脏病和白血病儿童申请中国红十字会总会救助。继续推动“博爱一日捐”活动，通过活动筹集善款 37 万余元。（王守中）

【红十字宣传活动】 2022 年，浑源县红十字会在第 75 个“5·8”世界红十字日博爱宣传周开展宣传纪念活动。组织募捐团队 4 个、近 500 名志愿者参与中国红十字会总会举办的“5·8”人道公益日互联网筹资项目活动，志愿者个人捐款 4922 元；开展“文明大同——红十字在行动”线上讲故事比赛活动，志愿者王磊的作品入围；举办应急救护知识进乡村活动；组织红十字志愿者到西坊城镇、裴村乡的 3 个行政村开展以心肺复苏为主要内容的急救知识普及培训活动，受益群众 500 余人；组织 210 名红十字志愿者开展新冠疫情防控志愿服务工作，参加总人数 620 人（次），服务总时长 5200 小时；开展红十字知识普及宣传活动，县红十字会全体机关干部职工和浑源县学雷锋志愿者协会、浑源县红十字学雷锋志愿服务队 20 余位志愿者参加，发放科普宣传资料 1100 余份。5 月 12 日全国防灾减灾日，县红十字会围绕“防范化解灾难风险、筑牢安全发展基础”主要内容，开展集中宣传活动，发放宣传单、宣传册等资料 1000 余份。9 月 11 日“世界急救日”，县红十字会组织全体机关工作人员和志愿者在栗毓美文化广场开展宣传活动，普及应急救护知识和技能，宣传推动应急救护工作，发放宣传品 1000 余份。县红十字会组织志愿者以“我为群众办实事”实践活动为契机，到城镇社区开展疫苗接种宣传推动活动，发放宣传品 3000 余份，受益人群 1 万余人（次）。（王守中）

【应急救护知识培训】 2022 年 6 月 25 日，浑源县红十字会在浑源中学举办应急救护知识培训班，提高教师急救技能。培训期间县人民医院的专家采取讲授、演示、提问、讨论等教学方式介绍红十字运动知识、现场救护的一般原则、程序，传授心肺复苏（CPR）、人工呼吸的操作流程以及气道异物梗阻、包扎等救护方法。浑源中学 100 余名教职工参加理论学习和实操培训。（王守中）

民族宗教事务

【概况】 2022 年，浑源县有少数民族 11 个，227 人。有正式登记、依法开放的宗教场所 40 处。其中，佛教场所 19 处、道教场所 11 处、基督教场所 10 处。有常住宗教教职人员 55 人。（张　琦）

【民族宗教政策法规学习宣传月活动】 2022 年 6 月 16 日，浑源县委统战部在太贞观举行民族宗教政策法规学习月活动启动仪式，宣读市级五大宗教团体《关于加强教风建设倡议书》，现场发放《宗教政策法规选编》60 余本。在“看浑源”微信公众号原文连载宗教政策法规；开展“反邪拒邪”知识讲座和主题签名活动，发放宣传册和宣传品 100 余份。举办宗教界“两个管理办法”培训班，县宗教局统一为各场所制作《宗教活动场所财务管理办法》展板。（张　琦）

【宗教活动场所走访调研】 2022年8月4日，浑源县委统战部实地走访调研翠屏寺、太贞观、南顺教堂等宗教场所，了解各场所新冠疫情防控、安全管理等方面情况，确保宗教领域平安。（张 琦）

精神文明建设

【新时代文明实践中心建设】 2022年，浑源县制定出台《拓展新时代文明实践中心建设工作实施方案》，明确县、乡、村三级书记新时代文明实践中心建设联席会议制度，召开县新时代文明实践中心专题推进会，实现新时代文明实践中心（所、站）全覆盖。投资50余万元建立新时代文明实践综合服务平台，“点单、派单、接单、评单”四单工作法实现智能化管理。印制《浑源县新时代文明实践所、站建设指南》500余套、教学光盘150套，培训16个乡（镇）文明实践所所长、乡（镇）党委副书记、组宣委员，实地观摩永安镇新时代文明实践所、东坊城村文明实践站、恒山林场、气象局等文明实践示范点，提升县、乡、村、示范点四级志愿骨干文明实践理论素质和工作能力。（牛建军）

【志愿服务项目建设】 2022年，浑源县开展志愿服务项目建设，县人民医院、县卫健局结合疫情防控开展“医护公益联手同心抗疫保平安”活动；县文旅局组织社会各界文化名流研究、挖掘、整理北岳文化资料，开展北岳文化铸魂项目建设；县文艺志愿服务队围绕浑源县文旅振兴、生态建设、中共二十大精神宣传等课题，编排《家乡好》《老两口学报告》《先锋赞》等节目。（牛建军）

【精神文明创建及评选】 2022年，浑源县评选推荐2020—2022年度省级文明单位6家；山西省文明乡（镇）4个、文明村3个。启动2020—2022年度省级文明县城提名城市创建工作，11家文明校园通过市考核组实地考察。推荐考核“文明乡（镇）”“文明村”“文明单位”“文明社区”“文明校园”“文明家庭”“精神文明先进工作者”，评选出第三届浑源县道德模范。推荐第九届山西道德模范4人，表彰40余名“新时代好少年”。新冠疫情防控期间，向市文明办推荐10名疫情防控志愿者。结合抓党建促基层治理能力提升，在213个行政村开展“十星级文明户”评选，评出三星级以上文明户25898户，占全县常住人口51051户的50%以上。（牛建军）

【未成年人思想道德建设】 2022年，浑源县在巩固提升12所乡村少年宫建设的基础上，开展“强国复兴有我”“童心向党”等主题演讲比赛和征文评选活动，通过活动提升未成年人思想道德水平。（牛建军）

【精神文明示范点推荐】 2022年，浑源县向省、市文明办推荐黄芪文化园、天峰社区、气象局为第四批省级社会主义核心价值观示范点；向市委宣传部推荐神溪湿地、穆家庄烈士陵园、思源社区为市级爱国主义教育基地。（牛建军）

【精神文明基地建设】 2022年，浑源县在省校合作红色教育和国情教育基地建设工作中，与北京邮电大学、太原科技大学等高校对接，邀请专家教授到县革命教育基地、国情教育基地实地调研、研学。在全县开展“微笑浑源”主题活动，举办“微笑宣传大使”评选，发起“微笑生活倡议”，开展“微笑随手拍”“微笑合影”等活动。（牛建军）

【新时代文明实践志愿骨干培训】 2022年4月19日，浑源县举办新时代文明实践志愿骨干培训班，县文明办、气象局、网信办负责人围绕新时代文明实践志愿服务工作分别授课。各乡（镇）组宣委员、部分村社区负责人、志愿者代表参加培训。（牛建军）

乡 镇

永安镇

【概况】浑源县永安镇辖25个行政村和11个社区，总面积84.4平方千米，建成区面积13.7平方千米。2022年，户籍人口48570户114842人，常住人口42926户110348人，耕地面积60688.5亩。有基层党组织39个，党员1927人。城镇居民可支配收入3.1万元，农村经济总收入4.6亿元，农民人均可支配收入1.4万元。境内浑源县有牛氏铸钟工艺品厂等3200家企业。

（任 佳）

【产业经济】2022年，浑源县永安镇粮食播种面积49380.5亩，总产量35107.7吨；蔬菜种植面积4233.3亩，总产量14241吨。引进投资650万元，流转土地1000亩，在东辛庄村黄芪文化园周边高速北口至顾册村打造千亩万寿菊经济景观长廊，发展优势特色种植业带动就业800余人。许村推广种植低糖高蛋白玉米新品种2000亩、万寿菊420亩；张庄村种植糯玉米300亩、大蒜80亩；王千庄培育大葱200亩；唐家庄种植沙棘葡萄200亩；东辛庄种植万寿菊1000亩；唐家庄种植万寿菊85亩；张家号村推广种植晋谷16号谷子50亩。武村、王千庄、当巷、土桥铺、西顺和张庄6个村18281亩高标准农田建设完工，惠及项目区256户716名脱贫户。南顺村投资37.1万元实施打井节水灌溉工程，惠及脱贫户39户76人。各村发展养殖业，生猪养殖11265头，牛养殖1932头（其中奶牛存栏858头），羊存栏8176只，蛋鸡存栏180570羽。耕地地力补贴318.2万元涉及8616户农户，实际种粮农民一次性补贴涉及8412户均全部发放，退耕还林补助资金全部发放完成。王千庄村全国传统村落申请工作通过市级专家组验收。（任 佳）

【乡村振兴】2022年，浑源县永安镇有脱贫户770户1860人实现人均纯收入1.2万元；边缘易致贫户45户80人，消除风险31户62人；突发严重困难户27户41人，消除风险2户5人；政策帮扶困难群体8294人，脱贫户中有125户享受小额信贷帮扶625万元，有251人享受交通补贴15万元，光伏公益岗惠及146人，享受教育补贴1678人（享受幼儿学前补助248人，义务教育阶段补助811人，普高资助275人，职高资助272人，大学生本科资助14人，雨露计划资助58人）；通过优势特色种植业带动423户1057名脱贫群众实现增收；农业基础设施建设惠及7个村295户792名脱贫人口。组织新招录25名大学生村干部。

（任 佳）

【民生保障】2022年，浑源县永安镇新增办理农村低保594户596人。其中，建档立卡增加67户67人；清退低保212户212人；增加五保户14户14人；为1235名残疾人发放护理补贴和生活补贴；为58名低保户子女办理“春霖计划”；办理临时救助242户448人，发放金额 8.6 万元，其中建档立卡 75 户，发放金额 3.2 万元。复核非农低保 1779 户 3173 人；新增非农低保 75 户 126 人。摸底排查农村残疾人社会保障政策落实情况 1897 人，完成残疾人基本服务状况和需求信息动态更新 3087 人。为 23 人发放适配辅具，为 8 人安装假肢，居家托养服务 86 人，无障碍改造 3 户，新增办理残疾证件 141 人。

（任　佳）

【文旅建设】 2022 年，浑源县永安镇借恒山南路唐庄段及西干渠旅游路线贯通，在沿路两侧的东辛庄村、南关村、唐家庄村、许村村等村打造集观光、采摘、休闲、娱乐为一体的万亩万寿菊基地。建成具有村域特色的餐饮和住宿产业，有农家饭店、农家客栈，唐家庄村发展各类商店、小超市、古玩店、小吃店等 20 余家“马路经济”，发展旅游服务，开发地方手工业、工艺品业。（任　佳）

【环境治理】 2022 年，浑源县永安镇加强对露天焚烧垃圾、秸秆及其他野外用火、垃圾倾倒清运、扬尘污染、烟花爆竹燃放等方面的管控力度，悬挂宣传标语 200 余幅，出动 300 余名村、社区干部向村民、居民宣讲焚烧秸秆、垃圾的危害及相关部门的惩处力度。推广洁净煤使用，新增 2000 户煤改电居民。组织发放 1.3 万余户上年度居民煤改电用电补贴，全镇煤改电用户累计 15084 户。在冬奥会和冬残奥会期间，为辖区居民发放蜂窝煤 310 吨、烧烤炭 197 吨、清洁煤 1328.6 吨、取暖器 1345 台。在“爱国卫生季”活动中，组织党员干部 500 余人，出动推土机、小铲车、垃圾清运等车辆 60 余辆，清理卫生死角 100 余处，清理垃圾 60 余立方米。

（任　佳）

【平安建设】 2022 年，浑源县永安镇 11 个社区配备专职网格员 109 名，13 个行政村配备兼职网格员 23 名。推进扫黑除恶斗争常态化工作，加大涉黑涉恶线索核查上报和办理力度，健全完善常态化斗争制度机制。开展矛盾纠纷排查调处工作，落实矛盾纠纷排查调处和安全风险隐患排查化解工作月报送制度。开展入户禁种铲毒宣传活动，与各村委（社区）签订责任书 36 份，村（社区）与户签订承诺书和保证书 29008 份。开展“远离毒品，珍爱生命”宣传活动。全年有效答复“12345”政府服务热线 430 余件，响应率、解决率、满意率均达 90% 以上。（任　佳）

【神溪村入选山西美丽休闲乡村】 2022 年 6 月 2 日，浑源县永安镇神溪村被山西省农业农村厅评选为“山西美丽休闲乡村”。神溪村境内有神溪国家湿地公园和始建于北魏时期、全国重点文物保护单位律吕神祠，“神溪夜月”为浑源古八景之一，并有古戏台、古民居等人文景观。（任　佳）

【思源社区便民市场运营】 2022 年 7 月 1 日，浑源县永安镇思源社区便民市场投入运营。市场由社区内 20 间商铺改造建成，面积 1031.7 平方米，设置 53 个摊位，入驻商家主要经营蔬菜、水果、肉类、干果、米面粮油、熟食等，满足周边居民日常生活所需。（任　佳）

2022 年 7 月 1 日，浑源县易地扶贫搬迁安置地思源社区便民市场开业

（张晓田　摄）

西坊城镇

【概况】 浑源县西坊城镇辖11个行政村，总面积52.6平方千米。2022年，户籍人口5234户14600人，常住人口2500户7200人，耕地面积36175亩。有基层党支部12个，党员482人。农村经济总收入2.3亿元，农民人均可支配收入9044元。境内有峪之泉有限公司、聚鑫超市等8家企业。（李 慧）

【产业经济】 2022年，浑源县西坊城镇粮食播种面积33516亩，总产量11708.3吨；牛、羊、生猪、禽类饲养量分别达658头、27235只、9606头、24770羽。投资42万元，完成南阳庄村蔬菜大棚及其配套项目建设；投资21万元，完成大有号村护村护地坝项目；投资49万元，完成大有号村污水管道铺设及路面恢复建设项目；投资5万元，完成浑源县恒山人家旅游提升项目。

（李 慧）

【乡村振兴】 2022年，浑源县西坊城镇对人口开展收支测算，脱贫户从2021年10月至2022年6月，人均收入1万元以上，增长超14%。配合县人社局为201名外出务工人员发放交通补贴。完成全镇在村的脱贫不稳定户、边缘易致贫户是否存在致贫、返贫风险排查工作，排查两类户134户262人，未发现存在致贫、返贫风险。（李 慧）

【民生保障】 2022年，浑源县西坊城镇养老保险应参保8877人，实参8209人，参保率92.5%。为符合条件的70名农村妇女开展“两癌”筛查。（李 慧）

【环境治理】 2022年，浑源县西坊城镇出动工作人员140人（次）、拖拉机5辆，清理交通沿线积存建筑垃圾和生活垃圾5.2吨，清理各村陈年垃圾15.2吨；拆除视觉污染设施10余处；消除交通安全隐患11处，清理整治乱堆乱放、乱搭乱建、乱圈乱占、乱贴乱画等33处；修补3处村内破损的花栏墙、断壁残垣、破损屋顶。整治岸坡水体，实施生活垃圾定点投放、密闭运输、日产日清。

（李 慧）

【平安建设】 2022年，浑源县西坊城镇成立镇党委安全生产领导小组，入村走访排查隐患，专题分析研判，落实安全生产工作。全年，收到政府热线下派工单141件，响应率、解决率、满意率全部90%以上。（李 慧）

蔡村镇

【概况】 浑源县蔡村镇辖8个行政村（包括3个自然村），总面积59.6平方千米。2022年，户籍人口4747户13192人，常住人口2520户7010人，耕地面积25009亩。有基层党组织9个，党员471名。农村经济总收入8023万元，农民人均可支配收入11450元。境内有京能集团浑源京晶新能源有限公司、省级农业龙头企业山西裕隆祥农业发展有限公司等8家企业。

（赵丰斌）

【产业经济】 2022年，浑源县蔡村镇粮食播种面积2.5万亩，总产量10040吨；牛、羊、生猪、禽类饲养量分别达475头、19074只、7451头、48654羽。开展土地防撂荒工作，排查出撂荒地10.2亩，全部播种玉米等农作物，粮食播种面积2.5万亩，产量在1004万公斤以上。与泰昌农牧合作社合作，采用“服务主体＋农村集体经济组织＋农户”组织形式实行土地托管服务，先后实施土地“耕、种、管、收”全流程托管1500亩，农业生产托管机收、秸秆回收各1.7万亩。率先在蔡村开展万寿菊种植试验田201亩，通过“村集体＋合作社＋农户”的种植模式，农民通过土地流转每亩增收400元，采集期间通过劳动获工资每天100元，村集体创收2万元。（赵丰斌）

【乡村振兴】 2022年，浑源县蔡村镇有建档立卡脱贫户1632户4337人，监测户103户248人。开展防返贫监测帮扶排查工作，通过入户走访进行信息采集，重点排查边缘易致贫户、脱贫不稳定户和严重困难户，重点排查对象100%，排查出问题12条，完成整改12条，整改完成率100%；开展防返贫监测帮扶动态调整工作，动态调整7次，新识别监测户9户21人，脱贫户家庭成员自然增加4人，自然减少97人。开展防返贫监测帮扶走访工作，定期进村走访“三类户”（脱贫不稳定户、边缘易致贫户以及因病因灾因意外事故等刚性支出较大或收入大幅度缩减导致基本生活出现严重困难户）和脱贫户，包村镇领导、驻村干部走访2948次。（赵丰斌）

【民生保障】 2022年，浑源县蔡村镇基本医疗保险缴费率94%，其中脱贫户、监测户、低保户、一二级重残参保率100%。基本养老保险参保人数8869人，补充养老保险参保人数8858人，享受基本养老保险国家代缴人员2296人，享受补充养老保险国家代缴人员584人。为129户低保户、4户特困户和10户一般户发临时救助6.6万元；为162人发放残疾人护理补贴1.5万元，为303人发放残疾人生活补贴2.2万元；享受国家一次性生活补贴1205户，补贴金额48.5万元。义务教育阶段适龄学生入学率100%，享受教育帮扶政策122人。其中，脱贫户享受“雨露计划”有89人，享受大学生新入学资助18人，享受“滋蕙计划”15人。有138户脱贫户享受扶贫小额信贷政策，贷款675万元。给外出务工的481名脱贫户和监测户发放一次性交通补贴29.2万元，参加人社部门组织的全民技能提升培训人员70人。全镇设县级就业帮扶公益性岗位14人，全部是脱贫户和监测户，设村级公益岗235名，脱贫户用工人数218人。（赵丰斌）

【环境治理】 2022年，浑源县蔡村镇开展“秋冬攻势”专项整治行动，清理生活垃圾32.5吨，整治道路沿线20.8千米，清理河道沟渠18千米，拆除破墙烂圈、废弃棚舍等乱搭乱建5处，整齐码放生产生活资料340处。实施硬化美化工程，投资28.3万元硬化蔡村广场2695平方米；投资43.5万元新建白道村挡水渠210米、排水渠360米；投资2万元新建师家号村公共厕所1座；投资682万元实施白道生态型清洁小流域项目建设；投资5万元在蔡村、东留、白道进村道路两旁种植花11亩，在道路沿线种植海棠、丁香等花卉1300余株。（赵丰斌）

【平安建设】 2022年，浑源县蔡村镇8个行政村划分成14个责任区域，下设58个分责任区，各村支部书记兼任责任区负责人，下设14个兼职人员，建立责任区负责人管理微信群，收到线上反馈问题53条，在线化解矛盾纠纷38起。开展安全生产专项整治三年行动暨百日攻坚集中行动，明确15条措施，分解细化57条任务清单。排查经营性自建房92户，排查出一般自建房20户存在安全隐患并纳入整改范围，截至年底，2户完成整改，7户上报住建部门，11户列入次年动态保障。8个行政村饮水安全全部合格，水质监测报告全部达标。（赵丰斌）

【文旅建设】 2022年，浑源县蔡村镇创新文旅融合，打造乡村旅游示范村——白道村，完成白道小公园建设；中国农科院在峣村建设1.1万平方米高品质暖棚樱桃生

2022年7月20日，蔡村镇峣村举办以“喜迎二十大 奋进新征程”为主题的曲艺团演出专场活动（安兴旺 摄）

产基地，打造田园变公园、农房变客房、产品变商品、劳作变体验的休闲农业新业态。打造特色景观，完成镇园林景观建设，峣村文化长廊和白道特色休闲旅游村的生态大湖、万亩光伏、休闲旅游文化广场特色景观建成使用；举办以“喜迎二十大 奋进新征程”为主题的文旅产业促乡村振兴文化旅游季系列活动。（赵丰斌）

【蔡村入选第九批全国民主法治示范村】 2022年，浑源县蔡村镇打造便民服务站、治安防控站、矛盾调解处、律师援助站、村民议事长廊等开放式、集约式、共享式法制服务平台，构建起共治共享的乡村治理新格局。以“村规民约、家规族训”为治理模式引导乡村德治，以“党员联系困难户、两委成员联系创业户、律师联系法律需求户”促进基层法治，以“民主工作法”推动村民自治，深化“三治融合”（自治、法治、德治融合），推进基层治理。创新治理方式，村民理事会成员、党员配合开展平安建设、矛盾纠纷化解、法治宣传。2022年底，入选第九批“全国民主法治示范村”。（赵丰斌）

【“一村一品”品牌项目化创建工作经验总结现场会】 2022年6月23日，浑源县蔡村镇召开抓党建促基层治理能力提升专项行动“一村一品”品牌项目化创建工作经验总结现场会。8个村的党支部书记汇报工作情况。会后镇党委政府成员和各村党支部书记实地观摩学习创建工作，并为授予抓党建促基层治理能力专项行动党组织规范化示范化运行示范村称号的村挂牌。（赵丰斌）

【峣村被列为山西省第一批省级乡村振兴示范村】 2022年，浑源县蔡村镇总投资1180万元，打造峣村省级乡村振兴示范村，从产业发展、生态修复、基础设施、乡村治理等方面确定峣村为示范村的创建方案，明确种植樱桃产业项目，打造成集旅游休闲、生态宜居、多产融合的新型现代化农村新高地。借助“清化收”把40余亩村南荒废的矿山收回集体所有，生态修复后种植樱桃，采用“村集体+公司+农户”的合作模式，扩大“一村一品”品牌边界。年内，完成总占地面积32亩的樱桃产业园主体建设，建设4个大棚占地面积16亩，移栽455棵6至8年树龄的樱桃树苗。（赵丰斌）

沙圪坨镇

【概况】 浑源县沙圪坨镇辖20个行政村，6个自然村，总面积177.8平方千米。2022年，户籍人口8912户24548人，常住人口4069户10113人，耕地面积5.7万亩。有基层党支部22个，党员623人。农村经济总收入4.3亿元，农民人均纯收入9335元。境内有浑源县恒岳服装有限责任公司、山西诗语包装材料有限公司2家企业。（魏国强）

【产业经济】 2022年，浑源县沙圪坨镇粮食播种面积57200亩，总产量15160吨。牛、羊、生猪、禽类饲养量分别达3434头、23127只、7592头、23720羽。加快培育主导产业，以“清化收”为抓手，收回承包资金2.7万元，新增地源207亩。沙圪坨、杨庄两村引领村民承租乱岭关村集体宜芪地1255亩，开发种植黄芪；黄家坡、照壁、水沟3村以“合作社+农户”和“合作社+合作社”方式，建成2个规模较大的圈养肉牛、肉羊养殖区；井上村投资36万元建设养殖厂。沙圪坨、杨庄2村补贴资金100.4万元的中小药材种植项目，英庄村公司自筹1500万元的南美白对虾工厂化养殖基地，龙洼村由浑源县好仙友一站式供应链管理有限公司投资10229.2万元的城乡冷链和国家物流枢纽项目均开工建设。（魏国强）

【乡村振兴】 2022年，浑源县沙圪坨镇开展防返贫动态监测排查，监测户95户239人。其中，脱贫不稳定户85户217人，边缘易致贫户7户14人，突发严重困难户3户8人，未消除风险35户58人。开展“两不愁三保障”回头看排查，由村两委和驻村工作队摸排建档立卡户1645户4063人，剖析收支状况，确认收入来源是否稳定，巩固脱贫质量。全年“雨露计划”申报81人，资助学生537人，资助金额31万元，免学费10.3万元。全镇危房改造124户全部竣工，第一、二批改造资金拨付到位。金融脱贫新增小额信贷190户948万元，超额完成769万的全年信贷任务。

（魏国强）

【文旅建设】 2022年，浑源县沙圪坨镇荞麦川红色旅游文化以空中草原为核心，拓展和品质提升景区功能，发展乡村旅游。重新加固“鸿运大道”，在303省道、239国道沿线，种植花卉，提升生态环境。（魏国强）

2022年，沙圪坨镇重新加固荞麦川鸿运大道。图为加固后的鸿运大道（安兴旺 摄）

【民生保障】 2022年，浑源县沙圪坨镇入户复核低保户2243户、五保户227户，增加低保入户调查114户，增加五保户、特困户2户，发放救灾款20万元(602户604人)。完成重点优抚对象照相核查人员36人，60周岁农村籍退役士兵补助照相核查，老烈士子弟照相核查人员11人，补助资金发放到位。申办新增60周岁农村籍退役士兵补助人员。实施10个村1452户煤改电工程。回复“12345”热线处办卡58份，群众满意率80%。

（魏国强）

【环境治理】 2022年，浑源县沙圪坨镇关停2家个人散煤销售点，劝离流动售煤车4次；实施“煤改电”工程3443户，冬季取暖用电量419.2万千瓦·时，节省燃煤2305.6吨。排查现有燃煤锅炉，全镇有燃煤锅炉13台，无35蒸吨以上燃煤锅炉。出台《沙圪坨镇秸秆禁烧工作实施方案》，发放秸秆禁烧宣传页3200余份，悬挂标语26条。全镇产生秸秆4900余吨，秸秆还田和养殖用料使用4500余吨，秸秆综合利用率91%。（魏国强）

【基层治理】 2022年，浑源县沙圪坨镇开展“三零”（零上访、零事故、零案件）创建工作，把“防范化解矛盾纠纷和风险隐患”明确为“我为群众办实事”重点民生项目，全镇范围内开展矛盾纠纷大排查，建立起以调解员为依托的化解疏导防线。利用电视、显示屏、横幅、广播、微信等各类载体宣传电信诈骗，倡导群众安装“国家反诈中心”App。（魏国强）

【村党支部书记擂台比武活动】 2022年8月21日，浑源县沙圪坨镇举行农村党支部书记“擂台比武”活动。20个行政村党支部书记采取PPT展示、现场陈述、视频展示等方式，围绕党建引领、资源利用、产业类型、发展模式、监督管理、利益分配、宣传推广等方面，展现各村在发展壮大村集体经济和抓党建促基层治理能力提升方面的发展思路、经验做法。荞麦川、赤泥泉两村支部书记被评为优秀支部书记，其中荞麦川支部书记作为沙圪坨镇代表参加全县支部书记擂台比武。（魏国强）

【杨庄村被列为浑源县首个农行大同市分行“信用村”】 2022年1月6日，农行大同市分行为沙圪坨镇杨庄村颁发“信用村”牌匾，标志着农行“信用村”落户杨庄村。列为“信用村”，农业银行会给予贷款优先、额度放宽等优惠政策的帮扶与支持，村民将享受更多贷款实惠。（魏国强）

青磁窑镇

【概况】 浑源县青磁窑镇辖16个行政村，总面积166.9平方千米。2022年，户籍人口6993户17355人，常住人口2001户4474人，耕地面积12100.1亩。农村经济总收入30120万元，农民人均可支配收入9328.1元。有基层党支部18个，党员749人。境内有恒山茶业等12家企业。（王 鑫）

【产业经济】 2022年，浑源县青磁窑镇形成东部中部各村以种植、畜牧农业为主，西部各村以林芪牧、旅游为主导产业，沿大五线各村以运输、餐饮为主导产业的产业格局，牛出栏数734头、羊出栏数8137只、猪出栏数1772头。种植作物主要有马铃薯、莜麦、杂粮等，播种面积4000亩，粮食年产量80万公斤。复播947亩撂荒地，一产固定资产投资3000万元。采用规模养殖和分散养殖办法扩大养殖业，较大规模养殖场有3处，分散养殖户115户。（王 鑫）

【乡村振兴】 2022年，浑源县青磁窑镇聚焦"两不愁三保障"，实施产业扶贫、技能扶贫、就业增收、兜底保障"四项行动"。全镇建档立卡脱贫户1600户3732人，脱贫户人均纯收入1.1万元，收入增长11.3%，设置公益岗位7类，选聘公益岗工作人员416人。全年村级光伏扶贫电站分配收益资金到账159.2万元。其中，脱贫村125.7万元，非脱贫村33.5万元，到村率100%。就业产业帮扶1728人，发放交通补贴29.3万元。"雨露计划"申请81人，12人享受本科大学生资助补贴。有197户贫困户申请小额贷款，贷款金额985万元，均用于发展生产和开展经营。12个行政村实施农村饮水安全巩固提升工程，获水利部门安全饮水证书，其余4个行政村（涉及古磁窑村、小岭村、界庄村、胶泥圪坨村）均货币化搬迁。16个行政村和具备条件的自然村全通动力电，通村公路全部硬化，具备通客运班车条件，所有行政村全通互联网。申报实施大磁窑村美丽乡村建设项目；完成"探岳之旅"旅游路青磁窑段景观及路标完善工作；实施全镇沿线美化（种植花卉）工程；投资完成龙盆峪步道旅游建设工程和东葫芦头沿片油菜花种植；桃山村村内主干道路及街巷硬化工程、青磁窑村主干道压花路面工程等均竣工。（王 鑫）

【文旅建设】 2022年，浑源县青磁窑镇统筹恒山核心景区与乡村景点联动建设，打造"一峪一宿一吧一馆"，即龙盆峪特色旅游、破兑臼特色民宿、东葫芦头天然氧吧、英沟村知青博物馆，"以点连线，以线绘面"，辐射带动周边区域，形成"生态+""文化+""旅游+"等业态融合发展模式。投资实施东葫芦头旅游基础配套设施建设项目，新建破兑臼村至东葫芦头村各旅游景点示意图及沿路指示牌、步行观光通道、野外森林滑道、护地观光坝、游客休息烧烤区及长廊。完善提升破兑臼旅游基础设施，修复道路6000米，新开中途休息点3处、中途补给点1处、天然氧吧自然呼吸平台1处。（王 鑫）

2022年7月18日，游客到青磁窑镇东葫芦头村游览生态美景

（安兴旺 摄）

【民生保障】 2022年，浑源县青磁窑镇有1711户2226人享受低保政策，特困供养户126户126人，实现应享尽享；城乡居民基本养老保险享受人数2844人，补充养老保险享受人数1932人，参保率100%，实现应参尽参。推进危房改造工作，第一批排查出40户，涉及6个行政村，改造完成5户，按序改造7户。第二批排查出的38户列入次年危改计划。开展易地搬迁工作，全镇易地搬迁485户1138人，同步搬迁59户99人。全部搬迁至东辛庄村思源社区安置点并办理不动产权证书。（王 鑫）

【环境治理】 2022年，浑源县青磁窑镇16个行政村累计宣传发动农村环境治理971户500余人（次）参与，动用挖掘机、装载机等机械装备30余次，清除交通沿线积存建筑垃圾和生活垃圾189吨，清理清运各类垃圾464吨，消除交通安全隐患15处，整修坑洼路面、隔离带和绿化带23处，开展交通沿线绿化美化26平方米，清理乱堆乱放、乱搭乱建、乱圈乱占等35处，清理路面污水12处，整治村内黑臭水体10余处。

（王 鑫）

【平安建设】 2022年，浑源县青磁窑镇排查整改各行业安全隐患8条，查出整改消防安全隐患4条，防汛重点部位排查32次，发现整改问题5个，累计开展矿山秩序整治排查500余次，出动1600人（次），签订防灾通知书16份，发放明白卡16份，设立安全警示牌6块，组织安全生产专题学习12次，安全生产培训5次，参与人数累计800余人（次）。科学设置71个卡点，周密部署212名防火人员，沿路张贴宣传标语120余幅，印发宣传资料500份，全年未发生火灾。发挥基层群众工作平台作用，排查化解矛盾28条，全年矛盾隐患解决率和满意度达98%以上。（王 鑫）

王庄堡镇

【概况】 浑源县王庄堡镇辖24个行政村，总面积188平方千米。2022年，户籍人口6891户16388人，常住人口2702户6193人，耕地面积54932亩。有基层党支部25个，党员640名。农村经济总收入434万元，农民人均可支配收入13348.9元。境内有富山农业科技有限公司、亚联万家电商服务中心等7家企业。（庞明森）

【产业经济】 2022年，浑源县王庄堡镇粮食播种面积43022亩，总产量10500吨。全年牛、羊、生猪、禽类饲养量分别达2355头、10018只、2675头、207羽。重点扶持小杂粮和中小药材种植，种植高粱2929.5亩、红芸豆1143.8亩、中小药材1500亩、黄芪6000亩、柴胡500亩。创设"堡国农副"品牌，包括文冠果茶、道地凉粉、富硒小米等衍生产品。王庄堡镇作为"正北芪"主产区，年产量300万公斤。培育特色种植、养殖户15户。申请入库项目35个，资金规模7233万元。主要聚焦打造莲花山风景区、王庄堡古镇"堡子里"文化大集等项目，推进总投资1.6亿元、建筑面积1.4万平方米的汤头温泉疗养院改造工程。完成小寺村易地搬迁

2022年，浑源县推进汤头温泉疗养改造工程。图为汤头温泉水域

（安兴旺 摄）

新建养殖场、下牛还村“颐养之家”等项目，建成王庄堡水果采摘园、上达枝民宿群、岭顶天路越野公园等旅游项目。持续优化产业布局，种植各种经济林木8916.9亩，引进农作物新品种23种。（庞明森）

【乡村振兴】 2022年，浑源县王庄堡镇按照防止返贫致贫动态监测机制，聚焦“三类户”，建立健全网格化监测、部门筛查预警、现场核查和动态监测“两监测一筛查一核查”主动发现工作机制和“应进则进”动态管理机制，防止返贫致贫。全年识别监测对象70户137人。其中，脱贫不稳定4户6人、边缘易致贫2户2人、突发严重困难户64户129人。探索“旅游+”模式，推进全产业共建共享，上达枝村“峦澄隐约”民宿项目游客数量累计超2万人（次）。洪水村富山农建杂粮加工厂，流水500万元，开通农业银行和交通银行2个扶贫商城销售和电商网售。

（庞明森）

【文旅建设】 2022年，浑源县王庄堡镇坚持“文化筑魂、产业强基、旅游铺路、康养固本”发展思路，推进文旅康养项目，建设成为华北著名的康养小镇和乡村旅游目的地；汤头温泉、莲花山等核心景区景点改造提升，落实各项政策资金6600余万元；实施上达枝民宿、杏庄小吃街、天路越野公园、长城一号旅游路等旅游项目；引入唐河海晏水产养殖、水果玉米种植、西梅采摘等项目。（庞明森）

【民生保障】 2022年，浑源县王庄堡镇城乡居民基本医疗保险参保率100%。380人（次）享受新型合作医疗和大病保险制度补贴，2358人（次）享受慢病救助政策，一、二级重残疾护理补贴332人，发放补贴10.2万元，为46名救助对象发放临时救助金2.6万元。贫困人口100%参加社会养老保险并纳入代缴养老保险费范围。1644户居民享受农村最低生活保障政策，175名村民享受农村五保分散供养政策。春季义务教育扶贫共资助申报人员367名。其中，幼儿资助35人、普通高中资助70人、职业高中资助63人、“雨露计划”资助142人。（庞明森）

【环境治理】 2022年，浑源县王庄堡镇推进县环保专项资金116万元用于下牛还和杏庄2个村环境综合整治工程。制止非法采砂、乱排乱放、侵占河道等违法行为，引导和鼓励群众发展循环农业，杜绝秸秆焚烧；推进城乡环境综合整治及全域无垃圾专项治理行动，收集处理农村生活垃圾和污水。（庞明森）

【平安建设】 2022年，浑源县王庄堡镇开展扫黑除恶斗争宣传，发放宣传资料7000余份，张贴悬挂标语条幅170余条；开展全镇全覆盖无死角风险排查15次；开展防电信诈骗活动，派发宣传单1350份，全镇居民完成注册“国家反诈中心”软件9045人。全年化解群众矛盾纠纷23宗，民事调解率100%，调解成功率93%以上；特殊群体帮教率100%，帮教成功率90%以上。（庞明森）

【王庄堡村采摘园项目】 2022年，王庄堡镇以果树资源为基础，结合现代农业的技术特点，发掘果树的果品以外的价值，打造特色果树果品、特色果园环境，提供特色农业服务。采摘园项目投资55万元，占地50亩，种植寒富苹果、葡萄、西梅、树莓等水果，培育沙棘种苗20亩，辐射周边商铺，提升整体收益，促进王庄堡村的经济发展。（庞明森）

东坊城乡

【概况】 浑源县东坊城乡辖11个行政村、35个自然村，总面积119.6平方千米。2022年，户籍人口10228户26205人，常住人口6241户16385人，耕地面积45539.7亩。有党支部12个，党员691人。集体经济总收入234万元，人均收入1.2万元。境内有鑫岳农业糯玉米公司、黄粉虫养殖企业等33家。（杜 珊）

【产业经济】 2022年，浑源县东坊城乡粮食种植面积4.5万亩，粮食总产量2.7万吨；新增龙头企

2022 年，东坊城乡加大黄芪羊养殖规模。图为龙山村黄芪羊养殖基地
（安兴旺 摄）

业（含合作社、家庭农场）5 家；东坊城村等 7 村托管服务耕地面积 3.1 万亩；畜产品总产量 2050 吨（肉 1200 吨、蛋 160 吨、奶 690 吨）。推进地热能开发利用项目，钻进 800 米；利用荆庄村东河滩地建设南美白对虾养殖基地 2000 平方米，带动务工 40 人，人均增收 5000 元，集体增收 4 万元；龙山村村集体带头示范种植黄芪 700 余亩，全乡万寿菊种植 350 余亩。新增亿汇再生资源有限公司工业企业 1 家，项目一期总投资 2905 万元，完成投资建设并投产运行。（杜 珊）

【乡村振兴】 2022 年，浑源县东坊城乡水磨疃村等 6 个村整合土地资源，托管服务耕地面积 3 万亩以上；投资 48 万元，在东尾毛村建成 850 平方米的“颐养之家”易地搬迁安置点，缓解农村养老难题；投资 166 万元，完成东坊城、龙山两个村排水渠，受益人群 1000 余户；10 月 G239 改线工程竣工，主路通车。（杜 珊）

【文旅建设】 2022 年，浑源县东坊城乡龙山村发展黄芪羊养殖、天路景区客栈建设项目，获 10 万元集体收入；在晋家庄村建设旅游摄影基地；投资 55 万元在李峪村建设杏果保护采摘大棚，为集体增加收入 3.5 万元，带动临时务工 20 余人，增加个人收入 2000 余元；旅游公路工程李峪到荆庄路段铺油完工，完成整体工程进度的 80%。（杜 珊）

【民生保障】 2022 年，浑源县东坊城乡 11 个行政村 3724 户村民实施“煤改电”工程；东坊城村等 3 个村高标准完成 1131 户改厕任务；完成 9 户六类人群的危房改造；全乡供养五保户 321 户 327 人，低保对象 3063 户 4109 人；发放临时救助 103 人 4.4 万元，发放救灾款 20 万元。开展贫困户技能培训 8 场次、600 余人（次）参与；组织 8 人参加乡村振兴致富带头人培训，开展劳务输出并落实各类农民工稳岗就业政策；为 166 户脱贫户落实小额扶贫贷款 830 万元；89 名同学享受“雨露计划”资助；为 264 名五保户、监测户每人发放政府爱心消费券 2500 元；全乡脱贫人口、边缘易致贫人口城乡居民医疗保险参保率 100%，特困供养人口、低保人口参保率 100%，养老保险参保率 85%；完成全乡玉米种植业保险及粮食直补工作；春季高致病性疫病强制免疫应免密度 100%；东坊城乡便民服务中心办理便民服务件 1089 件，累计受理群众代办事项 2253 件。（杜 珊）

【环境治理】 2022 年，浑源县东坊城乡累计投入资金 61 万元、机械 50 台班，发现并整治“六乱”问题 366 处。清理交通沿线积存建筑垃圾和生活垃圾 594 吨，整修坑洼路面、隔离带和绿化带 13 处，拆除违章建筑、残垣断壁 16 处，清理龙山探岳之旅道路碎石，拓宽路面 15 千米；投资 149.2 万元完成郝家寨等 6 个村民活动中心和文化广场维修；投资 183 万元完成 1.7 千米东尾毛村路面改造提升；郭家庄等 3 个村主街道新建污水管道 5400 米、污水处理池 3 座，清疏河道 5400 米；开展东尾毛村易迁点乡村绿化，种植油松、云杉、金叶榆等苗木 4020 株；开展违法焚烧秸秆排查，借助托管公司清理秸秆并给农户每亩 40 元补贴。（杜 珊）

【基层治理】 2022年，浑源县东坊城乡日常排查检查各类场所57处，发现、整改安全隐患问题5处；开展盗采矿产资源、私挖滥采、尾矿库排查整治、违章建筑拆除、地质灾害监控、非法煅烧碘石等工作；排查11个村房屋安全隐患，并改造31户符合危房改造条件房屋；汛期对各村河道实施清障清淤，加固维护部分过桥过路涵洞；签订交通安全责任书和承诺书256份；全年排查矛盾纠纷24宗，接访信访案件12宗，化解36宗，调处率100%。（杜 珊）

裴村乡

【概况】 浑源县裴村乡辖9个行政村，总面积88.7平方千米。2022年，户籍人口5962户16030人，常住人口3346户6307人，耕地面积35951亩。有党支部10个，党员454人。农村经济总收入3亿元，农民人均纯收入8911元。境内有浑源县金昌粮贸有限公司1家。

（刘 强）

【产业经济】 2022年，粮食播种面积3.1万亩，总产量20899.5吨；牛、羊、生猪、禽类饲养量分别达179头、1300头、24050只、130羽。（刘 强）

【乡村振兴】 2022年，浑源县裴村乡对照专项行动村级重点任务清单，结合凌云口村和西辛庄村两个村实际情况，以凌云口村党建引领乡村旅游发展和西辛庄村提升"清化收"工作为切入点，逐条逐项梳理分析，完善档案资料，项目化推进实施，打造特色示范村。提升"清化收"质量，新增土地资源242亩（其中，集体机动地12亩，村民开荒地230亩）。把3346户常住户以村为单位，建45个网格党组织，划分168个户长，党员干部全部入网，乡村治理所有要素全部入网，提高网格化管理水平。推进星级化管理，对6名符合初评资格的支部书记评星公示。（刘 强）

【平安建设】 2022年，浑源县裴村乡整治农用车违法载人，集中查处各村农用车违法载人等严重交通违法行为，提升农村群众交通安全意识。常态化开展打击私挖滥采，把辖区分为3个片区，成立3个检查巡查组，组织专人或专门队伍巡查检查。结合耕地保护宣传政策法规，杜绝耕地取沙现象出现。乡村两级重点排查乡政府、学校周边等场所及用作经营的自建房，入户排查住房2778户，用作经营自建房76处，均未发现重大安全隐患及擅自改扩建等情况。（刘 强）

驼峰乡

【概况】 浑源县驼峰乡辖12个行政村，总面积84.5平方千米。2022年，户籍人口4433户11851人，常住人口2393户5750人，耕地面积42730亩。有基层党支部13个，党员481人。集体经济收入达17240.9万元，农民人均纯收入9645元。境内有浑源县融城新型环保建材有限公司、浑源县宏旺新型环保建材有限公司等3家企业。

（曹 珂）

【产业经济】 2022年，浑源县驼峰乡农作物播种面积40500亩，产量901万公斤，其中马铃薯播种面积1990亩产量2920吨。猪、牛、羊、禽类出栏量分别为6817头、742头、18973只、3600羽；蛋、奶产量分别为46吨、457吨。排查西堡村河滩附近盐碱化撂荒地150亩，全部复耕，种植玉米。完成审核耕地地力补贴2780户，补助资金223余万元；一次性粮食补贴2155户，补助资金32余万元；完成7000亩（脱贫户4633亩）红高粱种植项目、556亩油菜花种植项目。整合养殖资源，在高窑村原双胞胎养殖场基础上引进大象集团，主营规模性生猪养殖，全自动化养殖生猪2.6万头，推动养殖行业规模化发展。（曹 珂）

【乡村振兴】 2022年，浑源县驼峰乡按照监测对象标准，以行政村为基本单元，逐户开展走访摸排，确保应纳尽纳。全乡有监测户96户231人，其中消除风险的48户153人。健全乡村干部共同帮扶机制监测体系，确保未消除风险的监测户由帮扶责任人负责，定期上门对监测对象的收支情况、安全饮水及"三保障"、产业就业情况开

展监测。根据监测户实际困难及突发性变故，提供针对性帮扶措施，落实精准帮扶。（曹　珂）

【环境治理】 2022年，浑源县驼峰乡实现生产生活用电通达、通村公交全覆盖、光纤和移动网络全覆盖、物流和电商全部通村、水利设施正常运行维护、全乡公路达到黑化硬化。推进“厕所革命”，累计完成951个卫生厕所改造任务。开展村庄清洁“秋冬攻势”专项整治行动，村容村貌得到提升。（曹　珂）

【安全生产】 2022年，浑源县驼峰乡开展各项安全生产专项整治行动，排查一般隐患71起并全部整改到位，未发现重大隐患，全年无安全事故发生。5月，组建综合行政执法队伍，行政调解邻里矛盾纠纷10起，调解土地承包经营纠纷9起，消除社会安全隐患事件2起。（曹　珂）

【基层治理】 2022年，浑源县驼峰乡派出所配合刑警抓获犯罪嫌疑人3人，盗窃2人，非法入侵他人住宅1人，行政拘留6人，查处吸毒人员4人。全年调解矛盾纠纷14起，受理信访4件次。办理“12345”热线工单47件，满意率及解决率位居全县前列。（曹　珂）

【驼峰乡消费帮扶现场会】 2022年4月26日，浑源县驼峰乡与县税务局在浩博农业合作社举办消费帮扶现场会。梨园、中堡等7个村的本地农特产品和大量时令生鲜瓜果蔬菜，有小米、红豆、鸡蛋、菜籽油、茄子、西红柿、菠菜等，及花瓶、果篮等手工艺品参展。活动现场，驼峰乡政府通过直播带货等方式推广销售本乡特色产品。大同市文物局、国网大同电力公司、浑源县税务局、曹孩果蔬批发公司分别与高窑村、驼峰村、中堡村、浩博农业合作社现场签约。通过现场出售、代售和现场签订销售合同等，交易金额50余万元。（曹　珂）

西留村乡

【概况】 浑源县西留村乡辖7个行政村，12个自然村，总面积85.6平方千米。2022年，户籍人口4680户11983人，常住人口2734户6729人，耕地面积3.7万亩。有基层党组织7个，党员377人。全乡集体经济总收入341.5万元，农民人均纯收入13850元。（郭鹏源）

【产业经济】 2022年，浑源县西留村乡粮食播种面积34971亩，总产量2222.6吨。羊存栏12660只、猪存栏4998头、肉牛存栏353头、奶牛存栏265头、鸡存栏7677羽。投资33万元建成宝峰寨村“颐养之家”，投资30万元硬化付家坡村3000平方米街巷，投资5万元整理韩镇路两侧种植花草，投资36万元实施宝峰寨村86千瓦光伏发电项目。（郭鹏源）

【乡风文明建设】 2022年，浑源县西留村乡有乡、村两级志愿服务队26个，队员52名，开展志愿服务活动120余次；推动星级文明户创评，参评农户867户，208户被评为5星级及以上。（郭鹏源）

【乡村振兴】 2022年，浑源县西留村乡落实县级资金16万元，改造和建设宝峰寨村小杂粮加工厂房。发展油菜花、高粱、红芸豆等特色农产品种植，小杂粮种植面积3565.7亩。完成52万元的经济作物及特色种植补贴项目和小杂粮补贴项目，涉及脱贫户和边缘户311户。为102户贫困户发放小额扶贫信贷资金510万元，发展家庭种植、养殖。交通补贴455人52.5万元（其中，省外280人，县外、省内175人），发放39万元。落实云闪付爱心消费券191人，政府消费券223人。全年，各村集体经济收入为车道口村87.2万元、西留村45.7万元、上祝安村33.5万元、宝峰寨村29.5万元、泉头村26.8万元、贾庄村20.2万元、付家坡村10万元。（郭鹏源）

【民生保障】 2022年，浑源县西留村乡有脱贫户1340户3781人，三类户148户223人。其中，边缘户99户142人，脱贫不稳定户24户41人，突发严重困难户25户40人。自然减少78户81人，自然增加1户1人，新识别突发严重困难户25户40人，风险消除1户2人。增加低保户149户，增加五保户4户，发放临时救助金9人4300元。推进城乡居民医疗保险，全乡脱贫人口、边缘易致贫人口参保率98%，特困供养人口、低保人口参保率100%。养老保险参保率85%。完成农村房屋安全隐患排查2234户、农村两类重点房屋安全隐患排查125处，对存在安全隐患的房屋责令其立即整改。针对农村6类重点低收入群体房屋，在安全隐患排查后开展动态保障19户。（郭鹏源）

【基层治理】 2022年，浑源县西留村乡开展“夏季消防安全整治百日攻坚”行动、“全县餐饮场所使用燃气灶具和LNG杜瓦瓶专项治理行动”等，检查各类企业（单位）30余家，排查各类隐患25条，发出检查建议责任书24份，整改到位42条。开展“安全生产月”活动，发放安全生产宣传资料500余份，悬挂宣传横幅30余条，现场解答90余人（次）；开展常规安全隐患排查，重新铺设贾庄至车道口沿线54根倾斜电杆；排查上祝安村、下祝安村、西留村，发现2处地质灾害点；排查治理7家餐饮场所使用燃气灶具和LNG杜瓦瓶情况。排查整改11家超市商店消防器具配备、销售烟花爆竹情况；在宝峰寨、西留村开展防灾减灾宣传，悬挂条幅10余条，张贴宣传画20余张，发放宣传单200余份。全年收到上级转发信访件2件。其中，涉及危房改造方面1件，拖欠农民工工资方面1件，均给予妥善调处解决。（郭鹏源）

下韩村乡

【概况】 浑源县下韩村乡辖7个行政村，总面积28.4平方千米。2022年，户籍人口4256户10856人，常住人口2568户4997人，耕地面积22451亩。有基层党支部10个，党员409人。集体经济收入102.6万元，农民人均纯收入13500元。境内有企业17家，扫帚加工厂20余家。（陈 斌）

【产业经济】 2022年，浑源县下韩村乡牛、羊、生猪、禽类饲养量分别达320头、3600只、7200头、2.2万羽；肉、蛋、奶产量分别达600吨、240吨、260吨。新增花疃村802.5亩荒地收取租赁费9.6万元，麻庄村315亩荒地收取租赁费3.7万元。下韩村与浑源县福鑫耐材有限公司合作建设福鑫陶瓷文化工艺品展厅，每年为村集体增收4.4万元；引进浑源县润田报废回收有限公司，第一年为村集体增收3万元，以后每年增收5万元。中韩村以土地入股昌久建材厂，每年为村集体增收2万元。麻庄村以租赁形式运营大唐华美服装厂，为村集体产生收益9.3万元；实施休闲垂钓鱼塘建设养殖项目，为村集体增收5万元；与北京市农林科学院合作下韩村乡智能大棚建设，项目总投资206万元，为村集体产生收益10万元。藏经庄村箱包厂出租机器设备，为村集体增收1万元；纸箱厂对外承包，为村集体增收5万元。西辛坊村热带水果采摘园对外承包，为村集体增收1.5万元。（陈 斌）

2022年，下韩村乡藏经庄村纸箱厂升级改造。图为工作人员作业现场
（张 吉 摄）

【乡村振兴】 2022年，浑源县下韩村乡开展抓党建促基层治理能力提升专项行动，通过网格化治理、星级文明户、党员积分制管理等系列活动，提升基层党组织战斗力和凝聚力。7个行政村全部配齐大学生村干部，引进北京农科院技术人才范龙江，在麻庄村投资建设智能温室大棚。下韩村开工建设4600亩高标准农田，完成土地改良、土地平整、灌溉机井建设、灌溉渠铺设等工作；投资30万元完成麻庄村4100米灌溉管道改造。加强防返贫监测，新识别监测户3户7人，收到部门推送预警信息256条，经排查无返贫致贫风险。小额信贷任务88万元，6月底18户农户完成手续办理并发放贷款。推进小杂粮种植产业补贴，涉及152户脱贫户，耕地1179.7亩，每亩补贴200元。设置公益岗位78个。其中，人社公益岗40个、林业公益岗16个、光伏公益岗22个，每个公益岗增收2000元，促进脱贫人口增收。开展消费扶贫，西辛坊村帮扶单位帮助脱贫户销售小米10.5吨，销售额14.3万元。推进项目带贫增收，麻庄村大唐华美服装厂为47户脱贫户分红4700元，藏经庄村发展村集体经济工作，实施纸箱厂项目，为67户脱贫户分红6700元，石庄村昌瑞农牧合作社为8户脱贫户分红4000元，金凤造林专业合作社为8户脱贫户分红4800元。

（陈　斌）

【民生保障】 2022年，浑源县下韩村乡为765户984人提供低保扶助。为享受特困供养87人发放临时救助7.3万元，接收县应急局发放的20类防汛物资价值4.5万元。为各村五保户、监测户128人代领政府消费券，发放价值31.9万元生活物品。

（陈　斌）

【环境治理】 2022年，浑源县下韩村乡推进生态环保工作，春季防火期间悬挂条幅16条，放置防火宣传旗100面。划分7个防区，出动防火人员45人、车辆4辆，把守路口19个，确保防火工作无死角。“零容忍”打击违法占地、违法采矿建设行为，对违法违规用地问题坚决“露头就打”，全乡未发现违法占地、违法采矿建设行为。开展人居环境“六乱”整治工作，2个卫生清洁队29人集中清理建筑垃圾300立方米、生活垃圾20立方米。

（陈　斌）

【基层治理】 2022年，浑源县下韩村乡受理各类纠纷15起，调处15起，未发生群体性械斗事件及群体性上访事件。推进债权债务化解，全年化解债权50.4万元，化解债务13.2万元。开展社区矫正和社区戒毒工作，接收社区矫正人员2人、期满解矫1人、社区康复人员11人，无严重再犯罪情况发生。

（陈　斌）

南榆林乡

【概况】 浑源县南榆林乡辖11个行政村，总面积113平方千米。2022年，户籍人口3712户9264人，常住人口1287户3389人，耕地面积2.2万亩。有基层党支部12个，党员442人。集体经济总收入204.5万元，农民人均纯收入13274元。境内有浑源县双胞胎猪业有限公司等8家企业。（王晓静）

【产业经济】 2022年，浑源县南榆林乡粮食播种面积14502亩，总产量7307.5吨。牛、羊、生猪、禽类饲养量分别达381头、3.1万只、2.2万头、1.4万羽。打造有机旱作物种植示范基地，扩大1万亩以上优质谷黍等小杂粮种植面积，打造万亩高粱种植基地。发展肉牛养殖产业，投资3200余万元在姜家沟村继续扩建5000平方米养殖场；引进山西万犇牧业，采取“集体＋公司＋农户”发展模式，在姜家沟及南榆林两村边界新建肉牛养殖园区，带动养殖户20户，每户增收1万至2万元。发展小杂粮深加工，在聚兴村、北榆林村投资建成小杂粮加工厂，“线下＋线上”拓宽销售渠道，延长产业链，打造集优质杂粮生产、加工、销售于一体的品牌基地。

（王晓静）

【乡村振兴】 2022年，浑源县南榆林乡建立乡村两级互通互联、信息共享、动态管理网格，持续动态监测 69 户 209 人“三类户”，确保将因病因灾人口按时纳入帮扶对象。采用“摸、排、走、访”四步走工作法，线上人口动态调整脱贫户 1473 户 3479 人，并收支测算 1473 户脱贫户。各村设立防火员、保洁员等公益岗位 362 个。申报基础设施、产业发展扶贫项目 46 个。
（王晓静）

【文旅建设】 2022 年，浑源县南榆林乡开发二岭文旅资源，总投资 124 万元修缮加固、硬化美化东西地道景点，新建观景平台、景观长廊，7 月 8 日开放。7 月，浑源县文旅产业促乡村振兴文化旅游及系列活动之南榆林乡站开幕仪式举办，推动以二岭村为中心、辐射周边旅游康养片区的发展模式，整合二岭村地道景点、烽火台、观景台、民俗客栈、兴农餐厅等旅游资源，以“土打窑洞”为背景多渠道宣传推广红色历史文化，打造全域旅游下的“二岭胜景”。（王晓静）

【民生保障】 2022 年，浑源县南榆林乡城乡居民基本养老保险参保人数 6571 人，城乡居民补充养老保险参保人数 6545 人。农村适龄妇女“两癌”筛查 43 例。各村均配足配齐健身器材、体育设备、文化广场等。（王晓静）

【环境治理】 2022 年，浑源县南榆林乡发动 965 户农民参与 11 个行政村环境治理宣传，累计清除交通沿线积存建筑垃圾和生活垃圾 625 吨。各村通动力电、通网络，通村公路全部硬化，各村建候车厅全部通班车，厕改任务全部完成。乡村提升工程，视觉污染设施有 4 处。消除交通安全隐患 83 处；整修坑洼路面、隔离带和绿化带 25 处；交通沿线绿化美化 9820 平方米；清理整治乱堆乱放、乱搭乱建、乱圈乱占、乱贴乱画 26 处；清理整治路面污水 25 处；拆除违章建筑、废弃建筑和残垣断壁，消除破旧裸露墙体 10 处；整治线缆“蜘蛛网”5 处。配合林业部门补植管护 203 省道、同源高速、韩麻战备公路两侧绿化树木。（王晓静）

2022 年，浑源县打造全域旅游下“二岭胜景”，推广红色文化，成为新的旅游打卡地。图为旅客在二岭村游览（安兴旺 摄）

【安全生产】 2022 年，浑源县南榆林乡配齐 22 名乡（镇）综合行政执法队执法人员，联合派出所、司法部门在各村定期组织开展法治教育宣传活动 10 次，排查公共场所周边治安环境，消除各类隐患 20 个。拉网式开展自建房安全隐患排查整治，排查经营性自建房 25 户，自建房 2535 户。实地排查南水头、仝嘴、松树湾及二岭村落旧址，排查辖区内正常生产企业、私挖滥采点、较隐蔽的养殖厂和闲置密闭院落等区域，未发现非法盗采和非法生产等行为。推进“清化收”工作，成立 5 个工作专班排查合同 121 份，其中不规范合同 63 份，通过重新签订合同、追缴欠款等方式全部整改完毕，新增资源收费 3.4 万元。全乡设防火卡点 35 处，搭建帐篷 6 个，出动车辆 598 车次、防火员 1937 人（次），检查秸秆焚烧、清明祭扫等易引发火情行为。结合冰雪消融和汛期地质灾害，重点排查 4 处地质灾害隐患点，设置专人定期沿线巡查，确保提前监测、提前预警。全年接收“12345”政府服务热线处办工单 119 条。化解矛盾纠纷 12 件。（王晓静）

2022年，吴城乡村民嫁接西梅枝2.8万株，成活率95%以上。图为农民在嫁接西梅

（杨　钦　摄）

吴城乡

【概况】　浑源县吴城乡辖10个行政村，总面积100.1平方千米。2022年，户籍人口3461户9315人。常住人口1502户3137人，耕地面积4万亩。有党支部11个，党员486人。农村经济总收入241万元（10个村光伏收益），农民人均纯收入12038.2元。境内有企业1家。

（刘　楠）

【产业经济】　2022年，浑源县吴城乡粮食播种面积3.8万亩，总产量8365吨；牛、羊、生猪、禽类饲养量分别达540头、6500只、1490头、4230羽。鼓励村民扩量种植，申报小杂粮红芸豆种植，面积266.5亩，补贴标准每亩200元，补贴5.3万元；投资2亿元引进大同市百草园农牧科技有限公司、存栏5万头的养猪场新建项目；投资105万元实施恒山人家乡村旅游吴城村仁用杏嫁接西梅项目，嫁接西梅700亩。

（刘　楠）

【文旅建设】　2022年，浑源县吴城乡统筹管理旅游资源，科学合理编制文化旅游发展规划，加快建设文旅基础设施。投资48万元在吴城村实施扩路护坡坝项目；投资38.6万元在翟家洼村实施景观公园工程；投资35.1万元在麻塔村实施综合体育健身广场项目；结合吴城特色杏花，讲好文化故事，加强宣传推介，推出美食游、乡村游等特色旅游线路。

（刘　楠）

【民生保障】　2022年，浑源县吴城乡有享受低保人口944户1248人、五保户96人。基本医疗保险城乡居民参保率、脱贫人口参保率均100%；双签约率100%。有46名适龄儿童全部入园（其中15名享受学前教育资助）。义务教育阶段的241名学龄学生无因贫辍学学生（其中112名享受义务教育资助），巩固率100%。对摸排的41户危房实施动态保障和维修。全乡实现深井管道自来水保障，符合饮水安全标准。各村的光伏项目收益资金191.8万元，支付公益性岗位工资153.5万元。294名外出务工人员

2022年，吴城乡加大特色杏花种植面积。图为4月特色杏花林一角

（安兴旺　摄）

享受交通补贴 33.9 万元。

（刘　楠）

【平安建设】 2022 年，浑源县吴城乡推进扫黑除恶斗争，采取排查摸底、群众举报相结合的线索摸排办法，排查涉黑涉恶势力，张贴扫黑除恶举报公告，设立举报箱，做到有黑必打、有恶必除。组织开展养老诈骗典型案例宣传，通过微信资料转发、案例播放等形式帮助老年人提高防范风险意识，提升识骗防骗能力。全域实行“网格化”管理，维护公共安全。推动“党建＋安全”融合发展，通过线上＋线下结合的宣传方式，把“三会一课”、主题党日活动与安全生产宣传相结合。利用村级应急广播、“敲门行动”、发放宣传资料、悬挂横幅、贴标语、微信群等方式宣传防范火灾安全知识。入户式排查逐村核实确认秸秆定点堆放落实情况，杜绝秸秆焚烧引起的安全隐患。发挥群防群治队伍作用，乡以片区划分责任区 38 个，制定 6 项管理制度与考核办法，创新竞争上岗机制。

（刘　楠）

【“阳光村居”建设】 2022 年，浑源县吴城乡打造“好村风”，推动全面从严治党向基层延伸、向村居延伸，聚焦“党务、村务、财务、村容、村风”五项重点，建成“廉政”广场及“三务”公开宣传栏，党务、政务、村务定期公开，增强村支部工作的透明度。打造“好民风”，开展“星级文明户”评选活动，形成人人尊崇文明户、人人学习文明户、人人争当文明户的良好氛围。打造“好体系”，依托榜样示范户，定期组织理论宣讲、书屋阅读、文化培训等活动，促进邻里和谐。组建一支由老党员、老干部、法律顾问、司法调解员组成的“和事佬”调解志愿服务队，面对面为群众化解诉求，激发基层治理效能。（刘　楠）

大仁庄乡

【概况】 浑源县大仁庄乡辖 16 个行政村，总面积 206 平方千米。2022 年，户籍人口 7224 户 19876 人，常住人口 1666 户 3431 人，耕地面积 38384 亩。有党支部 17 个，党员 836 名。农村经济总收入 15600 万元，农民人均可支配收入约 7830 元。境内有进士沟村金沂种养专业合作社、浑源县鸿祥农业开发有限公司等企业 25 家。

（孙　瑜）

【产业经济】 2022 年，浑源县大仁庄乡全乡粮食播种面积 15765 万亩，总产量 3569 吨；牛、羊、生猪、禽类饲养量分别达 291 头、14886 只、516 头、1742 羽。利用南花园村采煤沉陷区搬迁后闲置耕地和复垦土地 4000 余亩，建设马铃薯生产基地，发展生态、优质马铃薯产业。引进专业种植合作社，推动马铃薯种植产业规模化、产业化、标准化。建设万亩中小药材基地，推动黄芪、柴胡等中小药材规模化种植，截至年底，中小药材种植面积 4000 余亩。引入大同市浑源县柏味香羊农牧公司养殖经营柏味香羊，存栏 500 余只。在岔口村打造占地 30 亩的鱼类养殖项目，项目建有鱼塘 7 个，先期投放草鱼 10 万尾、鲢鱼 10 万尾、鲫鱼 10 万尾。发展林下经济，动员村民采摘毛尖茶、野山蘑等林区野生经济作物，户均实现增收 2000~4000 元。推广沙棘等经济林木种植，在黄花滩村建设沙棘加工厂及冷库，年消化当地沙棘鲜果 1 万吨，辐射带动周边村农户增收 3000 余元。“一村一品”工程打造岔口小杂粮、进士沟中小药材、黄花滩沙棘、清水沟羊肉、柴眷牛肉、南花园马铃薯等品牌，提高综合竞争力，带动农民增收致富。

（孙　瑜）

【乡村振兴】 2022 年，浑源县大仁庄乡排查走访重点关注脱贫户和监测户、“两不愁三保障”及饮水安全状况、收入支出变化等方面，确保脱贫成效；按月开展防止返贫动态监测和帮扶排查工作，发现存在返贫致贫风险的农户，实现动态清零。各村把农户网格化包片到人，常态化走访排查，与脱贫户、监测户算账、对账、交账，做到每笔收入群众认账。对纳入监测范围的农户，“一对一”制订帮扶计划，实现有序退出。坚持开发式帮扶，提高脱贫户和监测户的内生发展动力。

（孙　瑜）

【文旅建设】 2022年，浑源县大仁庄乡以五峰山为中心，重点打造净石康养小镇，完善净石乡宿和研学营地的设施，投资150余万元新建净石野炊营地、旅游过水路面和旅游采摘大棚，增加游客娱乐项目，形成集种植、研学、观光、旅游、康养于一体的发展模式。（孙　瑜）

【民生保障】 2022年，浑源县大仁庄乡农村基本医疗参合率94%；九年义务教育阶段学龄巩固率100%，学龄前儿童入园率100%，落实中小学义务教育阶段“两免一补”（国家向农村义务教育阶段的贫困家庭学生免费提供教科书、免除杂费，并给寄宿生补助一定生活费）政策、大中专学生助学贷款、“雨露计划”和“春霖计划”政策；建立住房动态排查制度，排查出32户农户住房存在安全隐患，实施危房改造工程；新增低保户99户102人，低收入群体实现应保尽保。实施饮水提质工程，投资6.6万元改造大仁庄村和杨湾村的供水管道，保障冬季正常供水。

（孙　瑜）

【环境治理】 2022年，浑源县大仁庄乡先后投资7万元大清理大整治交通沿线和村内垃圾，完善村内重点区域、交通沿线、田间地头、村庄街巷、农户庭院人居环境整治长效机制，强化村内清洁员管理机制。通过入户走访宣传，提高农户的环境意识和认知水平。

（孙　瑜）

【平安建设】 2022年，浑源县大仁庄乡强化道路交通安全管理，针对境内主干线均为盘山公路，修整沉陷道路1处，增设道路安全警示牌及反光镜5处，清理雨后淤泥、巨石10余次；检查学校及卫生院、室等公共场所消防安全设施，全面覆盖党员管理、防火防疫、矛盾调解、林田沟壑、河流、矿产资源等领域；推行“责任区管理员吹哨+执法队报到”模式，推动“一支队伍管到底”乡村综合行政执法建设，确保各村每项工作都在责任区内解决处理。（孙　瑜）

千佛岭乡

【概况】 浑源县千佛岭乡辖17个行政村，总面积193平方千米。2022年，户籍人口5563户14491人，常住人口1683户3694人，耕地面积50228亩。有党支部18个，有党员614人。农村经济总收入30200.7万元，农民人均纯收入9238.7元。境内有大成石材加工厂、巨鑫石材加工厂等255家企业。

（赵旭强）

【产业经济】 2022年，浑源县千佛岭乡农作物播种面积50228亩。其中，粮食作物播种41008亩，产量7446.7吨；油料种植8626亩，产量724吨。全乡牛存栏5130头，猪存栏5140头，羊存栏41094只。形成以宽坪为中心的黄芪种植片区，种植面积3万亩；以金峰殿为中心的小米种植片区，种植面积2716亩；以王家沟为中心的红芸豆种植片区，种植面积2589亩；以火石头为中心的胡麻种植片区，种植面积7615亩。新建牛星堡养殖场1300平方米、上村镇村养殖场1052平方米，带动23户贫困户持续增收；新建集养殖、小杂粮加工、酿酒于一体的红泉综合产业园区，占地35351平方米，创造就业岗位83个。（赵旭强）

【乡村振兴】 2022年，浑源县千佛岭乡常态化开展防返贫动态监测，新识别8户17人，排查整改问题16条，实施农村改厕400户，完成小额信贷500万元，“雨露计划”资助16.8万元，脱贫人口人均纯收入稳定增长25.6%，产业带动增收582户，光伏扶贫受益284人，脱贫劳动力务工804人。“清化收”工作清理、规范各类合同36份，化解债权债务4.6万元，新增资源收费4.8万元。推进火石头村胡油加工厂、酿酒厂，钟楼坡村扶贫养鸡场项目。温庄、红泉村植树2.1万亩，生态效益和经济效益明显。（赵旭强）

【民生保障】 2022年，浑源县千佛岭乡确定农村低保对象1935户2698人，农村特困168户168人，为86户农村困难家庭发放临时救助金4.2万元。干土岭旧村拆除及土地复垦工作完成，复垦土地80亩。（赵旭强）

【环境治理】 2022年，浑源县千佛岭乡投资52万元完成中庄铺、鸽子峪党建示范点建设提档升级，投资41万元实施小道沟、杨家庄、钟楼坡、宽坪村委会综合改造，投资85万元完成村内道路护坡350米、植树200棵，村委院铺油1200平方米、街巷硬化5185平方米、文化舞台装饰美化220平方米。31.9千米的金砂线、钟羊线道路全线通车。投资3.8万元完成中庄铺村街巷整治360平方米，投资11.2万元新建小窝单村护村坝30米，投资42.5万元新建麻地坪村护地坝425米，投资40万元新建鸽子峪护村坝116米，投资3.5万元完成金峰殿村河道清淤1020米。 （赵旭强）

【平安建设】 2022年，浑源县千佛岭乡落实防汛抗旱、森林防火、动物防疫、地质灾害责任制，在全乡范围内进行网格化管理，落实巡山制度，加大对秸秆焚烧、垃圾焚烧等行为的打击力度，运用联合惩戒措施加强执法监管。组织17支巡查监管队伍打击私挖滥采，组织开展安全生产隐患排查102次，发现整改存在隐患12条。（赵旭强）

【“千佛岭景区第一届旅游月”活动】2022年7月1日，浑源县千佛岭乡举办“千佛岭景区第一届旅游月”活动。千佛岭乡政府投资291.3万元实施千佛岭景区一期、二期项目建设，完成游客服务中心、土特产品展销中心、9000平方米活动广场及13536平方米柏油路面的铺设。 （赵旭强）

2022年7月1日，千佛岭景区第一届旅游月活动举行 （安兴旺 摄）

官儿乡

【概况】 浑源县官儿乡辖9个行政村，总面积196平方千米。2022年，户籍人口4336户1.1万人，常住人口1760人，耕地面积39540亩。有党支部10个，党员508人。全乡农村经济总收入250.8万元，农民人均纯收入8600元。（李 文）

【产业经济】 2022年，浑源县官儿乡属于黄芪优质产区，被誉为“黄芪之乡”，是“正北芪”的主产地。宜芪坡地12.3万亩，种植黄芪10万余亩，饲养黄芪羊24498只、黄芪牛2275头。粮食

2022年10月17日，浑源县穆家庄村采收季节收购黄芪场景

（安兴旺 摄）

播种面积2.9万亩，产量2797吨；油料播种面积3450亩，产量150吨；牛、猪、羊、鸡年末存栏量分别为5104头、4409头、50370只、9417羽。投资51万元把穆家庄村闲置的原村办小学升级改造为黄芪加工车间，9月投入运营。全年，收购黄芪60吨，直接带动全乡120余人就业，间接带动全乡300余人采刨黄芪增收，人均工资性收入增加3000元。投资146.3万元在麻庄村新建沙棘加工车间，依托建成的沙棘储存冷库发展沙棘采收、加工业务，全年采剪沙棘1200余吨，辐射带动全乡村民增加收入300余万元。省乡村振兴局投资300万元在石窑村、黄崖村、土岭村建成2000亩黄芪标准化种植示范基地，通过种植黄芪带动村民80人就业，人均增收5000元。

（李　文）

【乡村振兴】　2022年，浑源县官儿乡有监测户82户182人。其中，脱贫不稳定户53户116人，边缘易致贫户25户58人，突发严重困难户4户8人。开展防返贫动态监测和帮扶集中排查，因人因户制定针对性帮扶措施。在全乡9个行政村实施饮水安全工程，水质监测报告全部达标。开展防止返贫集中排查培训工作，培训生产技能型农民39人，致富带头人5人。全年，危房改造19户，住房保障问题得到解决。

（李　文）

【文旅建设】　2022年，浑源县官儿乡依托“黄芪乡”环境优势，发展乡村旅游，走出“黄芪＋旅游”生态振兴路。石窑客栈建筑面积500平方米接待游客26人，投资59万元在石窑客栈前修筑50米玻璃栈道，打造生态旅游廊道。穆家庄村保护原有树木、森林，开展道路、庭院和文化广场等绿地建设，修建“穆桂英山”牌坊。（李　文）

【民生保障】　2022年，浑源县官儿乡有享受低保人员1809人、五保户101人，做到应保尽保。学龄前儿童有21人，义务教育阶段有421人，均在居住地入学，享受“雨露计划”68人。城乡农村合作医疗参保率100%，为19名贫困村妇女免费提供“两癌”筛查服务。

（李　文）

【环境治理】　2022年，浑源县官儿乡开展农村人居环境“六乱”整治百日攻坚专项行动，清理交通沿线积存的建筑垃圾和生活垃圾95吨，整修坑洼路面、隔离带和绿化带5处，交通沿线绿化美化2600平方米，清理整治乱堆乱放、乱搭乱建、乱圈乱占、乱贴乱画12处，清除农业生产废弃物1处，清理村内垃圾142吨，拆除无实际用途、有碍观瞻的视觉污染设施1处，清除农业生产废弃物0.5吨，村容村貌、人居环境得到改善。　（李　文）

【基层治理】　2022年，浑源县官儿乡开展群众性普法文化活动，重点宣传社会治安、婚姻家庭、土地管理等与群众自身生产、生活密切相关的法律知识；开展新冠疫情防控专题宣传，提升群众法律意识。建立人民调解委员会9个，配备专职人民调解员27名，形成矛盾纠纷联调、突出问题联治、社会治安联防、服务管理联动的工作机制。全年，排查化解矛盾纠纷21件。受理办理信访件8件（其中，反映不动产登记问题1件，反映征、占地补偿问题5件，反映土地确权纠纷问题1件，反映易地搬迁问题1件）。

（李　文）

人物 荣誉

先进个人

国家级先进个人

全国优秀人民警察

孙丽君 女，1982年9月出生，山西浑源县人，中共党员，大学本科学历，浑源县公安局沙圪坨镇派出所所长。

孙丽君从事公安基层工作16年，2019年任所长以来，时刻关注民生，心里装着老百姓，探索基层派出所治理办法，创建人民矛盾流动调解室，设置三个联防联治包片专班，推行“盘坐炕头热心感化、微信群里情暖民心、喇叭民谣传送万家、实惠帮扶播撒暖阳、事后跟踪服务到家”五种工作方法，打造“一室三班五法”。近五年，抓获逃犯21名，破获刑事案件19起。化解风险18起，开展强戒和社区戒毒工作，说服劝阻上访人员160余名。走访群众5800余人，为群众办实事260件，调处化解群众矛盾700余起。

2022年，被公安部评为全国优秀人民警察。

省级先进个人

山西省五一劳动奖章

卢金娥 女，1969年7月出生，山西浑源县人，中共党员，大学本科学历，浑源县人民医院副院长。

卢金娥扎根农村基层，从事医疗护理工作。近五年，为浑源县红十字会培训救护员800名；为农村妇女姐妹讲授健康知识42场，培训150名农村姐妹取得护工资格证书；管理慢病患者46人（次），开展健康教育720余场。特别是在新冠疫情期间，为医疗集团员工授课培训92次；带教护理人员200余人。

2022年，获山西省五一劳动奖章。

市级先进个人

大同市五一劳动奖章

王　鹏 1982年11月出生，山西浑源县人，中共党员，浑源县人民医院检验科副主任、PCR实验室负责人。

王鹏长期从事临床实验工作，在新冠疫情期间，第一时间检测出阳性，为控制新冠疫情扩散发挥哨点作用。疫情防控期间，身先士卒做表率，每天休息3至4小时。

2022年，获大同市五一劳动奖章。

仝海霞 女，1985年5月出生，山西浑源县人，中共党员，大学本科学历，浑源县恒麓社区专职网格员，中国共产党浑源县第十六次代表大会代表。

仝海霞任职以来，对所辖小区逐户走访，上门填表，登记造册，上报各类风险矛盾420条，其中风险隐患372条，治安问题4条，个人调解矛盾纠纷30余起。

2022年，获大同市五一劳动奖章。

朱金慧　女，1984年1月出生，山西浑源县人，大学本科学历，山西省浑源中学教师。

朱金慧自参加工作以来，始终在教学一线工作，担任年级主任、班主任、数学教师工作，在自己平凡的工作岗位上敬业工作，为学生全身心地投入教育教学当中，所带的462班全班65人全部达线。

2022年，获大同市五一劳动奖章。

杨文锦　1968年3月出生，山西浑源县人，中共党员，高中文化程度，山西恒山茶业有限公司质检科科长。

杨文锦任职以来，利用种植历史、地理位置等优势，发展恒山红青稞无公害种植基地60余亩，发展柳叶鼠李种植基地50余亩，建立青磁窑镇破兑臼村黄芪试验田500余亩，吸纳当地农户60余户，带领组建药茶生产扶贫车间，直接吸纳贫困家庭劳动力40余人开展采茶、制茶、包装等工作，农户月均增收1500~2000元。参与组建创新工作室，先后研发新产品8个，修订完善各项管理制度7项，解决技术难题8个，组织开展技能提升培训4期，申报恒山老道茶制作工艺专利一项。

2022年，获大同市五一劳动奖章。

荣晓芳　女，1981年8月出生，山西浑源县人，群众，大学本科学历，浑源县恒山酿酒厂有限公司财务部经理，会计师。

荣晓芳任职以来，在工作中关心部门职工，实行岗位轮换制，建立绩效考核制度，提高每个财务人员的综合业务能力。注重对人员的培养，每月开展一次部门内部培训，通过这种相互学习的方式达到“传帮带”的效果。强化内部资金管理，优化资金调度，把以资金管理为中心的财务管理理念落到实处。协同部门人员做好与核算中心的沟通与协调，制定专门结报账制度。

2022年，获大同市五一劳动奖章。

大同市司法行政系统先进个人

薛培峰　1967年12月出生，山西浑源县人，中共党员，浑源县司法局办公室主任。

薛培峰在司法战线工作20余年，始终如一，在司法行政战线上勤恳做事，踏实为人。在学习上较劲，工作上较真。时时处处做到爱岗敬业、身正为范，实现职业素养与个人素质、道德修养同步提升，真正以规范的行为、优良的作风、热情的服务树立司法行政干警的良好形象。

2022年，被评为大同市司法行政系统先进个人。

陈姗姗　女，1980年5月出生，山西浑源县人，中共党员，本科学历，浑源县司法局基层股长。

陈姗姗从事司法工作近20年，推进司法所规范化建设相继打造出永安司法所、下韩司法所、西坊城司法所3个精品省级司法所。她不断强化阵地建设、健全组织网络，创新工作方法，开展社会矛盾纠纷排查调处工作，定期召开矛盾纠纷分析例会，提高调解员对矛盾纠纷的调处能力。2022年，全县各级调委会，调解纠纷456件，调解成功448件，开展矛盾纠纷排查120余次，把矛盾纠纷化解在基层。

2022年，被评为大同市司法行政系统先进个人。

王　凯　1977年2月年出生，山西浑源县人，中共党员，本科学历，浑源县西坊城镇司法所司法员。

王凯多年来一直在人民调解工作第一线，调解无数起矛盾纠纷，化解多起民转刑案件。十多年来，凭着对党的事业的无比忠诚，凭着对司法行政工作的执着和热爱，凭着对辖区百姓的满腔热情，他始终脚踏实地地坚守人民调解的第一道防线，调解矛盾纠纷20余件。

2022年，被评为大同市司法行政系统先进个人。

大同市公安局三等功

毛建伟 1969年1月出生，山西浑源县人。中共党员，浑源县公安局看守所所长。

毛建伟自参加公安工作以来，数十年如一日，忠于职守，甘于奉献，坚定政治立场，工作作风严谨，主动学习公安监管业务，掌握监所管理制度，确保监所管理安全。

2022年，那场突如其来的新冠疫情，按照公安部的要求，毛建伟始终战斗在新冠抗疫一线，落实各项防疫要求。监所未出现一例重症或死亡病例。

2022年，被大同市公安局记三等功。

尹灵军 1992年8月出生，山西浑源县人，中共党员，大学本科学历，浑源县公安局经济犯罪侦查大队民警。

尹灵军从警以来，牢记初心，始终如一：讲政治，对党忠诚，服从命令，听从指挥；存良知，心系群众，爱憎分明，一身正气；守纪律，廉洁自律，自警自省；甘奉险，舍小为大，冲锋在前，不计得失。在参与市公安局侦办“7·13”专案中表现突出，查询该案个人账户76人127个，冻结个人账户56人113个，冻结个人资金1026617.6元、理财产品1个。

2022年，被大同市公安局记三等功。

刘　官 1985年2月出生，山西浑源县人，中共党员，本科学历，浑源县公安局蔡村派出所所长。

刘官始终坚持把旗帜鲜明讲政治摆在首位，贯穿到思想、工作、作风的各方面，贯穿于党性锤炼的全过程。他以“矛盾不上交、服务不缺位、平安不出事、警民双满意”为目标，把蔡村派出所打造成全省第一批“枫桥派出所”。他开创“多走访、勤联络、增感情、化干戈”的工作方式，走访86人（次），调处各类矛盾纠纷23起，把矛盾化解在萌芽状态，实现辖区发案少、秩序好、社会稳定、群众满意的工作目标。

2022年，被大同市公安局记三等功。

王　飞 1987年1月出生，山西运城人，中共党员，浑源县公安局东坊城派出所所长。

2022年，王飞被浑源县公安局党委指派到浑源西高速口负责防疫工作。王飞第一时间到达浑源西高速检查站，并按照上级要求，把最新的防疫政策传达给每一位执勤的工作人员，要求每一位执勤人员学习文件精神，明确职责，做好分工，严格按照要求落实防控措施，发挥中共党员的临危不惧、无私奉献的传统。用实际行动践行党员的初心和使命，让鲜艳的党旗在新冠疫情防控第一线高高飘扬，为新冠疫情防控尽一份公安力量。

2022年，被大同市公安局记三等功。

刘　林 1984年7月出生，河南商丘人，中共党员，大学本科学历，浑源县公安局刑事侦查大队副大队长。

刘林刑侦工作10余年，先后参与侦办“3·15”私立医院骗保案、华兴、华丰医院的骗保案。抓捕犯罪嫌疑人12人，认定医院诈骗金额1500余万元。

2022年，被大同市公安局记三等功。

郭　磊 1989年2月出生，山西浑源县人，中共党员，本科学历，浑源县公安局民警。

郭磊参加刑侦反诈工作以来，破获各类案件50余起，抓获各类违法嫌疑人100余人。面对新冠疫情，郭磊从不退缩，做好反诈领域疫情核查的落地工作。郭磊毫不犹豫到云州抗疫一线。

2022年，被大同市公安局记三等功。

大同市市场监督局执法办案能手

李　娟 女，1986年8月出生，山西浑源县人，中共党员，本学历科，浑源县市场监督管理局综合执法队第四中队中队长兼任质量计量认证股股长。

李娟在工作中克服困难，勇敢面对。加强法律学习，提升业务知识，注重在实际工作中强化法律意识，提高业务能力。任职以来，办理产品质量抽检后处理案件和计量案件12起，罚没款3万元。参与组织、开展制修订地方标准1项；制定团体标准1项；创建国家级标准化示范区（点）2个；申报国家地理标志保护产品2个，企业产品标准自我声明公开率80%以上。处理餐饮投诉120例，投诉满意率近100%，为消费者挽回损失4万元。

2022年，被授予“大同市市场监督局执法办案能手”称号。

大同市市场监督局消费维权工作先进个人

郭永明 1968年2月出生，山西浑源县人，中共学员，本科学历，浑源县市场监督管理局市场监督管理和消费者权益保护股股长。

郭永明负责的消费维权工作，立足本职，忠于职守，尽心尽责依法维权，始终保持高度的责任心，接待消费者来信到访和投诉电话，做到件件有记录，事事有答复；2022年，处理消防投诉50余件，为消费者挽回经济损失10余万元，投诉解决率100%。

2022年，被评为大同市市场监督局消费维权工作先进个人。

大同市新时代青年标兵

彭　飞 1984年5月出生，山西应县人，中共党员，硕士研究生学历，浑源县消防救援大队党委书记、政治教导员。

彭飞入职12年来，参加灭火和抢险救援战斗2000余次，保护财产价值700余万元，救助被困群众150余人；他扎根贫困县大队，牵头攻坚推进应急管理部定点扶贫消防站建设，营造拴心留人环境；他服务在百姓群众身边，带队查改火灾隐患1万余处，靠前服务易地搬迁社区和涉疫场所消防安全工作。

2022年，被命名为大同市新时代青年标兵。

大同消防救援支队优秀共产党员

孙　振 1994年6月出生，山西临县人，中共学员，本科学历，浑源迎宾路消防救援站班长。

从2013年9月参加消防工作以来，孙振始终严格要求自己，以主人翁的姿态和高度敬业的精神参加消防站的各项工作事务，探索训练的方式、方法和队伍管理工作。在抓好常规训练的同时，培育队员敢打、敢拼、敢攻坚的过硬作风，结合所担负的辖区火灾特点，修订完善辖区重点单位数字化预案，带领队员开展辖区“六熟悉”以及开展辖区单位实战化演练。并根据高层、地下建筑等不同类型火灾、建筑倒塌等各种抢险救援的特点，研究探索救援展开程序。

2022年，被评为大同消防救援支队优秀共产党员。

大同市志愿服务先进工作者

赵燕智 1995年2月出生，山西临汾人，中共党员，本科学历。浑源县迎宾路消防救援站指导员。

作为一名基层党员干部，赵燕智参加政治理论学习，以对党的事业赤胆忠心，开拓进取、求实创新、敬业奉献。2022年，紧抓“我为群众办实事”这一主题，组织开展各项活动，慰问烈士家属2家，慰问困难群众6家，到敬老院开展“学雷锋”活动3次，组织助学活动1次。“五一”节假日期间在恒山、悬空寺景区设立便民服务点；高、中考期间设立“消防助力站”为学生服务。

2022年，被评为大同市志愿服务先进工作者。

大同市消防救援支队三等功

张　凯 1991年2月出生，河南邓州人，中共党员，本科学历，浑源县迎宾路消防救援站站长。

2022年，张凯带领全体消防救援人员完成消防安全保卫任务。工作中，以实战牵引训练，以训练指导实战，先后联合多部门在悬空寺、华润燃气、恒山隧道开展文物古建筑、易燃易爆场所和隧道事故灭火救援联合演练。为提升救援能力，组织修订更新重点单位数字化预案74份，开展石油、交通隧道灭火演练50余次，信通拉练10余次。

2022 年，被大同市消防救援支队记三等功。

先进集体

国家级先进集体

国家“节约型机关”先进集体

浑源县县直机关工作委员会

省级先进集体

山西省文明单位

中国共产党浑源县纪律检查委员会

山西省维护妇女儿童权益先进集体

浑源县妇女联合会

山西省人力资源社会保障工作先进集体

浑源县人力资源和社会保障局

山西省根治拖欠农民工工资先进集体

浑源县人力资源和社会保障局

山西省爱国拥军模范单位

浑源县退役军人事务局

山西省农林水系统集体二等功

山西大瑞食品加工有限公司

山西省消防救援队伍安全先进大队

浑源县消防救援大队

山西省先进消防救援站

浑源县迎宾路消防站

山西省省级“枫桥派出所”

浑源县沙圪坨镇派出所

山西省第六届消防先进集体

浑源县东坊城乡

市级先进集体

大同市五一劳动奖状

中铁十七局浑源全域旅游服务中心建设项目部

浑源中学高三年级组

大同市司法行政系统先进集体

浑源县司法局永安镇司法所

大同市消费维权工作先进集体

浑源县沙圪坨镇市场监督管理所

大同市先进消防救援站党支部

浑源县迎宾路消防站党支部

2022 年浑源县国民经济和社会发展统计公报

浑源县统计局 国家统计局浑源调查队

（2023 年 3 月 6 日）

2022 年，全县上下在县委、县政府的坚强领导下，坚持以习近平新时代中国特色社会主义思想为指导，深入学习贯彻落实中共二十大精神和习近平总书记考察调研山西重要讲话重要指示精神，全面落实中央、省、市决策部署，牢牢把握“全方位推动高质量发展”要求，坚定不移“举文化生态牌、建特色休闲城、走旅游康养路”，扎实做好“两个统筹”，全力推动县域经济企稳回升。全县经济稳步发展，民生福祉持续改善，社会大局和谐稳定，推动浑源高质量发展新征程迈出坚实步伐。

一、综合

初步核算，全年全县地区生产总值实现 569020 万元，比上年增长 0.6%。分产业看，第一产业增加值 132907 万元，同比增长 3.8%，占地区生产总值的比重为 23.36%；第二产业增加值 109466 万元，同比下降 8.6%，占地区生产总值的比重为 19.24%；第三产业增加值 326647 万元，同比增长 1.6%，占地区生产总值的比重为 57.41%。人均地区生产总值 59447 元。

据 2022 年人口抽样调查，年末全县常住人口为 233812 人。其中，城镇常住人口 103602 人，占常住人口比重为 44.3%，乡村常住人口 130210 人，占常住人口比重为 55.7%。全年全县出生人口 1692 人，人口出生率为 7.24‰；死亡人口 2436 人，死亡率为 10.42‰；自然增长率为 –3.8‰。

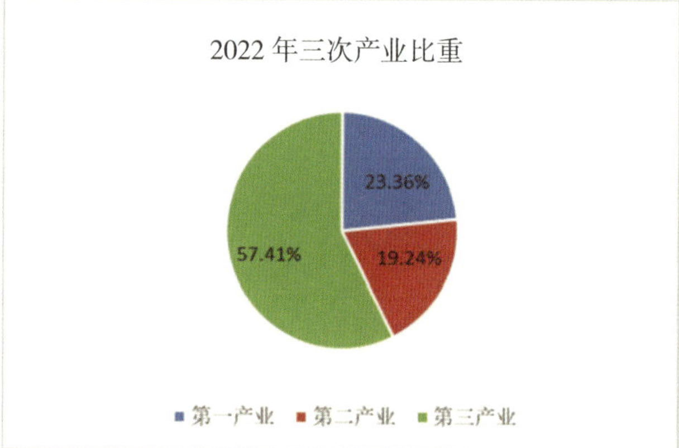

2022 年全县常住人口数及其构成统计表

表 15

指标	年末数（人）	比重（%）
全县常住人口	233812	100
其中：城镇	103602	44.3
乡村	130210	55.7

全年全县居民消费价格累计上涨 2.3%。其中，食品价格上涨 4.1%，非食品价格上涨 1.7%，消费品价格上涨 3.7%，工业品价格上涨 3.5%，能源价格上涨 11.2%，服务价格与上年同期持平，全年物价涨幅高于大同市（1.9%）0.4 个百分点。

2022 年全县居民消费价格总指数统计表

表 16

指 标	2022 年
居民消费价格总指数	100.3
一、食品烟酒	103.9
二、衣着	101.0
三、居住	102.0
四、生活用品及服务	100.2
五、交通和通信	105.0
六、教育文化和娱乐	99.9
七、医疗保健	100.0
八、其他用品和服务	101.7

二、农业

全年全县粮食种植面积 51.31 万亩，比上年增加 0.06 万亩。其中，谷物种植面积 43.76 万亩，豆类种植面积 3.57 万亩，马铃薯种植面积 3.98 万亩，蔬菜种植面积 2.11 万亩。

全年全县粮食产量 181156.63 吨，比上年增加 2619.29 吨，增产 1.47%。其中，谷物产量 167272.14 吨，比上年增加 7178.56 吨，增产 4.48%；豆类产量 3150.74 吨，比上年减少 953.7 吨，增产 –23.24%；马铃薯产量 10733.75 吨，比上年减少 3605.57 吨，增产 –25.14%。

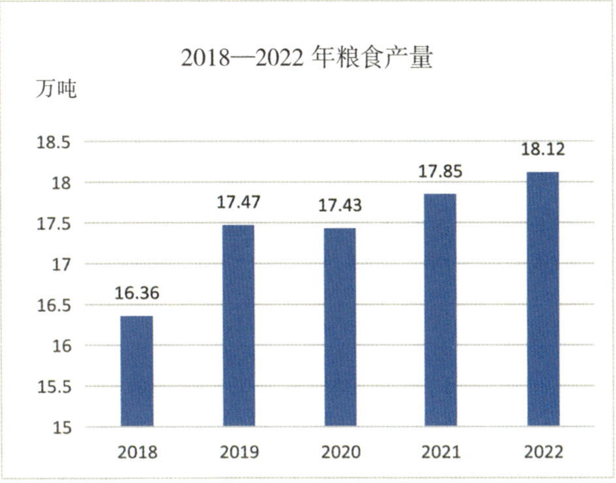

2022 年全县主要农产品产量统计表

表 17

指 标	产量（吨）	指标	产量（吨）
粮食	181156.6	油料	1927.3
其中：玉米	149586.4	其中：胡麻籽	1158.2
谷子	4241.32	药材	3634.2
豆类	3150.7	蔬菜	57196.7
马铃薯	10733.8	瓜果	1131.5

全年全县肉类总产量 15806.72 吨，比上年增长 –9.63%。其中，猪肉产量 9249.12 吨，增长 –18.4%；牛肉产量 2575.2 吨，增长 1.7%；羊肉产量 3187.82 吨，增长 6.9%。生猪年末存栏 75281 头，增长 7.9%；生猪出栏 127241 头，增长 –14.9%。禽蛋产量 4340.35 吨，增长 1.3%，牛奶产量 9552.06 吨，增长 –12.6%。

2022 年全县主要畜禽生产情况统计表

表 18

指 标	单位	数量	增速（%）
肉类总产量	吨	15806.72	-9.63
其中：猪肉	吨	9249.12	-18.4
牛肉	吨	2575.20	1.7
羊肉	吨	3187.82	6.9
生猪年末存栏	头	75281	7.9
生猪出栏	头	127241	-14.9
禽蛋	吨	4340.35	1.3
牛奶	吨	9552.06	-12.6

三、工业

初步统计，全年全县规模以上工业企业完成工业总产值 7.27 亿元，实现利税 1.41 亿元，实现利润 0.91 亿元，实现主营业务收入 10.27 亿元。

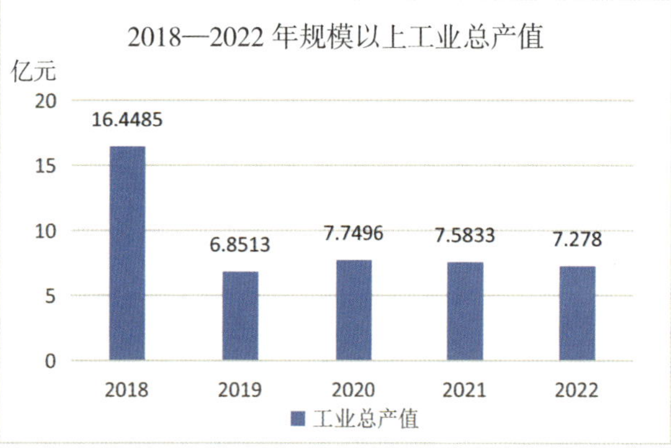

四、能源

全年全县规模以上工业发电量 195027.4 万千瓦·时，同比增长 19.12%；规模以上工业用电量 6333.4 万千瓦·时，同比增长 59.42%。

全年全县全社会发电量 5679.42 万千瓦·时，同比增长 21.54%；全社会用电总量 41796.32 万千瓦·时，同比增长 34.1%。其中，大工业用电量 4301.08 万千瓦·时（占总用电量的 10.29%），同比增长 -3.54%，一般工商业及其他用电量 13073.14 万千瓦·时（占总用电量的 31.28%），同比增长 0.77%，农业用电量 3619.53 万千瓦·时（占总用电量的 8.66%），同比增长 12.31%，居民用电量 20802.57 万千瓦·时（占总用电量的 49.77%），同比增长 97.85%。

五、固定资产投资

全年全县社会固定资产投资完成 30.57 亿元，同比增长 5.6%。其中，新建项目 24.97 亿元，同比增长 1.9%；改建和技术改造项目 3.04 亿元，同比增长 28.6%。

分三次产业看，全年第一产业完成投资 7.05 亿元，占固定资产完成额 23.07%；第二产业完成投资 11.82 亿元，占固定资产完成额 38.65%；第三产业完成投资 11.69 亿元，占固定资产完成额 38.27%。

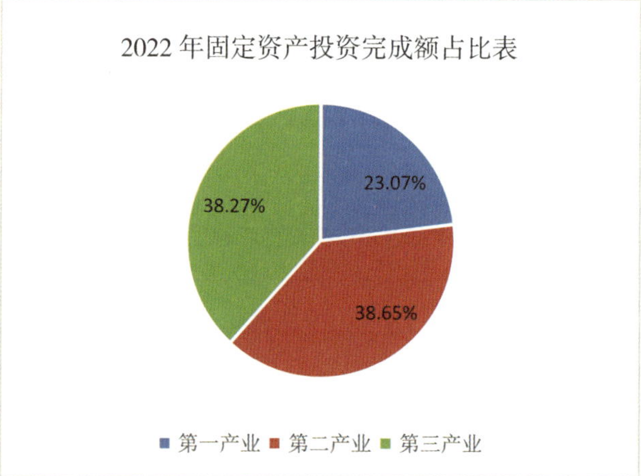

六、贸易

全年全县实现社会消费品零售总额 38.1 亿元，同比下降 0.3%。按经营地统计，城镇消费品零售额 23.78 亿元，同比下降 1.8%；乡村消费品零售额 14.32 亿元，同比增长 2.3%。按消费形态统计，商品零售额 34.88 亿元，同比下降 0.3%；餐饮收入额 3.22 亿元，同比增长 0.1%。

2022 年全县社会消费品零售总额统计表

表 19　　单位：亿元

社会消费品零售总额	38.1
按消费形态分	
餐饮收入	3.22
商品零售	34.88
按经营地分	
城镇	23.78
乡村	14.32
禽蛋	1.3
牛奶	-12.6

七、财政金融

全年全县一般公共财政预算收入 21257 万元。其中，税收收入 8425 万元，非税收入 12832 万元。财政总支出 287611 万元，一般公共服务支出 23763 万元。

全年全县金融机构各项存款 160.55 亿元，较年初增加 11.96 亿元，同比增长 8.05%。各项贷款 71.78 亿元，较年初增加 12.34 亿元，增长 20.76%。

八、旅游卫生教育

全年全县接待旅客 321.9 万人（次），实现旅游收入 9434.2 万元。

年末全县有卫生机构（含卫生院、诊所、村卫生室）232 家。其中，综合医院 2 家，中医医院 1 家，专业公共卫生机构 3 家。全县卫生机构有床位 990 张。其中，医院床位 317 张，基层医疗卫生机构床位 552 张。卫生技术人员 921 人。

全年全县普通高中 3 所，普通初中 9 所，普通小学校 36 所（含教学点），特殊教育 1 所。

2022 年全县教育事业发展情况统计表

表 20

指标	学校数	招生数（人）	在校生数（人）	毕业生数（人）
普通高中	3	1496	4737	1636
普通初中	9	2385	7336	2432
普通小学校	36	1684	12056	2397
特殊教育	1	0	41	1

九、人民生活

全年全县参加社会养老保险参保人数 21.25 万人，其中，企业养老保险参保人数 28680 人，机关事业单位养老保险参保人数 12548 人，城乡居民基本养老保险参保人数 172044 人，城乡居民补充养老保险参保人数 171297 人；城乡居民基本医疗保险参保人数 254346 人，职工基本医疗保险参保人数 18095 人。新增城镇就业 6927 人，农村劳动力转移就业 5715 人，失业人员再就业 3293 人，就业困难人员再就业 673 人。

全年全县城镇常住居民人均可支配收入 30473 元，同比增长 7.1%；农村常住居民人均可支配收入 11758 元，同比增长 7.8%。

注：1. 该公报部分数据为初步统计数据，部分指标为抽样调查数据。部分数据因四舍五入的原因，存在分项与合计不等的情况，所有增长或下降速度均为同口径与上年相比较。

2. 地区生产总值、各产业增加值绝对数按现价计算，增长速度按不变价计算。

3. 规模以上工业企业为年主营业务收入 2000 万元及以上企业。

4. 公报涉及的各类社会和经济指标来源于相关部门统计，了解详情请咨询有关部门。

2021—2022 年浑源县规模以上服务业营业收入统计表

表 21　　单位：万元

年份	民康医院	恒山索道	备注
2021	2.8	0.9	—
2022	1.2	—	—

2022 年浑源县固定资产投资完成情况统计表

表 22　　单位：万元、%

指标名称	总量	增速
固定资产投资	305681	5.6
其中：第一产业固投	70530	12.8
第二产业固投	118157	0.4
第三产业固投	116994	6.9

2022 年浑源县社会消费品零售总额统计表

表 23　　单位：万元、%

指标名称	总量	增速
社会消费品零售总额	381014.3	–0.3
按销售单位所在地分		
1. 城镇	237848.9	–1.8
其中：城区	—	0.0
2. 乡村	143165.4	2.3
按消费形态分		
1. 餐饮收入	32248.8	0.1
2. 商品零售	348765.5	–0.3

2022 年浑源县“四上”企业从业人员和工资总额统计表

表 24

从业人员（人）	工资总额（万元）	备注
843	6022.6	

2022年浑源县城乡居民收入构成统计表

表25

指标名称		绝对水平（元/人）	上年水平（元/人）	构成（%）	增速（%）
全体居民	人均可支配收入	17985	16684	100.0	7.8
	（一）工资性收入	9147	8676	50.9	5.4
	（二）经营净收入	3168	2833	17.6	11.8
	（三）财产净收入	518	465	2.9	11.4
	（四）转移净收入	5152	4710	28.6	9.4
城镇居民	人均可支配收入	30473	28453	100.0	7.1
	（一）工资性收入	17309	16503	56.8	4.9
	（二）经营净收入	3312	3063	10.9	8.1
	（三）财产净收入	1904	1682	6.2	13.2
	（四）转移净收入	7948	7205	26.1	10.3
农村居民	人均可支配收入	11758	10907	100.0	7.8
	（一）工资性收入	4527	4255	38.5	6.4
	（二）经营净收入	2830	2522	24.1	12.2
	1. 一产净收入	2272	2019	80.3	12.5
	#农业	1542	1376	68.0	12.1
	牧业	653	603	28.8	8.3
	2. 二产净收入	328	293	11.6	12.0
	3. 三产净收入	230	210	8.1	9.5
	（三）财产净收入	131	120	1.1	9.2
	（四）转移净收入	4270	4010	36.3	6.5

2022年浑源城乡居民消费构成统计表

表26

指标名称		绝对水平（元/人）	上年水平（元/人）	构成（%）	增速（%）
全体居民	人均消费支出	11853	11343	100.0	4.5
	（一）食品烟酒	3765	3437	31.8	9.5
	（二）衣着	930	953	7.8	–2.4
	（三）居住	2142	2064	18.1	3.8
	（四）生活用品及服务	845	839	7.1	0.7
	（五）交通通信	1502	1418	12.7	5.9
	（六）教育文化娱乐	1325	1338	11.2	–1.0
	（七）医疗保健	1042	1010	8.8	3.2
	（八）其他用品及服务	302	284	2.5	6.3
城镇居民	人均消费支出	19578	19045	100.0	2.8
	（一）食品烟酒	5641	5248	28.8	7.5
	（二）衣着	1926	1962	9.8	–1.8
	（三）居住	3499	3447	17.9	1.5
	（四）生活用品及服务	1227	1238	6.3	–0.9
	（五）交通通信	2705	2571	13.8	5.2
	（六）教育文化娱乐	2660	2719	13.6	–2.2
	（七）医疗保健	1252	1222	6.4	2.5
	（八）其他用品及服务	668	638	3.4	4.7
农村居民	人均消费支出	9005	8503	100.0	5.9
	（一）食品烟酒	3125	2806	34.7	11.4
	（二）衣着	517	544	5.7	–5.0
	（三）居住	1642	1559	18.2	5.3
	（四）生活用品及服务	737	728	8.2	1.2
	（五）交通通信	1063	995	11.8	6.8
	（六）教育文化娱乐	880	884	9.8	–0.5
	（七）医疗保健	817	782	9.1	4.5
	（八）其他用品及服务	224	205	2.5	9.3

2022年浑源县主要经济指标与其他县区经济指标比较统计表（一）

地区生产总值（季度）

表27　　单位：万元、%

县　区	总量	排名	增速	排名
全　市	18425237	—	3.5	—
平城区	5037542	2	1.9	8
云冈区	5648057	1	2.2	7
新荣区	925796	5	7.9	3
云州区	2032196	3	9.9	1
阳高县	799179	6	6.5	4
天镇县	545925	10	5.2	5
广灵县	603984	8	9.5	2
灵丘县	731313	7	4.5	6
浑源县	569020	9	0.6	9
左云县	1532225	4	0.2	10
开发区	1656245	—	10.1	—

2022年浑源县主要经济指标与其他县区经济指标比较统计表（二）

第三产业增加值（季度）

表28　　单位：万元、%

县　区	总量	排名	增速	排名
全　市	9077168	—	3.5	—
平城区	3897652	1	2.7	8
云冈区	2171844	2	0.6	10
新荣区	253928	10	5.5	6
云州区	670333	3	3.3	7
阳高县	328919	6	10.3	2
天镇县	267415	9	8.2	4
广灵县	269227	8	12.1	1
灵丘县	404884	5	9.7	3
浑源县	326647	7	1.6	9
左云县	486319	4	7.4	5
开发区	340918	—	1.6	—

2022 年浑源县主要经济指标与其他县区经济指标比较统计表（三）

规模以上工业增加值

表 29　　单位：%

县　区	总量	排名	增速	排名
全　市	—	—	5.5	—
平城区	—	—	-1.7	7
云冈区	—	—	4.5	5
新荣区	—	—	16.0	2
云州区	—	—	28.9	1
阳高县	—	—	6.6	4
天镇县	—	—	-0.8	6
广灵县	—	—	15.8	3
灵丘县	—	—	-14.3	9
浑源县	—	—	-14.8	10
左云县	—	—	-6.3	8
开发区	—	—	19.7	—

2022 年浑源县主要经济指标与其他县区经济指标比较统计表（四）

一般公共预算收入

表 30　　单位：万元、%

县　区	总量	排名	增速	排名
全　市	1867357	—	12.0	—
平城区	98904	3	1.3	8
云冈区	194599	2	20.9	2
新荣区	30287	5	19.4	3
云州区	34536	4	14.0	4
阳高县	17821	9	7.3	6
天镇县	19996	8	9.9	5
广灵县	17737	10	-43.9	10
灵丘县	25309	6	-2.9	9
浑源县	21257	7	6.0	7
左云县	234039	1	33.5	1
开发区	75425	—	-16.4	—

2022年浑源县主要经济指标与其他县区经济指标比较统计表（五）

固定资产投资额

表31 单位：万元、%

县　区	总量	排名	增速	排名
全　市	7752557	—	5.9	—
平城区	2713972	1	4.1	7
云冈区	1087537	2	2.3	8
新荣区	450645	6	-9.7	10
云州区	936240	3	14.6	3
阳高县	594393	5	30.3	1
天镇县	299813	9	14.3	4
广灵县	244988	10	29.4	2
灵丘县	772836	4	-6.4	9
浑源县	305681	8	5.6	6
左云县	346452	7	11.6	5
开发区	673583	—	6.1	—

2022年浑源县主要经济指标与其他县区经济指标比较统计表（六）

社会消费品零售总额（季度）

表32 单位：万元、%

县　区	总量	排名	增速	排名
全　市	7576735	—	-0.4	—
平城区	3927074	1	-0.7	9
云冈区	1512885	2	-0.4	8
新荣区	159383	7	0.6	3
云州区	501213	3	-0.9	10
阳高县	138078	8	-0.1	6
天镇县	135186	9	0.1	5
广灵县	130064	10	0.9	1
灵丘县	393279	5	0.8	2
浑源县	381014	4	-0.3	7
左云县	298558	6	0.5	4
开发区	322942	—	-1.2	—

2022 年浑源县主要经济指标与其他县区经济指标比较统计表（七）

城镇常住居民人均可支配收入（季度）

表 33 单位：元、%

县　区	总量	排名	增速	排名
全　市	38996	—	6.3	—
平城区	42436	1	5.7	10
云冈区	41409	2	5.9	8
新荣区	32940	5	6.6	3
云州区	27203	10	6.5	4
阳高县	29245	7	6.8	2
天镇县	29211	8	6.4	5
广灵县	29007	9	6.1	6
灵丘县	35246	4	5.9	8
浑源县	30473	6	7.1	1
左云县	35819	3	6.1	6
开发区	—	—	—	—

2022 年浑源县主要经济指标与其他县区经济指标比较统计表（八）

农村常住居民人均可支配收入（季度）

表 34 单位：元、%

县　区	总量	排名	增速	排名
全　市	13864	—	7.4	—
平城区	21564	1	6.0	10
云冈区	21537	2	6.6	7
新荣区	13394	5	6.6	7
云州区	14269	4	8.0	3
阳高县	12734	6	15.8	1
天镇县	11724	9	10.5	2
广灵县	11909	7	7.5	5
灵丘县	11514	10	7.4	6
浑源县	11758	8	7.8	4
左云县	17735	3	6.3	9
开发区	—	—	—	—

附 录

机构设置和负责人名录

中共浑源县委

县委书记　高　莹

县委副书记　赵昱清　杨琼圣（3月任职）

县委常委　高　莹　赵昱清　杨琼圣　杨建中　王小军　张文陆　王璐琰（女）金晓飞　贾永兴　赵　祥　雷迎春（3月任职）　胡　鹏　乔　普（3月任职）

县委各工作部门

县委办公室

主　任　乔　普（4月任职）

副主任　张国华　范文顺（3月离职）赵江涛　冯学明　马小龙

县纪律监察委员会

纪委书记　杨建中

纪委副书记　姜　华　卢建斌

纪委常委　杨建中　姜　华　卢建斌　于海云　耿东升（3月任职）　朱海峰　张　焱

监委主任　杨建中

监委副主任　姜　华　卢建斌

监委委员　朱海峰　张　焱　李润森　刘天富

县委组织部

部　长　王小军

副部长　高大伟　侯碧桥　赵志远　贾　宇

县委宣传部

部　长　金晓飞

副部长　李海军（3月任职）刘　飚　郭　华

县委统战部

部　长　乔　普（4月任职）（兼）

副部长　朱天智　郝松泉　曹慧芳（女）

县委政法委员会

书　记　赵昱清（4月离职）　杨琼圣（4月任职）

副书记　齐贤敏　许建国（9月离职）穆宝军（9月任职）

县委机构编制委员会办公室

主　任　贾　宇

副主任　黄进东

县委巡察办公室

主　任　于海云

副主任　安建军

县委老干部局

局　长　赵志远

副局长　张文广

县直属机关工作委员会

书　记　范　宝

副书记　张　琪

县委党校

校　长　高　莹（兼）

第一副校长　王小军（兼）

主持日常工作副校长　王　发（9月任职）

常务副校长　姚振华（9月离职）

副校长　穆立新

县委党史研究室

主　任　姚振华

县档案馆

馆　长　睢　东

副馆长　龚　静（女）

县机关事务服务中心

主　任　麻海军

副主任　葛　翔　范　文

浑源县人大常务委员会

党组书记、主任　李跃新

副主任　韩玉明　杨　庆　王兴中　翟宝龙

常务委员　傅自鹏　史宗海　张　霞（女）尚　忠　原恒文　于　梓　马仲秋（女）王少华　刘卫祖　李　政　杨文华　杨连奎　杨树利（女）宋常忠　张碧兰（女）郝启明　高大伟　高　芳（女）高玉春　龚　伟　梁宏光　韩玉娟（女）温焕月　温淑琴（女）　裴雁巍

人大常委会各工作机构

县人大常委会办公室

主　任　傅自鹏

县人大财政经济工作委员会

主　任　史宗海

县人大法制工作委员会

主　任　张　霞（女，8月离职）史天红（8月任职）

县人大教育科技文化卫生委员会

主　任　尚　忠

县人大人事代表工作委员会

主　任　谢　伟（8月离职）张　霞（女，8月任职）

县人大农业农村工作委员会

主　任　原恒文

浑源县人民政府

党组书记、县长　赵昱清

副县长　赵　祥（3月任职）雷迎春　胡　鹏　贾雪花（女）　姜宝举　付元进　张树军　王武明　王天浩

政府各工作部门

县政府办公室

主　任　刘东升

副主任　刘宏斌（3月任职）陈　飞（3月任职）李　翔（11月离职）　宫　政（11月离职）

县发展和改革局

党组书记、局长　李　桓

副局长　徐宏业　白　隽

县教育科技局

党组书记、局长　庞乃红

副局长　武恒保（8月任职）谢　伟（8月任职）史天红（8月离职）　闫学胜（8月离职）

县工业和信息化局

党组书记、局长　徐彦龙（9月任职）范　华（9月离职）

副局长　黄福明　康振兴

县民政局

党组书记、局长　白枫林

副局长　刘宏宇（女）

县司法局

党组书记、局长　郑松林

副局长 王华峰 刘丽霞（女，3月任职）

县税务局

党委书记、局长 张 建

副局长 李志斌 范振强 李富强 冯 悦

县财政局

党组书记、局长 程熙宏（11月任职）武建文（11月离职）

副局长 晋宏涛（11月任职）白清华（11月离职）张海天

县人力资源和社会保障局

党组书记、局长 高 飞

副局长 李仲明 姜 瑛

县自然资源局

党组书记、局长 王兴春

副局长 张志远 任 翔

县住房保障和城乡建设管理局

党组书记、局长 段治国

副局长 王慧波 仝云岗

县交通运输局

党组书记、局长 顾国峰

副局长 郝 巍 张 鸿

县水务局

党组书记、局长 赵 权

副局长 乔征男 李 斌

县农业农村局

党组书记、局长 郝希涛

副局长 张久英 曹仙峰（女） 李 慧

县林业局

党组书记、局长 刘 诧

副局长 郝兴东 张 峰

县文化和旅游局

党组书记、局长 张东暭（11月任职）晋宏涛（11月离职）

副局长 郝维和（9月离职） 薛卫军 常忠孝

县卫生健康和体育局

党组书记、局长 范淑慧（女，3月任职）王 发（3月离职）

副局长 刘 海 费国霞（女）

县退役军人事务局

党组书记、局长 张 军

副局长 王 臻

县应急管理局

党委书记、局长 李长春

副局长 王 虎 薄建军

县审计局

党组书记、局长 宫 政（11月任职）程熙宏（11月离任）

副局长 赵福军

总审计师 田阿娟（女，3月任职）张志坚（3月离职）

县市场监督管理局

党组书记、局长 李仲元

副局长 李 权 刘 志 曹家宏

县统计局

党组书记、局长 麻永利

副局长 侯军胜

县医疗保障局

党组书记、局长 龚德喜

副局长 于海泉

县行政审批局

党组书记、局长 闫 斌

副局长 王成军

县信访局

党组书记、局长 赵江涛（3月任职）范文顺（3月离职）

副局长 温焕少

县能源局

党组书记、局长 吴快成

县乡村振兴局

党组书记、主任 赵涌涛

恒山风景名胜区管理中心

党委书记 曹启龙

副书记 裴雁巍

主 任 曹启龙

副主任 杨新儒（3月任职） 龚 伟 张慧聪

县融媒体中心

主 任 高 超（3月任职）

副主任 郭喜华

总 编 刘 纬

县市政公用事业服务中心

主　任　范颖洲（9月任职）　龚　伟（9月离职）

副主任　杨志坚　陈　炜　李志宇

政协浑源县委员会

党组书记、主席　李启忠

副 主 席　李锦平（女）武建文　李雪飞（女）

党组副书记　乔　普（4月任职）

秘 书 长　贾富权

常务委员　杨新儒　朱天智　曹慧芳（女）杨　毅
　　张浑平　张　纪　荣金婵（女）李建春
　　胡启耀　张天娥（女）张　富　王海生
　　张　利　杨生智　于智勇　李争宏
　　郑宏伟　韩洪涛　吴传淇　刘　峰

政协各工作机构

县政协办公室

主　任　贾富权

县政协经济委员会

主　任　孙　树

县政协综合委员会

主　任　郭锦文

县政协提案委员会

主　任　李　泽

群众团体工作机构

县总工会

党组书记、主席　翟宝龙

副主席　李红广　徐彦儒（女）范振强（4月任职，兼职）
　　吴　聪（4月离职，兼职）高玉彬（兼职）田广瑞（挂职）
　　邢京生（挂职）

县妇女联合会

主　席　高　芳（女）

副主席　邓美兰（女）

团县委

书　记　王　任

副书记　翟　佳（女）侯　瑞（女）

县工商业联合会

副主席　朱天智　武尚业

秘书长　张　琦

县文学艺术界联合会

主　席　杨新儒

县残疾人联合会

理事长　郭　松

副理事长　闫巨有

县红十字会

秘书长　段　愫

县科学技术协会

党组书记、主席　范　华（9月任职）季　鹏（9月离职）

副主席　庞利艳（女）杨少雄

政法各工作部门

县检察院

党组书记、检察长　王　东

副检察长　何广茂　于　君　侯　廷

县法院

党组书记、院长　韩志民

副院长　赵　峰　白利军　孟建光　乔有宏

县公安局

党委书记、局长　姜宝举

政　委　谭国良

副局长　张中敏　刘　勇　韩晓东　方　树　贾　军

乡　镇

永安镇

党委书记　李兴宇（4月离职）王小军（4月任职，11月离职）
　　张浩宇（11月任职）

镇　　长　李　翔（11月任职）姚一波（11月离职）
人大主席　刘　达

东坊城乡

党委书记　牛鹏国
乡　　长　屈秋实（女）
人大主席　王世杰

裴村乡

党委书记　姚一波（11月任职）吴宏旭（11月离职）
乡　　长　高踞宇
人大主席　张　军

西坊城镇

党委书记　贾永兴
镇　　长　张守斌
人大主席　刘　斌

驼峰乡

党委书记　王　飞（3月任职）范淑慧（女）（3月离职）
乡　　长　荀　玺
人大主席　王俊尧

西留村乡

党委书记　靖海泉
乡　　长　张　科
人大主席　杨　勇

下韩村乡

党委书记　李文学
乡　　长　王海霞（女）
人大主席　李志英

南榆林乡

党委书记　王卓祥
乡　　长　翟婕婕（女，3月任职）刘丽霞（女，3月离职）
人大主席　辛　伟

蔡村镇

党委书记　王璐琰（女）
镇　　长　董　洋（3月任职）
人大主席　王东红

吴城乡

党委书记　王秉权（11月任职）
乡　　长　温　杰
人大主席　陈有贵

沙圪坨镇

党委书记　范文顺（3月任职）　王　飞（3月离职）
镇　　长　李军士
人大主席　王正威

大仁庄乡

党委书记　李建圣
乡　　长　姚文杰
人大主席　鲁青茂

青磁窑镇

党委书记　徐亚琦
镇　　长　李　卓
人大主席　郭　雁

千佛岭乡

党委书记　李跃怀
乡　　长　罗中凰
人大主席　顾　春

官儿乡

党委书记　傅　安
乡　　长　董　洋（3月离职）
人大主席　左小鹏

王庄堡镇

党委书记　薄　飞（11月任职）
镇　　长　翟永胜（11月任职）王秉权（11月离职）
人大主席　薄晋权

（县委组织部）

调研报告选登

关于以文旅康养产业为引领构建绿色产业体系的调研报告

摘　要

在全面贯彻中共二十大精神的开局之年，“唱好双城记、融入京津冀、打造桥头堡”是省委为大同市量身定制的发展总纲领，这必将指引浑源县在全省、全市高质量发展中更好发挥引领带动作用，更加有效承接京津冀协同发展的溢出效应，当好融入京津冀协同发展的桥头堡，为浑源县迎来了千载难逢的发展机遇。

浑源县委、县政府始终以习近平新时代中国特色社会主义思想为指引，站在对党和国家、历史、人民负责的政治高度，全面准确完整贯彻新发展理念，坚决摒弃资源型经济道路，深刻领悟省委蓝佛安书记调研浑源的指示精神，全面实施转型发展，深入实施“举文化生态牌、建特色休闲城、走旅游康养路”的发展战略，立足自身比较优势，按照制定行动的“路线图”和攻坚的“作战图”，以文旅康养融合为引领，率先实现绿色转型发展，率先蹚出县域高质量发展的新路，唱好太原、大同“双城记”，发挥“桥头堡”作用，支持大同高质量发展，浑源当好“急先锋”。

在深刻领悟省委“支持大同有效承接京津冀协同发展的溢出效应、更好发挥桥头堡作用”指示要求的基础上，对浑源的区位交通、文旅康养、生态环境、能源供给等资源优势进行系统分析和科学研判，结合当前“举文化生态牌、建特色休闲城、走旅游康养路”的战略路径，确定了“以文旅康养产业为引领构建全域绿色产业体系”的调研课题，从“做好文旅融合大文章、推动文旅康养产业高质量发展，践行生态文明理念、擦亮高质量发展绿色底色，深入实施特优战略、构建浑源特色绿色健康产业新体系，强化闭环管理、推动花岗岩产业链式发展”4个方面进行了深入调研。

通过调研分析，进一步明确自身的优势。对全球、全国、省市文旅康养产业的驱动因素、发展趋势进行了分析，认为全球康养产业发展日益成熟，全国康养产业规模大，山西康养产业环境资源优越，大同康养产业前景广阔，浑源文旅康养产业优势明显；浑源黄芪历史悠久品质独特，黄芪产业发展多元拓展有力，是“正北芪”原产地，素有“中国黄芪之乡”之美誉，宜芪面积39.5万亩，有芪面积28万亩，其中规范化种植23万亩；浑源地理区位好，紧靠京津冀，拥有依托渤海、对接京津冀、融入大雄安的便利条件；浑源县境内有神溪湿地公园、恒山国家森林公园等自然景观，汤头温泉出面水温达69摄氏度，日涌水量600吨左右，被誉称“北方第一氡泉”，境内有浑河、唐河两大水系，年径流量1.9亿立方米。全县森林覆盖率达26.7%，有野生植物350余种。浑源历史悠久、文化灿烂，现存不可移动文物488处，有重点文物保护单位29处（国家级7处、省级8处、市级5处、县级9处），有非物质文化遗产保护项目名录23项（省级8项、市级4项、县级11项），现存北齐、明代等长城墙体。闻名遐迩的北岳恒山，为中华五岳名山之一，是国务院首批公布的国家级重点风景名胜区之一，素有“人天北柱”“绝塞名山”之美誉，与凌空摩崖建筑悬空寺一道构成了著名的恒山美景。有鼓楼、牌楼、州衙等古建筑160余座和多条历史街巷。1992年，浑源县被山西省评为历史文化名城。恒山“国家级森林公园”入选“国家自然和文化双遗产名录”，神溪湿地列入“国家级湿地公园”，荣获全省“县城绿色低碳建设试点县”“省级城市更新试点县”殊荣。恒山黄芪被列为国家地理标志保护产品，拥有“全国道地药材基地”“中国黄芪之乡”等金字招牌。浑源凉粉、恒山黄芪等绿色有机产品、“浑源铸钟”“浑源扇鼓”等非遗文创产品成为IP。

在这次调研中，通过开展座谈、调查问卷以及实地调研等形式，发现制约高质量发展的因素较多，以下四方面问题尤为突出。一是浑源文旅康养资源优质，产业分布散，集聚度和品牌效应较差较低，导致“富资源缺品牌，有口碑无名气”。二是浑源黄芪产业种质核心保护力度欠缺，产品叠加融合尚在低端，品种创新缺乏竞争，从品牌创建来看，宣传营销发力不足。三是浑源的地理气候先天造成空气质量的不稳定，资源能源约束趋紧的状况短期内难以根本改变，生态环保基础设施欠账较多，生态环境治理能力有待提高。四是花岗岩产业链式发展方面，企业规模小，技术创新、创意设计能力不足，盈利能力弱、利润来源单一，资本积累速度缓慢，纳税能力差，在整个行业中处于竞争劣势地位。产品同质化竞争和生产过程脏乱差现象比较普遍，产能整体不足。营销偏重卖资源，企业销售链延伸的范围不够宽，网络不够深，营销短板明显。

通过对比先进经验，调研浑源实际情况，立足县情特点和比较优势，在融入京津冀发展定位上，打造“两区两体系”：打造国家级旅游度假区、打造全国生态文明建设示范区、构建浑源特色绿色健康产业新体系、打造花岗岩闭环链式发展产业新体系。一是依托“四化”打造国家级旅游度假区。做精道地药材，迈向高端化；做专养生保健，推进场景化；做强生态文旅，实现生态化；做特绿色食品，促进规模化，推动康养产业集聚。二是“五项举措”打造全国生态文明建设示范区。强化生态保护修复；构建绿色产业体系；提升城乡人居品质；大力弘扬生态文化；建立多元治理机制。三是通过“八个聚焦”构建浑源特色绿色健康产业新体系。聚焦顶层设计，成立恒山黄芪发展机构；聚焦种源保护，呵护恒山黄芪“纯正血统”；聚焦道地特质，规范恒山黄芪种植标准；聚集人才培养，强化恒山黄芪“智力支持”；聚焦产品加工，延伸恒山黄芪产业链条；聚焦市场定位，拓宽恒山黄芪销售渠道；聚焦内涵延伸，开辟恒山黄芪新兴领域；聚焦品牌打造，提升恒山黄芪核心竞争力。四是“四步走”打造花岗岩闭环链式发展产业新体系。依托原有产业基础，树立产业共同体认识和资源集约利用理念，优化空间战略布局；按照“绿色环保、安全有序、资源节约”的原则规范矿山企业开采，推行“以销定产、以产定采”；制定花岗岩产业用地布局规划，制定核心产业功能区产业准入和用地标准，提高产能和市场准入规模标准，启动投资强度审核和节地评价后监督机制，提升投资强度管理；大力招商引资，通过财政补贴、金融信贷、税收等方面优惠，强化政策引导调控功能，加快龙头企业培育，提高产业整体竞争力。

推动文旅康养产业高质量发展

一、文旅康养产业的驱动因素

文旅康养产业的发展和壮大，有其内在动因和外在力量，康养旅游也是如此。近年来，康养旅游在全球及中国获得快速发展，这是基于市场需求自主发展的必然趋势，既有旅游产业转型、养老产业发展、年轻人群需求等内在因素的驱动，也有人口结构变化、经济社会发展水平提升、政府政策大力支持等外部力量的推动。

1. 内在驱动力。对文旅康养产业来说，经过这些年旅游业的迅猛发展，传统旅游产品市场已基本饱和，甚至供过于求，行业竞争异常激烈，创新转型是这些旅游企业的普遍愿望。如今，人口老龄化进程不断加快，旅游和养老养生融合发展起来的康养旅游业，可带来高附加值和较高的投资回报，吸引旅游企业和其他投资者快速进入，成为新的投资热点。

2. 外部刚性需求。伴随我国人口老龄化加剧，医疗康养需求增大。来自国家统计局权威数据：截止到2022年底，我国60周岁及以上人口21242万人，占总人口的15.5%，65周岁及以上人口13755万人，占总人口的10.1%，是全球人口老龄化程度最高的国家。人口结构是影响健康养老产业发展的重要因素，无疑将促进康养行业的整体快速发展。

3. 支付意愿和能力增强。随着城乡居民收入水平逐年稳步提高，消费理念和养老观念正在发生颠覆性变化，那些“有钱、有闲、有健康、自我意识较强”的中青年消费者，更有可能像“候鸟”一样“在度假中养生”。“康养旅游”很有可能成为时尚养老方式和“旅游+”发展的新领域和新业态。

4. 政府宏观政策推动。市场需求是产业发展的基本动力，但有效的政策引导同样重要。国务院及文化和旅游部等相关政府部门更是密集出台扶持措施，仅2017年中央层面出台的养老政策就达七项。《中共中央关于制定国民经济和社会发展第十四个五年规划和2035年远景目标的建议》中也强调“推动文化和旅游如何发展，建设一批富有文化底蕴的世界级旅游景区和度假区”。这些政策吸引着大量资本对文旅康养服务设施进行投资，推动康养旅游业持续发展。

二、康养产业的发展趋势

1. 全球康养产业发展日益成熟。全球康养需求加速释放，市场规模呈现增长态势。随着全球老龄化程度不断加深，技术的不断升级创新，康养产业发展十分迅速，康养业态日益丰富，市场规模不断壮大。2020年，新冠疫情的蔓延导致全球经济发展降速，康养市场规模有所降低，2021年后疫情带来的影响逐渐降低，康养市场规模呈现回升趋势。2021年全球康养市场规模达到19.9万亿美元，同比增长0.7%。其中，养老和文化旅游是康养占比最高的两大领域，2021年市场占比分别达到72%和17%。疫情发生前，文旅市场的占比更高，2019年占康养市场规模比重高达31%。

2. 中国康养产业规模日益壮大。2020年我国居民健康素养水平达到23.2%，比2019年提升近4个百分点。2020年受到新冠疫情影响，短期内给康养产业带来了结构性调整，市场规模下降16%，降为14.1亿元，2021年康养产业规模上升到16.8亿元，同比增长18.8%。其中，养老和文旅领域的市场占比最高，2021年分别达到53%和17%。随着疫情影响的进一步消退，在市场需求扩增、产品创新提升、基础设施不断完善等因素带动下，文旅产业有望恢复之前的发展水平。

3. 山西康养产业环境资源优越。山西省政府2019年出台《支持康养产业发展行动计划（2019—2021）》；2021年，省政府印发《山西省康养产业促进条例》，鼓励康养产业与相关产业相融合；2022年5月，山西省发布了《关于支持康养产业发展的意见》，进一步明确培育康养产业的具体方针举措。山西省具备承接北京康养产业外溢需求的条件，高铁都在环首都2–3小时的交通圈，航空一半地市在环首都1小时交通圈，到“十四五”末太原到北京的时间将缩短为2小时以内，能够便捷地承载首都圈的康养需求。山西省有得天独厚的气候、文旅、区位、温泉、饮食五大优势，建设了大同桑干河森林康养小镇、平遥天鹭湖康养小镇、夏县夏都温泉康养社区、晋城瑜园康养社区等重大项目，形成以大同、忻州、晋中、长治、晋城等5市为重点的康养产业分布（示范）区。山西省拥有3个国家森林康养基地，围绕“黄河长城太行”三大品牌，2022年布局建设50个文旅康养示范区，现有各类养老服务机构1000余个。依托大同医药园、怀仁医药化工园、太谷食品医药工业园、长治康庄工业园、运城盐湖工业园等现有重点园区建设，形成生物医药产业集聚，拥有49家三甲医院；举办康养产业发展会议、康养产业推介会。2020年和2021年山西省连续举办“中国·山西（晋城）康养产业发展大会”，2019年山西省文化和旅游厅在厦门举办了山西省文旅康养产业专题推介和项目对接会，2020年在大同市举办“2020‘康养山西·夏养大同’康养项目对接交流（招商）会”。培育了山西文旅集团、大同保健集团、晋城阳太控股等康养产业龙头企业。2020年山西省印发《黄河长城太行三大品牌建设年行动方案》，统筹规划三大品牌的形象设计、文化内涵挖掘等基础工作，深度挖掘三大品牌蕴藏的历史文化内涵和时代价值，把三大品牌作为提升“华夏古文明，山西好风光”宣传口号的亮丽名片。

4. 大同康养产业前景优势明显。大同市在国家和省政府支持下，逐渐形成以文旅康养为引擎，以养老服务、中医养生、医药制造为支撑的康养产业发展格局。大同市康养产业获取多项国家和省政府资源。2017 年 9 月国务院下发文件明确“支持大同市建设综合康养产业区”，2018 年 5 月，大同市被民政部、财政部确定为全国居家和社区养老服务改革试点地区，2021 年大同市入选推进全国第三批居家和社区养老服务改革试点，“大同助老”智慧居家养老模式入列全国首批示范案例。大同市拥有云冈石窟、善化寺、大同古城墙、大同华严寺、魏都水世界、北岳恒山、悬空寺等 AAAAA、AAAA 级景区，全国重点文物保护单位 27 处，省级文物保护单位 52 处。旅游总收入从 2016 年的 363.3 亿元，上升到 2019 年的 762.1 亿元，实现翻番，2020 年由于新冠疫情影响，旅游总收入下降，但从 2016—2019 年旅游业年均复合增速达到 28.0% 的表现可知，大同市旅游业已经形成一定影响力。大同市整合各类优势资源，布局建设了桑干河森林康养小镇、黄经世家中医康养小镇、世家生态康养小镇、兴云康养社区等康养载体，全面打造具有大同特色的康养基地。大同市不断探索文化旅游新模式，培育长城人家、恒山人家、桑干人家等乡村旅游新业态，打造特色中医药品牌，孕育了一大批道地药材，野生中药材品种达到 600 余种，其中黄芪被列入药食同源植物。

5. 浑源文旅康养产业厚积薄发。浑源县自然生态景观优越，文化旅游资源丰富，具有数量多、品位高、门类全、底蕴深等特点。县域内除丰富的自然生态资源之外，地上、地下文物众多，全县现有全国重点文物保护单位 7 处，省级文物保护单位 8 处、市级文物保护单位 5 处、县级文物保护单位 9 处，仅恒山大景区就包括 6 大片区 13 个子景区。恒山为中华五岳之一，1982 年被国务院公布为首批国家级风景名胜区，国家 AAAA 级景区；悬空寺是《时代》周刊公布的全球十大最奇险建筑之一，明代大旅行家徐霞客誉其为“天下巨观”；永安寺元代壁画集我国宗教神祇之大成，是极为珍贵的古代绘画杰作；栗毓美墓汉白玉石雕是清陵石刻中的精品和瑰宝。境内其他未开放景点自然风光绮丽灵秀，有凌云口、龙山、千佛岭、五峰山、荞麦川、龙盆峪、莲花山等；建筑风格独领风骚，有悬空寺、永安寺、麻家大院、荆庄大云寺等；人文艺术繁花似锦，涵盖建筑、绘画、诗歌、戏曲等领域，如金末刘祁所著的《归潜志》是珍贵的文化典籍；宗教文化源远流长，恒山为道教第五小洞天，悬空寺释道儒三教合一，千佛岭是北方著名的禅宗胜地。浑源历史文化源远流长，人才辈出，其山岳、边塞、宗教、建筑、山水、民俗等文化诸元，共同造就了其独特的地域文化内涵。

2022 年，浑源县接待旅游人数 321.9 万人（次），实现旅游综合收入 9434.2 万元，受新冠疫情影响，与 2019 年相比旅游人数、收入呈逐年下降趋势，旅游康养产业发展压力较大，从 2023 年的开年旅游人次看，产业呈现回暖增长趋势，如不出现诸如疫情等共性的公共问题，预计后期将是文旅产业市场的逐年上升期。旅游景区方面：全县现有 A 级景区 3 家，（AAAA 级景区 1 家、AAA 级景区 2 家）；民宿、旅游接待方面：现有星级饭店 3 家，特色民宿、客栈 12 家；旅行社 2 家，代办点 2 家；5 个省级旅游扶贫示范村和 2 个省级旅游示范村；特色餐饮店 15 家，恒山人家 1 家，农家乐 14 家。全县共有接待床位 4342 张。康养产业方面：全县现有重点康养产业项目 10 个，已建成并投入运营 1 个（黄芪文化园），正在建设 3 个（游客服务中心、汤头温泉、凉粉产业园），计划建设 6 个（中华民族共同体科研博物馆、恒山小镇、恒山景区民宿酒店、恒芪康酒文化产业园、恒山陶瓷文化产业园、中医院康养医疗体系）。

交通区位：浑源县属山西省大同市辖县，位于山西省东北部的大同盆地东南边缘，地处桑干河支流浑河中上游。地理位置优越，其紧靠京津冀地区，位处北京、内蒙古、太原圈的中心地带。与大同市相距60千米左右，周围300千米左右有北京、天津、太原、呼市、石家庄、雄安新区等大中城市，400千米左右与渤海湾相连，区位优势明显。浑源位于晋北地区中部核心，是大同国家综合交通枢纽的重要组成部分。荣乌、大浑、浑广、王城四条高速穿境而过，国道336、239呈十字形交叉横跨县境。县域内各乡（镇）与县城均有便捷的公路交通，形成以县城为中心的放射状公路网。各级路网复合，形成优越的交通条件。

生态环境：浑源县生态环境良好，属温带大陆性季风气候，四季分明，冬暖夏凉，日照充足，年平均日照时数2700小时，年平均气温7摄氏度；境内地貌类型复杂，呈南山北坡中平川地形；域内主要山脉称恒山山脉，属太行山脉支脉，号称108峰；县境内水资源较为丰富，大小泉水近200处，浑河、唐河两大水系纵贯南北；拥有恒山国家森林公园、山西省省级自然保护区、国家级神溪湿地公园及恒山风景区等优秀的自然旅游资源，植被覆盖率达40%以上，草甸及森林主要集中在东南部山区，植被区南部为暖温带夏绿林和灌丛草原区，北部为温带暖温带稀树草原区，类型主要为针、阔叶林或混交林等，与之伴生的中国地理标识——“正北芪”等中草药100余种，具有很强的生物多样性，在晋北居于前列，是省市全域旅游发展的重点县城。

温泉资源：浑源县汤头温泉位于唐河水系，水源为唐河水下渗积累，温泉地下水源范围1.9平方千米。现有1口出水井，井深63米，日涌水量可达800吨，出水温度69摄氏度；水质独特，经中国科学院上海药物研究所综合测定，泉水内含有镭、氡、钾、钠、钙、镁、硫化氢等多种对人体有益的矿物质和微量元素，是全国为数不多的氡泉，誉称“北方第一泉”。对各种皮肤病、关节炎、糖尿病、骨质增生、肩周炎、脑血栓后遗症、高血压等疾病有独特疗效。北魏郦道元所著《水经注》记载：“寇水东合温泉水，水出西北暄谷，其水温热若汤，能愈百疾，故世谓之温泉焉”（浑源唐河之水，古代称寇水）。古碑记载“称其水，洗之即愈，润之神效”。在温泉地建设的原汤头疗养院每年接待患者数万人，都对温泉的治疗功效赞不绝口，

三、浑源文旅康养产业优劣势分析

（一）经济发展稳定，产业空心化明显

1. 产业结构失衡现象严重。2021年浑源县规模以上工业增加值占地区生产总值的比重仅为4.2%，对比其他大同市脱贫县的规模以上工业增加值占地区生产总值比重，天镇县最高，达到49%，阳高县最低，也高于10%，浑源县规模以上工业增加值占比远远低于大同市其他脱贫县的平均水平。对于临县、中阳和方山这三个山西省经济快速发展的脱贫县，三者规模以上工业增加值占GDP比重均高于40%，是浑源的十倍之多。浑源县经济结构失衡现象严重，产业过度空心化，制造业支撑能力太差，为康养产业发展埋下隐患。

2. 康养资源优质，产业格局待优化。浑源拥有优越的生态、文化资源，具备一定信息基础。在生态资源方面，浑源县设立有恒山国家森林公园、神溪国家湿地公园、恒山省级自然保护区、六棱山省级自然保护区，建成国家AAAA级旅游景区1处，AAA级旅游景区2处，数量仅次于大同市平城区；另外，浑源拥有享誉全国的高品质黄芪种植基地，黄芪规范化种植面积达到23万亩，占大同市中药材规范化种植规模的57.5%，出产的恒山正北芪为世界顶级名贵药材，已通过国家GAP基地和药品GMP认证，被国家工商总局商标局正式注册为地理标志证明商标，拥有针对恒山黄芪的独特的种植、加工技术，浑源县的仿野生种植技术已经形成了独特的传统规范，“恒山黄芪”品牌已经成为全国黄芪品质的标杆与象征。在文化资源方面，拥有全国重点文物保护单位7处，占大同市23.3%，数量位列大同市第二位，另有省级重点文物保护单位8处，市级文物保护单位5处，县级文物保护单位9处。在信息技术方面，浑源开发一批公共资源用于5G基站建设，重视信息基础设施建设。2020

年与2021年，浑源县5G基站公共资源开放数量共计82个，位居大同市第一名，远高于广灵县、灵丘县、天镇县等脱贫县。

3. 浑源康养产业分布散乱，集聚度和品牌效应较差较低，导致“富资源缺品牌，有口碑无名气”。从内部产业格局来看，一方面，浑源拥有深厚的历史文化积淀，文化遗址遍布16个乡（镇），但距离较远、开发程度较低，导致各乡（镇）旅游产品单一，吸引力有限。另一方面，浑源缺少专业化园区建设，产业结构失衡。大同市其他脱贫县均重视园区建设，“十三五”期间，天镇县建设了食品加工园区，推动食品制造业发展，灵丘县打造红石塄乡建设全域有机农业示范基地，阳高县建设龙泉工业园和农村产业融合发展示范园，云州区则拥有云州区国家现代农业产业园、山西华兴农产品物流园等多个园区，浑源尚未建设专业化康养产业园区，企业分布分散，康养制造业发展缓慢，产业链短板突出，产业集群效应较差。从外部竞争来看，其他地区着力打造规模化康养产业形成竞争压力。桑干河森林康养小镇、黄经世家中医康养小镇、世家生态康养小镇、兴云康养社区等大同市重点建设的康养载体环伺，另有广灵湿地文化节、应县瓷兴牧强之县等品牌，灵丘有机农业园区、怀仁云海生态园等康养产业园，浑源县相对单一的康养产业面临较大的竞争压力。

4. 浑源县对国家和山西省政策挖掘力度不大。从2022年浑源县中央预算内投资项目清单来看，10个项目均为基础的民生类，包括3个教育类中小学幼儿园学校建设项目、2个保障性安居房建设项目、2个重点流域水环境治理项目，以及殡仪馆改造工程、排水防涝工程和中医院建设项目各1个，缺少科技进步类、文化保护传承利用、优质院校和产教融合类项目。

（二）面临的机遇与挑战

1. 发展机遇。一是“双循环”发展格局，进一步释放国内市场需求，为浑源发展康养产业实现跨越式发展提供广阔的市场空间。一方面，浑源将直接受益于国内外消费需求的释放，承接来自全国的康养消费需求，创造更高的经济收益，提升康养产品服务品种；另一方面，浑源作为中部地区的脱贫县，也将获得更多国家政策与资源的倾斜，获得与其他地区协同合作的机会，通过资源共享、优势互补，集中力量强化康养产业根基。二是数字经济的飞速发展带动产业变革与创新，为浑源康养实现跨越式发展提供新方向。浑源作为产业基础相对薄弱的地区，拥有无限的产业发展可能性，数字经济的发展为浑源康养产业提供全新的思路。借助数字技术的力量，浑源可通过打造首创性、标杆性项目，开放数字化应用场景，让前沿技术在本地落地生根，驱动传统产品与应用升级，带动城市建设与经济升级，助力康养产业实现新突破。三是健康中国、乡村振兴等国家战略促进健康经济和乡村经济快速发展，为浑源发展康养产业注入了新的动力。一方面，健康中国战略实施的关键在于建立强有力的基层医疗卫生服务体系，推动医疗市场持续下沉，浑源积极响应国家号召，推动县域医疗体系建设，强化康养配套设施和专业化服务能力，提升自身康养供给水平。另一方面，乡村振兴战略实施的重点在于农村基础设施建设与完善、乡村经济的发展与提质，浑源县作为脱贫县，将立足于乡村特色，借用国家和山西省乡村振兴政策红利，以康养产业为主线，带动一、二、三产联动，推动县域经济的快速发展。

2. 面临挑战。一是外部经济疲软，不确定因素增多，给浑源康养产业项目引进带来严峻挑战。疫情过后，我国经济发展进入新常态，经济增速、增长动力、经济结构等均面临重大转变，不确定因素较多，企业扩张动力不足。同时，康养产业项目具有前期投入高、回报周期长、细分领域多等特点，相对其他传统产业对土地成本、人力资源成本、物流成本等要素敏感度强，给浑源直接引进重大产业化项目、实现产业快速发展带来严峻挑战。二是持续加剧的区域竞争对浑源康养产业吸纳高端产业发展要素带来激烈竞争。浑源县虽然拥有优质的自然资源和文旅资源，但周边平城区、云州区、阳高县等地也拥有类似的产业资源。平城区目前已经建成了国家全域旅游示范区，阳高县拥有镇边堡、守口堡大泉山等特色景点，云州区的桑干河森林小镇是全省重点打造的康养小镇，与浑源发展康养产业的资源优势相似。若发展传统文旅、养老等康养产业，浑源将面临与周边地区进行同质化竞争的挑战。三是产业间协同性要求不断提高对浑源康养产业发展在基础配套与服务能力上提出更高要求。康养产业具有产业链长、涉及领域多、服务周期长等特点。浑源现有康养资源不论是地理上还是单位区域内的产业关联度上都是各成一家，产业协同性差，导致产业集群效应难以发挥。基于黄芪等道地药材的研发成果本地化项目较少，产学研用合作机制有待提升；县域内的医疗服务机构仍以提供传统医疗卫生服务为主，对于院前的健康管理服务和院后的养生康复服务的供给力度不足；涉及康养产业发展的各部门之间尚未形成协同推进产业发展的合力。对浑源发展康养产业在基础配套与服务能力上提出了更高要求。

四、浑源县文旅康养产业发展的方向

（一）努力的方向

1. 强化基础和资源供给，夯实产业发展根基。设施方面，浑源县可评估本地康养中心、县中医院、县医院等机构的床位、设备、服务能力，测算康养市场需求，根据供需情况调整设施和配套人员供给，加强基础设施的建设。人才方面，浑源县可以鼓励当地企业与高校建立人才合作机制，利用人才激励计划引入康养相关领域的专业人才，通过线下培训培育基础服务人员，填补康养产业专业和基础服务人员空缺。技术方面，开放黄芪等资源与高校实验室和企业的研究合作，吸引高技术型企业入驻，引导龙头企业加大研发创新投入，提升康养产业的技术水平。资金方面，浑源县可以密切关注医疗、康养、中医药、文旅、农业等方面任何可用的财政补贴项目，获取国家和山西省财政支持。

2. 加强特色区域打造，丰富产业模式。浑源可立足本地丰富的资源优势，多点位特色发展，分层次重点建设，达到康养产业清单化、多元化、高效化发展。开发模式上，从浑源县的文化建设、基础资源、地理位置入手，根据资源分布实际情况，结合未来的产业发展方向，划分红色旅游、休闲度假、运动健康、温泉康养等特色产业主题。开发顺序上，浑源县可以以恒山、浑源古城、神溪湿地、黄芪文化园、汤头温泉等基础较好的地区为优先发展区，通过疗养、度假、康复、养老等各类产品和服务建设，带动周边地区连片发展。

3. 深挖特色资源，打造知名品牌。浑源县的文化资源丰富，但品牌塑造和宣传营销能力较弱，应针对性提升，打造新一批浑源知名品牌，让浑源品牌走出去、走更远。在产品品牌上，浑源县可以从黄芪、白酒、凉粉等知名度较高的领域入手，以创建国家级品牌为抓手，巩固品牌地位，同时挖掘砂器、北芪菇等产品特色，形成企业品牌。在文化品牌上，浑源县应充分推广要故事、铸钟、扇鼓等非物质文化遗产，开展相关表演等活动，利用广播电视媒体加大对外营销力度，利用各类新媒体平台持续进行品牌推销，让浑源文化走出山西，走向全国。

4. 提升数字化水平，发展智慧旅游新模式。在数字经济发展飞速的当下，浑源数字化水平建设相对较低，未来，应重点推进康养产业与数字经济融合发展。在技术层面上，浑源应加大与国内外顶尖数字技术、智慧康养企业的协同合作，发挥本地资源优势，推动新产品、新技术落地试点，打造智慧化场景，提升康养产业数字化水平。在平台层面上，浑源可以运用“一码游”智慧文旅平台，打通旅游信息、健康信息、区域信息等孤岛，实现旅游信息、票务购买、导航等信息集成与使用。

（二）发展思路

1. 做精道地药材，迈向高端化

一是加大科学育种和品质提升。大力发展恒山黄芪、柴胡等道地药材，建设优质道地药材种植基地、种子种苗繁育基地，加强黄芪、柴胡等道地药材资源动态监测。以浑源“正北芪”药效为参照，积极参与国家黄芪相关培育技术标准制订。二是重点推动中药材深加工。一方面，发展传统中药制剂、特殊饮片及创新饮片等，重点加强对黄芪的经典方剂、民间验方、重点销售产品、名老中医现代处方和医院制剂方搜集筛选和二次开发。另一方面，围绕黄芪药用食用价值研究与营养功能评价研究，开发生产适应于治疗、康复、保健、保养等需求的中医药保健品、养生食品、功能性化妆品、日用品。三是拓展增值服务。推进浑源县中医院扩建，鼓励社会力量提供医疗健康服务，引导创办中医诊所、中医馆，推进科技赋能中医药产业，引导和鼓励浑源县中医院在扩建过程中运用信息技术发展智慧药房、互联网医疗、远程医疗，开展融合预防、医疗、康复于一体的全链条服务模式。

2. 做专养生保健，推进场景化

一是加大康养服务引培力度。大力发展温泉康养、森林康养、湿地康养、健康管理等康养保健领域，建设汤头温泉疗养院等温泉康养机构，设计开发新型温泉汤浴、温泉美容、温泉护理、温泉医疗等产品，打造特色主题温泉产业集群；依托恒山森林康养基地，积极发展森林浴、森林食疗、森林药疗等服务项目；依托神溪国家湿地公园，打造湿地养生项目，拓展康体疗养、运动康复等养生保健功能；精细化发展健康管理产业，支持建设健康评估、亚健康、孕期保健及婴幼儿、心理健康、慢病等健康管理机构及产品，建设健康信息监测与采集、在线咨询、交流互动、健康预警、网上支付等智慧健康管理平台和应用，发展山地户外体育运动、健身培训、竞赛表演等运动健身消费新内容。二是积极布局康养设备。重点发展康复类、健身保健类和智能养生类器械与设备，按摩仪和按摩器、健身运动器械、电疗垫、保健服饰等产品，可穿戴监护设备、监测型智慧化设备，以及用于家庭和机构养老的智能监测、康复、看护设备。

3. 做强生态文旅，实现生态化

一是抢位发展内容制造领域。加强对悬空寺、文庙、古城、长城等历史文化古迹的保护，加强铸钟制作技艺、凉粉制作技艺、耍故事、砂器制作技艺等非物质文化遗产的挖掘，吸引内容创作团队，建立多层次多维度的故事体系。二是补链发展文创产品制造。积极吸引具有传播能力的团队和企业，重点发展文创装饰、工艺美术品、旅游纪念品等生产制造，推进浑源特色手工艺传承，设计开发浑源文创 IP 以及浑源文创衍生纪念品，引导本地茶叶、酒业、米粉等企业使用浑源 IP 对产品包装进行二次设计，打造《浑源文化印象》等文创产品册。三是整合发展文化旅游。推进恒山小镇和全域旅游服务中心建设，以建设国家全域旅游示范区为抓手，挖掘恒山、悬空寺、大云寺、文庙、律吕神祠、浑源古城等生态文化资源优势，规划设计串联各景点的生态休闲、娱乐体验等多主题的旅游线路；重点打造文化型、民俗型、美食型、体验型等不同主题类型的乡村旅游产业，推进“峦澄隐约”、知青大院、民俗村等项目建设，打造集住宿、餐饮、娱乐、演出、购物、旅游为一体的乡村旅游产业；围绕二岭村地道遗址、革命烈士陵园等红色文化遗址，推出一批传承红色记忆的美食、住宿、体验等旅游精品产品；重点打造一批智慧景区、智慧小镇、智慧旅游产品，依托全域旅游服务中心建设，建设浑源县智慧文旅平台，实现自助预约、智能游览、资讯共享、安全防控等一体化服务，以永安镇为样板打造智慧旅游小镇，推进智慧交通、智慧餐饮、智慧住宿、智慧安防、智慧停车等设施建设，培育云旅游、云直播等数字化产品，开发沉浸式体验、虚拟展厅、高清直播等新型数字文旅服务模式。

4. 做特绿色食品，促进规模化

一是升级食品深加工。一方面，提升产品品源质量，重点发展小杂粮、食用菌、果蔬等产品种植，开展“三品一标”认证和国家地理标志认证，打造一批高效绿色食品生产基地。另一方面，推进绿色食品产业向精深加工升级。重点发展绿色休闲食品、健康饮品、药食同源产品、特殊食品，支持大瑞、锦琦、裕隆祥、裕源等加工企业开发低糖、低脂、低油且具有功能保健性能的绿色休闲食品；依托山西恒芪康酒业等企业，开发功能性饮料等轻糖型、混合型新产品，推进黄芪酒等系列养生保健酒新产品研发；依托北岳神耆等代表性企业，积极推进黄芪等药食同源产品开发，争取药食同源试点，推动产品上市；依托北芪菇、杂粮等资源，延伸发展功能性膳食纤维、植物蛋白以及特殊食品。二是探索发展新型电商，推动电子商务与特色食品深度融合，大力发展社交电商、直播电商、短视频等新载体、新业态，创新营销推广渠道，推动AR/VR技术、高清视频、影视级绿幕直播、云转播等现代技术在直播领域的应用。

5. 完善科技创新体系

一是创建一批专业化研究机构。加强与中国农大、中科院等机构合作，建设黄芪研究院、黄芪药茶研究院，加大与山西大学等院校合作建设北岳文化研究院等文化类研究机构，鼓励企业与山西农业大学等合作建立特色食品产学研联合体，强化浑源县康养产业基础创新能力。二是探索创建协同发展新模式。以黄芪和康复器械为重点方向，加快建设以工程化试验、应用孵化为核心的科技型成果转化中试基地，探索“域外创新、大同制造、浑源应用”的协同发展模式，联合大同市经开区等大同市重点园区，与北京、上海、深圳、广州等城市知名企业联合推动基于智慧康养场景化的相关产品应用转化，重点推进智能穿戴、智慧医疗、智慧旅游等场景成果在浑源先行先试，形成协同创新、协同转化、协同应用、协同发展的良好局面。三是推进全产业链标准化。建设和完善以国家、行业标准为主，地方、团队标准互为配套的康养产业标准体系支持有条件的企业、机构、专家积极参与黄芪、智慧康养设备等国家标准、行业标准、地方标准的研究和制定，支持企业推进黄芪相关中药配方颗粒、中药饮片等标准研究。打造标准化、专业化和规模化的黄芪种植加工基地、优质特色食品种植加工基地，加强中药材、特色食品技术研发、检测、标准等公共服务平台建设。推进数字化技术与康养标准化应用落地，加强与全国区块链、大数据等信息技术企业合作，引入第三方监督平台，构建从种植到生产加工、检验、销售全链条的食品安全溯源体系。

6. 推动康养产业集聚

一是推动产业集聚。规划建设中医药和文创产品生产集聚区，梳理地理位置适宜、环境优越的废弃工厂和园区，采取政府主导，与市场共建的模式，打造工业旅游和文创生产基地；围绕乡村振兴产业园，探索建设康养产业园，打造中药材精深加工、养生设备生产基地；规划建设凉粉产业园和白酒产业园，推动特色食品深加工企业集聚。鼓励龙头企业、家庭农场、种植大户等主体，以资金、土地、技术、资产等入股，组建合作社，提高种养效益、提升药材品质。积极引进创新型、高增长型黄芪深加工企业、康复器械组装生产企业，培育和引进服饰、食品、瓷器、手工艺品等文创设计和生产企业，支持企业、机构组建跨地区的产业化联合体。二是推进产业融合发展。依托浑源瓷器、传统手工艺积淀，整合各领域的资源，联合形成浑源文创产品品牌。顺应数字化、网络化、智能化发展趋势，加快文旅产业与现代科技的融合，依托全域旅游服务中心，丰富数字化产品应用，打造智慧旅游场景。引入大型文旅开发集团，依托土地资源等优势，以重大文旅康养开发项目为抓手，吸引全国知名文旅康养开发龙头企业落户，重点打造文旅康养品牌，完善浑源县文旅康养项目支撑体系。搭建产业融合平台，推动建设具有一定规模、示范带动能力强、发展前景好的现代农业示范区、中医药康养基地，鼓励乡（镇）开发核心康养农业产品与品牌，融合农业生产、乡村休闲等功能，打造成为特色农业产业小镇、中医药产业小镇、乡村旅游示范村。

7. 打造康养宣传体系

围绕“一个个性鲜明的口号、一个品牌宣传吉祥物、一套城市文化标识系统、一系列创意媒体设计、一个创意宣传片、一个耐人寻味的品牌故事、一套经典纸媒宣传材料”等“七个一”开展浑源康养品牌的宣传推广工作。具体为：

一个个性鲜明的城市口号。要为浑源县设计一个能够体现城市整体个性的口号，可借助政府网站、旅游综合服务平台、微信公众平台、微博平台组织征集活动。

一个品牌宣传吉祥物。设计一款或一套萌宠化、时尚化的浑源品牌宣传吉祥物，从色彩、形状等方面，突出浑源的生态文化特色。可开展主题设计大赛，最终将吉祥物融入营销活动、节事活动、道路景观、旅游商品等环节，实现以吉祥物活化产业链。

一套城市文化标识系统。打造一套主题鲜明的城市文化标识系统，从颜色搭配、形象展示、不同用途、不同受众等方面进行设计，突出城市生态文化元素符号，融合吉祥物和主题色彩等进行整合式开发，重点布局在旅游体验区、交通枢纽区、交通出入口、人流集中区。

一系列创意媒体设计。重点对线上线下推广渠道所需要的物料进行主题化、风格化设计，包括四季不同主题的海报、网页品专、无线品专、NS 渠道品专、主题 H5 页面等内容，同时根据不同时段、不同主题、不同活动等进行及时更新。

一个创意宣传片。政府主导，推出“浑源生态文化我宣传”活动，在社会或高校选拔浑源生态文化宣传片的导演、演员、编剧等，在拍摄之前在广大媒体和民间引起热议，提升宣传片全民参与性，将宣传片在各大视频网站、旅游网站、浑源政府网站滚动式播放。

一个耐人寻味的品牌故事。以“康养和谐”为核心讲述一个属于浑源的品牌故事，可为系列故事、神话故事、名人故事，要集中体现浑源的文化底蕴和资源特色。良好的故事性有利于广大网友、游客以及未来经过浑源的人口口相传，同时也可延伸网络剧、微电影等传播层。

一套经典纸媒宣传材料。汇编旅游地图、纸质宣传册等现有纸质资料；设计景区明信片、立体宣传卡、旅游微小说、立体画册、名人字画、文创书签等纸媒宣传材料；开发衍生产品，如当地特色工艺品、食品，在包装上体现浑源特色。

8. 构建项目引培体系

一是成立专业化招商团队，编制招商手册。招商团队中务必有至少两名康养相关专业背景的成员，对行业有深刻的认识和理解，能够较快对接业内专业人士；需要配备具有丰富招商经验和产业经济学知识的成员，掌握与企业和行业协会沟通的技巧。在充分调研和盘点的基础上编制浑源康养产业招商手册。招商策划方案应适时调整，所拟订的招商方案不可以一成不变，要依照招商进展与客户的反馈信息适时改进。二是与相关中介或咨询机构合作，借助专业机构的外力。中介机构和咨询机构在区域产业招商及园区运营中，将起到积极的促进作用，特别是在市场培育的初期，更是起着积极的引导与牵线搭桥的作用。在浑源康养产业发展的过程中，选择与国际知名的、有良好信誉的、对康养产业具有较高认知度并拥有庞大客户群的专业机构进行合作，将有利于提高康养产业集聚发展的成功率，有效地规避市场风险。合作的方式可采取多种形式，中介机构可以在某一阶段介入，也可全程跟进；可以提供策划方案的形式合作，也可以招商代理的形式合作，关键看项目的进展状况与发展商对项目的把握情况而定。三是开展企业走访座谈，了解康养产业代表性企业关键诉求。以制造和研发环节的大型综合性企业为支柱，同时聚合周边中小规模成长性康养企业作为配套。深入了解产业链的具体构成和运作机制，明确康养行业制造和研发型企业的投资发展需求，提高招商成功率。通过与已经在上海设立中国总部的顶尖跨国企业接触，充分了解先进医疗器械研发和制药的应用需求，以准确把控市场动向来实现招商引资的“精确制导”。四是与康养产业相关行业协会建立密切联系。山西省康养产业相关行业协会包括山西省老龄产业协会、山西省旅游协会、山西省中医康复联盟等，以本地产业协会为切入点建立与行业的联系。其他行业协会包括但不限于：中国营养保健食品协会、中国食品科学技术学会等。积极参与康养产业的重要展会，大力宣传推介浑源招商政策、资源优势，扩大招商影响力。在增加康养产业相关优势的同时，拓宽业内的关系网络，搜集积累各类型企业的数据资料，为招商提供支撑。

加强生态文明建设 促进绿色高质量发展

习近平总书记在中共二十大报告中指出：“中国式现代化是人与自然和谐共生的现代化”“尊重自然、顺应自然、保护自然，是全面建设社会主义现代化国家的内在要求”“必须牢固树立和践行绿水青山就是金山银山的理念，站在人与自然和谐共生的高度谋划发展”，绿色高质量发展成为未来一个时期最鲜明的导向，具有重大现实意义和深远历史意义。

一、加强生态文明建设，实现高质量发展

对照国家级生态文明建设示范区的条件和指标，结合浑源实际，我县在生态环境质量、产业发展结构、城乡人居环境等方面仍有一些短板和差距。

从生态环境质量看，我县区域性大气灰霾污染尚未得到有效控制，大气污染防控压力依然较大。森林质量不高、生态功能不强，矿山开采带来的生态保护治理压力较大。工业园区环保工作基础还较为薄弱，水污染治理、危险废物处置、农业面源污染治理任务依然艰巨。农村秸秆焚烧、生活污水处理、垃圾无害化处理等能力有待进一步提升，畜禽养殖污染还不同程度地存在。垃圾“未分类直接清运”的情况占比过高，资源化利用率不足，城镇污泥收集处理不足。

从经济发展状况看，县域经济薄弱，生态产品价值实现路径还不够畅通。经济体量小、项目支撑弱、产业质效低，社会资本介入不足，链式发展尚未形成，上下游集聚效应不突出。产业层次整体偏低，产业转型升级步伐不快，绿色产业体系有待进一步构建。经济增长对能源资源消耗的依赖度比较高。比如，浑源的黄芪、凉粉、白酒产业，一直以来都没有形成集聚效应、规模效应，产业化程度不高，“好东西卖不出好价钱”。

从城乡人居环境看，基础设施依然滞后，生产生活发展瓶颈多。主要街道、背街小巷、老旧小区等传统街区的环境基础设施和人居环境条件有待改善。农村“四边一内”（场镇边、店铺边、路沟边、田地边、院落内）的建筑垃圾、生活垃圾仍不同程度存在。农村卫生厕所改造、布局等方面需进一步打好提前量。另外，我县部分干群生态文明意识薄弱。少数部门和乡（镇）对生态文明的认识还不到位，生态环境保护投入不足。个别企业生态环保意识淡薄，治污措施不到位等。一些干部群众生态文明意识不强，对生态文明建设的投入和参与较低。依法治理生态环境能力还不够强，政策执行中不能灵活运用等问题也有发生。

二、症结在哪里？堵点、难点是什么

一是浑源的地理气候先天造成了空气质量的不稳定。浑源县地形地貌复杂多变，恒山和六棱山总体走向为南西至东北，两山之间夹着一个半封闭的盆地，把全县分为南北两部分，构成浑源地貌骨架。浑源属干旱半干旱大陆性气候，降水年内分配不均，11 月至次年 4 月是少雨期，5 月至 10 月为多雨期。特殊地形地貌加上冬季盛行西北风，冷空气进入县城后被南部恒山所阻隔，使原来县城里较暖空气受挤抬升，出现气温随高度增加而升高，早上和傍晚易形成逆温层，空气中烟幕灰尘无法流动，成团成片堆积在县城上空，空气普遍浑浊，能见度特别差，有时甚至不到 10 米，直到 11 点多才会渐渐消散。县城三面环山，没有铁路，卡车运输到周边，过风作用将粉尘带到空气当中，也会造成污染。

二是资源能源约束趋紧的状况短期内难以根本改变。新能源发展和利用的空间相对不足。县城内无法全部实现集中供暖，冬季城乡平房住户、商铺不能严格确保使用清洁煤供暖。经济总量小，尤其是县城经济发展薄弱，造成规模效应不明显，发展能级不突出。资源开发受控，产业发展受限，丰富的生态资源优势没有转化为产业优势，缺乏大的产业项目支撑。

三是生态环保基础设施欠账较多。污水处理配套管网不完善、设施运行效果不理想等。农村污水未有效处理、农村垃圾收集处理处置体系不完善等。城镇填埋场及垃圾渗滤液处理能力压力较大，二次污染易

发生。部分村庄采取自建污水处理站或渗水井的方式，但条件简陋，存在渗水隐患。不同主体的参与机制、基础设施的管护机制、治理成效的监督评估机制不足，导致生态环境治理设施在短暂运营之后会出现“停摆”现象，不能正常发挥，进而生态环境治理成效的稳定性及可持续性难以得到保障。

四是生态环境治理能力有待提高。生态文明建设和生态环境治理的方向不明，在模式、技术等措施选择之时，难以做到统筹兼顾、整体施策、多措并举，难以有效提升生态环境质量。相关职能部门之间的协调工作机制没有完全建立起来，难以实施协同治理行为，影响了生态环境治理工作的开展。在建立有利于生态环境保护的财政、税收、价格、金融、土地、投融资等政策方面，还没有完全破题。在推进节能交易、水权交易、排污权交易、生态补偿等市场化机制建设方面，还需释放更多红利。

三、优势在哪里？立足资源禀赋，坚定以加强生态文明建设促进绿色高质量发展的信心和决心

浑源县位于山西省东北部，大同市东南隅。全县总面积1968平方千米，地形地貌呈“南山北坡中盆地”。辖6镇10乡213个行政村、11个社区，常住人口23.8万人，是大同市辖区中面积较大、人口最多的农业县。

区位好。浑源东接广灵，西毗应县，南与灵丘分界，北与云州、阳高相连。紧靠京津，有着依托渤海、牵手晋冀蒙、对接京津冀、融入大雄安的便利条件。境内国道大涞公路纵穿南北，省道朔蔚公路横贯东西，荣乌、同源、广源、王城四条高速呈“十”字形贯穿全境，是晋北地区重要交通枢纽。属中温带大陆性季风气候区，春季干旱多风，夏季温热多雨，秋季天清气爽，冬季寒冷干燥，年平均气温6.2摄氏度，年平均降雨量400毫米左右，无霜期平均为110天至140天，年有效积温2777摄氏度，日照时间2600小时左右。

有家底。浑源县境内有神溪湿地公园、恒山国家森林公园等自然景观。目前探明的矿藏有煤炭、花岗岩、膨润土、沸石等20余种。汤头温泉出面水温达69摄氏度，日涌水量600吨左右，被誉称“北方第一氡泉”，境内有浑河、唐河两大水系，年径流量1.9亿立方米。全县森林覆盖率达26.7%，有野生植物350余种。浑源是“正北芪”原产地，素有“中国黄芪之乡”之美誉，宜芪面积39.5万亩，有芪面积28万亩，其中规范化种植23万亩。浑源历史悠久、文化灿烂，西汉时称崞县，唐朝时始名浑源。历代名人辈出，曾涌现出金朝状元刘撝、元朝工部尚书孙公亮、清朝河东河道总督栗毓美等众多历史名人，现存不可移动文物488处，有重点文物保护单位29处（国家级7处、省级8处、市级5处、县级9处），有非物质文化遗产保护项目名录23项（省级8项、市级4项、县级11项）。

名气大。闻名遐迩的北岳恒山，为中华五岳名山之一，是国务院首批公布的国家级重点风景名胜区之一，素有“人天北柱”“绝塞名山”之美誉，与凌空摩崖建筑悬空寺一道构成了著名的恒山美景。有鼓楼、牌楼、州衙等古建筑160余座和多条历史街巷。1992年，浑源县被山西省评为历史文化名城。恒山“国家级森林公园”入选“国家自然和文化双遗产名录”，神溪湿地列入“国家级湿地公园”，荣获全省“县城绿色低碳建设试点县”“省级城市更新试点县”殊荣。恒山黄芪被列为国家地理标志保护产品，拥有“全国道地药材基地”“中国黄芪之乡”等金字招牌。浑源凉粉、恒山黄芪等绿色有机产品、“浑源铸钟”“浑源扇鼓”等非遗文创产品成为IP。

四、对策在哪里？聚焦生态文明建设，聚力“两山”转化，打造绿色高质量发展的县域样板

坚持新发展理念，进一步加强生态文明建设，让发展优势转化为发展动能，让绿水青山转化为金山银山，让生态产品实现多元价值，促进绿色高质量发展。

综合施策。坚持系统观念，做到在保护中发展、在发展中保护。从自然属性出发，要坚持山水林田湖草沙一体化保护和系统治理，强化多污染物协同控制和区域协同治理，强化减污降碳协同，强化流域保护和系统修复，不断提高生态环境治理的系统性、整体性和协同性。从经济属性出发，把生态环境保护放到经济发展的大局中去考量，统筹推进降碳、减污、扩绿、增长，统筹经济社会发展和生态环境保护的各项工作，从源头上、根本上改善生态环境质量。从浑源实际出发，要进一步提高精准治污水平，聚焦重点区域、领域，根据阶段性特点，开展集中整治、重点突破，切忌搞“齐步走”“大撒网”，做到问题、时间、区域、对象、措施“五个精准”。

全域覆盖。县域生态环境治理是城乡相协调的生态环境治理。不仅要关注城镇生态环境治理，也关注乡村生态环境治理。要树立全域治理理念，进一步完善城区生态环境治理基础设施，加强农村生态环境保护、农业生产环境改善以及农村人居环境整治。要全面补齐环保基础设施短板，全力筑牢区域生态安全屏障，补短板、强弱项，以高品质生态环境保障高质量发展。

常态长效。要坚持着力当前与着眼长远相统一，有为政府与有效市场相统一，注重调动政府和市场两个积极性。要积极探索创新生态文明制度体系，建立“绿色 GDP”核算应用体系，将生态文明纳入县区实绩考核。要通过建设水源地保护生态补偿、矿产资源开发补偿、排污权有偿使用和交易制度，既为企业使用环境空间和资源开辟通道，又倒逼其减少资源利用和污染物排放。要通过设立绿色引导资金，撬动社会资本。

五、落实在哪里？率先朝着六个方面行动

基于创建国家级生态文明建设示范区的条件和要求，对浑源绿色高质量发展的调查研究情况，初步提出，从今年起通过 3 年的努力，到 2025 年底，在解决突出环境问题、强化生态保护修复、构建绿色产业体系、提升城乡人居品质、大力弘扬生态文化、建立多元治理机制等六个方面实现新突破，在创建省级生态文明建设示范区的同时，同步创成国家级生态文明建设示范区和绿水青山就是金山银山实践创新基地，绿色高质量发展水平位居大同市前列。

第一，解决突出环境问题。强化源头管控，加大重点领域、重点行业污染治理力度，继续推进建成区清洁煤替换工程和燃煤锅炉淘汰替换工作。统筹推进水资源、水生态、水环境、水灾害“四水同治”，完成 4 个建制镇污水处理项目。推进历史遗留矿山生态治理，严格控制农业面源污染。全力抓好国家级生态文明建设示范区创建工作指标达标工作，对未达标的指标，要按照申报时限全面达标；对已经达标的，需要市级认定的指标，及早联系沟通；在保证全面达标的基础上，还要加强后期的巩固提升管理工作。

第二，强化生态保护修复。实施湿地生态修复工程，通过植被恢复、鸟类栖息地恢复、生态补水、污染防治等措施，恢复和提升湿地生态系统功能，加快神溪湿地等重点生态流域的综合治理项目，推进湿地恢复保护、科研监测、保护管理能力建设。持续推进矿山生态修复，把“生态化”理念融入到矿山生态修复的全过程，坚持生态治理、产业培育、景区建设有机结合，推进采煤沉陷区系统性修复，力争打造全省矿山生态修复治理的示范区，恢复区域整体生态功能。

第三，构建绿色产业体系。在绿色产业上。严格落实国家、省市产业政策，提高行业准入门槛，限制高能耗行业发展，不断谋划推动新产业发展。优化能源消费结构，制定煤炭消费减量目标，逐步降低煤炭消费比重，提高天然气、可再生能源等清洁能源消费比重。大力推进固废处理产业，发展绿色环保石材产业，继续做好抽水蓄能各项工作，规划建设风光火储一体化基地。在生态农业上。持续改造升级传统优势产业，紧紧扭住药食同源这一契机，大力发展黄芪特色功能食品，不断延伸产业链，提升附加值。充分利用黄芪文化园龙头集聚作用，打造恒山黄芪“高端化、品质化、品牌化、规范化”发展模式，让优势更优、特色更特。着力培育龙头企业，加快推进凉粉产业集群化发展，推动小凉粉成长为大产业。在文旅产业上。推动一、二、三产业向文旅汇集汇聚，进一步完善

探岳之旅·天路沿途田园综合体、民俗客栈、房车营地等建设，锚定北岳文化国际旅游目的地，加速恒山AAAAA级景区创建。在康养产业上。围绕天路、温泉、黄芪、乡村客栈等，加强基础建设，探索打造"生态+""文化+"等多业态融合汇聚的"浑源康养"模式。

第四，提升城乡人居品质。根据城镇资源、环境承载能力和发展基础，按照古城保护、旧城改造、新城开发、水城建设的理念，明晰古城、旧城、新城、水城边界，恢复城市肌理，形成主体功能清晰、人口相对集聚、服务功能完善、生态功能明显的城市发展新格局。围绕人居环境整治、公共基础设施提升、特色乡村塑造等方面，建设富有地域特色、承载田园乡愁、体现现代文明的宜居宜业和美乡村。大力发展绿色公共交通，推进节能与新能源汽车在交通行业应用，推广天然气货车应用，改善绿色出行环境，提高绿色出行比例。积极推行清洁低碳绿色消费，持续深入实施能源消耗总量和强度双控行动，加快煤炭消费减量和替代，扩大县城建成区平房清洁燃料使用范围。

第五，大力弘扬生态文化。要突出特色，深挖浑源恒山文化和厚道文化中的生态文化内涵。要系统梳理，在整编浑源文物、浑源方志、浑源名人、浑源记忆、浑源遇见、浑源民俗等工作中提炼所蕴含的生态文化。要讲好故事，动员民间艺人、文人讲述生动灵韵的千年浑源生态文化故事。要推动开发生态文化教育特色资源，在教育培训基地、社会实践基地、研学旅行基地等增加生态文化课程，利用重大纪念日和传统节庆日组织形式多样的生态文化主题活动。

第六，建立多元治理机制。生态环境治理离不开有效的治理手段，需要构建起党委、政府、企业、公众、社会组织等广泛参与的现代化治理格局，探索多元化、法治化、规范化的治理举措，实现全社会共谋、共建、共治、共享。在规划编制中突出共治理念，推进《生态文明建设示范区规划》等规划编制工作。要在政策文件中体现共治思维，围绕生态治理工作落实和责任考核，把生态治理工作纳入部门乡（镇）绩效考核的同时，鼓励社会参与生态监督。要加强对社会资本进入生态文明建设领域的政策鼓励和有效激励，开展生态环境导向的城市开发（EOD）模式，推进生态环境治理与生态旅游、城镇开发等产业融合发展，打造标杆示范项目。

浑源县黄芪产业高质量发展

一、浑源黄芪产业的发展历程和发展现状

（一）浑源黄芪历史悠久。黄芪入药始载于《神农本草经》，古人写作"黄耆"，李时珍在《本草纲目》中解释为"耆，长也，黄耆色黄，为补药之长，故名"。《浑源县志》记载，"浑源县早在1500年前的北魏时期即有采药士为入中药而上恒山采刨黄芪"。《山西中药》中也有千年前山西出产黄芪的记载。自元代时浑源地区开始用种子人工种植黄芪；明代时山西地区成为黄芪的道地产地；清代时浑源黄芪以其优秀的品质被选为朝廷贡品。目前浑源地区始终保留着黄芪仿野生栽培（即种子直播）的种植方式，播种后需8年以上采收，较好保留恒山黄芪的独特品质，并形成独特的黄芪文化。一是药膳文化。浑源人在长期的黄芪种植和加工实践中，形成食用黄芪花、以黄芪根作为膳食添加的药膳文化。二是商贸文化。历史上，浑源骡帮子、商号、商帮等组织便成为黄芪道地产区浑源与祁州（今安国市）之间市场信息传播的载体。三是人文文化。浑源人民在长期的生产生活中，对黄芪的来历、用途等形成独具特色的传说故事，除最负盛名、广为流传、家喻户晓的《黄芪仙子》，还有不少历史传说。主要收录在2013年山西人民出版社出版的《浑源黄芪甲天下》，主要有：《黄芪救驾汉景帝》《黄芪传奇》《穆桂英与黄芪的故事》《美女原来是芪仙》《黄芪仙子传黄芪》等5个篇目。

（二）浑源黄芪品质独特。浑源黄芪以优秀的品质，独特而显著的临床疗效，造就"浑源黄芪甲天下"的美誉。自明代起，浑源黄芪被确定为黄芪的道地产品，至今仍被中医界推崇为优质道地黄芪。黄芪喜凉爽气候，耐旱耐寒，怕热怕涝，适宜生长于土层深厚、

富含腐殖质、透水力强的中性和微碱性砂壤土中。浑源县属温带大陆性季风气候，冷凉湿润，年均气温为6.2—7.0摄氏度，年均降雨量380—430毫米，昼夜温差大，日照较充足，有利于黄芪干物质的积累；无霜期较短，致使黄芪成材年限延长，有利于黄芪吸收并蓄养更多的活性化学物质；浑源县南部黄芪种植区的土壤由花岗岩、片麻岩分化而成，属砂质土壤，成土性质好，有机质和微量元素硒含量高，PH值在7—8之间，土层厚但土质疏松，通透性好，有利于黄芪充分并均衡吸收土壤养分，同时有利于根系下扎，形成笔直的“鞭杆芪”；空气新鲜，土壤无污染，有利于生产绿色黄芪药材。特殊的气候土壤条件使浑源县的黄芪产量和质量显著优于其他地区。

浑源黄芪其有效成分皂苷类、多糖类、氨基酸，特别是微量元素硒的含量，远高于其他产地的黄芪。生长5年以上的黄芪，其中：水溶性浸出物含量35%左右，总皂苷含量1.2%—2.1%，甲苷含量0.2%以上，毛蕊异黄酮葡萄糖苷0.1%—0.2%，特别是总皂苷含量远远高于其他产地的黄芪。恒山黄芪微量元素铁、锰、锌的含量明显高于内蒙古、安国黄芪，含硒量几乎是安国黄芪的2倍。

（三）浑源黄芪发展态势正旺。浑源黄芪经历了三个发展阶段，一是小农种植阶段。明成化本《山西通志》（1465—1487）记载：“大同府主产黄芪”。1685年，安国人把黄芪的加工工艺带到了浑源。1928年任子胜与本县药工联营组建黄芪加工厂，创建“福盛公”，后改组为“大北药庄”，并加工出“冲正北芪”合格品，行销于香港、澳门、新加坡等东南亚地区。1930年，浑源私人黄芪加工厂发展为“会胜弯、福胜宫、天胜勇、长胜宫”4家。1935年黄芪加工厂发展到20家。1937年黄芪加工达到全盛时期，加工作坊多达32家。此时，浑源县黄芪生产规模达到建国前的全盛时期。二是规模生产阶段。1926年浑源县有了自己的黄芪加工业，形成了大大小小的“黄芪庄”100余家，形成了种植、加工、销售一条龙。新中国成立后，黄芪的生产逐渐产业化，中国土特产公司开办“浑源黄芪加工厂”，即后来的“山西恒山中药厂”，从此恒山黄芪形成了种植、加工一体化的规模。20世纪60—70年代，国家为浑源发放黄芪扶持资金、设立黄芪实验点，70年代后期种植亩数超过10万亩。80—90年代县委、县政府加大黄芪的开发力度，把黄芪产业作为全县七大产业之首，成立黄芪总公司，负责浑源黄芪资源的保护和开发，并统一技术、统一品牌、统一销售。三是规范化生产阶段。2002年国家药监局颁布《中药材生产质量管理规范）（GAP）》，标志着中国黄芪种植步入一个新阶段，黄芪种植从传统技术向规范化技术（GAP）转变，黄芪种植技术进入规范化、种植规模基地化的新阶段。2009年和2013年大同丽珠芪源药材有限公司和浑源县万生黄芪开发有限公司相继获得国家黄芪GAP种植基地和药品生产GMP认证，并被国家中药协会种植专业委员会认定为优质道地黄芪药材基地。2014年国家质检总局通过恒山黄芪“国家地理标志保护产品”认证，发布了DB14/T865-2014《地理标志保护产品—恒山黄芪》山西省地方标准。2016年，被评为“AAAAA”黄芪种植基地；2017年，我县企业承担了“国家黄芪种植和加工标准化示范区”建设项目，大同丽珠芪源药材有限公司等3家企业的黄芪基地通过“有机产品认证”；2023年，将启动“恒山黄芪数字种植基地”项目，国家级恒山黄芪种植系统申遗，浑源县被评为“大同市恒山黄芪产业专业镇”。目前，黄芪主产区分布于9个乡（镇）、56个行政村。全县黄芪面积28.1万亩，占总宜芪面积39.6万亩的71%。其中野生黄芪面积5.1万亩，仿野生种植黄芪面积23万亩（农户种植14.2万亩、企业和合作社种植8.8万亩）。在仿野生黄芪种植面积中，六年生及以上共15.8万亩，年产能达到2.5万吨，产值5亿元。

（四）浑源黄芪发展多元。一是规范化种植大幅提升。全县有芪面积由16.4万亩跃升到28.1万亩，增长率71.3%；其中规范化种植技术应用总规模达到23万亩，普及率上升到81.9%。二是产品加工升级换代。浑源正北芪加工技艺在2014年被列入市级非物质文化遗产名录，2016年被列入省级非物质文化遗产名录。全县黄芪加工企业和专业合作社共有30余家，主要产品有高中档礼品芪、中药饮片和原生条芪三大系列30余个品种，我县已列入国家市场监管总局将特色产业黄芪小微企业质量管理体系认证区域试点，第一批已有11家黄芪种植、加工企业通过了质量管理体系认证。2022年，全县主要用于高端民用滋补品原料条芪98万公斤，产值9800万元，片芪30万公斤，产值7200万元，其中出口7.5万公斤，产值3750万元，在港澳台及东南亚市场占有率15%。

（五）浑源黄芪历久弥新。在浑源“恒山黄芪”中药资源分布较为集中官儿乡划定两个核心区和种源保护地，建设原生境保护区近5000亩，保护生态环境，实现地道黄芪中药资源的可持续发展与利用。2023年1月，农业农村部公布了第二批100个全国种植业“三品一标”基地名单，官儿乡恒山黄芪基地成为我省成功入选的3个基地之一。

（六）浑源黄芪拓展有力。目前初加工产品已形成黄芪王、黄芪原芪、黄芪长切片、黄芪饮片、炮台芪、礼品芪6大类38个品种，已远销美国、英国、加拿大、印度尼西亚、马来西亚、菲律宾等80余个国家和地区。2022年9月，总投资0.8亿元集黄芪文化宣传及产品展销于一体的恒山黄芪文化园（黄芪博物馆）正式运营，并成功举办了首届恒山黄芪产业高质量发展论坛，取得了国家AAA级旅游景区的桂冠。

二、浑源黄芪产业发展存在的差距和不足

浑源黄芪甲天下，历史悠久，品质超越，已经走过了不平凡的发展阶段，呈现出稳中有进的发展态势，审视浑源黄芪发展现状，在品质保护、文化赋能、产品销售、品种创新、品牌创建等方面，仍存在不少短板和不足，与高质量发展的要求有较大差距。

（一）从种质保护来看，核心保护力度欠缺。目前浑源县黄芪种植整体呈现经验性强但缺乏标准和规范以提高产业效率、知名度和竞争力。尽管浑源黄芪种植整体采用“人种天养”，但黄芪本土种质资源未能得到足够保护，前几年从内蒙古、甘肃等地引入其他黄芪种子，导致浑源种质污染、品质退化等问题，生长年限缩短，有效成分含量降低，且产量不高，黄芪种子生产、优种繁育基地建设、良种选育和繁育工作都处于初期。

（二）从文化赋能来看，叠加融合尚在低端。浑源县制定了《浑源县黄芪产业发展规划》《浑源县现代农业产业发展总体规划（2020—2025）》《浑源县黄芪文化园文化旅游发展规划》等，深挖黄芪主题、剖析黄芪文化、打造系列品牌，但缺乏对黄芪种植系统从农业文化遗产的复合性、系统性和活态性方面进行理解，未能体现出农业文化遗产的特色。同时，政府文旅宣传未能给予黄芪多元价值定位，对其文化底蕴、现代产品丰富性、康养旅游等独特价值等均未能单独或与区域旅游吸引力融合向省外乃至国际宣传，远不适应黄芪传统文化保护和恒山黄芪品牌建设的需求。

（三）从产品销售来看，浑源黄芪“有价无市”。近二三十年来，国内黄芪用量大幅增加，野生（仿野生）药材已难以满足实际所需，全国药材市场出现了以移栽为主的黄芪。移栽黄芪多采用育苗1年、移栽生长1—2年，生长年限2—3年的种植模式。这类主流种植区域在甘肃、内蒙古、宁夏等地。浑源黄芪属于仿野生黄芪，通过种子直接播种，生长年限通常8年以上。在市场销售方面，浑源黄芪面临着双重竞争压力。以甘肃陇西、岷县为龙头的移栽芪利用价格优势占据市场，尽管野生（仿野生）黄芪品质以浑源黄芪为最，但由于对其有效成分的认知、其地道性的基础以及背后的文化内涵的宣传不足，浑源黄芪面临着“有价无市”“有名无市”的挑战。

（四）从产品多元来看，品种创新缺乏竞争。据统计，黄芪配伍的上市中成药有200余种，保健品有160余种，还有中兽药近50种，具有广阔的市场需求。而黄芪分野生（仿野生）和移栽两种种植方式，二者在种源、药性等方面有着巨大差异，这两种黄芪在制药和临床中是否能够区别应用，生产企业如何选择原料药也没有科学依据，导致生产成本高、价格昂贵的

浑源野生（仿野生）芪在市场上受到了外地移栽速生芪的压制。加上本地黄芪产品研发能力不强，投入不足，缺少新产品和对市场的深度开发，产业化程度低，高附加值产品少，使得黄芪市场整体上仍处于卖原料阶段，最终导致黄芪产业发展缓慢，缺乏市场竞争力。这一现象使得本地芪农的价值不能得到相应的体现，因而挫败了其种植和发展野生（仿野生）黄芪资源的积极性。

（五）从品牌创建来看，宣传营销发力不足。相对于已有的丰富旅游资源，我县对作为农业文化遗产重要组成部分的黄芪传统文化的现代作用的认识与理解相对薄弱，缺乏对于黄芪传统文化的系统挖掘与梳理。特别是在品牌宣传方面，缺乏一个全面、系统、与时俱进的宣传策划与长期稳定的宣传经费投入机制。目前致力于黄芪宣传及其效应空间主要还是在中医药研究界和部分销售商，力量有限而且宣传主题狭窄，普通消费者没有充分的渠道了解黄芪作为中药材的核心功能、浑源黄芪作为道地药材的重要价值。“芪中珍品”的名声仍局限于县域内，普通消费者的了解范围有限。相较于浑源本土恒山、悬空寺等文化符号，知名度也远远不如，与甘肃定西、内蒙古固阳、陕西子州黄芪近年来的宣传力度相比，差距甚大，恒山黄芪的品牌建设力度亟待加强。

三、推动浑源黄芪产业高质量发展的意见和建议

（一）聚焦顶层设计，成立恒山黄芪发展机构。组建浑源县恒山黄芪产业办公室，作为全县恒山黄芪产业发展的政府直属主管部门，建立健全恒山黄芪及其他中小药材产业规范化管理体制机制。

（二）聚焦种源保护，呵护恒山黄芪“纯正血统”。从源头上保护其道地属性。与山西农业大学共建“恒山黄芪产业技术研究院”，开展黄芪种质资源、品种选育、生态种植、组建遗产育种、病理病害、栽培技术等工作。建立恒山黄芪品种选育机制，开展恒山黄芪良种遴选实验。以黄芪文化园种子研发中心为依托，科学规划和建设种子繁育生产基地，配套建设自动化育苗日光温室、种子贮藏库，配备必要的种苗检测、精选、催芽等设备。

（三）聚焦道地特质，规范恒山黄芪种植标准。按照“三品一标”要求，完成《地理标志产品—恒山黄芪》山西省地方标准的修订工作，研发适合山区作业的小型农机，降低黄芪种植采刨成本，提高亩均收益；建设有机、绿色、无公害的优质黄芪标准化种植基地；扶持以黄芪种植大户为中心组建种植合作社，在种植合作社基础上开展规范化的种植基地建设。2030 年全县规范化种植面积达到 33 万亩，年度采挖面积 3 万亩，年产 600 万公斤干货，产值 9.6 亿元、年产种子 100 万公斤、产值 1.5 亿元。规范化黄芪基地种植面积占全县种植总面积的比例达到 85%。

（四）聚集人才培养，强化恒山黄芪“智力支持”。一是加快培养当地的乡土人才，健全乡土人才评聘机制，壮大基层农业技术人才队伍。同时，要积极引进一批高层次、高学历专业人才，填补当地黄芪产业产学研人才断层，增设职称岗位数量，积极争取龙头企业和高级人才、优秀人才的进驻，为技术干部创造学习提高的机会，不断使其学习新知识、新技术，为产业转型升级提供强有力的人才支撑。二是探索成立黄芪托管服务组织。为芪农提供黄芪种植、采刨、销售等各环节“菜单式”托管服务，帮助芪农规避市场风险，保障收入。同时，通过专业化的托管服务还可以吸引一部分外出务工人员返乡，实现在家门口增收，做到“打工采刨两不误”，很好地解决了部分户在人不在、劳力和资金等困难。

（五）聚焦产品加工，延伸恒山黄芪产业链条。围绕优质黄芪资源，从地头到餐桌，使一、二、三产业结构更趋合理，形成健全的黄芪现代产业体系。一是强化政府支持力度，加大招商引资力度，助推全国知名药企落户浑源，发挥龙头企业带动作用，形成产业集群，打通黄芪种植向加工、流通、销售等二、三产业连接的路径，形成共创共享、共荣共生的产业生态圈。二是大力实施创新驱动战略，深化与科研院所合作，推动产品研发，进一步丰富产品种类。支持中药材加工企业、合作社配套完善清洗、切片、筛选设备，晾晒、仓储车间等基础设施建设，提高黄芪加工能力。三是培育壮大重点龙头企业，打造“国字号”品牌，支持黄芪产品精深加工、检验检测、交易平台、标准化体系等建设，进一步推动恒山黄芪产品向高端化发展。

（六）聚焦市场定位，拓宽恒山黄芪销售渠道。一是转变观念，主动出击，加强黄芪批发零售企业的沟通协作，建立具有竞争力的价格体系。建立系统化的市场营销体系，要在价格、渠道的调控下定性产品、区划市场、整合资源、细分责任。构建恒山黄芪原芪、饮片、保健品、食品、相关产品不同品类、不同规格、不同档次的成熟有效市场营销网络。二是建立标准化、规范化、法制化的黄芪产品全产业链质量追溯体系，引入第三方检验机构，对大批量、重点中药产品在追溯关键节点进行质量把关。实现从种植、仓储、加工到成品，包括饮片和配方颗粒的全程质量可追溯。三是积极构建黄芪专业市场信息体系，加大市场设施和信息网络改造，建设规模化标准化黄芪仓库和交易大厅，配备药材装载、流转机械，增加收购网点，形成不同品类、不同规格、不同档次的黄芪产品物流体系。四是拓宽销售渠道，在发展传统线下销售的同时创新销售方式，积极开辟线上销售渠道，推进中药材天地网、县域电商平台建设，深化与淘宝、京东、拼多多等电商平台合作，采取直播带货等方式，利用“网红”效应，线上推广黄芪产品，增加平台销量；充实完善浑源黄芪产业商会，依靠商会的组织力量，减少药商等诸多中间交易环节和交易时间，直接将黄芪销售给中药材加工企业，重点打击影响行业正常发展的不良竞争、投机取巧、假冒伪劣行为。

（七）聚焦内涵延伸，开辟恒山黄芪新兴领域。（1）开发黄芪药酒系列产品。整合浑源县酿酒及黄芪资源，充分利用浑源名酒名药的影响力，打造黄芪保健养生酒。以酒促药，以药带酒，促进浑源药业酒业共同发展。积极申报恒芪康酒业国家级食药物质试点审批，利用首曜小分子肽项目基础设施和厂房建设，开发加工一批具有强身健体功效的功能产品，满足养生和大健康刚性需求。（2）开发黄芪药茶系列产品。建设以黄芪药茶为主的产业园，开展黄芪叶茶、黄芪花茶、黄芪袋泡茶，以及黄芪与其他药食同源、新食品原料和山西省特色资源食品等配伍的，体现色、香、味的功能茶研究与开发，健全茶原料质量标准，以及茶的质量标准、功效、功能因子研究，体现明显功能特点的黄芪配伍袋泡茶研究。（3）开发黄芪医药保健系列产品。引进黄芪中成药大品种和中兽药品种，吸引相关企业在浑源建厂或生产基地。积极争取462万元的中央财政农业生产发展资金，落地实施道地中药材优势特色产业集群项目，利用2500亩黄芪中药材标准化基地建设，借助省市扶持中医药发展良好势头，打通本地中药材产销渠道。在口服饮片与食品等产品开发上，借鉴人参、三七、阿胶等药材开发的成功经验，拓展黄芪在精深食品开发中的应用，结合山西杂粮、干果等资源，开发可供口服的黄芪饮品或即食饮品，利用日常膳食调节人体免疫力，增强体质，预防疾病，探索创造黄芪凉粉、黄芪糖果、黄芪饼干、黄芪薯片等。在含黄芪药品和保健食品开发与应用上，依托黄芪保健品与药材原料，对已批准含黄芪的160余个保健品以及200余个成药进行系统梳理，筛选出疗效和市场好的品种进行研究，培育大品种，促进对浑源传统黄芪的利用。同时，针对慢性病和亚健康人群研发新药和保健品，促进资源转化，研究制作黄芪颗粒、参芪颗粒、芪枣复合颗粒、黄芪当归复合颗粒、黄芪纯粉片、黄芪咀嚼片、黄芪口服液等黄芪保健品。在黄芪美白润肤、抗衰老物质基础和作用机制研究上，按功能性化妆品的要求，系统研究黄芪中抗皮肤衰老和美白润肤的物质基础和作用机制，为申报相关化妆品原料和特殊化妆品提供依据。

（八）聚焦品牌打造，提升恒山黄芪核心竞争力。（1）全面加强黄芪文化资源深度挖掘。进一步挖掘整理与黄芪种植系统相关的传统技艺、民间习俗、歌谣故事、诗词歌赋等，拓展中医药视角的价值，通过宣传册、宣传片、影视作品、摄影、征文、绘画等多种形式对浑源黄芪蕴含的人文、生态、社会等多方面价值进行宣传，实现对遗产的系统文化价值的充分发掘与深入认识，打造“黄芪仙子”“黄芪宝宝”等热门IP,推出黄芪抱枕、挂饰、雪糕、玩偶、公仔等系列文创产品，实现文化价值和产业价值双提升。（2）全面加大宣传推广力度。恒山黄芪已获得国家级“地理标志产品”、中药材GAP认证、药品生产GMP认证等各类认证、奖项达60多项。在既有品牌标识的加成下，我们将目标群体瞄准高端、小众人士，力争把恒山黄芪打造成中国黄芪第一品牌。从各种商会、年会、论坛、博览会等寻找商机，以赞助、冠名的方式切入，让人们第一现场感受恒山黄芪的独特功效魅力，进入“头部市场”，吸引高端客户，让恒山黄芪走出浑源、走向更广阔的市场；与国内有较大影响力的传媒公司深度合作大力宣传恒山黄芪的核心功能、作为道地药材的重要价值。组织相关企业参加全国中药材博览会、交易会等推介活动，召开中药材产业发展研讨会、恒山黄芪产业高质量发展论坛。以举办“黄芪节”“黄芪研讨会”等方式，宣传、展示恒山黄芪优秀的品质、优美的生态、优良的产品。（3）全面利用黄芪文化园平台。以平台化的思维、集约化的方式、体验式的感受，扩大投资0.8亿元的黄芪文化园的综合影响力和知名度，打好国家3A级旅游景区招牌，全面提升黄芪系列产品、多元体验和文化输出。在此基础之上，增加遗产特征与价值介绍，并依托多媒体技术，打造集文化展示与科普宣传于一体的教育实践研学基地；在浑源县中小学开设实践课程，定期组织中小学生参观研学基地，了解并体验山西浑源恒山黄芪种植系统的价值与魅力。（4）全面推动农文旅相融合。利用恒山、悬空寺等浑源旅游资源，开发黄芪健康旅游项目、黄芪旅游产品。发挥黄芪文化生态属性，开发以黄芪生态、黄芪文化、黄芪农业、黄芪工业为景点的旅游线路，融入现有旅游项目。建设以黄芪产业为特色的黄芪小镇、黄芪之家的旅游示范村，鼓励农民在旅游线路上建设以喝黄芪养生酒，吃黄芪炖羊肉为特色的农家乐，增加旅游特色，丰富旅游产品。把浑源建设成北京、太原、大同的康养后花园，让黄芪产业和旅游产业形成浑源发展的两翼，助力浑源经济腾飞。

强化闭环管理推动花岗岩产业链式发展

一、花岗岩产业现状

浑源花岗岩色泽分为黑白两种，主要分布在东南部土石山区，位于青磁窑镇、千佛岭乡、王庄堡镇3个乡（镇），全县黑色花岗岩矿脉有100余条，探明储量约2亿立方米，可供开采矿脉8条，可供开采储量1000万立方米。白色花岗岩面积约25平方千米，预计储量在5亿立方米左右。我县花岗岩产业特色较为鲜明，区域分布比较集中，质地优良，适合大块开采。经过多年沉淀发展，已具有一定技术水平，并初步形成规模，发展成为我县标志性产业。但花岗岩产业长期以来简单粗放型的发展方式，积累集聚发展与分布散乱并存，整体规模大、户均规模小，资源和财税产出弱的结构性矛盾和突出问题，严重制约着产业可持续健康发展。

全县现有石材开采企业19家。其中，外资企业6家（台资：马山矿、鑫岳矿、巨鑫矿、涵光矿。港资：永松矿。泰资：新利矿），90年代初计备案储量145.2万立方米，截至目前资源保有量91.9万立方米，30年来累计开采53.3万立方米，产生固废7000万吨；最好年份花岗岩荒料产量为3.9万立方米左右，税费收入最高实现5600万元。近年来，由于受宏观经济下行、资源储量减少、开采难度增加以及生态环境整治恢复等因素制约，花岗岩产业发展步伐趋缓。2018年至今，按照全县安排部署，花岗岩矿山开采企业全部停产整治。目前，19家矿山企业安全生产许可证已全部到期，2家矿山企业的采矿证在有效期内，分别是山西华北石材有限公司（2024年8月24日到期）、浑源县世纪恒盛石材贸易有限公司（2025年1月10日到期）。

花岗岩加工企业93家。疫情前还在生产50家，停业43家，目前恢复生产79家；园区内37家，园区外56家；公司10家，个体户83家；有矿山的4家，纯加工的89家；申报产值达2000万元的2家。

二、当前花岗岩市场情况和存在的问题

黑色系花岗岩一直是花岗岩中的高端产品，再加上“山西黑”的稀缺性和不可替代性，我县花岗岩在黑色碑石产业链中已经形成明显的头部地位，生产墓碑的附加值较高，此前多出口韩国、日本、美国、俄罗斯等国。近年来由于矿山关停，部分企业虽然进行来料加工的积极尝试，但受利润率低且没有长期持久的订单影响，企业难以维持工人的工资和经营开销，多数均处于停产观望状态，边角料价格的疯涨导致产品利润空间被压缩，少数企业高价购买或者自己留用矿山边角料后生产出产品更愿意待价而沽。目前我县花岗岩加工业畸形运行，市场也暂时被“印度黑”等产品占领。

企业方面：我县花岗岩加工企业多布局在荒料分切、墓碑加工市场，有大锯283台，年荒料加工能力最高达约2万立方米，企业规模小，技术创新、创意设计能力不足，盈利能力弱、利润来源单一，资本积累速度缓慢，纳税能力差，在整个行业中处于竞争劣势地位。矿山企业正常生产时，每年超过2万立方米整形料的优质资源流向天津、福建用于出口和再加工，高附加值部分绝大多数被外地加工企业赚取。

产品方面：以墓碑、板材加工为主，同质化竞争和生产过程脏乱差现象比较普遍。受花岗岩矿停产影响，企业生产不规律，加工设备长期未更新，大量有雕刻技术的工人流失，现存工人技术能力不强，工艺品雕刻工艺水平较差，产能整体不足。

营销方面：一直以来我县多数花岗岩企业注重追求短期利润而不注重市场的长期开发，偏重卖资源而不是卖品牌，初期本地人在花岗岩行业中的参与度低，产品都要依靠福建和河北专业贸易人员销售，形成较为严重的路径依赖，各企业销售链延伸的范围不够宽，网络不够深，营销短板明显。

目前，北方的石材产业大都集中在河北阜平、曲阳一带，阜平、丰镇等地的花岗岩矿均已处于停产状态，且受雄安新区及京津冀一体化发展规划调整，石材产业作为限制发展产业急需转移纾解，是我县招商引资、承接周边地区的企业转移，推动花岗岩产业集聚集群发展的良好机遇期。在座谈中多数企业和部门均表示，推行“荒料不出境”政策，可以倒逼矿山企业优化采矿方法，引导外地加工企业来浑源办厂或购买半成品，再辅以现有企业产能的进一步扩展，既能解决我县花岗岩产业当前的困难，也可以极大地扩展引导产业链向浑源集中集聚。

三、花岗岩产业链发展方向

花岗岩产业作为石材行业的分支，上游为矿产资源勘探及原石开采行业，下游为建筑装饰行业和园林景观设施行业，全产业链涵盖：矿山资源选购→→荒料交易→→特种机械装备→→产品设计→→板材及辅助加工→→物流交易市场→→大型装修设计→→大型装修工程市场等环节。

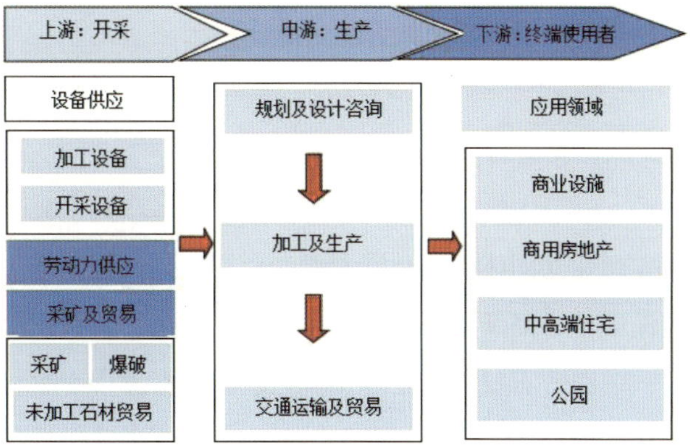

行业壁垒主要体现在采购渠道营销体系、资金壁垒和品牌壁垒方面。随着石材产业分工深化和市场竞争渐趋激烈，纯粹的开采加工业务在产业链中的地位不断下降，设计开发、营销网络和售后服务价值不断增强。“制造业服务化模式”作为当前工业发展的趋势（即参与客户工程项目的前期规划设计，根据客户的特点和需求帮助客户设计最合适的石材产品和设计方案，精选最优的原材料生产加工，生产出与客户工

程相匹配的产品，并指导和协助客户完成安装过程，集融资、整体方案设计、产品设计制造、售后服务为一体的全过程模式）对资金、人才、服务周期要求更严格。

花岗岩行业属于劳动密集型及资源依赖型行业，我县花岗岩产业现阶段供应链结构模式单一，融资、采购、仓储、财务、质检、生产、物流等流程分割僵化、方式繁琐，交易效率低，产业链抗风险能力弱。作为典型的原料指向型工业，围绕产地进行集中集聚依然是以原材料为核心要素的花岗岩产业整体布局的最佳方式。我们一定要利用好当前的优势和机遇，坚持旅游康养道路不动摇，定位发展全产业链循环利用的绿色石材园区和要素市场，充分发挥资源禀赋和后发优势，加大政府层面对行业的引导力度，破除土地、创新、人才、装备、原材料、订单、企业产权等要素自由流动瓶颈，以政策调控、市场主体、产业集中、空间优化、规模提升、招商选资、数字经济等工具手段，转变产业发展方式，补齐供应链短板，培育发展新动能，扭转我县花岗岩产业分布散乱、规模小、财税贡献小、生产过程落后、市场竞争力弱的态势，为我县文旅产业高质量发展提供强有力的支撑。

四、花岗岩产业发展规划

（一）优化空间战略布局。依托原有产业基础，树立产业共同体认识和资源集约利用理念，规划包装建设康养—高新技术石材产业制造集聚区、黄芪—凉粉—白酒—石材数字经济贸易区、旅游服务中心石材文化创新创意示范区，把花岗岩加工由原来前店后厂的“马路经济”转型升级为以石材大市场带动、石材文化旅游拉动、石材装饰工程推动、石材电商大数据联动的“四轮”驱动模式，使我县花岗岩产业空间布局更加合理，各功能区业态完整、丰富、互补，规模、质量大幅提升，完成国内一流标准的石材供应链体系建设，重塑浑源“山西黑”区域品牌，力争到2026年花岗岩产业税收达到2亿元左右。

（二）推行绿色有序开采。按照“绿色环保、安全有序、资源节约”的原则规范矿山企业开采，要求企业改变粗放开采方式，由原来的炮采模式全面升级转变为绿色环保的锯采模式。推行“以销定产、以产定采”，加快推进封闭式、智能化绿色矿山建设，依照县域加工企业的生产能力规范矿山企业开采，杜绝超产能无序开采，要加大生态修复力度，严格按照《矿山生态环境保护与治理恢复方案》推进矿山生态修复工作，形成对生态修复工作常态化的监督，实现花岗岩产业的科学开采、规模发展、集约集中、绿色环保。

（三）提升投资强度管理。制定花岗岩产业用地布局规划，明确全县石材加工企业禁建区、限建区和适建区，制定核心产业功能区产业准入和用地标准，提高产能和市场准入规模标准，启动投资强度审核和节地评价后监督机制。对新建石材加工项目建设用地供应时，将项目建设用地的规划条件、建设标准、非生产设施占地比例、产业类型、投资强度、税收强度和节能、环保等指标和要求列入土地出让（租赁）合同中；对已建石材加工项目严格开展节地评价工作，按照最新投资强度标准进行审核，积极引导石材加工企业转型升级并逐步搬迁至适建区内。

（四）加快龙头企业培育。大力招商引资，通过财政补贴、金融信贷、税收等方面优惠，强化政策引导调控功能，在石材行业上中下游充分发挥市场配置资源的基础性作用，优先满足典型示范企业用地需求，配合投资强度管理制度和产能合并，鼓励石材行业兼并重组，压缩落后产能，转变荒料粗加工生产—销售落后模式，培育全产业链骨干示范企业，促进产能向优质企业集中。鼓励订单外包市场发展，实现龙头骨干企业和小微企业协同发展和规模倍增，提高产业整体竞争力。

五、花岗岩产业发展的意见建议

（一）严格荒料源头管控。做好荒料源头管控工作，全面推行“荒料不出境”政策，实行荒料出山规范化管理，完善矿山物流运输链条。由产业园区、税务局、自然资源中心共同组建荒料审批工作平台，严格审查企业手续，严把审批流程，加大督查力度，外运的荒料凡是不能提供合法来源资料的，按非采、盗采国家矿产资源由县有关职能部门侦办并依法处罚；涉及犯罪的，移送司法机关处理；如有假借当地加工厂购买荒料，实则向县域外企业运送、销售的，一经发现，不再向该加工厂供料。

（二）优化治理手段与方式。提前制定完善花岗岩产业新制度，创造良好的营商环境，摒弃传统的设站封堵管控方式，充分运用投资强度管理、税收强度管理、土地使用管理、环保技术手段、信用管理等方式，将以往重事前审批为主的监管方式，积极转变为事前、事中、事后全流程监管，积极运用大数据、人工智能等新技术提高治理能力，加强事中事后监管，进行精准高效管理。

（三）引导鼓励产业转型升级。坚持“吃干榨尽、循环利用”原则，制定优惠政策，引进和培育专业废渣再利用公司，鼓励企业生产人造石材、加气砖等资源综合利用产品；大力支持发展石材深加工产业、石材配套产业和石材装饰创意产业，开发小型工艺品、异型石材、石艺家具、日用品等相关产品，加大边角料的加工和利用力度，推进“卖石材”向“卖石材创意和服务”的转变；引导更多企业走精细化加工之路，推动县内芝麻白花岗岩的开发，从外地引进“贵妃红”“北大青”“蓝天白云”等品种，不断丰富经营种类，提高生产工艺和技术水平，完善产业链条，推动产业转型升级，使有限的资源发挥最大效益。

（四）树立产业共同体协同意识。供应链管理是当前决定企业竞争力的重要力量，供应链集成是重点、健康的发展方向。我县花岗岩产业尚未做好迎接新时期产业竞争压力的准备。要引导全县各环节市场主体树立产业共同体意识和危机意识，组建花岗岩产业发展协会，推行“规范运行、严格监管、公开透明、诚信履约”的企业联盟公约，建立行业内信用信息共享机制，主动对接雄安新区以及京津冀一体化区域内的原材料和订单资源，建立浑源花岗岩重点产业功能区发展、招商引资、项目布局一体化推进机制，加快供应链集成协同发展。

（五）规范能源、税收、统计公共管理。一是规范企业用电管理。确保用电户名称、地址、联系人和工商登记注册信息一致，严厉查处转供电、窃电、私接电等违法行为。二是规范石材行业税收管理。完善“以电控税”、定额税收征收管理办法，确保同一类型、同一规模的石材企业税负合理、科学、公平；针对用电量大但税收少的企业，加强税务稽查力度，促进其依法纳税。三是规范石材企业统计台账管理。统计台账必须根据《中华人民共和国统计法》和统计报表制度的要求设置，责任管理到人，做到真实、准确、完整、及时。

（六）加强人才队伍建设。通过校地合作、人才引进、优秀人才评比等方式，鼓励企业招聘高级管理人员，培养具有战略眼光、管理创新能力和社会责任感的优秀企业家。政企合力加强花岗岩行业职业技能培训，带动农村富余劳动力就业，保障企业用工需求，培养更多生产创新型、技能型人才。鼓励企业组建石材产业技术学校、支持职业院校开设石材技能人才培养相关专业，提高从业人员的文化素质、职业素养，打造“花岗岩网红”，讲好花岗岩文化，形成“专精特新”的浑源名牌石材加工产业集群。

县委、县政府主要文件目录

2022年浑源县委主要文件目录一览表

表35

文 号	文件标题
浑发〔2022〕2号	关于成立涉粮问题专项巡察整改工作领导小组的通知
浑发〔2022〕3号	转发《中共浑源县委宣传部 浑源县司法局关于在全县开展法治宣传教育的第八个五年规划（2021—2025）》的通知
浑发〔2022〕4号	关于印发《中共浑源县委全会工作规则》《中共浑源县委常委会工作规则》《中共浑源县委书记专题会议工作规则》的通知
浑发〔2022〕5号	印发《中共浑源县委关于贯彻执行民主集中制的若干规定（试行）》的通知
浑发〔2022〕6号	关于印发《浑源县事业单位引进研究生及以上学历人才实施方案（试行）》《浑源县事业单位引进研究生及以上学历人才激励政策十条》的通知
浑发〔2022〕7号	印发《关于在全县集中开展排查整顿农村发展党员违规违纪问题工作实施方案》的通知
浑发〔2022〕8号	关于印发《浑源县贯彻落实〈法治社会建设实施纲要（2020—2025）〉的实施方案》的通知
浑发〔2022〕9号	关于印发《浑源县贯彻落实〈法治中国建设规划（2020—2025）〉的实施方案》的通知
浑发〔2022〕10号	印发《关于抓党建促基层治理能力提升的工作方案》的通知
浑发〔2022〕11号	印发《贯彻落实〈关于全面建设清廉大同的责任清单〉实施方案》的通知
浑发〔2022〕12号	关于在疫情防控一线中考察识别干部的通知
浑发〔2022〕13号	印发《关于全面贯彻落实习近平总书记考察调研山西重要指示精神的实施意见》的通知
浑发〔2022〕14号	印发《关于实施市场主体倍增工程的工作方案》的通知
浑发〔2022〕15号	印发《关于贯彻落实防疫情稳经济保安全以优异成绩迎接中共二十大胜利召开行动方案》的通知
浑发〔2022〕16号	关于印发《浑源县进一步加强矿山秩序整治实施方案》的通知
浑发〔2022〕17号	印发《关于进一步完善安全生产责任体系的实施办法》的通知
浑发〔2022〕18号	关于废止、宣布失效一批涉计划生育党的规范性文件的决定
浑发〔2022〕19号	关于印发《“三个一批重点村社”驼峰乡西郭家庄村监督治理工作方案》的通知
浑发〔2022〕20号	关于印发《“三个一批重点村社”南榆林乡南水头村监督治理工作方案》的通知
浑发〔2022〕21号	关于奖励表彰2022年教育工作先进集体和优秀个人的决定
浑发〔2022〕22号	关于印发《浑源县撤销永安镇设立永安街道办事处工作的实施方案》的通知
浑发〔2022〕23号	关于在抽水蓄能关联乡村疫情歼灭战中成立临时党支部的通知
浑发〔2022〕24号	关于全面贯彻落实《中共中央关于认真学习宣传贯彻中共二十大精神的决定》的通知
浑发〔2022〕25号	关于宣布失效一批涉“优化营商环境”文件的决定
浑发〔2022〕26号	关于印发《浑源县贯彻落实〈法治政府实施纲要（2021—2025）〉的实施方案》的通知

2022 年浑源县委办公室主要文件目录一览表

表 36

文　号	文件标题
浑办发〔2022〕1 号	关于印发《浑源县项目建设冬季行动实施方案》的通知
浑办发〔2022〕2 号	关于印发《浑源县应急广播体系建设工程实施方案》的通知
浑办发〔2022〕3 号	印发《关于改革完善社会救助制度主要任务分工方案》的通知
浑办发〔2022〕4 号	关于县委常委分工的通知
浑办发〔2022〕5 号	印发《关于进一步深化县直单位党组织和在职党员“双报到”“双服务”的实施方案》的通知
浑办发〔2022〕6 号	印发《关于在全县开展作风大整顿、营商环境大提升工作方案》的通知
浑办发〔2022〕7 号	关于成立巩固拓展脱贫攻坚成果同乡村振兴有效衔接问题排查整改专项行动领导小组的通知
浑办发〔2022〕8 号	关于成立项目建设推进领导组的通知
浑办发〔2022〕9 号	关于印发《浑源县规范民办义务教育工作实施方案》的通知
浑办发〔2022〕10 号	关于印发《浑源县巩固拓展脱贫攻坚成果同乡村振兴有效衔接问题排查整改方案》的通知
浑办发〔2022〕11 号	关于开展效仿攀比建设“门墙亭廊栏”等景观类项目专项清理的实施方案
浑办发〔2022〕12 号	印发《关于开展“同心庆国庆 喜迎二十大”系列活动的实施方案》的通知
浑办发〔2022〕13 号	关于在疫情防控一线成立共产党员突击队的通知
浑办发〔2022〕14 号	关于成立恒山黄芪系列标准制（修）订领导小组的通知
浑办发〔2022〕15 号	关于县委常委分工的通知
浑办发〔2022〕16 号	关于印发《浑源县 2022 年度目标责任考核指标》的通知
浑办发〔2022〕17 号	关于印发《浑源县深化国防动员体制改革工作方案》的通知
浑办字〔2022〕1 号	关于调整县委机构编制委员会、县委财经委员会、县委督查委员会组成人员的通知
浑办字〔2022〕2 号	关于对近期离乡返乡人员严格排查管控的紧急通知
浑办字〔2022〕3 号	转发《中共山西省委 山西省人民政府关于实施市场主体倍增工程的意见》的通知

续表 36

文 号	文件标题
浑办字〔2022〕4 号	关于开展入企进村服务工作的通知
浑办字〔2022〕5 号	关于调整县委巡察工作领导小组组成人员的通知
浑办字〔2022〕6 号	关于征集《浑源年鉴（2022）》资料的通知
浑办字〔2022〕7 号	关于印发《浑源县贯彻落实习近平总书记在中央全面依法治国工作会议上的重要讲话精神的任务清单》的通知
浑办字〔2022〕8 号	关于继续实行调派机关单位进驻小区强化疫情防控机制的通知
浑办字〔2022〕9 号	关于调整县四套班子领导包点乡镇的通知
浑办字〔2022〕10 号	关于印发《浑源县拓展新时代文明实践中心建设工作实施方案》的通知
浑办字〔2022〕11 号	关于印发《浑源县四套班子领导干部联系民营企业工作方案》的通知
浑办字〔2022〕12 号	关于组建全面建设清廉浑源工作专班的通知
浑办字〔2022〕13 号	关于调整县党政班子领导包联社区建设工作的通知
浑办字〔2022〕15 号	关于调整县反腐败领导小组等议事协调机构组成人员的通知
浑办字〔2022〕16 号	关于成立浑源县物流保通保畅工作领导小组的通知
浑办字〔2022〕17 号	关于印发《县委常委会“我为群众办实事”重点项目清单》的通知
浑办字〔2022〕18 号	关于县领导包联重点建设项目有关事项的通知
浑办字〔2022〕19 号	关于印发《中共浑源县委全面深化改革委员会 2022 年重点改革任务》的通知
浑办字〔2022〕20 号	关于印发《中共浑源县委全面从严治党主体责任 2022 年任务安排》的通知
浑办字〔2022〕21 号	印发《关于在全县开展整治矿山企业瞒报生产安全事故行为专项行动的方案》的通知
浑办字〔2022〕22 号	关于印发《浑源县开展农村集体“三资”管理贪腐问题专项整治试点工作方案》的通知
浑办字〔2022〕23 号	关于县安可替代工程领导小组更名及有关成员单位和组成人员调整的通知
浑办字〔2022〕24 号	关于成立浑源县高考综合改革工作领导小组的通知

2022年浑源县政府主要文件目录一览表

表37

文 号	文件标题
浑政发〔2022〕1号	关于认真做好2022年安全生产工作的通知
浑政发〔2022〕2号	关于义务教育发展规划的实施意见
浑政发〔2022〕3号	关于印发《浑源县“十四五”应急管理体系与安全能力建设规划》的通知
浑政发〔2022〕4号	关于印发《浑源县2022年统筹整合使用财政涉农资金实施方案》的通知
浑政发〔2022〕5号	关于印发《浑源县清理“批而未用”土地长效实施方案》的通知
浑政发〔2022〕6号	关于进一步深化“证照分离”改革激发市场主体发展活力的通知
浑政发〔2022〕7号	关于印发《浑源县“十四五”时期民兵建设发展措施》的通知
浑政发〔2022〕8号	关于做好2022年度全县国防后备力量组织整顿工作的通知
浑政发〔2022〕9号	关于落实衔接市政府取消和下放一批行政审批事项的通知
浑政发〔2022〕10号	关于印发《浑源县“十四五”营商环境建设规划》的通知
浑政发〔2022〕11号	关于印发《浑源县扎实推进稳住经济一揽子政策措施的行动方案》的通知
浑政发〔2022〕12号	关于对全县货运源头企业进行公示的通知
浑政发〔2022〕13号	关于印发《浑源县全民健身实施计划（2021—2025）》的通知
浑政发〔2022〕14号	关于印发《浑源县“十四五”“两山七河一流域”生态保护和生态文明建设、生态经济发展规划》的通知
浑政发〔2022〕15号	关于印发《浑源县“十四五”生态环境保护规划》的通知
浑政发〔2022〕16号	关于印发《涉农资金整合实施方案》的通知
浑政发〔2022〕17号	关于印发《浑源县营商环境创新提升行动方案》的通知
浑政发〔2022〕18号	关于印发《浑源县地质灾害防治“十四五”规划（2021—2025）》的通知
浑政发〔2022〕19号	关于印发《浑源县扶持“恒山黄芪”产业高质量发展十条措施》的通知

2022 年浑源县政府办公室主要文件目录一览表

表 38

文 号	文件标题
浑政办发〔2022〕1 号	关于印发《浑源县政务信息化项目建设应用管理办法》的通知
浑政办发〔2022〕2 号	关于印发《浑源县规范成品油市场专项整治行动工作实施方案》的通知
浑政办发〔2022〕3 号	关于印发《浑源县“十四五”应急管理体系与安全能力建设规划》的通知
浑政办发〔2022〕4 号	关于印发《浑源县村级组织（社区）履行职责事项清单、流程图、清单调整备案制度和公开公示制度》的通知
浑政办发〔2022〕5 号	关于明确浑源城乡一体化供水工程实施主体的通知
浑政办发〔2022〕6 号	关于进一步优化财政资金审批程序的意见
浑政办发〔2022〕7 号	关于印发《浑源县矿山综合整治实施方案》的通知
浑政办发〔2022〕8 号	关于政府班子成员工作分工的通知
浑政办发〔2022〕9 号	关于印发《浑源县汤头温泉疗养院转企改制方案》的通知
浑政办发〔2022〕10 号	关于印发《浑源县推进人工影响天气工作高质量发展实施方案》的通知
浑政办发〔2022〕11 号	关于印发《浑源县城市更新实施方案》的通知
浑政办发〔2022〕12 号	关于印发《强化市场主体倍增要素服务保障的若干措施（试行）》的通知
浑政办发〔2022〕13 号	关于将政务服务事项赋权到乡镇（街道）、村（社区）的通知
浑政办发〔2022〕14 号	关于印发《浑源县“5·21”较大交通事故暴露出的隐患问题整改方案》的通知
浑政办发〔2022〕15 号	关于印发《浑源县创建省级健康促进试点县实施方案》的通知
浑政办发〔2022〕16 号	关于印发《浑源县 2022 年清洁煤供应及散煤整治工作方案（试行）》的通知
浑政办发〔2022〕17 号	关于印发《浑源县促进服务业领域困难行业恢复发展具体措施》的通知
浑政办发〔2022〕18 号	关于印发《浑源县推进服务业提质增效 2022 年行动方案》的通知

续表 38

文 号	文件标题
浑政办发〔2022〕19 号	关于印发《浑源县促进工业经济平稳增长实施方案》的通知
浑政办发〔2022〕20 号	关于印发《浑源县自建房安全专项整治实施方案》的通知
浑政办发〔2022〕21 号	关于印发《浑源县乡（镇）综合行政执法相关制度》的通知
浑政办发〔2022〕22 号	关于印发《浑源县乡（镇）行政执法“三项制度”》的通知
浑政办发〔2022〕23 号	关于印发《浑源县进一步做好资本市场县域工程的实施方案》的通知
浑政办发〔2022〕24 号	关于印发《浑源县突发环境事件应急预案（修订）》的通知
浑政办发〔2022〕25 号	关于印发《浑源县乡镇权责清单（2022 年版）》的通知
浑政办发〔2022〕26 号	关于调整 2022 年全县城乡最低生活保障标准和农村分散供养特困人员救助标准的通知
浑政办发〔2022〕27 号	关于印发《浑源县黄芪种植标准化示范区建设项目实施方案》的通知
浑政办发〔2022〕28 号	关于全面实行行政许可事项清单管理的通知
浑政办发〔2022〕29 号	关于对违法占地地上建筑物予以没收的决定
浑政办发〔2022〕30 号	关于印发《浑源县促进四上企业和个体户发展考核奖励办法》的通知
浑政办发〔2022〕31 号	关于印发《浑源县加油站数据管理云平台应用管理办法》的通知
浑政办发〔2022〕32 号	关于印发《浑源县推进敬老院“公建民营”工作实施方案》的通知
浑政办发〔2022〕33 号	关于印发《浑源县提升乡村地名公共服务试点工作实施方案》的通知
浑政办字〔2022〕1 号	浑源县人民政府办公室关于 2022 年新录用公务员试用期满考核情况的报告

索　引

说　明

●索引采用主题分析方法，标目按汉语拼音音序排列，汉字打头的标目按首字的音序音调依次排列，首字相同时，则以第二字排序，依此类推；以阿拉伯数字打头的标目，排在最前面；以英文字母打头的标目，列于推后。

●索引标目之后的阿拉伯数字表示该标目所在正文中的页码，其后的小写英文字母（a、b、c）表示正文中的栏别（即版面的 1、2、3 栏），标目后未标小写英文字母（a、b、c）的为文中类目。

●文中的类目、分目、次分目用棕色标明，其余用书宋字排印。

●针对一些标目在多个页码出现或标目本身专指性较差的情况，为避免读者盲目检索，该索引特在部分标目后面设置限定词，表示该标目所在语义环境或所指对象，利于读者有针对性的检索。如“乡村振兴（永安镇）”则表示该标目是属于永安镇方面的资料。

●特载、专文、大事记、人物 荣誉、统计资料、附录、图表、链接不在索引范围内。

E

F

J

K

L

M

N

P

Q

R

T

W

Y

Z